國家清史編纂委員會·文獻叢刊

中國家譜資料選編

圖録卷 ●

上海圖書館 編　陳建華　王鶴鳴 主編

王鶴鳴 整理

上海古籍出版社

圖書在版編目(CIP)數據

中國家譜資料選編. 圖錄卷／上海圖書館編；王鶴鳴整理.—上海：上海古籍出版社，2013.11
（國家清史編纂委員會文獻叢刊）
ISBN 978－7－5325－7086－7

Ⅰ.①中… Ⅱ.①上… ②王… Ⅲ.①家譜—史料—中國—古代②家族—中國—古代—圖集 Ⅳ.①K820.9

中國版本圖書館 CIP 數據核字(2013)第 245383 號

ISBN 978-7-5325-7086-7

9 787532 570867 >

國家清史編纂委員會·文獻叢刊

中國家譜資料選編·圖錄卷

上海圖書館　編
王鶴鳴　整理

上海世紀出版股份有限公司
上海 古 籍 出 版 社　出版
（上海瑞金二路 272 號　郵政編碼 200020）
（1）網址：www. guji. com. cn
（2）E－mail：guji1@ guji. com. cn
（3）易文網網址：www. ewen. cc
上海世紀出版股份有限公司發行中心發行經銷
上海中華商務聯合印刷有限公司印刷
開本 787×1092　1/16　印張 52.5　插頁 5　字數 1,311,000
2013 年 11 月第 1 版　2013 年 11 月第 1 次印刷
ISBN 978－7－5325－7086－7
K·1805　定價：285.00 元
如發生質量問題,讀者可向工廠調換

總　序

　　中國家譜源遠流長。它起源於先秦,經過漫長的發展,至清代達到了鼎盛,在安徽、浙江、江蘇、湖南等地,幾乎村村修譜、姓姓有譜。這一最具有平民基礎的歷史文獻,其數量之多、影響之廣,爲其他史籍所不能比擬,與正史、方志構成了中華民族歷史學大廈的三大支柱。

　　家譜,又稱族譜、宗譜、家乘、家牒、世譜等,是記載同宗共祖血親羣體世系、人物、規章和事蹟等情況的歷史書籍。它的價值,歷來爲史家所認同。清人章學誠説:"夫家有譜,州縣有志,國有史,其義一也。"①將譜牒與正史、方志相提並論。梁啟超的論述則更爲具體,認爲族姓之譜"實重要史料之一。例如欲考族制組織法,欲考各時代各地方婚姻平均年齡、平均壽數,欲考父母兩系遺傳,欲考男女産生比例,欲考出生率與死亡率比較——等等無數問題,恐除族譜家譜外,更無他途可以得資料"②。近代,潘光旦、羅香林等學者付之實踐,在研究、利用家譜資料上多有建樹。

　　家譜的價值之所以得到史家的肯定,實取決於它的資料本身。自宋代歐陽修、蘇洵修譜以來,私修家譜取代了官修譜成爲家譜的主流。在修譜方式、記載對象、纂修體例等方面,私修譜發生了一系列的變化,並進而促使家譜資料形成了有別於其他史書的一些特點。

　　一、内容的獨特性。中國家譜除少數統宗譜、聯宗譜外,極大部分是一宗一族的家譜。這些以記載宗族歷史爲主體的史書,發展到明清時已成爲宗族的"百科全書",所記内容範圍非常寬廣,有序跋、凡例、修譜名目、宗族源流、祖先畫像、恩榮録、族規家訓、祠堂、墳墓、世系、傳記、仕宦録以及藝文、族産、行輩、五服圖、領譜字號等。因所記對象與他書不同,其中很多内容爲家譜所獨有,或者少載於其他史書。如宗族源流、祖先畫像、族規家訓、祠堂、墳墓、世系、族産、行輩等資料,都具有鮮明的家譜文獻特徵。同樣,傳記、藝文等資料,除少量的名人傳記和名人作品採輯於正史、方志、别集等外,大多係家譜原作,可補他書之缺。以藝文爲例,收入家譜的藝文,其作者多爲名不見經傳者。與正史等所載的騷人墨客或中舉有功名者相比,他們没有什麼社會地位,更無名望,其作品的内容或爲當地的民俗風情,或爲與宗族有關的事務等,反映了一種帶有地域性的宗族文化,並且這些作品多僅載於家譜,不見於其他文獻。

　　二、資料的原始性。"信以傳信,疑以傳疑"是家譜的傳統纂修原則。在私修家譜興盛時期,除非有不得已的原因,這一原則一直爲纂修者所秉承,引導着纂修者制定體例、記録事實。宗族纂修家譜,素材主要取自於歷年宗族内部積累的舊資料以及新出的資料,或者採自其他史書中有關本族的記載。宗族内部的舊資料包括前代世系、族規家法、舊譜序、舊凡例、舊有契約、詩文、人物傳記等。新出的資料除了兩次修譜之間新生、已亡族人的記録外,還有新譜序、新墓圖、新契約等。以往,續修家譜最常用的方法是在老譜之上增加新内容,很少對舊譜資料

　　①　章學誠:《章氏遺書》卷十四《爲張吉甫司馬撰大名縣志序》。
　　②　梁啟超:《中國近三百年學術史》第十五章《清代學者整理舊學之總成績》。

予以深入的考證，也不加甄別擇取，而是一仍其舊。即使有些資料的真實性存有疑問，也不會隨便刪改。"傳信傳疑"的原則使家譜的纂修更傾向於資料的"堆積"，纂修者多數情况下不用重新撰寫，只需專注於对以前的各種資料的編輯，大量的没有經過任何修改的資料因此得到了保存。可以説，家譜中的這些未被纂修者改動的資料，還保持了它的原樣，實際上具有原始檔案的性質。比如明清家譜，宗族爲避免日後財産歸屬的糾紛以及保護族産免遭他人侵佔，按原文刻入了不少各時期的契約文書，以作憑證。家法族規也是如此，依文刻入，不妄加修改。

三、記載的連貫性。宗族修譜最主要的内容是世系圖録，随着本族人口的不斷繁衍，修譜若干年後將会續修，一般定爲二三十年大修一次，把前次修譜後新出生的族人和已去世的族人卒年、葬地等資料補入。假如某宗族長年不修譜，將被視爲不孝子孫。中國的族譜正是在這樣一種續修模式下，内容得以連綿不斷地擴增。家譜的續修不僅擴充了世系圖録，而且使新出現的其他一些有關本族的原始資料得以及時地增入，充實了家譜内容，保證了宗族資料的完整以及宗族歷史記載的延續。在各類内容中，譜序、凡例、族産等資料，往往是舊有和新出的一同刊載，連續性最爲顯著。比如王逢泰等修的《[江西婺源]太原雙杉王氏宗譜》（1924 年孝睦堂木活字本）和倪易書等修的《[浙江金華]龍門倪氏族譜》（清光緒五年刻本），都録有歷次修譜的凡例數篇。尤其是譜序，一譜同載多篇者常見，十餘篇乃至二十餘篇也不足爲奇。中國有續修方志的習慣，但續修的頻率之高、同類内容的連載之多，都無法與家譜相比。資料的連續性，使同類記載相集，或者一事多記，無疑有助於人們更爲清晰地瞭解被記對象的發展演變之過程。

但是，家譜文獻的缺陷也是非常明顯的。宋代以後，宗族熱衷於修譜，目的是想通過家譜來維繫和强固宗族羣體。這一特定的宗旨給家譜纂修體例帶來了缺陷，即出現了家譜的兩大弊端——揚善隱惡和攀附顯貴。纂修者認爲，祖先的劣跡或不良一面應該略而不書，爲尊者親者諱，而對能夠光大門庭的人物和事蹟則須大書特書，甚至不吝溢美之詞。家譜纂修者還常常不顧史實，追奉古代同姓的名儒大臣爲自己的祖先，如朱氏皆奉朱熹爲始祖，包氏則以包拯爲先祖。到了清代，此風愈演愈烈，幾成常態。此外，不少纂修者粗知文墨，缺乏應有的文史知識，家譜中的人物地名、官爵稱謂、源流遷徙等内容，與史籍比勘，錯誤之處屢屢可見。例如敍述姓氏起源，往往參照同姓的他人族譜，互相抄襲，不加考證，訛誤脱謬，不一而足。正因爲有這些缺陷，家譜資料是否屬於信史，遭到了部分學者的懷疑。清黄宗羲認爲"天下之書最不可信者有二"，其一即爲"氏族之譜"①。儘管如此，家譜資料整體的史料價值卻不容否定。就是黄宗羲也没有全盤抹殺家譜的價值，稱始遷祖之下爲可紀之世，②又稱"家傳足補史氏之闕文"③。對家譜文獻的缺陷所造成的不良後果應分而論之，所謂的"揚善隱惡"，關鍵在於隱惡，它違背了中國史家主張的秉筆直書的原則，致使宗族的部分歷史因人爲的因素而缺載；而"攀附顯貴"的爲害則較爲嚴重，它不是單純的缺載問題，而是僞造世系，冒認祖先，屬無中生有的虚構。明清時，很多纂修者對此就不以爲然，爲真實地記録歷史，將本族的最早先祖定爲始遷之祖，不再追溯無法證實的遠祖世系。

毫無疑問，家譜是一個寶庫。然而長期以來，由於受到種種的制約，對它的整理研究，基本還停留在初始階段，已遠遠落後於其他學科。對家譜資料加以系統整理，並將它刊印出版，公之於衆，對繁榮學術文化，推動社會學、經濟學、歷史學、譜牒學等的深入研究，都有積極的意

----

① 黄宗羲：《南雷文定三集》卷一《淮安戴氏家譜序》。
② 黄宗羲：《南雷文定四集》卷一《唐氏家譜序》。
③ 黄宗羲：《南雷文定三集》卷一《錢退山詩文序》。

義。《中國家譜資料選編》正是爲滿足這一文化需求而編纂，以期通過系統的選輯與整理，向學界提供一部具有較高利用價值的家譜原始資料集。

那麼如何對家譜資料進行輯録呢？

中國家譜的内容非常豐富，對於宗族的人和事，幾乎是無所不包。本編是資料選集，顯然不可能囊括所有的家譜内容，因此必須有所輯有所棄。所輯所棄需要一個標準，這個標準應當建立在資料的價值之上。家譜記載的主體是宗族歷史，衡量它的史料價值，縱向要看能否反映宗族興盛衰落之過程，横向要看宗族的各項事務是否得到應有的揭示，同時還要充分考慮資料的獨特性。進而言之，凡是有關宗族歷史的資料以及譜學本身的資料，而這些資料又爲其他文獻所不載，可補他書之闕，具有較高的史料價值，皆在我們選輯的範圍之中。反之，那些可信度較差的或史料價值不高的資料，則不予選輯。比如家譜中的先祖畫像，多係族人依照自己的想像繪成，與先祖的實際面貌相差甚遠。這些畫像，對於宗族或可起到緬懷先人的作用，但不能當作史料利用。實際上，明清時期一些修譜者就拒絕將祖先的畫像刊入譜中，認爲胡亂繪畫先祖肖像實是對祖宗的不敬。又如"修譜名目"、"領譜字號"等，它記録的只是修譜者和領譜者的姓名，與宗族史無關。凡此種種，皆無可取之處，未加採輯。需要指出，"世系圖録"雖然史料價值極高，但不作處理無法直接利用，只能捨棄。本編所輯録的家譜資料，按其内容分爲十一卷，依次爲凡例卷、序跋卷、傳記卷、詩文卷、家規族約卷、禮儀風俗卷、經濟卷、家族源流卷、教育卷、圖録卷、漳州移民卷。各卷的内容，又根據資料的實際情況，有多有少，成卷規模不求劃一。

中國家譜浩如煙海，現今究竟存有多少，很難有一個準確的數字。主要原因是中國家譜出自於民，也藏之於民，大量散藏於民間的家譜，其數量無從得知。公共藏書機構所藏之譜，因不會進入流通領域，藏量相對穩定。經初步統計，目前國内外公藏機構藏有中國家譜四萬餘種。其中宋元版的家譜不超過十種，明代有三百餘種，而所存極大部分皆爲清代、民國時期的家譜。這些家譜中，各地所修的數量相差也甚爲懸殊，浙江、江蘇、湖南、安徽等省纂修的家譜最多，邊遠地區和當時經濟文化相對落後的地區所修之譜則較少，個別省份更是寥寥無幾。以《中國家譜綜合目録》收入的家譜爲例，該書共收録 1949 年前的中國族譜 14719 種，而其中浙江家譜 3521 種，江蘇家譜 2151 種，湖南家譜 1549 種，安徽家譜 1236 種，分別佔總數的 23.92%、14.61%、10.52%、8.4%，四地的家譜之和佔總數的 57.45%，而遼寧、廣西、雲南、陝西、天津、甘肅、北京、吉林、海南、黑龍江、寧夏、内蒙古、香港、澳門等地區族譜藏量之和僅佔總數的 2.38%。此外，各個姓氏的家譜數量也相差很大。如李、王、張、陳等大姓家譜，其數量是稀少姓氏的數十倍至數百倍不等。因此，存世家譜的這些狀況，必然會直接影響到資料的選輯，並反映在被輯資料中。比如由於現存的明代家譜稀少，故而選輯的資料只能以清代、民國的爲主；同樣，從地域、姓氏來看，修譜較多地區和大姓的家譜，被輯資料的絶對數量自然也就較多。雖然我們在選輯時作了適度調整，在資料價值相等的前提下，優先輯録明代等現存數量較少的家譜，但只是盡力而已，因爲這種不平衡是不可避免的。

至於所輯家譜的來源，現存的中國家譜數量，決定了"地毯式"的普選方式是不可取的，選輯資料只能局限於可控的範圍内，並有所側重。具體來說，本編是以上海圖書館的藏譜作爲基礎，然後再重點選輯國家圖書館、湖南圖書館、北京大學圖書館、美國猶他家譜學會和日本東京大學東洋文化研究所等單位所藏之譜。另外，還有針對性地擇取了廣東中山圖書館、陝西省圖書館、甘肅省圖書館、雲南省圖書館、四川省圖書館等單位的具有地方特色的家譜，以補缺漏。

本項目於 2001 年正式啟動，三年後獲國家清史編纂委員會立項。項目告竣，我們有太多的感謝。復旦大學歷史系楊立强教授，立項伊始，就參與了本編框架以及選輯條例的擬訂。然而痛心的是，楊先生未能見到本書的出版就因病辭世。安徽省社會科學院歷史研究所朱玉龍研究員，自始至終參加了本編資料的初選工作，他扎實的功底、嚴謹的治學方法以及孜孜不倦的精神，給人留下了深刻的印象。國家圖書館孫學雷、北京大學圖書館張玉範、湖南圖書館尋霖、廣東中山圖書館李玲等人，對本項目的熱心支持也令人難以忘懷。在此，我們要向所有爲本項目提供幫助的人士，表達深深的謝意。最後，特別要向上海圖書館王鶴鳴研究員致以敬意，從項目的策劃到落實指導，無不凝聚了他的心血，厥功至偉。

　　本編編纂歷時十年，儘管我們努力爲之，但還是留有不少的遺憾。譬如，鑒於家譜數量巨大，選編者無力查閱所有的家譜，肯定會遺漏不少的珍貴資料。再者學力有限，錯誤疏漏，在所難免。我們真誠地希望廣大讀者不吝指正，同時也希望讀者能從本編中獲得所需的資料，這對我們來説是最大的欣慰，也是我們的編輯初衷。

陳建華

2011 年 5 月

總　　則

1. 本編所選資料皆採自家譜，凡刊載於其他文獻中的相關資料不予採輯。

2. 本編資料除《漳州移民卷》外大都輯自 1949 年前編纂的家譜，新修譜中成文於 1949 年之前的資料，酌情收入。

3. 本編按類彙輯，分爲十一卷。每卷正文前刊有總序、分卷專序以及凡例、目錄。

4. 本編收入的資料皆加新式標點。原有標點者，一般不予改動，有明顯錯誤的徑改，不作標識。

5. 本編資料以原文照錄爲原則。内有殘缺、脱落之字，以"□"符號代替。由於各種原因無法辨識之處，用"■"表示。

6. 文中明顯錯字，錯字加圓括號，後再用方括號標出正字。如有衍字，則加圓括號。行文中有明顯脱字，則增補之，并加方括號。

7. 避諱字一般不作改動。

8. 原譜以簡體字排印者，一律改排繁體字。

9. 原文較長而未分段者，編者可據内容適當分段。

10. 所輯篇章或無標題，編者據文擬加。

11. 每篇資料於篇末標注其出處。資料出處包含纂修者、譜名、版本三項内容。

12. 各卷資料編次方法由編者按内容酌定，以便於查閱爲主旨，不强求統一。

13. 各卷視情編製分卷索引，附於卷末。

序

中國家譜文獻中的圖畫，包括祖先像、住宅圖、祠堂圖、墳墓圖、書院圖、義塾圖、景點圖等，是中國家譜文獻資源的重要組成部分。這些圖畫，類型多樣，内容豐富，筆工精細，一般都配有贊語、釋文，具有重要的文獻資料價值。

鑒於中國國家圖書館已於 1999 年整理出版規模宏大的《中華各姓祖先像傳集》，因此本卷收録的是家譜文獻中除祖先像圖以外的有關圖畫。下面按住宅圖、祠堂圖、墳墓圖和其他圖四部分，對圖畫内容逐一介紹。

住　宅　圖

第一部分爲住宅圖，又稱里居圖、里址圖、住屋圖、祖居圖等，即本族人居住地的圖畫。

"譜牒之中的村居圖，屋舍鱗比，桑梓蕭森，閭巷縱横，人煙稠密，尺幅間猶千里也。"（《［安徽旌德］三溪王氏續修宗譜》，光緒三十年）爲什麽在家譜中普遍都繪有"尺幅間猶千里"的村居圖？《［浙江諸暨］宗和郭氏宗譜》指出："世家望族纂修譜牒，必志里居、繪宫室以備載者，上以昭前人創業規模，下以貽後世子孫。即遷徙居外地，亦得溯源探本，不忘發祥之故址也。……俾後之覽觀者，念締造之功而弗諼焉。"《［湖南沅江］芷水安定胡氏續修支譜》指出：繪先祖構建屋基圖，"一以見諸祖父輩之辛苦艱難，一以望我支繼起之仁人孝子也"。《［安徽］旌德吕氏續修宗譜》指出，"惟思吾族世居廟首已千年矣"，"綿延至今，人丁逾萬，户逾千"，"其間遷徙僑寓他邦，黄河南北，長淮上下，大江左右，星羅棋佈，無地無之。後固一無所覩，而村落形勝及各居各支老屋所在，祠宇所在，更爲茫昧"。所以繪廟首村圖，是因爲"俾吾族遠居異地者，他日欲問祖居所在，祠宇生存，得按此圖爲依據，而吾族奕世子孫亦可以知本而思源焉"。

由上可知，在家譜中普遍繪有祖先居住圖，一是昭前人創業規模、創業之辛苦艱難；二是方便徙居外地的族人溯源探本，知本思源，不忘發祥之故址；三是俾後世子孫具有深厚的尊親之念，成爲仁人孝子。

從住宅圖及釋文中可以看出，各家族的住宅地，一般經過精心選擇，居住環境與生態較爲協調，人與自然和諧相處，是山青水秀、山水交融的宜居之地。《［四川郫縣］蜀郫范氏族譜》就以一首詩介紹本族祖先遺留給子孫的宅圖："小小房櫳向京華，一灣流水是吾家。行人指點門何處，翠竹森森曲徑斜。"《［浙江浦陽］浦陽陶氏宗譜》在注釋陶氏鳳山宅圖時指出：鳳山者，"燕山上聳，白沙下濚，黄岡内峙，荆山外屏"，陶氏祖先"誠仿其山水之秀麗，覩斯風土之沃淳，遂築室于斯"，成爲陶氏孫枝繁衍的風水寶地。《［山東寧陽］章村吕氏宗譜》介紹山東寧陽吕氏祖先所以選擇寧陽章村作爲自己家族的村居宅地，同樣因它是塊靈秀勝地，"東有柳山，一拳秀起。南有玉屏，彩石生輝。平陽聳翠於西，大坪環拱於北。他如全山擁秀，甘露崔巍，聳陽豪于華表，峙旗鼓於捍門。抑且碧水悠悠而環繞，茂林鬱鬱而青蒼，靈秀之氣鍾毓於斯，誠勝地也"。

各家族住宅之所以選擇山青水秀的靈秀勝地，一方面這是宜居之地，是"山水畫裏人家"，另一方面是"地靈人傑,人藉地鍾",有利於子孫瓜綿枝茂。《[安徽歙縣]古歙義成朱氏宗譜》在住宅圖的説明中,就言簡意賅地指出:"石韞玉而山輝,水含珠而川媚。地靈人傑,人藉地鍾。"《[江蘇如皋]胡氏世譜》的住宅圖釋文,則以自己家族二百餘年來人丁興旺的事實,來説明地靈人傑的道理:"人謂地靈,由於人傑。我謂人傑,未始不由於地靈也。……我氏自五世祖國富公東遷於芳泉,其所以能歷世十世有奇,歷二百年有奇,瓜綿椒衍,保世以滋大者,未始不由於地多旺氣,與夫遺澤孔長也。"

　　既然住宅地的環境是如此重要,關係到一個家族的瓜綿椒衍、子孫繁昌,因此各家族家譜刊載住宅圖的同時,往往刊載有關住宅地的文書契約,以避免經濟糾葛。如《[湖南沅江]芷水安定胡氏續修支譜》住宅圖後的屋基文契,記載了道光十八年(1838)兄弟之間的土地買賣資料:胡氏宗述、宗錫兄弟,因"棄業就業",將余家園麻土二廂竹山土地"召到胞兄宗仕名下承買爲業","時值土價錢十九串八百文正","自賣之後,任從錢主開挖蓄禁,陰陽兩便,百爲無阻,斷不外生枝節","文契一紙,持與錢主子孫永遠收執管業爲據"。

　　中國封建社會是自給自足的小農經濟,反映在住宅圖上,往往是一村一姓,聚族而居,而無雜姓攪入。如《[浙江上虞]古虞朱氏家譜》:"自宋建炎迄今四百餘年,人才代出,居處此間,無間異姓,而四山環峙如城,一水盤旋似帶。"這種聚族而居的特徵,可用兩句詩來描述:"相逢哪用通名姓,但問高居何處村。"(方士庹:《新安竹枝詞》)説的是路人相見,互相招呼,無須報出自己姓氏,只要你説出住在哪個村子,那麼你的姓氏自然也就清楚了。因聚族而居,故許多村落都是以姓氏命名的。如安徽歙縣,據《新安名族志》記載,就有近二十個家族用自己的族姓給遷居地命名,如黃村、宋村、王村、陳村、姚村、江村、朱村等。

　　但隨著商品經濟的發展,全封閉的自給自足的經濟逐步瓦解,由原來一姓聚族而居而變爲異姓雜處。有些住宅圖的釋文,對此就有生動的記載。《[湖南湘陰]羅江黃氏家譜》的"住屋圖記",反映的是1928年農村的居住和經濟情況:"本門皆爲尚景房裔,居非一村。而一村之中,半皆與異姓雜處。""與異姓雜居,故其風尚亦不一致。居民大半力農,而兼爲小販爲工者,較各門稍多。富於宗族感情,趨重儒術,且儉約不流奢,尤爲可風。""産稻穀、泥豆、輸出尤以泥豆爲大宗,喜飼豕,女能紡織,故小豕、棉布亦爲出口之一。其餘柴、薪、芋、竹、茶、麻之屬,亦足供其要需。"爲我們描繪了湖南湘陰羅江農村以黃姓爲主又與異姓雜處、以自然經濟爲主而商品經濟已有所發展的生動景象。

祠　堂　圖

　　第二部分爲祠堂圖,又稱宗廟、家廟、宗祠、祠宇、宗堂、神壇、享堂、享祠圖等,即祭祀祖先的場所。這些圖畫,大多爲祠堂建築式樣、框架結構圖案,也有祠堂山水圖,如湖南長沙善邑唐氏祠堂圖。有一些則是祠堂祭器、祖先牌位次序等專圖。就祠堂所轄範圍來説,大多是一個家族的祠堂圖,有總祠圖,有支祠圖,也有涵蓋全省一個宗族的統祠圖,乃至跨幾個省區的合祠圖等。

　　翻開明清時代的家譜,幾乎都將家族祠堂及其釋文置於家譜重要位置,佔有重要篇幅,爲什麼要在家譜中將祠堂畫圖並加以注釋呢?

　　《[湖南寧鄉]潙寧東城李氏族譜》:"爰爲圖,著於譜,圖其地,圖其式,而妥先靈,示來許,胥於是乎在。"

　　《[湖南長沙]洪塘房楚氏六修譜》:"祠何以圖,爲志不朽也。……蓋欲使後之人,一覽斯圖,咸念昔人經營之苦、創造之勞,時加修葺,時加整飾,則祠得以不朽焉者,而圖亦與之俱不朽焉耳。"

《[江西萬載]昌田鍾氏福房支譜》:"祠堂有圖,而復加說者,何也?蓋圖只能表現形勢大略,凡龍從何來,砂從何轉,溪水之源流從何開闔,俱缺然不詳;至祠堂之來歷與時勢之變遷,更非圖可得以形容者也。"

從上述幾段引文可知,各家族在編修家譜時,必將本族祠堂著於譜,圖其式,並加以說明,其目的就是使後世子孫一覽斯圖,知悉祠堂之來歷、時勢之變遷,以見開基時締造艱難,咸念先輩經營之苦、創造之勞,從而對祠堂時加修葺,時加整飾,使祠堂得以不朽,光昭祀典。

在家譜中重筆濃彩地將祠堂畫圖並加以注釋,與祠堂、宗廟的悠久歷史以及人們對其認識不斷深化有著密切的關係。

在古代,宗廟是人們出於對祖先崇拜進行祭祖儀式的地方。先秦文獻中就有不少此類内容的記載,《禮》曰:"君子將營宮室,宗廟爲先。"就是説,君子士大夫在修建宮室時,首先要修建的是祭祀祖先的宗廟,因爲"宗廟者,乃祖宗精靈所依,又爲崇享之地,爲子孫者,宜經營保守,未可忽略視之耳。"(《[湖南湘鄉]桑棗園王氏族譜》,1930 年)《禮記·王制》則對古代修建宗廟從禮制上作了具體的規定:"天子七廟,三昭三穆,與太祖之廟而七。諸侯五廟,二昭二穆,與太祖之廟而五。大夫三廟,一昭一穆,與太祖之廟而三。士一廟。庶人祭於寢。"就是説,古代祭祖,天子七廟,諸侯五廟,大夫三廟,士一廟,普通人則無廟,只能祭於自己居住的地方。這表明在先秦時代,從禮制上對祭祖的宗廟就有嚴格的規定。儘管祀祖儀式的場合規格不一,但君、臣、民崇拜祖先進行祭祖的意願是一樣的。

至秦代,則"秦變古制,臣下罔敢立廟"(《[湖南寧鄉]易氏九修宗譜》,光緒十六年)。

到了西漢,民間祠堂又發展起來。"漢興,始得建祠於墓,於是乎有祠。祠者,所以教人反古復始,不忘其所生也"(《[湖南寧鄉]易氏九修宗譜》,光緒十六年)。"漢興,乃立祠於墓所,蓋祠以棲靈,墓以藏魄。祠於墓所者,本求神于陽,求形于陰之義也"(《[湖南]醴陵汪氏譜系》,1919 年)。漢代祠堂,建築在墓地旁,稱"堂";多爲石質,又稱"石室"。

魏晉以後,民間祠堂發展相對緩慢。少數有功爵者,才建祠於鄉里。

從宋代民間家族建立自己的祠堂,至明清時代祠堂獲巨大發展,與程朱理學的興起大有關係。程朱理學鼓吹"孝爲百行之首"、"生民之德莫大於孝",儒家"三綱五常"的倫理道德觀念得到大大的加強,並深入人心。作爲祭祖儀式場所的祠堂,很自然擺到了十分重要的位置。

明清時代,是中國宗族制度趨於成熟的發展階段。在程朱理學的鼓吹下,祭祀作爲家族的重要活動受到人們高度重視,祠堂則成爲宗族具有凝聚力的象徵。明清政府爲鞏固自己的統治,以孝治天下,迎合臣民通過祠堂祭祀先祖的心理,多次下詔書、發上諭,對朱子《家禮》關於祠堂禮制"只祭高、曾、祖、禰四代"等項規定進行鬆綁,滿足了天下臣民追本返始、祭祀先祖的要求,促使修建祠堂在全國各地迅速發展。"奉祀止於四代,四代之前無所憑依,將何以報本追遠而聯屬之所思哉!"(《[湖南湘潭]中湘譚氏五修族譜》,嘉慶二十二年)"舊四代神主設於正寢,今巨族多立祠堂,置祭田,以供祭祀"(乾隆《廣州府志》卷一〇)。事實上,何止"巨族",一般家譜都互相效尤,紛紛建立祠堂。尤在家族組織發展比較成熟、聚族而居的南方,修建祠堂的數量更是十分驚人。以江西省爲例,乾隆二十九年(1764)統計,全省同一姓建的總祠有 89 處,各地一族獨建的祠堂 8994 處,幾乎所有家族所有村鎮都有祠堂(劉黎明《祠堂·靈牌·家譜》,四川人民出版社,2003 年 1 月,第 19 頁)。有的聚族而居的一個村子,建造的各種類型的祠堂多達幾十個。如安徽黟縣西遞村,居住的是明經胡氏家族,據《西遞村祠堂寺廟庵堂分院一覽》記載,明經胡氏建造的祠堂多達26座,它們是宗祠本始堂,總支祠敬愛堂、常春堂,其他的則是分支祠或家祠,如仁讓堂、維新堂、存仁堂、中和堂……共23座。這座座祠堂,成爲西遞村落中最爲搶眼的地方。

明清時代的祠堂祭祀對象主要是始祖、始遷祖、先祖和以德、爵、功著稱者。在祖先崇拜、好古心理的支配下,祭祖往往至數十世之遠。有的大宗祠,甚至推年代久遠的將相一人供爲始祖,如周姓則祖后稷,吳姓則祖太伯,姜姓則祖姜尚,袁姓則祖袁紹等。

祠堂活動包括:籌建祠堂、修復祠堂、祭祀祖先、配置祭器、祭祖食品、日常祠堂管理等,都必須依賴一定的經濟力量。朱熹在《家禮》中立祠堂之制的同時,提出"置祭田"的辦法,作爲維持祠堂家族活動的經濟基礎。翻閱明清家譜中關於建祠堂、置祭田的經費來源方式,主要有兩種:

一是按丁釀金。如:

《[江西萬載]昌田鍾氏福房支譜》:"爲敬宗收族起見,按丁釀金,子母累積,始乾隆戊午,歷戊寅,貲漸鉅,遂創左之丁會祠。迨同治丁卯,合族捐進木主,集腋成裘,復建右之牌位祠。此兩祠並立之由來也。"

《[湖南長沙]詹氏六修族譜》:"光緒二十九年癸卯,族長老合族屬謀于宗庭,復修祠宇,齊聲踴躍。……是役也,前後共費四千二百餘金。款提三項,一按丁,一按糧,一按序,不及則以祭産贏餘補助之。"

二是自願捐資。如:

《[江蘇鎮江]潤州周氏重修宗譜》:"嘉慶己卯,舉春祀典,倡議建祠,族衆踴躍。是日,萬華與兄萬育首捐銀四百兩,萬華又以素願益捐二百五十兩,景捐銀二百兩,景從兄暘在楚,景以書致之,捐銀二百兩,以及各項另捐,載明簿內,約計千數百金。是年秋祀,俱照數輸將。"

《[湖南長沙]珠塘譚氏續修合譜》:"立捐契人譚春有、星照、冠英同姪子蕃、子高等,今因宗廟祭祀,賴有祭田,每托先人庇蔭,得以立功西域,木本水源,不無動念,兄弟夫婦商議,願將前年接受劉玉泉之業,地名茅園崎泉塘沖竹苑子時田六十畝,並屋宇、山場、塘壩、水分、竹木、茶果、隙地、園土、糞墩、溝地、圳港、禾場、瓜堆、糧餉等項,凡屬接受劉玉泉契內注載之業,概行捐歸光裕堂公祠管理。"

祠堂既然是祖先神靈聚居之地,自然也是全族祭祀祖先的場所。家譜祠堂禮儀中規定:每年春秋祭祀,全族聚集祠堂,由族長或宗子主持,作禮設祭。清明掃墓時,一般先到祠堂祭神主,然後到各房各家的墓地祭掃。有的家族則規定,每逢朔望,都開祠設祭,祠堂活動比較頻繁。祠堂致祭之日,往往也是向族衆宣講家譜之時。許多家族在祭祀儀式開始之前,由族長或指派專人宣講先賢語錄、宣讀家規家法,使族人瞭解家譜內容,按照封建禮法做事、做人。有的家族在祠堂專門置"懿行錄"和"過失錄"兩簿。凡族人有美行,則記載在"懿行錄";凡族人有過失,則書之"過失錄"。每逢祭祀畢,族長就召集族人依次列坐,將族人美行大聲宣讀,族人過失則遞送默看,不許聲揚,若過失者已覺悟,則可將過失從"過失錄"中抹去。"如此,則家法立,賞罰明,一族之人循規蹈矩,動無過舉。""賢哲生焉,家聲振焉!"(《[湖南寧鄉]魚潭黎氏五修族譜》,宣統二年)

在明清時代,家族中重大事宜,諸如續修家譜、修復祠堂、推選族長、購置墳山、義田等,都由族長在祠堂組織族人討論。遇到族人違反家法、族規時,祠堂又成爲了家族法庭。族長在祠堂審理案件、審判族人時，一般由族中士紳陪審，允許族人旁聽，藉以教育族人。安徽環山《余氏家規》規定："家規設立家長一人，從昭穆名分有德者爲之；家佐三人，以齒德衆所推者爲之；監視三人，以剛明公正者爲之；每年掌事十人，二十以上五十以下子弟輪流爲之。凡行家規事宜，家長主之，家佐輔之，監視裁決之，掌事奉行之，其餘家衆毋得各執己見。拗衆紛更者，倍罰。"祠堂成了"審判大廳"。廳内，主宰、副宰、裁決、奉行，各有所司，儼然封建國家司法公堂之氣派。

由上述可見，明清時代的祠堂已成爲一個家族的中心，象徵著一個家族的團結。通過祠堂祭祖和其他活動以及行之有效的管理，以血緣關係爲紐帶，把族衆牢固地團結在一起，成爲嚴密的家族組織。

墳 墓 圖

第三部分爲墳墓圖，又稱祖塋圖、廬墓圖、墳山圖等，即埋葬祖先的墓穴。這些圖畫，有的墓與祠合在一起稱墓祠圖，有的將墳墓周圍山水也勾畫在圖畫内，則稱墳墓山水形勝圖。這些墳墓圖，大多爲一人（有的包括夫人）墓圖，也有多人墓圖。江蘇蘇州吳氏科堰岑祖塋圖，有一百多個墳墓；湘南益陽熊氏孫家山合墓圖，則有二百餘個墓穴。這些墳墓圖，大多爲南方地區，也有幾幅是北方的，如甘肅天水秦州西廂里張氏桂家巷後塋圖等。二者相比，南方墳圖筆工精細，圖畫内容豐富；而北方墳圖則比較簡潔，線條粗獷。

爲何在家譜中將自己祖先的墓穴位置、形勢畫上圖並詳以記之？以下幾段論述頗有代表性：

"塋何以圖？圖余先人殯葬地之方向次序，使子孫得舉其誰某而追遠者焉。……假使無圖，子孫雖賢，其不知誰某者，則亦付之緲茫矣。使有圖，則某在斯，某在斯，雖百祀可知，大矣哉圖之爲用也。"（《［甘肅臨夏］馬氏族譜》，1946年）

"卜吉宅幽，妥先人體魂，攜家上塚，啟後人哀思。……因是摹山範水，別派尋源，脈絡分明，形容盡致，於以崇厥封、薙厥草。庶近居者，一掃墓而了然，遠播者，一登山而燦若，今而後以萬以億，侵越其克免矣。"（《［湖南湘潭］中湘赤江灣譚氏八修支譜》，1938年）

"尊祖則敬宗，敬宗故收族，而譜之作，尤宜詳於墓。……圖與記詳之，以備考耳。惟之人視譜知圖，視圖知墓，因之護藩蘺，培薪木，慎祭掃，防侵損，即謂圖以敬宗，譜圖收族也可。"（《［江蘇無錫］前澗浦氏續修宗譜》，嘉慶二十五年）

從上述幾段論述可以看出，在家譜中對墳墓"圖與記詳之"，便於後人"視譜知圖，視圖知墓"，"一掃墓而了然"，"一登山而燦若"，從而對墳墓"護藩蘺，培薪木，慎祭掃，防侵損"，達到尊祖、敬宗、收族的目的。

源于祖先崇拜的墓祭，與祠堂一樣，歷史悠久。清人魏崧説："墓祭始于夏。"（《壹是紀始》卷四）春秋戰國以後，民間墓祭已相當廣泛。每到清明節，人們來到祖先墳前，爲墳墓除草添土，或在樹枝上掛些紙條，或在墳墓上插一木棍，上掛紙錢、紙帶，供祭品，焚錢跪拜，舉行祭祀儀式，以寄託對祖先的哀思和請求祖先庇佑。墓祭有以家庭爲單位進行的，也有合族進行的。

宋元以後，隨著民間建置祠堂逐漸增多，人們對墳墓、墓祭更加重視。

一是更加重視陰宅方位的選擇。

湖南寧鄉易氏始祖興長公墓在瀏陽西鄉將軍峒，"左邊打石坡，右邊將軍峒，兩水蓋迭交於穴前"。"自東晉迄今（光緒），雖陵谷滄桑，此地清光焕發，千載常新"。其墓"'鍾川嶽正氣'、

“獲宇宙靈區”、“故久而彌固”(《[湖南寧鄉]易氏九修家譜》,光緒十六年)。

浙江浦江武威賈氏墓:“形似長蛇奇吐舌,丙山壬向王字穴,金城圍抱案弓眠,兒孫衣繡栗陳積。”(《[浙江浦江]武威賈氏宗譜》,光緒五年)

二是更加重視墳墓的修整。

湖南湘潭中湘株州雷氏家族“今逢聖天子在上,以仁孝治天下”,於是“倡修祖墓,培植墳塋”。其修整祖墓的規格很高,並有所區別:一是“三代祖墳墓以麻石築以三砂,完隆堅固,萬代常新”;二是其他“各處墳山無論親疏,雇工整修,一體施行,千年不朽”;三是“擇祖山壙基周圍三百餘丈,廣栽樹木松杉數千餘株,雇人看守,大費周章”。雷氏家族興師動衆,大規模修整祖墳,其目的是“祖靈安享,永錫禎祥”(《[湖南湘潭]中湘株州雷氏六修支譜》,光緒十七年)。

三是墓祭制度更加完善。

甘肅蘭州李氏墓地,自始祖開始,即葬此地;始祖而下,依次葬埋。儘管墓地遼闊,但因後世人丁繁衍,墓地容量越來越有限,於是自十二世開始,即按長幼之別作了規定:凡長房者可繼續卜葬祖塋,其他房支則另擇地卜葬。在墓葬地的選擇上貫徹了“尊卑有別、無容混淆”的原則(《[甘肅蘭州]李氏家譜》,道光十九年)。

很多家族對墓祭時間作了具體規定。如湖南寧鄉戴氏家族,自十一派祖宗昌公與湘山昭傑公分支以後,即將其分支之祖宗昌公墳置於寧邑五都十六區戴家上首碓木咀處,其後子孫繁衍,聚族而居。祖昌公支下族衆規定:“每歲清明中元祀之,所以妥先靈也。”(《[湖南寧鄉]潙寧戴氏四修族譜》,光緒三十年)

如同祠堂的建築、維修以及日常活動需要有經濟支撐一樣,墳墓的修建、墓祭活動的開展,亦需要有一定的經濟保障。凡有正常的墓祭活動,則必定有祭田等來予以保障。如江蘇蘇州申氏墳墓,主穴係文定公,乃明朝中極殿大學士贈太師暨元配吳夫人合葬墓,墓旁建享堂三楹。爲保證申氏墓祭活動正常開展,置“祭田二百五十餘畝,墳山一百十七畝三分”,祭田收入除完課外,專“供祭掃修葺、墳丁歲給飯米”之用(《[江蘇蘇州]申氏世譜》,道光二十一年)。

爲了保證墓祭活動的正常進行,各家族不僅專門置購祭田,而且還在墓旁專門設置祠或莊,以加強對墓區的日常管理。如浙江鄞縣秦氏周家漕墓爲秦氏果菴公墓。爲加強對墓的管理,秦氏家族在墓東南地建“靜遠莊”:“坐北朝南,臨河門屋一間,正屋三間,中奉香火”,“內廚灶桌凳物件,俱有交單,著莊人看守”,專門負責平時對墓區的護理,並做好墓祭時的各項工作。

既然墓域關係到一個家族的繁衍、興盛,爲爭墓區風水寶地以及搶掠墓域內樹木等物件的經濟糾紛便時有發生。安徽績溪許氏太舅公艮英,明朝初年安葬績溪北壹都揚溪嚴塢口之東霍家園。自明朝至清朝中期,墓域培植松柏,蔥蘢庇蔭。但自“洪楊亂後”,“祠事式微,墓祭哀替,致啟奸邪窺伺”。光緒七年(1881),勢惡張定元於墓域右面盜伐蔭木,並將非許氏的棺材移到山上,結槨造壙,在許氏墓域共計盜葬達13棺。許氏家族不得不控於績溪縣主,但縣衙門因受張氏賄賂而使許氏不得平。嗣後許氏一詣皖省,三赴南京,歷時八年,最後“蒙黃縣主詳請府憲王就案審理,依和約斷結,並給示勒石永禁”:“該墳山屆近諸民人等‘知悉’,所有許家墓墳山業內興養蔭木,不得盜砍盜葬,自示之後,倘有不法棍徒窺吉盜葬、盜砍墳蔭……准該生等指名控究,定即飭差嚴拿到案,從重究辦,決不姑寬。”自此以後,“奸邪始莫能遁”(《[安徽績溪]績溪縣南關惇敍堂許氏家譜》,光緒十五年)。

如上述許氏勒石示禁的事例,在各地各家族的墓域裏是比較多的。這爲後人瞭解、研究當時的社會經濟、民俗文化提供了重要資料。不僅如此,由於墳墓的釋文均爲家族親人所寫,其可信程度較高，因此，這些釋文有時則能補正史之缺，刊正史之誤。《[湖南平江]杜氏族譜》關於唐代左拾遺工部員外郎杜甫的墳墓釋文就是一例。新、舊《唐書》關於杜子美的墓葬地，均謂"公卒于耒陽，歸柩偃師"。而該族譜關於杜子美的墓葬地則提供了更爲確切的資料：不在偃師，而在平江！該族譜在杜工部墓圖後附《杜工部墓辨》指出：唐大曆五年(770)九月，杜甫由湖南歸秦，舟中患風疾，泝汨羅以至平江，既殁，葬平江縣南十里之小田村天井湖。當時杜甫子宗武因病未能葬杜甫，由其子，即杜甫孫嗣業將杜甫落葬平江。《杜工部墓辨》結論是："以子美先生葬于平江，子孫從之，誥勅具在，譜班班可考，其墓夫復何疑？而讀史者誤信新、舊《唐書》，謂公卒于耒陽，歸柩偃師。"由此例可進一步認識，墳墓圖和釋文有著重要的史料價值。

其 他 圖

第四部分爲其他圖，包括藏書樓圖、書院圖、書齋圖、試館圖、義塾圖、學校圖、風景圖等。

中華民族歷史悠久，文化發達，保存歷史典籍的各種類型的藏書樓分佈全國各地。有國家級的藏書機構，如文津閣、文淵閣、文瀾閣等，但大多是一個家族籌建的藏書樓。其中比較有名的有千頃堂、天一閣、傳是樓、嘉業堂等。清代學者洪亮吉對安徽涇縣朱氏培風閣藏書樓作了專文介紹："朱氏舊自婺源徙涇，在宋爲徽國文公近支，家有賜書。歷世以來，並善搜藏，至靜齋、蘭坡兩太史昆仲，裒輯益富。因仿秘閣之例，既經史子集列作四廚分貯。""朱氏不特善貯書，自兩太史外，羣從子弟能讀書好古者，又不下數十人。"朱氏藏書"將見區分當而讎校精，又非江左浙右諸藏書家所可同日語矣"(《[安徽涇縣]張香都朱氏續修支譜》，光緒三十二年)，對安徽涇縣朱氏家族及藏書樓作了很高的評價。

藏書樓一般都選在風景宜人之處籌建。如湖南湘鄉舒氏藏書樓："湘水支流，會于江口，至潭臺泱漭而深。祠之樓臨其旁，背市面河，鮮塵埃氣。昔叔曾祖青洋讀書其上，聚古今書籍數千卷，額曰藏書樓。有二重，下與垣齊，不可遠望；上則高出表，登臨四顧，數百里之景物雲山，盡供諸几席之上。"(《[湖南湘鄉]湘鄉潭臺舒氏族譜》，光緒十四年)

明清時代，一般有條件的家族都創設書院，作爲本族子弟的學習場所。如浙江諸暨郭氏"自吾祖雪岩公創書院於北山之麓，顏曰'朝陽'。其間臺榭亭池與夫繁花雜卉，靡不備列。夫非直爲遊觀地也，凡族人子弟於斯弦，於斯誦，合成人小子而歸諸德造，以啟千載之人文，是則吾祖創書院之深意耳"(《[浙江諸暨]宗与郭氏宗譜》，嘉慶八年)。

有的書院規模很大。如安徽涇縣倪氏紫山書院，共房屋四十餘間，用銀五千八百餘兩，歷時十一年方建成，"村紫山村，書院曰紫山書院，皆以紫名，形家言紫氣星爲最貴也。……由文昌閣至春和軒，總屋四十餘間，用銀五千八百有奇，經始於乾隆戊子，越十有一年，戊戌落成"(《[安徽涇縣]新紫山倪氏七甲支譜》，乾隆五十三年)。

一般書院歷史都有幾百年，中間難免發生變化，有的因兵燹而成灰燼。如湖南湘潭胡氏碧泉書院，爲胡氏鼻祖文定公所建，後屢經兵燹，遂墮劫灰。到乾隆年間，"復其基址，新其堂構，周圍山地一所，祖墳數塚，前置祀田五畝，以爲久遠之計。嗣是八房子孫，亦飲泉思源，有基勿壞則得矣"(《[湖南湘潭]湘潭隱山湧田胡氏七房八修支譜》，1929年)。有的書院因被人侵據，改作他用。如清代桐城著名學者方苞爲《[河南保定]容城孫氏世系氏族譜》中所撰《修復雙峰書院記》，有著生動的記載："容城孫徵君，明季嘗避難於易州之西山，從學者就其故宅爲雙峰書院。其後徵君遷河南，生徒散去，爲土人侵據。其曾孫用楨訟之累年，賴諸公之力，始克修復，而請余記之。""余因論先生之遺事，而並及於有明一代之風教，使學者升先生之堂，思其人，論其世,而慨然於士之所當自屬者,至其山川之形勢,堂舍之規,興作之程,則概略而不道云。"查《望溪先生全集》,《修復雙峰書院記》收録在第十四卷,爲二十二記之一。將本譜刊載《修復雙峰書院記》與《望溪先生全集》原文對照,文字略有出入。

有些世家巨族,不僅籌建書院、書齋於本族聚居之區,而且還仿照府縣衙門在省垣置建試館,匯聚本族士人,相互觀摩交流,以鼓勵本族人才參加科舉考試,促進本族士人"步蟾宫"、"宴杏苑"。如湖南益陽卜氏,在明代和清初,其家族士人參加科舉考試,"科目稱資左冠",但同族士人僑居者半不相識。爲使參加科舉士人萃而相互觀摩,乃於光緒乙亥年(1875)於省垣購王姓祠址於"邑治之五馬坊,興工構造,期月落成,中建堂規模宏敞,左右廂後棟皆齋舍","題其閭曰'明經試館'"。第二年明經試館正式啟館,卜氏"妙英鱗集,列前茅者夥",卜氏族中精英没有辜負家族的期望(《[湖南益陽]益陽卜氏七修家譜》,光緒十三年)。

如同家族祠堂、墳墓的維持需要由家族田産等來支撐一樣,家族書院、書齋、試館之類的學習場所同樣要得到家族的物質保證,才能維持正常運轉。與此適應,不少家族都有義莊、義塾等設置。如湖南湘潭石蓮曾氏家族,於清光緒二十三年(1897),"合族商議將宗祠祀産内提田四百一十畝,分設義莊、義塾",並就有關事項作了細緻規定(《[湖南湘潭]石蓮曾氏七修族譜》,光緒二十七年)。進入民國以後,不少書院、書齋、義塾改爲近代小學,在辦學條件諸方面繼續得到有關家族的支持。如湖南岳陽何氏家族"於民國己丑公議,將該田一斗二升捐歸凌雲卿十四保高塘何高塘小學校,永遠常款,以便吴家莊佃户子弟就近入該校求學"(《[湖南岳陽]岳陽坪橋何氏族譜》,1949年)。

本部分的圖畫,不少是風景圖。如廣東南海廖氏四景圖、湖南江永毛氏錦堂八景圖、湖南瀏陽施氏八景圖、安徽南陵越國汪氏十景圖等。"于鄉中得四景焉:曰紅棉村曉,曰沙洲漁唱,曰古塔榕陰,曰平橋荷月。桑梓之區,晨夕與共,伯倡仲和,於此維多"。從這些圖畫中,看到的是南方農村一派和諧的生動景象(《[廣東佛山]南海廖維則堂家譜》,道光二十八年)。

爲什麼在家譜中一一列出風景圖畫,僅僅是爲了"焜耀後人耳目"嗎?《[湖南江永]錦堂毛氏族譜》對此有段論述:"陸機《文賦》云:石韞玉而山輝,水涵珠而川媚。是珠玉本水石精英,而結爲山川光熖。則文人乃山川鍾毓,必發爲光景之陸離。故譜之列景圖也,非徒焜耀後人耳目,正以彰天地之設施,亦以徵多士之思皇也。"(《[湖南江永]錦堂毛氏族譜》,1917年)這段論述講得很深刻,所以在家譜中列出風景圖畫,不僅僅是"焜耀後人耳目",而且爲了彰顯"天地之設施",從而激發後人更加熱愛家鄉大好河山的感情。

家譜中的圖畫大多是一圖一景一事,而廣東中山北嶺徐氏家譜中的"負暄圖"至"西園春飲圖",共計十一幅圖畫,反映的則是徐氏四百餘年的家族史。其中有些史實,不僅是徐氏家族史中的大事,而且爲明清歷史事件提供了重要史料。

如第十幅"未園飲餞圖",揭示了李鴻章辦洋務的幕僚徐潤於光緒乙亥(1875)與諸子弟宴集的情景。當時清政府爲改變積貧積弱的局面,實施自強新政,並提出"中學爲體,西學爲用"、"師夷之長技而制夷"的方針,决定派幼童赴美學習西方技術,徐潤爲歡送其弟質臣、宷臣等赴美學習,於是舉行了此次未園歡送宴會。"惟美國之行,越重洋,適異國,執手依依,得無有欷歔而不忍言别者。然此事爲曾文正、李傅相之創舉,余又奉文正公命,襄理特選中華天資粹美之幼童,遣往美國……肄習西學,以備吾華折衝樽俎之才,意至盛也,法甚良也!"《未園飲餞圖記》還提到其三妹及季程弟"先已出洋"等,表明19世紀中期以後,廣東等地首先受到歐風西雨影響,因此其對赴西方學習長技的認識及行動,均走在全國各地的前面(《[廣東中山]北嶺徐氏宗譜》,光緒十年)。

　　值得一提的是,廣東中山北嶺的徐氏家族中第16世家族成員徐瑞珩,恰是成爲中國參加世博會的第一人。但在2002年前,學界和民衆一直認爲中國和世博會最初結下緣分是1867年。因爲這一年,近代改良主義思想家、中國江蘇吳縣文人王韜正巧到達法國巴黎,並參觀了世博會,寫下了《慢遊隨錄——博物大觀》一文,記述了當時巴黎世博會的盛況。正當上海申辦2010年世博會工作如火如荼地展開、衆口一詞地認爲"中國參與世博會的第一人是清末文人王韜"時,廣東中山北嶺徐氏家族後人、交通大學退休教授徐希曾則大聲告訴全世界:中國和世博會的關係始於1851年的倫敦第一屆世博會,其先祖徐瑞珩就參加了那屆世博會。其根據就是(《[廣東中山]北嶺徐氏宗譜》,此譜詳細記載了:徐瑞珩,名德瓊,號榮村,是上海開埠後第一批來滬闖蕩的商人,在滬經營絲綢茶葉,蜚聲商界。當他獲悉1851年英國維多利亞女王以國家名義邀請十多個國家在倫敦舉辦世界博覽會後,立即將自己經營的七里湖絲裝成12捆,托運英國參加展出。由於"榮記湖絲"乃絲中極品,獨得金銀大獎。《廣東中山北嶺徐氏"榮記湖絲"榮獲第一屆世博會金銀獎牌圖記》有著生動記載:"適英國倫敦京城設爲大會,五大洲之地挾其寶而往者相望於道,公獨寄湖絲十二包載諸四萬里而西達於斯會。會中之絲,高與山齊,多如蟻聚,視公之絲,蔑如也。然而互相比較,反復諦觀,萬口同聲,咸以公絲爲第一。英國君主聞之喜甚,獎公金銀牌各一,又贈畫一幀。""榮記湖絲"獲獎的史實又在1852年出版的倫敦第一屆世博會文獻報告中得到佐證。150年前,廣東中山北嶺徐氏家族徐瑞珩,以"敢爲天下先"的精神,成爲中國參加世博會的第一人,爲中國爭得了榮譽。而正是依據《[廣東中山]北嶺徐氏家譜》記載的史料,將中國與世博會產生聯繫的時間提前了16年。此例再次有力地説明了,中國家譜文獻中的圖像及其釋文有著重要的史料價值。

王鶴鳴

2010年8月

例　　言

1. 本卷從衆多家譜中選取學術、文化、藝術價值較高的圖畫，同時兼顧圖畫的姓氏、地區以及製圖年代，使本卷資料既具較高的文獻資料價值，又有一定的代表性。

2. 本卷資料按内容分爲四類：住宅圖、祠堂圖、墳墓圖和其他圖，按撰譜時間先後排序。

3. 本卷資料具有圖文並茂特徵，圖主文副，文字注釋圖畫。凡圖畫，均取影印方式，視版面有所縮小或放大，版框等一般不加變動；凡文字，點校後取繁體横排方式，以符合清史編纂委員會文獻整理的要求。

4. 少數家譜圖畫、釋文内容難以按四類分割，即按其主要圖畫、文字内容置於相應類別内，以保持圖畫、文字内容的完整性。

5. 本卷資料版面，一般保持原家譜圖畫與注釋文字的次序，文前圖後，或圖前文後。少數圖畫精美，雖無文字注釋，亦一併收録。

6. 原家譜圖畫、釋文標題一般較簡略，由編者酌情增加地區、姓氏要素，如《［浙江東陽］禹山申屠氏宗譜》中圖畫原標題爲"屠梁宅圖"，收入本卷標爲"浙江東陽禹山申屠氏屠梁宅圖"，以方便檢索。

7. 各圖畫資料出處，一般置於圖畫、釋文下端，源於同一部家譜的多幅圖畫，資料來源只注最末一處。

目　　録

二、祠堂圖

三、墳墓圖

四、其他圖

一、住　宅　圖

浙江東陽禹山申屠氏夏屠宅圖

浙江東陽禹山申屠氏鳳凰山詩

　　余家有數奇，後山形勢儼若中天羽儀，又有幽巖斗室闢開，無異仙都勝境。古云地靈人傑，其信然耶，其傳之非其真耶，余故占句誌勝，以俟後賢繼起。

　　瑞鳥占雲下，來儀五度天。九苞鎮萬井，五彩集千年。卉口翠蒼爾，松風鳴憂然。丹山在指顧，誰鼓舜和絃。

鳳凰山石室吟

　　勝境自天裁，幽岩斗室開。投壺金矢擲，吟句玉聲來。飛瀑穿雲下，奇葩映日排。靜觀空曠理，胸次掃塵埃。

　　時康熙丙寅菊月登高日各俊題。

（《［浙江東陽］禹山申屠氏宗譜》　康熙二十五年木活字本）

浙江東陽禹山申屠氏鳳凰臺詩

詩　引

歲癸亥，余爲申屠氏厥秉家乘。自謂越雞伏魯卵，固非所任，然辱承當事諸公，若元起甫、元龍甫、宗武甫、宗良甫、宗訓甫、亨祖甫、亨春甫、亨榜甫、亨輅甫暨諸英哲，每攜酒尋芳，臨流步月，或酌鳳山之麓，或飲碧水之濱，愧不能奏高山、賦流水爲歉焉。一日，有客自台南來者，即余之故友也。諸君乃治觴邀遊鳳山石室，坐花醉月，品竹彈絲，真行樂時也。時諸公且喜名士湊集，因命余名其地，以榮其稱。余曰，夫命名必因人而重，地靈固人傑也，今諸君英英華舉，亦聖世之瑞，因名之曰鳳凰臺，可乎？僉曰諾。余遂書諸石而鑴之，以紀其勝。

詩

敬所

攜酒共登巔，簫韶寄管絃。撫松歌更逸，題石思翩然。瑞藹丹山彩，祥呈五度天。清遊塵事寂，信可挾飛仙。

和

毓奇

與子陟斯巔，幽思寄紫絃。九苞寧駐此，丹穴尚依然。醉舞淩千仞，狂歌徹九天。其誰吹玉管，贏得個神仙。

和

成吾

鳳現鳳崗巔，鳴諧舜五絃。瑞昭神聖武，經緯地天然。出處常無所，潛翔別有天。玄文光宇宙，奚尚穆王僊。

癸亥秋，余與邵友訪敬所毛君於鳳凰崗。時毛君爲申屠氏重修宗譜，適居停，主人惟元丈，翩翩雅趣，多平原興，酒酣，因向余索詩，遂乘醉撚鬚戲筆，贈之以詩

毓奇

秋日攜琴陟鳳崗，丹楓如醉柳梢黃。登樓似識春風面，下榻猶懸夜月光。書罷彩箋詞更短，飲餘醽醁興還長。憐君西席多豪客，添得家乘翰墨香。

浙江東陽禹山申屠氏屠梁宅圖

赤岩

西嶽

茂陵

祖宅

荷花塘

宗祠

魚山

圓起寺

浙江東陽禹山申屠氏東山宅圖

浙江東陽禹山申屠氏四景詩

東 山 夜 月

中峰吐出一輪秋，照見西川碧水流。恍惚有人初罷局，捲將素魄下瓊樓。

烟 寺 晚 鐘

遠近峯巒斂夕曛，叢林煙霧起氳氳。闍黎歸去溪山寂，恍有疏鐘隱上聞。

茂 陵 幽 處

嶒崚樓閣掩松林，寺帶平橋烟水清。中有倦游偏婉戀，子虛賦就未知名。

赤 巖 春 曉

嵯峨萬仞接晴空，勢壓東南遠近峯。花霧迷離消未盡，赤光先眩海天紅。

十 咏 詩

龍 山 書 屋

山迴路轉小池東，門掩深深一畝宮。屏障半開斜照裏，圖書全在綠雲中。香生五夜飄秋桂，月落三峯送晚鐘。坐對《離騷》心杳邈，更無人跡破苔封。

野 寺 晨 鐘

谷口叢林鎖翠烟，寒鐘敲破五更天。正催殘月沉花外，又逐輕風散野邊。北隴流鶯停巧語，東山逸客起高眠。平生厭聽人間事，自此深心欲向禪。

魚 麓 釣 磯

烟霞堆裏列雙魚，下有晴川匹練如。千叠文瀾輝日月，一拳錦石傲江湖。絲牽桃浪紅無底，水濺蓑衣綠有洙。咫尺釣臺人不識，由來只伴子陵居。

樟 陂 蒸 霞

一川浮玉小橋橫，林落陰陰暗晚汀。霞影忽蒸芳樹赤，波光常映遠峯青。劉郎歸去桃津在，杜老吟成錦水明。日月餘暉猶未散，還疑紫氣望中生。

黃 峯 帶 雪

濯濯層巒倚太虛，遙看帶雪轉青孤。光浮天半蛾眉白，翠隱空中雁影無。當閣銀臺懸碧落，暎池瑤島瀑冰壺。其間疑有黃公在，長擬乘風問素書。

烏 石 參 天

崢嶸一柱卓危巔，銳氣凌凌逼九天。撥出青霄懸日月，撐開紫霧鎮山川。鼎湖恍惚垂雲際，華表分明在目前。自顧平生多屈折，欲從此處學飛仙。

西 嶽 朝 雲

峯起金天列翠螺，朧朧常見曉雲羅。陰分北隴千村暗，日出東林五色多。縹緲無心馳遠岫，微茫有影巒崇阿。從來不省陽臺夢，爲憶夷齊發短歌。

東 山 夜 月

一輪海底濯琉璃，吐出中峯映野溪。林壑揚輝朱閣露，石橋借影白虹飛。鐘鳴古寺際清韻，鶴唳長空矢縞衣。惟有謝家偏婉戀，三更歌舞未曾歸。

蓮 峯 飛 瀑

萬仞青蓮矗紫霄，泉從玉井下迢迢。雨餘大地晴虹起，雲盡長空雪練飄。池險奔騰馳谷口，林虧隱約走山腰。幾回認作銀河水，欲遡天邊問鵲橋。

綠 橋 噴 雪

叢林夾岸綠依依，水出危梁望欲飛。怪石激流翻雪浪，垂虹跨日燦珠璣。金鱗閃閃浮增彩，玉燕雙雙浴轉輝。杖策幾迴頻到此，炎天寒色逼羅衣。

八十翁思春具草。

（《［浙江東陽］禹山申屠氏宗譜》 清康熙二十五年木活字本）

浙江諸暨郭氏陽宅并家廟圖

浙江諸暨郭氏陽宅并家廟圖引

　　夫世家望族纂修譜牒，必誌里居、繪宮室以備載者，上以昭前人創業規模，下以貽後世子孫，即徙居外地，亦得遡源探本，不忘發祥之故址也。余族自榮九公由江東徙郭墅，迄今合族環聚，凡家廟居室，先人莫不井畫成規，以示法守。爰列為圖，俾後之覽觀者，念締造之功而弗諼焉。

浙江諸暨郭氏揚村陽宅圖引

　　陽宅一圖,所以紀山川之形勢,昭室宇之規模,法至詳也。吾族自王父輩遷居揚村,經營締造,宮室崇隆,至今子孫得以爰居爰處,則知先人昔日創業之艱,而貽謀爲孔固也。後之覽斯圖者,得不深守成不易之思哉! 至於宗祠、家塾,則另自列圖,兹不附入。

浙江諸暨郭氏揚村陽宅圖

（清郭本法纂輯《[浙江諸暨]宗和郭氏宗譜》 清雍正八年木活字本）

江西婺源星源鄭氏基圖引

　　昔公劉遷邠,相陰陽,觀流泉。厥後周公營洛邑,澗東瀍西。衛文作楚宮,升虛望楚。自古建都立宅,未有不審其山川之包阜、龍氣之蟠結也。我婺來龍,發自大鄣山,一路重台仰天呈奇,五花搖鼓拱秀,雖戶口財賦不敵歙、休,而名賢挺生,理學繼起,江左名區,遠近聲稱弗置,地靈人傑,信不誣已。邑北之三十里,曰銀川、大源二處,世爲榮陽鄭氏里居。其龍脉俱祖縣治,一則大河關鎖,八景森羅,一則羣山聳峙,四水爭流,洵非退陬僻壤之鄉所能彷彿。此所以人財阜盛,風俗淳美,歷今數百年而如一日也。乙未之冬,新譜告竣,兩派族彥用繪基圖繡板示予。予覽之,不特靈秀之氣溢于毫端,而亦以知族彥仁孝之思,無忘先人卜築深意,特抒數言,以爲圖引。

　　環珠汪鸞翔拜手書。

江西婺源鄭氏銀川宅基圖

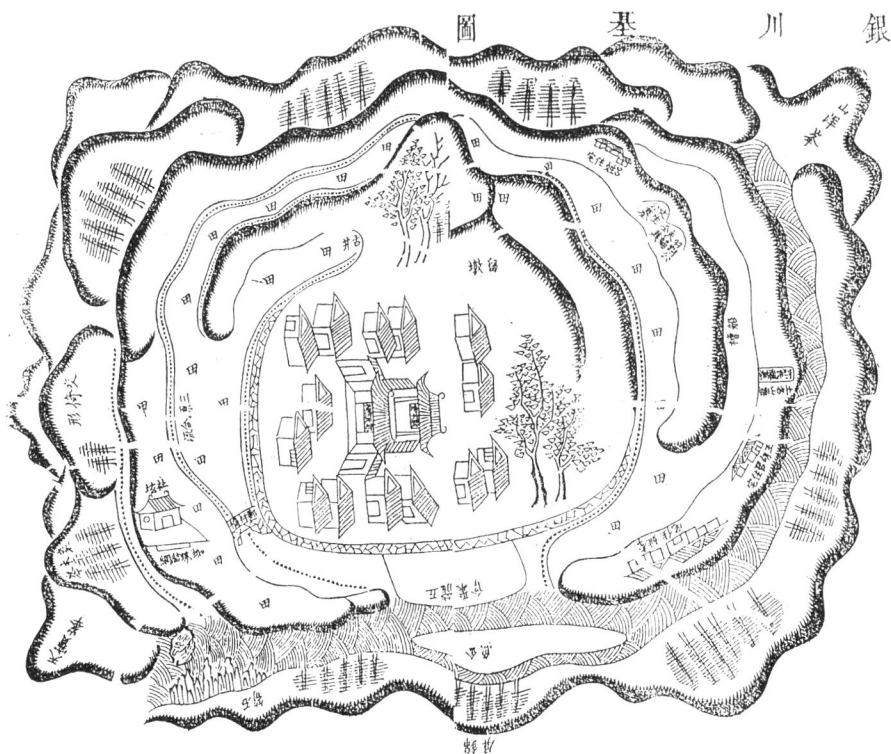

銀　川　基　圖

江西婺源鄭氏大源宅基圖

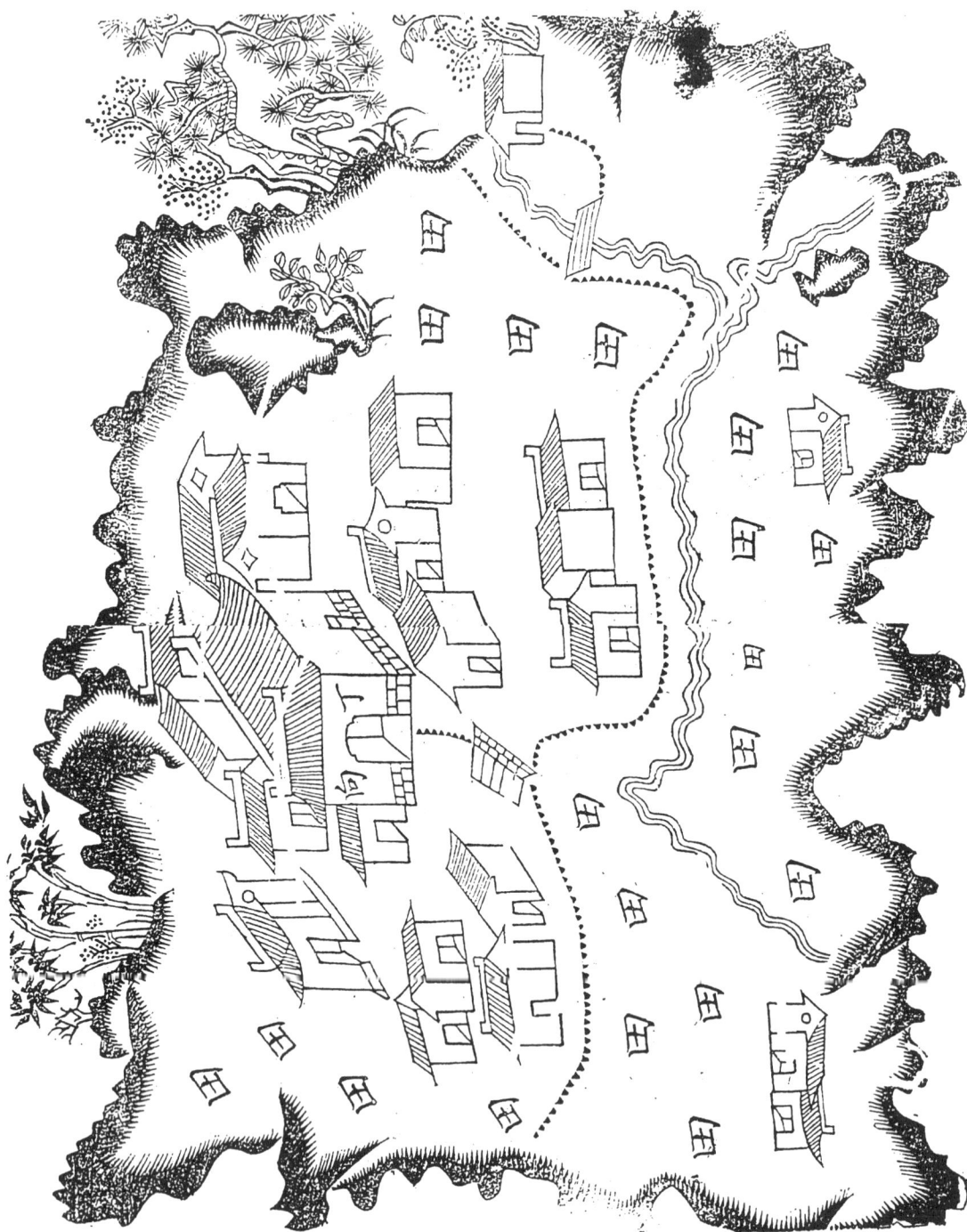

（清鄭永彬等纂修《［江西婺源］星源銀川鄭氏宗譜》 清乾隆四十四年木活字本）

安徽涇縣倪氏紫山坑口陽宅總圖

安徽涇縣倪氏紫山坑口陽宅總圖記

　　紫山之脉,發自貂蟬峰。貂蟬之西曰周公嘗,其東南曰寶子形。宗祠在寶子形之西,面溪水,臨白湖上。由周公嘗右轉至馬石跨,有亭焉,曰紫山亭。亭之左有菴,曰紫山菴。過紫山菴為紫山村。其山多石,貌甚怪,其下多桑,曰平園烟樹。平園之上為紫山書院,朝天馬峰,形家言天馬為貴人峰故也。由紫山遷者,南有坑口村,坑口屬旌地,隔溪水焉。自蘭石而上者,過蘭石橋,自白湖而上者,過白湖橋,皆與梅花山通。坑口在梅花山下,其南曰龍首山,西曰交椅山,又西曰筆架山,其中為蘭石,石之怪與紫山同。蘭石關之側,有泉出焉,滙為蘭石溪。溪在白湖下,水益駛,多砥石,大舟不能入,居人以竹筏通行,上浮于旌之三溪,下達于涇水。
　　善瑮識。

（清倪友先等纂修《［安徽涇縣］新紫山倪氏七甲支譜》　清乾隆五十三年刻本）

浙江浦陽陶氏鳳山之圖

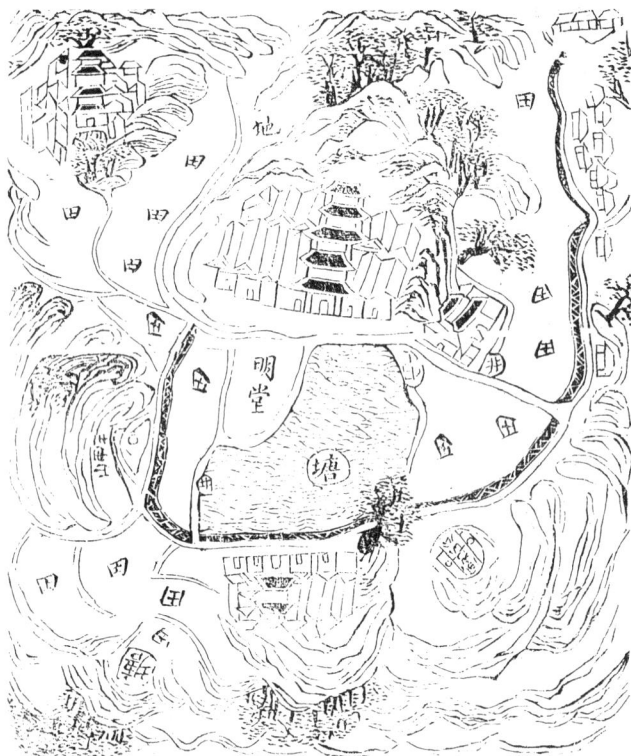

浙江浦陽陶氏鳳山之圖記

　　蓋鳳山者，本出浦陽之通化，乃十都之名基也。故於洪武初，始祖養素公、養性公，誠倣其山水之秀麗，覩斯風土之沃淳，遂築室於斯，以置産立業，爲後裔之誌。不數傳而孫枝繁衍，厦屋重深，書香無間者，洵戱地靈人傑，良不誣也。几有地理披輿圖、覽勝跡、登龍眺望者，罔不嘖嘖稱道，以雲奇龍也。爰及四顧地脈，鍾靈難以枚舉，大約觀之，燕山上聳，白沙下濚，黄崗内峙，荆山外屏。覩其發脈之源，皆自太陽出跡，開帳穿田，起伏低昂十有餘里。致於分脉，到鳳山之堪重處，在飛鵝王字體格，金星逆勢結局，龍虎盤旋，水口關鎖，申山寅向，居羣山之尊，得四面之拱抱者焉。兹因重刊居圖，追踪倣蹟，雖云彰前人開創之宏勳，實啓後昆紹述之繼志，孝思當念風水之難逢，須愼龍身之内外，毋致開墾損壞，甚有賴焉。今以世屬休明，焉知龍運不有大造於人，而人不有兆於龍之徵驗也耶。謹記。

（清陶成福等纂修《［浙江］浦陽陶氏宗譜》　清嘉慶十二年木活字本）

山東寧陽章村呂氏陽基圖

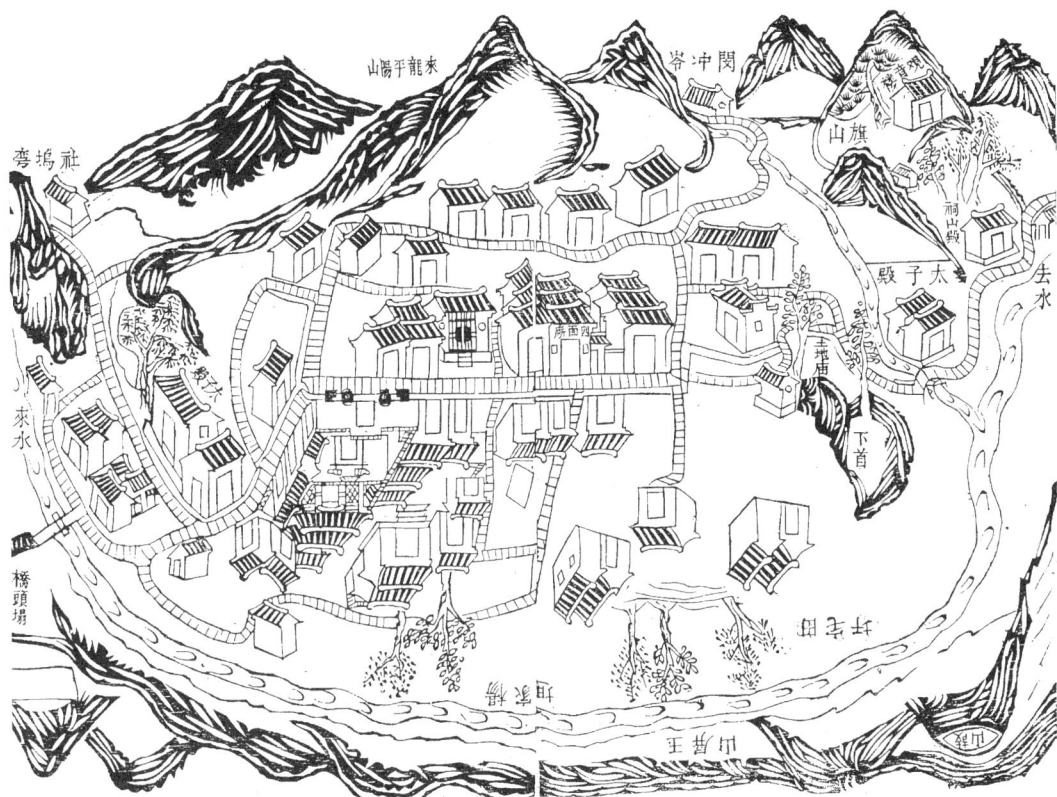

山東寧陽章村呂氏里居記

　　地靈則人傑，誠哉是言也。寧陽治西，距城五十里曰章村，左閔嶺，右潤嶺，爲寧陽之過脉分幹而來，層巒傑出，形勢亙綿。予觀夫東有柳山，一拳秀起。南有玉屏，彩石生輝。平陽聳翠於西，大坪環拱於北。他如金山擁秀，甘露崔巍，聳陽豪於華表，峙旗鼓於捍門；抑且碧水悠悠而環繞，茂林欝欝而青蒼，靈秀之氣鍾毓於斯，誠勝地也。竊謂産其地者，當必有魁梧磊落之士。予因遊覽至此，問其里居，舊有呂氏諱泰者，黃嶽人也，因慕山川之秀，而卜居其地，多歷年所。噫，善哉，以此樂土而聚族於斯，自應人材蔚起，傑士頻生，由是而瓜綿枝茂，未有艾也。地靈人傑之説，洵不誣矣，故誌之。

　　寧陽訓導陽羨曹焕拜撰。

（清呂啓賜督修《［山東寧陽］章村呂氏宗譜》　清嘉慶十四年刻本）

江西婺源夏氏義井石碧基址圖考

　　唐天成間,一世祖膚公由徽歙黃墩遷德邑中邾,至今稱爲夏氏之適後。膚公八世孫諱嫻,又自中邾始任遂安令,調任婺源令,慕新安山水,不願仕進,始營菟裘於石碧,而終老焉。其發祥而聚族於兹也,蓋六七百載矣。兹欲新形勝溯箕裘,非有工畫何以寫真,所以義井、古廟、楓林墩,尤其彰明較著者也。而義井樓、玉佛廟、報恩菴、碧雲菴,在在有徵。兹並繪之,俾後之善繼善述者,按故址而擴修之,安知今必異於古所云也? 即不然,亦足以供騷人之遊詠,發墨士之幽情,於以作摩詰之畫觀,可爲武陵之遊,亦無不可。

江西婺源夏氏義井基址圖

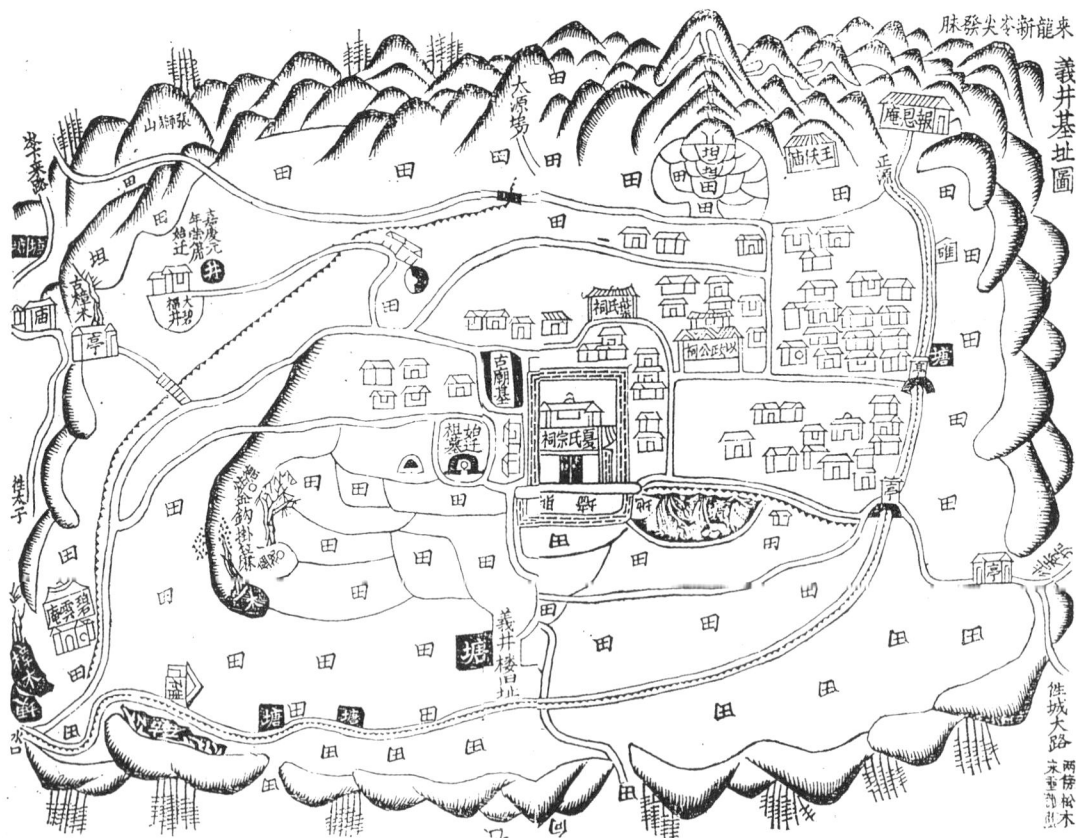

江西婺源夏氏義井東西兩邊護宅蔭木餘地誌

　　考東邊往邑大路，來往甚衆，古有車田亭宇，傾頹未復，每值炎時，行人興嗟。乾隆癸丑，創議緣孫家山葫蘆嶺兩傍栽植松木，掌養成材，由是愒息得有蔭翳。更於讚字一千七十六號，土名佛子堂前地址一業爲歇擔所，及居地之西邊，土名金竹林底大樟木一株，爲護宅蔭，互載家乘，俱有確據，凡後之内外人等，不宜顛倒前事。謹誌。

　　　　　　（清夏昌銘等修《［江西婺源］義井夏氏宗譜》　清嘉慶十八年樂善堂木活字本）

浙江義烏華溪虞氏宅里圖引

　　《周官》土地一圖，掌自職方諸人。後世郡國，因有輿地圖、疆域圖，而要皆合各方山川形勝、户口圖籍爲之。是宅里有圖，非自昔土地圖之先資哉。華溪居邑東，宅幽地僻。然自始祖肇遷兹土，屏山襟水，凡廬舍、橋梁、園林、臺榭，燦然森列，而聚族之繁甲於他族，人謂秀靈所鍾，要亦先人締造之善也。居是里者，咸知服疇食德，敦睦成風，於以里稱仁美，豈不懿歟。譜成，附梓斯圖，族長囑鴻誌之，因叙其緣起云。至“華溪八景”、“重續勝景”暨“宅里勝概”，前人已題咏之，可弗復贅矣。是爲引。

　　小崔希鴻謹誌。

　　　　　　（清虞棠等纂修《［浙江義烏］華溪虞氏宗譜》　清咸豐九年木活字本）

浙江義烏虞氏宅里圖

浙江江山下睦陸氏陽基之圖

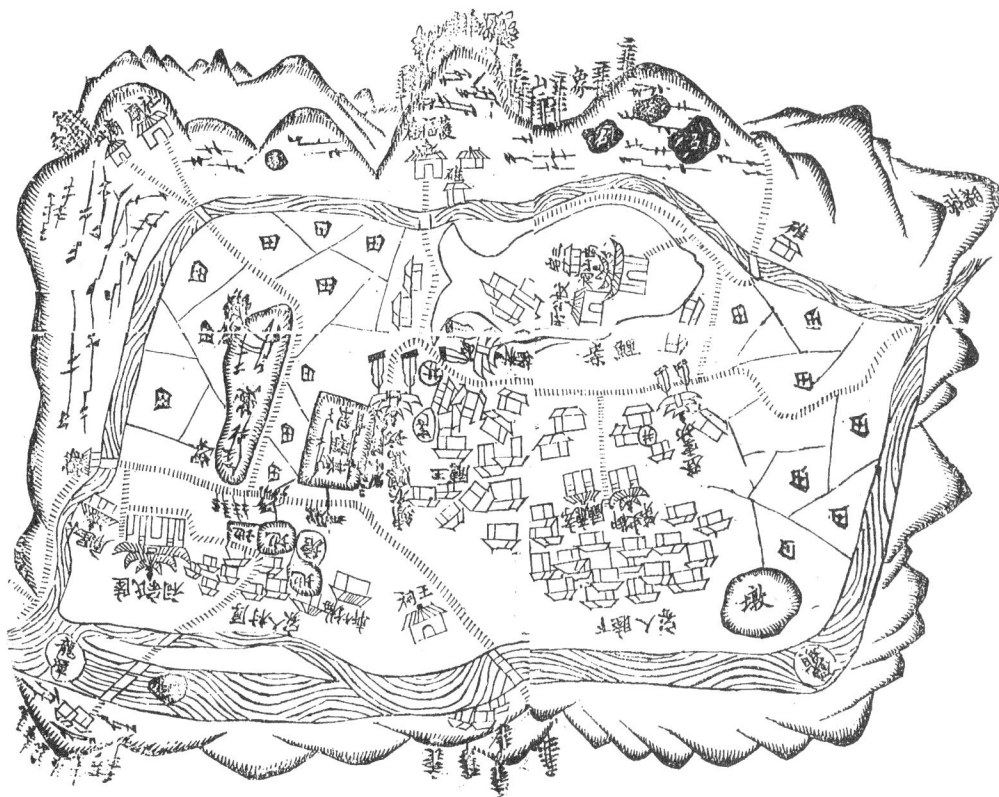

浙江江山下睦陸氏陽基圖記

　　浙東西形勢開幛，仙霞磅礴，鬱積七八百里萃爲星垣，而其中間都都邑邑，奠千萬世之基業者，不可勝數，何其厚也！而其旁支融結之最近莫如江山。江山去仙霞百餘里，仙霞初伏叠聳，遞邐帶峯，縹緲如仙佩下人間，僅里許而凝下睦之陽基。下睦平原衍沃，環拱清秀，氣所鍾毓，率貞而豐，勤而茂。象山案其前，鏡湖遠其後，水口滙爲龍潭，而印石關之。象山之麓，又有小谿如帶，迤邐覆里居，而且繡田鮮宇，高低比櫛，桑禾參差，人物恬嬉，掩映於晦明風雨，餘如畫圖焉。余辟人須江，須江山水奇勝，風俗淳美，前賢林立。每按志攜屐於南塘，吊逸平於沙堤，訪鐵硯後、尋毛忠介遺址於石門，而迁道過下睦，登象山，望之村烟冪歷，土厚脉和，殆百世基也。詢之野老，曰此金谿象山公之後裔，有明以來，冠蓋相望。舉其最者，御史方趙、西安教諭慕、范蘇州，乃鄉邑所俎豆，不僅其子孫楷式矣。余低徊久之。越一歲，予復游至其里，悉其里之規模脉絡形勢，予非堪輿家，然理有可信，山有脉，水有源，包〔裹〕〔裏〕綿密，無論已。方里之内,右平地,顯高原三,左有林如半月,隱隱鈴列都御第前後左右,子孫萃處也。遥排兩墩,自然聳對,里人以上馬、下馬名之。又有邱形,若鯉第朝揖焉。越今數百年,奇跡猶在,後豈無興焉者乎。正不特繡衣坊、觀寅舘,足爲前徵也。又一年,陸氏繪《陽基圖》,請予前言爲記。予爲嘅然曰,地靈人傑,自古相須,是亦所以振象山公之家聲歟。思祖宗之創垂,副扶輿之清淑,源遠流長,蒸蒸日振,安知不覽斯圖斯記而勃然。

時乾隆二十四年六月穀旦,古越瀟湘後學陳燧謹撰。

(清陸鴻模等修《[浙江江山]衢江下睦陸氏族譜》 清光緒二年木活字本)

湖南寧鄉劉氏石邨圖説

　　邨以石名,志介也,以石能介姓而名。《易·豫卦》曰"介于石",念我先人卜築於此,與木石居,介節和光,覺有可想見者,不僅以其地多石,如仲氏所宿之石門,孟氏所遇之石丘已耳。顧其石之立者,仆者,欹側者,層累者,竅穴而阜突者,下拜而俯伏者,或如印,或如屋,或如人之對談,或如物之搏啄,磅礴犖确,環列一邨,怪特萬態,蘇子之石鐘山,武侯之魚腹浦若相伯仲。風雨則烟雲繚繞,晴空則露頂踞蹲。洵邨落之勝概也。寫爲圖,展卷靜觀,負杖遊眺,而予先人之棲息,往往於山間嶺表得其髣髴,此誠樂土也哉。癸未三修譜,命梓人重鋟,後之人睹斯邨斯石,皆指而相謂曰:此吾祖若宗之息遊處也。《詩》曰:"惟桑與梓,必恭敬止。"神遊目想,而尊親之念有不穆然而深者乎? 至呼之爲兄,毋視爲虎,此又似花明柳暗,別有景光也,吾愛之慕之。

　　　　(清劉澎昭等纂修《[湖南寧鄉]劉氏三修族譜》　清光緒九年德馨堂木活字本)

湖南寧鄉劉氏石邨圖

湖南沅江胡氏允元公支下屋基圖

湖南沅江胡氏允元公支下屋基圖説明

　　右圖允元公支下屋基也。而對河允元公支下關山也。是山先年原元公與兄爵公、秩公之公山。迨道光癸卯歲，宗機接買爵公支下宗貴、範樺、範義等一契三分，係一分；同治乙丑歲，宗錫接買秩公支下賢迪一契六分，係一分；同治庚午歲，宗錫又接買秩公支下賢財、賢膏一契六分，係一分。價均載契内，是以爵公與秩公支下無分，而元公支下公議，永遠蓄禁，後之子孫尚其謹遵勿違。

　　嗣孫賢鼎、賢峙、賢旺、賢鴻慶謹識。

　　　（清胡範倬等纂修《［湖南沅江］芷水安定胡氏續修支譜》　清光緒十年木活字本）

湖南沅江胡氏宗仕公屋基圖

湖南沅江胡氏宗仕公屋基文契

　　立永賣麻土楠竹山樹木文契。人家宗述、宗鍚兄弟等,今因棄業就業,只得父子兄弟夫婦商議,情願將父置分受之業,坐落地名余家園麻土二厢竹山一隻,東抵有堤有溝爲界,南抵上有出業土溝爲界,下有堤有溝爲界,西抵直出田塥爲界,北抵有堤有溝爲界。四抵皆清,□得面請中證,召到胞兄宗仕名下承買爲業。當日三面言定,得受時值土價錢拾玖串捌百文正,就日錢契兩交,親手領足,並無謀準等情。自賣之後,任從錢主開挖蓄禁,陰陽兩便,百爲無阻,斷不外生枝節,所有堤上竹木柴薪概屬無存。今欲有憑,立此文契一紙,付與錢主子孫,永遠收執管業爲據。

　　憑中人:家宗武、範越

　　在塲人:郭發連、何昌周、家範朝

　　道光十八年二月二十八日依口代筆人李文郁立。

　　　　（清胡範倬等纂修《[湖南沅江]芷水安定胡氏續修支譜》　清光緒十年木活字本）

湖南沅江胡氏禹公屋基圖

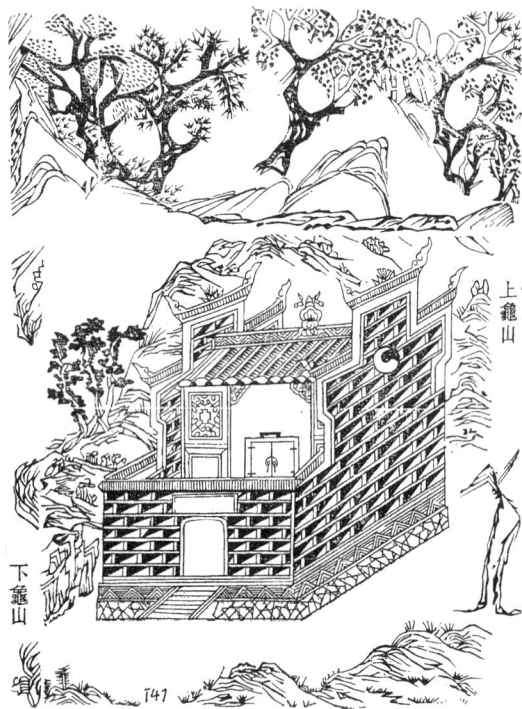

湖南沅江胡氏禹公屋基圖説明

　　粵稽我禹公一支屋宇，建始於昔，幾經艱辛而後落成。嘗聞夫先祖及伯叔昆季創修之日，相地度宜，而知經營於肯構肯堂者，不一時也。始知創始之艱與守成之不易，有如此者，而非祖父輩之孝慈，曷克臻此。間嘗於有事屋宇之日，趨蹌之餘，窺見夫雕墻峻宇，鳥革翬飛，既堂局之森嚴，復規模之宏大，私心自計，未嘗不深幸我支之有此宁也。是不獨可以妥先靈，亦且爲我支之壯觀矣。夫何陽侯肆虐，疊見頻仍，河伯爲災，屢虞漂没，一旦而使我祖宗棲息之地付之流水者過半矣，是豈運之隆者必衰，物之盛者難繼，氣數使然也哉。讀《黍離》之詩，殊勝慨矣。筆以譾劣，謬事續修宗譜，檢閲屋圖，不竟嗚咽涕下。至若龕廳與基址，猶幸慭遺一二，而我支有分無分者，均有契據分關可考，從可知欲付之梨棗者，一以見諸祖父輩之辛苦艱難，一以望我支繼起之仁人孝子也夫。是爲記。

　　嗣孫範粻、賢懋、薰謹識。

（清胡範倬等纂修《［湖南沅江］芷水安定胡氏續修支譜》　清光緒十年木活字本）

安徽貴池南山劉氏陰陽宅圖説

南山者,南來之山也。山發脈黄山之南,故名南居。府治之南,亦名南分。五支如爪,又名五爪。左有天馬臨溪,右有天門拱日,二水繞山,歷數十里,至山止處交會。始祖相宅至此,遂於山結聚處卜爲塋兆,廣平處卜爲村落。其後析居不下十數村,皆從南山分布,是南山之鍾靈毓秀至盛且遠。後之覽是圖,當知締造之深心,而無忘所自也。

(附)重繪南山陰陽二宅圖説

畫工之妙,在有神無迹,惟繪陰陽二宅圖,必不能畧迹。蓋陽宅,先人之宅第所在;陰宅,先人之邱壟所在,皆不可模糊草率。故予承命分寫,倍加意焉。裔孫龍章謹誌。

安徽貴池南山劉氏陰宅之圖

安徽貴池南山劉氏陽宅之圖

（清劉瑞芬修《［安徽貴池］南山劉氏宗譜》　清光緒十三年木活字本）

浙江上虞朱氏陽宅地圖説明

　　嘗考《周禮・夏官》職方氏掌天下地理之圖,及兩《漢書・地理志》通於上下,其來也尚矣。家國一理,期纂修宗譜,自宋建炎迄今四百餘年,人材代出,居處比閭,無間異姓,而四山環峙如城,一水盤旋似帶。追念譜載懷青祖樂上虞山水秀麗,卜居兹土,詎不信哉! 爰作《朱巷陽宅圖》并註,以見吾祖能擇山水之靈秀,故得子孫之繁昌。又取吾宗陽宅之尤勝者,製爲環朱八勝之景,而唱和於後,地靈人傑之驗也。觀者幸勿以爲僭妄云。十三代孫再期謹識。

浙江上虞朱氏陽宅地圖

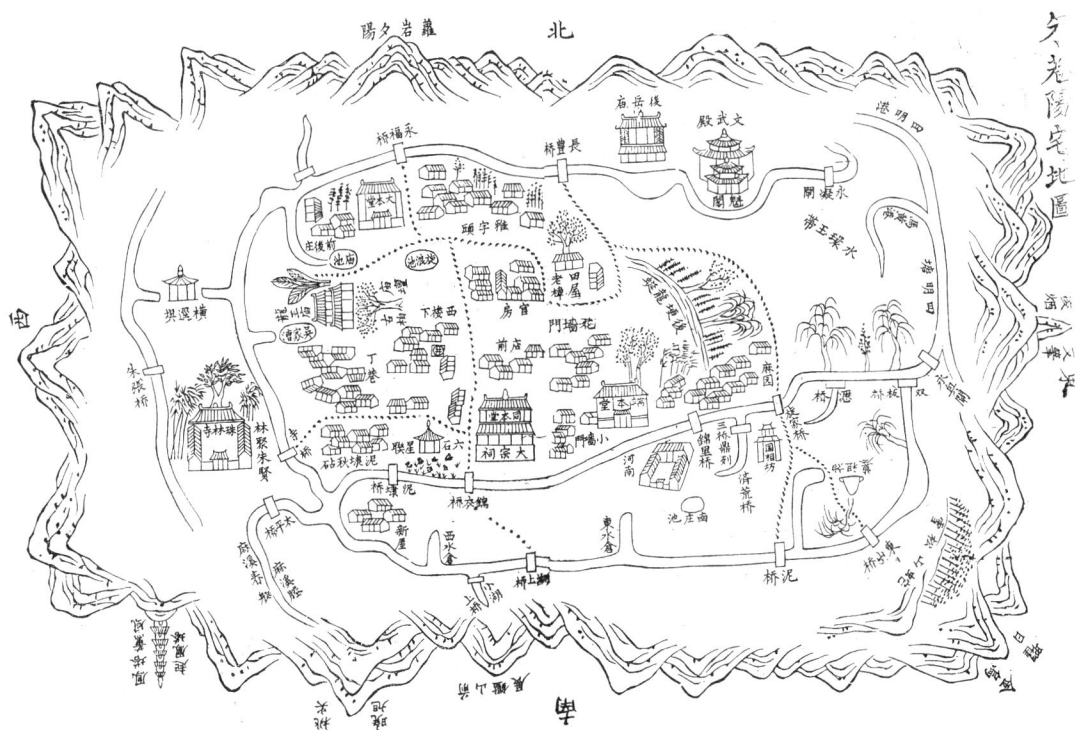

(清朱士黻輯纂《[浙江上虞]古虞朱氏宗譜》　清光緒十六年同本堂木活字本)

江西婺源鳳山查氏住宅圖記

斯圖也，聚族而居，保世滋大。襟山帶水，萃浙流靈秀之鍾；成艮歸坤，耀婺宿光輝之兆。奕禩詒謀，迭衍數村，衡宇相依。既選勝以搜奇，八景之觀備矣；復星羅而碁布，衆美之列具焉。爰志搆造，以示來兹。

家　廟

孝義祠祀始祖南唐觀察使文徵公。鄭太守題祠額曰"孝義"。康熙三年，二十七世孫公藝創造。甲寅流兵過，祠燬。至甲子年，族人捐建寢室，俾公藝子兆鷟董其成。嘉慶乙亥，室復頹，族衆集資修葺，不克規其舊，到今留遺憾焉。

孝子祠祀宋龍圖閣待制道公，祠建鳳凰山下報德橋。見《宋史》、明《孝順實録》并《縣志》。

文德堂祀廷椿公，康熙七年建。喻義堂祀公齊公。彝叙堂祀立政、立泰二公。祗遹堂祀留叟公。敦叙堂祀華卿公。親睦堂祀以釗公。尚義堂祀永輝公。壬林堂祀元纁公。思敬堂祀良玉公。敦睦堂祀永顯公。忠孝堂祀寬仁公。經義堂祀震軒公，即忠孝世家。彝訓堂祀文涇公。世德堂祀惟賓公。樹德堂祀晚用公。孝思堂祀萬里公。清立堂祀元裕公。叙倫堂祀安祥公，沱口派支孫�、儀、瑢、玹四人共建。按仲遠公生五子，三子□志闊大，將自建世德堂，故獨不與云。

學　舍橋亭井祔

第一樓家塾也。族前輩讀書處，以《論語》第一章"學而時習"意命名，址在黄喜源儲秀菴山門前，今廢。

鳴鳳山房緣第一樓傾圮，集腋以造。樂輪爲植三、潤三二兄昆玉家，耀仙伯、烈齋叔、詒德堂、燕詒堂、二妙堂、敦德堂、達文伯、聚珍兄諸君力也。督造爲集書兄一人。若曾助資薄而用力尤儉，因人成事而已。工興於光緒元年乙亥仲冬月，明年秋落成。迄今已十有八年。捐名未表於石，故詳紀之。

松鶴居不知何房何人造。按總住宅圖基在鼓樓山，今呼其地，爲書堂塢，其即以此也耶？特存其名焉。而廢置亦云久矣。

清隱亭在報德橋下。始祖退隱婺源，二世祖來隱鳳山，後人思先澤以建。鳳凰亭址在鳳凰嶺頭。憩仙亭址建仙姑橋頭。繼善亭在前徑嶺。種福亭在後徑嶺。仙姑橋原名紹興橋，相傳何仙姑蒔藥於此，故名。有記載《文翰》。報德橋在孝子祠下。餘慶橋在東坑塢口。聚秀橋在裡門水口。東村橋、西村橋、迎賓橋在查村。花橋在上市花橋，春漲八景之一。鳳凰橋址在青山塢口，今廢。萬緣橋址在斗潭灣口，今廢。喜源橋在黄喜坑口。湧泉井西村心明董德章浚。西村井塢頭喻義堂支衆浚。廟下井在下市。

神　宇

關帝廟二：一在青山塢口，一在裡門水口。玉佛祠祀玉佛慈尊，村人禱多見靈應。有《序》載《文翰》。張王廟祀唐睢陽張公。祝將軍廟方坑嶺上。元壇廟在茅山坳。相公廟半山會下。龍王廟址在南亭山，今廢。晏公廟在青山塢口。汪帝廟二：一在埕上，一在鄭公山嶺脚。文昌閣在東村段，今廢。鳳翔閣祀梓童帝君，在本村關帝廟上。魁星閣、羅漢堂、觀音閣均在關帝廟上。靈官殿即王靈公亭。土地廟均在關帝廟下。儲秀菴在黄喜源，詳余紹祉先生《碑記》。滙源菴在斗潭灣茶亭畔，公藝建，有《碑記》。嘉慶庚辰族人重造。琪琳菴在水竹塢。大亨、大高、大亭合建，後廢。遂移其窗檽於鳳翔閣。社會菴在涌靈橋沱口，順孫建。明慧古寺址在鳳凰山，今廢。冲玄法院原建東坑塢，今移東村橋頭。社會壇在胡村上店。祈雨壇東村橋頭。茅司徒廟在雙路口。五穀仙廟在葛嶺降上。

泗洲廟村人多自奉者。

古　　蹟

龍天寶塔高七級，在南山坵，族人捐造。同治□年，信廷、植三修葺。文筆在半山會下，公藝建。硯石文筆下，今被人竊取，故廢。仙姑墩有廟。在仙姑橋山麓墩上。斗潭在文筆山下。紗帽石在新碣頭。砥石在柘溪。印石在寒溪。鯉魚石在龍巖潭碣下。龍巖潭水澄澈。鄰村禱雨多著靈異。養生潭在本村關帝廟前。

覿山川之秀麗，喜風俗之敦厖，堂構蟬聯，人文鵲起。承先啟後，本高曾積累之仁；食德服疇，保孫子無疆之祚。（詩）〔《書》〕曰：“佑啟我後人。”《易》曰：“受茲介福。”觀於此而知地靈人傑之謂，信不誣也！

江西婺源鳳山查氏住宅圖

（清查蔭元等纂修《〔江西〕婺源查氏族譜》　清光緒十八年木活字本）

浙江嵊縣晉溪姚氏居宅圖説明

　　右晉溪圖，考原本舊譜，詳加繪畫，重付棗梨。境圖則以居宅爲主，旁及附近村落，其間山川、橋路、祠廟、菴宇，悉標識之。宗祠則依今制，義塾則準古圖。庶後之覽者撫今追昔，開卷瞭然，不忘先澤云。

　　裔孫培芝書跋。

浙江嵊縣晉溪姚氏居宅圖

浙江嵊縣晉溪姚氏宗祠圖

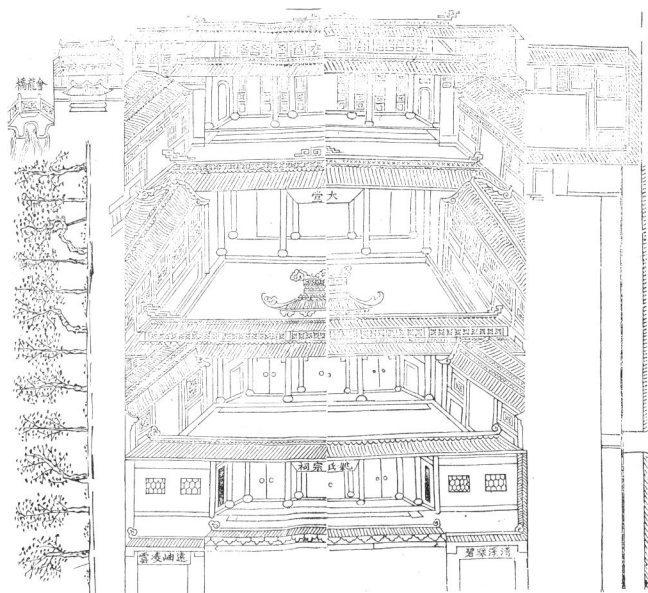

浙江嵊縣晉溪姚氏義塾圖

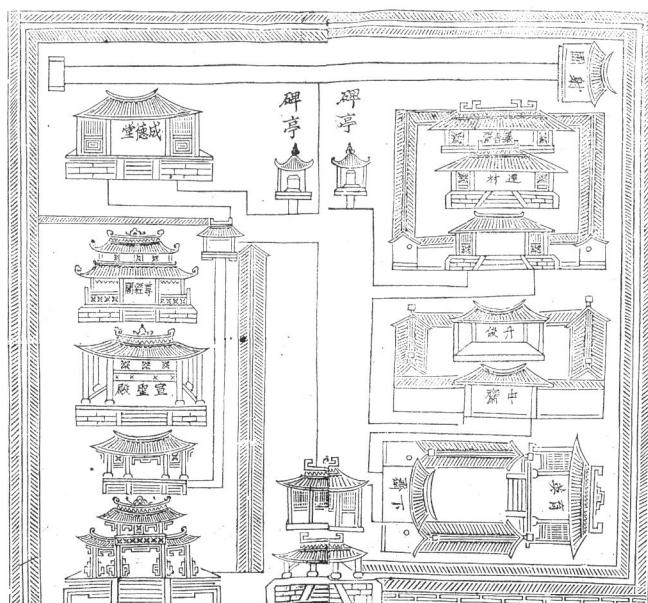

（清姚則唐主修《［浙江嵊縣］晉溪姚氏宗譜》　清光緒二十二年會宗堂木活字本）

湖南湘潭中湘石氏湖田山案卷圖

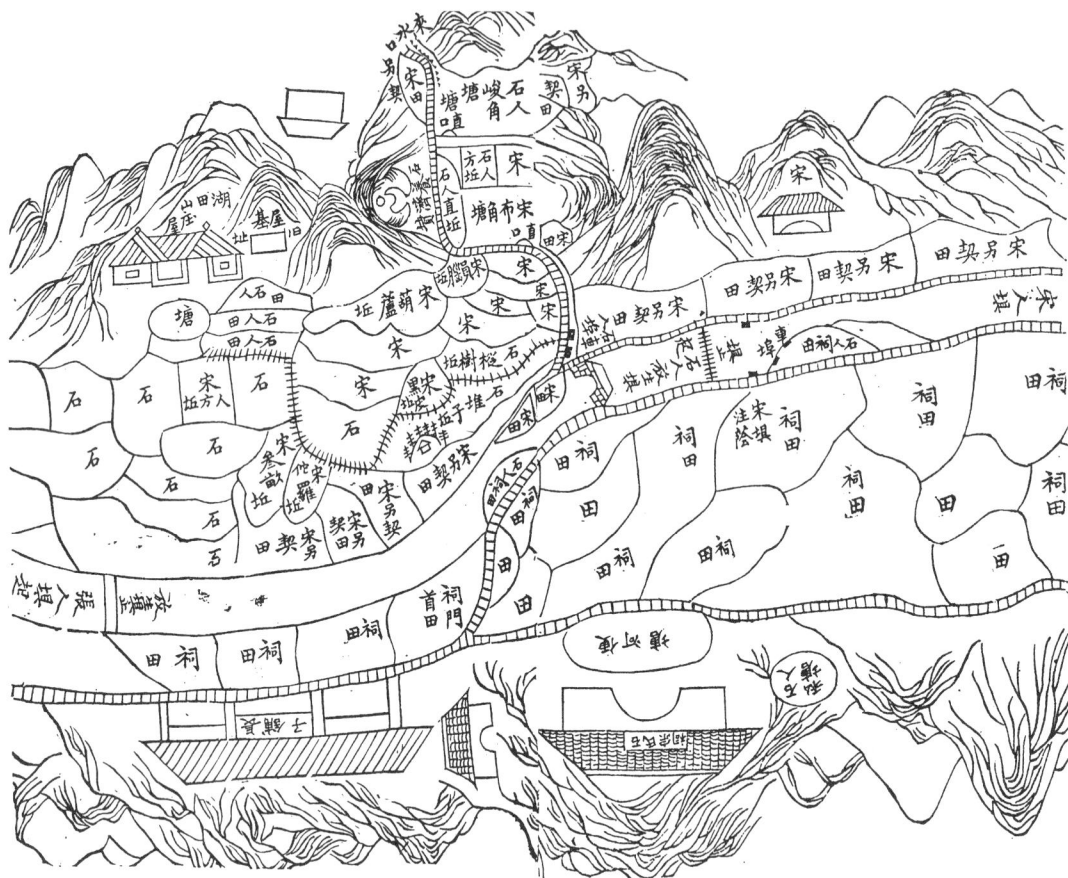

湖南湘潭中湘石氏湖田山案卷圖記

　　湖田山公業塘壩注蔭田山坵界，新老契載明晰，祠管百餘年無異。近因宋姓圖佔挨峻角塘下田方坵一坵，直坵一坵，於是在峻角塘塘頭上、養濟公墳山腳下，宋石兩姓山交界處，開小圳一條，以邀截峻角塘水，來不從塘尾入，去不從塘直口出。另從山邊接宋田開圳，越塘基，下灌伊布角塘，而湖田山田八十餘畝必成焦土矣。又宋自將契據塗改多字，以圖佔墳注，并執伊朦糊契以爭田。在宋以爲石人不與伊田二坵，伊開圳截注，必乾壞石人田數十畝，石人不得不聽其強佔二坵，以圖塞圳寢事，猶可存此數十畝也。所以悖契阻堆子山田四坵七畝車注，皆由此出。然山隨田轉，田憑山扦，雖圖佔田，又礙於峻角塘出水左側山一面實係石契管理，又葬有石養濟墳，聽棍刁慫，竟圖佔山，捏詞誣控爲茅堆卷確核。自光緒廿一年四月起，彭邑尊庭訊三次,宋逃案莫結,詣勘不從。雨初陳邑尊復審兩次,塘坝圳田山墳始結全案。圳斷廢而不用,宋人不得過水峻角塘,左側充作官山,毋得砍伐鋤挖,以保石人墳墓。宋人坉坝車放注蔭石人堆子山田,照契四坵七畝無阻。石人峻角塘注蔭宋田,挨塘下一坵,又挨伊塘下員腦坵一坵,葫蘆坵一坵,外再注蔭宋三畝坵一坵。伊布角塘水,照宋契注蔭石人田六畝無阻。至於宋人另契田,石人另契田,彼此各照契注,不得另生枝節。宋人塗改契字圖佔塘注處,亦蒙憲硃筆當堂改註原字。今存此圖,以俟合族通閱,垂示後人。

(清石家傑纂修《[湖南湘潭]中湘石氏四修族譜》　清光緒二十四年孝謹堂木活字本)

福建浦城蓮湖祖氏水口形勝圖

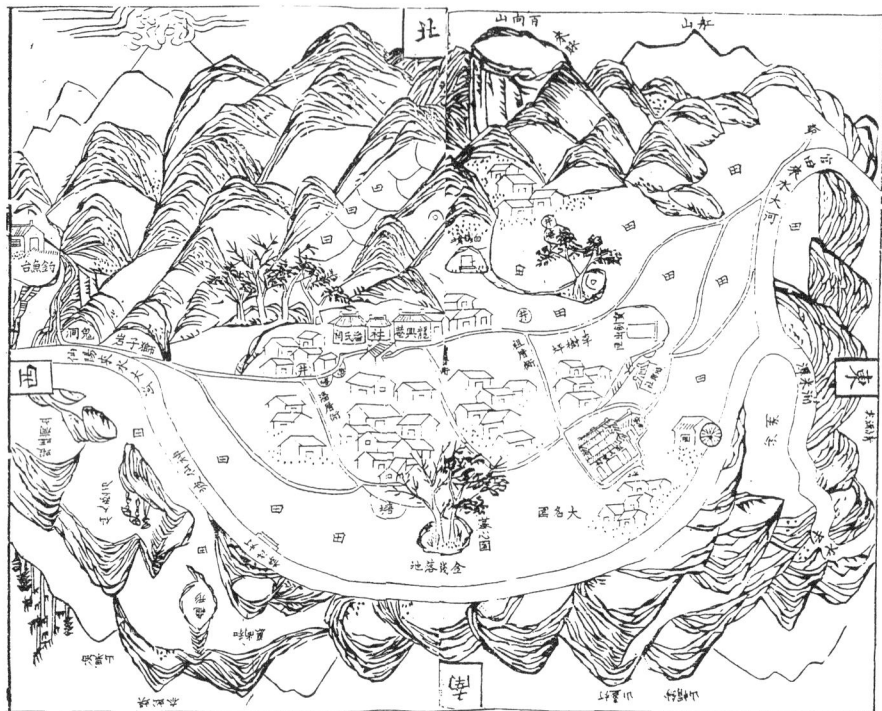

福建浦城蓮湖祖氏水口形勝圖記

　　自來人以地傳，地亦以人傳。而豪右大家，必得山川之靈秀，始能拓族開宗，子孫繁衍於其後。浦城之北，有水口者，離縣治三十里，北枕百向山。百向山自船山蜿蜒而來，如屏風端峙。其下爲水口，陽居居民錯落，雞犬相聞，髣髴仙源景象，峯環水聚，實爲靈秀之所鍾。東有清流尖，浦米潭環繞於左，西有仙人叠石、獅子巖、神仙坡、釣魚台盤踞於右，而紗帽山、油果山、和尚巖諸峯羅列於前，則其南之屏蔽也。竹籬茅舍之間，千巖競秀，萬壑爭流，東西數百里之水，皆滙于此，因以水口名，是其溪山之秀異，門户之鞏固，殆所謂天造地設，非人力所能爲者。村舍之旁，又多佳植，樹林陰翳，鳴聲上下。文人學士，當春夏之交，往往觸目興懷，吟詠不絶。予於是年春往官田，路經此地，覽其名勝，亦不禁心曠神怡，爲之流連不忍去。詢之里人，始知其地有祖氏祠焉。夫以祖宗之靈爽，而獲式憑於兹，宜其地靈人傑。祖氏之後起者，掇巍科、成巨族，浸熾浸昌，如此其盛也。祖生戴堯，爲予姪婿，以記相商。予本不勝其任，惟不忍使名勝之地湮没不傳，故特紀其畧云。邑增生吴毓春撰并書。

　　　　　　　（清祖國鈞纂修《[福建浦城]蓮湖祖氏族譜》　清光緒二十五年刻本）

安徽旌德三溪王氏陽基圖引

卜吉衍三溪,基開崇公始。大宋天禧間,支分苦竹里。地愛山水清,風俗臻仁美。宅卜何所居,三溪關下是。至性孝雙親,萊綵亭自起。斑衣日承歡,孝行天眷視。後起有達人,永興三賢子。譜編天地人,賢保惟鼎跋。瓜瓞慶綿綿,人煙勝城市。祠建水口興,修補培基址。樓閣建重重,村落皆王氏。地靈人必傑,萬派源於此。

大清光緒二十九年癸卯歲孟夏月,三溪派崇公後裔廩貢生潤芝雷氏時年六十有八敬題。

安徽旌德三溪王氏陽基圖

（清王必梁等纂修《[安徽旌德]三溪王氏續修宗譜》 清光緒三十年木活字本）

安徽旌德官倉王氏村居圖引

　　圖繪之學，爲近來識時務者所必講。然繪地球形勢，繪山川險要，皆有關於經濟之大，洵政治家之要著。予觀譜牒中之村居圖，屋舍鱗比，桑梓蕭森，閭巷縱橫，人煙稠密，尺幅間猶千里也。然後歎圖繪之學見重於國者，亦見重於家云。

　　三十九世裔孫昌明述田父撰并書。

安徽旌德王氏官倉陽基圖

（清王必梁等纂修《［安徽旌德］三溪王氏續修宗譜》　清光緒三十年木活字本）

安徽涇縣張香都朱氏村圖

安徽涇縣張香都朱氏莘野家風記

世俗於窮而後達,動援莘野與渭濱並衡,竊謂不然。太公聞文王作來歸,意專乎致用。伊尹躬耕樂道,辭幣聘,非湯三使,殆終老莘野。故巢、許人尚傳疑,惟莘野者隱居之祖也。後代諸葛武侯似之。武侯在南陽,先主倘未親顧,則謳《梁父吟》,蕭然自得,必不肯貶身以求合。余八世祖耒耑公,少穎悟,年十六採芹,旋補增廣生。溯遠祖用鏗公而下,博青衿者公爲始。然際明末造,不樂進取,由謝塘遷黄田,構庄數椽,介村之隈隩,陂陀環焉。旵旗兩峯,連接檐外,朝旭夕霞,丹翠相會,有山鋤筍,有沼蓄魚,有草樹葱蘢可娱。田二頃,當其口,課禾稼,近依門間,因别字志耕寓意,并以"莘野家風"顔所居。噫!明至神宗朝,荒怠廢弛,亂形已兆。公苟膺簪紱,分宜匡救,更何暇林泉養性,或弗遇,如後之沈眉生等,布衣上書,名動九重,而公皆不願。且我鄉時頗尚陽明甘泉之學,諸生率講論水西書院,顯著聲,公獨閉户黯淡,巖棲谷汲,行潔寡營競,而澄心鑒物,與程叔子"静觀自得"之旨有默契,亦揭諸楣,故《邑志》列公"隱逸門"。晚歲雖放懷丘壑,尤務積德垂貽,謀就此題舍,用示畎畝中未始無經綸。嗚呼!公之志於是乎深遠矣。志又稱公"博覽羣籍",當年宜多述作,惜更歷桑海,百不一存,僅兹廬宛然如故,族裔猶居

其間。曾聞故老云，額蓋藏功後懸橙而書，若韋仲將之書凌雲臺(膀)〔牓〕。今審諦良然，其莊
雅圓勁，直追歐、褚，乃屬茂才壎鈎摹成幅，附家乘，將使子孫瞻公手蹟於無窮，而負耒橫經，人
人共勉。即伯仲伊吕，言大而非夸，固太史公所謂雖不能至，中心嚮往之者也。爰記其事，庶後
來有考。道光四年甲申耒嵩公八世孫琤謹撰。

　　　　　　　　(清朱彝纂修《〔安徽涇縣〕張香都朱氏續修支譜》　清光緒三十二年刻本)

浙江鎮海五里牌王氏村莊圖

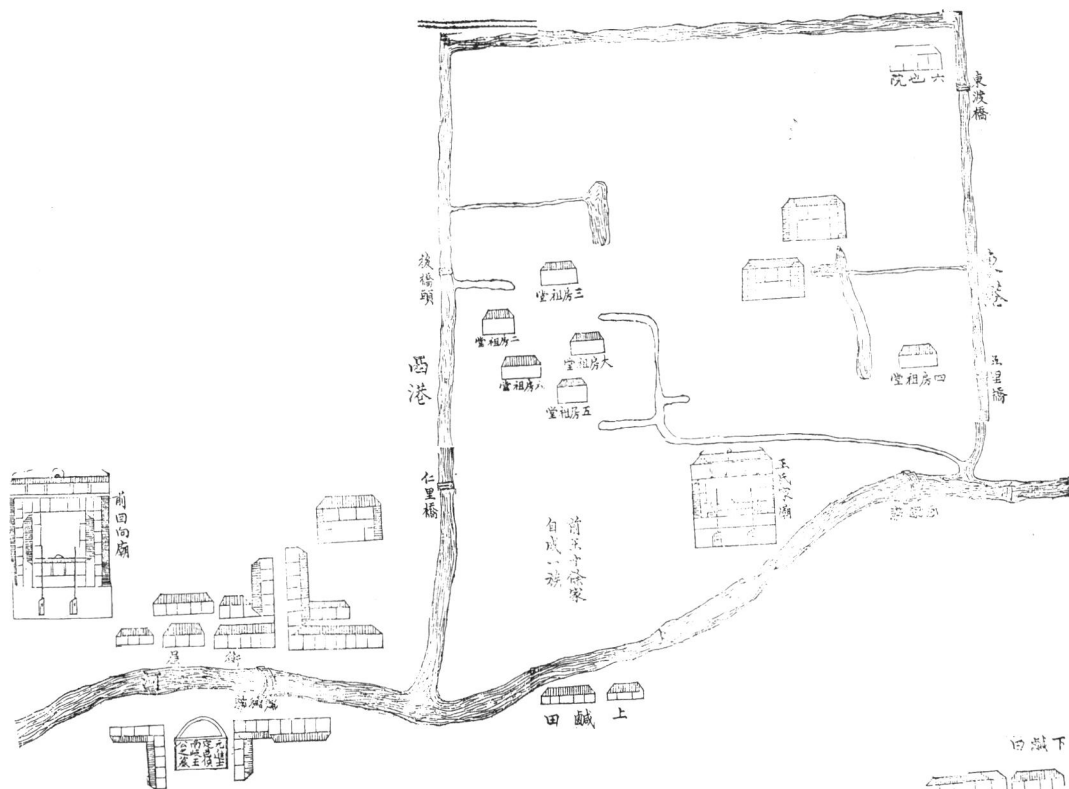

浙江鎮海五里牌王氏村莊圖記

　　本村聚族而居，人煙茂密。自六也院以南，鱗次櫛比，屋宇繁多，六也院以北，則平原沃壤，有腴田千數百畝。仁里橋西南暨西歸橋外，上下鹹田，亦多族人聚處者。

（清王子謙等纂修《［浙江］鎮海五里牌王氏重修族譜》
清光緒三十二年仰德堂木活字本）

四川郫縣范氏老宅記

　　沱水之北，太和之西，有宅焉。鍾江漢之靈，萃岷峨之秀。刹占者誰？范其氏，道禎其名。子孫世守五百年，乃所謂老宅也。原道禎公，當明洪武時，自湖北麻城孝感鄉，去楚入蜀，遷於斯，卒於斯，聚族於斯。至明末，經獻逆蹂躪，伯叔先祖散而之四方者，雖不乏人，而我世祖希軾公，攜長子安潛逃山谷，世平不去其鄉，復與族人守先人之業，田連二十餘里，故本朝定鼎，報糧開村，我范氏遂以名村，故別以郫邑也。猶昔之居休寧者，爲休寧范，居姑蘇者，爲姑蘇范焉。或曰：“君子之澤，五世而斬。”范氏人傳二十餘代，雖係祖德，詎非地靈乎？曰：然。禮觀夫老宅，地勢原殊幽僻，卻隔塵囂，細流縈繞於前，大江環抱於外，殆所謂在廉泉讓水間者耶。若夫堂廡數十椽，不華不樸，先人結構之得宜，固無庸贅叙。而宅後有柟木，宅前有麻柳各一，均大數圍，相傳與柏林祖塋雙柟係五百年前先人同時所種。於林木翁蓊中拔地而出，老幹橫空，孫枝挺秀，四圍翠竹低拂如羅拜然。其形勢之勝，彷彿仲淹祖塋萬笏朝天情狀。如此不謂地靈，何以蔭五百年之居人哉。然苟非祖德，又何以蔭五百年之老宅哉！觀《傳家序》云“不愧不怍，留方寸地爲子孫耕耘”，可驗矣。噫！後之居是宅者，欲子繼孫承，永保先人故物，慎勿恃其地之靈也，尚其法我祖之德焉。時因胞叔家政同族人續修家譜，命侄孫成章繪老宅，圖成，囑禮作文，爰謹爲之記，并題詩以附梓云：小小房櫳向京華，一灣流水是吾家。行人指點門何處，翠竹森森曲徑斜。

　　時大清宣統二年歲在庚戌孟冬月上浣日，十六世裔孫由禮恭撰。

四川郫縣范氏老宅圖

（清范由慰等纂修《［四川郫縣］蜀郫范氏族譜》　清宣統二年刻本）

河南通許縣六營岡于氏莊圖記

　　我于氏來自隴西，寄中牟，三遷至咸平，卜居六營岡，家始基焉。迨其繼也，子孫繁庶，而人廣地窄，勢難連居，因而許邑東西朔南，碁布星居者四十餘庄。至於勝祖之徙白溝河，國璧祖之遷順天府，昭昭可考。他如安昌數支伊闕百家，要皆六營之所析也，但圖限寸幅，不能悉記，僅以在許邑者，畧爲點畫，以便于氏備覽云。

河南通許縣六營岡于氏莊圖

（清于公溥等纂修《［河南通許］咸平六營岡于氏重修宗譜》　清宣統三年祀先堂刻本）

安徽歙縣義成朱氏村圖記

　　石韞玉而山輝，水含珠而川媚。地靈人傑，人藉地鍾。昔愷元産自高陽，名昭奕葉。稽申甫降神崧嶽，生有自來。擇不處仁，其何能穀。吾族支分闥里，脈紹迴溪。適樂土與樂郊，興懷古義；卜爰居而爰處，聚族於斯。里以仁稱，合居介福；社因義立，禮讓成風。秀發寶壺，凝一方之旺氣；障羅天馬，啟百代之人文。龍來九曲還迴，獅鎮兩源水口。灘名碎月，輔元分東壁之光；塘列七星，文士慶南山之壽。山川在望，風景宜人。士耒耜，女桑蔴，畜牧是其餘事；説詩書，崇儉樸，温良出自性成。富庶紀盛於當年，教養備臻於完美。流風餘韻，知惠澤之孔長；鵲第蟬聯，卜振興之未艾。是爲之記。

安徽歙縣義成朱氏村圖

（清汪菊如等纂修《［安徽歙縣］古歙義成朱氏宗譜》　清宣統三年木活字本）

安徽涇縣義門李氏南容基址圖

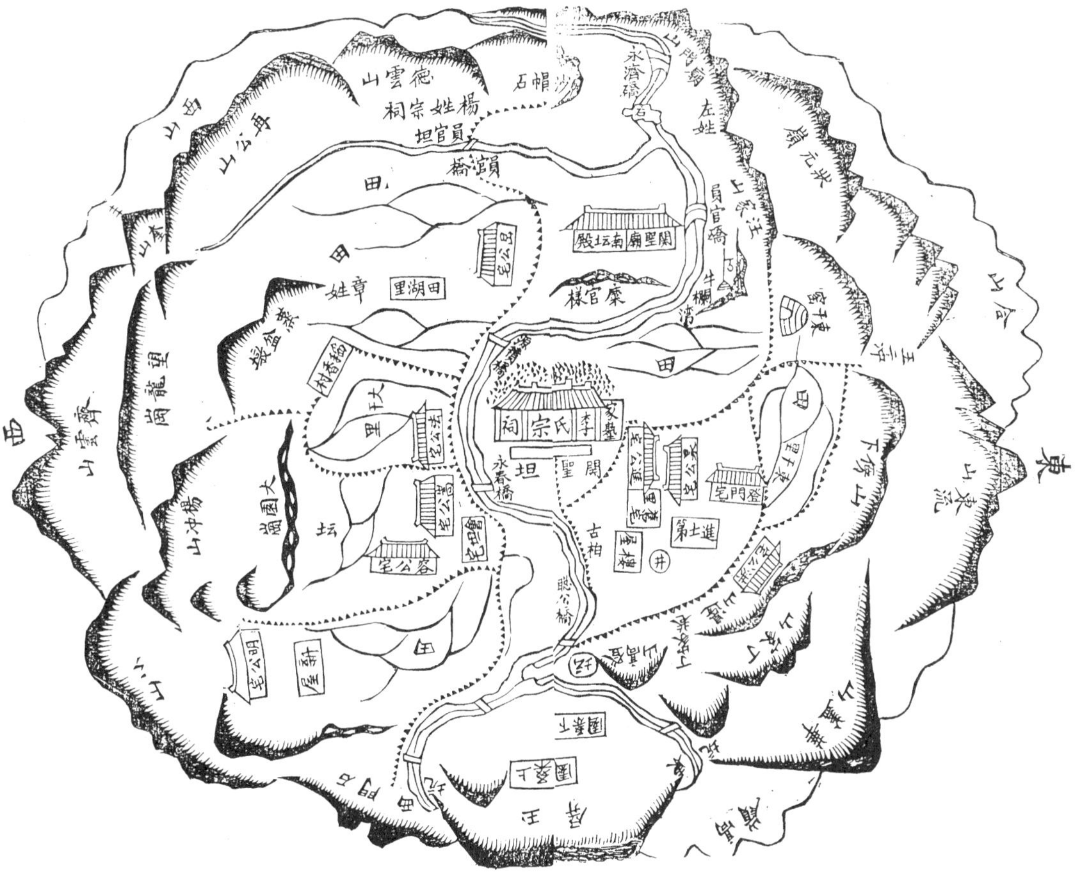

安徽涇縣義門李氏南容基址圖記

　　右圖脉自黃山中，出由高嶺，至南容，蜿蜒百餘里，地勢之鞏固，山水之回環，誠可謂涇南勝境焉。吾始祖道三公，卜居擇處，遂於此奠厥居矣。言乎山，玉屏坐鎮，蓋山浮翠，東流、齊雲之並峙焉。言乎水，虎洞源清，龍泉流遠，思溪、琴潭之會合焉。水口形勝，德雲、沙帽、牛欄、九馬、廟門、魁峯之關鎖焉。我族自元成宗朝聚族而居，人烟稠密，世澤流長，固由祖德之緜延，而亦藉山水之鍾靈毓秀有以致之耳。故急圖之於譜，俾後人世世安居，無忘先人之守土云耳。

（李世昌等纂《〔安徽涇縣〕義門李氏重修宗譜》　1916 年木活字本）

安徽涇縣義門李氏南容溪水源流圖

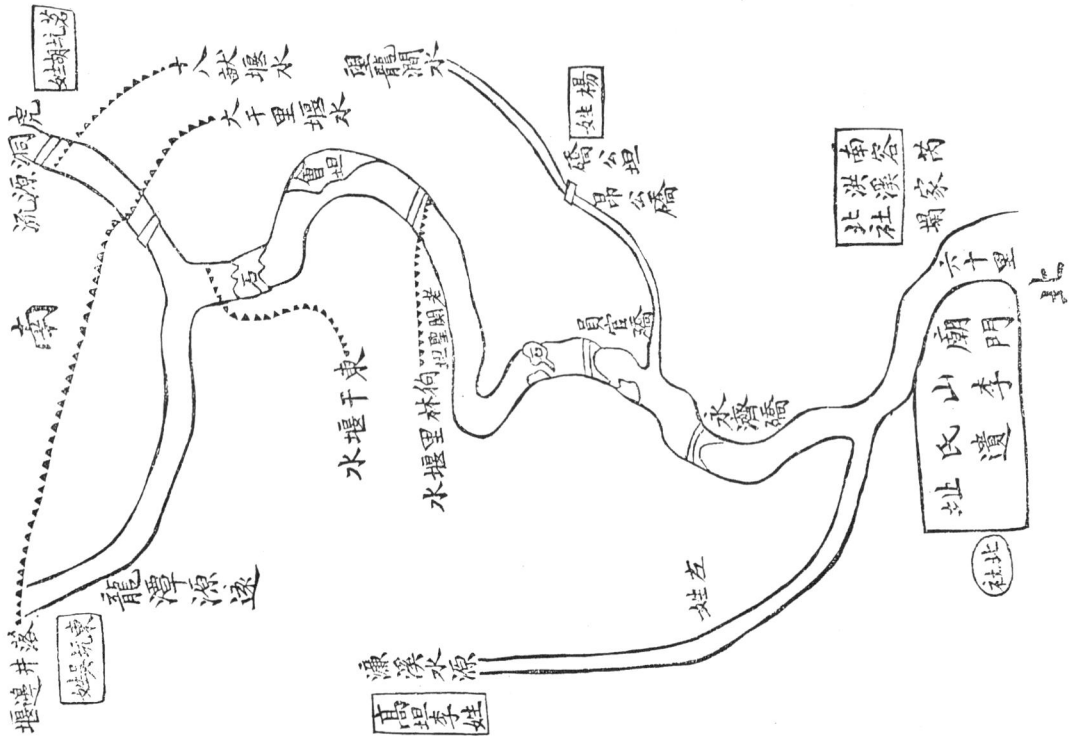

安徽涇縣義門李氏南容溪水源流圖記

　　右圖河源，東西分派而出，東自龍潭經響潭，西自朱家坑經老虎洞，出茗坑至響潭，與東派會合，曲折而下，由黃泥潭、牛欄灣出員官磽，與望龍澗合，出永濟磽里許，至六十里與濂溪水會合焉。思溪水直接濂溪，詳載縣志。其水口之鎖鑰，西有洪溪北社，東有廟門山屹立華表，下爲南容李氏始祖開基之所，遺址尚存，歷歷可考，特附刊於左，俾後世子孫知所考據云耳。

　　　　　　　（李世昌等纂《［安徽涇縣］義門李氏重修宗譜》　1916 年木活字本）

江蘇如皋胡氏芳泉居址圖序

　　人謂地靈由於人傑，我謂人傑未始不由於地靈也。是以眘別燕涼，裴氏之清華各異；道分南北，阮家之貧富攸殊。正倫啟鑿坰之嫌，南杜因之不振；忠憲營眠羊之兆，章氏由此代興。雖曰風水之説渺不可憑，而地脈靈通殊大有關係於家世之盛衰也。我氏自五世祖國富公東遷於芳泉，其所以能歷世十世有奇，歷年二百有奇，瓜綿椒衍保世以滋大者，未始不由於地多旺氣與夫遺澤孔長也。近按我族所居縱橫不過五里，人烟約有千家，范堤環峙於東南，河水瀠紆於西北，洪羅莊仍其故跡，銀杏埠衍其舊稱。且也有壽山爲之鍾靈毓秀，有芳泉爲之默漑潛滋。以兩渡爲扼要津梁，以二橋爲中央樞紐。於是起茅家灣而北走，繞野營角而西行，陟虹橋而東瞻，登蟆山而南望，其間回塘曲堰，支港平橋，垇隰參差，康衢条貫，夾槐樹闥，倚杏成村，既芬桑麻，兼美松竹，棋布棲神之宇，星羅賽社之場，炊烟接縷於林梢，鷄犬聞聲於境外，蓋駸駸乎天然一幅《桃源圖》，過之者幾疑爲別有洞天矣。乃命丹青手筆，仿剡中村墟永嘉屋邑故事，繪成《芳泉居址》一圖，則事雖近乎鋪張，法實出於尊祖。由是牛毛數樹，碁局分田，辨其川澤丘陵，詳其山林原隰，彷彿肩吾枕洛橋之宅，竊比少陵通瀼水之園，儘於圖畫之中，識得往來之路。爰居爰處，舊時之門巷可尋；某水某村，先哲之釣遊宛在。則以此圖弁之族譜，固不第與棠樾村坦道里先後相輝映，且足使我氏後世子孫瞻桑梓而生敬心，式故廬而思祖德也。十二世裔孫兆聰謹識。

江蘇如皋胡氏芳泉居址圖

（胡兆聰等纂修《［江蘇如皋］胡氏世譜》　1916年思貽堂木活字本）

安徽旌德呂氏廟首世居圖

安徽旌德呂氏廟首世居圖（東）

安徽旌德吕氏廟首世居圖（南）

安徽旌德呂氏廟首世居圖（西）

安徽旌德呂氏廟首世居圖(北)

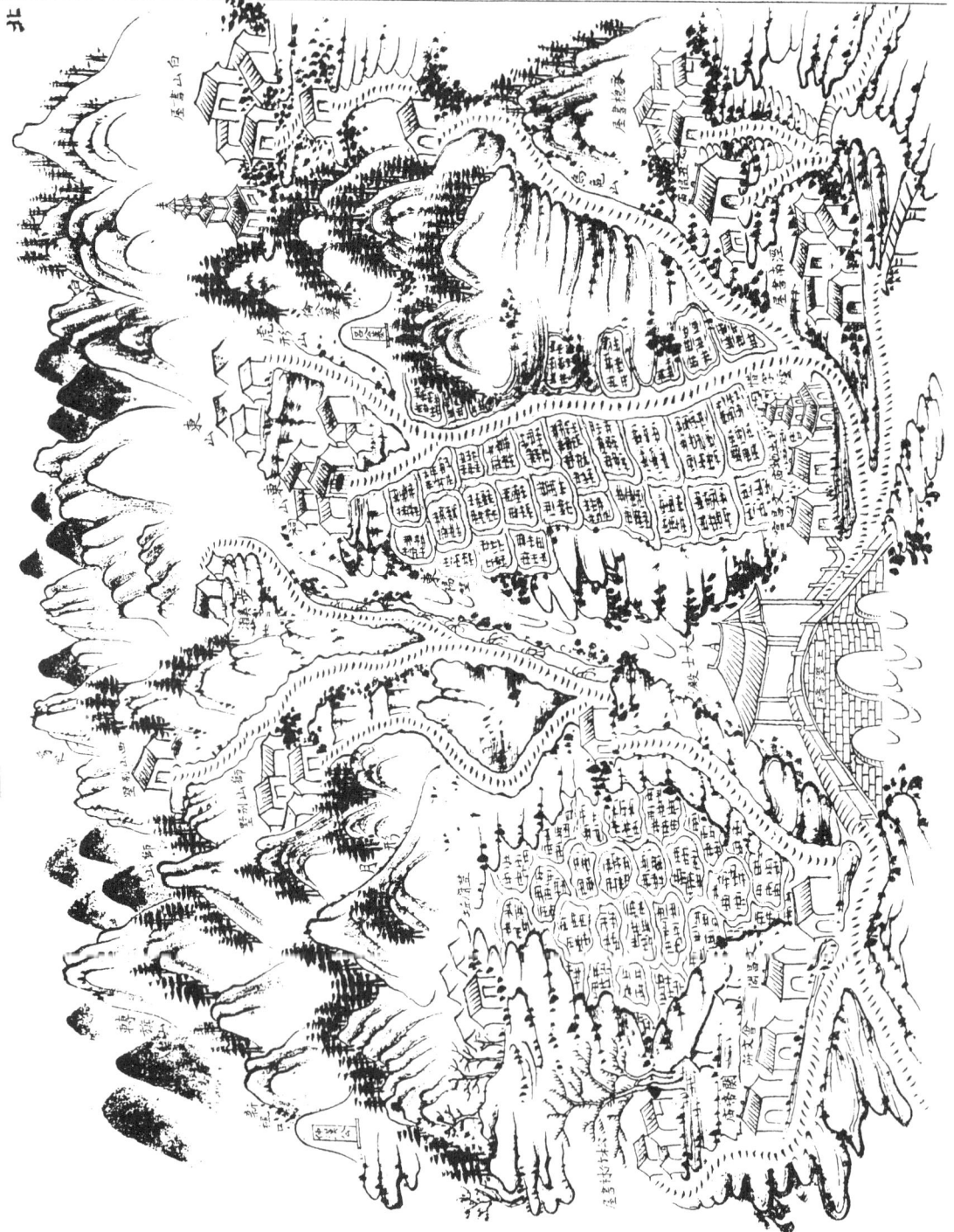

安徽旌德呂氏廟首村圖記

　　季唐時，吾六十八世祖從慶公，自徽州堨田遷旌德西鄉，吾族由是發祥於豐溪，聚族於廟首，肯堂肯構，綿延至今，人丁逾萬，户逾千，謂非得山川鍾毓之靈，奚可哉！以故《舊譜》有《豐溪八景圖》、《廟首世居圖》，原以示後人，知祖宗卜居於此，相陰陽，度流泉，爲貽謀於子孫者，遠且大焉。丙辰冬，磻溪、仰南兩叔父發起續印《宗譜》，叔曾祖離府命祜繕稿兼校正，既畢，復令照《舊譜》二圖摹繪兩幅，祜謹髣髴爲之。惟思吾族世居廟首已千年矣，其間遷徙僑庽他邦，黃河南北、長淮上下、大江左右，星羅碁布，無地無之。後其裔者，有畢生終於寄籍之鄉，有數世未至祖居之地，其於祖宗創造經營，固一無所覩，而村落形勝及各房各支老屋所在、祠宇所在，更爲茫昧，不幾等於數典而忘諸祖者乎？祜因於是繼二圖後，而復增繪四圖，分東、南、西、北各爲一幅。非踵事增華爲也，誠以《廟首世居》原圖繪自明之中葉，距今四百餘年，道路、橋梁、屋宇、祠廟變更者有之，廢存者有之，桑田滄海，今昔異焉。且其圖僅一幅，不無能詳於此而即畧於彼。今劃爲四幅，方位於此明，形勝於此備，其中某祠、某廟、某第、某墓，山之排列，川之源流，橋梁之縱横，道路之來去，庠塾之舍垣，古蹟之形式，均各於其所在之地點，繪而註其名，及昔爲閈閎大厦，今爲禾黍坵墟，亦各即其址註之。俾吾族遠居異地者，他日欲問祖居所在，祠宇生存，得按斯圖爲依據，而吾族奕世子孫亦可以知本而思源焉。方畧成書，地輿有志，祜竊有寓此意也夫。

　　丁巳六年六月吉日，太公百零四世孫能祜謹識。

（呂朝熙編訂《［安徽］旌德呂氏續印宗譜》 1917 年鉛印本）

浙江餘姚蔣氏居址圖

浙江餘姚蔣氏居址記

姚西形勝,以蘭風爲最;就鄉言,以中河爲尤;就村言,以蔣氏爲甲。村在山光水色遙相映照中,大路縱橫,河梁密接,江姚虞而脈絡貫,挹湖山而靈秀開,農者耕、漁者釣,慨然想慕唐虞之景象焉。蔣氏自聖求公遷居於斯,即今之前宅、後宅也。肇造宏基,恢張丕緒,蓬藋初刊,辛勞墊隘。其間累功樹勳,鍾修和之德,敦雍穆之風,兆物産之祥,濟科第之美,亹亹令聞,垂裕後昆,是宜揄揚祖德、誌風千古也。海公以下爲後宅本支,巋然而挺立者,宗祠三徑堂也。迤西至北後嗣第宅,若環侍而櫛比,且有祖堂,以時致其禋祀,先靈憑依,洋洋如在。近東而南爲前宅澤公支,其間有宋御史大夫峴公之四勿祠,爲族人祈年卜稼、求福、報功地,且於春秋二季,追祀先賢,孝思可慕。因思科第家聲,書香奕葉,豈偶然哉。噫!蘭風蔣氏之名,何其懋哉!古人所謂人傑地靈者,豈虛語乎。吾知萬世之後,蔣氏子孫之見此地也,如見祖宗然。意謂吾祖生於此,顯於此,吾仍居於此,而不能繼之,可乎?默而思之,其有不惕然而懼,奮然而興者乎!或離散他處者,聞斯地之名,則曰吾祖居於彼也,吾祖盛於彼也,而吾寧可忘於彼乎?又莫不興首丘之念,而欲繼先人之躅也。是則蔣氏之後,繩繩不替,而前宅、後宅之名,愈遠愈香矣。豈他處他姓之可京其萬一也哉。

中華民國八年秋,西林岑春煊撰。

(蔣懷清主修《[浙江]餘姚蔣氏宗譜》 1919 年三徑堂木活字本)

湖南長沙易氏始祖忠愍侯故里圖

湖南長沙易氏始祖忠愍侯故里圖記

　　右圖在瀏陽縣治西門外，一山巍然，臨河突起，名巨湖山，又名太湖，又名西湖。《一統志》載，二峯鼎峙，中有巨湖，其深莫測，其以是而得名歟。今訪巨湖失處，抑或即下瞰之樟樹潭歟，皆不得而知也。《瀏志·形勢篇》云，東障孫隱，西抱□□。並閱寧波史殿撰《大成敘》，大圍繞其東，□□環其西，瀏水西注於湘，至此一束，山雖不高二十仞，實爲瀏治水口一大保障也。夷攷諸志，均註我始祖忠愍公家其下，迨公殉難武昌，祖姚潘夫人率家人赴潭水盡節，事聞，勅就故居建專祠祀，迄今過其地者，莫不流連慨歎而仰慕焉。嗚呼！水月蒼茫，寒潭宛在，雲煙下滲，故址無存，徒遺易田段名，不勝丘墟之感。今祠建附西郭，距不里許，故謹繪大概，以示不忘所自云爾。

（易祖舜等纂修《[湖南]長沙易氏支譜》 1920年百禄堂木活字本）

湖北沔陽孟氏鄒峰山川全圖

湖北沔陽孟氏傅村孟子故里全圖

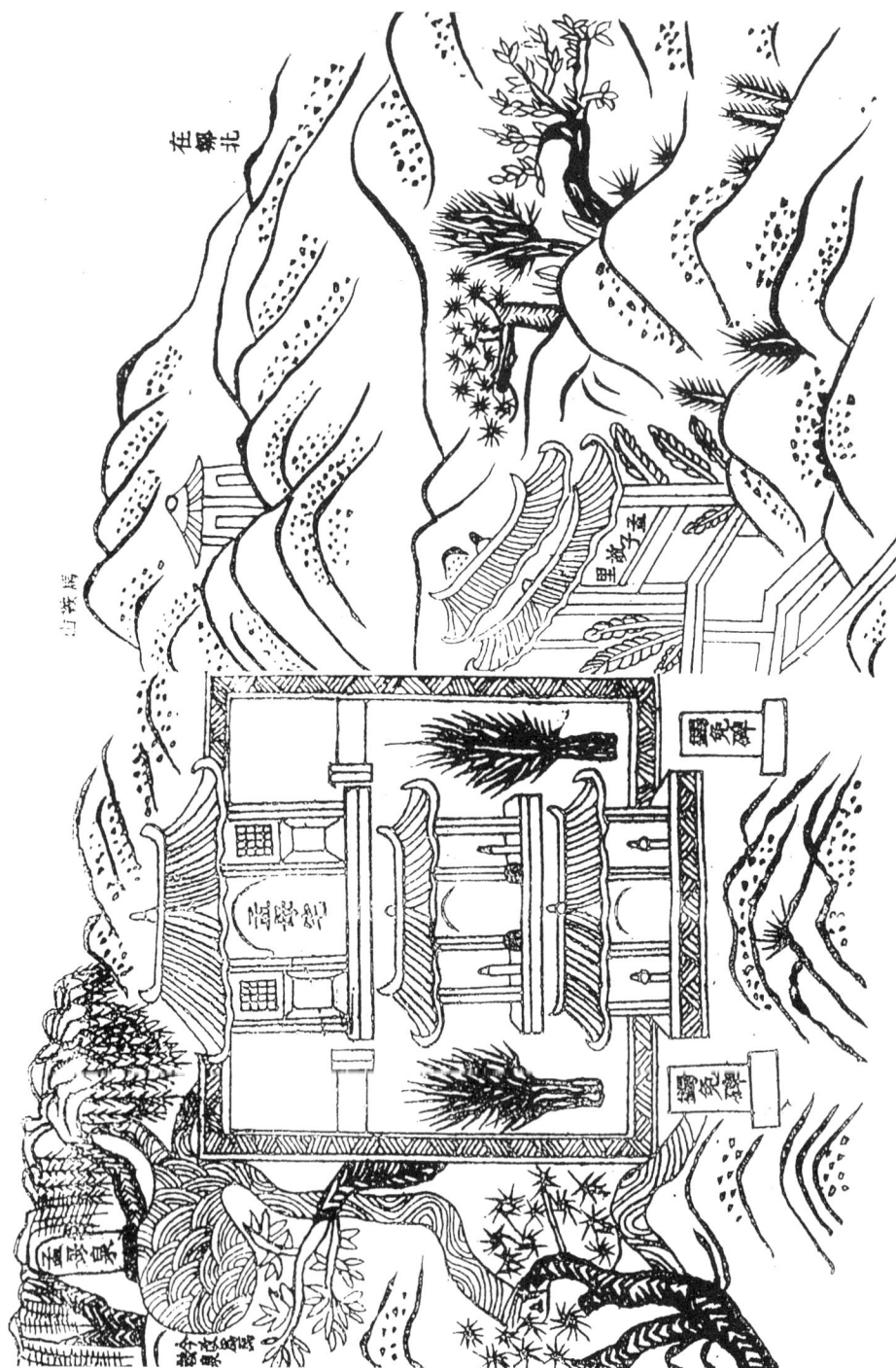

（孟繼堂纂修《［湖北沔陽］沔城孟氏宗譜》 1921年亞聖堂木活字本）

安徽績溪登源廟廟前村基址圖

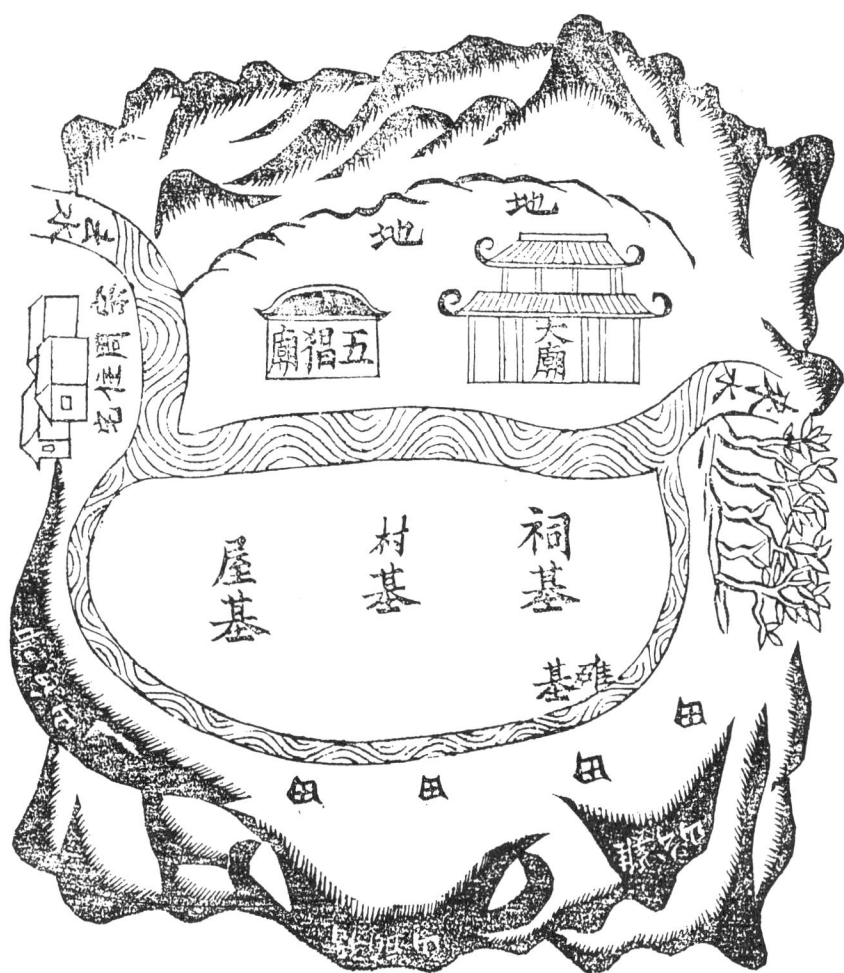

安徽績溪登源廟廟前村圖之説明

　　廟前村名廟頭，其社名新義社，登源廟為鄉先達胡公宗憲發起創建，頗具偉觀，有明嘉靖時所建築也。其前有前門，有鐘鼓樓。有清同治五年五月十一日沉於水，全村僅存基址。附近之田，亦均為沙淹，村人之住居他處者，幸無恙，誠巨災也。村人有多姓，前有程十萬，家貲富有，亦此村之人也。

（王德藩等纂修《［安徽績溪］盤川王氏宗譜》　1921 年五教堂木活字本）

浙江邊田余氏妙塢口里居圖

浙江邊田余氏妙塢口里居記

邑增生　唐寅春

距城北四十里，有二水滙流，是爲襟溪象形也。架木爲橋，名曰馬石，相傳明太祖畧地過此，駐馬於石上，因以名橋，併以名其居焉。與馬石衡宇相望、鷄鳴相聞者，爲溪口。東負石山，高數十仞，多雜樹，仰不可扳，下有深潭，清不見底，影空人心，游魚多潛伏其中，誠水族之安樂窩也。循溪直上，過官山，逾黃師廟，余氏之祖居在焉。其居依東面西，佔妙塢之口，踞鳳山之麓，其山由連嶺分支而來，蜿蜒綿亘約數十里，形家者流所謂來龍是也。山下出泉，冬夏不竭，清冽而味甘，足供里人汲飲，試以烹茶，想平山之泉，當不過是。其流由右而左，一曲抱村，堪輿家所謂角帶水似矣。從流下數武，厥惟風媵，修竹青青，長夏可以消暑。門前水田，廣袤數百頃，襟溪貫其中。東西柳堤，長數十百丈，東曰何坂，西曰豐村，每當春夏之交，但見荷蓑荷笠，犁雨鋤雲，往來種作，泥首塗身，信乎田家其作苦也。緣溪逆行不半里，板橋卧波，名曰學堂。東望焦塢，有嶺焉通芹川。迤北諸塢窈然而幽深，山多怪石，水有清音，飛鳥相逐，樵夫成羣，行歌互答，得意忘形，飄飄乎如入大羅天上，同譜霓裳之曲焉。西爲演坂，帶水枕山，王唐比鄰，世居無間，人安質朴，户盡桑麻，不識機械，不羨榮華，依然太古人家。西南旂山環拱如屏，下有古廟，其神最靈，號稱英山，而旂山之名遂因此而奪焉。廟左栢林，中藏古鐘，其聲清越以洪，聞之者頓覺俗慮全消，心神爲之一快。其他喧傳靈異，姑置而勿論焉。予自少性愛幽雅，喜探奇索隱以自娛，聞說天下奇觀，輒欲往遊而苦於無資，亦惟有夢想神往而已。前清光緒壬寅歲，假赴杭應舉之名，遂伴同儕，遊玩西湖諸名勝，不覺恍然如遊故鄉焉。由是自悟，妙山妙水妙景妙人，俱在目前，誰謂故鄉無好湖山，而必勞車塵馬足，以求諸遠哉。今余氏與吾隔衣帶水，其居之塢以妙爲名，則是塢之妙也可知，以妙塢而居妙人，則塢以人傳，以妙人而居妙塢，則人以塢傳。雖然，予固心知其妙，賞其妙，愛其妙，終莫能名其妙，而又不忍忘其妙，畢竟不得不表其妙，以篇記。

按汪家屋後來龍山身，該應股原業叁分，前於民國五年丙辰，受到房弟遵桂名下，應股該稅貳分，今於民國拾叁年甲子，又受到吕天養、項金富暨余遵護兄弟等，合共應股該稅伍分，今新受併原業，總計山稅壹畝，上至降，下至熟山地，右至馬石王心仁山界，左至馬石王心厚山界，係余遵穀户承糧，均有契據爲證。

民國十三年歲在甲子□季夏月□吉旦□附記。

（余傳思等修《[浙江]邊田余氏重修宗譜》　1924 年先睦堂木活字本）

浙江上虞宋氏居址圖

浙江上虞宋氏居址圖記

我祖自宋景定二年，由浦邑遷於古虞之潘家陡，襟山帶湖，地幽風美，誠棲隱者之所必擇，亦卜居者之所必處也。其地之以岡著者，東曰葉浪，當霜風之颯至，而枯葉捲山，不啻水之疊浪然。近南曰烏石稽，汝城縣有烏龍山，黑石如龍，此之或列，或跪，或立，或俯，爭爲奇狀者，殆亦若是乎。西北則有寒天，試爲攝衣而上，履巉巖，攀茸葛，直臻其巔，而披襟彷徨，不覺涼風之頓集，蓋山高氣蕭，自然有衣裘想焉。近北則有打鱟，此岡幽深險僻，而又松林茂密。《淮南子》云：木盛而鳥集，故弋人往往慕焉。至若嶺之險者，莫剺刀若焉。路雖通於北門，而突兀嶮巇，過之者莫不視爲畏途，以比益之九折坡云。其坦然者，爲黃泥，雖不必周道之如砥，以較沔州之青泥，其夷險必有分矣。若乃形之酷似者，曰牛山。其前壁立千仞，高不可躋者，曰蒿峰。而牛之頭向之遠望者，咸以爲牛食蓬蒿焉。他若險有伏虎之威，曲有勒馬之勢，高有豎旗之象，斜有拖鎗之形，洵天壤之勝景，人間之大觀也。卓湖之利不及鑑湖，然生我稻粱，溉我果蔬，塘宜綠柳，墩植丹楓，曉風漁唱，夜月蓮歌，則凡遷客騷人、俊才逸士，誰不顧之而心怡，見之而情適乎。不然，以金華之名區，浦江之勝邑，吾祖雖曰避仇而來，而關山跋涉，豈無樂土可安者，胡竟去彼而就此乎。今當譜牒既成，爰爲之記。

亞峰洪書于筠錄軒。

（宋清彪主修《[浙江上虞]重修古虞宋氏宗譜》　1924 年賦梅堂木活字本）

安徽旌德任氏任村陽宅圖

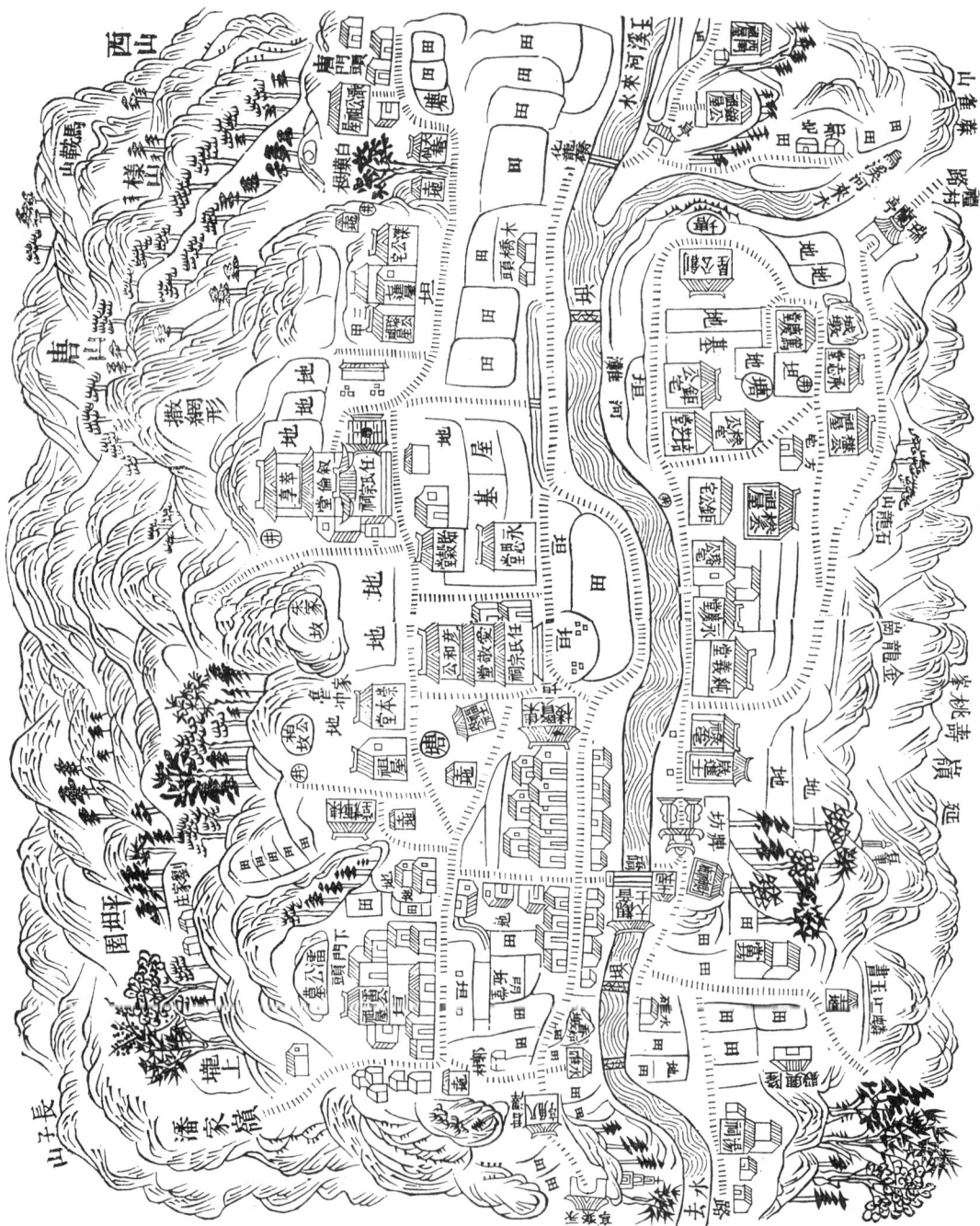

（任琴堂纂修《［安徽旌德］任氏宗譜》 1924 年木活字本）

湖南湘陰羅江黃氏住屋圖

湖南湘陰羅江黃氏住屋圖記

　　右圖爲神鼎門住屋，啟第公由碧灣遷居於此，其始宅居石板衝，嗣以子孫蕃庶，散處於各處，兹就其情況畧次如左。

位　　置

　　本圖位於縣東，距城七十里，非一村落，曰萬家莊，曰文家洞，曰爛柴洞坑，曰段裏屋，隸源塘鄉雙石團。曰上黃柏段、周家衝、官衝，曰楊家屋場，曰舒家衝，隸源塘鄉大義團。曰桅杆屋，曰李家坪，曰石板衝，曰岸花潭，曰上方家屋場，隸武昌鄉馬嘶團。曰檀樹觜，隸武昌鄉蘆陂團。曰李家灣，隸武昌鄉楠木團。曰鍾家嶺，曰牛形嶺，隸三神鄉官塘團。曰費家塝，隸武昌鄉讀書團。

形　　勢

　　山脈出梨樹坳，由烟霞嶺東迤，至神鼎山爲主峯。神鼎主峯，俗名千峯頂，而名其下曰神鼎洞。北出一枝，經上武昌廟東迤，至石板衝桅杆屋，盡於李家坪。復分一枝，至檀樹觜。中出一枝，由新屋連萬家莊。東出一枝，由爛柴坑至段裏屋。又東由烏塘灣、黃家罐，忽北旋至許家衝，極於上方家屋場。此外則有費家塝，脈出飄風山岸。花潭脈出麻石山，其水則有神鼎洞一源，上武昌廟一源，會於馬嘶段，東流至菱角壩，經遇石橋，與許家衝水滙於石壩。又東與小水源衝之水，合於盧壩，南趨經蘆陂段，忽東轉與白鶴洞水相會，北流出雙江口，一源出麻石、飄峯二山，由上壩橋、中壩橋經廣濟橋入河，下趨雙江口。

沿　　革

　　俟詳。

居　　所

　　本門皆爲尚景房裔，居非一村。而一村之中，半皆與異姓雜處，故易其目曰居所。由景公至振字世，分芳、菲、茗、龍、中五支，芳公支居平江鯉魚舖戴家山，限於篇幅本圖未列。菲公丁最蕃，生子五：曰朝坤，曰朝望，曰朝勝，曰朝繻，曰朝紳。坤公裔居萬家莊五戶，長沙學院街三戶，桅杆屋一戶，外有一戶寄居文家洞，一戶寄居周家衝。望公裔徙四川。勝公裔居李家坪一戶，大橋團一戶，岸花潭三戶，李家灣一戶，黃興塝一戶，上方家屋場四戶外，有寄居文家洞一戶，桅杆屋二戶，縣城爲商者一戶。繻公裔居舒家衝即許家衝。五戶，上方家屋場一戶，李家坪一戶外，有寄居上黃柏段周家衝一戶，官衝一戶，平江金剛坪一戶，張家舖一戶，舒家衝一戶。茗公裔居爛柴洞坑一戶，段裏屋二戶，鍾家嶺一戶，楊家屋場三戶，牛形嶺二戶。龍公裔皆居檀樹觜，惟達望經商於長沙，居下東長街。中公裔原居費家塝，現亦居長沙南門外碧湘街。五支之外，更有啟榜支一戶，居長沙轅門上。此皆尚景房裔號稱神鼎門之居址可考者。

風　　紀

與異姓雜居，故其風尚亦不一致。居民大半力農，而兼爲小販爲工者，較各門稍多。富於宗族感情，趨重儒術，且儉約不流於嗇，尤爲可風。惟散處，族之團結力遜於各門，賭風素熾，近亦漸見斂，抑無溺於此者。

物　　産

産稻穀、泥豆，輸出尤以泥豆爲大宗。喜飼豕，女能紡織，故小豕、棉布亦爲出口之一。其餘柴、薪、芋、竹、茶、蔴之屬，亦足供其要需。

以上瑞靈、碧灣、徽山、嶺背、神鼎五大門，皆有圖，并依圖具說。此外尚有丁家段、庖塘、三墩塘、楚塘、營田與三星橋、黃家墩、曹家段，舊稱爲十三門者，因村落小而丁口微，不另爲圖，附說於左。

丁家段　隸黃穀鄉三里團。振先公於清康熙間遷居於此，今屬徽山門。

庖塘　隸黃穀鄉里仁團。朝德公於清乾隆間遷居於此，今屬嶺背門。

三墩塘　隸歸義中鄉獺塘團。賢韜公於清道光間遷居於此。

楚塘　隸歸義下鄉烈女團。仕灘公於清咸豐間遷居於此，今屬徽山門。

營田街　隸武穆鄉。廷舜公於清乾隆間遷居於此，今已無存。

三星橋　隸歸義鄉獺塘團。啟玉公於清康熙間遷居於此，朗系。

曹家段　隸祇園下鄉六柱團。於清康熙間遷居於此，朗系。

黃家墩　隸桃林鄉，世齡系。

案右列族居，舊稱十三門者，營田今已無存，庖塘僅存二丁，此外未列入門數，亦有丁頗蕃滋者，因遷徙表中已詳述之，不贅。

（黃達煦纂《［湖南］湘陰羅江黃氏譜》　1928 年江夏堂木活字本）

湖南永興張氏羅塘圖

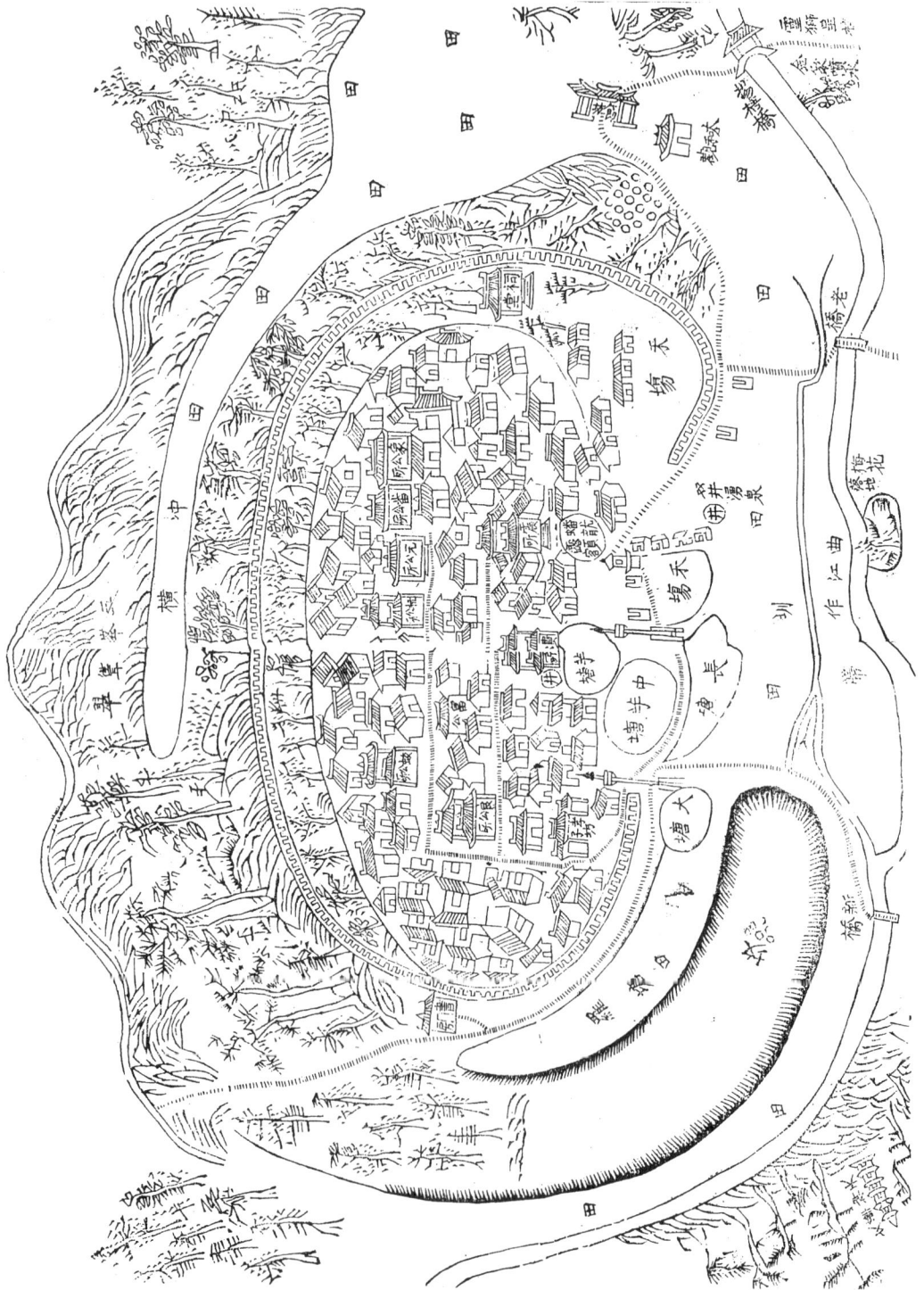

湖南永興張氏羅塘記

間嘗考縱橫於萬里,稽上下於千年。物就象而取名,地因形而錫號。或波之潔而稱爲練,或泉之繞而謂爲紳。繡谷袊瀧,播芳聲於宇内;帶湖襟海,傳令聞於人間。憶從前川向東流,曾譬以臨風之錦;問何處塘占北鑿,更喻以叠雪之羅。緬維吾村天然美景,山青四面,水綠一灣。龍晴兮井列以雙,馬耳兮峯排夫五。瑞象則如金鑄就,靈獅則似石雕成。非不可以豁胸襟,非不可以開眼界。孰若茲塘寬百畝,羅結千層,塘似羅而名由是彰,羅於塘而實從此繪。排來雁字,渾書浪裏新裙;借得龍梭,疑劈波中飛絮。如環羅帶,如皺羅紋,羅襪奚誇,羅衣何羨,羅帕不過爾爾,羅襦烏足云云。夕映大羅之天,朝含曜羅之日。莫是上方賜出,羅恰飄香;或者王母歸來,羅仍薦紫。雖蓮塘之美兮,難同組織之工;縱錢塘之奇兮,漫擬裁量之巧。念我先祖,初徙金陵,迺選名區,迺瞻勝地。塘四圍而意適,羅一色而情怡。雜霧縠兮阿邦,襯烟綃兮縹緲。翩如蛺蝶之分飛,爛若鴛鴦之連理。空原即色,自成水面文章;巧不可階,詎數人間青紫。猗歟休哉,烏得不倚塘啟宇,而借塘名村。迄於今,憶彼鮮明,溯其密麗,足徵迷離萬變,更見掩映三分。或翔鸞舞鳳兮依稀,或練雀戲龍兮彷彿。鮫人造就,非關五緘五紝;泉客結成,別具一經一緯。視近今花樣新,果翻不;擬上界銖衣製,誰學得。年湮世遠,不禁觸景而興懷;目想神遊,用是揮毫而作記。

時咸豐十一年辛酉歲季冬月穀旦,十八世孫岷山永清撰。

(張興彦等主修《[湖南永興]金陵羅塘張氏族譜》 1929 年金砲堂木活字本)

湖南平江葉氏葉家洞地形略圖

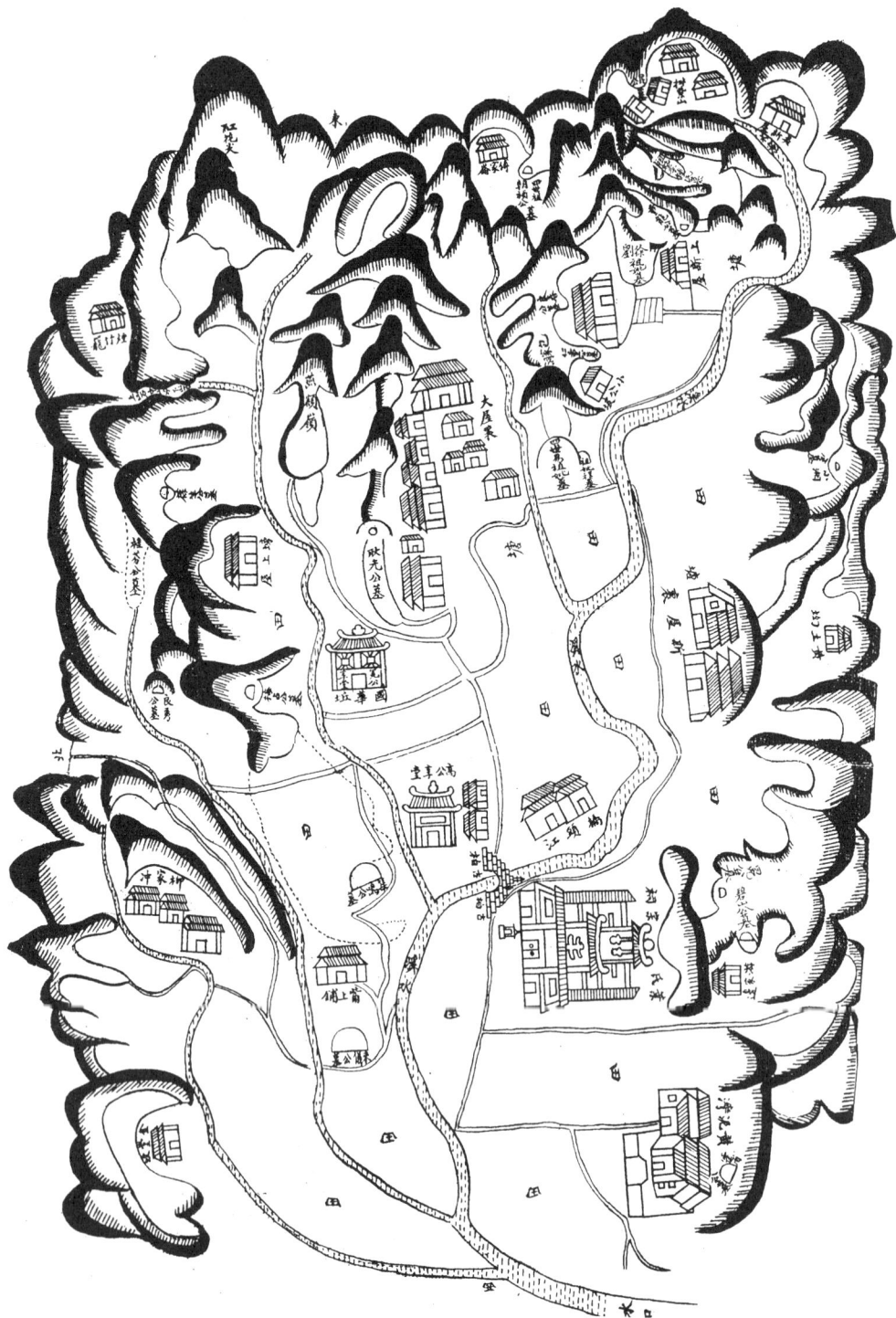

湖南平江葉氏葉家洞裏屋源流

　　吾先祖永壽公,由武寧而遷蒲圻,復由蒲圻而遷平江。里必擇仁,鄰更求德。度山川之雄壯,選風俗之純良,相土於燕嶺之旁,卜宅於獅巖之下。山環水繞,形如洞裏桃源;秀毓靈鍾,景似洞中仙境。原名包家之洞,尚得姓氏流傳;守此先人之基,敢忘祖宗肇造。溯厥初之胥宇,幾費綢繆;由此地而開基,遍及原野。山排紫氣,業落昆公,蒗枝灣號,黄坭基闢,振公子姓,大屋新屋,棟宇增輝,游家柳家,奐輪並美。塝上延及界上,族開鄰省邊區;橋頭更有界頭,派衍連團内境。猗歟休哉!我壽公子孫之各闢其地,各創其基,而能光門閭、大閥閱者,其源源本本,無非由洞裏而長發其祥也。惟我祖三謨公,上承世德,下裕後昆,世守丕基,永安斯土。青山對照,儼如生面別開;緑水灣流,却喜源頭早濬。追思舊德,難没先芬。因序其源流,以誌前人擇地之良,而興後世景行之仰。

　　民國二十三年甲戌歲季冬月,永壽公十六世孫明標錦堂氏敬譔。

(葉瑞盞主修《[湖南]平江葉氏族譜》　1935年南陽堂鉛印本)

湖南新化奉氏村圖

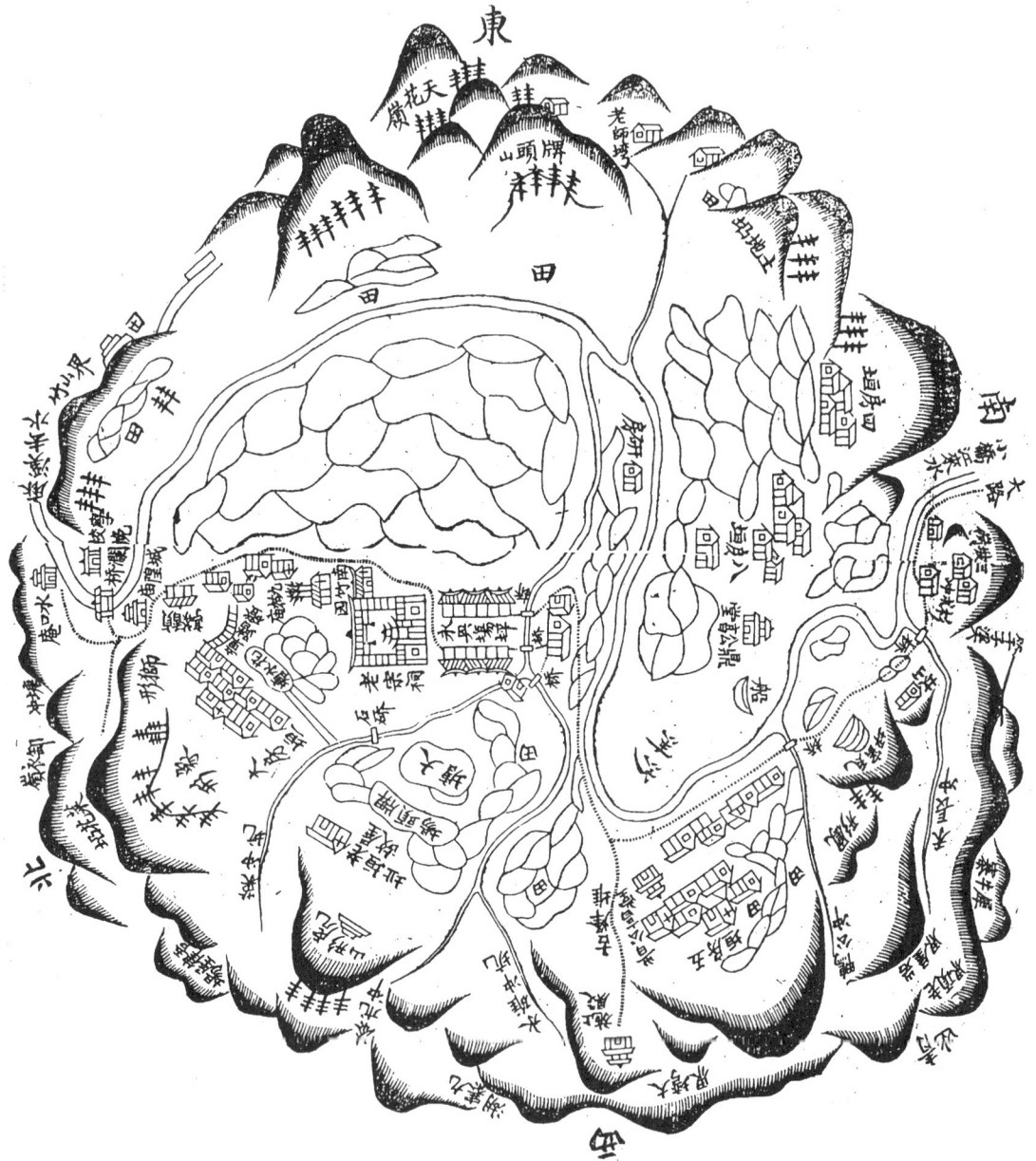

湖南新化奉氏村圖記

此圖上自三坡嶺下之孟公廟,下至水口庵,計程四里許。東上天花嶺,西上九寨湖,計程八里餘。其中江水用綫,大路用點,惟杉樹衝下之迴柴灣、十九坵與水口庵,對岸之老廟場,未及細繪,因限於板式故耳。

宗祠門首場坪,原係糧田一畝二分,於清光緒十九年改設永興隆場,并新造鋪店。今鋪店係私佔,田歸三戶子孫守先會管理,對岸牌頭山原係深山,今山中樹木業已敗盡,難以復初。

祠後九姑廟,原名南竹園,古樹數根,夏時綠葉成陰,老幼男女多乘涼其下焉。

五房垣楚峕公享堂,與八房院楚鼎公享堂,另繪有圖,中間祇隔一河,遙遙相望,春夏水深,渡以舟楫,秋冬水淺,通以板橋。

瓦窰坪大田嘴,即鴨公衝溪口。原有觀音閣,今閣已朽,基址猶存。

麒麟山原有庵,名上施殿,後改建青龍庵,於乙巳春已被回禄,今已恢復舊觀。庵下古烽堆三,明時馬驛鋪在此所設,後馬驛另通,烽亦不用,故址猶存。

老屋垣原有老屋數重,係始祖卜居之處,今屋多毀折,僅存其一,且屋場葬有墳塚,諒難復舊矣。垣前牌頭場,并左右餘土兩片,係三戶公業,經此屆閤族公議,扦穴貳拾叄冢,賣作彌補修譜之貲,并書立契據存照。場前大塘,係君天公房祭田,田中古石數方,相傳是田係坪下聚寶盆,石即寶也,不可移動,移則生變。

大房垣下手有石磴四,四十八級,原名章踏磴,今磴多傾圮,不知級數亦可符古否?

水口上邊城隍廟,係丁亥年連魁等糾衆所建,因城隍與吾始祖統兵征勦,至此城隍返命,始祖卜居,因隆祀焉。廟下手原有橋亭,被丁卯年洪水漂没,今已重修。

以上數條,聊誌大概,俾恍然於目者并可了然於心,覽古者不無小補云。

(奉孝則主修《[湖南新化]奉氏十一修宗譜》 1935 年木活字本)

浙江鄞縣高塘頭董氏全圖

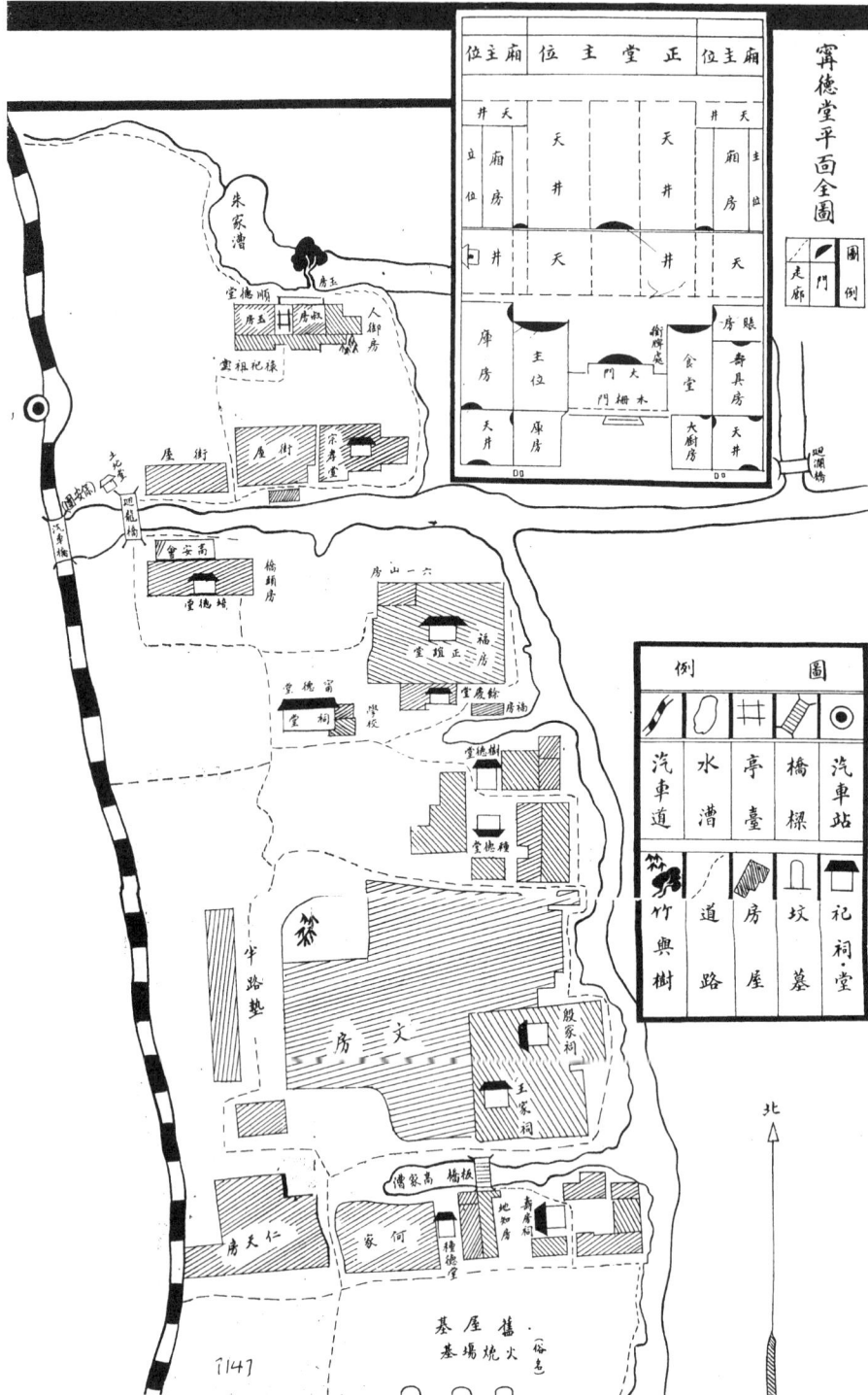

浙江鄞縣高塘頭董氏全圖記

徐 家 漕

漕據圖東南隅。據高氏殘譜，舊稱李家漕，其後李氏式微，有徐氏者傍漕而處，漸滋漸繁，分居漕之附近，在東者曰東徐，在西曰西徐，因改稱曰徐家漕。現徐氏約有烟爨百餘家。昔清光緒中葉，有名傳隆者，以行伍出身，累積勳勞，官至江蘇狼山鎮總兵，署理江南提督，解組後移居城內，構新宅於南城采蓮橋左近署，額曰"將軍第"，今猶巍然如故，惟其族人之在鄉者，多業農，不甚著名云。

舊 屋 基

俗稱"火燒塲"，基在吾族祖堂種德堂之前，約佔地二十畝左右。相傳爲高氏昔日繁盛之處。玩"火燒"二字，似是燬於火者，其事其人果在何時，年代遠隔，已不可問。祗餘遺址一區，斷梗荒榛，不堪寓目。每當夕陽西下，徘徊其間，惟見纍纍荒塚，瓦礫蓬蒿，在在皆是，不能不令人發荆棘銅駝之嘆也！

種 德 堂

觀堂之名，似爲全族公共之祖堂，今本故老傳説，謂前房所私有，後房所私有者，樹德堂之前亦稱種德堂也。屋祗一楹，其兩旁基址又有左右廂房，地位似是舊有三楹，不識其爲燬爲圮。重行改建如現存者，有記，畧詳《第宅紀》。

壽 房

吾族前房九世文字行，有名斗、名曜、名升者，兄弟三人析爨時，名房曰福禄壽。所稱壽房者，文升公派下子姓所居之處也。文升公後，明字行五人，啟字行十人，忠字行十八人，孝字行二十二人，大字行四十三人，人字行四十二人，本稱極盛，今就道親兩行以觀，則不甚繁殖，似不能繼前人之美矣。其間有祖堂一所，面向東，入視其間，神龕內有高氏祖先之神位一座，故老相傳，謂董氏祖堂以婣戚故奉高氏神位。今據《高氏殘譜》，有咸豐元年辛亥高氏前房《長春堂記》一首，內有十數年前董氏建立公堂，仍立我高氏先代神位奉先靈式憑於此，使我子姓敬祀之，以傳於後，而今而後，高氏之始基不泯於高塘矣云云。觀此是堂屬董氏也。今此間有地房下智房一支，分居其左，近不下十餘家云。

何 家

何氏望出廬江，來自何處？徙自何人？代遠年湮，欲求典實而故老無復存者。今其衆處者約七八家，多業農，習商者祗一二人，有名震南者，習中醫，爲其中最著稱云。

天 房 橫 樓 屋

吾族前房第九世文字行,有文衡、文衞、文岳者,系出儔二公,以天地人名其房。天房者,長公文衡派也。其後明字行二人,啟字行二人,忠字行六人,孝字行七人,大字行十八人,人字行二十三人,此後道親兩行未見發達。所稱橫樓屋者,南向計五間,二衞偏東處又附二間,地當圖之西南云。

板　　橋

橋以板爲之,故名。西面裝置鐵欄,爲經行者扶手之用,以其間有高家漕,自東至西,約五六十丈,漕面闊丈餘,爲族人往何家等處必經之所。不設此板,則須繞道,田家羊牛之往來,多稱未便,因設此以利通行。如有船自東而來,則擡高此板,可放至漕底,亦簡便法也。

高　家　漕

漕爲徐家漕分流,自東至西約五六十丈,有板橋在其上,舊無名稱。今閱高氏殘譜,其《序》內有謂我高氏之居高塘也,前後兩房分處,中間一漕,漕南爲前房,漕北爲後房云云。又吾族大介公一《序》亦云,高氏之先居於高塘之高家漕,居漕南者爲前房,居漕北者爲後房,傳至數世,前房遷居丁家衞,後房遷居葛家漕,遺存於高塘者僅前後兩房之堂基(長春堂)。今據壽房祖堂有高氏神位,是高氏前房長春堂舊址明甚。而漕北殷家王家之旁,年當八月十三日,石池廟境主出巡之時,葛家漕高氏子孫到其間,供列爵獻,是高氏後房之長春堂堂基也。而此漕適在兩者之間,謂之高家漕,誰曰不然。

殷　　家

殷氏與吾族後房文房,隣比而居,烟爨約十許家,相傳與王氏前後來此。中有堂曰"餘慶堂",爲嗣孫立成立。立成者,號和卿,在甬埠操轉運業,地方公益多來參預。其他皆業農,不甚著稱云。

王　　家

王氏與殷氏毗連聚處者,約二十餘家,祖堂即在其中,堂之前梁額登科匾一方,鑴乾隆庚午浙江巡撫兼監臨爲第四名舉人王家棟立。稽之邑乘《選舉表》四,庚午之歲,爲乾隆十五年,登鄉榜者,吾鄞四人:郭景行、包旭章、李恭寬、邵陸,無王家棟其人。嗣核是表之下方,則有其名,蓋所謂登科者,登武舉人之榜也。木經標明,幾乎爲魚目所混矣。

文　　房

吾族第六世水字行,有名淮、名瀛者,係儔二公之一支。文房者,淮公之派也。其後士字行二人、學字行三人、文字行五人、明字行十二人、啟字行十九人、忠字、孝字兩行皆二十餘人。至大字、人字亦不弱,均繩繩可繼。惟明字行有遷居四港,啟字行有遷居白沙慈谿,忠字行有遷南門外,以致留存者不甚繁滋,所居之地僅在高家漕北岸左近一區。今茲纂脩譜牒,道字行有曰咸、曰成兩昆仲,亦即爲吾族之臂助人云。

樹 德 房

即吾董氏後房之祖堂。自文四公卜宅于此,二世一人、三世六人、四世十一人、五世十人、六世八人、七世九人、八世九人、九世二十四人,此後若明、若啟、若忠孝大、若人道親爲本各行,據《世系圖》所載,較前房減少三分之一強,故其住宅基址不甚擴大。堂之楣間有"樹德堂"一匾,款識"張塤書",又刊"光緒丙戌十五世孫人煐修",又刊"乙卯"二字,想係民國四年重修也。梁之前更有"旌節"二字匾額,在同治十年辛未,浙江巡撫楊爲董忠銘妻李氏立,巡撫楊者,楊昌濬也。此堂之前又有一祖堂,額亦題"種德堂",相傳爲後房所私有,題稱"種德"者,亦如前房私有之種德堂也。

半 路 塾

有民房十數楹,面向東,董姓、徐姓、何姓褿居于此。所稱半路,不識其何所取義。塾,《說文》下也,溺也。以此字作地名者,鎮海有周家塾,奉化有陳家塾,本縣西鄉有清塾,本鄉有盛塾,皆可爲地名之證。或曰爲店字之訛,以其地向有店肆開設也。然乎? 否乎?

福 房

福房即文斗公派下子姓聚居處,亦名六房,以文斗公行永六,故有是稱。其後明字行二人、啟字行五人、忠字行十一人、孝字行二十九人、大字行五十六人、人字行六十人、道字行六十一人。自文至孝漸次繁衍,自大至道,雖未見增多,而仍繩繩可繼,實吾族最盛之一支也。故清時入庠登科出宰他省,亦在此中,皆文斗公之流澤長且久也。其堂額曰"餘慶堂",爲今玆纂修譜牒人張琴書,即于二十四年新立云。

正 誼 堂

楣間額"正誼堂"三字,署款"光緒丁丑寶鋆書"。考寶鋆爲旗人,當清光緒初年爲杭州駐防將軍,想在其時。光緒中葉人惺公名沛,刊其著作曰《正誼堂文集》,蓋本此也。堂之前簷有"登科"二字匾額,乃浙江巡撫覺羅吉慶,爲乾隆六十年第五十名舉人董琅立。

親 仁 小 學

校係蔡氏旅滬巨商蔡君仁初所私立,稱"亲仁三校",一校在潘火橋蔡君私宅,二校在泗港,此其三也。向假甯德堂前晨餘屋作校舍,自本年春間,族人人梁、道成、親梓、親烈四人,並與他姓二人,募集的款千九百金,就甯德堂所有左旁基地 歃 分,新建平房,前後兩屐各三楹,又過廊二條,今秋開學,遷入其中。現有學生男女百二十餘人,吾族實占多數。他若徐何二姓並及其他,亦不下數十人云。

甯 德 堂

堂爲前房所私有,額曰"董氏宗祠",實支祠也。建於乾隆五十三年戊申,先由十一世質園公儲款,至十二世懋勳公踵成之。自初建至今,屢經修葺,未有碑記。惟光緒二十三年丁酉歲重修,有道字行名勳學、名縉祺者,有《重修宗祠記》一首,書作一匾額于正辰簷際,現已採入《第宅紀》。本年又集款重修,丹之艧之,煥然一新。中計匾額二十二,楹聯二十五,亦詳載《第宅

《紀》云。

六 一 山 房

　　吾董氏自明洪武間奠宅於此,科名未甚發達。至故清中奕,十三世孝字行有官名璘,始於乾隆四十九年甲辰,入甯波府學第五名,官名琅,始於乾隆六十年乙卯科,中五十名舉人。自是之後,培植子弟,其長孫人字行名惺官名沛,由縣學生中同治六年丁卯科三十六名舉人,至光緒三年丁丑歲禮部會試,又中貢士第七名,覆試後分發江西,歷任建昌、東鄉、上饒、清江等縣知縣,護理臨江府知府。性好儲書,任内有購自各地者無慮數萬卷。至後歸田,恐其散佚,因將平時所收藏者,存貯一處,構此三間一衖樓房一所,衖後向東處又建一亭,亭之前鑿以池,均以“六一”名。池四圍砌以塊石,旁植花木,暇則讀書其中。命名“六一”者,意者有慕歐陽公而名此也。

地 房 橋 頭 門

　　地當迴龍橋南麓,故有是稱。地房祖堂曰“培德堂”,即在其間,蓋文衛公子孫聚處之所。梁間有“節孝”匾額,乃光緒十四年請旌,係浙江巡撫衛,爲故儒士董孝邇妻陳氏立,外有“文魁”二字額於前楣,浙江巡撫兼浙江鄉試監臨馬新貽,爲同治六年丁卯補行甲子科第三十六名舉人董沛立。查地房,自文衛公後,明字行三人、啟字行十二人、忠字行二十三人、孝字行二十八人、大字行與人字行均四十餘人,生生不已。至道字行有名位字槐卿者,雖身居閭閻,而遇有地方公益,無不急公好義,爲鄉里所欽重。有六十七十兩贈序,載入《行誼集》。今其哲嗣親炳(即本屆修譜采訪人),猶有父風也。

高 安 救 火 會

　　會有民國十八年新建平房三間,作安置器具之所。地當橋頭門北面河畔。先是,民國十年間,吾族人藻、道位、世周、祖恩、昌昭、齊雲六人聯合他姓畢正槐等共十二人,開始倡辦,以清光緒朝之永禁會費百元作開辦基金,由董玉房(即昌昭、齊雲二人)捐助泰西新式水龍一架,訂立辦法,命名曰“高安救火會”。嗣於民國十八年,復由祖恩(原發起人)、慶生(原發起人道位子名親炳)及他姓諸君募集的款,建平房三間。至二十二年,我董氏安在(親烋)、慶肇(親樵)、永甯(親烈)並他姓共七人,又勸籌經費,添置新式水龍一架,隣近村落消防事宜雖未能完善,而一旦有驚,羣起施救,亦不無小補也。創辦時有地方長官保護布告一通,附録於後。

鄞 縣 縣 公 署 告 示

　　本年十二月十五日,據公民董道位、董人藻、董世久、張秉良、張家昌、林梅良、畢正槐、徐賡生、徐景林、董祖恩、董昌昭、董齊雲等稟稱:“竊公民等世居治下高嘉鄉二都七八兩圖高塘頭地方,鑒於本鄉消防事業急不容緩,聯絡同志組織‘高安救火會’,業將清光緒年間永禁會費一百餘元充基金,並由董玉房慨助洋龍一架,現已擬訂辦法,從事進行。至出龍經費,議由各户負擔,龍夫則以近村農工人等任之,凡屬居民莫不贊助,其範圍以五里方圓爲限,鄉路狹小處龍不能行,則取水道以船載之,措置既告完備,誠恐少數不明事理之人,出而破壞,爲特稟請鈞署准予立案,並請出示保護,以重消防而安居民,實爲公便”到署。據此,除批示准予立案外,合行布告,該鄉居民人等,一體知悉,須知該公民等組織“高安救火會”,係爲注重消防起見,事關地方公益,理宜協力贊助,以利進行,慎勿藉端阻撓,忘思破壞,致干未便,懍之切切。特此布告。

中華民國十二年十二月十九日,知事姜若。

保 衛 團

此冬防也。年於十月間,臨時糾合團丁三名或五名,以就地農民充之。每當夜間,輪班梭巡,拂曉歸寢,暫假迴龍橋南塊土地祠,爲團丁棲止之所。自上年十月起至翌年正月止,約三四月,每丁津貼月費約六元,臨時由族人勸募云。

街 房

與橋頭門祇隔一水,蓋傍河北岸也,有店肆六七家,皆南向。隣近村人有需米酒油鹽者,多取給於此。居民約十餘家,高安會任職之人多住此間,以其地密邇安置水龍之所,一旦有警,不難立時奔集。總其事者,即此中寶山藥鋪店主親炳,穗元米鋪店主安在,以其便於呼應也。

迴 龍 橋

橋全身以條石砌成,陸行南北,水行東西,觀其外貌,似甚堅實。築於何年,建於何人,年代遠隔,無由稽核矣。觀現存欄石,鐫道光乙巳無射月重修。乙巳者,道光二十五年也,至今已九十一年。聞之故老,當民國十四年乙丑歲,亦曾重修,由族人道位募款,親梓監工,惟未鐫石。名曰"迴龍"者,不知其何所取義。今國家辦理地方自治,即以"迴龍"名其鄉,而寧橫汽車道亦以"迴龍"名,其站"迴龍"二字,因之著名矣。

人 房

地當街房之東,聚處者約二十餘家,一名後新屋。考人房,爲文岳公有子六人,以禮、樂、射、御、書、數六藝名其房,其後子孫繁衍。御房下有分居於族之東北部,其餘皆聚處於此。有堂曰"宗孝堂",民國十一年壬戌圮於風,至十二年癸亥歲,由道富、道莊捐募重建云。

迴 瀾 橋

是橋亦以石砌成,觀其欄石,刊己卯年八月重修,鄭彬瑞題字樣。考鄭彬瑞,爲道光二十五年乙巳歲歲貢生鄭士鏡之子,中光緒二年丙子科舉人,知此己卯爲光緒五年也。命名"迴瀾",想是挽迴狂瀾之意。

禄 房 祖 堂

福壽二房,已分記於前。所謂禄房者,文曜公也。其祖堂向在此間,不知何年燬於火,年久不築。茲自民國十八年,由房長道濂訂立條規,取費於祀產。重建之十八世孫定夙(爲煦),有《重建禄房祖堂記》,載入《第宅紀》。額曰"裕後堂",爲錢塘施善昌手書云。

叔 房

文曜公爲禄房,其後明、啟、忠、孝四行,均不以房著。至大字行有大德、大訓、大謨三公,分仲叔季三房,而大訓公出繼於孝紀公,仍稱叔房者,是攜產入繼也。此後人字行一人、道字行三人、親字行八人,繩繩而下,頗稱繁盛。有祖堂一所,當禄房祖堂之後,本屆纂修譜牒,有曰親梓號敬甫者,多所擘畫云。

<h1 style="text-align:center">玉　　房</h1>

禄房爲文曜公之房,其後明字行一人、啟字行二人、忠字行四人、孝字行七人、大字行十三人,内有大謨公者,生二子:曰鍔、曰鈞,即以"金玉"二字名其房,玉房者,人鈞公也。今之纂修譜牒,監修人親梁,即其長孫。公在時,曾航海至福州,營運材木數十年,家業隆隆而起,即於此構建私宅。額署"順德堂",爲杭州駐防將軍旗人奎俊手筆。中廳前楣懸經元匾額,乃光緒十九年癸巳浙江巡撫兼浙江鄉試監臨崧駿,爲中式第五名舉人董昌永立。孝廉公,即人鈞公長君也,已早世。其次君昌昭,候選道銜,故其大門又有"觀察第"三字,爲福建布政使周蓮所書。宅之西又有面東一廳,即稱順德堂西廳,忻大令江明有《順德西廳記》一首,今已不存。入視其間,楣間一匾額曰"承先啟後",其相對處有"思無邪"三字,爲伊秉綬墨卿所跋。又有楹聯三,均爲名人選書云。

<h1 style="text-align:center">人　御　房</h1>

人房爲文岳公,已詳於前。公生六子,其四子明誥即爲御房住居於此,其後啟字行三人、忠字行四人、孝字行八人、大字行十八人、人字行十六人,尚稱繁滋。及今道親二行,則漸形式微。現時除寓居他處者,其間僅寥寥數家而已。

<h1 style="text-align:center">寧横汽車道</h1>

民國二十三年五月,寧穿長途汽車公司經理王文翰,既承租寧波至穿山國防汽車道,行駛汽車矣。其時又有寧波至横山一線,爲鄞縣縣道,自寧波至横山,可渡象山港直接象西路,至象山東門,鄞縣縣長陳寶麟亦租與寧穿公司營業,即於是年十二月全線通車。圖内之道,極北處有站曰迴龍站,南通莫枝堰,北達邱隘,自江東總站至此爲十二公里弱,所經之站,一福明,二盛墊,三邱隘,四即此也。其間設站長一人,站夫一人,稱丙等站。附近村民之入城者,羣稱便利云。

<h1 style="text-align:center">汽　車　橋</h1>

是橋爲汽車道中之橋,即於此行駛汽車者,與迴龍橋並行,相距不十丈。其間河面約八九丈,兩堍以磊石砌成,膠以黏土,各丈許,中餘約七丈,就其正中豎一墩,畧高於堍,范金墁土而爲之墩。堍之間直架長梁八。梁上又排比二丈許横木,木與木約離三寸,蓋所以洩水者,較之火車道上枕木實無二致。横木盡處,高裝木闌,藉之以作關防。梁之下列洞二,便行舟者一住一來之用,橋柱題字爲五號,是以盛墊站爲起點也。其實自總站至盛墊站,已有橋十二號,若但就寧横車道範圍論,是橋爲全線十七號,非五號也。

<h1 style="text-align:center">朱　家　漕</h1>

漕據圖之北部,相傳昔時有朱姓聚族於漕之北岸,故稱朱家漕。居人謂數十年前猶有數家烟爨,不識其爲轉徙爲死亡,而衰零若此。自漕南遠望,祇見一大不盈丈數椽香火祠,兀立其間,而朱氏屋廬則空無所有也。惟兩旁縈縈抔土,蔓草荒烟不堪寓目。漕之南岸存一奇蹟,地當玉房廬舍之後,所築河埠皆以石砌成,石之内二三尺有隙地,舊植榆樹俗稱田頭樹。一本,出土

後即分兩榦，每榦大幾合抱，似是百許年之物，其根際有大可三四寸一鐵練，長丈餘，嵌入其中者，約二尺許，兩端則蟠於地上，蜿蜒如龍蛇，各五六尺不等。拾而叩之，猶琅琅作響。詢之故老云，是玉房向有徵收田租之船，所嵌鐵練即其船首之物也，年當徵租既畢，繫船於此，三十年前常以此練繫於此樹，想爲日已多。一日視之，見鐵練嵌入樹中，雖不甚深，欲出之，亦須費力。主人亦好奇者，因解此練，任其嵌入，年來愈嵌愈久，愈久愈深，入木已三五寸矣。是亦一目不常見之奇蹟也。謂予不信，且往觀乎？

　　高塘董氏，爲鄉先輩董覺軒先生故居，耳之熟矣。第以縣東縣西相隔，故平生足跡未嘗一至。夫以行蹤未及之區，而欲志厓略，實難走筆，雖有圖可依據，而於此中掌故，則仍茫無端緒。今惟據斷簡殘編之記載，街談巷語之流傳，并及襄理諸君子所口述者，依墻傍壁而成此，紕繆之處，恐不免也。志內有曰吾族、我族、族人等語，係代人口氣之辭，均希鑒諒。張琴附註

（張勤等纂修《［浙江鄞縣］鄞高塘頭董氏家譜》　1935年種德堂木活字本）

湖南桂陽泗洲寨陳氏屋場圖

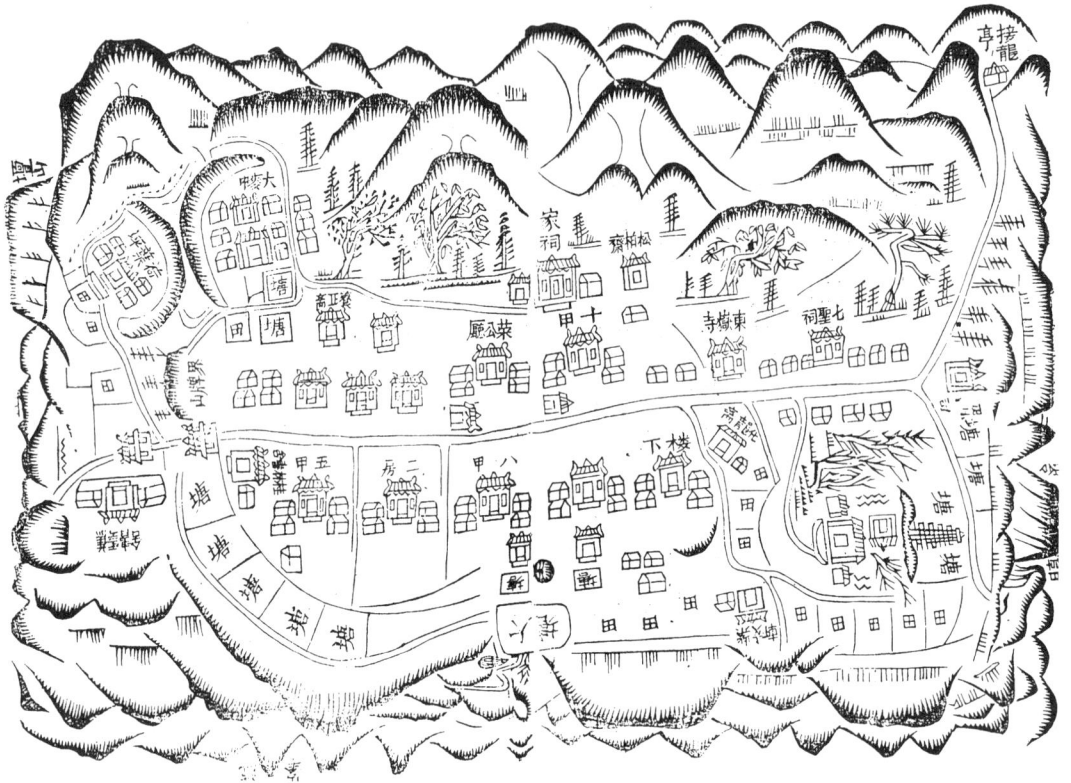

湖南桂陽泗洲寨陳氏屋場圖跋

　　村龍發脉於扶倉山，中幹正出，兩旁夾護行二十里跌落平地，再行矗起，山名永佳凸，展帳落脉開太陽結村基。左白阜，高張如幟，右壇山，端峙似硯，流峯尖削若筆。內堂水出巽方，正對文星。水口旁排巨石，左立右伏，如守門狀。吾祖由宋淳熙年間卜居於此，累代蕃衍，意者地靈人傑之一驗乎！然吾聞之，此間舊有九姓十三戶，今其存者落落數家焉。同居一地，而興敗迥異，何也？則甚矣，地形雖勝，仍待有德者居之，乃效其靈也。姑圖之，以備考焉。

（陳兆璇等修《[湖南]桂陽泗洲寨陳氏續修宗譜》　1937 年惇庸堂木活字本）

湖南桂陽小富頭陳氏屋場圖

湖南桂陽小富頭陳氏屋場圖跋

　　小富頭村，七世祖所卜也。發脉於屏風架，至銅鐘嶺，過峽逶迤黑山頭側，卸平地結村落。左白阜，右壇山，前列流渡峯，溪水環繞如帶，水口天生石羅星，爲收束，青烏家稱爲印浮水面焉。來龍甚旺，且爲逆結，彌有力，局寬而緊，左右秀峯排列，先人得此，良有緣哉。

　　　　（陳兆璇等修《〔湖南〕桂陽泗洲寨陳氏重修宗譜》　1937 年木活字本）

湖南瀏陽廖氏聚族圖

湖南瀏陽廖氏聚族圖説

　　廖家段爲吾族遷瀏以來之策源地也。清轄於瀏陽第四都，今轄於上東鎮第六、七兩保。東距白沙約三里，西抵東市約十里。四面岡巒環聚，如列屏藩，溪水曲折其中，如縈襟帶。村之中豁然開朗，土地平曠，以當日發祥所在宗祠位焉。其次各支祖凡十祠：曰誠宇公祠，曰宣廷公祠，曰聖符公祠，曰南英公祠，曰又禧公祠，曰翰元公祠，曰宗盟公祠，曰翱公祠，曰黌公祠，曰采公祠。各占地勢，結構巍然，子孫之居其間者，閭閻櫛比，雞犬相聞，不減桃源風致，倘所謂天鍾其秀者，非耶？先賢平章段内八景：如一柱祠之寶柱卓立，關門石之狂瀾砥柱，白馬廟之神像森嚴，一字山之山形字跡，卧虎形之雄威猛勢，紗帽山之圓頂長縱，洗馬潭之潭影悠悠，浪裏龍之真龍冉冉，發諸詩文，情景如繪，頗極山水之勝。現我族丁男繁衍不下數千衆。《詩》曰“卜云其吉，終焉允藏”，殆爲斯地詠歟。

（廖寶池主修《［湖南瀏陽］廖氏族譜》　1938 年世綵堂木活字本）

浙江嵊縣厚山竺氏新刊宅圖

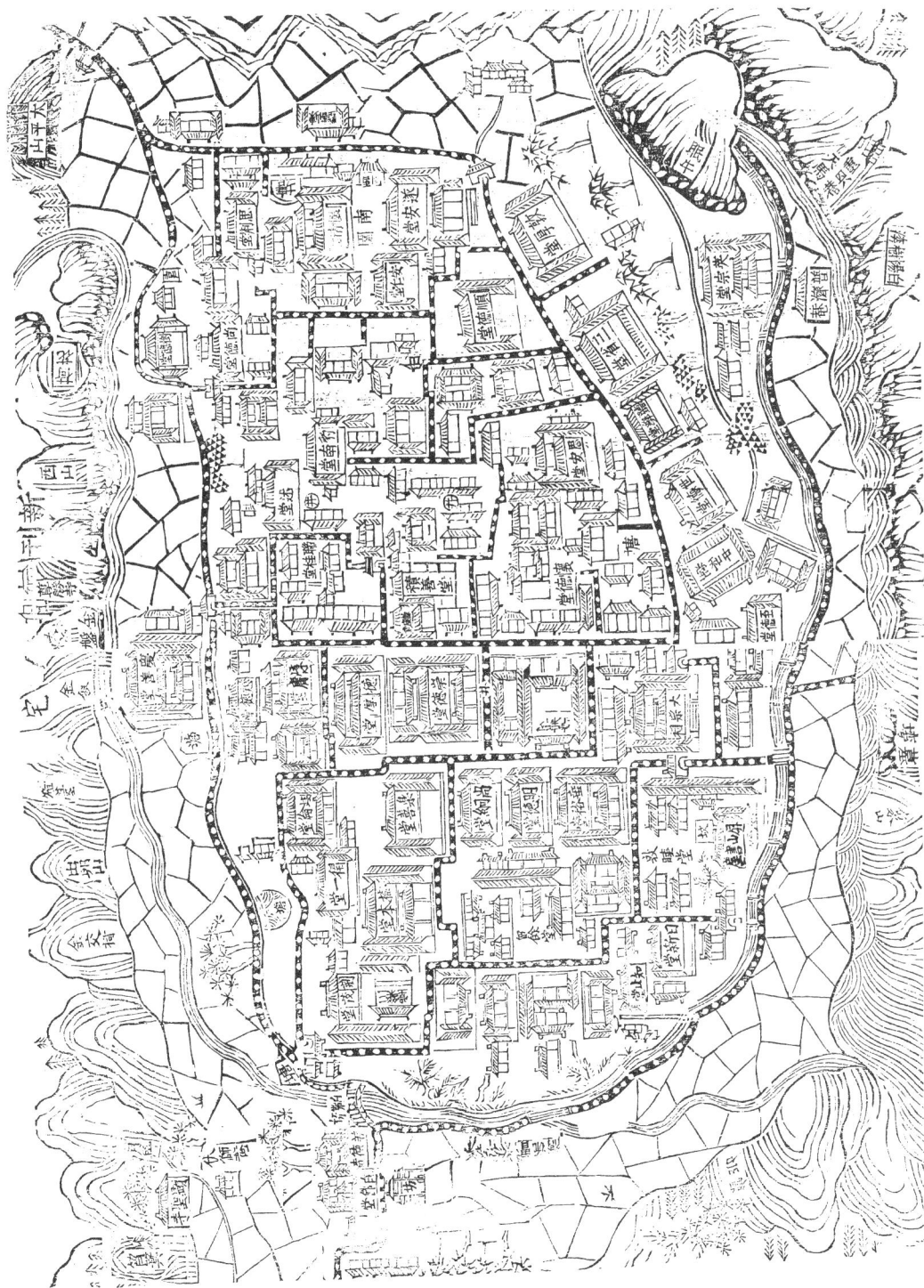

浙江嵊縣厚山竺氏宅圖跋

　　譜牒首系圖，所以衍宗支綿世緒也，外此有與系圖並重者，則宅圖尚焉，匪直爲觀美也。堂構之創垂，土田之交錯，山水之圍環，與夫神廟佛居，以及先塋、亭觀、橋路之屬，凡散見於宅之前後左右者，悉舉而圖之於尺幅中，苟非世緒之綿延，宗支之繁衍，亦安見先人基業之遺，繼繼承承以至於今，世世子孫相守於勿替哉。是宅圖之作，固有與系圖並重者矣。我厚山竺宅，耕讀相傳，風氣近古，頗爲剡東望。其先自晉伏陽子潛公由東海來，隱於剡，及孫九徵公卜居於此，傳十三世，烜衷公建厚山庵，復歸東海，蓋已始基之矣。繼自宋駙馬公扈蹕南渡，既遷剡，子孫星散。傳及第十世汝泰公而徙居焉，遂爲我族鼻祖。嗣是箕裘累葉，代有建置，詒謀之遠，益覺山川生色。前譜繪圖而列諸首，良有以也。前明洪武、萬曆兩次纂修，僅存其序，而譜已失傳。迄我國朝康熙、乾隆、道光，凡三修譜，首各有宅圖。諸尊長有修譜之役，命煥從事，并以斯圖囑曰：“康熙圖之所有，已備舉於乾隆圖中，而道光圖則仍乾隆之舊，而佚其名，今欲列舊圖以備參考，固莫如乾隆圖較爲詳明，新圖則仿此而增損之可也。”煥唯唯。第計自乾隆迄今九十餘年，其間生齒日繁，支派日析，廬舍田園日益增擴，舉凡寺廟、橋亭、山澤、水利，沿革廢興，不一而足，圖既曰新，自宜繪一新景象矣。若軒祖以上遺址，雖已改觀而名仍其舊，示不忘遠祖也。餘則或因或革，或損或益，隨地布置而已。管見區區，疏漏之愆，誠知不免。要之斯圖之作，殆即世緒之綿延，宗支之繁衍，於以見先人基業之遺，繼繼承承以至於今，世世子孫相守於勿替如此耳。倘或徒侈夫形勝之觀，執舊圖爲藉口而咎新圖之未工，則豈前人與諸尊長列圖之本意哉。因即諸尊長之意而述之，以附於後，庶繼起者一開卷而知宗祖詒謀之遠也。宜斯圖之與系圖並垂於不朽歟。若夫舉宅之所有而畢圖之於尺幅中者，已詳於煥受業師王衡堂夫子所惠序，勿復贅云。

　　時咸豐十年歲次庚申仲秋之吉，本紀第二十二世孫煥謹跋。

　　本屆仍庚申舊圖，略加增損。跋亦因之，閱者諒焉。光緒乙未孟秋丙照識。

（竺猛濤等纂修《[浙江嵊縣]厚山竺氏宗譜》　1940 年積厚堂木活字本）

安徽南陵汪氏中洲圖説

　　洲也，而胡以中名？蓋因汪氏之所居而名之也。予於己亥十二月朔，適際天氣晴温，率二三童子，循流而下，過小澗平橋，山之隈有龍潭焉。潭深峭壁，慄慄然有不可俯視之勢，已而攀菇而上，涉乎東山之巔，長約三五里，嶺不甚高，路亦不徑，其嶺起而忽伏，伏而忽起，登臨之下，中洲之勝靡不入目焉。南有馬頭之雄，北有川山之托，右則大河以環於外，左則曲山以維乎傍，其形首尾俱尖而濶其腹，汪氏卜築於其中，故號曰"中洲"。但見緑陰千頃，修竹翳然，灃泉之内，大有人在，不可謂非陵邑之勝地也。是以遍觀焉，而得其槩云。

　　蘭石荊里吳如璠謹識。

安徽南陵汪氏中洲陽宅圖

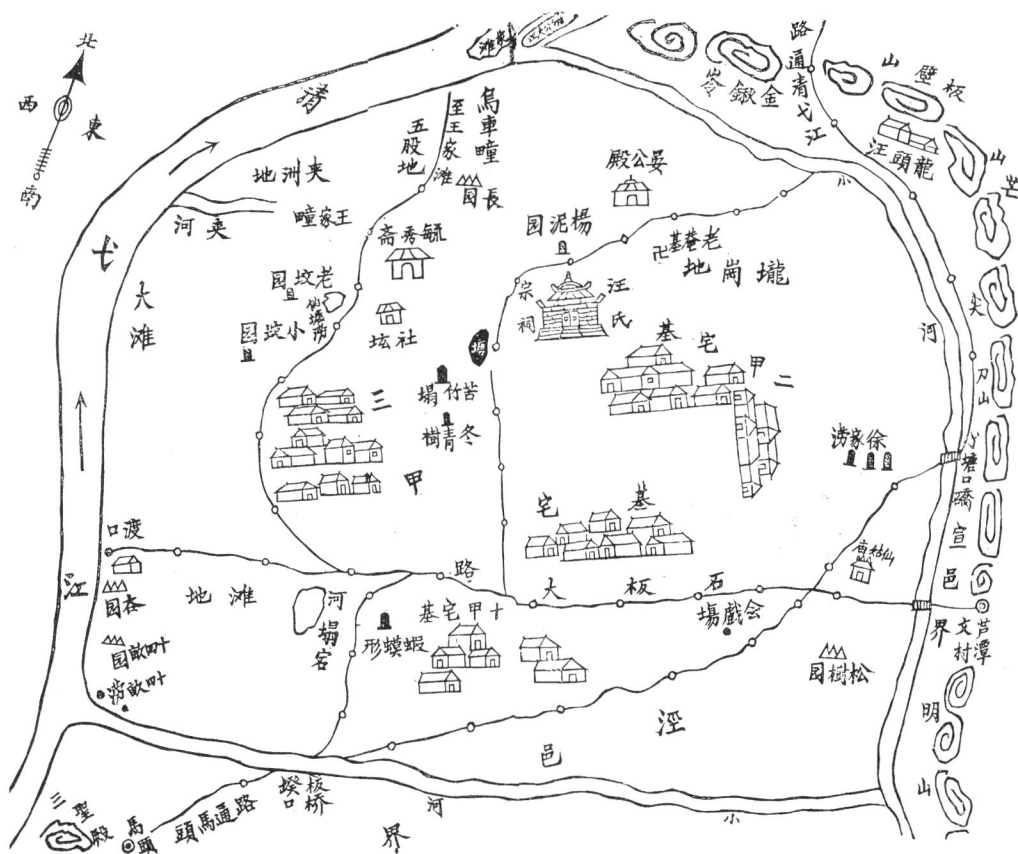

安徽南陵汪氏中洲境域圖

安徽南陵汪氏十甲陽宅圖

（汪之進等修《［安徽南陵］越國汪氏宗譜》 1942年木活字本）

湖南新化奉氏輿圖

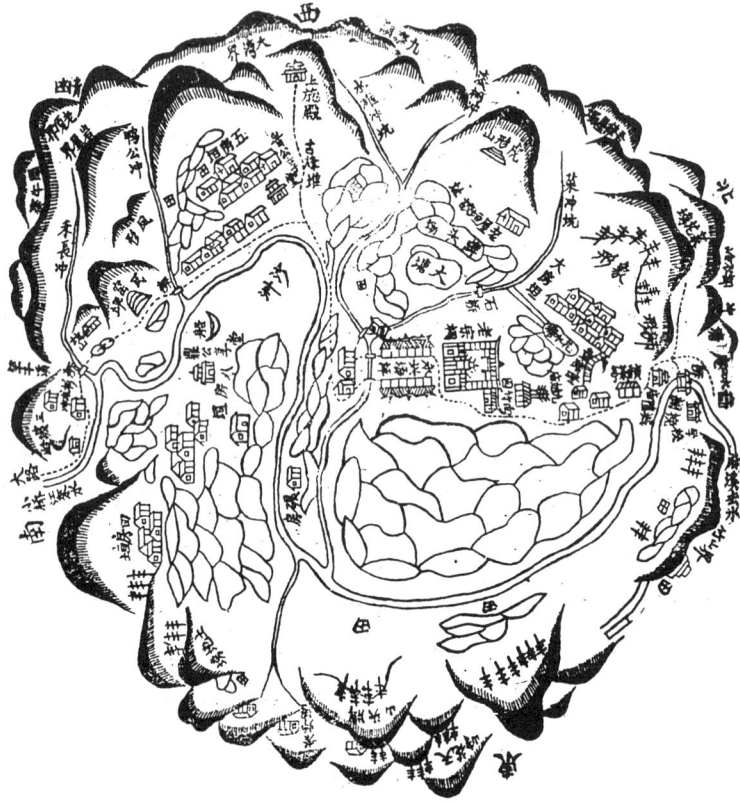

湖南新化奉氏輿圖記

　　此圖上自三坡嶺下之孟公廟,下至水口庵,計程四里許。東上天花嶺,西上九寨湖,計程八里餘。其中江水用線,大路用點,惟杉樹沖下之回柴灣十九丘,與水口庵對岸之老廟場,木及細繪,因限於板式故耳。

　　宗祠門首場坪,原系糧田一畝二分,於清光緒十九年改設永興隆場,並新造鋪店。今鋪店系私占田,歸三戶子孫守先會管理。對岸牌頭山,原系深山,今山中樹木業已敗盡,難以復初。

　　祠後九姑廟,原名南竹園,古樹數根,夏時綠葉成陰,老幼男女多乘涼其下焉。

　　五房坦楚昔公享堂與八房院楚鼎公享堂另繪有圖,中間只隔一河,遙遙相望。春夏水深,渡以舟楫,秋冬水淺,通以板橋。

　　瓦窯坪大田嘴(即鴨公沖溪口)原有觀音閣,今閣已朽,基址猶存。

　　麒麟山原有庵,名上施殿,後改建青龍庵,於乙巳春已被回祿,今已恢復舊觀。庵下古烽堆三,明時馬驛鋪在此設所。後馬驛另通,烽亦不用,故址猶存。

　　老屋垣原有老屋數重,系始祖卜居之處。今屋多毀折,僅存其一,且屋場葬有墳冢,諒難復舊矣。垣前牌頭場並左右餘土兩片,系三戶公業,經此屆合族公議,扦穴二十三冢,賣作彌補修譜之資,並書立契據存照。場前大塘,系君天公房祭田,田中古石數方,相傳是田系坪下聚寶盆,石即寶也,不可移動,移則生變。

　　大房垣下手有石磴四,四十八級,原名章踏磴,今磴多傾圮,不知級數亦可符古否。

　　水口上邊城隍廟,系丁亥年連魁等糾衆所建,因城隍與吾始祖統兵征剿至此,城隍返命,始祖卜居,因隆祀焉。

　　廟下手原有橋亭,被丁卯年洪水漂没,今已重修。

　　以上數條,聊志大概,俾恍然於目者並可了然於心,覽古者不無小補云。

（奉孝球等主修《[湖南新化]奉氏十二修宗譜》　1998 年鉛印本）

湖南醴陵醴南文氏山水全圖

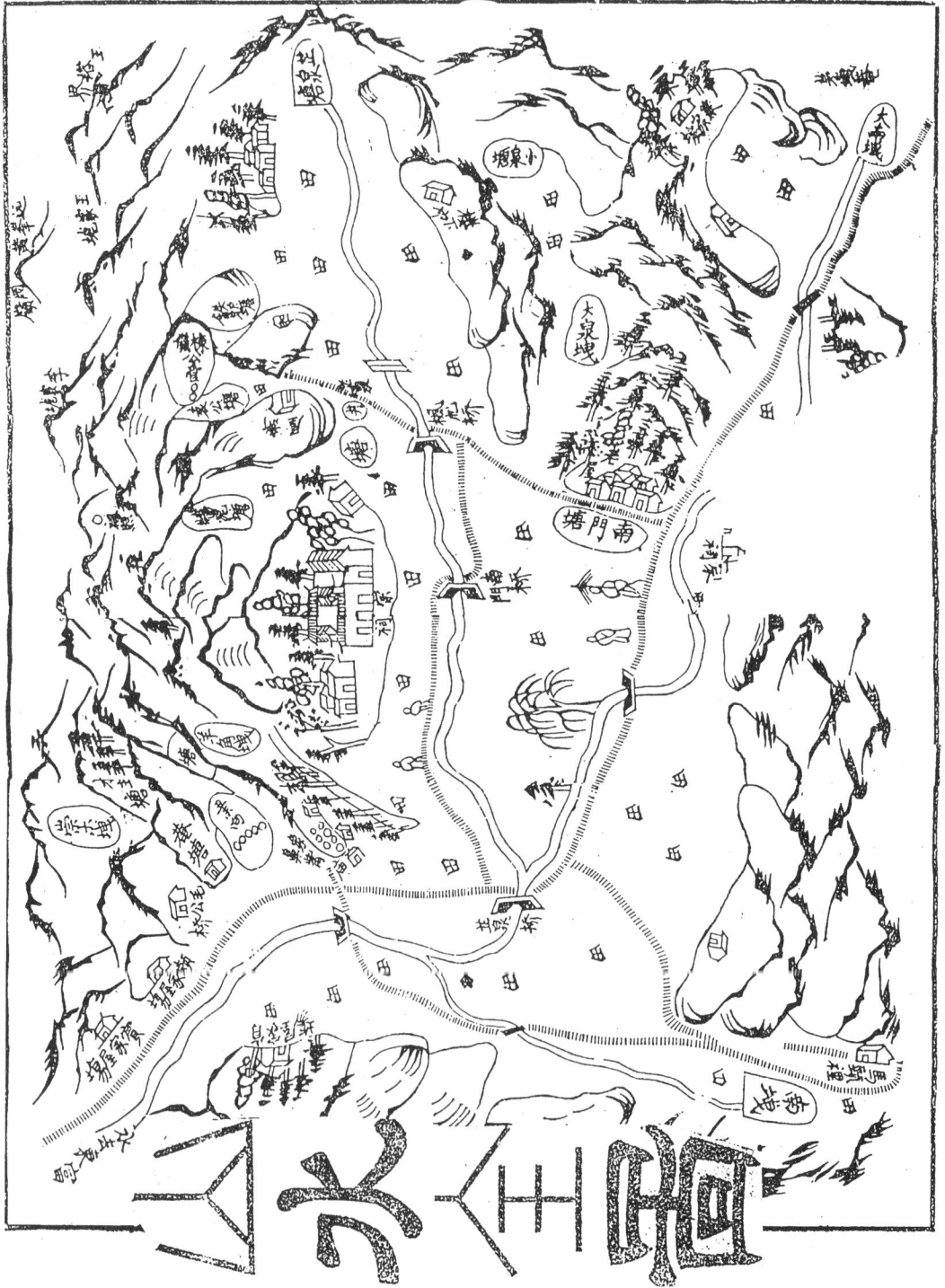

湖南醴陵醴南文氏山水全圖記

　　邑南二十餘里，與萍西接壤處，有佳境焉，名之曰"芷泉"。人以其水自井出，得芷蘭之香，故謂之曰"芷泉井"。亦有謂芷水出自嶺上，而非出自井中，又謂之爲"芷泉嶺"。之二説者，姑不暇辨，第以我基祖美濟公自吉州徙居於此，得專其名曰芷泉嶺文氏，豈無所見而云然乎。蓋亦謂泉爲有本之水，芷兆升庭之機，舍此而弗居，惡在其爲智也。於是建立室家，身而子，子而孫，樂此不疲。樸而實，實而良，安之若素。一家仁同井興仁，一家讓同井興讓，皆可爲後世法。越前清乾隆朝，就其間建一宗廟，廟之基自凰岡蜿蜒而來，若虹貫，若龍蟠，起伏曲折，疊迎疊送，聚精會神於此地，美不勝收。我族以其基址雄壯，公商繪圖於譜，每一展覽之餘，尺幅間見有諸峰羅列，萬派會歸，里閭在目，山水怡情，豈非天造地設，以俟我族開千百代之偉觀者歟。又況門臨大道，吳楚通衢，往來行人，冠蓋相望。東北則芷水流清，源源不竭；西南則林壑尤美，簇簇生新。當禴祠烝嘗，駿奔在廟，升其臺，憑欄遠矚，必悠然而動遐思，見夫山之顧祖，水之朝宗，士有琴瑟書策之樂，農有行歌互答之趣，與夫遠者近者咸相安於無事，觸類引伸不一而足。孫等備知此圖固得諸先祖之靈運，所以能發舒此精神者也，奚止繪夫山水而爲智仁之樂已哉。彼輞川非不華矣，凌烟非不高矣，不過娛才人之耳目，不旋踵而感慨系之，孫等不知其何謂也。若我芷泉，則有本者如是，豈止誇一時，榮一鄉哉！後之撫斯譜而閲斯圖者，能思繼往代之流風，山高水長，而親親長長之心其有不勃然而興者耶！孫不敏，感懷作記，欲上推宵旰孝治之功者勒諸貞珉，其他流連光景之語皆略而不陳，懼膚也。

　　時民國二十三年歲在甲戌季秋月上浣穀旦，闔族嗣孫謹識。

（文昭祥主編《［湖南醴陵］醴南芷泉文氏五修族譜》　2002年敦本堂電腦排印本）

二、祠　堂　圖

浙江淳安、安徽績溪姜氏祠堂圖

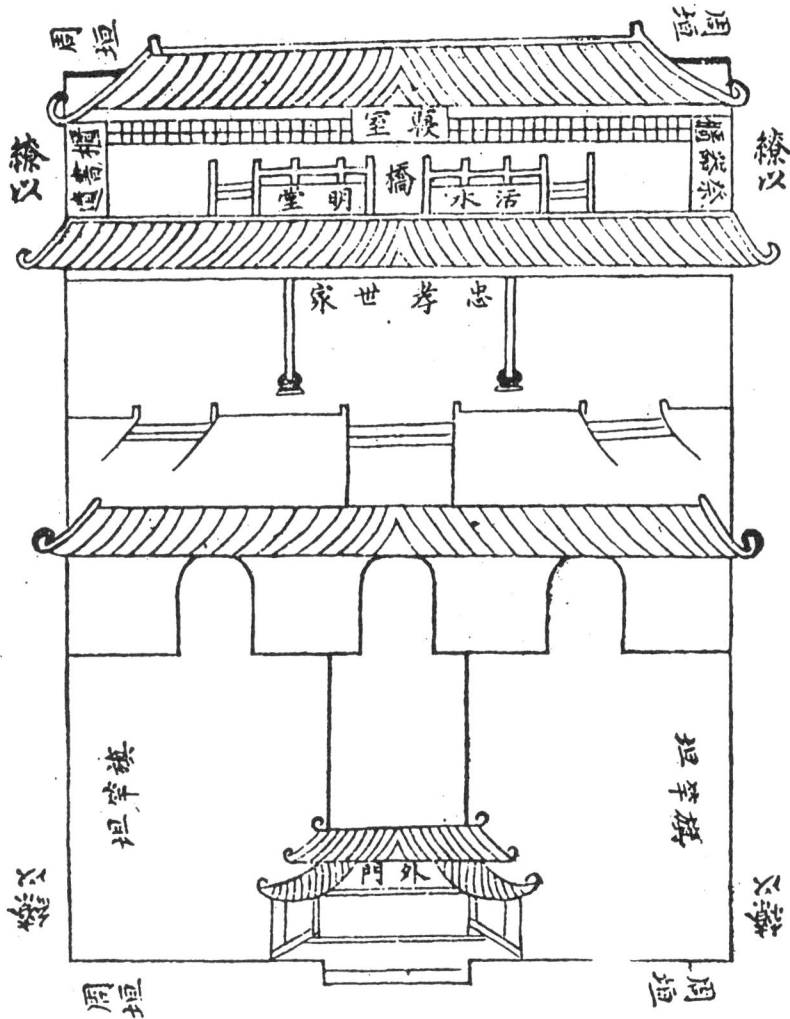

浙江淳安、安徽績溪姜氏祠堂圖説

　　按祠堂必具圖於家譜者，以去祖逾遠，歷世云遥，恐後子孫侵繚以周垣之地，據東西遺櫃之房，故書一圖。尤分註詳細，以見開基時締造艱難，猶必倣古制，立家廟以遺後。後之人，可弗想其隱念，稽諸舊制，因其所已創，求其所必至，成其所未備，而益經理祠事，以光昭祀典也乎！

（清姜世名纂修《[浙江淳安安徽績溪]姜氏孝子大民公派宗譜》　清康熙三十三年刻本）

浙江嘉善香湖丁氏丁公祠圖

浙江嘉善香湖丁氏丁公祠圖記

　　丁公祠一所，在南號圩之南汀，去住宅東南僅一里許。向南廳猶五三公所建，後德昭公、德威公以父薦舉海鶴公孝義起家，奉主于中廳，專祀之。而邑侯夙感海鶴公好義，又嘉諸子之孝，因錫以丁公祠匾云。舊譜祠宇志。

（清丁桂芳等纂修《［浙江嘉善］香湖丁氏家乘》　清乾隆三年刻本）

浙江嘉善香湖丁氏清惠公祠圖

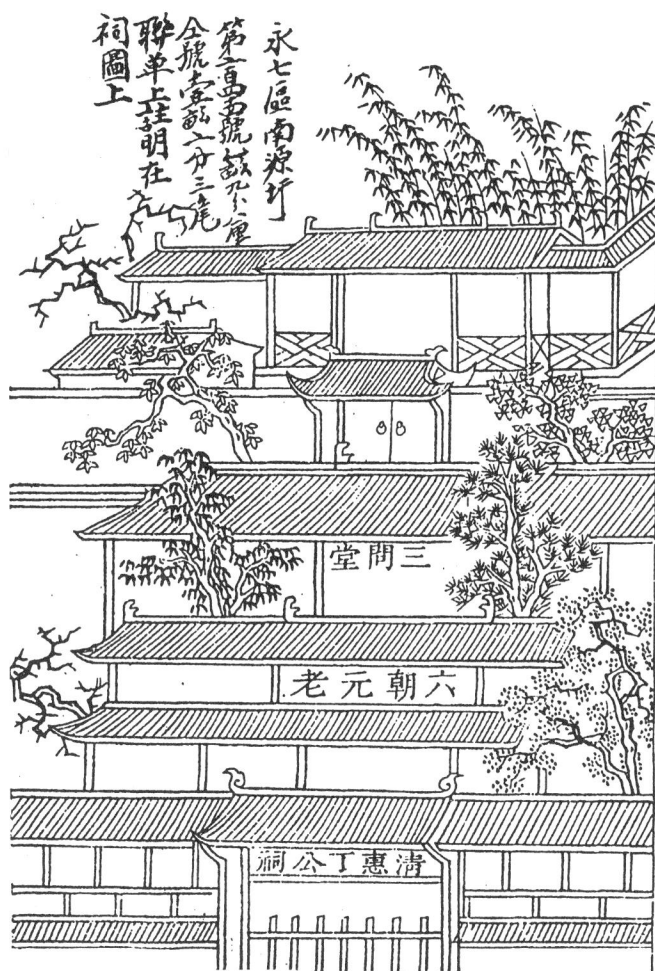

浙江嘉善香湖丁氏清惠公祠圖記

　　祠去治東四百武許，南臨華亭塘，其前爲墻門，有"六朝元老"匾顔。進爲門樓五楹。又進爲三間堂。中奉清惠公神主，上懸御賜及"存問"匾額。堂西有小閣。後有堂三間，春秋二祭與祭當事茶飲之所。其東北隅石刻錢相國碑記。後東翼廊二間，爲茶房。正西書室二楹。又北爲竹園舊樓址也。園後平屋二進，各三楹，北臨義學後河。

　　　　　　　（清丁桂芳等纂修《[浙江嘉善]香湖丁氏家乘》　清乾隆三年刻本）

湖南寧鄉唐氏宗祠圖

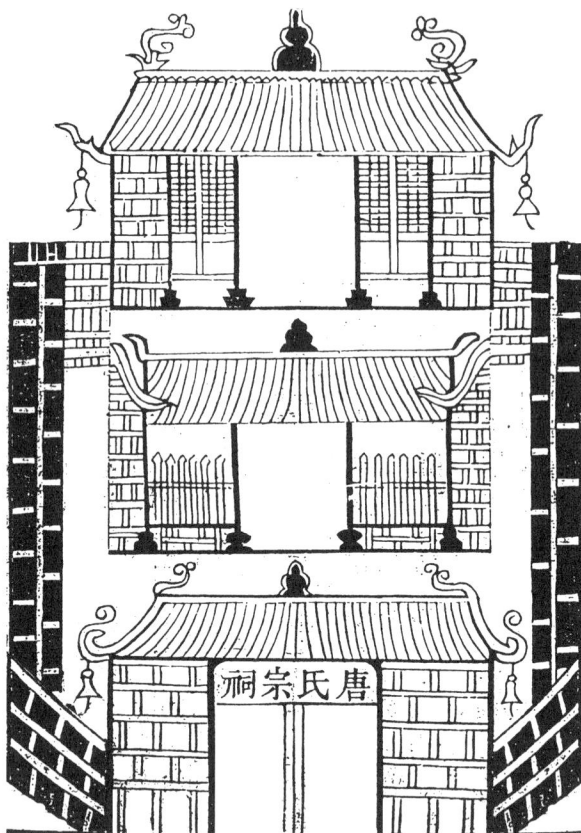

湖南寧鄉唐氏祠堂山水記

　　宗祠之立，所以尊祖宗之靈，而族之人於以怵遠者也。其來龍過脉、朝對砂水，上關乎祖宗之安否，而下即係乎子孫之盛衰，祠之地顧不重歟！吾族宗祠之基，其脉發自長塘，至黑山開帳，高凡數十丈，兩翼開展而仍復環抱，其小支之垂，縈縈若旒。從此旗鼓倉庫，飛揚聳峙，左右迎送，夾龍而奔，到頭一峽，个字中抽細若蛇。行觀者往往不覺，于是大起金星頂，開偃月窩而是山結焉。砂隨龍止，水隨山聚，仰東北則重重包裹，俯西南則曲曲來朝，把水口則有石禽，陪對岸則有文筆，關欄周密，羅城圓淨，其山水之佳何如。族之人，毋易其地，毋圯其基，毋毀其籬，毋伐其木。祠以外者圍禁之，祠以內者補葺之，世世相承，引于勿替，是則余族之厚幸也夫。

（清唐學珊纂修《[湖南寧鄉]唐氏族譜》　清乾隆四十五年采芝堂刻本）

安徽涇縣涇川朱氏用鏗公家廟圖

安徽涇縣涇川朱氏用鏗公家廟圖記

　　攷祭法，自王以迄官師，皆得立廟，雖數有多小不齊，而展親報本之情一也。我用鏗公家廟，創於康熙己卯年，置祭田，具祭器，奉公爲我甲始祖，擇後裔有功德者配饗，永世不祧，而自公以下木主世次旁列。歲以春秋四時致祭用樂，其儀節悉遵文公《家禮》，昭穆有分，少長有序，制綦善也。近復捐興義學，時勤勸課，培養人文。茲特詳記之，以彰前烈。

　　　　　　　（清朱一賜纂修《［安徽涇縣］涇川朱氏支譜》　清乾隆四十五年木活字本）

湖南醴陵花橋匡氏族祠圖

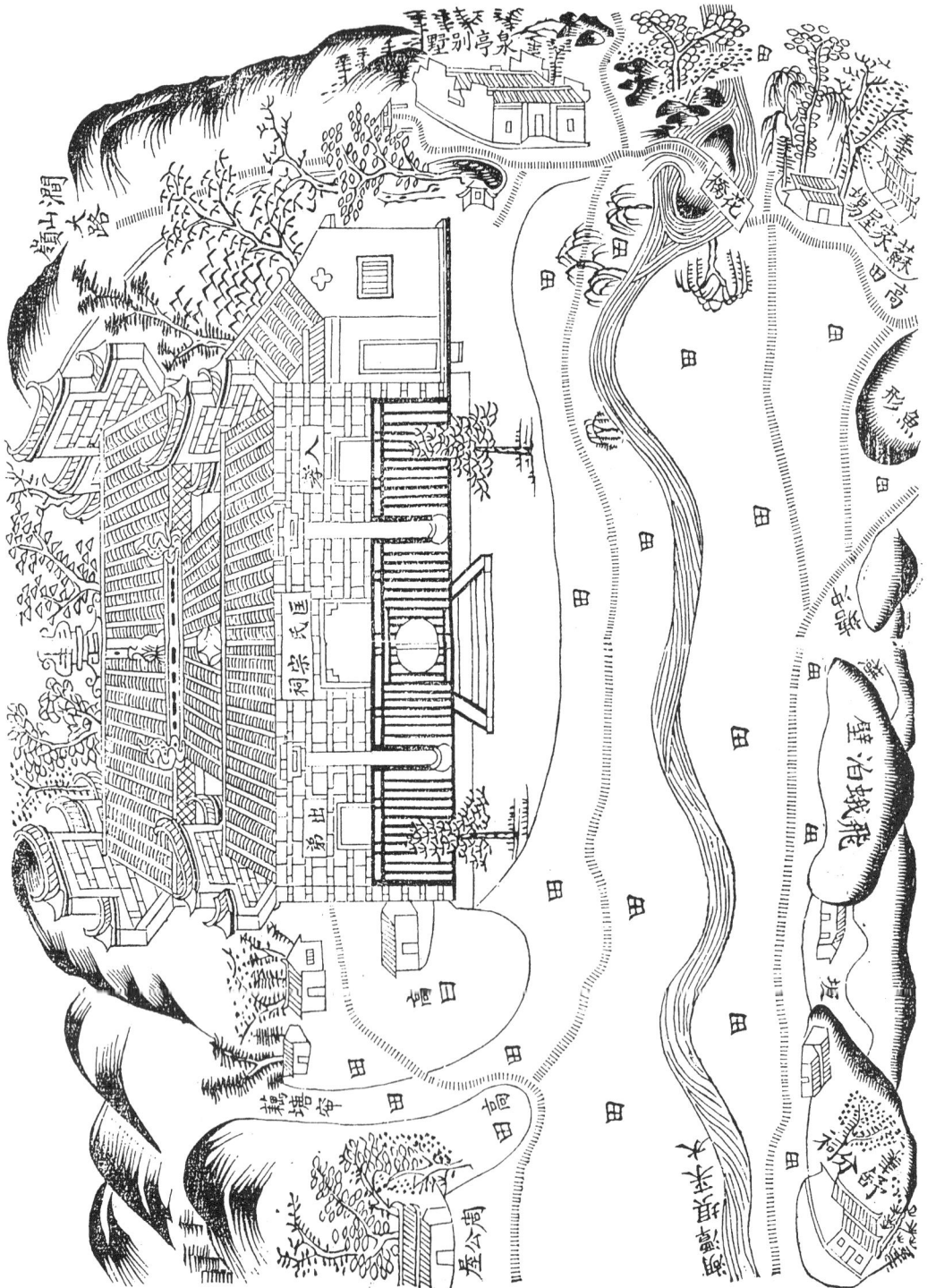

湖南醴陵花橋匡氏族祠記

禮有云："尊祖故敬宗，敬宗故收族。"夫敬宗，莫嚴於祭祀；收族，莫切於祠宇。祠宇備，祭祀昭，則子姓之歡心既合，即一本之情誼愈敦矣。我始祖震祖公，由吳之楚，相宅醴北花橋，迄今三百餘年。子孫繁盛，甲於鄉里。其祠祀合而復涣者，值明季滄桑之易耳。恭逢聖朝景運維新，掃清寰宇，歲丙午，穎生、蒂和二公裔倡族復建祠宇，卜地不宜故址，惟花橋東岸吉，乃合捐地基，針定坐乙向辛。集合族姓子姓輸金，建宗祠二進。經始于雍正丙午，落成于戊申。又復按丁納銀，以立冬至祭祀。爾時主斯事者則晉美、琢超兄，從斯事者則族中諸彦與余暨弟姪輩，咸至慎之心。兹幸祠祀兩得，遠近親疎，少長咸集，動恭敬之至情，序天倫之樂事，將見俎豆衣冠，焕然於今日者，自足以永垂於勿替焉。是爲記。

雍正六年歲在戊申中冬穀旦，十二代孫之祥鼎盛氏謹識。

（《[湖南]醴陵花橋匡氏房譜》 清乾隆四十七年經畬堂木活字本）

甘肅蘭州金城顏氏祠堂圖

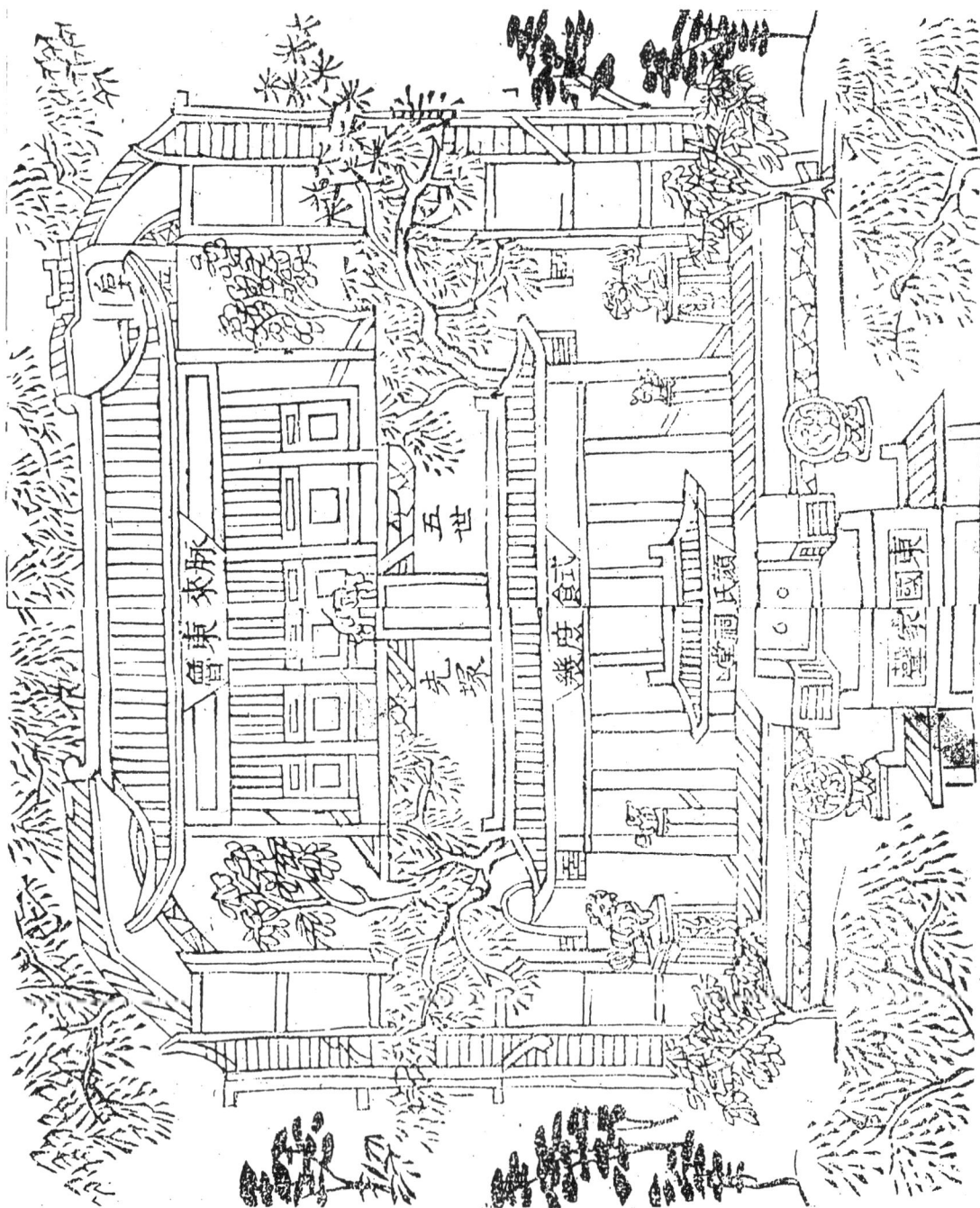

（清顏秉惇等纂修《［甘肅蘭州］金城顏氏家譜》　清嘉慶十七年刻本）

福建蒲田東陽陳氏祠圖

福建蒲田東陽陳氏宗祠考

　　東陽大宗祠名通禮，坐艮向坤，先祀一世唐光山公至十三世。宋則厚公中僅一座。明宣德初，侍御拙齋公爲高祖養素公、曾祖用耕公、祖清齋公、父贈侍御礪峯公四世尚未妥靈，爰命子昕公、姪銳公等同闢地重建，不憚百餘里特往仙邑，請堪輿東山陳山人，度其基址高下廣狹。東山於祠内，上祀神主，則用四中夾室，下容瞻拜，則用左右迴廊，前面直向坤方，有田數畝，取土旺生金之義，后面單坐艮位，以路爲界，如金空能鳴之形已。尺寸切中準繩，體勢備極壯麗矣。猶以外圍多見疎缺，乃占吉地，雖屬平洋實囊山發脉隱伏而來，至吴塘始露奇頂，此鄉宜多聚人居爲大宗祠來龍，且可作東北一方保障。後人居因亂毁，康熙甲辰年間，族衆建淇源寺補之。東西兩宫原甚低小，宜再起高廠以翼之，方見後勁。其木蘭使華陂水從兩道入懷，萬頃汪洋非長橋砥柱不可，因則厚公舊有東陽橋、吴塘橋、仙橋三處，而吴塘橋、仙橋亦能狹窄，宜再修廣濶，使重重截住，則溝西奴僕水口迴抱有情，中心則開聚星池以會内地之水，勿令氣洩。嘉靖年間，開通外溝，頗斷地脉，今族衆議塞之。後有小溝，可設二所木涵，以象腰帶狀，且祠利臨水，俾見遠峰之壺公壁立，近案之洙水長堤，如是增益布置，而大宗祠聳峙其中，龍穴沙水，無一不合文明氣象，子孫必科甲蟬聯矣。建時一一依之，後之盛果如東山言，裔孫都憲少淇公作記。嗣是長房惠時堂、三房慶源堂主政，通府兩祠濟美，地官兩坊司徒，家廟八房小宗以及繡衣都憲進士諸第宅皆前後遠近環繞大宗祠，風水愈見稠密云。以歲久傾頹，康熙甲辰年重修改易，至辛酉年重修，始復古制。裔孫震龍、震潤有記。

（清陳云章修《[福建]莆田浮山東陽陳氏族譜》　清嘉慶二十二年刻本）

廣東東莞梁氏宗祠圖

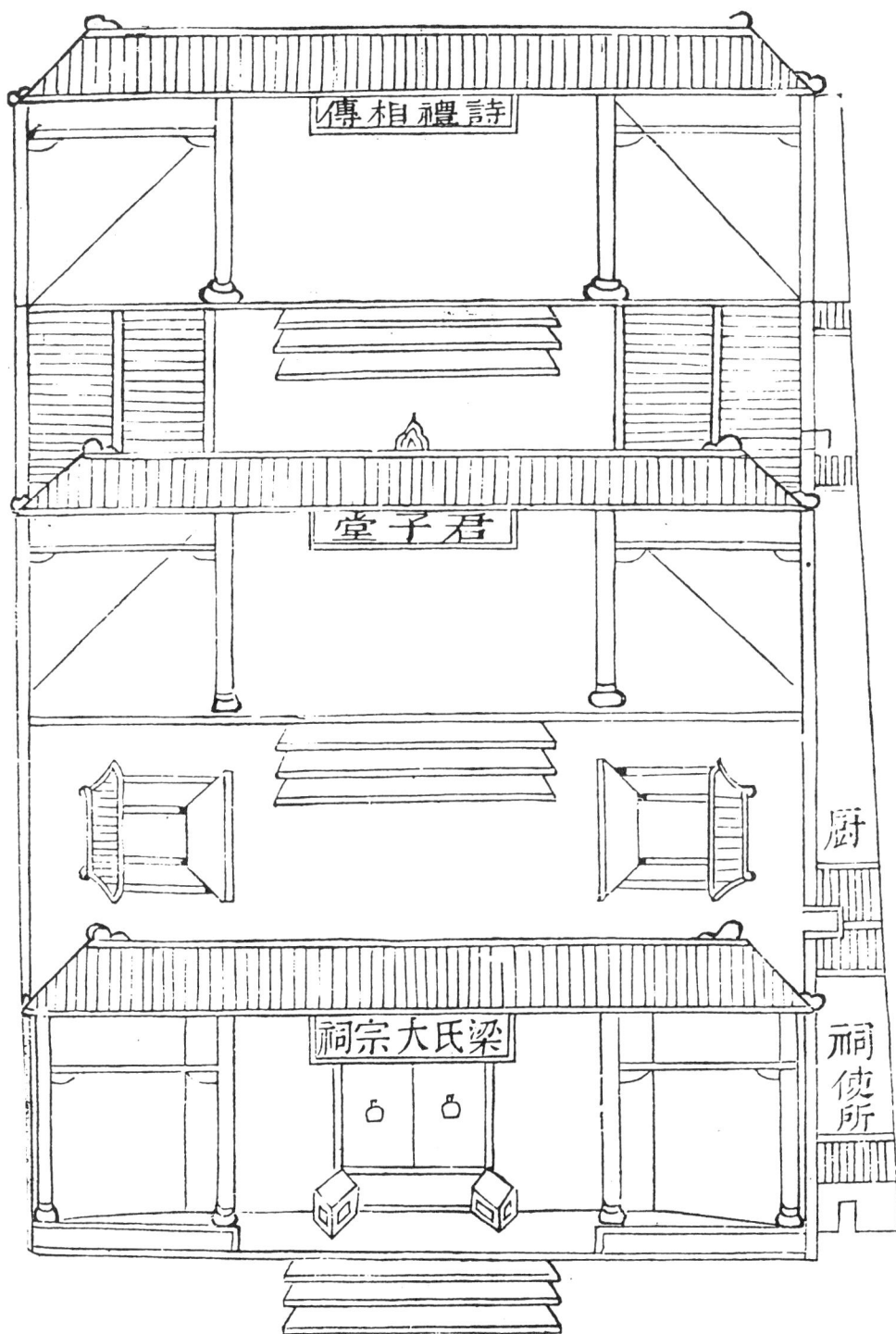

廣東東莞梁氏宗祠陳設祭器圖

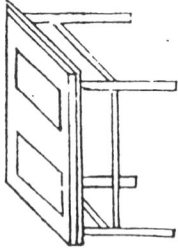

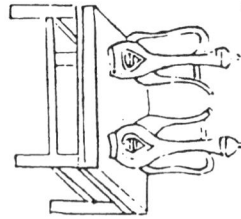

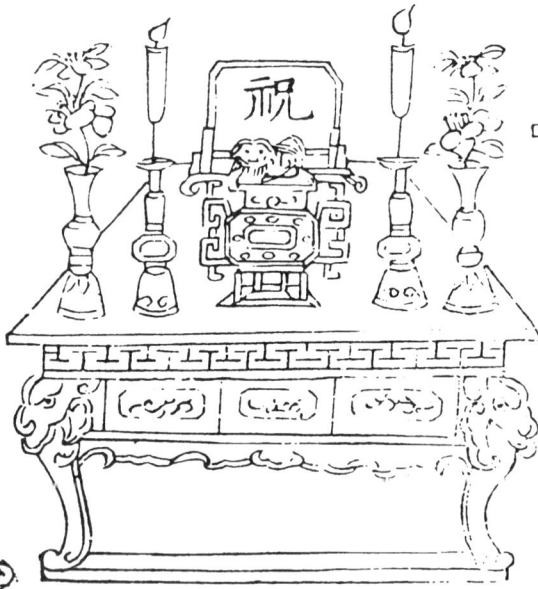

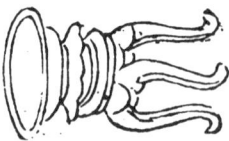

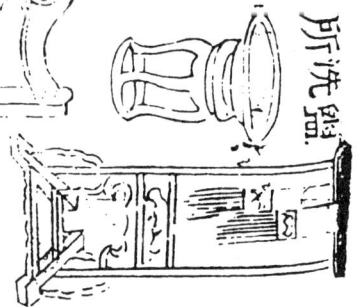

廣東東莞梁氏宗祠陳設位次圖

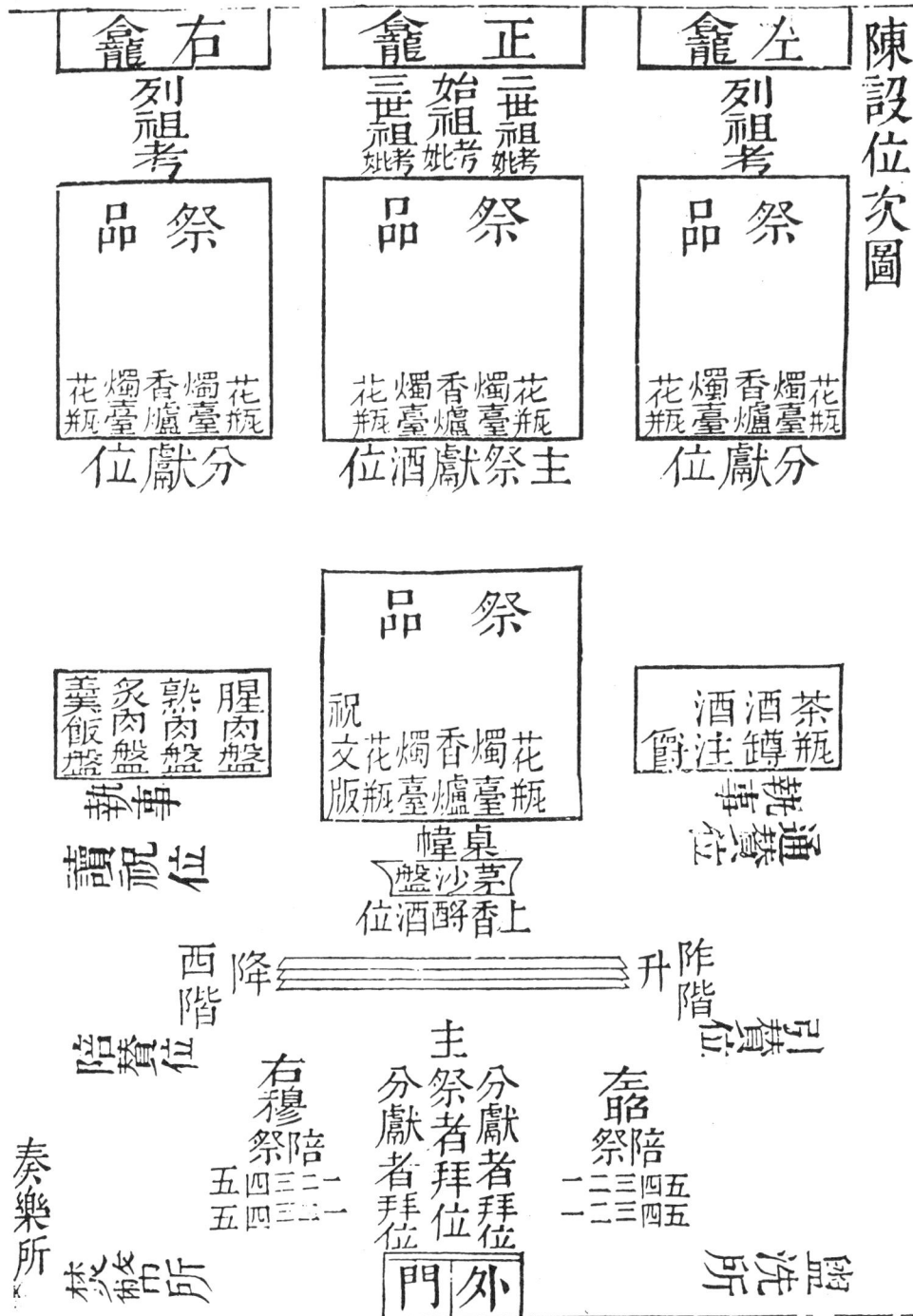

陳設位次圖

右列　龕
列祖考
祭品
花瓶　燭臺　香爐　燭臺　花瓶
分獻位

正　龕
三世祖妣考　始祖妣考　二世祖妣考
祭品
花瓶　燭臺　香爐　燭臺　花瓶
主祭獻酒位

左列　龕
列祖考
祭品
花瓶　燭臺　香爐　燭臺　花瓶
分獻位

祭品
祝文版　花瓶　燭臺　香爐　燭臺　花瓶
幃桌
上香酹酒位　茅沙盤

羹飯盤　炙肉盤　熟肉盤　腥肉盤
拜　讀祝　並執事

茶瓶　酒罇　酒注　爵
匜　帨巾執事

西階降　升階
引贊位

陪祭位
讀祝者位

昭祭陪
一二三　四五
一二三　四

右穆祭陪
一二　三四
五　五

主祭者
分獻者
分獻者拜位
祭者拜位
分獻者拜位
外門

奏樂所　盥帨巾所

盥洗所
陪祭所

（清謝嘉猷纂修《［廣東東莞］梁氏崇桂堂族譜》　清嘉慶二十二年勤貽堂刻本）

湖南湘潭錢氏宗祠圖

湖南湘潭錢氏祠堂記

　　祠堂由外門而入，兩旁左廊、右廊也。循廊而升，是爲大廳。廳前坪甚寬敞，廳即寢室。寢室之旁，有兩廂焉。爲臺三層，於寢室之上，自始祖樫公以下，累葉神主，依昭穆之次，長幼之序，分位排列，所謂洋洋在上，儼乎如見，愾乎如聞者也。設香案於中庭，貯祭器於兩廂。及祭之日，陳設具備，堂上堂下，凡係樫公一脈後裔，亦依昭穆之次，長幼之序，班立拜跪，所謂肅肅在下，內致其誠，外致其敬者也。祭畢，即會餕於寢室，遜讓和平以相先，醉飽歡樂而不亂，以聯其情，以正其分，所謂戚戚具邇，爾無我詐，我無爾虞者也。今擇定每年十月一祭，三時暇豫百物成熟之候，遠近皆可聚集。儀文從其簡便，品物務於豐厚，酌鄉俗之所宜，順人情之所願。但期人人以報本反始爲心，念祖宗之於子孫一視同仁，原無親疏之間。爲子孫者，又何必漫分此疆彼界，以自外於祖宗哉。將來置祭田定祭儀，以立久遠之規，必有奮發而興起者。

（清錢彰珅主修《［湖南湘潭］錢氏三修族譜》　清嘉慶二十三年彭城堂木活字本）

江西萬載藍氏宗祠圖

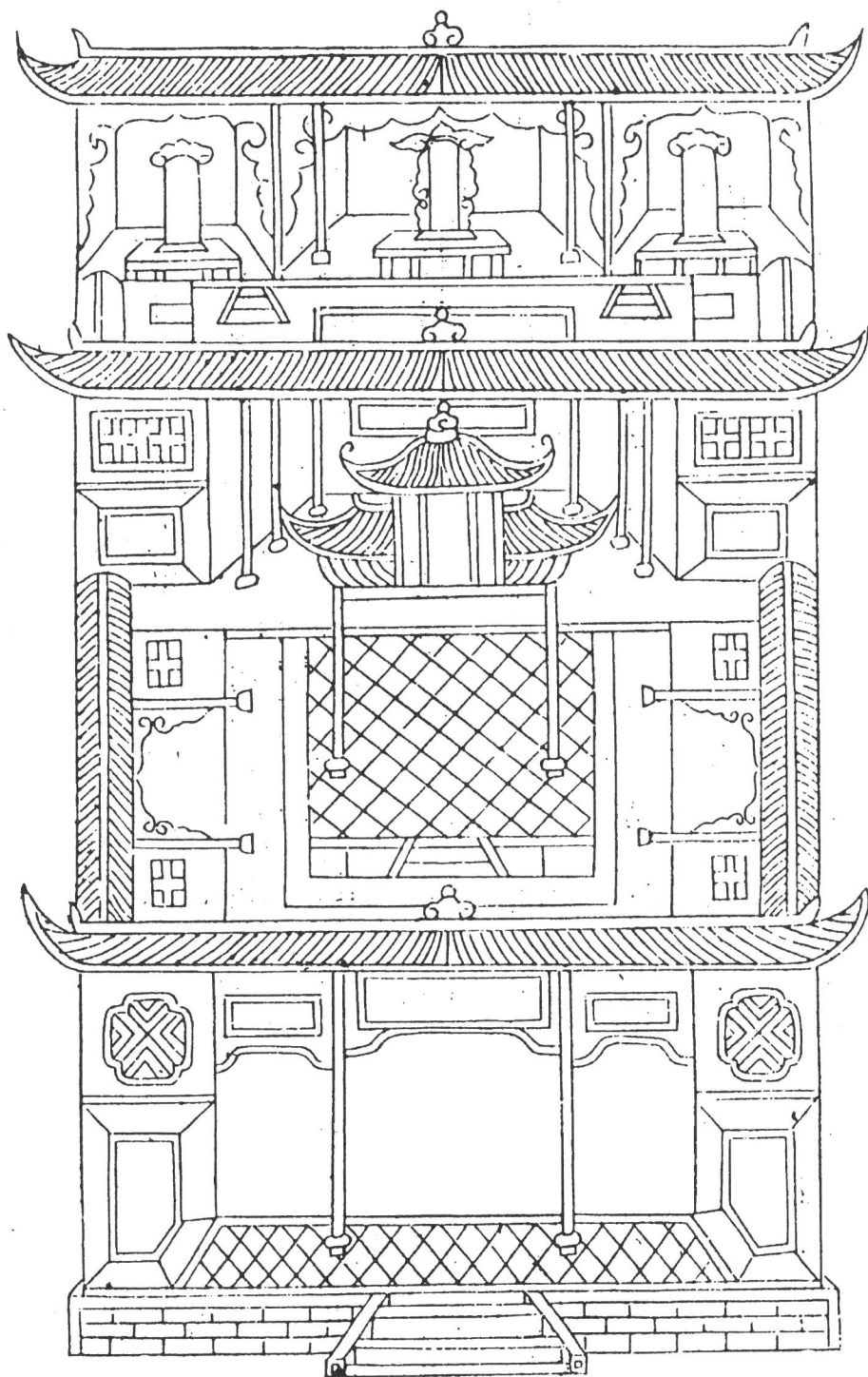

江西萬載藍氏祠堂記

皇極之敷言,真可是訓而是行者也。春於是慨然欲合七房之衆,建祠于汀郡,以隆昭報,以聯族誼,而特恐徒有其意,未得其機,則又倡之無和而不能萃人正之渙也。今年春,諸人士俱來汀應試,春以此意言之,而踴躍替襄(此)〔比〕予更甚,而其事遂成,於以見尊祖敬宗之意人人有,不待勉之而始從謀之而後合也。地則福壽之坊,當文廟之前而新造,不數年,垣墉塗墍,樸斲丹腹,寬而深,壯而麗,人曰:藍氏之德,此其機緣始不偶矣。夫以數百年未爲之事,一旦爲之,安知無所齟齬於其間?幸而無所阻矣,而未必詒謀燕翼之得其地也。即遲回慎重而得其地矣,而瓦礫滿前,抑或棟楹將泥,(從)〔重〕締新造,動經數年,斯亦建祠之常也。今以一德一新之應,而享攸躋攸寧之逸,此其中固有天焉,而豈偶乎。然此言建祠之得其機也,而非建祠之意。詩言本支百世,禮言上治祖禰,下治子孫,旁治昆弟。譬之樹焉,由葉而枝,由枝而幹,由幹而根,崇其本也,即上治祖禰之義也;由根而幹,由幹而枝,由枝而葉,繁其支也,即下治子孫,旁治昆弟之義也。今由七房之祖,溯而上之,以熙三即公爲始,重所尊也。當春秋之祭,羣昭羣穆咸在而不失其倫焉,廣所親也。尊尊親親,周道之大要,則難以之歷萬世而不可易也,然秀者得此而推廣之,異日躬膺民社,以之仁民愛物而無難。即樸魯者,守此以淑其身,則孝敬常存,禮讓弗失,亦可爲循循無過之民。如是,始無負聖諭所謂"敦孝弟以重人倫,篤宗族以昭雍睦"之義也。是建祠之意,春願以之自勵,而又望諸人也。

清雍正七年歲次己酉臘月吉立,嗣孫正春盥手敬撰。

(清藍嵩春等纂修《[江西萬載]藍氏重修族譜》 清道光四年汝南堂木活字本)

江西宜春袁郡鍾氏祠堂圖小引

　　袁州郡中周家嶺我族叢公祠，後鎮文筆，前抱袁山，丁癸兼午子分金。舊創幾七十年矣。今復鳩工修整添建，爰繪圖而付剞劂，以垂久遠云爾。

江西宜春袁郡鍾氏祠堂圖

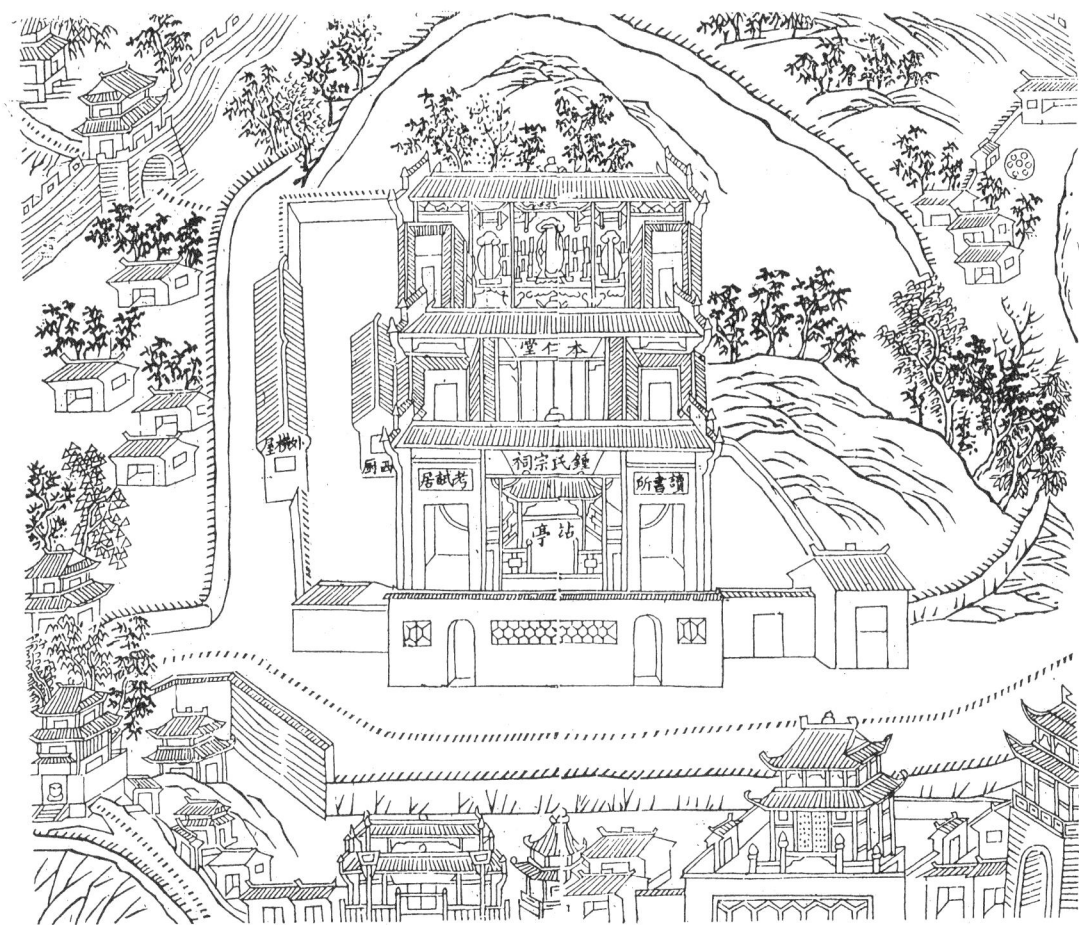

（清鍾斯英纂修《［江西宜春］袁郡鍾祠主譜》　清道光七年潁川堂木活字本）

江蘇鎮江鄒氏宗祠圖

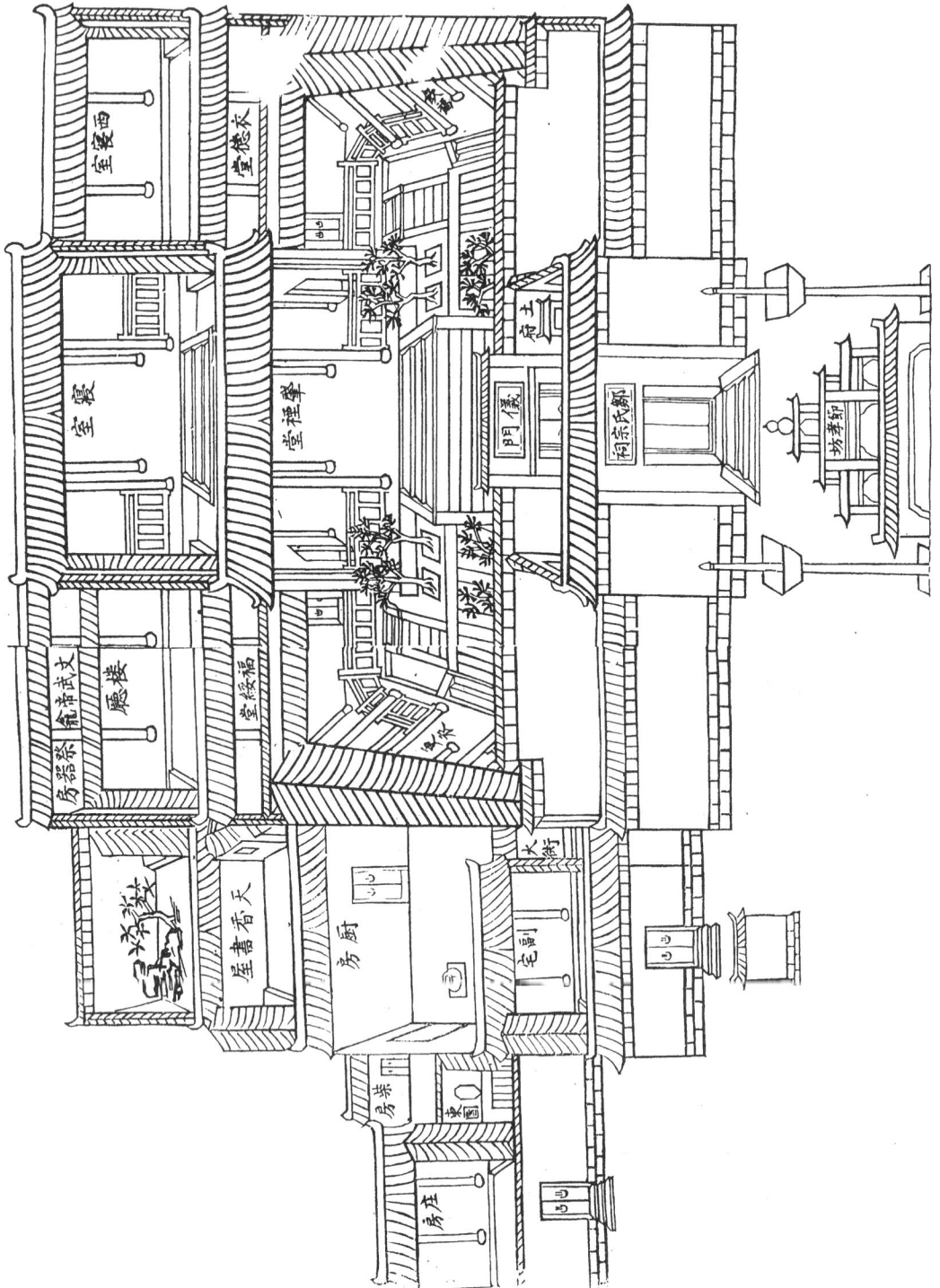

江蘇鎮江鄒氏宗祠圖記

　　右《宗祠全圖》。祠在城西能仁寺之南，放生庵山麓之前。祠宇面癸背丁，兼午子三分。祠外照牆一座，旗杆一對。又旌表第九世文球之妻楊氏節孝石坊一座。祠內第一進，大門三間，左屋三間，右屋三間。第二進，儀門一間，門外西首爲土神祠。門內由西廊至飲福廳，東向屋五間，由東廊至更衣廳，西向屋五間。第三進，饗堂三間，庭前植柏樹八株。第四進，寢室三間。東西兩廊，由饗堂捲篷下西階，至向北耳門內，爲衣德堂三間。堂後西寢室三間。西廊一廈，由饗堂捲篷下東階，至向北耳門內，爲福綏堂三間。堂後樓下廳三間。樓上中供文武帝君神位。右爲貯祭器之所。樓下東廊另闢一門，爲天香書屋三間。西廊二廈。書屋後西有廂屋一廈。更衣廳左首向東耳門外，平屋四間一廂，爲執爨處。向北院內水井一口。東首牆外柴房二間，溷厠一廈。更衣廳右首向東耳門外，通火巷迤北副宅前後兩進，計六間一廂。守祠人住。祠基之外，東有莊房三間一廂。種地人住。祠外餘地，共約三畝，均在四面圍堪之內。又祠右堪外太平庵前，田一畝二分。祠後右首堪外，山缺田半分。三處共四畝二分零，招孫桂林元承種納租，並載培樹木籬落。以上堪內堪外祠基祭田，共計地十五畝六分六釐七毫，均在十六區云山坊鄒肇禋戶完納條漕。所有置買祠基祭田各契紙，及佃約裝修單俱，另錄於後。

　　（清鄒敏等纂修《[江蘇鎮江]潤州鄒氏宗譜》　清道光八年肇禋堂木活字本）

湖南湘潭顏氏復聖廟圖

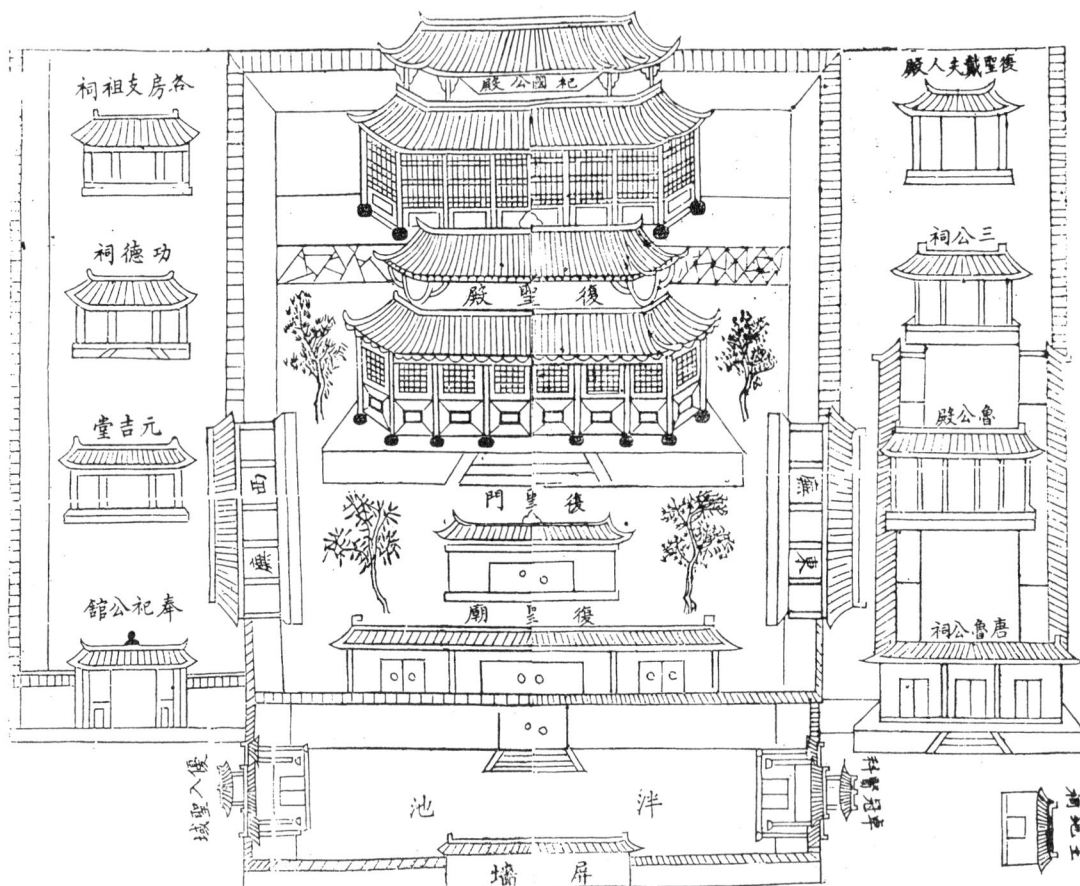

湖南湘潭顏氏復聖廟圖記

　　廟在城東楚山觀前，坐戌向辰。中建復聖殿，兩廊東廡西廡，前屏牆、泮池，兩邊優入聖域、卓冠賢科。復聖廟、復聖門後，杞國公殿。左，唐魯公祠、魯公殿、三公祠、祀詡、翊、翔三祖。復聖戴夫人殿。右奉祀公館、元吉堂、功德祠、有功德於族間祠廟者，立位祀之。各房支祖祠。永垂不朽。

　　七十五派孫謙敬誌。

（清顏懷寶纂修《[湖南湘潭]顏氏續修族譜》　清道光十八年元吉堂木活字本）

湖南湘潭方氏祠堂圖

湖南湘潭方氏祠堂圖記

　　右棟宇三進，樓閣相望，輪奐壯麗者，吾族《宗祠圖》也。坐潭邑十四都九甲，地名侯伯隘大屋灣，係始祖卜屯之所。由前明洪武間以來，子孫世守此土，比屋鱗次而居焉。迄今古樹蕭森，奇石礌硌，河水近繞如帶，昌峯遠拱似屏，此則地勢之大較也。原化瑀、化祀兩公，於乾隆己卯年，因賢卿公房大珮乏嗣，捐入祀田拾畝，遂糾族建祠於兹，坐子向午。其左頭基地，係化瑀祖父子捐入。右頭基地，係恭海公房與化舉祖父子合捐。迨嘉慶七年，族領光玉、真玉以舊祠狹小，咨族而謀重建，衆然其言，於是揀擇合族能事房長，各分猷念以相從，閱期年而巨功即蔵，基址任舊向改艮坤，其規模之宏敞爲何如邪！越道光戊子，遵其舊制而煥厥新觀，官廳則高聳之，牌坊則增飾之，加以黝堊潤澤，滿目輝煌，誠足壯合族之觀瞻，啓後裔之仰慕也。至於餘基隙地，皆歸祠管。前抵品泉塘邊，左右後周圍牆垣爲界。又牆外古樟繁茂，石柱屹立，概付祠內掌管。後世子孫覽圖紀而念前蹟，庶幾無忘所自云爾。

嘉慶甲子［湖南湘潭方氏］祠堂記

大全用　周氏譔

　　天下事，作於前者爲創，襲於後者爲因，然自矜爲創而不慎厥初，則不得謂之善創，徒知所因而不通其變，則不得謂之善因。若我族宗祠之建，非所謂善爲創，而善爲因者乎！

　　自始祖之屯居於兹也，歷數百年，衍十餘代，戶口日增，而箕裘式廓。迨乾隆己卯年，族祖化瑀、化祀兩公，糾建祠宇於此地之陽，蓋以前人之發跡在是，即因之以爲奠安先靈之地，俾後人入廟而識淵源之有自，其用意也深矣。嗣是厥後，家道日昌，孰不誦前徽於弗置。顧至於今盈虛有數，損益有時，而陰陽人事之變，有非苟且補苴所能救者，此即創者復起，應亦謂重建之舉不容須臾緩也。

　　於是集衆會議，各攄所見，或以爲宜有後勿棄基，若魯人仍舊貫之説；或以爲當更諸爽塏，若晉人去故絳之謀。而族領光玉、真玉以余頗知風水之術，囑以選擇重任。余謂舊祠已乘地利，特以立向尚未盡善，豈識力之未到邪？抑亦冥冥中有爲之主宰者，當時之未至，猶隱其秀以有待，時之既至，斯效其靈以畢呈邪？爾迺仰觀天光之下照，俯察地德之上載，抽爻換象，不入赤水，早得玄珠，遂爲之扞，定於原祠左側，以青烏之法，審運納氣，酌雌雄之交，配艮坤之向，按算星度，蔡吉用事，靈攝九曜，美收十全，而重建之議始決。

　　爰鳩工庀材以從事，斲者、削者、陶者、黝堊者、運木石者，皆鼓舞不倦，兩歷寒暑，而寢廟告成。由今觀之，脈來荆紫，後貼輔弼，星體向對，昌山前列，玉屏案桌，左插楚嶽之筆，右挹青峯之秀，堂局恢宏，砂水凝聚，殆所謂天造地設，以佑啓我族之宏規者歟。然亦由前人之創之者善，故今之因之者亦從而善，不然，幾何不以其爲習見之山水而忽之邪。是爲紀。

　　（清方大麓等纂修《［湖南湘潭］中湘方氏重修族譜》　清咸豐八年敦倫堂木活字本）

山西臨潼相公庄呂氏祠堂坐次圖

永思堂

始祖神主

六世祖主　四世祖主　三世祖次全　二世祖長全　三世祖主　五世祖主

十二世祖次全　十一世祖長全　九世祖主　七世祖主　八世祖主　十世祖主

十四世祖妣主　十三世祖考主　十六世高祖妣　十五世高祖考主　十七世曾祖妣主　十八世曾祖考　十九世曾祖妣主

二十世王妣全　二一世三叔全　二二世顯安全　二三世前全　二四世前妣　二五世顯妣全　二六世顯考　二七世三叔全

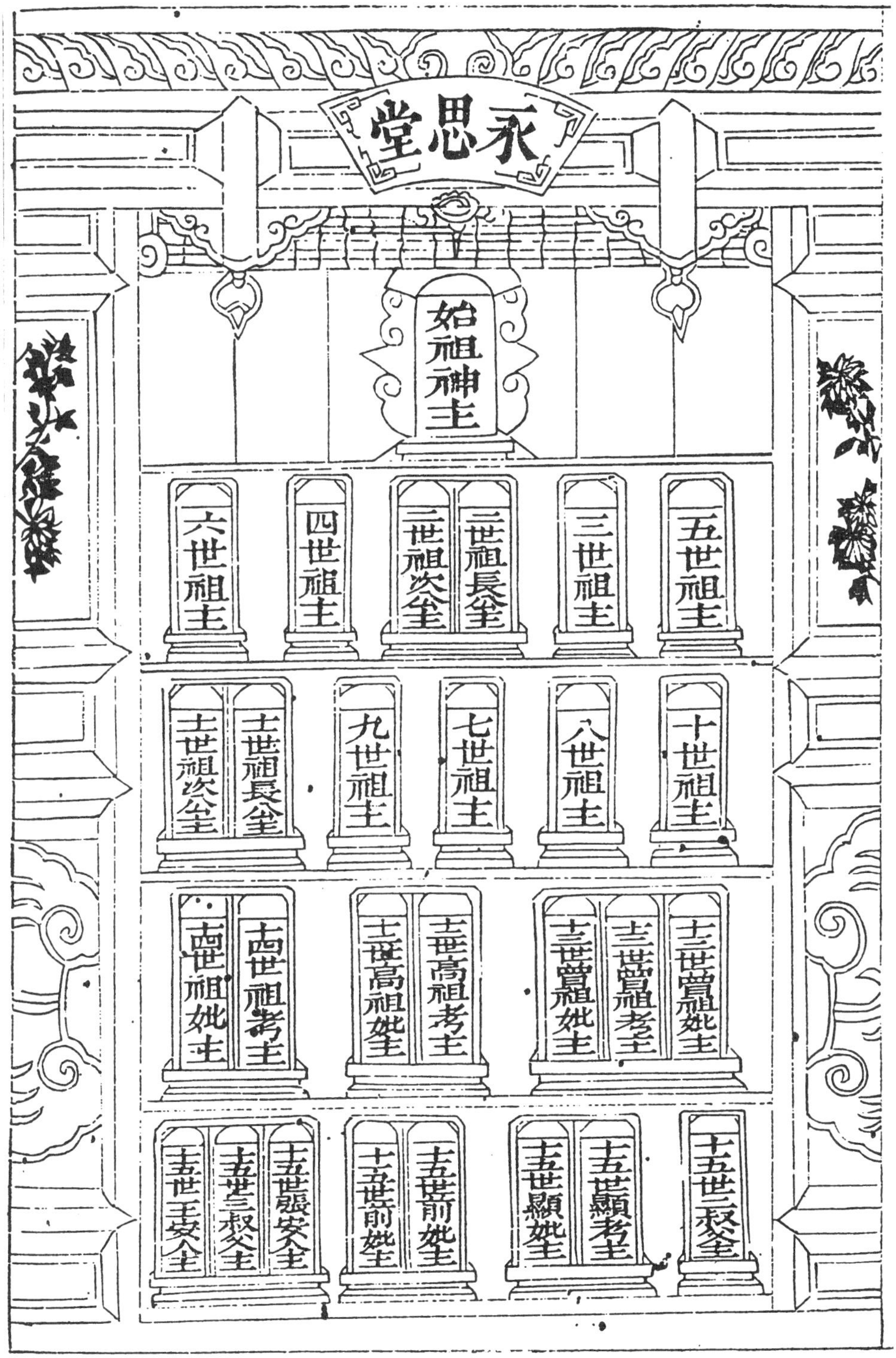

山西臨潼相公庄呂氏祠堂坐次圖説明

　　廟制自宋已不行，今士大夫家所謂廟，皆祠堂也。但廟制尊尊，祠堂親親，微不同耳。何也？廟有祔有不祔，有祧有不祧，祠堂則凡一族者皆得入焉。吾呂氏自遷臨潼後，族大支繁，不可紀及，故前新舊二譜，與今年重修共三譜，皆自始祖起，下只沿及本支之祖，他不備書，以各支皆自爲譜也。即以吾家中支一支論，自中支分支，迄今亦不勝紀。然既爲近支，理宜共祠一堂，而又勢不能容，且一家之祠，非一支之祠，故吾家《世系總圖》，三譜皆起於一世。自一世而下，凡本支悉入譜系，後又別爲八門，復又另列本支各圖。蓋於尊祖之中，兼有敬宗收族之義。至於祠堂之奉主，則有限矣。

　　上年與家繡峰兄再三酌度，吾家祠堂，作大方神櫃一，中橫隔五層，最上第一層，奉始祖主，旁無祔位，百世不遷，尊無二上也。第二層，居中奉二世祖主，而二世祖兄弟二，長公無傳，今綿綿翼翼者，皆次公子孫也，祀次公而不祀長公，次公恫矣，敬製二主而同櫝焉，於情理似兩得矣。左昭奉三世祖，右穆奉四世祖，再昭位奉五世祖，再穆位奉六世祖，共奉主櫝者五。第三層，居中奉七世祖主事公，左奉八世祖，此中支分八門之祖也，右奉九世祖，再左奉十世祖，再右奉十一世祖，而十一世祖亦兄弟二，次公無傳，即倣祀二世祖之禮事之，庶心安理順矣，主櫝與二層同。第四層居中者，奉十二世高祖考妣二主，左昭次奉十三世曾祖考妣三主，右穆次奉十四世祖考妣二主焉。此層共奉主櫝三。第五層居中偏左，奉十五世先府君，與先妣孫太安人，二主同一櫝，偏右奉前妣朱太安人、朱太安人，二主同一櫝，東奉二叔父主，西奉先嗣父贈莒州公暨妣張太安人、王太安人主。主悉用栗木，栗樹種栗實而生，雖千百年，而原種之栗壳，附根不朽，不忘本也。故栗樹不可移置，作主用栗，蓋取此義。按周尺敬謹監作，外以香柏爲櫝焉。

　　夫世風日澆，常見人家有止祀其祖父者，高、曾且不知，況始祖乎。不思萬物本乎天，人本乎祖，既不敦本，尚望其睦族乎。且子孫者，祖宗之枝葉也，根本既薄，欲求枝葉之盛，烏可得乎！故吾家祠堂之祀，由考妣而上，溯至始祖，凡一脈之傳，皆禮祀焉，蓋酌乎情理之宜而已。雖與廟制宗法不甚相合，而於敦本之義庶幾近之。其本支之應祠祀者，俟他日爲本支祠堂，當一一按《世系總圖》而奉入焉。至吾家祠中，日後主多，不妨改神櫃加高加寬，更添數層依昭穆移奉，又親者無失其爲親之義矣，是在後之善於繼述焉。

山西臨潼相公庄呂氏祠堂祭器陳設圖

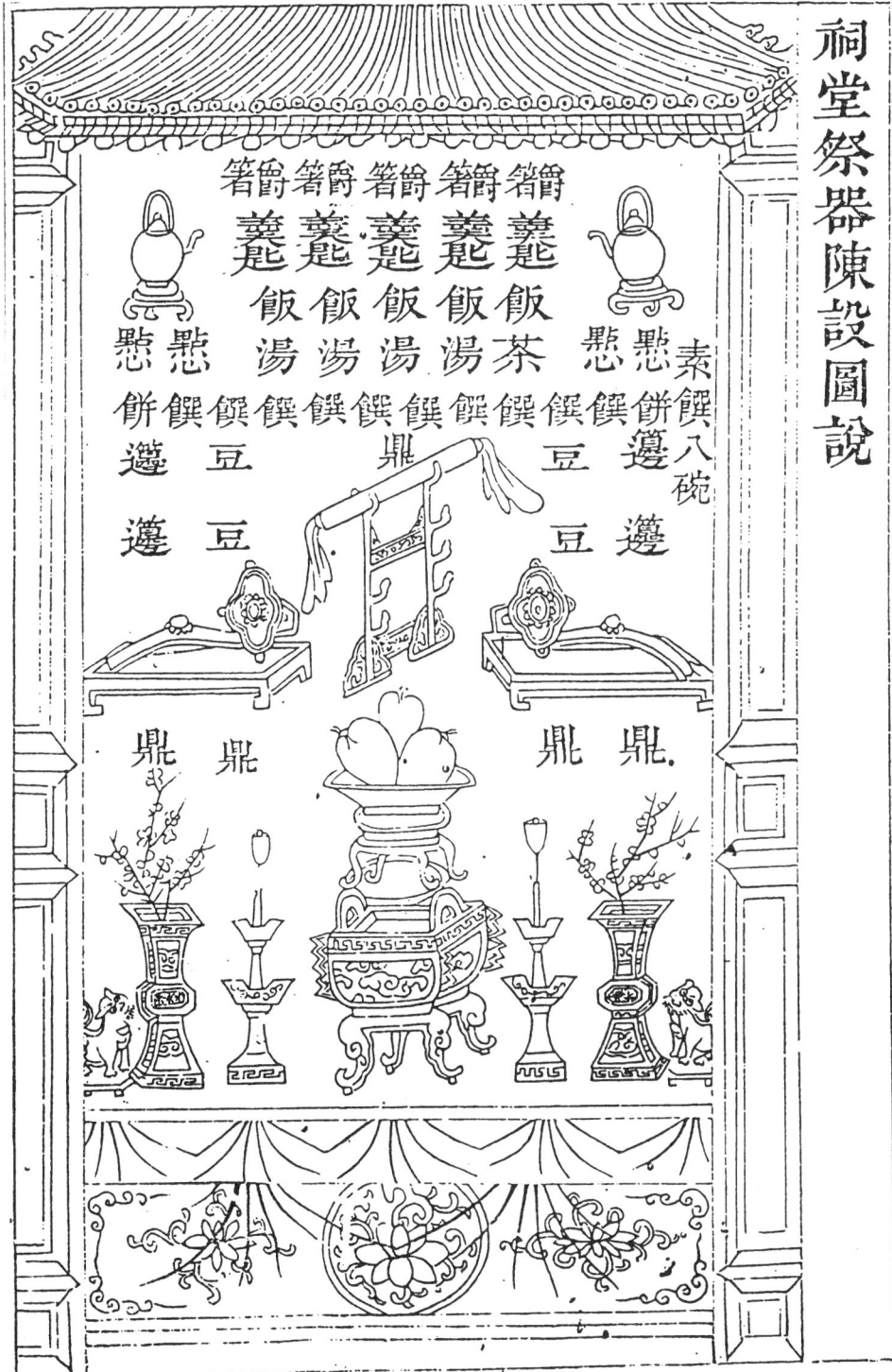

山西臨潼相公庄呂氏祠堂祭器陳設圖記

　　此元旦、清明、冬至三大祭陳設圖也。元旦四籩用乾果，如胡桃、大棗、柿餅、栗子，或福枝、桂圓、杏仁、花生之類，稱其力，隨其宜，不必拘也。四豆用鮮果，如橘、柑、佛手、香元，或石榴、甜梨、栗子、荸薺之類，亦不必拘也。如鄉中實無乾鮮可供，即糖果及家造之果，亦可用也。五鼎用三葷二素，中鼎用鮮魚一尾，兩邊一用雞，一用鴨，再兩邊一用山藥三段、蓮菜三節，鄉中不便，或用猪羊肉各一方，雞一隻，鮮素菜二樣，亦可。祭祀在誠敬，不在備物，然真能誠敬者，必能竭力備物也。余之所謂不拘者，亦存其人之心耳。饌用十碗者，取全數也。且祭祀與延賓不同，延賓以多旨錯雜爲上，隨流俗也。祭祀以整潔爲先，致孝思也。然財力時地限之，故尤難拘，但余家現定之規，十碗中一魚翅，一海參，或蹄子，或三仙底。一魚肚，白菜底。一銀魚肉絲底。一油魚片，一洋粉鴿蛋，一雞，或清蒸或紅燒。一紅肉，大方塊。一大完子，一蝦米白菜，外用二五寸，置於十饌之上，一薺菜片粉，廂腊肉，一蒜菜，廂腊羊肉。此二味余家舊規，亦吾鄉年節通行者，相傳以爲應春氣，亦古羔韭之意，今必用之，不敢忘其舊也。點心四碟，則一稍美，一肉包，一春捲，一爐元宵也。餅二盤。八素菜，一素會，一燒白菜，一會豆腐，一金針炒粉條，一卞菜腐皮，一芹菜炒腐干，一炒藕絲、一素片粉。素菜俱用清油作，但忌葷與蒜，不忌葱韭。湯四碗，又茶一碗，共五碗。飯與羹匙杯箸俱五事，此一定不易之規也。吾家又於元旦日，各神及祠堂俱獻棗山。十五日獻包油大蒸餅。元旦四更後，即供饌奠酒焚楮然後敬神，方開大門，此亦歷來規矩也。祭器除香爐燭臺之長設者，其餘物件，祭畢收入祠堂櫃內，他事不許用，亦不借給人用，此定規也，所以昭慎重也。

　　祠堂造精鐵大方爐一，高一尺二寸，圍三尺二寸。燭臺一對，高一尺六寸，圍一尺六寸。花瓶一對，高一尺五寸，圍一尺八寸，用銀箔貼，漆罩，共重一百二十四觔。計共用錢六千一百六十文。其瓦獅一對，先莒州公所置也，今用金塗之耳。

　　祠堂向用盛饌磁器無定，非禮也，今置大磁碗十個，照樣湯飯碗共二十個，五寸碟二十個。其羹匙小碟並箸，則與平張太守、魯峒二兄，今年從粤西回所贈者，取遠物可貴也。籩四、豆四、鼎五，皆新置，與磁器錫杯，皆余兄舊存南城俸薪置之也。常祭不用鼎豆，或四大碗、四小碗、四盤，或四碗四盤，皆可。家中有大事，即用待客之席按日供之祠堂，上香奠酒，只用大祭杯箸，不用磁器等物。恐事忙人多，有損傷遺失也。

　　凡家塾入學，總以新正上旬爲大吉，至遠二十左右，不可太遲。擇入學日，於塾中設先師孔子位，不供神牌，止於案上供整齊四書一部。祭用芹菜一盤，鮮羹一盤，生肉一方，再設時果四盤，燃燭焚香，西賓先上香奠酒，行三跪九叩禮，東家如之，衆生徒亦如之。然後東家拜先生，再令學生拜師，禮畢送神享胙，先生爲學生定課程。二月初三日，祀文昌神設供四盤，生肉一方，燃燭焚香奠酒，西東各行三跪九叩禮，生徒如之。有作文者，是日開課出題。亦在塾中敬神。八月二十七日，爲先師孔子聖誕，塾中設供如入學禮，如生徒多而又有成名者，一切不妨從豐，但須誠敬，不可戲渝。切記切記。

（清呂繡峰纂修《[山西臨潼]相公庄呂氏家譜》　清咸丰十年永思堂刻本）

江西婺源双杉王氏祠院寺廟總圖序

　　宗祠居城中之北，地勢宏敞，氣象雄偉，三門之内植桂兩株。正廳爲孝睦堂，堂後爲兩池，貯水養魚。東西爲更衣所。中階上五級爲内寢，名曰"如在堂"，奉列祖神位。内寢後倉廒，始祖祀租俱積於此。其後餘屋餘地直通城牆祠之東，爲雙杉書院。外栅門三門，高五級，兩廊爲四季會文之所。正堂名曰"尊賢"。内寢奉先達神主。其後爲義祠，通大祠後寢。最後爲義學祠。之西爲萬壽宮，即古智林禪院，正宮爲大雄寶殿，東偏爲痘神廟。廟後法司壇。壇之東爲關帝宮，西爲祇園別業，後爲飯堂，上爲萬佛樓，樓之左爲檀樾祠，西則齋堂，前後共二進。後爲廚房，旁有井牆，騎石欄之，中寺與居民分内外以汲，名曰惠泉寺。後觀音堂，亦西向。内城官寮每逢國家大慶皆至此朝賀，歲以爲常。寺之西曰靈順廟，始祖遷婺之墩龍，首建此廟。廟前曰華光樓，爲婺城最高處。樓前奉文昌帝君，樓後奉華光佛，扁曰"溪山第一樓"。有古聯云："靈順王封廟，華光佛氏樓"，乃唐人名筆也。樓下植杉二株，存始祖稱號之由。左有鐵缸，高一丈，約重數千斤，元時所置。蓋唐宋以來，禋祀祈禳，偏於外省。中爲關帝宮，官僚望朔拈香。殿後爲五顯宮，廟亦有井，名曰"智慧井"。"婺城八景"，曰"龍井曉雲"，此其一也。殿之左爲靈應胡王廟，殿之右爲十帥廟，廟後爲龍墩古跡，周圍以牆，多植雜木，以禦北風。長河北而西，自西而東，環城而下，復由東轉西，皆一覽無遺。祠院至此四處毗連。總地税十三畝有零，修理皆祠銀出支，各畫圖如左。

（清王軒等纂修《[江西婺源]太原双杉王氏宗譜》　清咸豐十年孝睦堂木活字本）

江西婺源双杉王氏宗祠圖

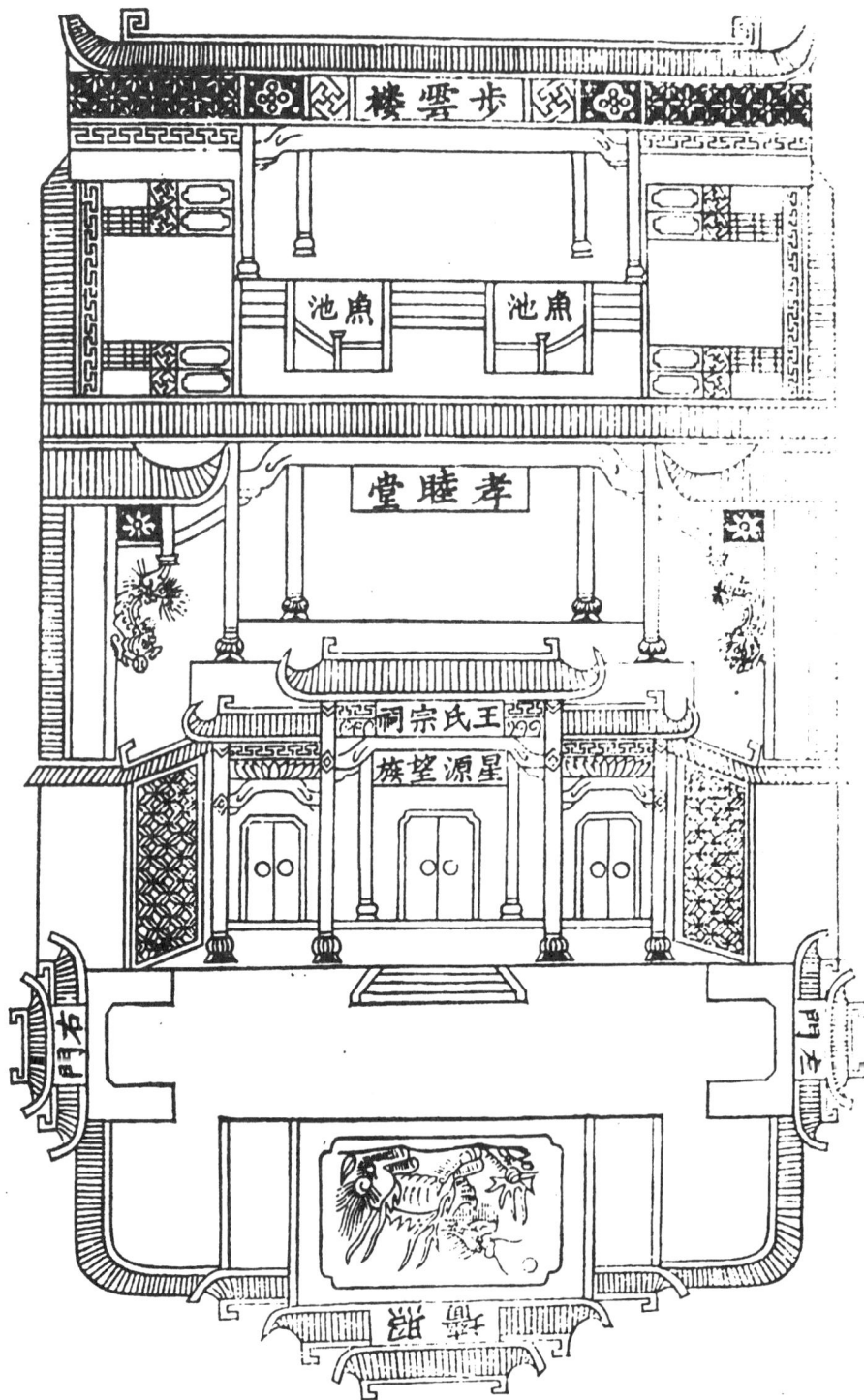

江西婺源双杉王氏双杉書院圖

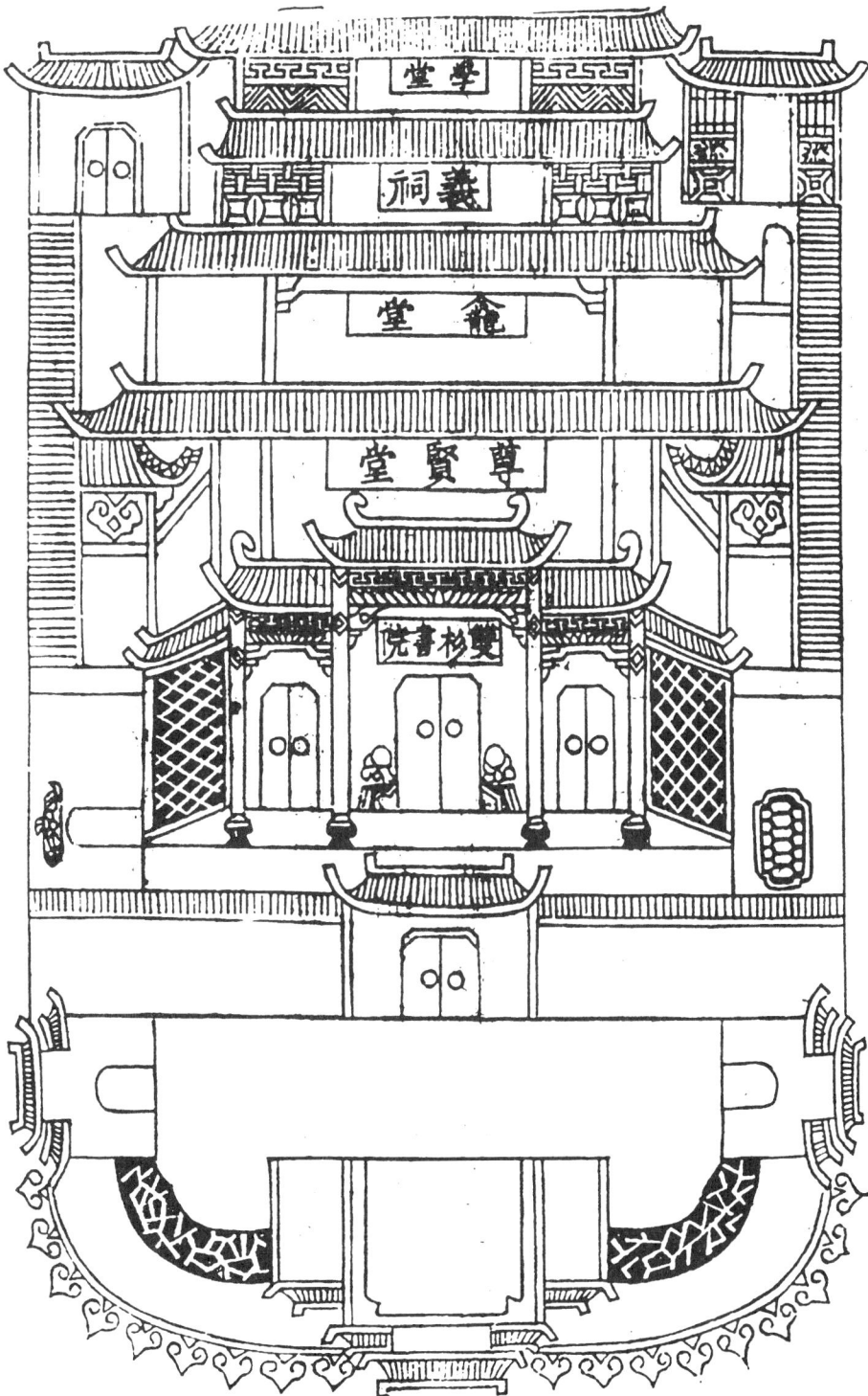

廣東南海孔氏家廟圖

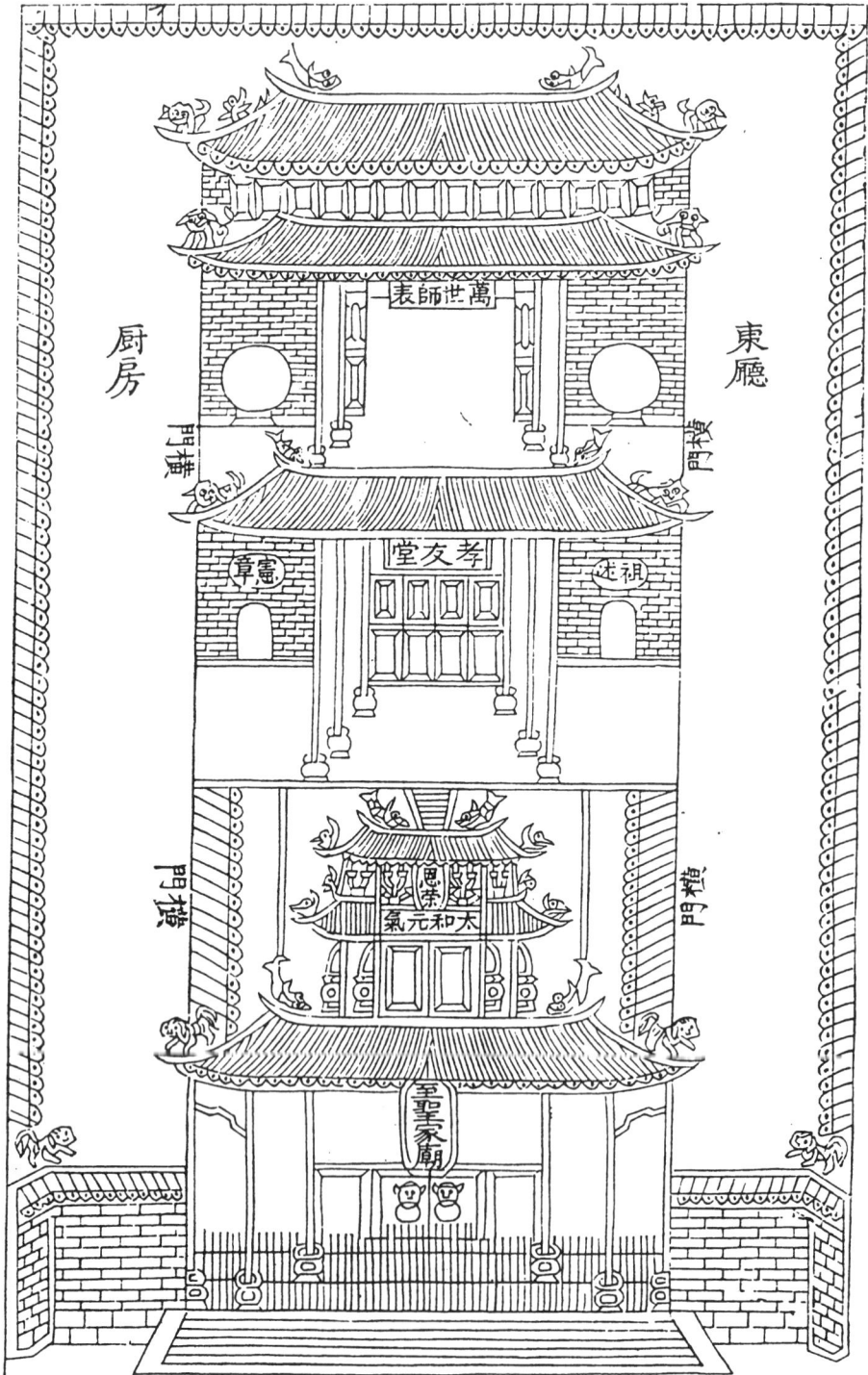

廣東南海孔氏家廟平面圖

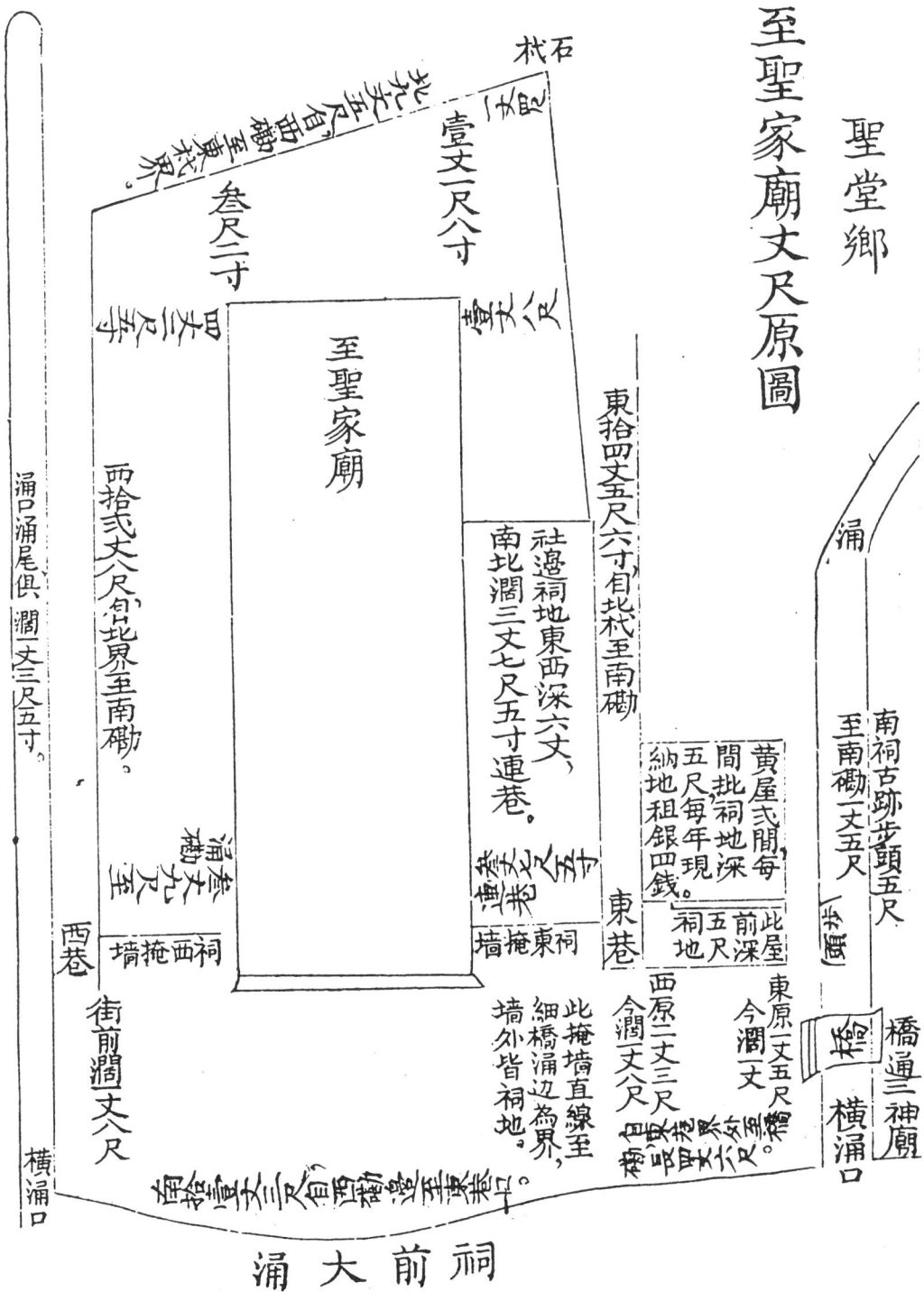

至聖家廟丈尺原圖

聖堂鄉

石杙

娘

壹丈一尺八寸

叁尺二寸

至聖家廟

東拾四丈五尺六寸自杙至南礮

社邊祠地東西深六丈、

南北濶三丈七尺五寸連巷。

黃屋弍間每間批祠地深五尺每年現納地租銀四錢。

此屋前深五尺祠地

南祠古跡尚頭五尺

至南礮一丈五尺

橋通三神廟

橫涌口

涌

西拾弍丈八尺自比界至南礮。

涌叁丈九尺至

西祠掩墻

東祠掩墻

此掩墻直線至細橋涌邊為界、墻外皆祠地。

東巷

西原二丈三尺今濶丈七尺

東原一丈五尺今濶丈

涌口涌尾俱濶一丈三尺五寸。

西巷

街前濶丈八尺

橫涌口

祠前大涌

廣東南海孔氏家廟及文昌閣原地丈尺開列

　　舊譜載萬曆九年，清丈闕里南祠，原地東拾肆丈伍尺陸寸，西拾貳丈捌尺，南拾壹丈叁尺，北玖丈伍尺，實稅貳畝叁分柒釐壹毫。祠左通衢，東壹丈伍尺，西貳丈叁尺，長肆丈陸尺，實稅壹分肆釐陸毫。文昌閣原地，東西俱貳丈叁尺，中徑貳丈伍尺，南肆丈，北肆丈柒尺，稅壹分柒釐伍毫。俱載廿七圖一甲孔宗長户。但今四圍住屋，參差難量，祇現量得數段。其祠後座東北方，自北牆角外至北界邊，壹丈壹尺捌寸，即在此北界邊，屈轉量至東石杙界，壹丈肆尺，自東牆角外至東界邊，壹丈捌尺。一後座西北方，自北牆角外至北界邊，叁尺貳寸，自西牆角外至西涌邊，肆丈貳尺伍寸。一祠東前後界，前段自頭座東牆外至東巷邊，闊叁丈柒尺伍寸，深陸丈，係社邊祠地。後段相連直線至祠後東北角石杙界，俱家廟地。一祠前界，自東西巷街口至湧磡，俱深壹丈捌尺。一祠西界，長照原舊丈尺，前座自西牆外至涌邊，叁丈玖尺，另西涌南北俱闊壹丈叁尺五寸。一祠左通衢，自東巷界至橋磡，肆丈陸尺，東頭深壹丈，西頭深壹丈捌尺。另鄰屋各批衢地，俱深伍尺，現收地租，湊納糧務。

廣東南海孔氏家廟建置重修記

　　謹按：家廟地脈，自嶺外別支邐迤而來，從本村北鄙八起落，屢屢而氣不伏，直至村之極，南臨弦而後止。五十一代念八祖得之而建祠，以祀貞公以下數代之祖。蒙當道題贈"闕里南祠"扁額，創建於宋度宗咸淳四年，定爲癸丁子午向。地師云：四世而科甲漸衍，八世之後丁財始盛。又如是世次，而科甲丁財循環不已，更宜於丙位，建文峯以聳之，則奮振自奕葉無涯也。及五十四代文菴祖登科，五十五代德台祖登第，始信師言之不謬。至元大德六年，文菴祖乃始重修，廣爲三進。明洪武初年，菊庄祖、德仁祖再行補葺。景泰三年，清節祖復修。正德二年，更大修整。當時朝峯、翠嶽、修所三公清理祠地嘗田，力任艱險，兩訟於官，卒以理勝。迨嘉靖二十二年，進香山東聖廟，蒙大宗主襲封衍聖公，印鈐家乘，頒發規條，時洛川、鑒堂二公，爰是擴飭廟宇後座，構一閣，以祀聖祖。嗣後蒙衍聖公屢給衣巾生員，以奉祭祀。至天啓六年，聞基、聞侃、貞賓、貞望、貞翰、貞傑、尚誠、尚垣等公又大修建，蒙藩憲改題"闕里名家"扁額。我朝康熙二十四年，浙江宗主襲封翰林院五經博士，孔衍楨公自山東陪聖駕東巡，祭祖還浙，便道到粵，查會譜牒，詣祠致祭，蒙帖諭移奉至聖先師神位，安於後座，將頭門豎立"至聖家廟"扁額，二門橫額改用"太和元氣"，寢室陞立"萬世師表"扁額，復給陪祀生員八名，行學注冊，以奉春秋祀事，頒發家規，鉅典煌煌，禮儀肅備矣。二十六年，蒙衍聖公復給衣頂三名，移咨注冊，奉祀家廟。後委林廟官孔尚怡公齎頒印譜，蒙面諭將頭門外柵立紅闌干，以肅内外。雍正四年，又蒙山東任兩廣總制孔毓珣公，奉衍聖公咨移批諭，即將歷代優免照文勒石，豎於中堂，以垂久遠，而家廟又一修。乾隆丁亥三十二年，達章、翹偉、耀陞、昌大、顯五等，更復營謀通葺上蓋。至甲辰四十九年，卓五、貞俊、漢宏、聖章、浩川、勤昌、佐元、元飛等，因以宗祐稍虧，規模未整，爰是

大修。至聖家廟所有列祖神位,俎豆几筵,以及歷代碑文、古今聯扁、內外磚石、闌干等項,盡行
修飾,宏開局面,而氣象乃重新焉。異日奕葉蕃昌,禎祥應兆,自與家廟悠久無疆矣。

（清孔廣心纂修《［廣東］南海疊滘氏家譜》　清咸丰十年刻本）

上海王氏家祠省園全圖

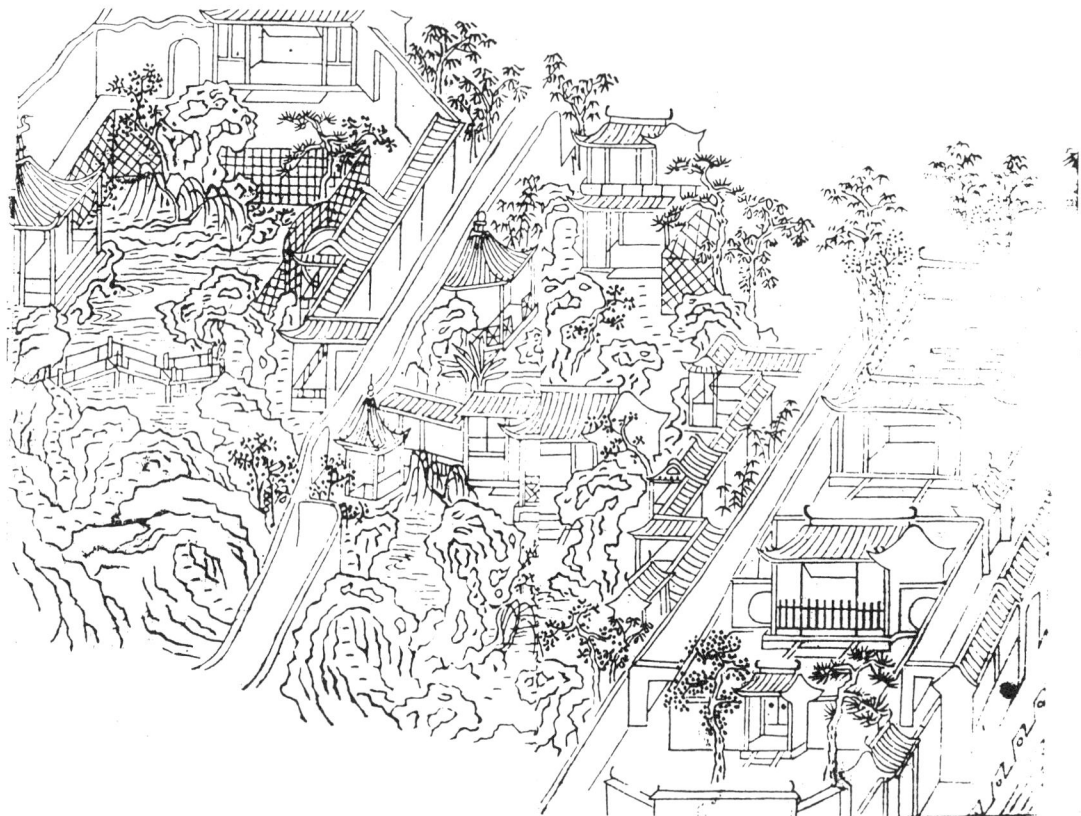

上海王氏家祠省園全圖記

　　家祠在大東門內七圖十五鋪北城牆西，東向爲大門，門內南向爲欽旌節孝張祠，祠後爲拜廳，爲家祠。祠西爲奉思堂，又西爲退息山莊。繪刻全圖，分詳於後，俾知前人創造之艱，永垂恪守也。

（清王壽序纂修《上海王氏家譜》　清咸丰十一年奉思堂刻本）

湖南湘鄉湖山譚氏祠堂圖

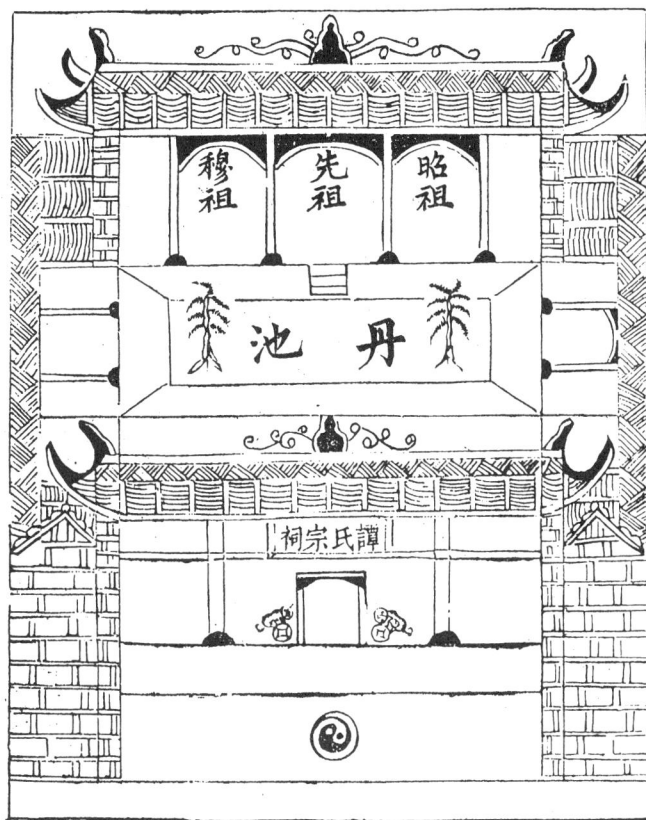

湖南湘鄉湖山譚氏祠堂誌

　　《記》曰:"君子將營宮室,宗廟爲先。"則知祠宇者,先人之靈爽所棲,後人之孝思所著也,顧可以不重乎哉! 我祠之建,始自道光壬辰,詢其基址之所捐? 建立之何人? 大堂、寢室、樓栱、廂房以及左右廊房,經營圖度蓋造嚴(蜜)〔密〕,雖不獨一人之力,而凌雲材木、銀錢出入,要皆添池一人爲主,而俊一、國棟、祖五、鵬九暨雨田、涇源所贊勸而成者也。厥後大風所吹,牆垛傾倒,孰爲修砌而補訂者乎? 則有經管楚山、茂富、榮章、敬修也。復爲蟻虫所傷,孰爲整修而易換者乎? 則有户首芝宇、華庭也。夫乃知宗廟之修,固賴有人以爲之先,尤貴有人以爲之後。藉非然者,則先人之靈爽,胡爲而長存,後人之孝思,胡爲而永著乎。今因舊譜未載,續修譜帙,特繪圖以志之,并將捐契、買契,以録於後。合族謹誌。

(清譚安孚等主修《〔湖南湘鄉〕湖山譚氏支譜》　清同治三年奪錦堂木活字本)

江西、湘南藍氏宗祠圖

江西、湖南藍氏宗祠圖記

祠建袁郡宜春臺下錢家巷。各縣赴祠路途遠近不等，畧載於左備覽：

宜春樟木三十里，濱江四十里，金水、古廟俱六十里，分宜扭村五十里，雙林九十里，萍鄉班竻、九洲李子竻俱一百十里，宣風七十里，萬載、塗泉、潭埠俱一百里，株潭九十里，黃茅一百廿里，馬下、青水塘俱一百五十里，高嶺一百八十里，黎源二百里，瀏陽茅田二百里。

（清藍星成等纂修《［江西湖南］藍氏四修族譜》　清同治九年汝南堂木活字本）

湖南瀏陽鄭氏祠堂圖

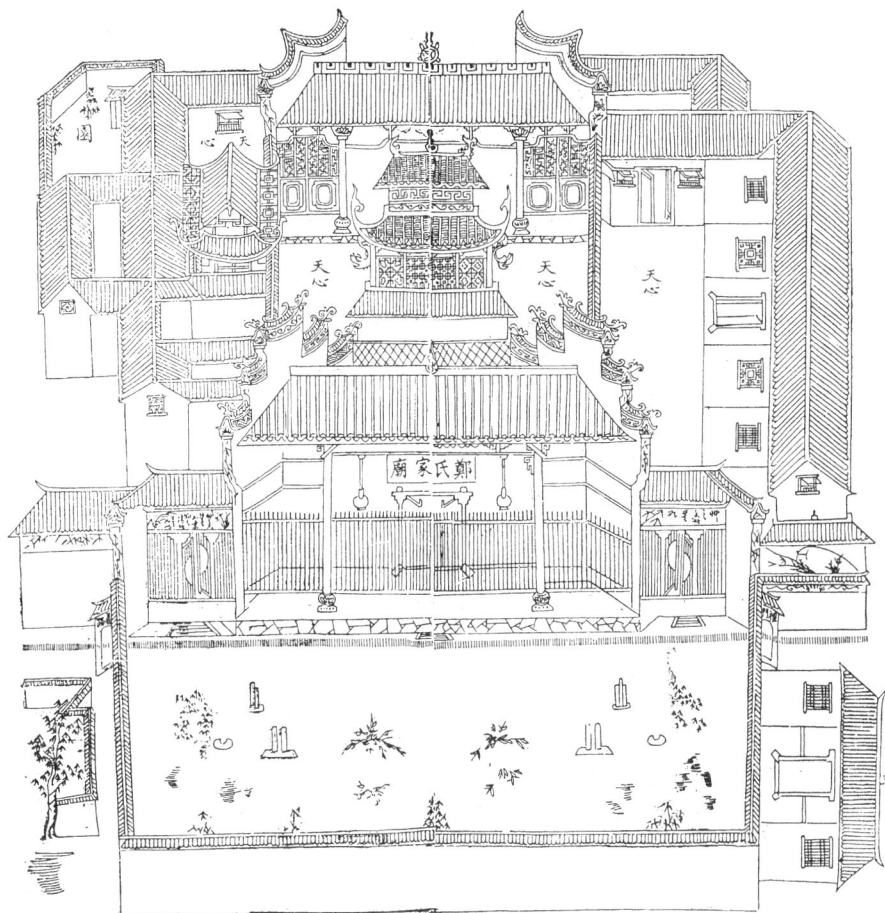

湖南瀏陽鄭氏祠堂圖記

　　右圖係湖南長沙府瀏陽縣西城營盤，雍正十年壬子契買陳公位之基。乾隆三十六年辛卯季春月，建立祠宇，丙山壬向兼子午辛巳辛亥分金。嘉慶十年乙丑重修。同治八年己巳，將集成祀桐子園土，找價兌就祠前黎姓地基。同治十年辛未，立昭穆龕，起造中亭，並祠前莊屋。光緒元年乙亥，又將祠前餘地，找價兌就黎仲祥之基，建立品牆。其用費均係昔年起造之後裔丁糧派捐，另册註明，以垂不朽。

（《［湖南瀏陽］鄭氏續修族譜》　清光緒元年滎陽堂木活字本）

浙江淳安何氏家廟圖

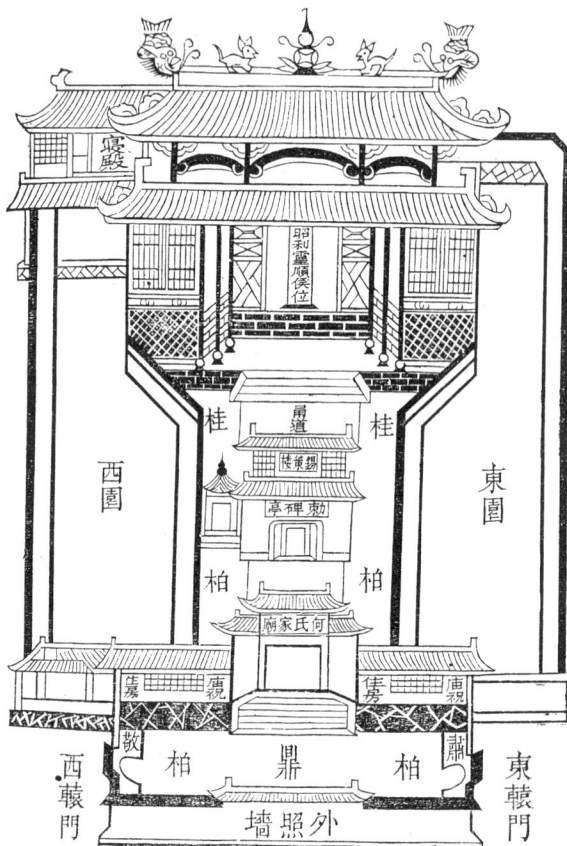

浙江淳安何氏孚惠廟原委

　　廟創始於陳宣帝大建二年庚寅，辛山乙向。鄉民請於官，八世孫岳所立。至宋哲宗元祐初，規制猶尚簡樸。迨高宗紹興四年甲寅，二十八世孫勝祥將營新宅，木聚於溪側，一夜洪水驟發，悉皆漂去，至東洑潭而閣之，勝祥往觀，異之，乃歎曰：“家廟未崇而營私室，神祖所以警我也。”遂以其木先建正殿，四檁十椽，前建門樓，四檁六椽，中建錫策樓、勒碑亭，佐以兩廊，神像悉備。明洪武間，廟尋傾圮，神乃附語，以禍福驚動於人，使加修葺。適三十六代孫敦善者，丁內外艱於家，倡率同族聚材鳩工，僅得營蓋後堂及門樓而已。經始於戊寅年三月，越明年九月落成。

（清何余善等纂修《[浙江淳安]何氏宗譜》　清光緒二年大本堂木活字本）

江蘇吳興嚴氏銅井諭塋説

　　明鄉賢諡文靖公配吳氏，合葬銅井山諭塋，副紀氏，蔡氏、徐氏祔。在吳縣十九都十三圖嚴器字圩，巽山乾向。墓地廣一十七畝三分六氂五毫，前有月河，後有靠砂，左首諭祭碑尚存，右首豐碑石斷字滅。墓傍半種桃梅，半值桑樹。對面丙舍三正，兩側翼至二十二圖小路爲界。今春裔孫成勳、元銘、士傑、鍾瑞同丈書到塋清丈。該墳丁黃錦芳輒將諭塋左右有利之地，含糊隱匿，托言他姓所看，以致畝數不足，因領丈與諭塋遠隔之梅園地，據云是地亦係嚴姓歸管，且將丙舍自行改造，詭稱坐落二十二圖，希圖冒爲自業。然有册可稽，彼亦何能朦混。今納糧仍作統連丙舍及左右餘地也。繪圖如左，梅園圖姑附入備查。

　　光緒二年孟春九世孫成勳謹識。

江蘇吳縣嚴氏銅井諭塋圖

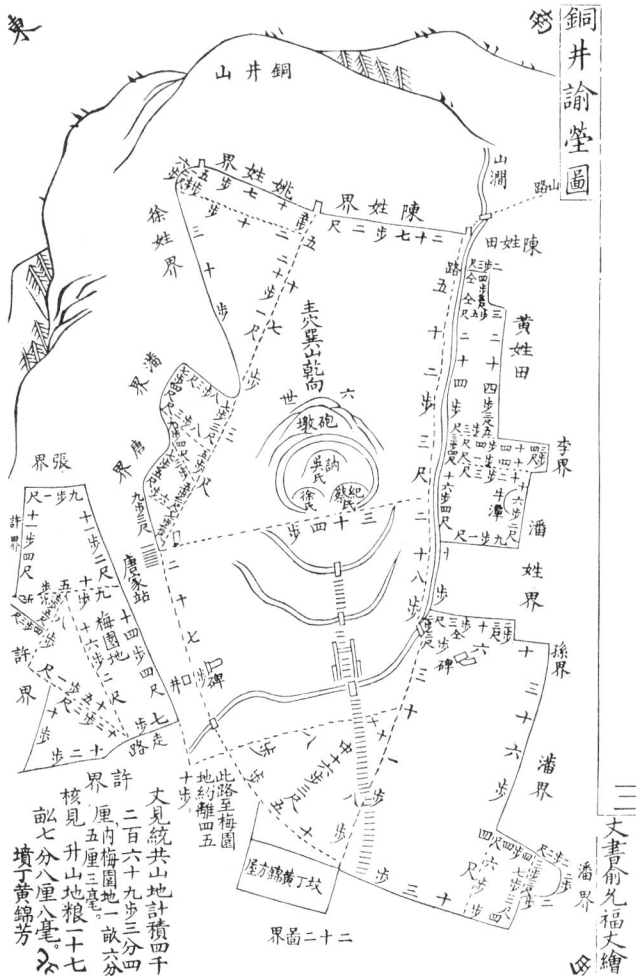

江蘇吳縣嚴氏錦峰東塋説

　　心萱公副室張氏，另葬錦峯東主穴。在阜成門外，西經堂右首。次子祠袝，相傳爲東塋。厥後凡族中之無力置地及早卒無後者，皆權葬於此，以致歷亂無次，有碑者甚少，難以稽考。大約俱係老四房支墓，惟主穴更覺模糊。查東南向一穴，羅城雖形平塌，似有昭穆，疑非主穴，否則亦宜修整。經今清丈墓地，前面廣四丈八尺，義塚碑爲界；後面五丈四尺，山澗爲界；左首深十五丈六尺，右首十七丈四尺，俱荒墳爲界。

　　光緒二年孟春裔孫成勳謹誌。

江蘇吳縣嚴氏錦峰東塋圖

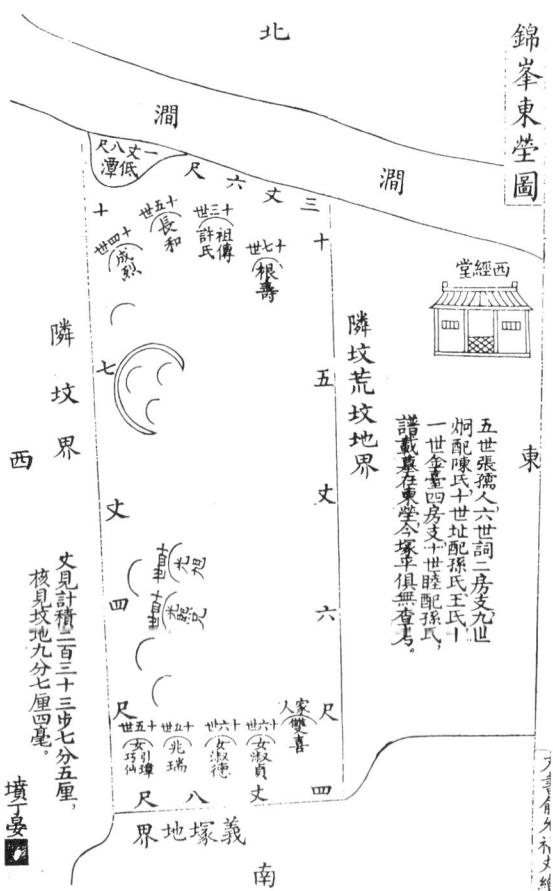

（清平成勳編輯《［江蘇吳縣］嚴氏家譜》　清光緒二年木活字本）

浙江江山下睦陸氏祠堂圖

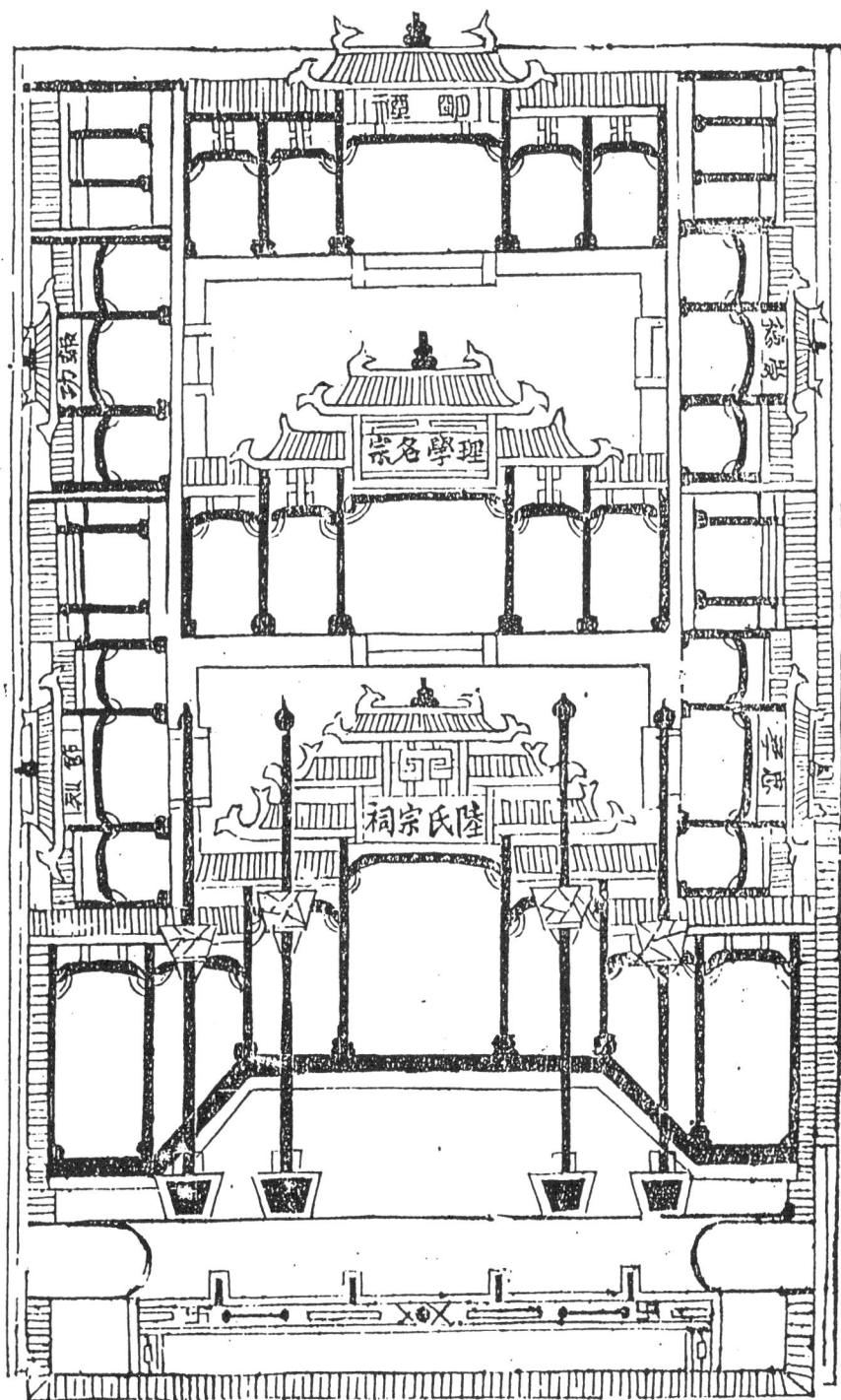

浙江江山下睦陸氏祠堂記

　　將爲祖宗樹不拔之業，則必篤孝思，聯同氣，企慕有時，瞻禮有像，明其尊卑，序其昭穆，俾黃髮台背幼子童孫，儼乎見而慄乎聞，形則分而志則合，庶幾可以百世，可以億年。由斯以譚，務建宗祐，宗祐之中，上溯始祖，配厥遷祖，忠孝節義則崇異之，功德則報稱之，時其啟閉，時其分合。至通聚長幼，鞠跑登獻示追遠也，分班就列示親親也，燕私洽懽示一體也。合衆歸族，合族歸祖，有翼而同，毋渙而離，繼繼承承，勿替引之，宗祐之義重矣！大矣！

　　江山下睦陸氏，派分江右，迄數百餘年，草昧未定，規畫未周，所謂宗祐者，尚無就緒。然前之時，大宗小宗，屈指可數，賀召相及，無虞不恒萃。或猶有待焉，漸繁漸滋疏遜，覿面至不相識，不有以聯之，將同路人。

　　于是陸君亦翁，偕其諸兄，慨然奮起，其族衆鼓舞樂從，度地正方，鳩工庀材。下睦有山曰象山，陸君曰是吾祖象山公先符也，遂於其間規之矩之，繩之尺之，翠環秀聳，閱十月告竣，前堂後寢翼鳥飛翬矣。閱明年十一月，進主東向西向，合食綴食矣。斯時也，皆天性踴躍，怡愉懽暢，莫不以是爲無窮之基，而陸君曰：“未也，是其大畧，惕露悽霜四時，何以慰瞻仰于萬一。”爰議捐資，稱其多寡，積金千餘，吾知自茲以往，根盤蒂緻，柯茂葉蕤，所以垂裕後昆，綿延前業，穆然山高而水長，騰光而耀婺，不特暉映先猷，而徵文考獻將於此堂覘喬木也已。爰作歌曰：

　　扶輿含精，星泉澄清。雲蒸霞蔚，大莫與京。誰建厥祖？象山先生。

　　時大清乾隆二十四年六月吉旦，姚江盧文浩拜撰。

浙江江山下睦陸氏宗祠記

　　天下學術人材風俗之患，道之不明之患也，道之不明，其故皆生於其心。自唐虞授受以來，聖賢千言萬語，不厭繁複，無非發明此理，教人整頓，收拾此心也。天之所以與人惟此爲大，惟此可以參三才而靈于萬物，惟同有是心，即同有是理。其或紛然接遇，而彼此不協，君子小人迥然不侔者，苦爲利欲所熏炙，世故所牽引，與夫意見之偏曲，有以錮窒之也。倘本無是理，雖勉强學問，愚者必不能明，柔者必不能强，羞繆者必不可改正，彊梁者必不可良善，是且冥頑於萬物矣，而得曰靈乎？唯其出於本然，根於固有，故孩提稍長，便能愛敬。武夫悍卒聞哀痛之詔，便能隕涕，村野俗子觀優人作忠孝劇，雖假啼笑，皆能感激，特未擴而充之，以義理浸灌其心，與賢師友時講明之耳。

　　宋象山先生之學，祖述孔子憲章，孟氏正學，術植人材，厲風俗，大約欲人先理會此心，以作聖賢根柢，此誠有特識捉得大主腦定者。凡性命鬼神家國天下，經權常變，精粗鉅細之理，皆由此識別，由此主張而無不通貫。其講“義利”一章，尤深中唐宋以來學者隱微沈錮之病，雖數百年後讀之，猶能感發頑懦，況當時親覯之者乎。學者不掃除俗見，徒爲功名利祿飽適其心，如蛆蠱，如蟊賊，不可驅遣，漫從事於章句文字之間，以獵虛譽、掇高科爲榮幸，誇耀鄉間，震駭愚俗，而茫然不識仁義禮智爲何物，敗風傷教，莫此爲甚，真先生之罪人也！

　　先生五世孫文美公，自金谿青田徙籍於浙衢之江山縣下睦，於今十餘代。其山盤紆鬱積，蜿壇劈劃，千崖萬壑，崩峭迴顧。其水清流湍曲，長繞帶佩，春夏之間鏗訇若出金石。其林木蒼聳翠挺，翁叢密蔭，高岡遙望，如萬家烟火狀，高人傑士故嘗産焉。嗣孫輩擇斯地之曠衍者，築基建祠，祀先生爲始祖，餘皆配享合食，可謂有志而不忘本矣。康熙辛巳，立正寢，然猶草創。越六年丁亥，補葺罅漏。越二十有七年雍正癸丑，欲大展規模，以資缺不果。今乾隆丙寅，老成者鳩族出費，乃得繼其前志，内外兩廊竪祠四：曰"崇德"、曰"報功"、曰"忠孝"、曰"節烈"。又就正寢之東西偏設内寢二，併大門而恢敞之，告成於戊辰，薨桷嵯牙，簮楹綺麗，如飛鼇負山，如夏雲吐錦，清明廣大，美哉壯乎。此可知人而有志，雖數十年頹荒隳壞之事，可一旦而集，且能光大焉。讀書作聖賢，出爲忠臣，入爲孝子，以至清操亮節，不沿流俗，不誘奪於勢利之舉，胡不可爲爲之而胡不可成。

　　乙亥，濱講學於兹祠。陸丈亦凡屬予爲記。濱竊惟浮文無補，反辱先生之祠也。仰先生之末光，不敢不竭志盡懷，以培植性真、救正人心爲務，還以先生之嘉惠後學者，而闡明其大畧，諸生有能卓然於世俗波靡之中，須知此心，爲紹述唐虞，充塞道義之本，豈容夾雜垢污，自棄其富有日新、可大可久之業，雖沈潛訓詁，求爲應試制藝，要心地清朗，細研義理，然後能自拔於尋常，異日登第入朝，其籌畫經濟，未必無益於當世，而徒爲迂疎苟且之儒也。其資性樸魯，或貧而失學，亦當全其孝弟忠信之本心，尊讓前輩，護全孤寡，毋愚而詐，毋忿而爭，農工商賈，各盡其道。庶幾九族敦序，比户可封，鄉舉里選之法行，而人材亦纍纍可用，則登斯堂者，即不盡能窺見先生之奥旨，而心體不昧，質對無憾，亦不負爲先生之賢裔肖孫也。建祠首事者，陸丈亦凡、希桓弟兄與姪上林、上台、上昇、上蟠也，勤勇有功，例得書，併記之。

　　時乾隆二十四年六月吉旦，旴江後學甘隆濱敬撰。

（清陸鴻模等修《［浙江江山］衢江下睦陸氏族譜》　清光緒二年木活字本）

湖南長沙善邑唐氏祠堂圖記

　　右圖在善邑七都潘家衝老屋,乃源所公開基故址。咸豐八年,亮、俊兩房建祠於此。其基址界限均詳合約。凡我族人時加修飾,毋稍忽焉可也。

　　亮、俊兩房嗣孫謹誌。

湖南長沙善邑唐氏祠堂圖

（清唐方正等主修《[湖南長沙]善邑唐氏續修支譜》　清光緒三年穀貽堂木活字本）

湖南瀏陽黃氏家廟試館圖

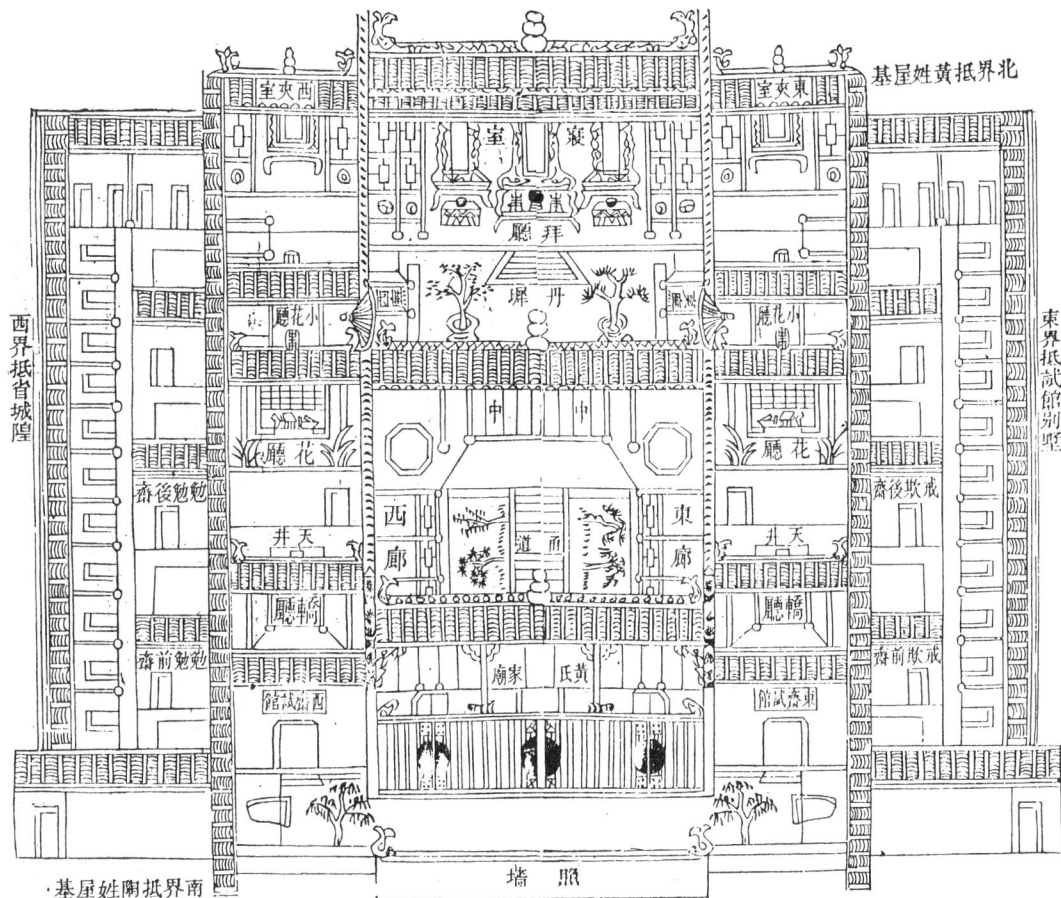

湖南瀏陽黃氏家廟試館圖記

　　右圖爲通省黃氏家廟試館，創建於會垣東北戲子磯。廟居中上下三棟，東夾室爲崇賢祠，西夾室爲名媛祠。東西花廳、轎廳、廟旁齋房分東西試館，爲族中應試新貴住居。興修之役，始於同治壬申，越光緒丁丑告竣。凡出自江夏隸籍楚南者，皆踴躍捐貲，共成美舉。茲繪圖於譜，願各公後裔謹誌弗忘。

　　　　　　（清黃逢昶纂修《［湖南瀏陽］黃氏族譜》　清光緒六年江夏堂木活字本）

浙江常山魯氏祠堂圖

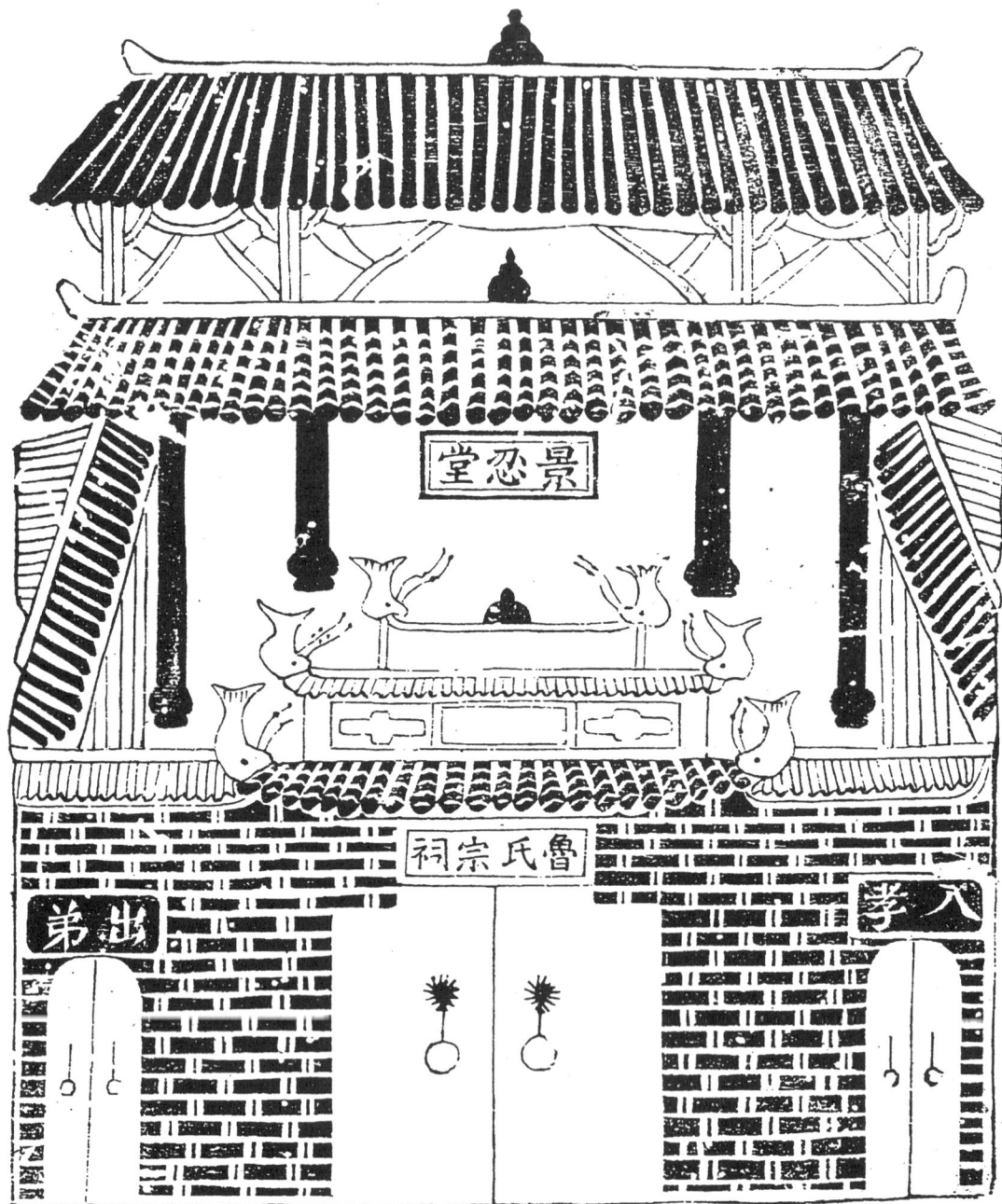

浙江常山魯氏景忍堂記

　　粵稽《王制》，士大夫家皆得有廟。又曰：君子將營宮室，必以宗廟爲先。誠以廟者，所以聚祖宗之精神，又以聚子孫之精神，且以聚累世奕葉之精神，俾惟繫于水木本源之義，而不可解。故《禮經》云：“廟中者，（境）〔竟〕內之象也。”則凡敦一本，藹友于，蕃仁讓，繩繩蟄蟄，廟之所在，聯祖考以序昭穆，孰得而戥之哉。顧立斯廟，必有名斯堂者，蓋廟以報宗功而立，而堂又以銘祖訓而名，故或名“愛日”，或名“奉先”，與夫亦政敦倫，貽燕召麟，所以名其堂者不一，要未有如高源魯氏之名其堂曰“景忍”者，取其義而會之意，欲像夫九世同居之百忍也。然予觀太古遺風，不獨張氏可表，東京之樊，三世共財，北魏之楊，緦麻同爨。而曲阜之魯，出自宗道之裔，昔之所同者，終不能以一向也。物不可以終聚，理與勢然也。尤貴後之子孫，能知本萬殊之道，不以今日之殊，而忽昔日之同，將見登斯堂者，而敦宗睦族之情生，瞻其名者，而法祖效先之誼篤，竚看超樊駕楊，而與張氏並驅宇宙矣。迄于今魯之子弟於彝倫之間，秩然整齊，藹然和睦，景忍之遺訓，猶未墜也。語云“百忍，堂中自有太和”，豈虛語哉。爰不揣鄙陋，而爲之記。又從而歌曰：

　　念前烈之匪遙兮，實崢嶸而發祥。願後昆之繩武兮，俾勿替乎耿光。景明其堂階兮，模範時彰。忍難其取義兮，儀型不忘。後先濟美，百世流芳。往哲之風，山高水長。

　　西川後學江爲貢拜譔。

　　（清魯紹境纂修《〔浙江常山〕球川橋頭魯氏宗譜》　清光緒三年景忍堂木活字本）

浙江淳安鳳山何氏家廟圖

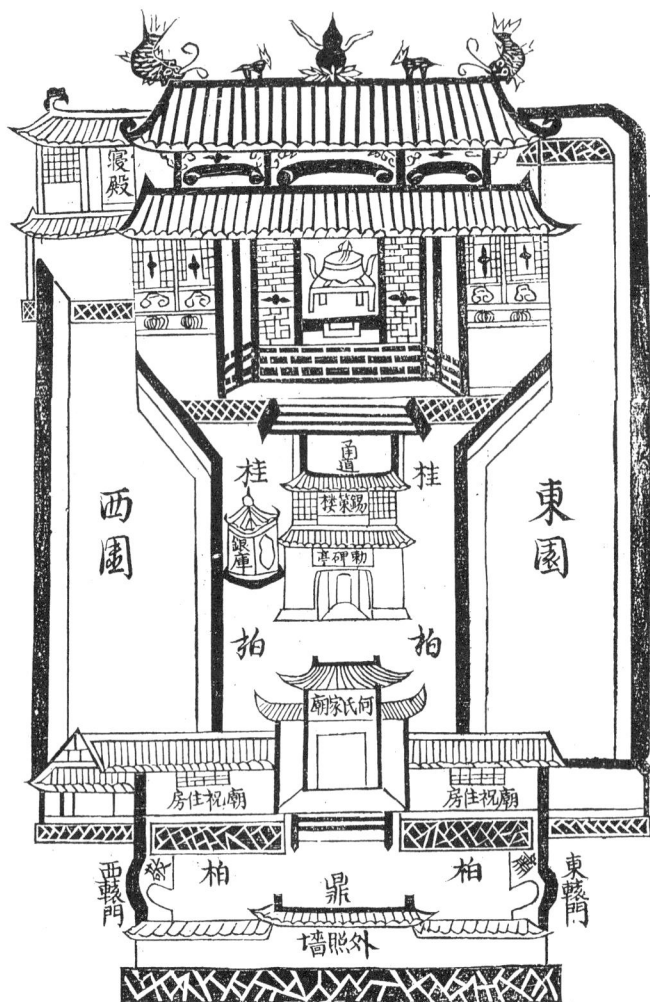

浙江淳安鳳山何氏家廟圖記

　　右廟創始並嗣修,悉已具前。逮嘉靖戊子,太參紹正率衆加立前堂,修葺牌樓牓,立何氏家廟。至崇禎三年十月,何圖、之進等倡衆改建前堂,併東西兩廊,兼修葺正殿,豎勅碑亭于前之甬道,改建勅封"孚惠廟"匾,而原"何氏家廟"之匾,置之正殿門額。其後寢室一所,則係士達一人輸貲所造也。

　　　　　　（清何鳳儀等纂修《［浙江淳安］鳳山何氏宗譜》　清光緒三年彝倫堂木活字本）

江蘇江陰西石鎮梅氏宗祠圖

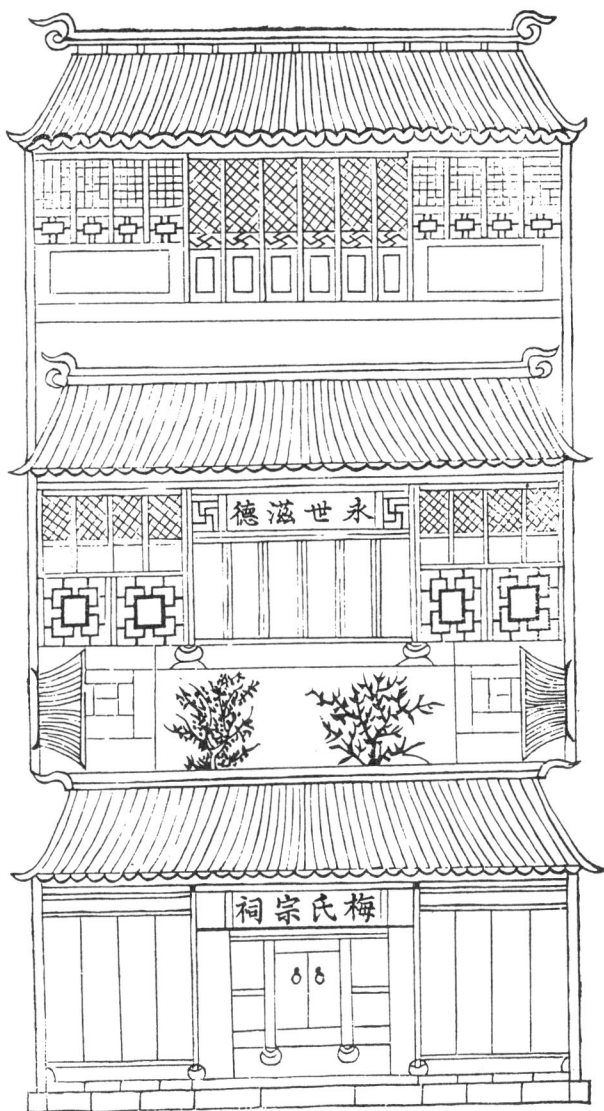

江蘇江陰西石鎮梅氏宗祠圖記

坐落西石橋街中,兄字五百三十三號。祠堂基地二分五釐。

（清梅景範等纂修《［江蘇江陰］西石鎮梅氏重修族譜》　清光緒五年映雪堂木活字本）

江蘇常州卜氏先賢祠圖

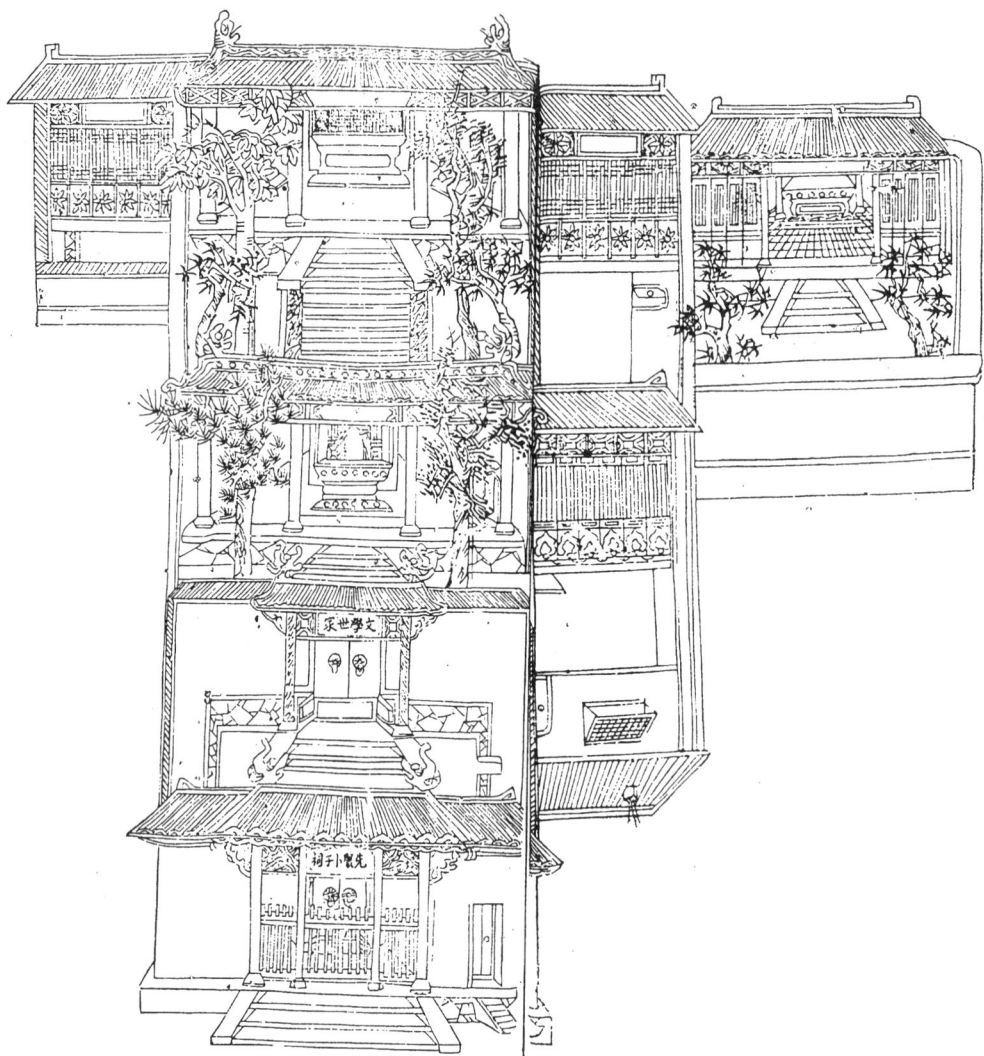

江蘇常州卜氏先賢祠圖記

先賢祠,坐落陽邑左廂迎春橋下周家巷,坐東朝西。基係箴字五百十一號,原平一畝零零七毫零零四忽。

(清卜起元等纂修《[江蘇]常州卜氏宗譜》 清光緒六年惇本堂木活字本)

湖南湘潭中湘韶山毛氏震公祠圖

湖南湘潭中湘韶山毛氏震公房祠記

祠廟之設,原以妥先靈,序昭穆也。故制有等級,分有隆殺,不得越。而享親之事,道無二致,循其分皆得爲。我房祖震公居韶山王田坳下,構造棟宇,甲於里中,世傳爲竹山大屋。明末爲八賊所燬,遂成故墟,破瓦殘垣,皆其陳迹。其公没即安厝自卜屋後木梓山,此老譜刊載,有可稽也。父老流傳,公爲人闊達,有遠謀,即今房下孫子,皆食其遺澤,可想見其公之當日爲後世孫子計深且久也。

然食其德者思其報,苟非建祠特祀,何以爲隆。乾隆三十一年,次琦、體仁、克相諸公,議建享堂,房下孫子一呼百諾,就老屋故墟而建支祠。祠兩進。下進平列三間,中爲戲樓,左右爲庖廚酒飯之用。上進亦平列爲三,中爲享堂,左一間爲祭祀齊宿所,祭器藏内,右一間爲公事銀錢櫃房,中有丹墀,寬四尺,橫計丈,左右迴廊可容數席。經營籌畫,越兩寒暑而始落成。厥後孫子日繁,每春秋祀祖,房衆畢集,不無隘溢之憂。道光八年戊子,定遠世榮、世仁、人裕、萬慶偕叔祖光明,傳約房衆,倡修橫廳,一以衛祠下手,一以便祀祖飲福。衆皆雀躍,或捐金,或捐地,或捐工,擇期起手。始事於戊子秋,告成於庚寅夏,碑繫廳壁。道光二十三年癸卯,清河光甲、青雲、潮美、義和諸公,倡房衆增其粉飾以壯觀瞻,捐金人名亦碑勒繫壁。此建房祠之大概也。璵生最晚,或得之譜牒,得之流傳,得之目覩,敬爲記之。

其祠之上手未得配修,甚爲耿耿,重有望於後之能者。至於祠地,龍祖衡岳,蒼蒼莽莽,亦復委委蛇蛇,奔赴於是,下沙如抱。黄竿竹山也,石觜彎頭,作印觀焉可。上有欝金星樹山觜也,作誥軸觀焉可。面前河水,弓彎繞過石觜,一礄收鎖,石礄灣也。案有三台端拱,朝有天馬文星,應卜後有光大其門庭者焉。

闔房公識。

重修震公祠廟捐碑

宗廟,祖先靈棲之地,一姓拜瞻之所,理宜修建壯麗莊嚴,昭誠敬以奠神居,樹肅雍以揚先澤。我震公房祠,建自乾隆初,祇上下兩進,一龕香火,供奉公之木主焉。事出老成,制循古樸。道光間,前輩修建西頭扛廳,宏飲福也。而東頭缺如,未成全勢。咸豐五年,房譜祠登全圖,厥後有志踵事者,類未逮。基舘於祠,仰祖德之孔厚,念廟貌之必隆,奉嚴命,體長老意,倡捐各支公會,闔房花户與奇廣冒爲興事,修建東頭席廳,房屋成全局也。擴修主堂,修立主座,供羣祖也。主座左右二坐室,一爲辦公退所,一爲主祭齊宿計也。增修戲樓,致慶祝也。左右廂樓,優人粧掛所也。東西子樓坐樓,便觀劇也。祠面雨簷月欄,壯觀瞻也。砌築月坪,大堂局也。填輔祠砂,森羅城也。粉壁砂地、雕欄丹柱、鑴匾鏤聯、琢燈製綵,昭嚴肅也。於是入主袝祀,演戲慶祝,續禁祠後山,廬墓相依,收復曾家山一帶公山,以爲祭祀歲修之費,告成功焉。計始事於同治十二年癸酉之秋,蔵事於光緒元年乙亥之冬。噫!經營一手,拮据萬分,而事恰如心謀和遂,意莫非祖宗之精靈默佑,房眾之孝慈急公也。其昌熾正未有艾,惟望後之賢能繼起,不忘基公慎勤儉,辦公之心,以補其未及云。所有樂捐及司事芳名,敬刊於後,以垂久遠。

　　計開:收復曾家山祠後山。山界:曾家山下接木梓山子山老禁界,起隨田邊河邊,上至刷子墮,墮上面峎,騎峎直上大崟峎,騎崟直下木梓山山頂大尖峯,從尖峯劈下接木梓山,下面鋸木墮,崟峎騎峎分水老禁界爲界。祠後山,除樟樹園、住屋、菜園、黃土塏、後小園外,概歸祠管,均係動用公項收復歸公,蓄禁永爲祠用祭祀之費。其馬鞍衝屋後珊公墳山,係勸楚書契捐歸公,憑族扞清丈禁,上下各方五丈,左右各方三丈五尺,窖石爲界,界內永禁進葬砍伐。

　　嚴命倡修總理事宜修職郎即補縣丞蘭芳、總理出入修務奇廣等。

　　光緒元年乙亥歲仲冬月中澣吉日閤房公立。

湖南湘潭中湘韶山毛氏深公祠圖

湖南湘潭中湘韶山毛氏深公祠圖記

　　鐵陂距韶山十里許,韶山界潭湘兩邑之間,右水出龍城,左水出鐵陂。陂胡以鐵名?以兩山對峙,石壁穿插,交鎖橫攔成陂故耳,天造地設奇觀也。吾房祖深公卜居陂之下游,麟振振,螽蟄蟄,百餘年來,分居星散。雲遊勝地,屯雲密佈於雲湖,花舞漫天,添花團聚於花石。或牽車服賈,以客爲家;或擇里求隣,隨在立業。信伯考孔英公,念子姓之蕃昌,莫非宗功之篤慶,使無房祠之建,何以聚一房之衆而修祀焉。咸豐年,商謀房衆,契買白門樓而爲祠基,倡捐房衆,大興土木,一舉告成。其捐金芳名、建祠原委,刊碑豎祠,以垂不朽,琅琅可考。祠脈祖仙女蜿蜒而前,從石板坳,度峽鼓,起棉花崙,含育抽穎,跌下木魚山,閃出平岡,另立門户。堂局寬廠,氣象萬千,祖靈得其棲妥,孫子沐其福蔭,其昌熾有可必也。信生最晚,未克光大門閭,日隨族老後,冒膺續修之任,敬繪祠圖登譜,謹爲之記。

深 公 房 祠 碑

　　我房自我房祖深公分居鐵陂以來,歷今十有餘代矣。生齒日繁,雖無甚大顯宦,而士食舊德,農服先疇,蓋彬彬乎有本支百世之意焉。顧枝榮葉茂者,祖宗之澤,而報本追遠者,孫子之心。歲己未春祭畢,房衆以庄屋祀祖,殊爲不雅,議建享堂於雪凍坮之右,羣以其事屬於英,自念力難負重,且公儲餘資無幾,復思此舉上爲先人靈爽所棲,下爲後嗣孝享所係,義不容辭。乃商諸房衆,捐資成事,幸皆踴躍樂從,擇吉興工。中建享堂,左爲更衣所,右爲庖廚所,前設中門。計用費二百餘金。資薄力微,事尚樸質,非以壯觀瞻,冀以妥先靈也。今而後,春露秋霜,登斯堂也,而生仁孝之心,庶幾苾芬薦馨,先考先妣實式憑依,其將有大啟爾宇而俾昌俾熾者乎。工既竣,爰爲誌諸。

　　同治三年甲子歲春月榖旦,主修孔英同房公立。

（清毛祖基纂修《[湖南湘潭]中湘韶山毛氏二修族譜》　清光緒七年西河堂木活字本）

廣東番禺滎陽潘氏宗祠圖

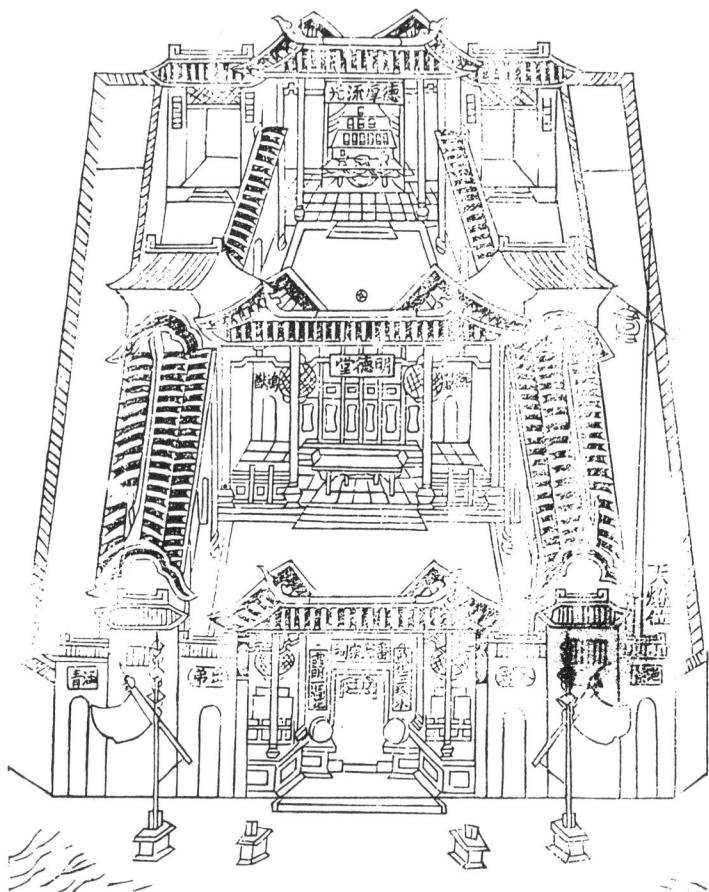

廣東番禺滎陽潘氏宗祠圖記

　　宗祠坐庚向甲兼酉卯,創建以來,歷年久矣。康熙庚戌重建,顏曰"粵邦潘公祠"。雍正六年修祠,適我鄉鼎建石岡文閣,請福建王玉山先生定向,到看本祠,示放甲水由後天井,過大堂地底注九曲甕而出前天井乙位。道光庚戌年重建,十二月十六日,進火陞座,顏曰"潘氏宗祠"。咸豐辛酉年,再建頭座中座。至同治元年壬戌,二月十七吉旦落成。祠前地,西南渠口至西北,拾壹丈,東北至東南拾丈。祠前簷,西至東八丈,深廣合度,無庸改作矣。

　　光緒七年嘉平月穀旦,二十傳主鬯孫達祥謹啟。

　　　　(清潘達祥等纂修《[廣東番禺]滎陽潘氏家乘》　清光緒七至九年明德堂刻本)

江蘇無錫朱氏惠山祠堂圖

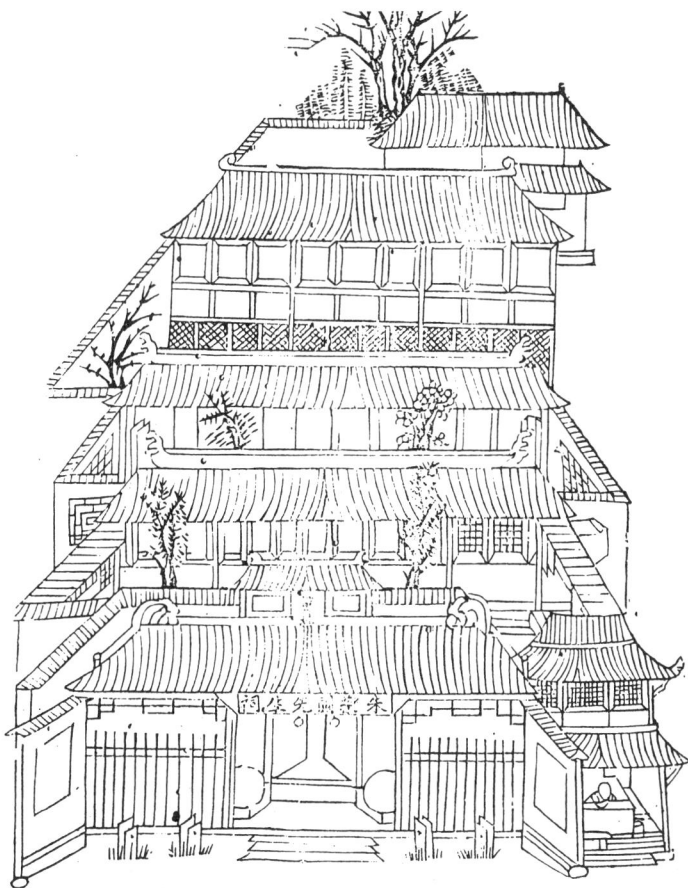

江蘇無錫朱氏惠山祠堂圖記

　　坐落惠山寺塘涇龍頭下，坐北朝南，遐字一千零五號，辦糧一畝三分九釐。左爲張氏義莊宗祠，右爲先賢廉子祠。門前磚街連馬鞍碼頭。第一進頭門三間，左旁小樓一間，天井一個，左右廊房兩個，左廊旁竈間一間，二門塍牆一帶，二門後天井一個。第二進大廳三間，左旁書房一間，廳後大天井一個，右旁廊房一個。第三進享堂三間。第四進樓房，上下六間，備衖一條。第五進基地兩間。第六進舊屋二間。後門外餘地存焉。

　　嘉慶二年裔孫宗泗、焵煇、耀遠捐貲建造。祠丁王阿順。

（清朱鳳銜彙輯《［江蘇無錫］古吳朱氏宗譜》　清光緒九年敘倫堂木活字本）

湖南長沙高倉彭氏試館圖

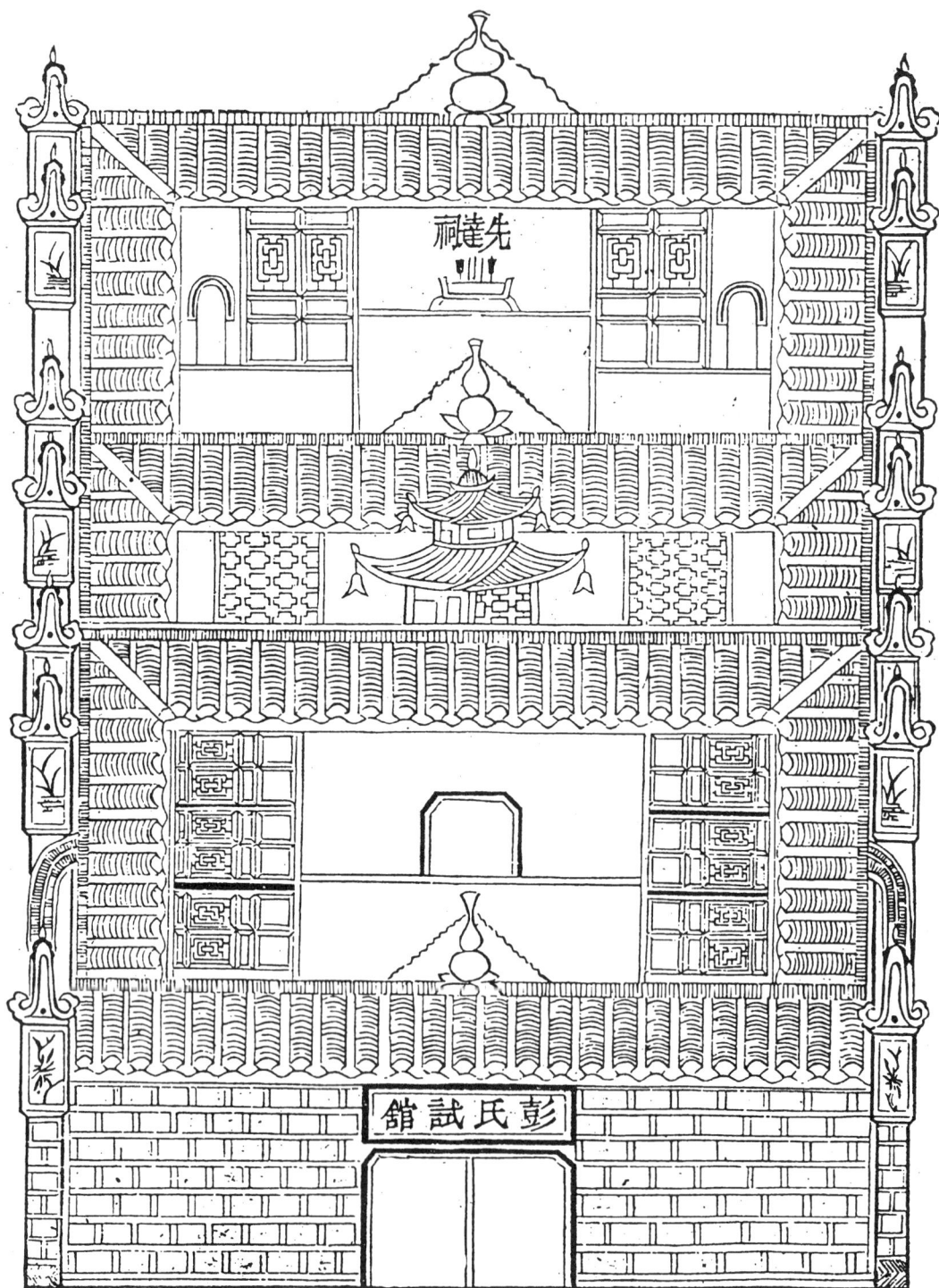

湖南長沙高倉彭氏家廟圖

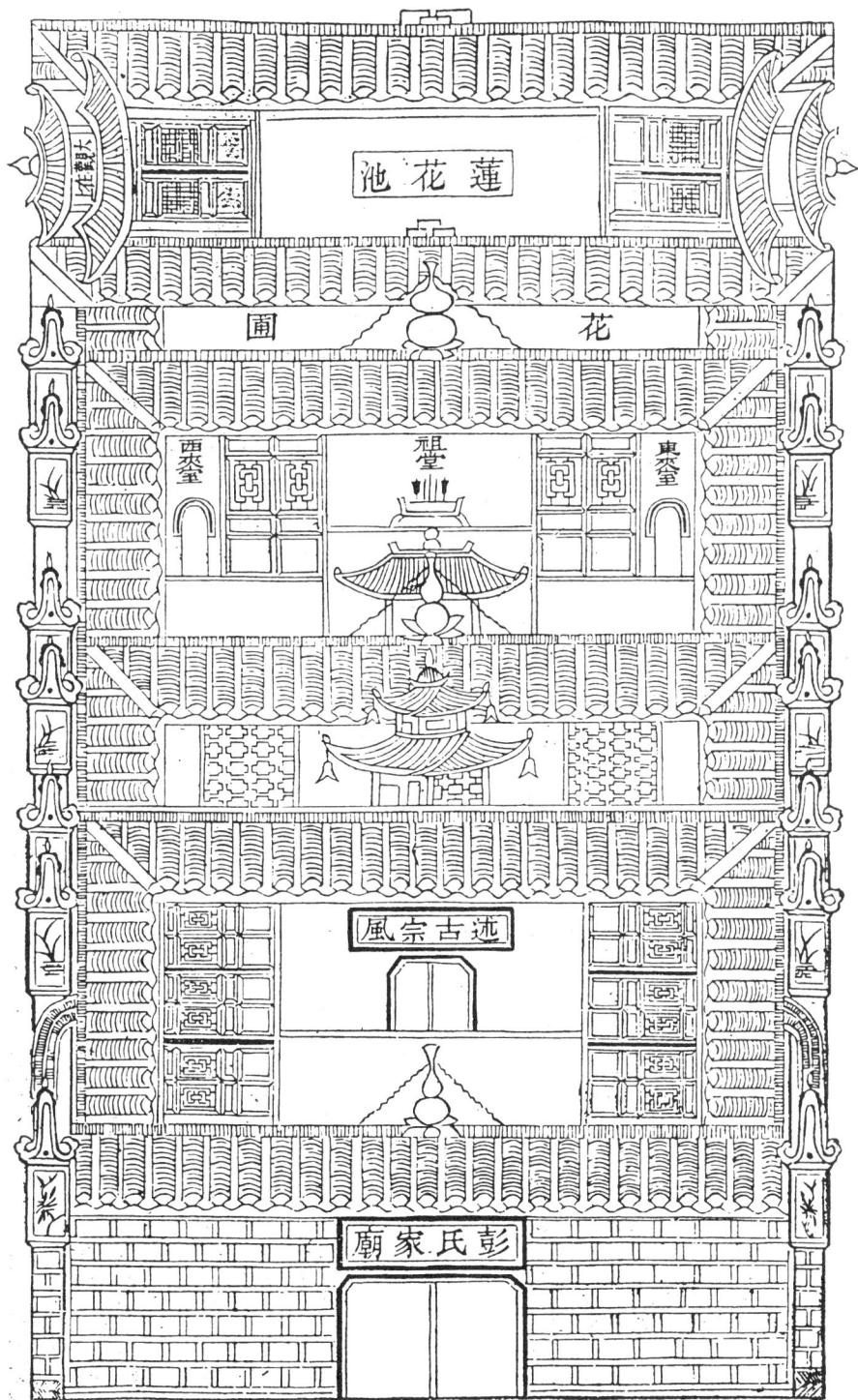

湖南長沙高倉彭氏省城祠堂記

　　祠堂,古制也。"似續妣祖,築室百堵",《詩》詠之矣。又《家禮》云:君子將營宫室,先立祠堂於正寢之東。此特就一家言也。至鳩一族而共建之,則又即本源之意推之,以及於無窮。天子士庶,體制不同,稱名自異,曰宗廟,曰都宫,曰祠堂,而要之萃涣合漠則一也。屈大夫有言,家室遂宗,其諸祠堂之權興歟? 我彭氏自始祖以還,蓋數百年於兹矣。子姓蔓延如星羅碁布,竟有膝相接而不知者,塗人之視,幾何而不爲老泉所誚讓,族望諸公用是大懼。乾隆某年,奮臂一呼,而諸族人亦莫不懽欣鼓舞,共建祠堂於省垣隍城隄。舉數百年既散之族而復鳩之,即舉數百年既涣之靈而復萃之,其陰爲啟者固自有在,而諸族人之樂爲勸者,亦非無因云。夫衆情之難一也,意見各岐,趨操亦别,欲强以合之,殊難合也。惟夫天親之誼,每觸於不容已,故雖以素昧生平,而一語之以淵源,輒踴躍爭起,如客得歸者,南華老人嘆之矣,故國舊都,望之悵然。以斯而益信至性相聯,洵爲罔間,仁孝之思幾何而不流行於天地哉。自時厥後,歲逢冬至,諸族畢集,祀於斯,飲於斯,相與敘歡道故於斯。一堂之上,某也派别於甲房,某也支系於乙族,脈絡之分明,無不昭然共覿也。某也若兄而若弟,某也爲姪與爲孫,長幼之次序,亦無不井然莫混也。即或郡籍攸殊,而宗源自不可没,世系日遠,而倫理斷不可乖,由是族派明而紀綱定,紀綱定而禮讓興,孝弟之心亦油然生者。門庭光大,計日可期,誰謂家室遂宗,僅以娱樂也耶。至若祠堂之舉,捐貲有目,置産有券,收租有式,祀費有章,則裁自公族,俱泐丹鉛,余故不論。

　　時乾隆二十一年丙子歲仲冬月穀旦,嗣孫公撰。

　　　　　　　(清彭家程等修《[湖南長沙]高倉彭氏支譜》　清光緒九年隴西堂木活字本)

湖南寧鄉劉氏祠堂圖

湖南寧鄉劉氏祠堂圖説

　　《記》曰："君子將營宮室，宗廟爲先。"蓋宗廟一則棲宗祖之靈，一則合春秋之祭，禮樂衣冠之所在，孝敬親睦之所存，祖德晉瞻，子姓咸仰，祠顧不重歟？我族祠建自乾隆壬午，創制規模亦頗完善，第歷年久遠，風雨飄折。道光甲辰續譜，相其形勢，依樣胡蘆，未免以美宗廟之意，稍稍抹倒。光緒癸未三修，僉議改建，豫作美觀圖成粉本，是一是兩，不即不離，俾披閲者別有會心。然却本來面目，壯一氏之觀瞻者在此，探百世之本源者亦在此。爰命梓人翻刻，縱刻桷丹楹，未敢僭擬，而先人之廬或無庸過自貶損耳。若夫陳宗器有房，設裳衣有位，潔粢盛有室，序昭穆有廳，精神所結，見宮見牆，又何必確有憑依，而後恍惚與神明交也。

　　陳設圖附後

湖南寧鄉劉氏祠堂陳設圖

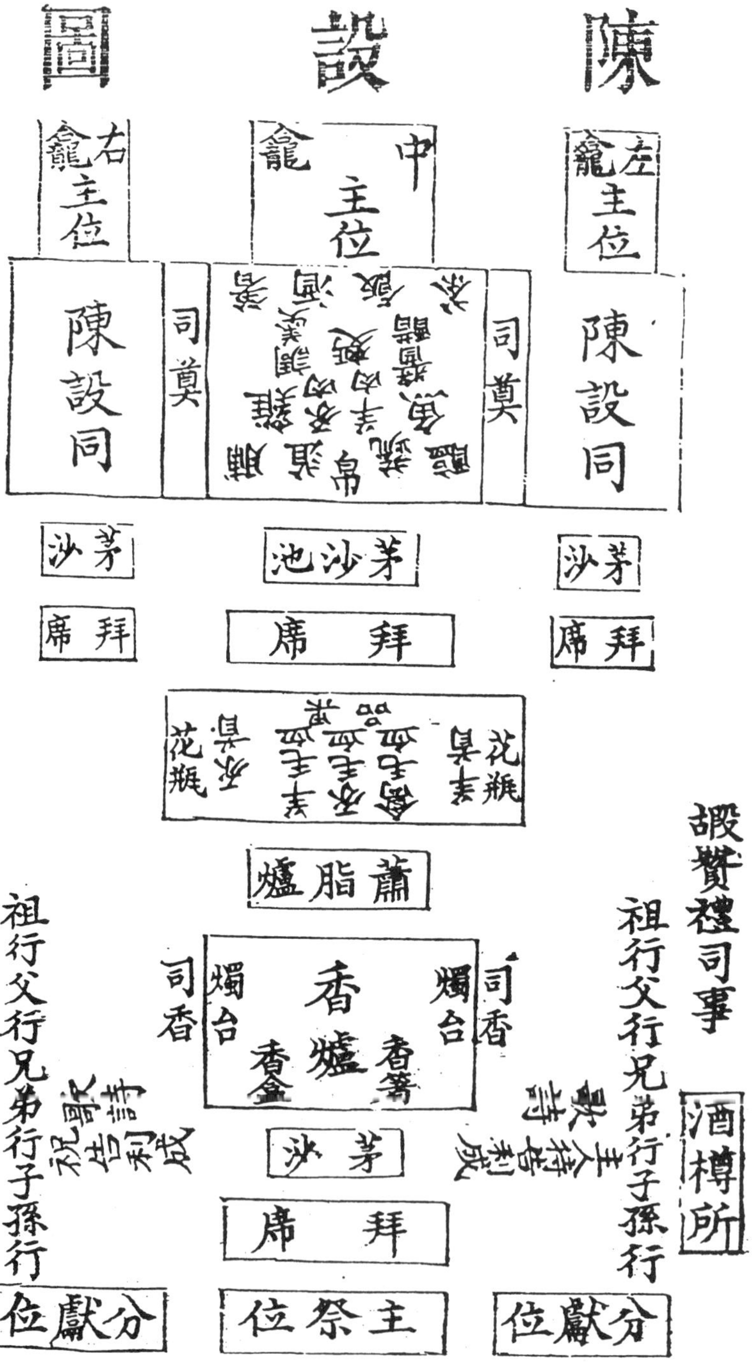

陳設圖

左龕主位　中龕主位　右龕主位
陳設同　　　　　　　陳設同
司奠　　　　　　　　司奠

沙茅　　池沙茅　　沙茅
拜席　　拜席　　　拜席

花瓶　　　　　　花瓶

蕭脂爐

司香　燭台　香爐　燭台　司香
　　　香盒　　香箸

沙茅

拜席

祝贊禮司事　　　　　　　觶贊禮司事
祖行父行兄弟行子孫行　祖行父行兄弟行子孫行
酒樽所　　　　　　　　酒樽所

分獻位　　主祭位　　分獻位

（清劉彬昭等纂修《[湖南寧鄉]劉氏三修族譜》　清光緒九年德馨堂木活字本）

湖南醴陵龍潭易氏忠愍祠圖

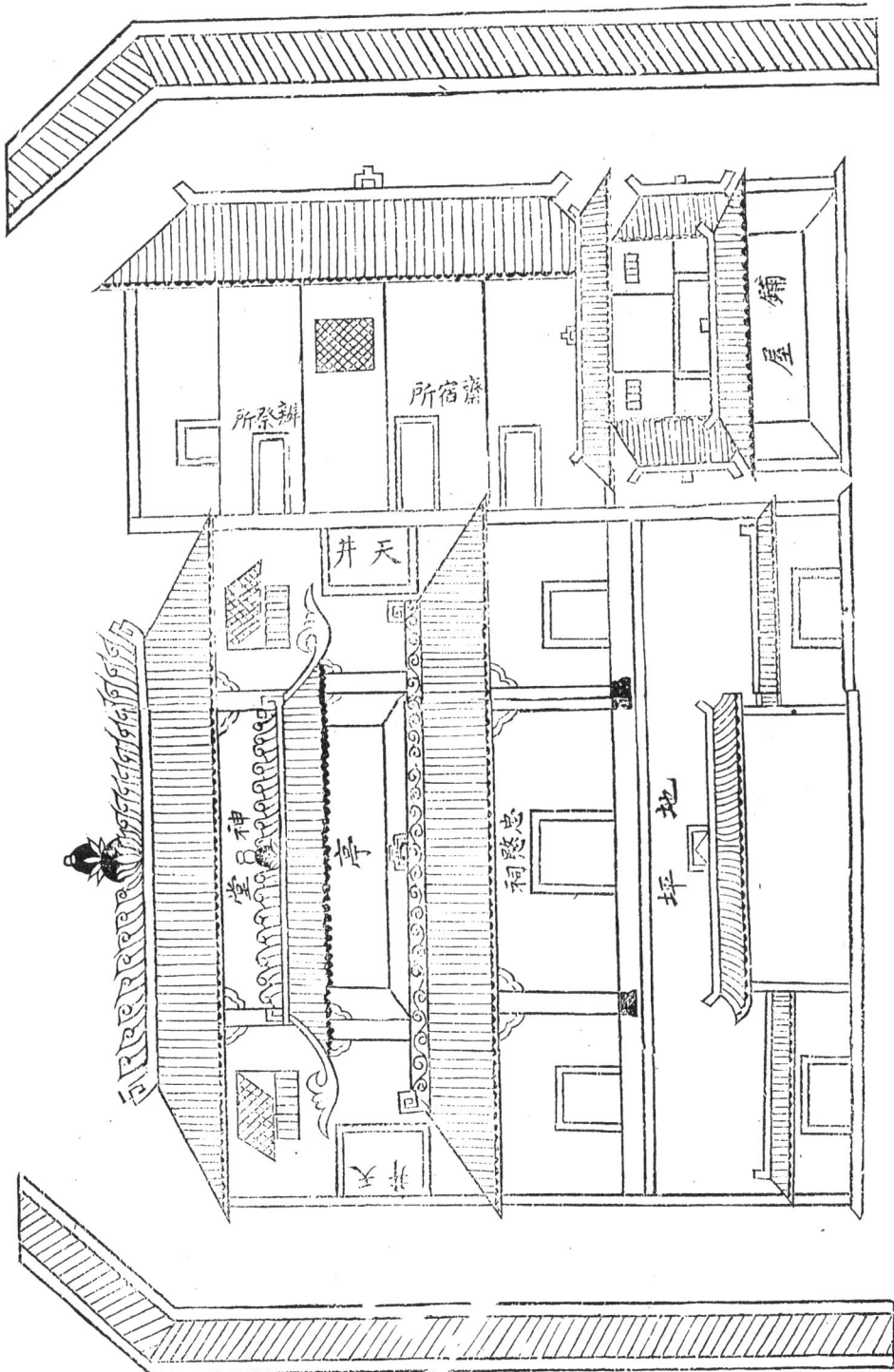

湖南醴陵龍潭易氏忠愍祠堂記

始祖忠愍公雄,字興長,《晉書》載瀏陽人,仕晉。公大父萬年公,後漢章武二年,由大倉州遷瀏陽縣。《一統志》、《省通志》、《縣志》、南宋尚書山齋公《慶源遺集》,俱載家縣西湖山下。按西湖山,一名巨湖山,一名大湖山,距縣西城里許。山下有潭,潭上舊有樟樹一株,大數十圍,故名樟樹潭云。公於東晉永昌元年,奉譙王承檄,從別駕起義兵討王敦,死之。夫人氏潘,聞公殉難武昌,率家人五十赴潭水死。事聞,諡"忠節",即公故居建祠奉祀,每年八月十四誕辰,敕令有司特牲致祭。《慶源集》註:祠基廣二百二十丈,長二百八十丈。元至治間,秩晉侯爵,追諡"忠愍"。明洪武初,改稱"宜陽別駕之神",賜聯榜柱,祠仍西湖山舊。嗣因子姓播越,祠遭居人墓瘞。嘉靖年間,見夢,邑侯鄭公汝清訪爲公祠,遂倡遷建今西關外,距郭僅數百武。志註:邑人公買潘姓基地,徑三十六弓,廣十一弓,仍以"別駕"額祠。逮及國朝,每歲彙冊報部。雍正、乾隆年間,疊荷詔優,查縣憲取族防護切結,加印申賫,見有易氏子孫,不時設法修葺,毋庸估工動帑。奉各大憲題覆,嗣住祠前黃岐山鄧宗勝屋,塞祠門。雍正九年,藩、府、縣憲,飭族購該屋基,奉丈承糧寢事。契註左抵韓屋,即今天后宮牆,右抵周屋,即志載牛路巷舊建表忠坊處,前抵官街,後抵別駕。舊祠接建前楹,臨街敞豎門樓,倚門背架優臺,內餘平地。後不戒火,僅存厥址。我族先人不敢疏忽,防護經營,重新沐多羅慎郡王書賜"忠愍"祠額,更"別駕"祠爲"忠愍"始此。知長沙府事呂公肅高作記,志註:易姓復建,以綿國典。

尋遭街鄰覬覦搆釁,寺改東林署作巡檢,累族節訟數十餘年。道光元年,邑侯魯公起元,竟廢後進別駕舊祠爲"啓蒙書院"。於戲!歷代崇祀忠祠,一廢於西湖,再累於西郭,冊報空存,祀典徒著,不有族購祠前冊丈承糧區區之地,妥侑忠靈,不幾等於若敖之鬼餒,而凡有血性者疇不爲之欷歔而悼嘆焉。

邇來牆柱傾攲,榱題損折,雖歲補葺,實深坍塌之懼。族議從新起建,以昔前楹爲上廳事,中設龕位,東西序列,兩房爲齋宿所,阼西階下斗覆方亭爲拜跪所,左右倚牆各通天井,亭前木障屏門,以塞外囂。屏外堂道爲前廳,事前啓三門外,敞方地一區,齊街平砌檻牆。東西啓門各一。祠左連建廳房四間,爲住宿營辦祭處。外列居肆,計息以供燈香之資。通計釀瀏孫子及外屬,各支錢共三千餘緡。是役也,總董其事、經理出入率作者祚裕字定裔,暨子大松字鶴巢;區畫監督鳩工庀材者昌時,字中山;奔走勸釀協修者祚高字鳳岡,大榜字名題,盛傳字魯門;往來勸贊者位陞,盛其,芳三,德昆。經始道光十九年己亥,越二年辛丑告成,屬記記之,愧不能文,聊記其巔末於右。

道光二十六年歲次丙午仲秋月,瀏邑嗣孫盛寅谷人盛林湘蘭謹譔。

(清易緒陌等纂修《[湖南醴陵]醴北龍潭易氏三修族譜》 清光緒十一年木活字本)

湖南益陽高氏宗祠圖

湖南益陽高氏祠堂記

　　古者士大夫祭於廟,庶人祭於寢,宋儒程氏更以影堂,朱子乃易影堂爲祠堂,然猶未及於庶人。至明永樂時,始頒朱子《家禮》,令庶人之家各得建祠,而不以爲僭,此庶人之祠所由昉也。我族曾有舊祠,伸祖宗之祭祀已多歷年所矣。蓋因基址不吉,屢謀遷構未就。同治癸酉秋,族諸君子,尋幽選勝,卜碧雲峯之陽,即今所謂赤塘黃母村者是也。越明年夏五,鳩工庀材,不數月而功竣。董其事者,咸以尊祖敬宗爲兢兢。客冬余等謹遵族命,纂輯四修譜牒,囑作文以記之。嘗觀夫赤塘勝狀,在黃母一村,其雲山溪水之環繞,不可勝數,即如近祠數畝許之雲霄洞,詳邑乘也。石纍纍然高下峭立,相結而成,其嶔然相累而下者,若牛馬之飲於溪,其衝然角列而上者,若熊羆之登於山,朝暉夕陰,氣象萬千,此亦我宗祠之大觀也。先人之靈已妥矣。且夫地靈者人必傑,膏沃者光自華,斯言也,吾將卜諸族人焉。何者?祠宇既成,則我祖之所棲孔安且固,雖不比范文正構嚴子陵之祠,得四家以奉祀,而亦俾我後嗣,備禮文器數,陳豆籩,設鼎俎,薦馨香於春礿秋嘗,以被無疆之福祉者,豈可限量乎。後有賢者作,相與補葺增修,尤無忘於創始之力也,則幸之甚。

　　光緒十一年歲次旃蒙作噩季秋月穀旦,纂輯四修族譜嗣孫謹記。

　　　　（清高寧闓等主修《［湖南益陽］高氏四修族譜》　清光緒十一年溧麥堂木活字本）

湖南湘陰羅湘朱氏宗祠圖

湖南湘陰羅湘朱氏祠堂記

　　聖人云：“春秋修其祖廟。”廟者，祖宗妥侑之區，而子孫奉祭之所也。榮家山，我族祖屋，砂環水繞，局緊堂圓，係遷湘祖尚義公之子允位公於康熙四十二年，價置韓宗仁之業。遞傳數代，生齒日繁。道光三十年，族前輩年槐公與年桂公、年清公、逢詔公商議建祠，眾皆欣然樂就。爰鳩工匠，改換祖屋，創立宗祠。路寢修其孔碩，廊廡建以寬宏，於是乎棟宇峥嶸，門牆壯麗，正謂地藉人而靈，人亦因地而傑者也。嗣是瓜綿椒衍，人丁葉麟趾之祥；桂馥蘭馨，科甲卜蟬聯之慶。俎豆千秋，洽比楚山之源遠；簪纓百代，儼同湘水之流長。茲當家乘修成，聊作數言以記。

　　時大清光緒十一年歲次乙酉仲秋月中浣穀旦，闔族敬撰。

（清朱萬城、朱萬鈺合纂《［湖南湘陰］羅湘朱氏族譜》　清光緒十一年沛國堂木活字本）

湖南醴陵瓜畲陽氏祠基圖

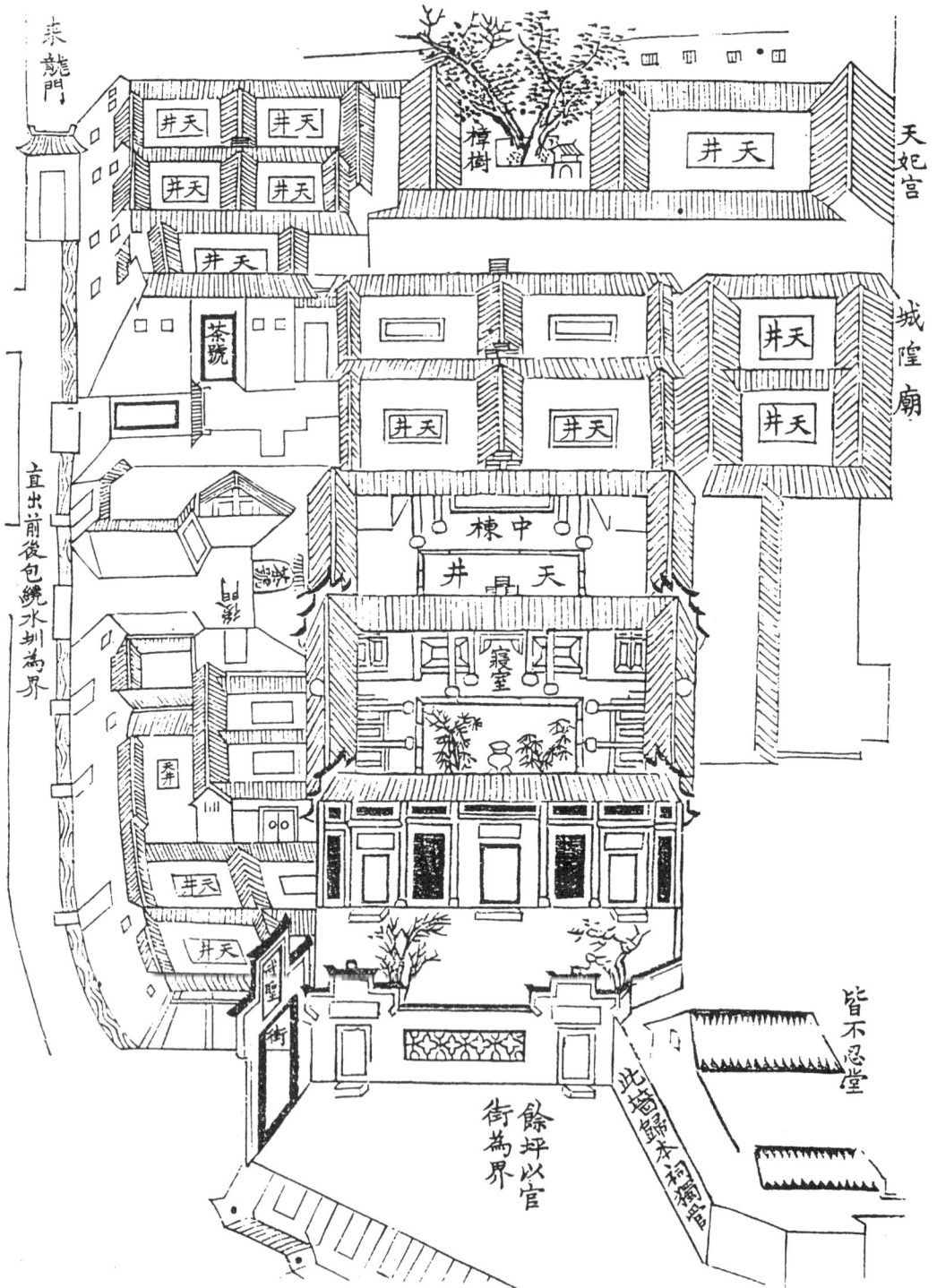

湖南醴陵瓜畬陽氏祠基圖説

　　右祠在東城伍家巷口，坐北向南。自乾隆六年辛酉，始建其基地。南至祠首門樓外餘坪，直出官街水溝，抵伍家巷止。東自祠首牆挨育嬰堂，繞至城隍廟香水井，轉進天妃宮，至李祠門首本祠後園圍牆外水溝止。北至本祠後園牆外齊李祠門首水溝，橫過抵來龍巷止。西由本祠後園圍牆，隨來龍巷溝，直出關家巷來龍門包本祠店屋，至武聖街栅門官街水溝，抵本祠門首溝止。徑長肆拾肆丈叁尺，橫廣貳拾壹丈壹尺，周圍壹百叁拾丈零捌尺。

　　道光十四年甲午孟夏月，合族公識。

祠 基 補 記

　　咸豐間，邑中茶利大起，商者必佃巨屋。同治元年，族議將祠後東北兩向蔬園，毀其半爲屋，並寢室東偏廚室庫房，改建揀廠。佃商時，後進西偏連北大蔬園二所，小莊屋二所，尚仍舊址。同治十一年，北城謙吉茶行復賃其地，建屋居商。光緒四年，商者因屋尚狹，又將西偏橫廳廊房後蔬園一所，莊屋一所，改建揀廠歸祠。後茶商承佃惟祠前西偏南向店屋一所，未毀，僉謂祠基重地，雖尺寸猶存，而東西北三向視昔有異，宜補誌其巔末，以備後人稽考云。

　　光緒十三年丁亥歲孟夏月，崇本堂公識。

祠基屋宇契據

　　立契賣屋宇基地店房屋基園土人李尚純、子昭、東燦，同姪鏡孚、夢熊，情因遺就，母子兄弟叔姪商議，自心情願，將東城基業一大所，俱係磚瓦正屋，併橫屋店房、馬房，盡行掃數出售與人。儘問家族人等，俱稱不受，凂中莫若尊，召到東城陽乾五、步高、舜邦、騰松、芳明等接買，當日三面得受，時值價銀肆百叁拾兩正，入手親領，並未短少分釐，並無準折謀買逼勒等情。其基地，南至育嬰堂及李本牆腳爲界，北至官街爲界，東至城隍廟李本牆腳爲界，西至官巷爲界，四至清白。其寸木片瓦塊石各項，一併出售與陽管理，未留寸土，再有園土。照康熙五十九年丈册科糧壹斗柒升肆合，任陽推收過票。自賣之後，任陽拆舊添新，修理自便管業。其業未賣之先，並無重行典當，又無互混勾絞。如有不明，俱係出筆人理落，不干陽事。此係出自甘心情願，永無異言。立此賣契，與陽子孫永遠爲照。

在堂母李阿李押

　　乾隆六年四月十二日立契賣屋宇地基園土店房基地李尚純押、子昭押、東燦押、同姪鏡孚押、夢熊押、同叔李象辰押、堂姪廉孚押

　　在塲中人文英才、龍子雅、謝聲遠、莫若尊、李亮然、張印周、袁周書、張廉言、賀光仲均押

（清陽旭纂修《［湖南］醴陵瓜畬陽氏五修族譜》　清光緒十三年崇本堂木活字本）

貴州遵義宧氏宗祠全圖

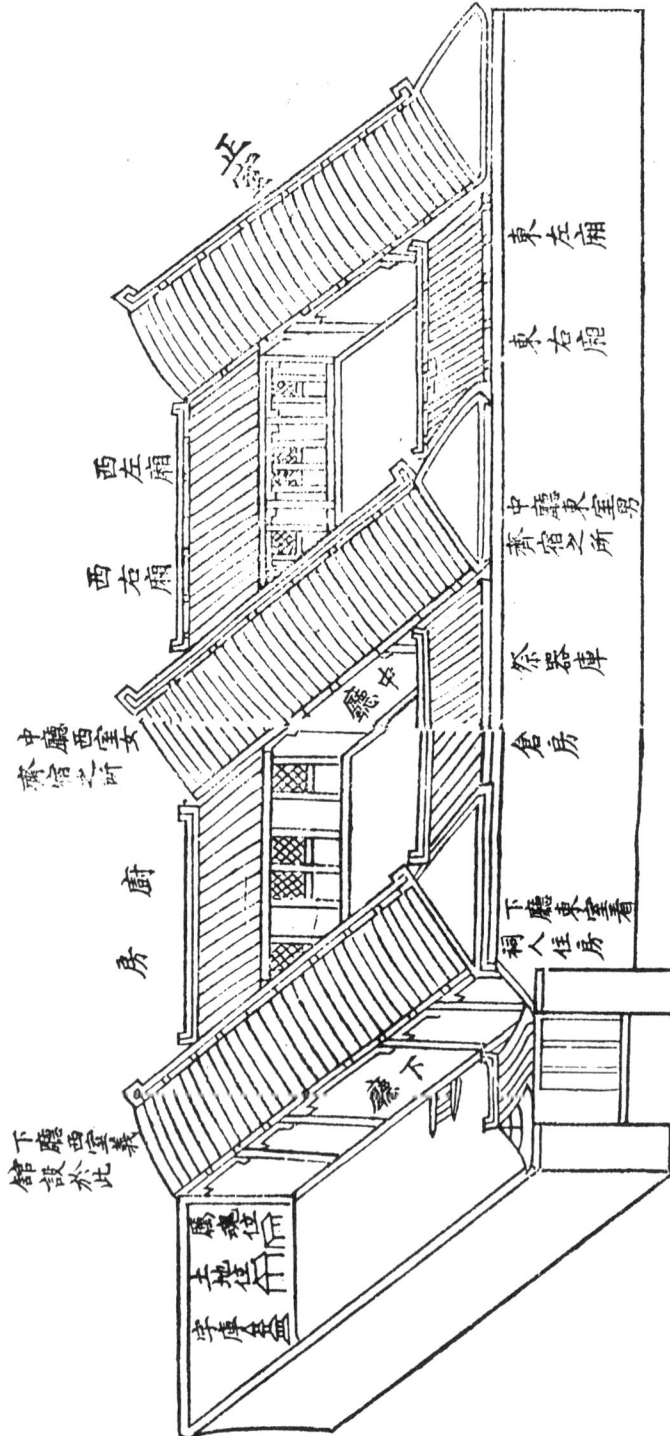

貴州遵義宧氏宗祠正室神案之圖

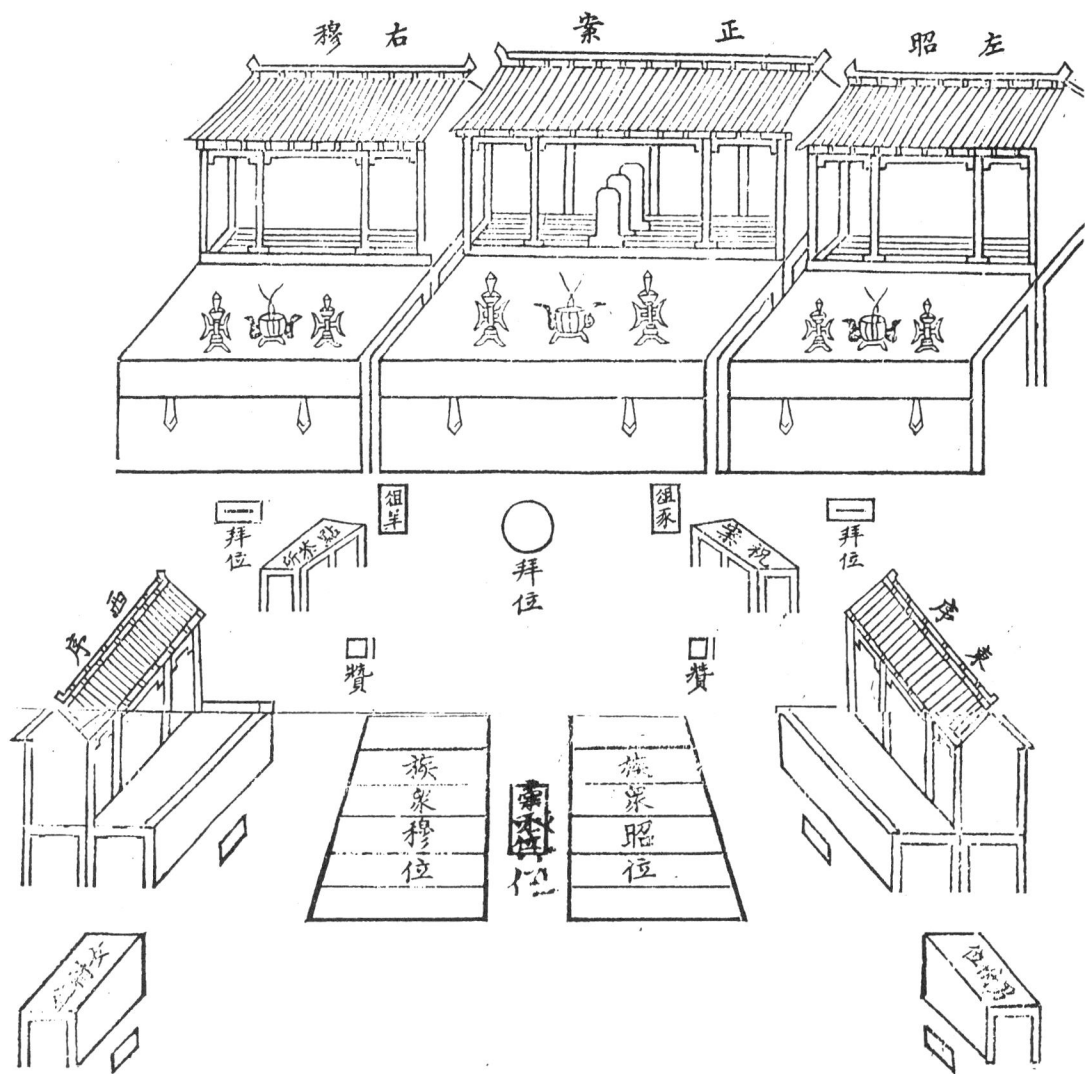

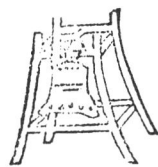

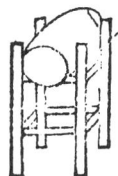

圖之案神室正

貴州遵義宦氏宗祠正室神位之圖

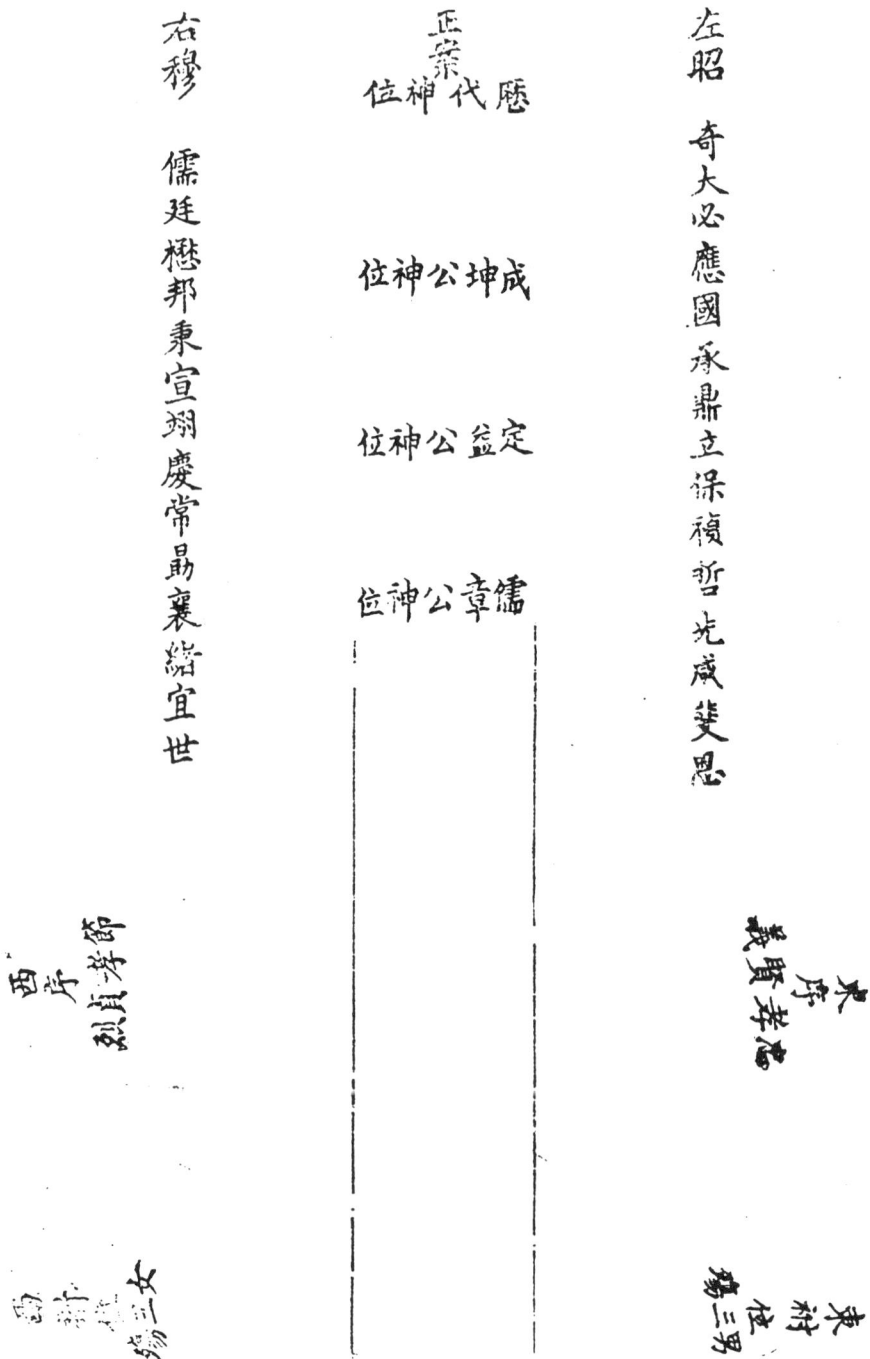

左昭　奇大必應國承鼎立保禎哲先咸斐思

正宗　歷代宗神位

成坤公神位

定益公神位

儒章公神位

右穆　儒廷懋邦秉宣翔慶常勛襄紹宜世

東　序
義　男　孝　慈

東　序
第三男

西　序
烈貞芳節

南　序
女孫正室

正室神位之圖

貴州遵義宦氏宗祠圖説

應　清

　　古者立始祖廟，百世不祧。高曾祖禰，謂之四親，配以妣，皆每世一廟。主居正位，四時之享，各祭於其廟。惟冬至大祀，則迎四親廟之主，配食於太祖之廟。祭畢，仍還主於本廟。若子孫至六七世，以至十餘世，於是乎另立祧廟。制如聖廟，有崇聖祠。亦於冬至奉主配食於太祖之廟，祭畢，仍還主於祧廟。國朝品官通禮，則設四案於一堂，另爲夾室，奉已祧之主遷入。古人一祖惟一妣配食，即是今日考妣合主之義，蓋生時合巹而飲共牢而食故然。其後或繼室，或妾，均有祔享之法。祔者，另立其主，祔祀於其廟。如祖妾，則祔於祖廟，父妾則祔於禰廟。其主不稱妣，不謂之配。

　　　　　（清宦應清等纂修《［貴州遵義］宦氏宗譜》　清光緒十三年刻本）

湖南長沙楚氏洪塘房祠基圖

湖南長沙楚氏洪塘房祠基圖説

　　嶽脈南來，遠難殫述。近自籃盤山劈分三支，左出毛家壠，右出楊柳衝，个字中抽，綿亘數節，繞至石塘衝尾，頓起銳峯，高出雲表，即邑乘所誌，形如玉笋之尖岡山是也。該山之陽，忽老幹生芽，作翻聲逆勢，另舉巒頭，特開生面。先人於此，扦艮山坤向，建立宗祠。前迎綠水，曲折入懷。後倚青山，葱蘢悦目。而且元辰會合，而聚天心；青龍納流，而歸玄武。有白雲峯爲之捍門，有石固橋爲之關鎖。特以案外峯遥，因建文塔。前此人文蔚起，游泮水而列賢書；頻看甲第連綿，掇巍科而登顯宦。何莫非山川鍾毓之力，與祖先呵護之靈也。因作圖，而爲之説。

　　十五派孫起人寅賓氏謹撰。

湖南長沙楚氏洪塘房祠堂圖

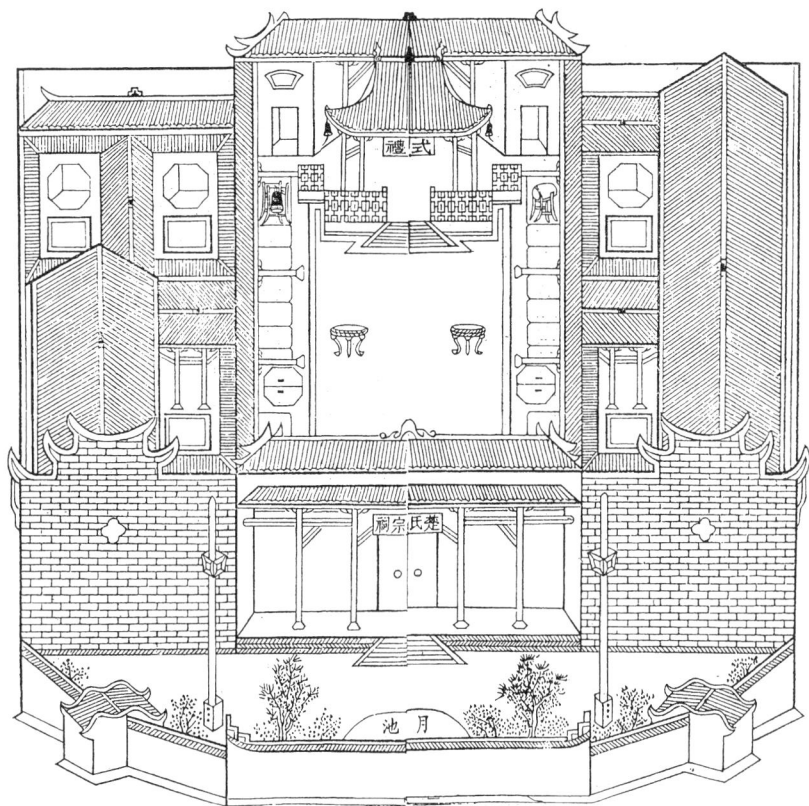

湖南長沙楚氏洪塘房祠堂圖說

　　祠何以圖，爲誌不朽也。古今來滄海桑田，不少爲谷爲陵之感，況甎瓦之所積，土木之所成，風雨蝕之，雪霜侵之，亦安能保其必不朽哉！然不能不朽者其勢，而能使之不朽者在人。吾觀斯祠之作，在上而高廓者，爲主室；在前而空曠者，爲丹墀。奏樂則樓名永觀，式禮則亭稱致慤。東有廳堂厨室，燕私之所需也。西有偏廈厢房，齋宿之所在也。而且月池貯水，兩門闔闢於旁；文筆插天，一塔高聳於外。右鐘左鼓，響徹晨昏。奇俎偶籩，光生几席。美哉輪而美哉奂，誠足以妥先靈而隆祀事矣。爰倩丹青繪圖於卷，豈徒曰侈陳巨制，誇耀一時已哉。蓋欲使後之人，一覽斯圖，咸念昔人經營之苦，創造之勞，時加修葺，時加整飾，則祠得以不朽焉者，而圖亦與之俱不朽焉耳。是爲說。

　　十五派孫自闓星槎氏撰。

　　　（清楚自然纂修《［湖南長沙］洪塘房楚氏六修譜》　清光緒十四年新平堂木活字本）

湖南寧鄉潙寧東城李氏祠堂圖

湖南寧鄉溈寧東城李氏總祠堂圖

湖南寧鄉溈寧東城李氏祠堂圖記

　　祠在邑治之東原廣盈倉側，坐艮向坤。左去玉潭書院百數十武，右近學宮如之，面繞溪流，其曲如帶，遠與交塔對峙，背則爲“飛鳳朝陽”，居“溈寧十景”之一。山勢環抱，勝地也。乾隆時，闔族捐貲買建。爲楹三棟，上爲主堂，神所憑也，中龕奉始祖位，左右祔位，堂中几磬鑪鐙具備。前扃以門，分中左右門。外爲階，階三級，東曰阼階，西曰西階，升降拜跪之地也。堂左右各有室,原爲夾室,藏桃主地,今俗罕桃於室。左以處司香者,有則藏祭器兼爲廳、爲房,爲祭祀治事之所。廳前植桂一株,輪囷馥郁,百餘年物也。一本三枝,適符我族分房之數,時人號其堂爲"三桂"。階之下,左右周以廊,爲子孫敘立之所。東廊達於耳門,西廊達於廚。中棟爲庭,左右各間,以房爲齋宿地及更衣所。庭之中,廣叁丈有奇,每屆祭祀,序齒合食在焉。前宇爲門,左右亦各有房門三,仍分中左右,時加扃鑰,外列木柵。祠之前地廣畝許,堪容車馬。偏左爲耳門,繚以垣,即平時出入之地。右有神廟,今里人所祀龍王者。鐘鼓之聲,藉警晨昏。後有餘地數笏,可以種蔬,供薦品。自乾隆壬子年經始,嘉慶庚申落成,規模闊大,材質堅樸。當日董事者,正不知幾費經營也。爰爲圖,著於譜,圖其地,圖其式,而妥先靈,示來許,胥於是乎在。先是,族中公置祭田於邑之三都雙塘衝,歲收租息供祀之外,賴以歲修。後值偶有奇羨,稍爲增置田屋,並録於後。

三都九區地名雙塘衝水田捌拾畝,户名李公祠,正餉壹兩陸錢捌分整。原袁魁南出筆,契載東抵張田,西抵胡山,南抵姚山,北抵古圳。直上庄屋兩隻,俱有堤圍私塘肆口。上手山兩坡兩側週圍騎崙分水,古堤爲界。乾隆五十五年置。

一都六區東城外地名廣盈倉側,倉今移建南城外,更名常平。瓦屋兩進,即祠基。原成殿元出筆,契載界址,照依劉方石出筆老契管理,查老契抵界,今多移易,未及詳録。乾隆五十六年置。

祠誌舊載祠基祠田,老契註協萬公諱世和收。咸豐年舊譜已改註,交祠中總理遞收。

東城外觀音磧側今名杜家橋。鋪屋一進,即今祠前偏左餘地,咸豐年毀於兵,今另賃佃架屋。原劉宣鑑出筆,契載前抵官街,左抵鄭宅圍墙爲界。右後未載抵界,因與祠基毘連。嘉慶十九年置。

北城外河斟鋪司馬山山場壹所,週圍以堤爲界。嘉慶十年守中公裔契捐,除摘存墳界外,概歸祠蓄管。

一都六區地名周家坪瓦屋壹所,並餘坪園土,在祠宇對岸。原陶陵雲出筆,契載前抵官道,後抵埧,曲轉抵原泗洲廟土界碑,至右以自橫屋後檐滴水爲界,左抵埧堋爲界。同治十三年置。

一都四區地名袁江觜水田叁石,今俗丈法用裁尺量,廣一丈,縱三百丈,爲田一石,約得穀三十石。户名李中孚,正餉叁錢整,原彭正雅出筆割賣,契載坵名七斗坵、長斛坵、尖五斗坵,水係黄鱔塘及新井沙蕩等處照股分注,經過無阻。光緒十二年置。

以上各産契券,均歸東城祠總理遞收。每值新舊交卸,憑族查點毋遺。

(清李祖輝纂修《[湖南寧鄉]溈寧東城李氏族譜》　清光緒十五年木活字本)

湖南湘潭雲湖盛氏祠基圖説

　　君子將營宮室,宗廟爲先。宗廟者,祖靈之所棲托,而合族倚爲根本者也。雖風水之説不盡足憑,而相陰陽、觀流泉,必得其地而後可。吾列祖之所以有志未逮者,職是故也。歲乾隆戊寅,族鬻韶山公産,先君啓宇公思繼先志,儲爲建祠之費。越二十二年庚子,採得曾叔祖肇圖公舊宅,坐七都一甲盛家衝之陽,地名荷葉壩,爲彪祖誦經堂遺址,甚孚素願,遂商房兄胥來,備價接買。而肇圖公哲嗣宏度兄弟,又能嫻知大義,捐入山屋基地三股之一,共勸美舉,始構堂而奠焉。蓋亦難矣!夫世家大族,其祖宗必有磅礴欝積之區奠魄棲神,而後椒衍瓜緜,馨香勿替,地靈人傑,理本相因,其信然也。吾祠基址,水繞山環,來龍遠難悉述。近由高露山發脈,絲亘至白石坳分支,入手闢開五腦芙蓉數嶂,到頭結扇面金星形,如半月祠居月弦之中,正左右砂水停匀,上則獅形嶺香鑪山,烟雲靉靆,下則馬橋灣雲湖市,廬舍參差,前則老屋南塘,丕承堂構,中則蘇山荷壩,互答漁樵,而且碬賜王田,服先疇而罔替,鐘鳴古寺,沐神惠以無疆。洵鍾天地之奇,信挹湖山之秀,列祖深仁厚澤,得此以奠英靈,行見蔚起人文,懿茂繁昌,永無終極。昔范文正公贊嚴先生之祠堂曰:"雲山蒼蒼,江水泱泱。先生之風,山高水長。"吾於斯祠亦然。

　　皇清乾隆四十有五年歲次庚子仲秋月穀旦,十五世孫戀霖雨田氏謹誌。

湖南湘潭雲湖盛氏祠堂圖

湖南湘潭雲湖盛氏祠堂圖説

祠在雲湖盛家衝之陽,地名荷葉垻。去縣西五十里,即前明成化間,彪祖所建誦經堂故址也。國朝乾隆庚子,胥來、啓宇、上簡諸公,以爲先世發祥之地,無過於此,爰商族衆庀材鳩工,即其地營家廟焉,向立乙辛兼辰戌。初入門,爲前進,題“盛氏宗祠”四字於額。門之内爲堂,榜曰“篤慶”。東西屋四間,圈門洞達。由堂左右轉爲迴廊。左廊鐘亭一,右廊鼓亭一。歷堦而升,則靚深寬敞,上爲崇台,置木龕,設始祖考妣及五世以上神主,合昭穆而三寝。寝之正中,懸“緒振孝章”一額,乃祠宇落成時,鄉先達石公蓋南所手題,以誌慶者也。稍前簷,下額曰“貞壽之門”,則十六世孫修弟妻劉氏,享百齡上壽,邀寵錫之榮,前邑侯陳公嘉榆所贈,以表人瑞者也。循階而出,爲祭亭,繚以雕欄,承以畫棟,雨鈴風鐸,備極精詳。亭之下,即丹墀,雙柏森然,陰濃户牖。寝室左右有堂二間;一曰“式訓”,守先型也;一曰“誦經”,存遺制也。兩廊之外,西有廳堂廚室,宴私之所需也。東有偏厦廂房,齋宿之所在也。而且入孝、出弟兩門,闢閭於旁;蔽日干霄一塔,高撑於外。前出屏牆一道,左右建立角門。祠後有山,山周以壕,荆榛蒙密,其中古樹最多,蔭翳深邃。春夏秋冬之景不同,風雨晦冥之狀各異。門外有塘,塘水甘而冽。塘下有田,田土沃而肥。計額二十一畝,坐落長右三屯,册名盛氏祠納糧。此外,遥莊別業,現今三百有餘畝,歲收租税,悉供冬至祭祀,及每屆歲修之費。殖殖其庭,神之來格,洵足妥先靈而隆祀事矣。顧吾於此,竊有感焉。《書》曰“若考作室,厥子肯堂”,古今來,創業之難,與守成之不易,其致一也。是祠之成,距今百有十年矣。其中風雨蝕之,霜雪侵之,而此甄瓦之所集,土木之所成,尚猶輪焉奐焉,得以永垂於弗朽者,甚賴夫前者作之而後者述之也。自兹以往,族之賢肖子孫,誠念前人經營之苦,創造之勞,時加修葺,用迪前光。行見駟馬門閭規模當更爲宏遠也。猗歟盛矣!

皇清光緒十有七年歲在重光單閼仲夏月吉,十九世孫德金廥唐氏謹誌。

（清盛先鏞纂修《[湖南湘潭]中湘雲湖盛氏五修族譜》　清光緒十七年篤慶堂木活字本）

江蘇丹徒京口順江洲王氏祀產圖（一）

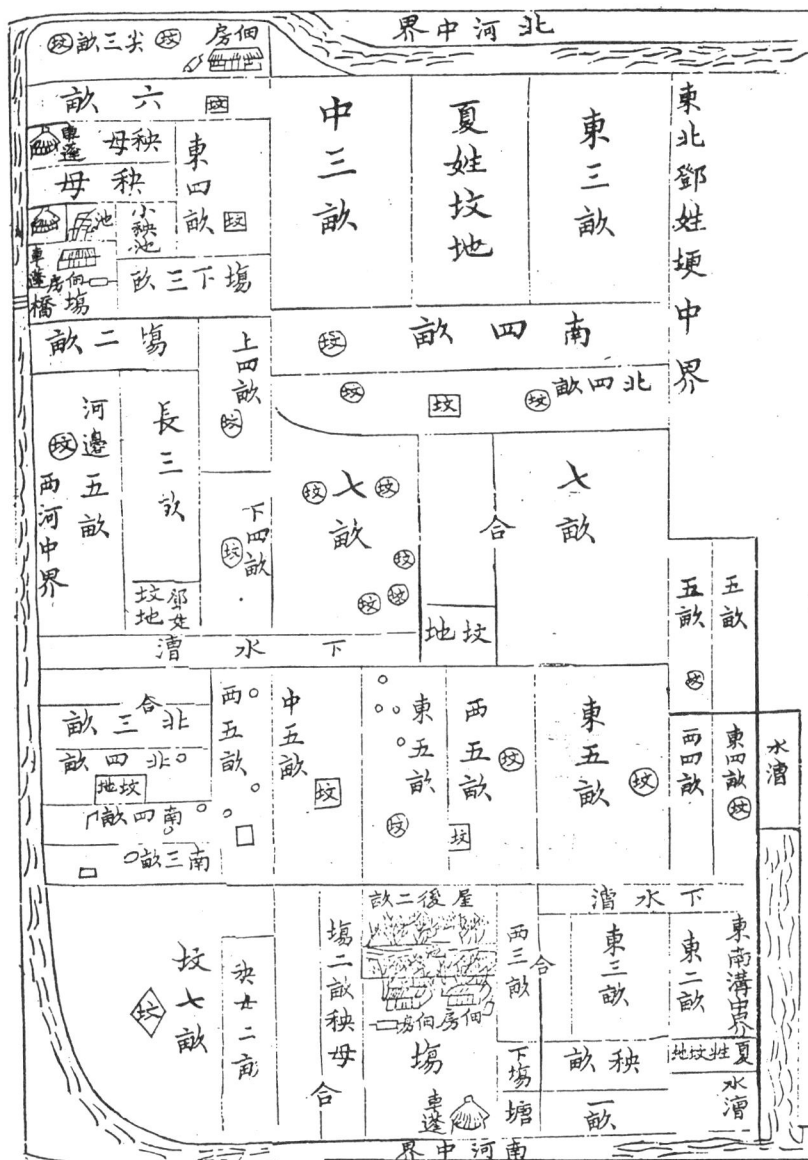

　　左《祀產圖》，咸豐七年契買鹿汪袁吉氏同子袁淦兩熟田，計壹百五十四畝五分。坐落泰州東鄉曲塘鎮北十五里地，名柴港橋。東南至溝中界，東北至鄧姓埂中界，南至河中界，西至河中界，北至河中界。在上佃房十五間，草車篷三座，碌磚四條，廁坑四箇，戶名王雙柏，堂上下忙，完銀壹兩七錢六分六釐，完漕米壹石九斗零六合，置價足錢壹千四百餘千文。佃戶領種，向係兩熟抽行分粮，主六分佃四分，草歸佃得，埡本亦主六佃四。現改呆租，上熟應收姜秤大麥肆拾石零叁斗，下熟應收姜秤淨稻壹百零壹石整。載明各佃領種紙內，如遇歉年，臨時酌減。

江蘇丹徒京口順江洲王氏祀產圖(二)

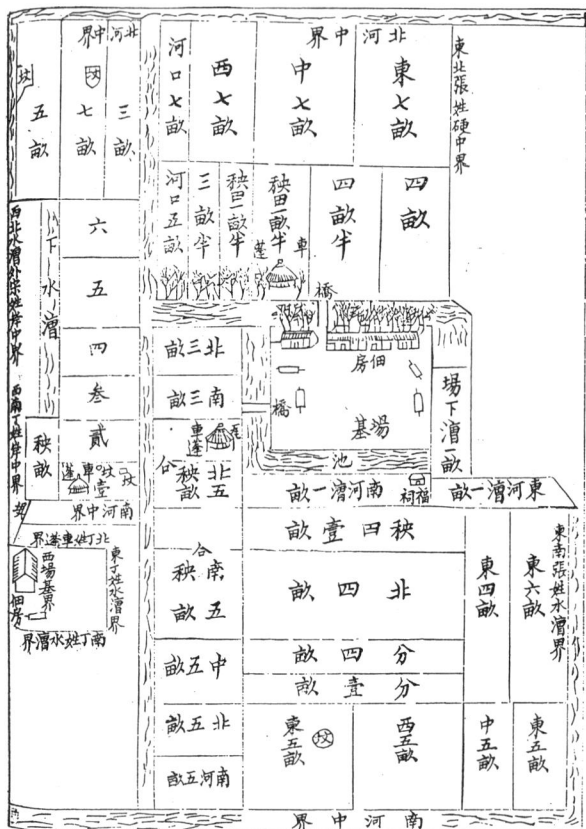

左《祀產圖》,計兩熟田連住基場面,壹百六十四畝。坐落泰州東鄉曲塘鎮北,離鎮十五里,地名西唐莊,與柴港橋祀田相間一河,四址載後。在上福祠一座,佃房十四間,瓦草車篷兩座,碌磚四條,廁坑四箇,小橋二張,戶名王雙柏。堂上下忙,完銀壹兩五錢六分,完漕米貳石零八勺,原置價足錢貳千叁百餘千文。佃戶領種,向係兩熟抽行分糧。主六分佃四分,草歸佃得,埱本亦主六佃四。現改呆租,上熟應收姜秤大麥四十捌石柒斗五升,下熟應收姜秤淨稻壹百貳拾伍石整。載明各佃領種紙內,如遇歉午,臨時酌減。

本宅除住基場面,前後淨田壹百叁拾九畝。東至張姓埂中界,南河中界,西全河,毘連河西貳拾五畝,北河中界。河西貳拾五畝,東毘連本莊,南河中界,西南丁姓岸中界,西北水漕外宋姓岸中界,北河中界。南口河外佃房住基場面一方,東丁姓水漕界,南丁姓水漕界,西丁姓場基界,北丁姓車篷界。續置磚瓦木植,於光緒七年砌造七架樑瓦,庄屋三間,東西廂房兩間,院牆一堵。

(清王大富等纂修《[江蘇丹徒]京口順江洲王氏第十二次增修家乘》

清光緒十九年雙柏堂木活字本)

浙江餘姚姚江景嘉橋魯氏宗祠祭圖

（清魯森標等纂修《[浙江餘姚]姚江景嘉橋魯氏宗譜》
清光緒二十二年孝思堂木活字本）

湖南湘潭石羊龐氏祠堂圖

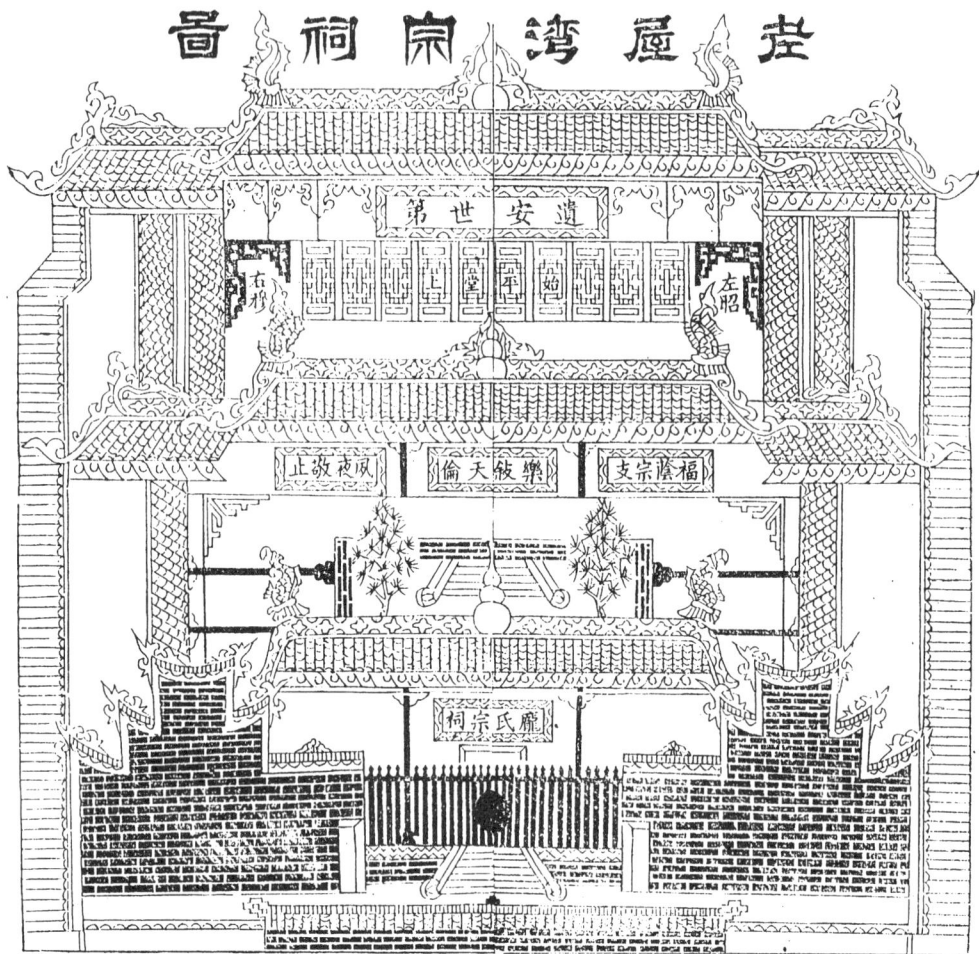

莊屋灣宗祠圖

遺安世第

右穆　始平堂上　左昭

取放敬止　樂被天倫　福蔭宗支

龐氏宗祠

湖南湘潭石羊龐氏祠堂圖記

　　嘗稽朱考亭本伊川影堂之議，以爲古人世祿，乃有廟，廟不可僭，僭廟者違經，廢祭者怠禮，故改影爲祠，主以宗子，而通乎貴賤，蓋酌古今之宜，通上下之情，以變通乎禮之所未及者。(祠)〔嗣〕是祠宇之立，何族無之？我族復興公，由吳遷楚，自茶徙潭，落籍石羊老屋灣，未立祠宇。迨乾隆己卯，遠山公鳩集八房，建祠二進，匾立"遺安世第"，遂名其堂曰"遺安"，取德公遺之以安之意也。後歷久朽蠹，遂將傾圮，雖於咸豐癸丑，戶首南華、龍雲，糾首立仁、之漢、南州、杰英、秀峯、泗華等，倡捐整復，其規模猶未宏大也。於是光緒乙酉年，維政、南池、南州、曉峯、金友、龍贊、瑞生、義春等,倡族捐資重建,鳩工庇材,將舊祠廢棄,即其地以建三進,上進中立享堂,以奠先主,左右橫廳,以序昭穆,兩邊正房,以爲嗣孫祀事齋宿所。中進大廳,堪布列百餘席,以爲飲福所,廳下餘坪宏闊,左松右柏,枝繁葉茂,以昭祖德流芳。下進戲樓齊整,古調獨彈。兩邊倉屋堅完,收貯租穀。西頭橫屋,以更案壇所。上下數間,以爲經理銀錢庖廚酒飯所。東邊棟宇,令佃耕居。祠外照牆,避凶趨吉。轅門分列,飭紀敦倫。如此廟貌維新,門閭光大,不僅先靈安奠,足令後之人登其堂,履其地,睹其衣冠,想其音容笑語,而水源木本之思有不油然生感者乎!是爲記。

(清龐悼夫等纂修《[湖南湘潭]中湘石羊龐氏二修族譜》
清光緒二十四年遺安堂木活字本)

河北定興鹿氏祠堂圖(一)

河北定興鹿氏祠堂圖(二)

　　謹案：祠建於縣南門內再小街，繚以周垣。門西向。南北袤二十丈三尺，東西廣四十五丈五尺。最西爲忠烈祠。東爲太公祠，前有北海亭。又東爲家廟。又東爲壯節祠。太公祠東有井。忠烈祠西有屋四楹，爲守祠者棲息之所。樹有榆槐松柏之屬。凡碑記、聯額，均附於各祠之後。

（清鹿傳霖編《［河北］定興鹿氏二續譜》　清光緒二十三年刻本）

湖南湘潭譚氏家廟圖

湖南湘潭譚氏祠興記

《禮》云："君子將營宮室，宗廟爲先，廄庫爲次，居室爲後。"蓋宗廟之設，所以妥先靈，較廄庫、居室而更重。爲子孫者，安可不以宗祠之建爲急務哉。吾族仲漢祖，由茶邑遷潭，爲我馬蹟譚氏之鼻祖。歷年既久，後嗣蕃衍。先輩有志建祠，未逮。嘉慶三年，族朝曳、凝七、四靖、祖德、周禮及各房房長等，公立合約，倡建祠宇。採各處基址，不佳，惟擇週甲山，地脈望勝，水繞山環，瓏勢盤旋，藏風聚水，所以祠建斯地焉，用千金餘。堂名"懷裕"，取其族中子孫能懷瑾握瑜，以光前裕後也。但其地原係經、綸、緯三大房所管。因合族建祠，纓房品銀四十六兩入公，故祠後墳山憑高岸以上，係經、綸、緯三大房私山，其祠基地並田四畝園土、水塘、祠前左右餘坪等項，爲四大房公管之業也。兹幸祠譜告竣，人敦其本，神歆其祀，惟祈後裔昌榮，閥閱煌煌，簪纓簇簇，光先祖而振家聲，繼繼繩繩，以維持於不朽云耳。是爲記。

嘉慶庚申年孟夏月穀旦，懷裕堂公譔。

光緒二十六年庚子歲季春月穀旦，合族照舊同刊。

（清譚世等纂修《[湖南湘潭]譚氏四修族譜》　清光緒二十六年懷裕堂木活字本）

江西、湖南藍氏宗祠圖

江西、湖南藍氏宗祠圖記

　　祠建袁郡宜春臺下錢家巷。各縣赴祠路途遠近不等，畧載於左備覽：

　　宜春樟木三十里，濱江四十里，金水、古廟俱六十里，分宜扭村五十里，雙林九十里，萍鄉、班窋、九洲、李子窋俱一百十里，宣風七十里，萬載、塗泉、潭埠俱一百里，株潭九十里，黃茅一百廿里，馬下、清水塘俱一百五十里，高嶺一百八十里，黎源二百里，瀏陽茅田二百里。

　　（清藍啓辰等纂修《［江西湖南］藍氏五修族譜》　清光緒二十六年汝南堂木活字本）

湖南長沙硃塘譚氏家廟圖

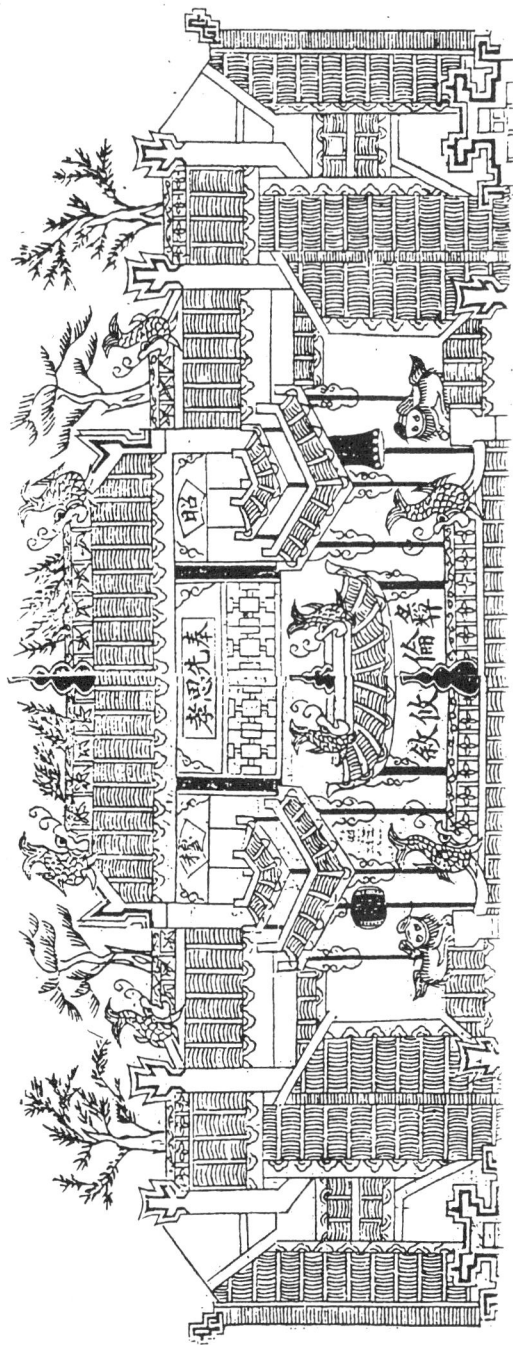

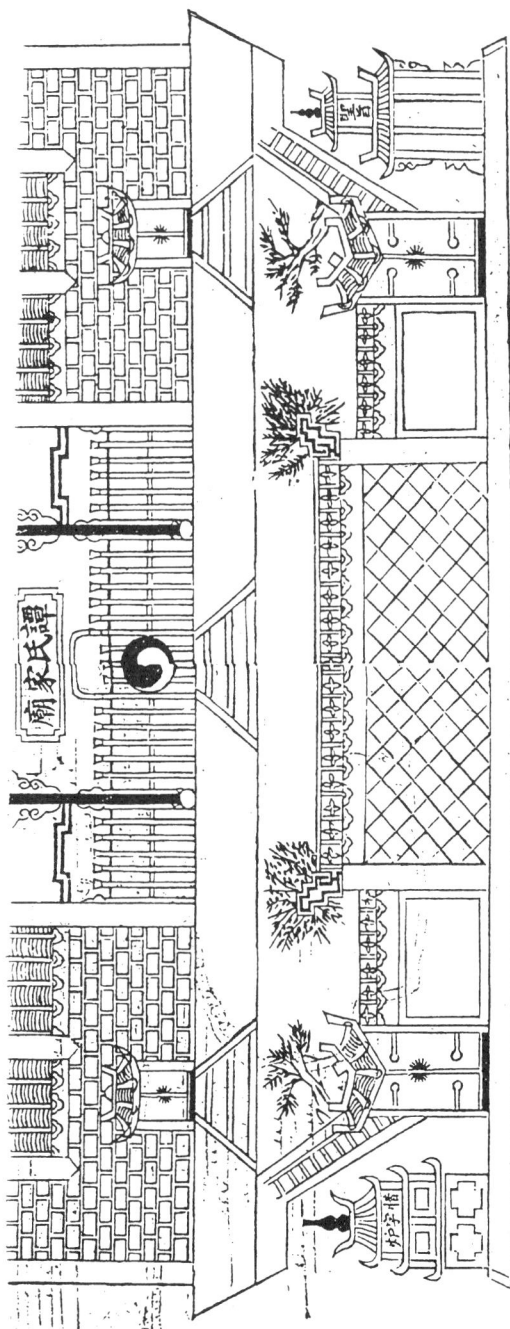

湖南長沙硃塘譚氏家廟祠基圖

湖南長沙硃塘譚氏家廟祠基圖記

右圖在湘西六都，地名茅園寺。其脈係嶽檊由峯嶺坳逶迤至善潭兩縣分界處王瓜嶺，過峽聳起高峯，至泉塘衝尾馬鞍坳，跌一小峽直下，結側面太陽金星形，乾巽兼亥巳向，建立祠宇以妥先靈。是地也，山原衡嶽，疊幛層巒，水達靳江，右縈左拂，莫不曰山青水秀，此建祠之得其所也。

光緒庚子歲冬月穀旦，嗣孫同誌。

附：

祠基田捐契

立捐契人譚春有、星照、冠英同姪子蕃、子高等，今因宗廟祭祀，賴有祭田，每託先人庇蔭，得以立功西域，木本水源，不無動念，兄弟夫婦商議，願將前年接受劉玉泉之業，地名茅園崎泉塘衝竹苑子時田六十畝，並屋宇、山場、塘坝、水分、竹木、茶果、隙地、園土、糞墩、溝池、圳港、禾場、瓜堆、糧餉等項，凡屬接受劉玉泉契內註載之業，概行捐歸光裕堂公祠管理。茲請憑房長譚玉階、戶首譚襄臣等，扞點明白，此係心甘，永無反悔異言，所有新老契據，悉行發交。今欲有憑，立此捐契，付與光裕堂公祠經管，輪流收執爲據。

計批：新老契四紙，此批。

計批：屋左側山內，存陰穴一處，齊塋頂中分，起上三丈五尺，前抵田邊，左抵壕基，右邊田字樣四丈，左境內族姪孫榮栢墳一冢，此批。

計批：屋後曾祖母墳一冢，齊塋頂中分，起上二丈，前四丈，左一丈，右一丈五尺，此批。

又批：曾祖母左邊，存金氏壽藏一所，右抵祖母境界，左三丈，上至下六丈，此批。

計批：行內點起至二字，此批。

又批：譚戴氏墳一冢，任其修理，此批。

又批：屋後園山內，日後各房人等，永不進葬，此批。

計批：屋前金氏旌節牌坊一個，前五尺，後五尺，左一丈，右一丈，此批。

光緒十三年補批牌坊，計批：自捐以後，任族人擇廉明正者輪管，永不典售，重批，此批憑族總房長克昌、南陔、小樓、福泰、利貞、玉階、襄臣、新盛、自元、憲章、開俊均押。

光緒六年十一月長至日春有、星照、冠英均押。姪子蕃、子高均押。命姪孫榮桿立代筆。

附：

心魯公房墓廬祀田記

墓廬祀田者，從何始乎？自道光十四年，得前人萬昌公、萬楚公、萬懷公、萬鍾公、萬忺公、萬言公、萬朝公、萬名公、父萬炳公等輪捐穀石，每遇祭掃，以資應用，迨後復得龍山來鳳兩縣萬盛公、萬國公、萬年公、萬隆公、萬旗公、萬明公、萬聘公、萬中公等共勷美舉，亦樂捐貲，正謂積脓成裘。迄二十九年，爰集族等置產業於硃塘西岸公祖園下麻園及狗頭圻等處，共田六畝，更冊名譚承初，完納正餉銀一錢三分七釐南漕，照科合共出備價銀七十二兩五錢，及序初公裔之錦公兄弟四乏嗣，遺業於碓臼窩，計茅屋二棟，山場一大圍，竹木、茶園、果樹成林，並荒田六分，於同治初合勷厥事，此墓廬祀田之所來由也。從此衣冠濟濟，永紹前徽，俎豆洋洋，不忘時享矣。是爲記。

　　同治甲戌歲春月，嗣孫代兆謹識。

湖南湘潭石蓮曾氏自砆公墓廬圖

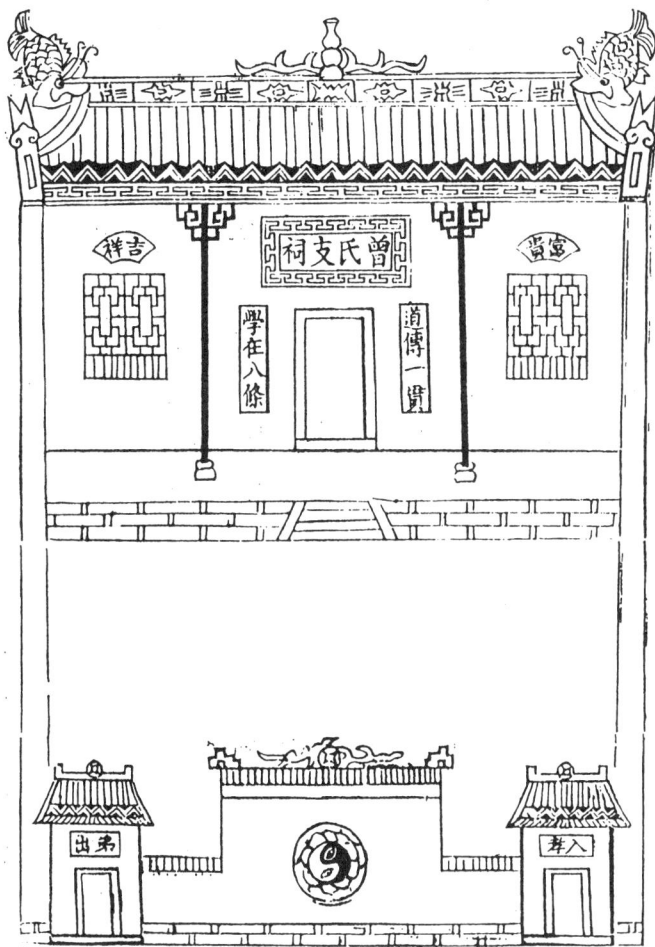

湖南湘潭石蓮曾氏自砆公墓廬圖記

　　祠地坐十都一甲清水塘桃子園，舊名獅形。自砆公諱貞康葬此，山界詳墓圖後。光緒初，圍壕插果，建造墓廬。公配鄧孺人葬尾塘套蓮花形，地契附墓圖後。同治初，庚裔成山佃該處隙地，栽果種竹，建造茅屋四間。光緒十九年，成孫廣洪，將屋宇竹木等項，立契掃售。自砆公管領去錢壹拾陸千文。其廣洪伯父光盟葬桃子園伴房叔萬錫右，出地價錢肆千伍百文。扦清禁步自塋頂起，上下右三方各方一丈，聽其擺掛，無許藉墳進葬。今譜七修，詳載墓廬圖後，以垂久遠。

湖南湘潭石蓮曾氏孝子祠圖

涓水去

泗龜汜
蓮汜

龍塘水　　山塘水

外山　　　外山

孝子祠　事親為大　入德之門

塘井
塘月
屋庄
田低

楊花堤

湖南湘潭石蓮曾氏孝子祠圖記

　　右祠坐十都一甲蓮汜東岸，地名木形山。其龍由烏石寨發脈，至泗龜汜左出洋穿田，歷宗祠前，過平鋪鬮版入首起頂成眠，木體南面開局，砂環水抱，重重關鎖，涓江暗拱，環繞前後，之間南嶽聳峙，秀列雲霄之表，形家均稱勝境焉。其祠宇正棟二進二橫，倉屋、雜屋、牆壕、槽門、內圍、外圍、松杉、竹木俱全。下手史家壠莊屋一棟二進二橫，圍山、竹木俱全。兩宅共計時田貳百壹拾伍畝。咸、同間，光亭公與賴公湘源卜宅成鄰，合名契接周升聞父子及倪江友兄弟之業，田塘、汜壩、屋宇、基地、山林、園土等項，均憑契載。同治五年，曾賴拈鬮均分。光緒十八年，序備價接賴業成錦，關契兩晰。同治八年己巳歲，序承父命，建造前棟，陸續接修牆圍、槽門、倉屋、雜屋等項。光緒二十五年歲次己亥，復率男等增建上棟，設五服龕祀。旌表孝子省身公，號光亭，暨李安人夫婦神主，顏其堂曰“養志”，懸匾於前廳。時湖南督學部院吳樹梅嘉尚其行，謂“白華表潔，允垂祀典之光；朱芧編詩，足樹人倫之準”。親書“孝思不匱”四字匾額，懸於上廳，永作孝子專祠，以兩宅田業等項概作祀產。凡我子孫，毋許瓜分售典，歲收租穀以作祭祀、歲修完餉等費。倘能踵事增華，建石坊，置義產，則足以副予之厚望也。

　　光緒二十七年秋月穀旦，七十一派嗣孫紀序謹識命男廣銓敬繪。

　　　　（清曾傳禄等纂修《［湖南湘潭］石蓮曾氏七修族譜》　清光緒二十七年木活字本）

江蘇宜興典巷史氏宗祠圖

江蘇宜興典巷史氏宗祠圖引

　　我典林之有祠宇也，初不知其創於何時。明洪武間，良實公由溧遷宜，派別支分，始於湖埭相間澗，則水源木本，後人之所以崇追報者，意在斯矣。顧舊譜所云，再築於村落東南，重建於康熙癸未，祗叙國朝，未詳先代，意者，遠莫可徵耶。且祠堂有記，廟貌無圖，抑亦事從其略歟。余因思夫祠者所以妥先靈、聯族屬也，祖宗之聲音笑貌、聲欬儀容，胥於是焉寓之。春秋致祀，朔望瞻依，非惟聊以盡升降拜跪之儀，蓋愾乎聞，慢乎見，嚴威儼恪，將以展孝思於勿替，綿世德於無窮也。土著後人，對衡望宇，而晨昏瞻仰，無不可慰其惆忱。若近遷者，遠徙者，少或三五里焉，或十餘里，或近百里焉，雖春禴秋嘗，時來瞻拜，而一家血脉，猶歎客自何來，況祖德宗功，其爲冥冥之靈爽耶。且風霜跋涉，有時不克慰其所懷耶。因疎生懈，因懈益疏，途人骨肉之憂，在所不免，而欲求其原原本本，數典不忘，亦幾希矣。余乃繪而圖之。前門廡後享堂，中爲天井，甬道界其間，門樓峙其上。左翠柏而右梓楠，氣宇依然，規模確肖。我子姓按圖而索，將所謂聲音笑貌、聲欬儀容胥於是焉寓之者，庶可於想像得之矣。心懷地角天涯之慨，而躬際左昭右穆之旁，則譜牒時繙，不儼然祖宗常對也歟。老泉曰："讀此則孝弟之心可以由然生。"余於是圖，蓋庶幾焉。

　　時維光緒歲次癸卯孟冬下浣，五十七世孫懷振志豪氏謹圖并識。

　　（清史榮清主修《［江蘇宜興］典巷史氏續修宗譜》　清光緒二十九年籍賢堂木活字本）

江蘇常州承氏澄江宗祠圖

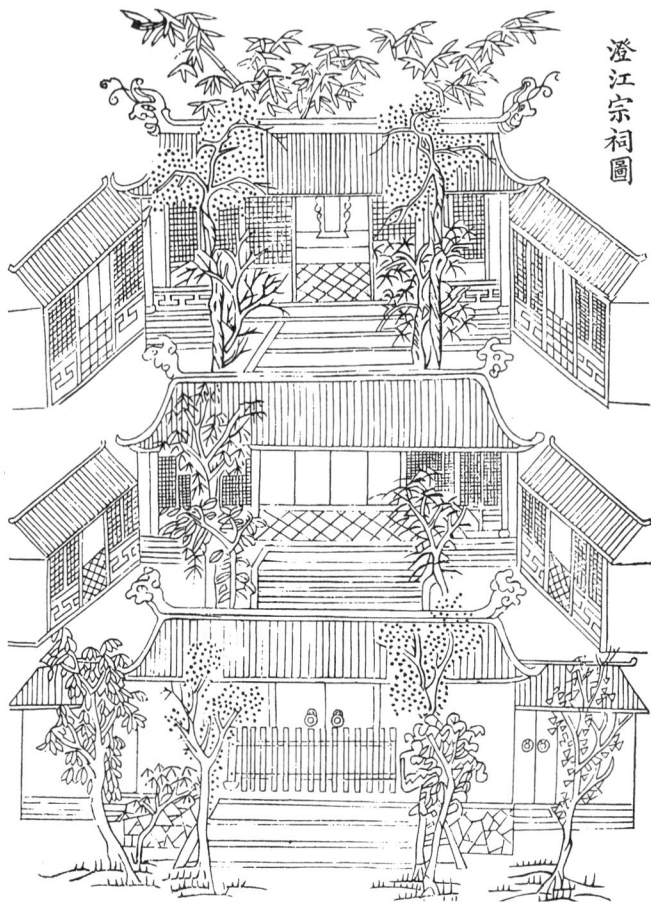

澄江宗祠圖

江蘇常州承氏澄江宗祠圖記

　　右澄江宗祠,二十三世祖衡銓公捐建也。祠基在承家橋,係大橋鎮岡字一千一百九十號,基二分零田八分一釐。又一千一百九十二號,坆二畝三分二釐一毫七絲。統計三畝五分。祠中舊置祭田三十畝。又領譜餘銀,舊置祭田十畝。又鳳至進主舊捐祭田三畝。又置買章卿八保知字號田四畝。設立義冢。乾隆四十四年,由縣通詳各憲,奉飭造具義冢糧冊,申詳請豁,經承陸遇時未經辦竣,糧仍本戶完納,故置蕩田六畝五分入祠,采租以辦冢糧,俟冢糧豁免後,此田租息歸祠辦祭。以上祭田細號均載租簿。

（清承乃韶等總理《[江蘇常州]毘陵承氏宗譜》　清光緒二十九年聽經堂木活字本）

湖南湘鄉田氏宗祠圖

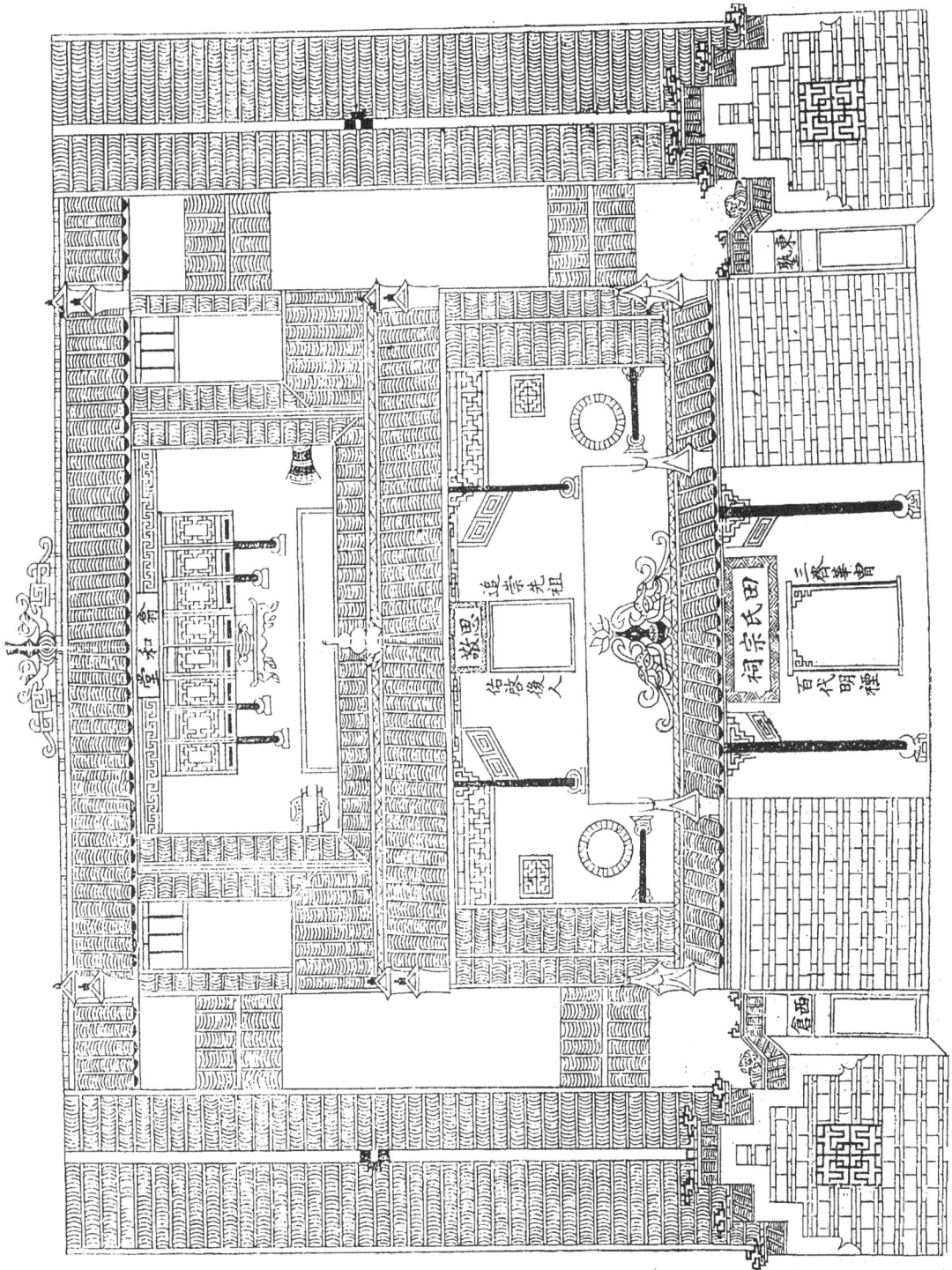

湖南湘鄉田氏祠堂祭田記

《禮》曰："君子將營宮室,宗廟爲先。"又曰："有田則祭,無田則薦。"顧古者庶人無廟,而田授於官,今士庶之家,皆得建祠堂,置祀田,以妥侑其先人,莫之禁而弗爲,其誰安之?我族由吴遷楚,落屯於湘鄉一坊,聚族於斯,建祠於斯,故至今稱爲大田家衝。當明季兵燹之後,祠宇傾燬,子孫之散亡在外者何可勝數。惟我仁可公派下廣積、廣税、廣裴三房嗣裔,繁衍世居斯土。乾隆甲戌,積房澍權公、税房雨吉公各出重資,倡族樂捐,置買壩上水田,建立宗祠。自是春秋祭祀,有其舉之,莫敢廢也。嘉慶壬申,户首平世公首捐重資,嘗有意於整修矣,輟而弗果。因屬主修因培、我鍾二公,糾合位可公派下嗣裔,倡捐重建,至甲戌歲,始克告成。自嘉慶甲戌至今,又九十年矣。中間雖時有修整,然功程不大,用費不多,未嘗開捐,即捐亦無幾。惟光緒庚寅,先立、培元、心順之爲户首也,時值祠宇傾欹,岌岌莫支,於是更其梁棟,增其垣墉,肯堂肯構,美奂美輪,蓋倡捐至八百緡之多,前後興功,殆歷再朞,亦可以覘物力之艱難矣。夫捐金以修祠宇,捐田以充祀産,此孝子慈孫情之所不容已也。時而修之,積而累之,恢大而擴充之,尤子姓司事者之責也。孟子曰："得之爲有財,古之人皆用之,吾何爲獨不然哉。"兹值三修新譜,爰繪圖如右,而紀歷年捐買祭田如左。噫!觀乎此者,仁孝之心亦可以勃然興矣。

一、祠門首壩上水田一十二畝,係一坊六區,册名田祠義,正餉銀四錢六分二釐。

一、祠門首菖蒲塘側水田三畝,係一坊六區,册名田定安,正餉銀一錢六分八釐五毫。此係乾隆己丑,雨吉、金粟二公奉母楊太安人命,捐入宗祠,永作香油之貲。

一、姚家塘業,原買沈姓田二十一畝五分,續買徐姓田八畝三分,共二十九畝八分,係一坊七區,册名田孝思,正餉銀一兩一錢七分二釐。

一、積房澍柄、澍相二公嗣裔,捐一坊,曲尺塘公田四畝五分,係三區,册名田義方户内,正餉銀二錢三分。後因户内完納,遲早不齊,不無牽礙,遂與析户完納,更名田祠。

一、積房澍柄、澍相二公嗣裔,又捐一坊,享塘公田四畝,係六區,册名田義方户内,正餉銀一錢六分。

一、税房東嶽公父子,捐一坊,楠株塘享塘水田二畝,係六區,册名田澍任户内,正餉銀四分八釐四毫。

右兩分捐田,皆在六區,皆屬共户,亦因户内完納,遲早不齊,不無牽礙,遂與析户完納,更名田祠,合共正餉銀二錢零八釐四毫,析彼合此,全無輥輵矣。

一、位可公派下奇惠公嗣裔,捐一坊,毓蘭屋場,即今高坪屋場水田九畝,係六區,册名田奇惠公,正餉銀一錢八分三釐。

一、光緒二十三年,續買田成氏高坪屋場水田八畝,係一坊,六區,册名田祠義,正餉銀八分三釐。

一、東鳳一都,落田畬墾田三畝,前董念祖塋重地,擢築壕圍,起造莊屋,賃佃看守掌禁。

以上各處祀産,每年所入租穀税錢,户首、祠司公同掌管,以爲完納糧餉、修整祠宇、辦理祭祀之貲。每届五年,憑族核算清白,始行交遞。其一切契據、字約、書立交單,領字載明紙數多寡,不得侵蝕遺漏。

湖南湘鄉田氏東川公祠堂圖

湖南湘鄉田氏東川公祠堂碑記

　　昔聞庭前之荊樹，分則悴，而合則榮。夫荊樹何知，而亦預人家政事，豈居是庭者，徒務其分而不思其所合哉。我族自元季由江右徙湘，數百年矣。至乾隆甲申間，貤贈儒林郎十六派祖東川公，恩等祖父也，始由湘鄉一坊花廟，置產於潭邑七都一甲，遂卜居雲湖。元配祖妣周老安人，生而不育，早逝。後繼配旌表節孝，勅授安人祖妣周老安人，時年二十有九，矢志柏舟，蒙入潭邑節孝總坊，並詳邑乘。幸生我父勅贈儒林郎顯考金言公，配先妣宋老安人。派開兩房，長曰成翰字墨林，次成恩字曉村。爰光緒己卯，兩房子孫合建東川公祠於七都一甲沙灣。溯由湘徙潭，迄今百有餘年，此爲潭邑建祠之始。是久必分者，亦分久而仍爲合也。不且紹荊樹而永敦根本，共湘水長溯淵源也哉。

　　光緒十四年歲次戊子冬月穀旦，嗣孫成恩謹識。

（清田德輿等主修《［湖南］湘鄉田氏三修族譜》　清光緒三十年紫荊堂木活字本）

湖南寧鄉潙寧戴氏祠堂圖

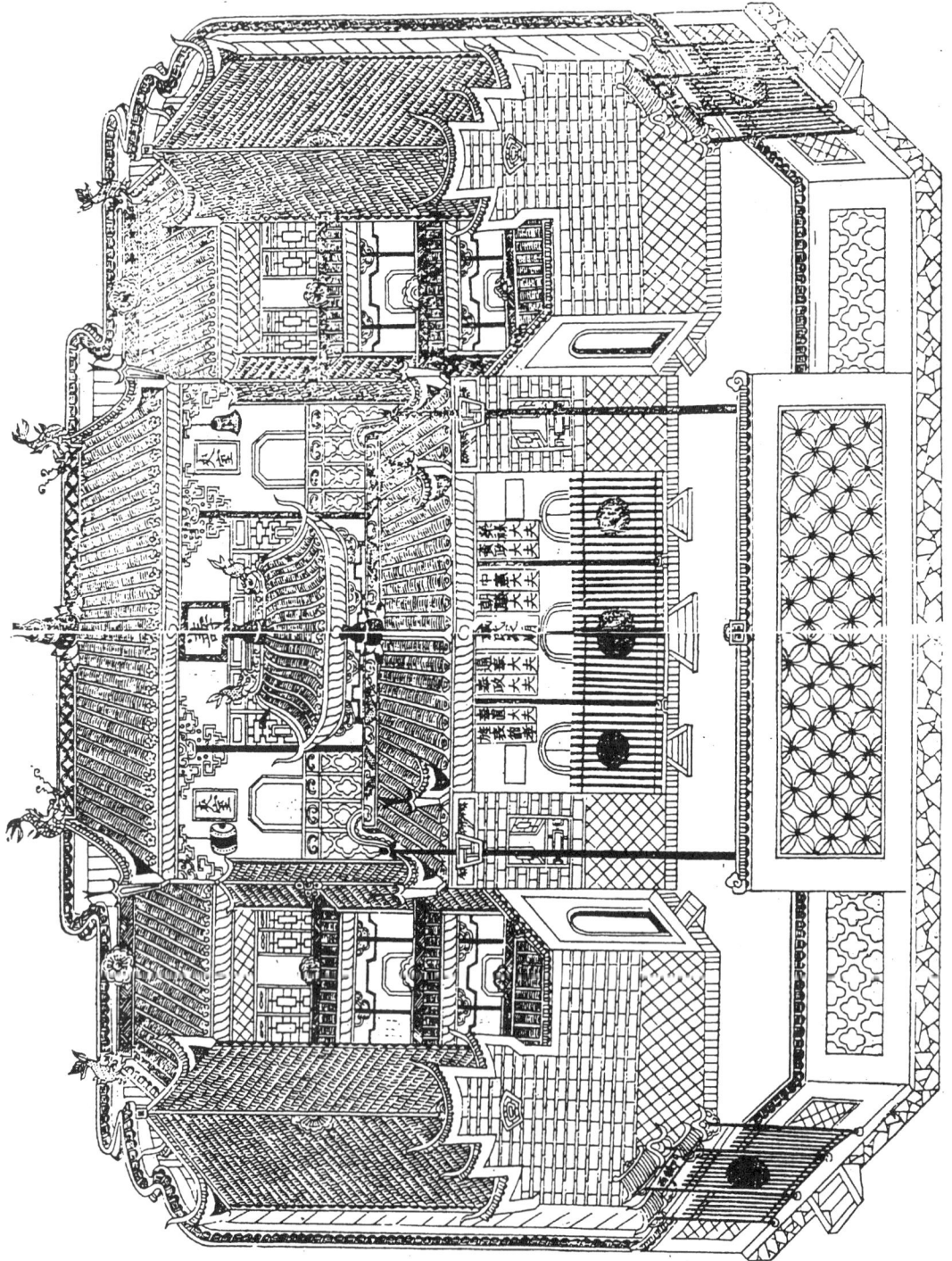

湖南寧鄉潙寧戴氏寶光塘祠堂圖記

寶光塘者,屋宇之最雄壯者也。座擁東華,其山發源於衡嶽,後三台而前太極,左蛇形而右龍蟠,鷹觜插天、蝦鬚戲水、日影橫而南陸,波光漾乎西塘,黄荆紫竹之森羅,獅嶺麟峯之遠聳,蓋覽斯宇之所處,固顯敞而寡儔矣! 我族自季榮公徙居潙寧,自元而明,及今五百餘年,初未建祠。同治己巳,始立祠於道林市,門不盈車,見者小之。前題奏知府族姪岫生,與余同庚,而最相契愛者也,自黔中歸,偕至祠,不當意,即有別購祠基之意。問祀産,知待置,從容謂余曰:"君子將營宫室,宗廟爲先,此祠規模太狹,非所以隆報享也,我願捐銀,歸公掌管。"別建祠有資矣。糾族人置祀産,誰其任之? 歸稾吾父,深嘉許之。隨集族,得純武、星齋二公爲之倡,糾合麻山福田、楚山湘亭、月湖塘鳴皋、有盛等協力籌捐,始得置新壩塘田二十畝,以備頻年祭祀之用。時杞山以知州官西粵,岫生馳書與商,得捐白元銀六百兩,初仍岫生掌管,余佐之。尋余僑寓省垣,岫以知府宦黔,因屬曉春經理,而總其大綱者,仍岫生也。歲時調賬核算,積息陸續置産貳百餘畝,蓋即陸百金爲之母也。前年,岫生在大定任所,又捐湘銀陸百兩,意在林泉歸老,修建新祠,舉行義學、義倉,以了生平之願。不料壬寅之冬,即卒於任,吁可慨也! 岫生往矣,杞山必不得已,因議修譜,而擇地設局良難。適寶光塘業求售,遥溯我二世祖魁一公徙居田心,是即田心古跡也,且屋宇規模闊大,因與曉春倡族接買,而族議翕然。杞山、兆蓮因主之,族永執叔與文彬、漢雲、福皆、俊三等,躍踴從公,遂得置祠於此。殆祖靈默默相之也。因援筆記之。作歌曰:

衡山之陽兮,崒然起於莽蒼。洞庭波闊兮,浩浩乎何汪洋。信桐廬之不遠兮,山之高而水之長。竹苞松茂兮,肯構肯堂。苟合完而美兮,門閭之光。聚族於斯兮,壽而康。無不足兮,奚所望。

嗣孫榮岩謹譔

(清戴良翰主修《[湖南寧鄉]潙寧戴氏四修族譜》 清光緒三十年注禮堂木活字本)

福建福州九仙山郭氏支祠圖

福建福州九仙山郭氏十三房支祠碑記

　　吾宗自始祖嵩公由光州奉汾陽王香火從閩王弟王想避亂入閩，家於長樂東門外。五代時，絢公始遷福清。元中葉，初公復遷馬山之西，耀公再遷澤朗后洋之中興社。中更兵火，譜牒淪失，其世系可追者自顯公始。明嘉靖以後，迭遭倭患，子景公、志麟公先後移居省會。崇禎間，議以後洋祖屋建立宗祠，已諏吉，爲時事所撓不果行。咸豐六年，族兄永成，首倡建祠之議，集兄弟子姪之願與者十三房，鳩貲買置于麓太平街房屋一所，十年春，乃葺其後屋而新之，即以其年閏三月二十一日奉應入祠，各祐祀焉。前後所費鐵錢一千九百六十千有零，銅錢六百八十千有零，皆永燦、永成、彌堅、彌廣、彌苞、彌光、彌章、彌肅，及永標孫親慶，永基子義昌孫親承，永彬子洛昌、永樞子鴻昌、彌長子元昌、烈昌名下捐揩。祠規具載公約，用數別具於方。

　　咸豐十年十一月，十八世孫彌廣謹記。

　　九仙山支祠左廂摹刻第十七世介平公壙誌

　　清勅授文林郎同安縣學教諭誥封中議大夫介平府君壙誌，咸豐六年彌堅撰，前翰林院修撰廣東雷瓊兵備道林鴻年填諱，文銜俱見祠墓。同治七年摹刻，將樂石連碑匣高五尺四寸濶二尺三寸，豎立支祠左廂。

九仙山支祠右廂摹刻第十七代林夫人壙誌

清勑封孺人、誥封淑人、晉封夫人郭母林太夫人壙誌,同治二年彌堅撰,賜進士及第太常寺卿廖鴻荃填諱,文銜俱見祠墓。同治七年摹刻,將樂石連碑匣高五尺四寸濶二尺三寸,豎立支祠右廂。

(清郭柏蒼等纂修《[福建福州]郭氏支譜》　清光緒三十一年刻本)

安徽涇縣張香都朱氏祠堂圖

安徽涇縣張香都朱氏支祠記

　　支者何？別宗也。無宗更安所謂支？故必由支以溯宗，而支爲宗之傳，即爲宗之輔。斯本支百世，而敬宗之義亦存乎其中。我朱氏分甲祖用鏗公之有支祠也，曩稱家廟久之，念近代士大夫立廟者尠，爰易今名，蓏以爲易之誠是也。案禮別子爲祖，繼別爲宗。鄭注：別子謂公子，若始來在此國者，繼別者，別子之世適也，族人尊之，謂之大宗。今既非公子，則奉始遷之祖爲始祖宜也。公子有宗道，顧無宗亦莫之宗，況非公子，而世適爲宗子之法早失墜，則祖即爲宗，固變之正也。然而派系繁盛，勢不能不別立支。支從其分，分甲者朝廷之制，甲分而支因以分，又本小宗之意而通焉者也。唐以前不可考，至宋人率多類是。徽國文公但祖始居婺源茶院公，宗即繫之。大儒所行，且我家故事，灼然其有明徵矣。涇之始遷祖爲中孚公，與文公曾祖同出蘆村府君，實長適，則大宗於是乎在而其餘皆支。初康熙丁丑，合族將建祠，屢議未決。己卯用鏗公裔遂特創，其明年宗祠乃克立。竊嘗深惜當時之兩歧，而猶幸改署門榜，一仰觀而可識支之必有宗。此舉也，蓋四美具。避廟稱恐隣於僭，是爲明分。析祠號不忘其源，是爲追遠。公有獨尊而不敢奪宗，則公之心始安，是妥先靈也。貌離而神合，不使人致疑於宗之不同，是敦族誼也。嗚呼！豺獺知報本，而野人曰父母何算焉。都鄙之士，述祖禰而或遺高曾，身所由來，究歸茫昧。而兹既顯著宗支之辨，復於層樓推自公考松林公而上，春秋享祀，苾芬合食，執事有恪,堂曰"叙倫",秩秩乎一脈之流貫。偶值牙角,質祠長折衷以理,罔弗帖服。三代下禮教不修,尚留什一,豈得謂非昔賢之所許乎哉!祠制已定,尋伯祖仲起公偕他支衣點會侯二公,重振厥緒,新外户,築長垣。乾隆丙午、丁未間,增設義倉於右,義學於左,而文昌宮界祠與學之中央,然後規畫大備,可垂永守。記言返古復始,所以動人仁孝之思也。緬締構維艱,析薪負荷,端賴夫後嗣。若其袝祧有次,祝獻有儀,悉遵《家禮》,無庸復及云。

道光四年甲申,用鏗公十三世孫琳謹譔。

(清朱彝纂修《[安徽涇縣]張香都朱氏續修支譜》 清光緒三十二年刻本)

湖南湘潭蕭氏鹽埠祠堂圖

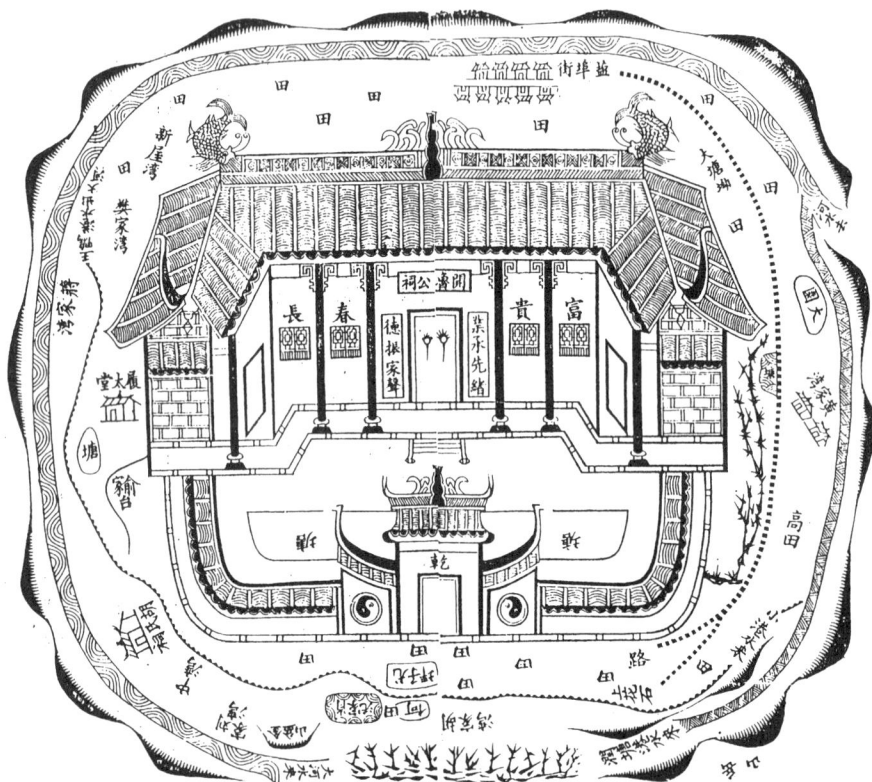

湖南湘潭蕭氏鹽埠祠堂記

　　涓水發源於衡嶽，循江而下百里爲鹽埠，我一派祖開魯公享堂在焉。公之先君子振仁公，育公舅季四，伯開運、仲開吾、季開盛公，位叔吾公，以贅於上湘吳氏，遂家焉。現稱南門蕭氏，其由潭徙甯者，運公之四派孫慶寧，由潭徙善者，盛公之四派孫德誠，今之泉塘白田是也。惟我魯公世守潭州，故奉其主，以從祀於易俗河。公一祠，自明以來，未之改易。歲戊子，經管星堂等，爲公謀建專祠，糾集各房醵金，置十五都四甲水田一契，永爲祀産。其地沃饒近鹽，土厚水深，環而居者，樂其樂，利其利，靡不世世賴之。卜云其吉，終焉允藏。以視南門泉塘、白田諸勝，殆其過之無不及也。越癸卯，仍其屋之前楹而修茸之，黝堊之，且爲之置龕納主，歲時而奉明禋焉。穀曩者未過其地，今年冬，以烝祭登其堂，瞻拜之餘，從而周視循行，見夫前臨曠埜，脈受雁峯，後枕清流，秀接龍口，一若數百年扶興靈淑之氣鍾於此，而留以有待者。又況滔滔不竭水之瀠洄曲折，以赴於易俗者，尤克守朝宗之義也。《詩》曰“寢成孔安”，吾知先靈從此安矣。爰樂而爲之記。十八派嗣孫仁穀謹譔。

湖南湘潭蕭氏落水灣享堂圖

湖南湘潭蕭氏落水灣享堂記

　　龍城西去八十里二十都合塘區,有地名落水灣者,我十一派祖和宇公創也。國初,公去石潭,徙居于斯,愛山水之清雅,風俗之淳和,於是而隸籍焉。遂置田園廬舍,以爲貽謀燕翼之意,歷今二百餘稔。食舊德、服先疇者,靡不念祖澤之難忘。爰是合房父老權議,將屋之前楹略加修葺之,丹艧之,爲五派祖文選字經震公之享堂,歲時以奉明禋,庶乃祖乃宗,若考若妣,棲神有所,饗祀有堂,且尊崇其名曰"敬修堂",詎不懿歟!今茂從而周視,見夫來龍遠難悉述,近由三角寨發脈,雄偉數節,逕仙女頂分支,綿亘繞來,穿尾壩大塘,過峽起土屏,到頭結扇面金星形,如半月,堂居月弦之中。正堂以後及左與右環而居者,數百人,皆公一脈之嗣裔也。堂以外崇山峻嶺,茂林脩竹,左歐源,右合塘,二水相逢,映帶左右,而且歐源河壩數座,水由邊山圳逕過無阻,注長坵冠屋門首塘,川流不息,取之不盡,用之不竭,于斯山水嵸龍瀠洄,誠上湘一大勝境者也。夫世家大族,其祖宗必有鍾靈毓秀之區,奠魄棲神,而後椒衍瓜綿,馨香勿替,地靈人傑,理本相因,其信然也!幸我祖得此以妥英靈,將見夫蔚起人文,懿茂繁昌,永無終極焉。故筆之而爲記。

　　十九派孫孝茂謹識。

　　　　　（清蕭仁讓等纂修《[湖南湘潭]蕭氏五修族譜》　清光緒三十二年木活字本）

湖南湘潭湘鄉譚氏宗祠圖

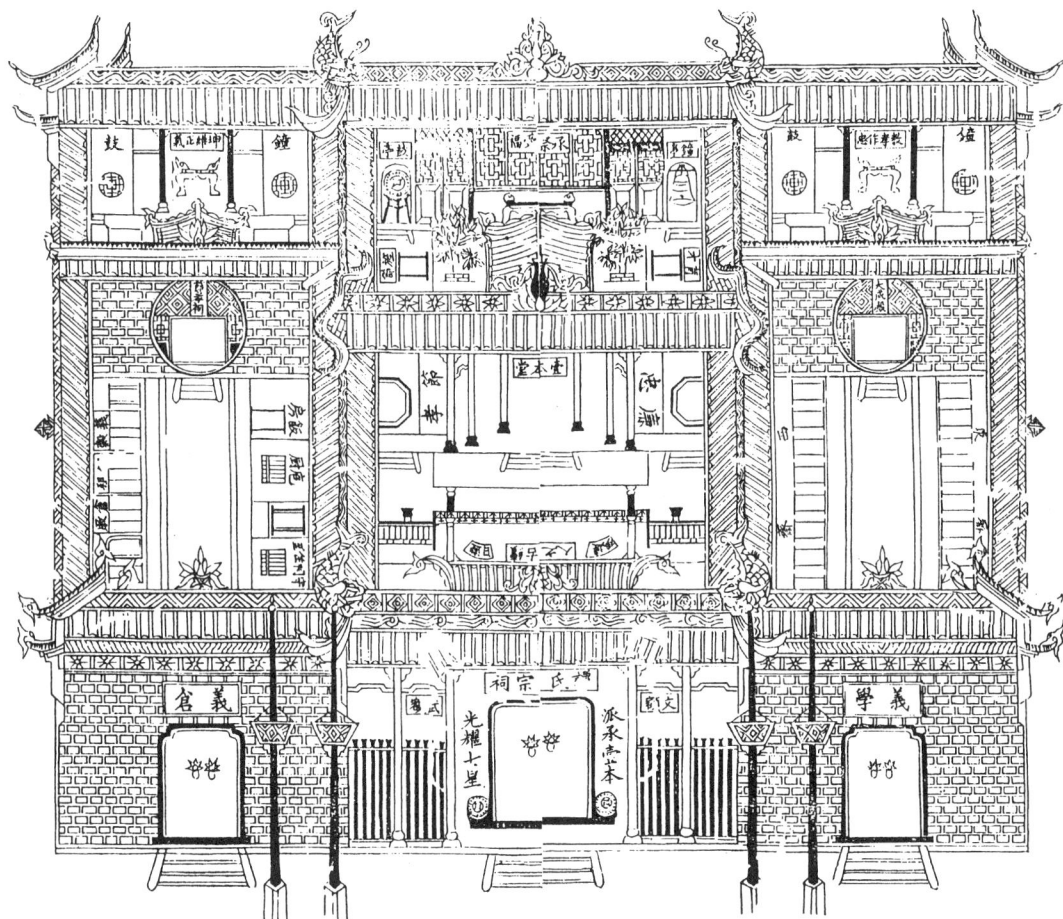

湖南湘潭湘鄉譚氏祠堂誌

　　祠宇所以棲靈爽、展孝思,故營宮室,必以是爲先務。溯落籍五百餘載,祠凡三建,始創於觀灣,繼遷於大屋,厥後義學、義倉並興,而齋舍倉廒,均衶置井然。迨道光辛卯,仍舊址以更新,視前規而大備。可見宗功佑啓堂構,相承於無既焉。謹録前後祠碑於左。

録始建祠碑記

　　祠堂之建也,綦重矣哉!《易》有萃渙之義,《詩》有寢廟之廣。故古人作宮室,先立祠堂於正寢之東,所以萃先靈,陳俎豆,而因時孝享者也。自公卿至於大夫士,皆得而舉行之。余族自

茶陵分派而後，前明洪武初，祥一祖由茶陵之衷鄉，遷居於中湘石潭市，其孫紋斌祖徙居龍城之
絃歌里，而創黃華廟，傳慶忠祖，而置團田七星橋，珩祖居焉。丘墓桑梓，世業相承，祥發伊始，
至若堯桐橋，則仲斌祖分支所演也。曾祖端吾公，孝思醇篤，重本敬宗，獨修族譜，於是以黃華
廟稅田捌拾畝捐爲七星橋四房義產，以備春秋祭祀，載諸譜牒昭然。迨明末兵燹之餘，本田爲
斌祖房汝彬所有，是義田之不入公室者，數十年於茲。雍正二年甲辰歲，衆議舉行清明會，計丁
捐穀約僅數十石收息供會。至丁未歲，緣彬孫將田典售瀾，因以籲清祭田，以續血祀，偕衆鳴
上，始以會穀微賚，並我七星橋房分私會所貯之穀，合變七十餘金，外代百金，湊足時價，贖回義
產五十畝，糧載絃歌十四都四區譚公田二戶輸納。嗣是每歲供祭修譜，完糧妥負，是雖族衆同
心，抑亦先靈默佑，而瀾破趙閱道之面而不辭，冒王介甫之蹟而不諱者，無非爲此宗親計也。邇
來夙通，既清租貯頗裕，因念每歲祀典行於燕寢，非直對越之匪嚴，實乃萃渙之未講，則前賢未
竟之志，而後嗣不克繼之者，厥罪奚辭。乙丑春，有事於先祖，爰與諸子姪商建祠宇，衆亦踴躍
僉同。瀾遂以吾養虛祖所分之觀灣捐爲通族祠址，鳩工庀材，荒度伊始，迄今丙寅季秋，而肇造
竣事。由是前廳後寢，東序西房，丹艧樸斲，煥然一新，不派族衆分錢，惟以公租支計，約費緡錢
金亦數百。嗟乎！片瓦支磚，悉致經營，寸木丸泥，幾資勞瘁，將見堂事室事之攸崇，更且曰祖
曰宗之永奠，昭穆於斯序矣，人文自此興矣。

遷建祠堂碑記

宗廟之建，升薦馨香，以報本也。合志愛愨，以萃情也。使子孫歲時將事其中，篤仁孝而達
禮樂，祭則受福也。而光大之原，亦於是乎在。吾族始遷祥一祖，由茶來潭之石潭市，卒葬石潭
北岸南洲寺左甫形山園內。子昌祖、祖配陳氏卒，合葬南洲寺後。昌祖生紋斌，始置湘鄉黃華
廟業，遂徙居焉。斌祖生慶忠，忠祖生仲斌、仲珩，置團田業，又先後置七星橋、堯桐橋兩處田
宅，斌祖分居堯桐橋，珩祖分居七星橋大屋。珩曾孫端吾祖，敦行仁義，作宗圖，著家訓，存祀
田，培植本源之念甚篤，更捐義產以隆祀享，以廣教育，故後嗣知禮義、掇冠帶者，咸食其德。惟
宗祠經明末兵燹後，有難考者。迄本朝聖化翔洽，民物康阜，房叔祖逸民公爲族祭酒，將觀灣基
地建立宗祠，其所以報本萃情者，厥功斯偉於時，治先考燦昇公與族中賢能其勸勸之，至今歷年
三十。昇平久而富庶，臻族衆日以繁盛，每值時祭，蹐躋在廟，登降有不舒者，羣思繼前志而擴
大焉。治與騰蛟老姪臺同任族事，癸巳冬，於祖塋弗吉者，改祔之於祖墓，弗理者，亟復修之。
爰協衆志，遷建宗祠於大屋。蓋先派自仲珩祖以下歷莊茲地，其爲祖宗之靈爽所棲託，子孫之
福祉所綿衪也固然。且地勢寬平，山水環拱，卜云其吉，終焉允臧，殆是之謂乎！經始於乙未季
秋，落成於丙申秀夏。祠宇規模，視前加擴爲屋三進，始門坊，次大庭，上主堂，直深十一丈，橫
半倍之。兩傍列鐘鼓、更衣、燕寢、庖廚諸所，其樓斲丹艧之工，亦甚麗緻，約費金一千一百二十
五兩五錢，內祠田公貯五百一十二兩，族衆小公樂捐六百一十三兩五錢。每歲清明、冬至二祭，
謹遵舊典，其觀灣祠基，改闢園土，仍付族公管焉。且夫根之深者，其葉茂，積之厚者，其流光，
培植之道不一而足也。治等建祠，以報本萃情爲重，旅楹閑矣，路寢碩矣，而必於左右備建書房
二十餘間，要以上體端吾祖遺意，使族士得以橫經於斯也。

三建祠堂碑記

歲戊子春祭畢，族以宗祠患於蟻，謀所以新之，商諸歆，適歆與樟執族事，以乏公儲辭，既而
募諸族，且議義穀公山變易，得有所藉手，乃擇己丑之秋八月而舉事焉。迄今辛卯，凡三載而工

竣，衆請書其事於石。溯我譚氏，由茶陵始遷潭，繼遷湘，近五百年前，則祭於家，而未有祠。明
萬曆間，八派端吾祖始存田，爲子孫清明祭掃及教讀、瞻貧之資，當其時，祠雖未建，而置廟及義
學、義倉之規模緊肇於此。乾隆丙寅，房高祖逸民公始創祠於觀灣泪。乙未，煌中祖暨騰蛟伯
因舊址隘，遷兹大屋，蓋至是祠凡兩建矣。然所謂教讀、瞻貧之法，尚未盡行也。逮叔祖添中
公，改左書房爲鼻祖祠，繼捐義田爲束修資，先君子荆山公倡捐義穀爲接濟計，自是義學、義倉
次第舉行，其法載家乘，可考也。要皆本八派祖之遺意，而擴充之也。歆既從族議，改前向稍偏
東南，定結構畧易舊式，中置廟，前大門，上爲堂，兩旁有齋宿更衣所。又上爲寢室，分左右，爲
先親考妣。祠中妥鼻祖，而應祧之位，仍祔藏於東西龕。兩楹間，陳鐘鼓，各爲一亭。廟之左，
置義學，上爲講堂，左右齋房廿有四門，側爲飯室，而庠舍備矣。廟之右，置義倉，前後皆廳，東
置辦祭、庖廚、櫃房諸所，西列義穀祠租倉厫，而守祠者之屋室附焉。祠宇縱橫壹拾伍丈零。外
置佃莊，以障西隅之缺。共有金四千有奇。此固我族衆一心，及糾首監修之功，而董其事者，從
兄凌霄、楚瞻、房姪光前之力爲多。於戲！自始遷以逮今日，不百年間，而祠凡三建，歆豈敢云
克承前志以耀後人哉！抑聞之，尊者，尊也，尊先人也；祠者，伺也，伺察先人之顏色也。寢成，
則先靈安，而孝弟之心可油然而生矣。他若建義學，則教育有所，而禮義之興，上達之期，於是
乎在。儲倉，則歲歉有備，而周恤之典，遺澤彌長。是歆與樟之所望於嗣任族事者，即我祖父以
上暨端吾祖之所望於後裔者，亦若是焉矣！後之廓大箕裘者，諒有同心哉。

　　道光十一年丁卯歲季冬月，十五代孫主修戶首繼歆、繼樟、齋長繼岸，祠長繼斗、繼澤協族
公譔。

　　光緒三十三年丁未歲照錄。

（清譚必漣等纂修《［湖南湘潭］湘鄉七星譚氏五修族譜》

清光緒三十三年壹本堂木活字本）

江蘇鎮江周氏宗祠圖

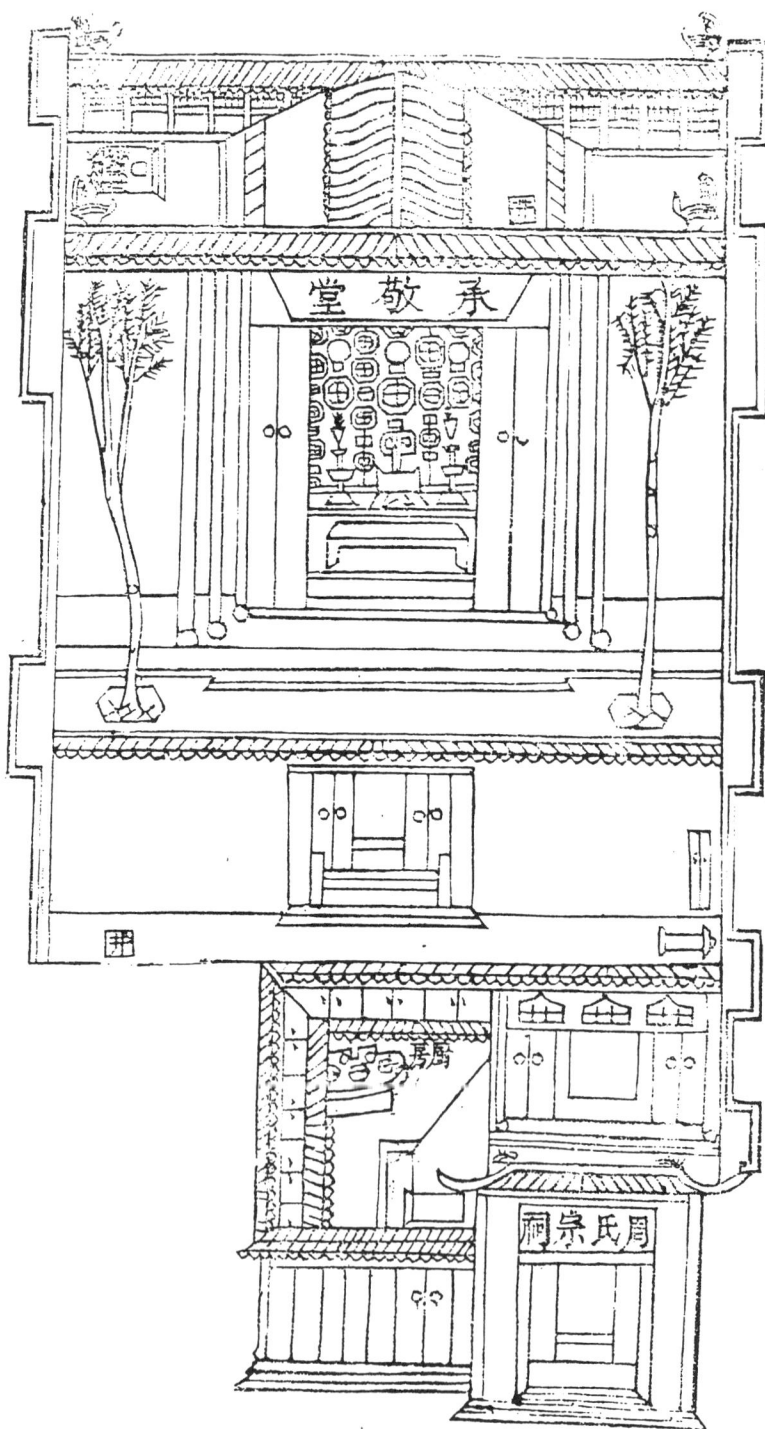

江蘇鎮江周氏建祠修譜記

　　吾族自始祖濠之公居潤，德爲公十三世孫，舊譜缺修，迄今百餘年矣。先伯父奕藩公、先父五章公，常以修譜建祠爲念，時苦力綿，齎志以殁，德未能勉成先志爲歉。嘉慶己卯，族孫萬華素有修譜之願，過德籌畫，德曰修譜固善，不若先建祠樹基，祠建，徐圖修譜不難矣。即於是年舉春祀典，倡議建祠，族衆踴躍。是日，萬華與兄萬育首捐銀四百兩，萬華又以素願益損銀貳百五拾兩，炅捐銀貳百兩，炅從兄暘在楚，炅以書致之，捐銀貳百兩，以及各項零捐，載明簿內，約計千數百金。是年秋祀，俱照數輸將。辛巳仲秋，於西柴院置房一宅，計十三楹，價八百金，興工有日矣。但創造經營，工程匪細，捐貲努力尚須始終黽勉。至於修譜事宜，賴其倬、光祉、萬華、燦等，不辭勞瘁，輪替詳查，業經兩載，工雖未竣，粗有規模。掛譜乃光祉、萬華悉心兼任，今已告成，瞻拜之下，誠敬之心油然生矣。惟刻譜應著行述文辭，凡有關於世道人心者，務須詳錄，方爲不朽。先世之規模，後世之法則也。德年逾八十，耳聾足跛，漸膺老疾，弗克始終，襄贊惶悚無已，惟賴祖宗之靈，藉諸君之力，勉成爲慰耳。

　　道光元年冬月，十三世孫廷德盥手謹記。

　　（清周承景等纂修《［江蘇鎮江］潤州周氏重修宗譜》　清光緒三十四年承敬堂木活字本）

湖南衡山湘潭楊氏南天祖祠基圖

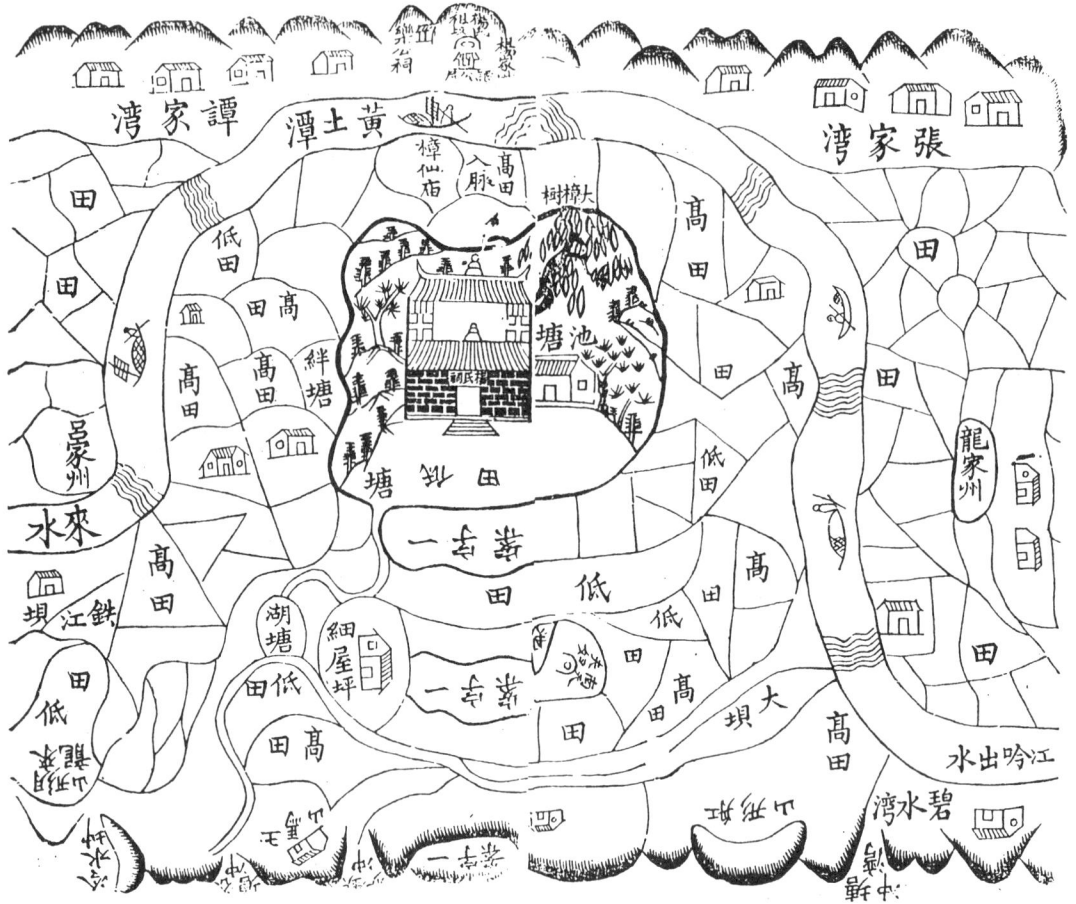

湖南衡山湘潭楊氏南天祖祠基圖説

　　右圖十都四甲楊家湖，即昔名老祖塅附近處也。闕我楊氏南天祖祠基，來脈由月形山低田過峽，沿高田一帶，轉遞低田，奔騰逶迤而來，踰樟仙廟基，遂從高田入脈開窩，結一陽穴。先人察之，堂局宏敞，案山拱朝，欣欣然，宜聚族於斯。爰集德、彩兩房，於嘉慶八年遂建祠焉。坐壬向丙。祠後池邊，樟大數圍，參天蔽日，聳邁衆木，繁陰四時者，祠之如張大蓋也。他如竹木叢雜，望之蔚然而深秀者，祠之培植也。江流有聲，右自鐵江而轉曲，左臨碧水而灣迴，如玉帶金鑲，天造地設者，似特爲我族開一湖之勢也。其間墳塋田業，多係我楊氏者，因名之也。祠基左右前後，毋許挖伐者，壯廟貌也。祠側及麥子園絆塘樹坪，祠對岸蓑衣坪、細屋坪、五㙮洞、船形山等處，祖墳鱗砌，關繫非小，一併呕宜蓄禁，嚴除披折、砍伐、鋤挖、侵犯各情，以妥宗靈而培風水,是爲廬墓衣冠發祥流慶之有所望焉。

南天祖房五修嗣孫同識

　　按:邑乘碧水灣一帶,紀爲幽閬之勝,而我船形山,乃門户焉。蓋其樹竹深邃,曉煙夕照,明月綠楊,四時風景,超然絶俗,每至秋時,觸物而先領畧者,早有鳴蟬蟄種,多莫過是,啾啾唧唧,絡繹吟於其間,令人不禁宋玉之悲,殊伸駱賓之詠,不亦幽閬之勝乎。或者謂船形山,擬山之勢,則似覆船,昔人斷不至以不吉而取象之,抑以音訛之蟬鳴,則傳爲船形也,亦未可知。然而我揚氏祖塋多莫於此,譜數傳悉註船形,大抵不敢謬更者,恐有誤於墳耳。山則仍書船形山,茲不過啟雅人深致,藉明地之幽絶,而爲洗呼者之俗口也。並爲之詩志之:

　　地僻年華遠,依然景物幽。人來涓水曲,山抱漢宮秋。

　　黃葉餘今雨,青衫足卧遊。歲嘗原上路,憑軾認弓裘。

　　光緒三十四年戊申歲孟冬月上浣之吉,祠下嗣孫派名逢連文選子勛氏並撰。

(清楊竹溪等纂修《[湖南衡山湘潭]衡湘楊氏五修支譜》
清光緒三十四年四知堂本活字本)

湖南衡山湘潭楊氏宗祠圖

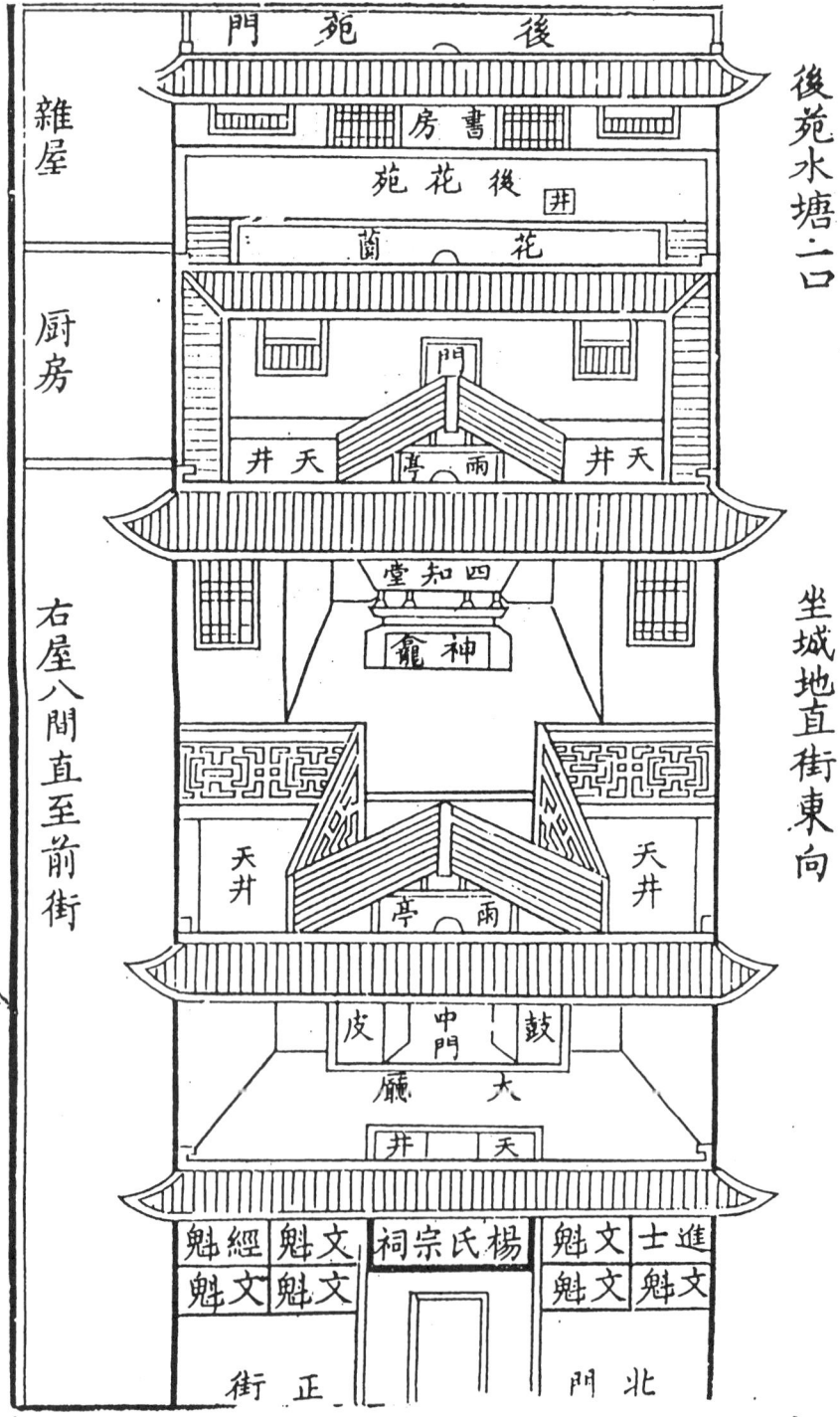

後苑門

書房

後花苑　井

花苑

門

天井　雨亭　天井

四知堂

神龕

天井　雨亭　天井

鼓　中門　皮

大廳

天井

魁經　魁文　楊氏宗祠　文魁　進士
文魁　文魁　　　　　　文魁　文魁

正街　　　北門

雜屋

厨房

右屋八間直至前街

後苑水塘二口

坐城地直街東向

湖南衡山湘潭楊氏宗祠圖記

　　南岳七十二峯,惟巾紫峯發脈尤奇特焉。忽然層巒疊嶂,磊落而崢嶸;忽然窮谷深坳,崎嶇而險阻;忽然紆徐宛轉,如蜿蜒之屈曲。盤旋其間,起伏斷續,逶迤數十里而至衡山。前軒後輊,望嶽面之三三;左繞右旋,帶湘灣之六六:此地氣過脈處也。自衡山至開雲樓,俯仰極動靜之機緘,登臨(快)〔快〕知仁之心性。凡遷客騷人之經斯樓者,靡弗心曠而神怡。由是履康莊,歷廛市,入衡邑之北門,縱觀宏廠,爽塏宜人,城市之中特鍾旺氣。吾族先達,相其陰陽,定其基址,爰遷建老祠於茲。山環水繞,印帶生成,坐西朝東,晨光輝映。其門則巍然而峻也,其堂則郎然而宏也,其寢則窏然而寂也。廊舍環其側,樓臺聳乎前,豈第誇壯麗已哉。蓋祖宗之靈爽,實式憑於斯,予孫之繁衍,實慨慕於斯焉。雖各房各立公所,各建私祠,而循流者必遡其源,分枝者必探其本,春露秋霜之際,當共覬是祠,而不忘木源之所自云。

　　(清楊竹溪等纂修《[湖南]衡湘楊氏五修支譜》　清光緒三十四年四知堂木活字本)

江蘇吳興荻溪章氏源遠宗祠并四面水道圖

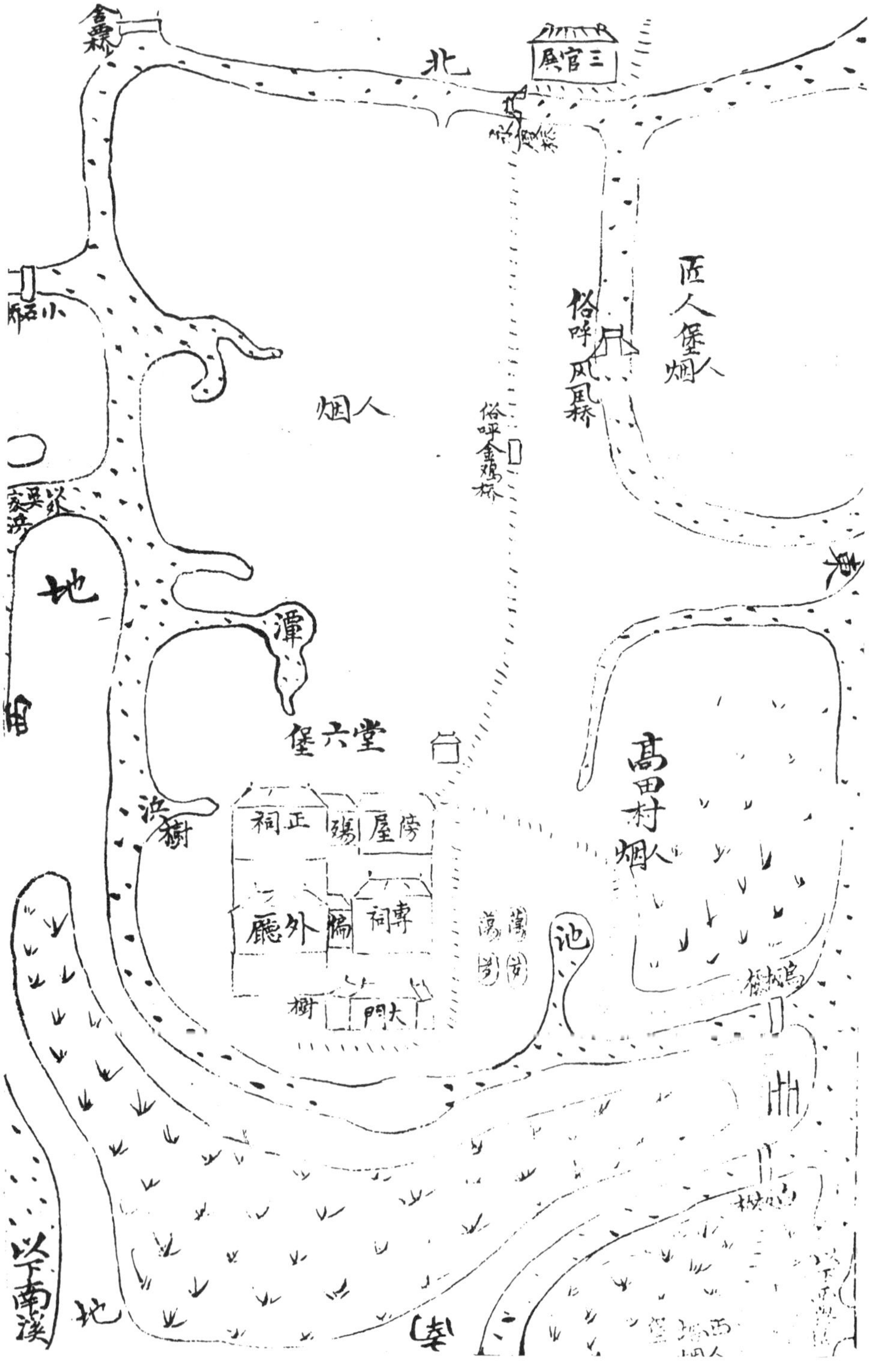

北

會墅

三官厝

小埠

匠人堡烟

溪渼汲

俗呼風凰橋

俗呼金雞橋

地

烟人

田

潭

六堂堡

高田村烟人

浜樹

正祠　廳屋　傍屋

廳外　隔　專祠

樹　大門

漢口別

池

鴻橋樹

以下南溪　地

西烟堡遠

江蘇吳興荻溪章氏浚河記

　　苕水帶繞於西南，霅水進趨於東北，吾荻溪一村，本介於苕、霅之間，支港流通，脉絡靈活，祠之基址更有異焉。時而水長，則由祠前過，東出烏板橋而南。時而水落，則由祠前過，西經舍西橋而北。祠之前有潭，澄而不涸。祠之後有蕩，形似葫蘆。遇旱益清，俗呼爲仙潭。祠之東有池，祠之西有濱，俱通舟楫。不僅地勢玲瓏，而附近農家樹桑樹穀，實藉灌漑之功不小。自康熙間建祠以後，每十數年或有稍淤，必率鄉人以濬之，鄉人樂從亦易爲力。嘉慶己卯，予奉尊長命，曾董其役。旬餘之間工成，而雨降溝澮皆盈。予既熟悉其形勢，遂繪圖呈諸尊長，以告竣焉。自是而後，延至道光廿三年，始復議開濬，維時東敘叔爲總事。隔年既久，故跡全非，貪桑利者，坍岸不修，潛占水而以爲地；趨田近者，淺溝不掘，更填浮壩以便行。初則試偶爲之，漸至尤而效之。明知灌漑之不便，舟楫之不通，而私己之利，不及顧大局之病也。故開濬之工費，則五倍於前，而小民私怨之聲反淫淫聒耳。此其失在于中間十數年間，未曾施功耳。然此番開掘之土，仍聽其各歸各地則岸直而增高，其頹必速，反不若加其工價，載土他往，則功可十年也。惜乎限于費，而不予聽也。竊慮他年形勢胥失有必然者，故存斯圖，而並記之。
　　時道光二十四年甲辰夏月，裔孫放謹記。

江蘇吳興荻溪章氏後浚河記

　　吾家宗祠，前後曲水環抱，形如襟帶。其水法之靈活，見於祠堂四面水道圖，茲不復贅。第聞此河，於國初時，形勢寬闊，既便舟楫，並資灌漑，不特爲吾族風水攸關，即附近農家獲利亦甚溥也。迨年月深久，岸坍不修，遂不免有闃淤之患。查花簾姪《浚河記》，於嘉慶己卯年，曾經開浚，其時泥淤有限，尚易爲力。至道光廿三年，復行開浚，故跡全非，邊岸之佔出河身者，較之舊時幾於三分之一。大抵貪小利者，不顧大局，潛佔水而爲地，故第二次開濬，工費已五倍於前矣。咸、同之季，甫經兵燹，元氣未復，無暇議及此事。
　　積漸至今，而河之佔爲地者，較道光時又過之無不及。更可恨者，近處居民，私填浮壩，以便行走，竟至塞其咽喉，如此玲瓏水法，而使脈絡不復貫通，非惟關繫吾宗風水，其於合鎮之水利，亦有害焉。予因於今年春初，趁此水涸，聚族人復商開浚，而使藹士、恂如兩姪孫董其役。兩人先於祠堂前後左右相度形勢，成竹在胸，遂諏吉於正月十三日，僱人開工。東自祠前開至烏板橋外直港，西自祠前環繞開至後面葫蘆仙潭。其積年老淤一概刬除淨盡，並挑去鄉民私填浮壩，擬永遠禁止復填，違者議罰。其高田村居民，亦趁此踴躍開河，村之楊家濱以有關吾祠風水，又復僱人浚之。是役也，塞者通之，狹者廣之，淺者深之，工程較前更大，經費亦較前更多，其弊由於咸、同間未暇一施工耳。今雖未能如舊時之寬濶，而已通舟楫、資灌漑，以視近年之小旱即竭者，固已懸殊矣。試於祠之前後徘徊眺望，彌覺碧水回環，澄清可愛，想吾祖宗亦顧而樂之。然非兩姪孫之善於經營，何能佈置妥貼若此，是可嘉也。

　　抑予更有説，開掘之泥宜往載他處，現因限於經費，仍使各歸各土，誠如花簾姪《記》中所云，岸直增高，其頹必速，仍恐易於淹塞，日後公中設有餘錢，更擬暢爲疏瀹，作一勞永逸之計。願族人共識之，而不忘。

　　時光緒十有七年歲次辛卯二月花朝日，裔孫鈞元命姪文熊謹記。

　　　　　　　　　（清章文熊等纂修《[江蘇吳興]荻溪章氏支譜》　清光緒間稿本）

湖南寧鄉楓林顏氏友銘公祠堂圖

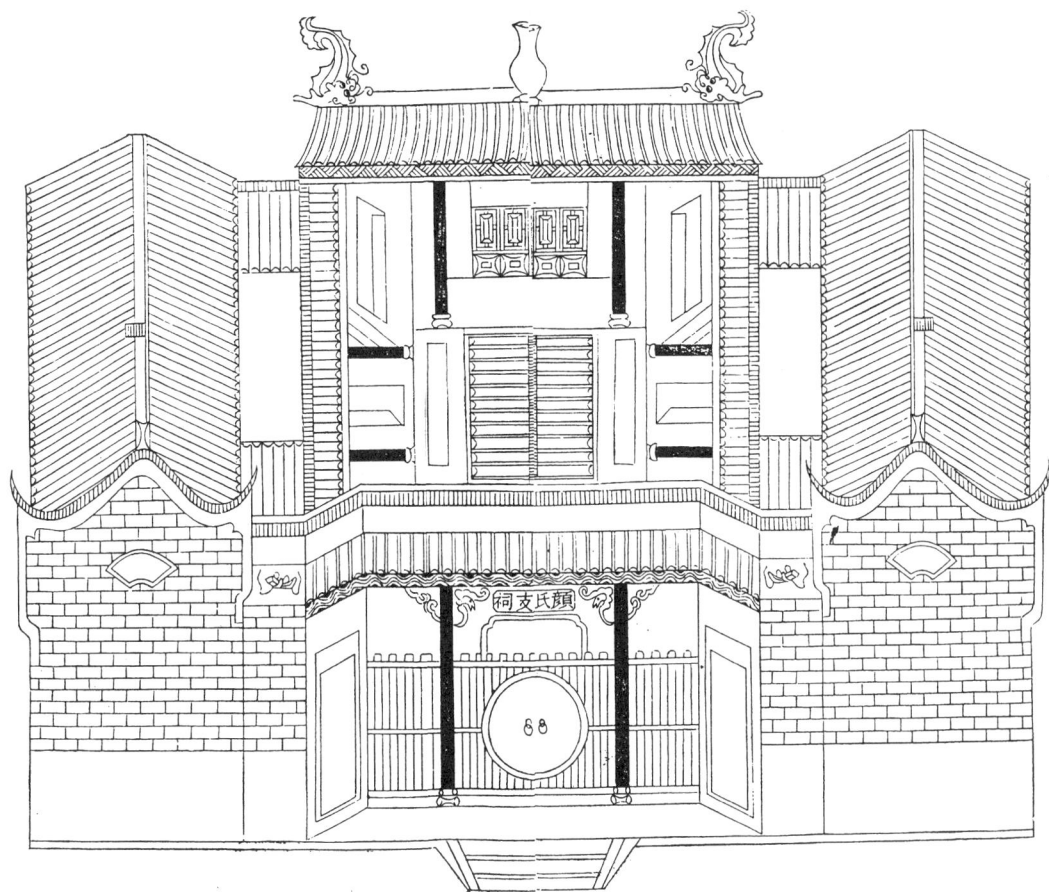

湖南寧鄉楓林顏氏友銘公祠堂圖記

　　我祖由潙寧關塘占藉楓林,遞衍數傳,廬墓環集,所謂聚族於斯者也。咸豐年,族人於橫笋塘建立一祠,額其門曰"顏氏支祠",雖未敢侈山水之美,要以敝廬咸在,列墓相依,魂魄猶應戀此耳。茲值支譜告成,特繪斯圖,俾世世子孫修其祀事,交階交户,以趨以蹌,無隕越羞焉可。

湖南寧鄉楓林顏氏友泰公祠堂圖

湖南寧鄉楓林顏氏友泰公祠堂圖記

　　族之有祠,修祀事也。我楓林友泰公房,咸豐初,族人於新塘灣相其陰陽,卜云其吉,創建一祠。凡各族祠宇,無不以壯麗相誇耀,惟我房崇實黜華,固其基址,厚其垣牆,以妥先人之靈爽而已。記有之,禮有以素爲貴者,此類是也。

　　　　(清顏澤瓊等主修《[湖南寧鄉]潙寧楓林顏氏支譜》　清宣統元年克復堂木活字本)

四川富順自流井王氏祠宇拓基圖引

　　乾隆二十四年己卯冬，闔族建立宗祠於珍珠山坎下，堪輿家所謂土角流金也。祠左青龍砂下垂一帶，地長而濶，昔鑿數井，獲利頗饒；祠右並祠前祠後，距祠垣各僅十數丈。光緒二十年甲午秋，置買祠後珍珠山寺周環壞地，並寺面祠前對下橫過水溝內井眼多份，兼本祠隨買神會與祠右旁溝相連基址，於是四圍合計，較前寬廣不啻十倍。其界由祠左青龍老界起，轉上山左腰落，進逕由大房子宅後過去，超越坳頸下達山後陸衢，沿衢邊倒右向前，曲轉逕合孔道，直逮土地龕，即祠右白虎山後弔角也。由弔角向山半蔓延過坳，順土埂之■下坡，至大路轉上祠前岩下夾磧，直抵橫過水溝下小磧，從磧溝對上溝磧，偏左繞越祠左下垂路邊巖腳老界，則巖腳翻路跌轉左旁巖下跟腳，直上倒拐上巖，竟達平路，順上包絡祠左青龍左腳老界。合界界內，雖有他人四井，面積零狹，無虞障礙。比經本祠承買擴充，後培補故宇石垣，增修園亭諸勝，故更名曰"王家園"。因圖於右，俾拓基原委有攷焉。

四川富順自流井王氏祠宇拓基圖

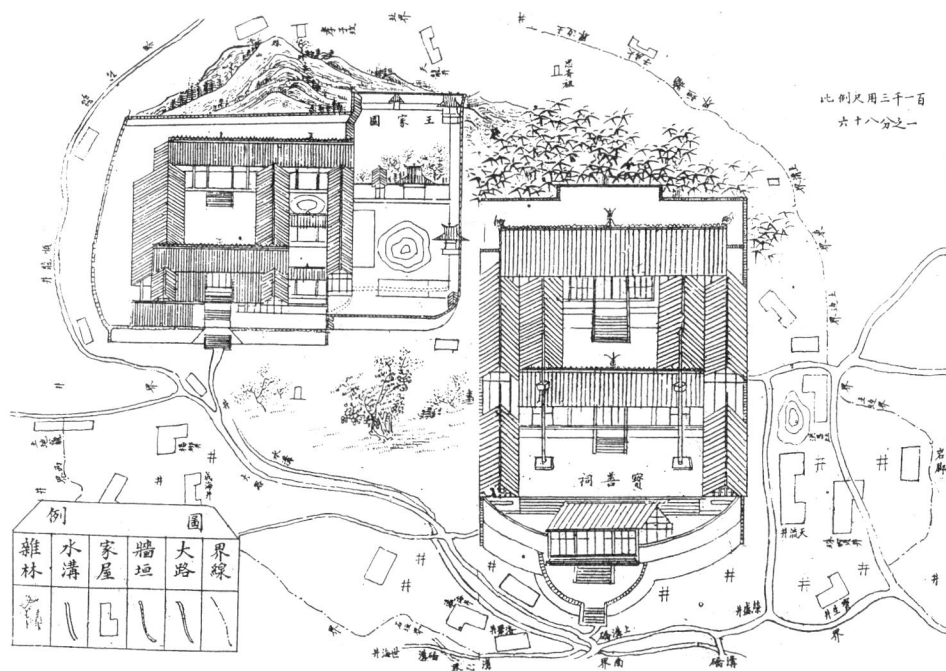

（清王繩五等纂修《［四川］富順自，流井珍珠山王氏寶善祠四修家譜》
清宣統元年鉛印本）

湖南長沙陳氏宗祠圖

湖南長沙陳氏宗祠圖記

　　右祠圖，在省南城内磨盤灣。其龍由天星閣入脈，走朗公廟起峯，跌下右轉開鉗化陽，宗祠建立於此，右水倒左而出，誠吉地也。故我族文經武緯，椒衍瓜綿，詎非地靈人傑乎。銘曰：
　　嶽峯翠秀，星閣輝煌。陰濃古樹，馣沸泉香。奕奕寢廟，在上在旁。千秋俎豆，百代蒸嘗。
嗣孫用炳謹識。

　　　　　（清陳盛連等主修《[湖南長沙]陳氏五修族譜》　清宣統二年敦序堂木活字本）

湖南寧鄉魚潭黎氏宗祠圖(一)

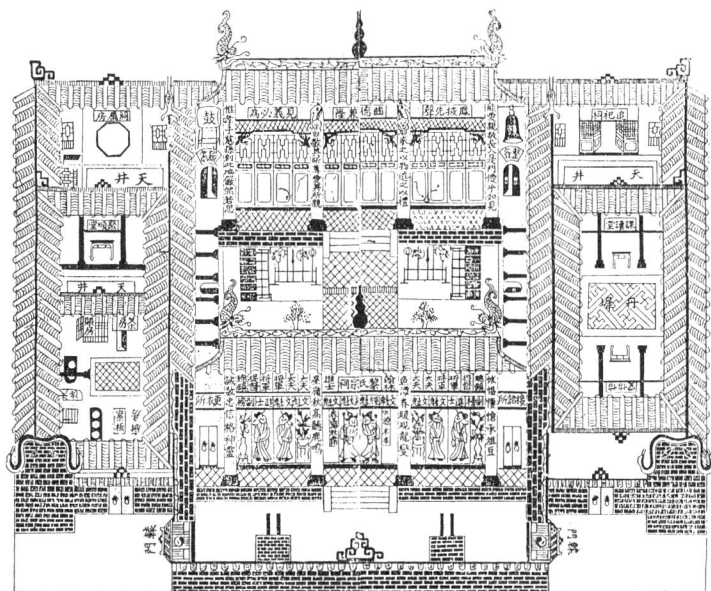

湖南寧鄉魚潭黎氏宗祠圖(二)

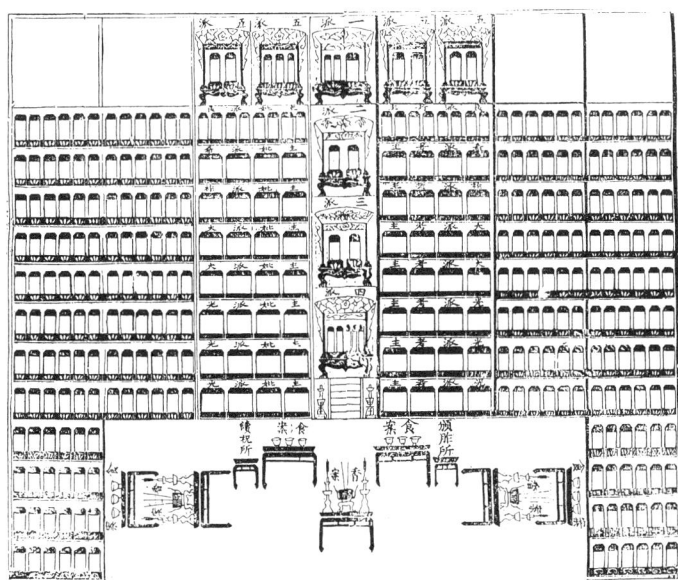

湖南寧鄉魚潭黎氏宗祠圖記

　　舊譜繪主櫝圖。三椽祚字派主祀，自一派至七派居中櫝，左右兩櫝祔祀。至道光甲申，大字派主祀，將三櫝合爲一櫝，陞八派祚字主位，並列中龕，左右仍公昭穆，不失祔祀之位。越光緒丙申，培字派主祀，陞九派大字、十派光字主位，亦列中龕，昭穆依然，左右添櫝祔祀。春秋祭祀，中櫝一席，左右兩櫝各一席，中間考妣。主位既經分列，祭席亦應分陳。兹於中間添設一席，兩席排列，主祭者當中跪拜，於禮較順，永宜遵行。光緒癸卯，修置追祀主龕，上列天松、萬福、永富、學聰四公主，中立朝宗公、廖孺人主。春秋祭祀，中設一席，薦日黎明，先詣祠前行禮，子孫亦宜遵行勿替。

附：

祠　　規

　　祠堂既立，祖先之神有所依，孫子之心有所萃，春露秋霜，得伸報本追遠之忱矣。吾家祠規，倣浦江鄭氏法。一室三龕，中龕原列七代主位，今奉祚字派主遷入中龕，則序列八代矣。左右男女祔祀。行祭之日，主祭者正獻，其分獻依昭穆擇定暨執事人俱先期入祠，齋宿習儀。各子姓亦必如期假祠，毋得託故不與，或有故必先期告明族長。蓋一歲之中，對越祖先祇此兩次。定昭穆之班，明尊卑之分，三獻有節，拜跪有儀，衣冠肅肅，少長雍雍，來格來歆，其庶幾乎。

　　有祠堂必置祭田，以供祀費。自許南公倡置車葉塘田，迨後子孫續捐暨祠內新置，如水南沖、鱷魚潭、大塘沖等處，雖爲畝無多，而祀事有賴其田。令他姓佃種，令管年者掌其簿籍，記其出納。至各捐契約存祠，示獎勵焉。

　　主祭擇通族尊長一人，凡事禀命而行，四大房各擇房長二人，綜理族務，必明足燭理、才足肆應、品行正直者爲之。合以衆議，鑒以明神，族長不得任意更易。如房長內有括囊避怨、行有衺趨者，族長則集族人，白祖先而易之。凡通族一切曲直，房長請族長至祠酌議剖斷，務令情理周當，絕無偏黨，然後告於祖先而行之。至每年管祭及祠田錢穀出入等項，於各房輪擇殷實誠篤之人領之，每年秋祭畢，房長稽查簿數算楚交代，如有朦混乾没，必罰償之。

　　祭服遵用本朝制度。有名位者，冠服各如其命數，其餘務要整齊鮮潔，亦不可華侈僭越，以干名分。若小衣小帽不整不潔者，衆共叱之，不許與祭。

　　祭器　口爵，　口盤，　口盂，皆以錫爲之。爵以奠酒，盂以薦食，盤以薦餚也。　曰盥盆，以供盥洗，盆有架。一曰籩，以盛菓品。一曰豆，以盛時蔬。錫壺四具，以酌酒。錫盆四具，以洗爵。茶壺四具，以貯茶。牲用豬羊，中用前左肩，左右用方肉，盛以俎。皆附管年者收貯，輕假則罰，損壞則償。

　　祠堂置《懿行録》，族人有美行書之。置《過失録》，族人有過失書之。務要公正明白，無私好，無私惡。每祭燕私畢，族長坐堂中，族人以次列坐，卑幼拱立堂下。堂中設楝，楝上設兩簿。房長白族長，某人有某事極是，即先登《懿行録》。族長命房長將所行美事大聲宣讀一番，以鼓好善之心。其有過失者，亦先登《過失録》。房長持簿逐一遞送默看，不許聲揚。若過在某人，即不與某人看，使彼自思其過後，能覺悟改圖，則與衆抹去，作其自新之路。兩簿每頁，用宗祠圖記鈐定。簿各有副，一藏族長，一藏管年。如此則家法立，賞罰明，一族之人循規蹈矩，動無過舉，醞釀之久，賢哲生焉，家聲振焉，族爲右族，門爲名門，不大有光於祖先也乎。舊規每主袝祠，繳費五兩，本非過重，而家務薄者以爲難。今酌減每主出費三兩，爲定例。其袝主以五年一次爲期，不拘男女多寡，有願袝祠受祀者，於第五年祭畢，有主之家白於族長房長，擇期榜示。其費先期一月繳管年人，領辦祭儀祭筵等項。至有力之家，一主特入，不在此類。

（清黎錦綏等修《［湖南寧鄉］魚潭黎氏五修族譜》　清宣統二年課讀堂木活字本）

湖南湘潭龍氏家廟基圖

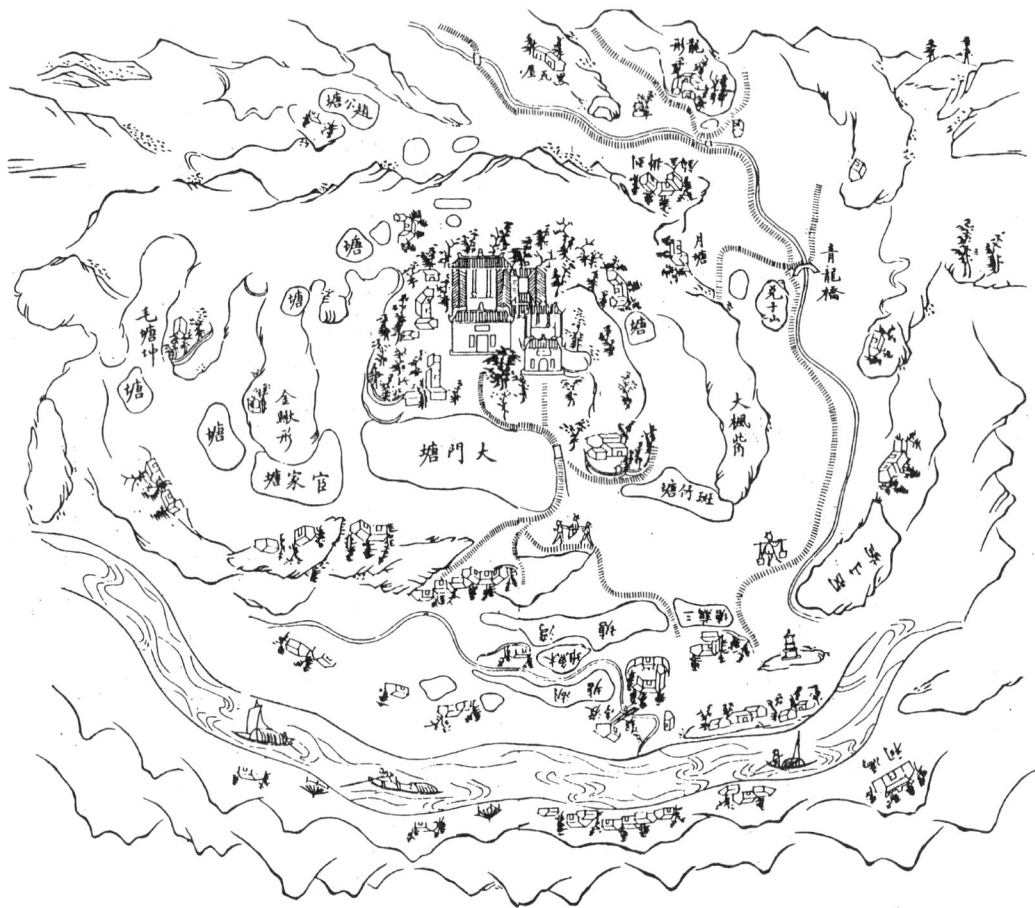

湖南湘潭龍氏家廟基圖記

　　《易》曰："在天成象，在地成形。"形成，而地脈之淵源可溯焉，山水之流峙可步焉。嘗以地之大勢觀之，自崑崙山發脈，分三大幹龍，一枝由西番過四川岷山，夭矯峻峭，勢若長虹，至於南嶽，層巒聳翠，鵠峙鸞停，嶽脉東行，由油麻嶺而榜塘，而五龍山，下馬寨，東過雷塘抵山塘坳。雖星分聚嶹、行嶹、坐嶹之殊，峽有毬旂、日月、迎送之異，脈有蛛絲馬跡、草蛇灰線之體，燒棹有梧桐、芍藥、楊柳之形，而蜿蟺磅礡，綿亙數百里，其大勢固瞭如指掌矣。由山塘坳約行十餘里，忽起金星少祖辭樓下殿，從荒田坪穿田過峽，蓋帳層開，逆行數里，至四方塘，開一御屏，大帳前結陰陽三大穴。其陰穴，一則工字塘蟠龍形，始祖姚胡孺人墓在焉；一則宦家塘金鰍形，始祖潭洲公墓在焉。其陽穴,則始祖墓。下手所謂大屋灣者,即我龍氏家廟基之所在也。間嘗履其地而觀焉。後有金星少祖,以作其落山。右有趙公嶺,以壯其氣勢;左有關山嶺,以聚其精神。兌字山、木魚山以當其水口,前案平正如玉几焉,河水瀠洄如襟帶焉。河之對岸,文筆特朝雙峯高拱,金馬袍笏列於其間。又有障天水星、三台金星、石峯土星、人形木星以及淨山、獅形山簇擁迴護,世所云水秀山清者,孰有過於此哉。嗚呼!我潭洲公自吳遷楚,託業於斯,綿歷數百餘年,子姓繁衍,此固善慶之所留貽,抑亦地氣靈秀使之然歟。茲值譜牒五修,綴以圖,復爲之記,以垂不朽云。

　　宣統三年辛亥秋月穀旦,閤族公誌。

湖南湘潭龍氏家廟圖

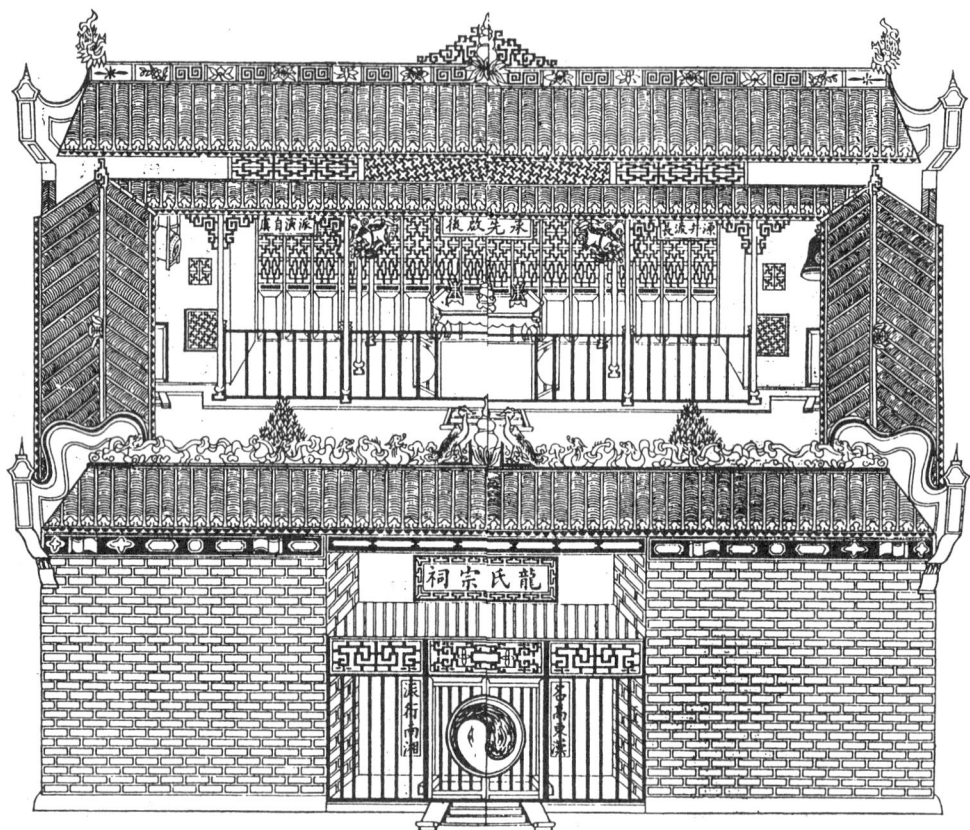

湖南湘潭龍氏家廟圖記

　　祖廟,所以木仁也。木仁孝之思,建立家廟,族之人於以序昭穆,辨尊卑,明禮法,正倫常,法甚良,義甚深,而意又甚遠也。我族自道光二年壬午三修譜竣,逮五年乙酉,闔族興建祠之舉,財既待乃遴匠,吉已諏遂呈圖,越數月而工竣。創建家廟,巋然於大屋灣之陽,即我始遷祖潭洲公徙居舊址也。其磚方踰尺,其堂高數仞,其榱題數尺,其旁廊九丈餘,其前棟若迴迎,中列戲樓,規模極其宏敞,重以丹楹刻桷,畫棟雕梁。仰兹雕鏤繪飾,輒目眩生花,結搆可謂嚴整,所以棲祖靈而逆福祉者,不於是乎在耶。乃自乙酉迄今,八十餘載矣,每逢春露秋霜之辰,展報本追遠之念,集先寢者,若不謂此舉所費不過三千餘金,而廣大壯麗竟有如是乎! 兹當譜牒五修,倩丹青之士綴以圖,並爲之記云。

　　宣統三年辛亥秋月穀旦,闔族公誌。

湖南湘潭龍氏壽峯公祠圖

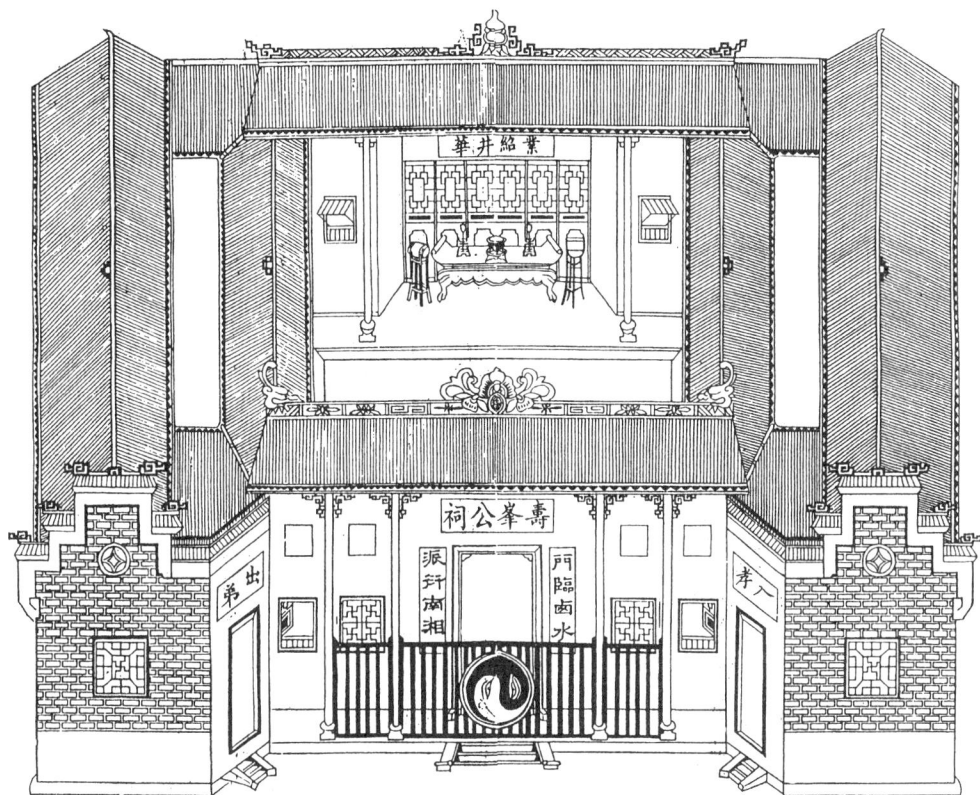

湖南湘潭龍氏壽峯公祠圖記

　　壽峯公祠者，二代祖棲神所也。祖諱南九，字培遠，號壽峯，遂用以爲祠榜焉。致之古，惟士以上分別立廟，今制則民間通得建祠。故聚族者類有宗祠，其小宗又別爲支祠，凡以綴繫宗支，聯絡親疏，會合子孫，春秋祭祀者也。先是，祖素未有祠，自乾隆年始，陸續增置祀田。越光緒庚寅，從兄瑞庭爲之經理，於是倡議建祠，糾集房衆，從場酌商。因餘貲不足，遂將昔年所置大禾壠田業變賣，接買仙水塘田宅，稍爲修葺，改作支祊，奉主堂中，永隆祀典。然堂構雖仍舊制，而氣象則燦然一新。從此俎豆馨香，千秋勿替。後之人登斯堂也，仰見粉白塗丹，靈爽攸託，不禁穆然深思，罙然高望，而奉先垂後之念，無一時之敢忘也。是以謹次顚末，刊諸圖後，永垂不朽云。

　　宣統三年歲次辛亥孟秋月穀旦，十七派孫名昆敬譔。

（清龍名昆纂修《［湖南湘潭］龍氏五修族譜》　清宣統三年厚慎堂木活字本）

湖南湘鄉長田文氏祠堂圖

湖南湘鄉長田文氏祠堂形勝記

　　龍城之西北七十里，有長田坪，乃吾族鼻祖肇基故蹟也。觀夫勝狀，有不啻古畫屏風然。前拱一案，後枕雙峯。控上麓而引南薰，物華天寶；接觀音而挹仙女，人傑地靈。周行在望，轂相擊而肩相摩；河水常前，見其流而隱其出。白鶴山雲封，縹緲飛翔，恍出平重霄；飛龍峯烟鎖，依稀活潑，勢遊於衡嶽。四面之雲山環堵，一簾之風月迎人。斯誠勝地，足以娛人心目，對茲芳辰，能無感人仁孝耶。是以我宗人士，慨然傾囊內之金，鳩工庀梁棟之材，締造經營，遂於斯而大厥門閭焉。壬寅經始，甲辰告成。堂構煥然一新，規模竟爾廓大。正寢則列宗列祖，位置攸宜；兩傍則維穆維昭，安排有序。左右之廊房迴縈，東西之廳室交輝。月榭縱橫，常奏諸笙簫雅韻；春臺峻峭，聽不斷鍾鼓清音。用建庖廚，香生俎豆，別為齋宿，整肅衣冠。且也四壁烟霞，共庭花而並麗；一垣松竹，映廟貌以常新。噫嘻！覽物興懷，彌切木本之念；臨流感歎，恒動水源之思，故額其堂曰“本源。”

　　二十一派嗣孫士瀚海濤氏謹譔。

湖南湘鄉長田文氏祠堂記

　　祠所以妥先靈而敬宗尊祖也。我長田，自宋季珀琦祖由豫章宦遊來楚，立業於斯，傳至五世祖必忠公，派開五房。我思淙祖居長，承先人之遺業，襲長田之舊址，箕裘擴大，人文蔚起，相傳數十代，世守不替，非其積累之厚，根柢之深且遠者，曷克臻此，而吾因之有感矣。夫子孫之賴有祖宗者，德澤遠蔭也。祖宗之賴有子孫者，馨香弗替也。《禮》曰：君子將營宮室，宗廟爲先。幸蒙先人餘澤，報本反始，仁孝之心有油然生者。光緒壬寅，節屆清明，以是舉商之族衆，僉稱曰善。於是擇主修及執事諸公，歸祀産，派量捐，鳩工庀材，歷兩寒暑而工始竣。厥後奉主入祠，序昭穆，隆孝享，而春秋之祀事爲不虛，敢謂有志者事竟成，不過盡其敬宗尊祖之道已耳。第黍稷非馨，明德維馨，願族之人登斯堂也，緬懷祖德，思振家聲。憶我文氏天祥公，爲宋名臣，忠孝節義，青史昭垂。克媲簪纓之盛，後先輝映，能迪前光而繩祖武，是正吾祖之所心肯也夫。

　　光緒三十年甲辰孟春月上澣穀旦，本源堂公刊，二十三派嗣孫期顧敬軒氏謹譔。

（清文蘭芳等纂修《［湖南湘鄉］上湘長田文氏家譜》　清宣統三年本源堂木活字本）

江蘇吳縣吳中葉氏逵公宗祠圖

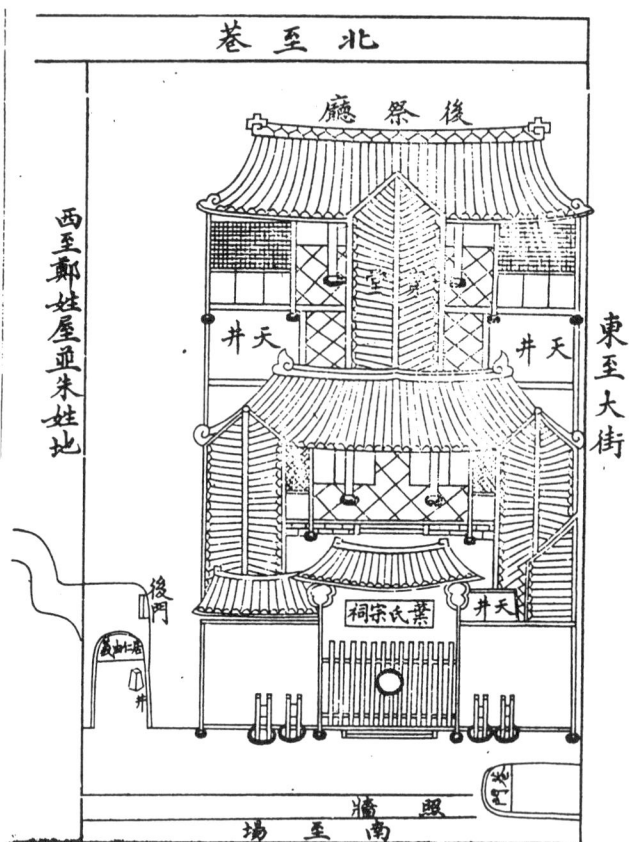

江蘇吳縣吳中葉氏逵公宗祠圖説

　　宗祠坐落蘇屬東洞庭後山朱巷村，即一十八都六圖震澤鄉，自大門內兩廂前廳以及門外大場廳西，餘地皆宗祠原有地址。至穿堂以後後廳、廚房、邊屋等，均係後併嚴朱二姓基地。其圖樣係懸擬者，修譜時尚未建築也。計原有和字圩大字坵六十一號地壹畝貳分，業戶永思堂葉祠。太字四十六號，方單一紙，如地畝圖甲，嗣於光緒二十九年，由葉巷支裔孫懋鎏購祠後嚴姓屋基、朱姓園基，兩地計動字圩大一坵六十一號地柒分貳釐柒毫，業戶嚴廷裕、恆裕、文裕。太字四十八號，方單一紙，如地畝圖乙。及和字圩大字坵六十三號地壹分，業戶朱順祥，方單一紙，如地畝圖丙，紅契均全。通計以上地貳畝貳釐柒毫，均歸永思堂逵公宗祠執業云。

（清葉德輝等纂修《［江蘇吳縣］吳中葉氏族譜》　清宣統三年木活字本）

江蘇吳縣吳中葉氏逵公宗祠地畝圖（一）

宗祠立餘地地畝總圖

東至大街
北至巷

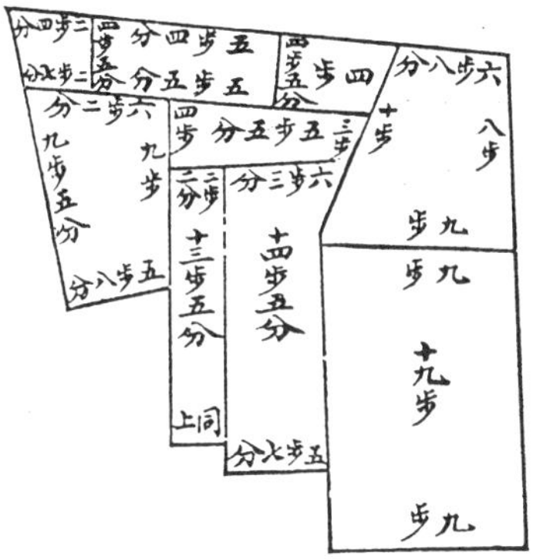

南至麥場
西至鄭屋及朱姓地

此圖於甲寅年四月上旬由中巷派裔孫慶海雇丈量書；徐悅山復丈祠址暨後添嚴、朱二姓基地總繪一圖，以備日後稽攷。至方單糧串，仍分三紙。其嚴、朱兩地，尚未過户。所有原圖，分別附載於後。

江蘇吳縣吳中葉氏逵公宗祠地畝圖（二）

宗祠地畝圖甲 祠堂原有地

東至大街

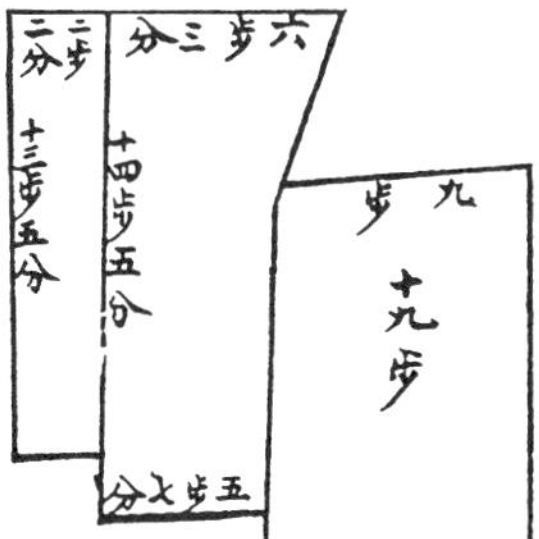

北至嚴姓屋
南至麥場
西至鄭屋

二十八都六圖和字圩大字坵六十一號朱巷村，計地壹畝貳分正，係六升三合一勺，則糧户永思堂葉祠。糧票完南米貳升柒合，太字四十六號。

江蘇吳縣吳中葉氏逵公宗祠地畝圖（三）

宗祠地畝圖乙 祠後基地

東至大街

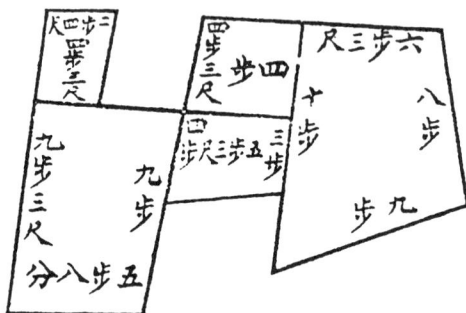

北至巷
南至本祠
西至牆外朱姓地
二十八都六圖動字圩大一坵六十一號朱巷村。積步壹百柒拾肆步伍分，計地柒分貳釐柒毫。
糧户仍嚴廷裕、恆裕、文裕，尚未過户。
太字四十八號。

江蘇吳縣吳中葉氏逵公宗祠地畝圖（四）

宗祠地畝圖丙 祠後基地

東至大街

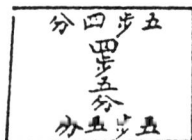

北至巷
南至本祠
西至嚴地
二十八都六圖和字圩大字坵六十三號朱巷村。計地壹分正，糧户仍朱順祥，尚未過户。

廣東新會司徒氏祠圖

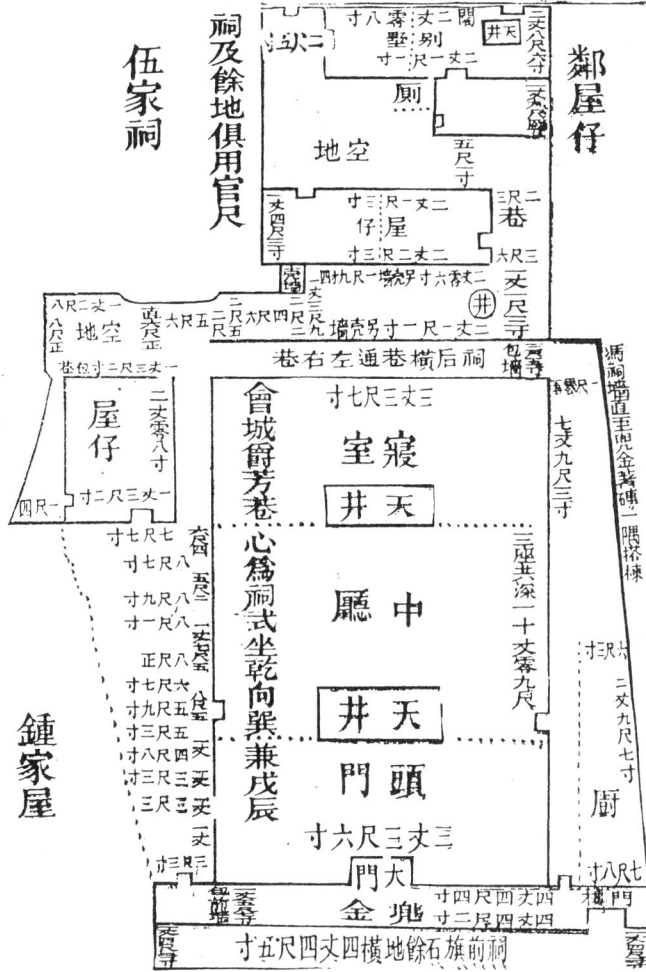

廣東新會司徒氏祠圖記

道光十三年創建，至光緒廿四年戊戌八月廿七巳時改向重建，坐乾向巽兼戌辰。十四世心爲公木主書八世，從滘堤始祖新唐公計之也。祠及餘地、祠後館並屋仔，共稅壹畝三分八釐四毛四絲一忽，其稅載在新會縣，未另户。心爲柱柱丁，司徒心爲祖。心愛爲祠原地，嘉慶廿一年買受謝德見、呈才舊屋連餘地屋仔，共稅玖分二釐八毛六絲二忽，原契印權字二百七十七號，藩印勞字七十七號。後買屋仔一間，稅一分一釐玖毛伍絲八忽。光緒廿四年九月初十日，買受馮雪侶祖舊屋並餘地，共稅三分三釐六毛二絲一忽，印契布頒父字第五號。合共稅壹畝三分八釐四毛四絲一忽。

廣東新會司徒氏懷德家塾祠圖

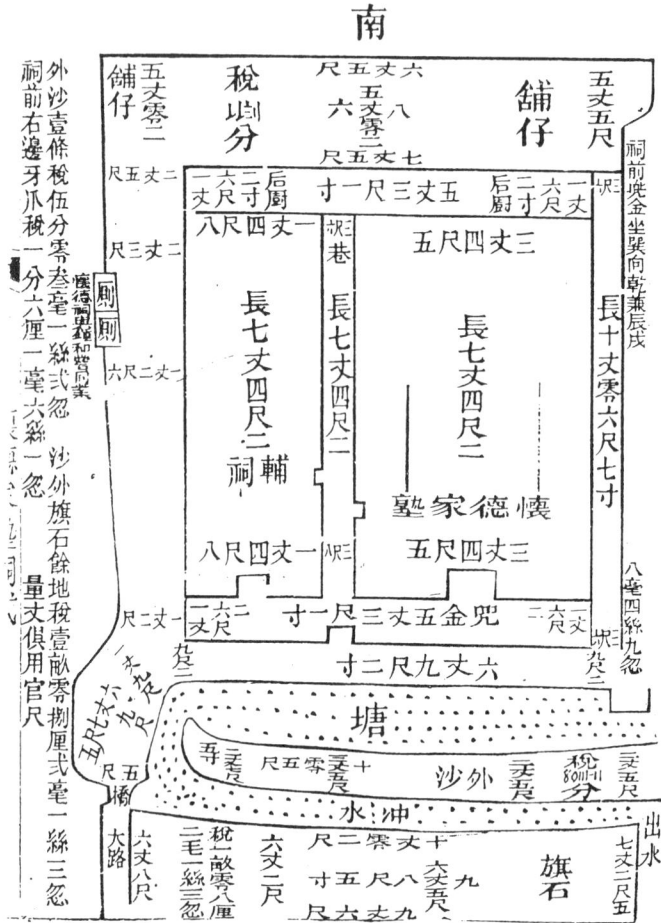

南

稅咀分

舖仔

舖仔

五丈五尺

五丈零二

后廚

后廚

稅咀分

塘

沙外

水冲

旗石

懷德家塾

長七丈四尺二

長七丈四尺二

長七丈四尺二輔祠

長十丈零六尺七寸

廣東新會司徒氏懷德家塾祠圖記

懷德家塾祠,連前後左右餘地,共稅貳畝一分二釐八毛四絲九忽,西至綠芸軒牆腳並儒娃嘗地,東至鍾和嘗地。祠前爪牙,共稅一分六釐一毛六絲一忽。塘外砂一條,共稅五分零三毛一絲二忽。砂外豎旗石草墿田,共稅一畝零八釐二毛一絲三忽。此田原係江所祖業,後本祠將換得騰霄祖北溪洲尾田二坵,共稅壹畝五公四釐四毛九絲,與江所祖抵換。

(《[廣東新會]司徒氏族譜》 清刻本)

湖南寧鄉楚溈范氏美房義祖祠圖記

　　此祠在邑東穆家沖，乃美公裔私建義祖祠也。歷有祭田，山屋一所。公擇經總輪流管理，三年一卸，毋得戀充，亦毋得侵蝕公款。所有契約各據附刊圖左，後之人當留意焉。

湖南寧鄉楚溈范氏祖神壇圖

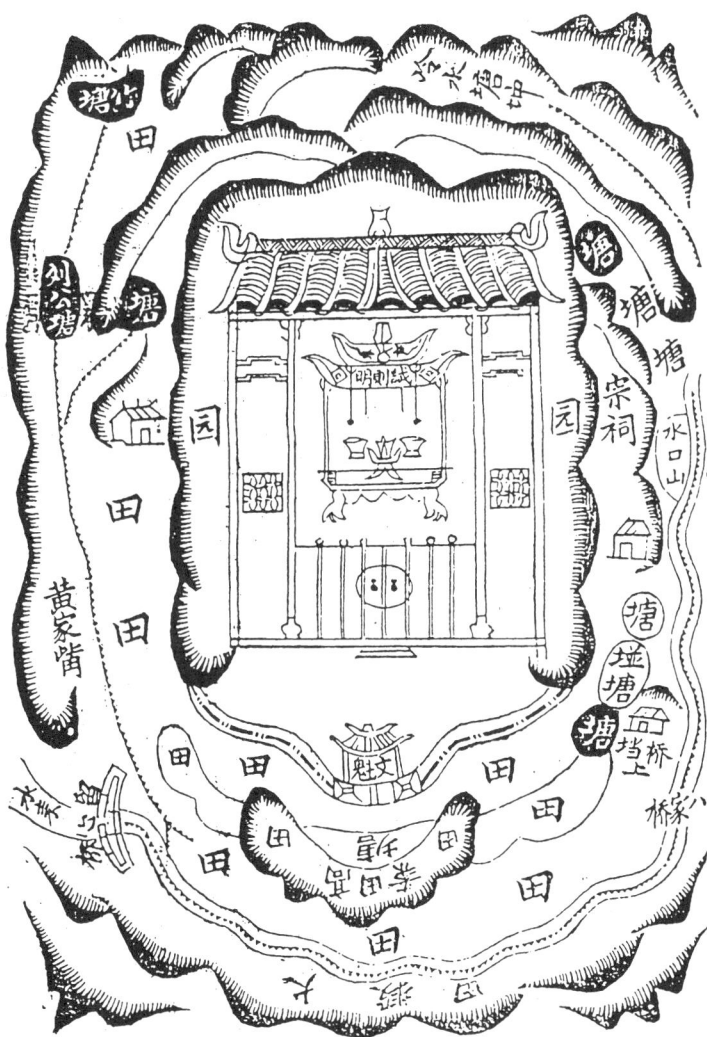

湖南寧鄉楚潙范氏義祖祠圖記

　　此祠乃良、榮、清、旺四房所建也。歷有祭田，共計伍石伍斗整。本屋壹棟。又瑶金山，今名金華山古刹，因神廟已廢多年，所存地基壹塊，橫十四丈，直十二丈，概歸神管。其契據輪交四房，公擇四人經理，毋得遺失，亦毋得浸漁。凡遇春秋二祭，值年承辦對越駿犇，當盡恪恭之意焉。

湖南寧鄉楚潙范氏義祖本屋契據

　　立絕筆出賣屋宇、基地、禾塲、糞池、槽廳内外門片、前後餘地等項人范有慶、國禀父子，公同商議，願將祖遺地名八家灣分受東頭住宅，凡屋基地、窰磚垛、正房一間、堂房一邊内外門片、禾塲、大小糞池、屋宇前後餘地、槽廳披厦基地、圍院餘地等項，概行出售。儘問親房人等，俱稱不受，再三浼請族長文清、世珍、開泰等説合，值年經管定洛、岐山、作聖等，概付義祖遊聖承接獨管，比日得受價銀肆拾陸兩正，並出屋押字雜項，係有慶、國禀父子親手領足，不少分釐。其屋宇基地、禾塲糞池、槽廳基地、前後餘地，四方抵界：東抵有慶屋基，直上屋後塀邊爲界，西抵周人屋簷，直上塀邊止，下齊周人屋簷，直出籬圍外塘邊，前策以東邊窰磚垛塏下禾塲隨灣窰灰椿，直出槽廳中間，抵塘邊爲界，皆炤契四抵，扦清明白，出屋無異毫，無互混不清。自賣之後，任遊聖修造獨管，此係甘心情願自賣自業，永無續贖異言。今欲有憑，立此絕筆文契一紙，付遊聖永遠收執爲據。
　　計批：東邊窰磚垛，任遊聖修飾，日後不折。百魁筆。
　　憑族：登山、元音、文清、九連、世珍、雲從、表凡、必朝、開泰、東膠、有慶、國禀。
　　代筆：獨秀、百魁。
　　在塲人：長青、貞幹、廷聖、植三。
　　乾隆五拾捌年四月初五日立筆。

　　　　　（清范顯横等纂修《［湖南寧鄉］楚潙范氏族譜》　清高平堂木活字本）

江蘇無錫華氏宗祠圖

（清華毓琮等纂修《［江蘇無錫］華氏家乘》 清刊本）

湖南寧鄉崔氏祠堂圖

廳花西　　　　　　　　　　　　　　廳花東

湖南寧鄉崔氏祠堂圖説

　　祠何以圖？神所栖也。《禮》："君子將營宮室，宗廟爲先。"唐王珪畧此舉，則爲有司所劾，蓋宗廟者，所以妥先靈，典莫重於此矣。但昔爲家廟而分奠之，今爲祠堂而合祀之，不鉅則雲仍之瞻拜難舒，不堅則風雨之浸削易圮。憶自乾隆丁丑，育萬、經添叔，毅然以修祠倡，而大展伯、鳳壽、高卓叔，亦欣然協辦。迺於板石衝内，因先人遺蹟，稍遷其地，建上棟下宇，堂構聿新。其捐栗木作神位以祀之者，驚伯叔也。嗣是每歲擇兩房子弟二人，輪流經理祠宇暨田山一衝兩岸，貯佃（祖）〔租〕以供祭費，以葺墓祠。越五年，遷祖建別墅附其旁，延守祠者，朝夕奉以香，重祖遺耳。三十四年，幹入泮沅江，族登鰲老師任邑廣文，謁其祠，額以匾曰"三戟宗裔"。厥後遇文弟於龕柱懸以金聯配之，匾聯互映，輪奐交輝。僉議棟宇之間，建一亭。歲戊申方盛弟乃起而任其事，折兩廂之內壁，砌而升之，櫨直梁橫，虹起鼉伏。觀其外，雙甍對峙，亭亭者樸而華；入其室，四楹分處，殖殖者大可久。由是明禋燕享，對越駿奔，罔弗喜其軒敞。復議於祠之右，附以廚房。普和弟與幹，值庚戌經管，遵議量土木營方面，甎瓦、木石悉辦來祠。六月二十六，已督匠起手，緣星社姪采芹，咸樂以資助之，佃租臏無幾矣。且謂家乘之修爲切要，而廚房乃中寢，茲所圖，現止三正一袝，而宗祐、廚房、敦倫堂，以歲積贏餘將漸次可舉，譜則未知何年而續之也。故特預定其章程，以昭茲來許焉。雖然，圖亦余之蠡見耳。後有賢能者出，若能不戾於古，不悖於今，規模鉅而制作堅，即不拘牽繩墨亦無不可者，便願仰瞻欂櫨，即思家聲丕振，俎豆益隆，則優見愾聞之情，自不能已，豈徒以宗廟爲燕飲之地也哉。_{錄舊}清嘉慶九年，至德暨南、來獻伯、尚賓叔管理嗣事，先代之規模，完其制作，費金數百，而廚房成，聿彰美備焉，敦倫堂立，克壯觀瞻焉。我先人欲成之事業，諸伯叔可謂善承其志。程等續修家乘，亦既告成。爰錄舊圖登之卷首，後之覽者，基皆識所由來。_{程識}上棟宗堂棟柱爲蟻所傷，牆壁原係仍舊，接長增高，年久勢將傾圮。光緒間，凡理祠務者，僉謀重建，戶首藝甫爲主修。辛卯冬，啟告神主，遷篤倫堂，折平基址，依舊蹟而更塽塏，(坊)〔仿〕族祠式建造宗堂，奠先靈也。庭楹新闢，似較宏敞。壬辰夏五，復建中棟，加柱承樓，規模闊大。癸甲乙數年，畧加修飾。丙申夏，拆西偏之篤倫堂及將圮之廚房，上則改建西廳，中隙坪則建茶堂廚房，下則建倉廠。維時寓春督修，鳩工庀材，手自經畫，監修有桂村、兆枚，協修有曙齋、達夫、韻秋，諸人同心竭力，不憚其煩，其木料全用杉木，避蛀蟻也。其開廈牆壁，用石灰和沙土築之，甎用方橫，圖堅固也。凡五棟屋宇，木料、甎瓦、潼闗花貨、石頭、石灰，各工匠及雜項用費，約共銀貳千有奇。非敢曰壯觀瞻而增美備，亦聊以藉祖先餘蔭，於與祭拜跪序燕之地寬綽有餘，不致擁擠云爾。至宗堂外之階楹，廣三丈，而近袤長八尺有餘，中有坍墀，高徑二尺左右，階廣四尺有奇，袤五尺，皆高簷承棟，器宇閎廠。循階而下五級，則爲前棟，左側建廳，並忠節祠，龕式亦如右棟之廣袤，而增飾之以奠忠節靈爽。廟外儌築牆圍，中豎石坊，開左右闌，以便出入，諸俟後之賢能，次第舉修用妥祖靈，共霑默蔭於無既云。

（崔韻編《[湖南寧鄉]崔氏七修族譜》　1913年默蔭堂木活字本）

湖南醴陵賀氏顯、貴二公祠堂圖

湖南醴陵賀氏孟顯公、孟貴公祠堂圖記

　　古制庶人無廟，則立影堂。程子以時祭不可用影，故改影曰祠堂。夫祠之爲言，思也。君子思其身則思其親，思其親則思其祖，然則聯宗族而建祠堂，所以奉祖先而思孝養，祠之時義大矣哉！我族自康玉公由潭州而入籍醴陵，擇基於白竹嶺，其舊帙曰《百禄》者，藉字音而肇錫嘉名也。數傳而後派衍日繁，惟我顯、貴二公裔始建祠於北城七口塘，而以康公爲始遷一代祖。嗣因橫流傾圮，旋改擇於邑北石子境吳家墩。相其地自彰仙嶺蜿蜒而來，綿亘數十里，首踞青獅翼張彩鳳，諸山朝拱，星體莊嚴，殆所謂天造地設，以俟吉人而發福者歟。爰與分内商闢基址，而立宗祐，時清道光九年乙丑也。取材於山，伐石於水，經營數載，告厥成功。嗣猶嫌其隘也,添建前楹數椽,迄光緒九年,更擴其舊規,而重新之。由是堂以上,奐其閨閣,栖先靈也;堂以內,翼其耳房,憩蓋帷也;堂以外,高其牆垣,蔽遊觀也。每歲時致祀,典禮森嚴,登斯堂也,來雍雍,止肅肅。於以薦馨香,於以隆燕享。行見來歆來格,千秋之俎豆維新;俾昌俾熾,百代之冠裳丕振。迪前光而裕後嗣,無不於此堂而深長思焉。茲當修牒,繪圖特識之,以昭茲來許。

顯貴二公裔誌。

湖南醴陵賀氏達公祠堂圖

湖南醴陵賀氏達公祠堂圖記

　　蓋聞君子將營宮室,宗廟爲先。宗廟者,先靈之所憑依也,顧不重哉！我鼻祖康公落業醴北白北嶺,其舊帙曰百禄嶺,藉字音而肇錫嘉名也。敷傳後,由白竹嶺遷五石窰前,詒謀有穀,孫子綿延。春露秋霜之際,在明已構堂而奠焉。兵燹之後,滄海桑田,不無變易。嘉慶戊辰年,我族買就五石窰前油榨衝口宋姓彭家屋場,公建祠宇。己巳年,士傑、翰銑公倡建前進,扦庚甲兼申寅。至庚辰年,翰日、翰釗、翰銑、翰錫公等復建後進官廳,扦庚山甲向,乃東西橫屋,出三字正廳,前後兩進深十二丈有餘,闊十二丈不足,其餘前後左右,俱整修油漆。棟宇軒昂,規模壯麗。非惟踵事增華,實以食德服疇者,親親尊尊,追源報本之典,應如是也。從此歲時薦馨,登堂致愨,吾知先人之靈爽庶幾其妥矣。達公裔恭誌。

　　　　（賀萬摶等纂修《[湖南醴陵]醴北賀氏續修族譜》　1913年儒宗堂木活字本）

江蘇宜興美梸宗氏忠簡公祠圖記

　　按壽邱山,宋武帝微時宅基也。帝即位,築丹徒宮,後建慈和、普照、雲臺、龍華諸寺。宣和間,忠簡公以言事坐謫潤州,居製錦坊前軍寨,讀書於龍華寺之乘載菴。嘉定間,部使者喬行簡,即其書院爲祠。明正德辛未,奉敕祠於壽邱山北建坊,曰"表忠"。嘉靖初,規寺址爲學,以公爲宋名臣獨得不廢。崇禎乙亥,夢感邑侯張公文光,率十九世孫德、二十世孫廷章、廷綸,協族捐移於學內。大成殿左爲祠,五楹,奉像以祀。

江蘇宜興美梸宗氏忠簡公祠圖

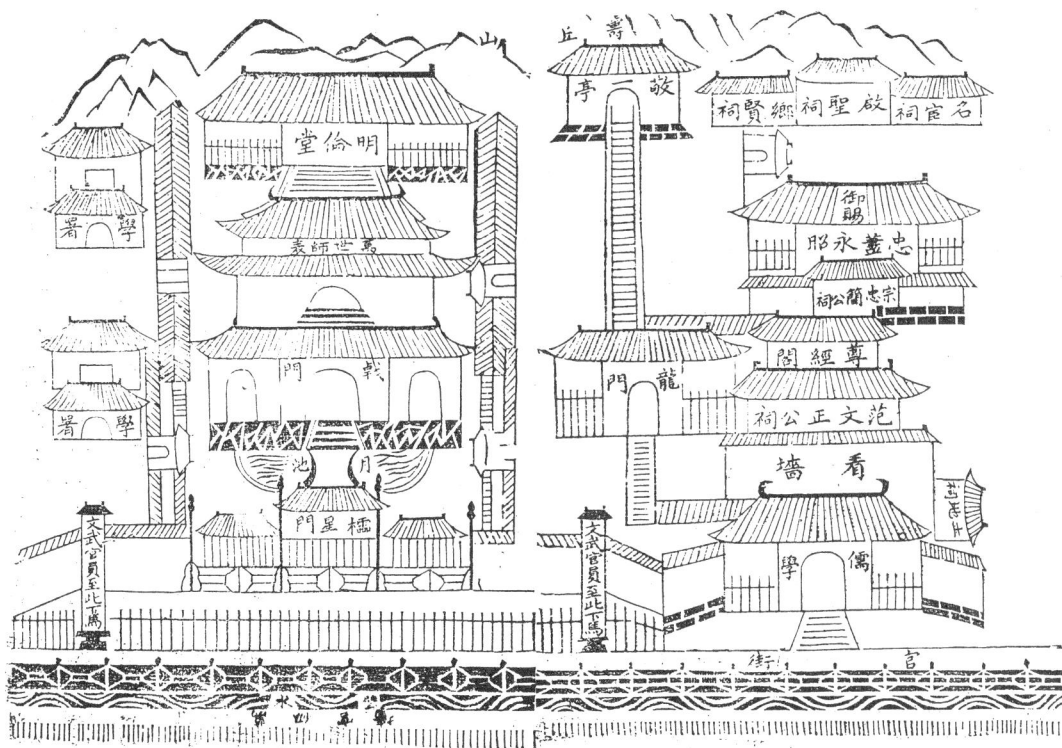

(宗硯卿纂修《[江蘇宜興]美梸宗氏家乘》 1914年木活字本)

江蘇無錫梁溪司馬氏祠堂圖

江蘇無錫梁溪司馬氏祠堂圖記

　　祠坐無錫東鄉膠山之南安鎮街,西信瀆河即大河。北岸,坐北朝南。東至鮑姓基地,水溝爲界。西至鮑姓基地,小田岸爲界。南至大河爲界。北至高垛爲界。同治五年清糧時,編入懷下鄉四四二圖令字八百五十四號,内計辦高田糧壹畝另捌釐。花户司馬祠。

　　民國五年歲次丙辰仲秋,澄江姜達夫繪圖。

　　　　　　（司馬棟等纂修《［江蘇無錫］梁溪司馬氏宗譜》　1916 年木活字本）

湖南寧鄉易氏瀏陽忠愍侯祠圖

湖南寧鄉易氏瀏陽忠愍侯祠圖記

　　祠凡三棟，廣二百二十丈，衺二百八十丈左右，均有廂有廡，前爲門樓，階五級。

　　初祠在瀏陽太湖山下，晉太寧二年，奉勅建立，其地乃興長公故宅也。明洪武元年，賜聯云：“一點丹心，當年鄂渚成忠鬼；千秋浩氣，今日宜陽作正神。”並飭有司，每屆八月十四誕辰，祀以特牲，祝文云：“忠著當時，名垂後世，廟食於今，永宜祭享。”嘉靖間，瀏陽縣尊鄭公汝清，重新其祠，繼又遷於西城外。是時縣祭久廢，縣學生周臣等，請復舊典，縣尊王公延，復致祭如初。事載《瀏志》。

　　清康熙年，嗣孫宗沺請多羅慎郡王更題祠額。雍正八年，瀏民鄧宗聖侵占基址，嗣孫祖本承洸具呈藩憲、撫憲，批飭縣尊陳審詳，諭令祖本等備價一百兩，退買鄧屋，於是合族醵金，更買黃岐生地，重建祠三進，其仍名別駕祠者，示與《瀏志》及《府志》、《通志》相符也。

湖南寧鄉易氏湖南省城總祠圖

湖南寧鄉易氏湖南省城總祠圖記

　　右祠凡三棟，上棟四楹，崇三丈，深二丈五尺，廣視崇加三之一。北爲主龕，三龕各五重，前兩楹爲格門三，各四扇，階下爲庭，左右爲鐘鼓亭。庭下東西客廳各一間，廳側爲房各一間。中棟二楹，前有橫櫨，崇深廣與上棟同，上設鼓皮一座，計八扇。左右長房各一間，前爲二門，門前爲東西廂各三間。又前爲前棟兩楹，左右室各一間，前爲圈門，三共一簷，簷下兩楹，有欄杆。已上中前兩棟，均有樓，其間數亦如之。由主室左巷道而入，爲客堂，堂左右房各一間，房側爲過廳，稍左爲庖。庖後有間牆，牆有門，門外爲試館兩進，以間計者，十有四，出入由高家巷。另一門額曰"易祠別徑"。民國四年乙卯，重修祠宇，前棟改作牌樓，增高數尺，餘照舊規。今圖按新建之式繪之，以瞻壯麗。此祠初建自清乾隆壬寅十月日，維新、維隆、明詩、元澍、賢正等具呈督憲舒，懇恩入《志》，並請建祠省垣。蒙批：“一邑偉人，理合就地建祠，但該生等有力建祠省城，世昭表正，亦無不可。至纂入《省志》之處，事關文獻，應先該府具呈，核驗明確，由司轉詳察奪。”新等又具呈府憲，批行瀏陽查詳覆奪，經縣詳明，准予入《志》。增建宗祠於省城藥王街十四鋪，我竹湖支捐銀三十兩，其餘各支捐銀二千餘兩。乙巳，購嶽麓山道林寺側祭田。丙午，改造頭門，增置後院。費不敷，我竹湖支續捐銀兩，各支共續捐銀六百餘兩，均有碑記其事。己酉年，續置祭田，各支共捐銀五百兩，名目細數詳碑及《祠志》，未錄。清嘉慶年，買清江衝祀田，各支共捐銀二百八十四兩八錢三分，名目細數詳碑及《祠志》。

湖南寧鄉易氏省城總祠重修碑記

　　侯生於後漢延熙，時晉懷帝年舉孝廉，官宜陽別駕，王敦謀逆，刺史譙王承檄侯，募義兵得千餘人，與魏乂戰被虜，誘降不屈，遂殉難。夫人潘聞變，率家人五十餘口，赴樟樹潭死之。明帝時，賜諡靖節，勑建祠於本籍瀏陽太湖山，事詳《晉書·忠義傳》。自晉迄明，迭膺封贈，祀典益隆。

　　清乾隆四十一年丙申夏，族長運孔、祖益、維新、奉先等，念子孫蕃衍，其籍於湘者，多散布各郡邑，歲時致祭，有畢生不與者，用是愁焉，乃倡捐建祠於省城藥王街，置田以供春秋祀事，此省祠之始也。今百年矣，棟寓傾圮。同治二年癸亥春，族長照森、盛祿、培潢、東璧、克振、花潭、代權等，復集族衆，倡捐重新並擴舊規。越六年戊辰，工始竣。書宋禮部尚書山齋公家訓，贈資政大夫翰林編修芝田公誡詞於屏，視昔時益增壯麗。茲以各支子孫捐貲數目，納諸石以垂永久。屬潤壇爲之記。嗚呼！祠者，所以妥先靈而聯族誼者也。故君子以宗廟爲先，子孫入廟，果能追維前烈，生其孝弟之心，惄惄兢兢，恪守遺訓，用能保世滋大，思貽令名，斯固易氏之厚幸，即創修重修諸公之厚望也。願與吾族共勉之。

　　誥授中憲大夫、晉階資政大夫、賞戴花翎江南安徽即補道嗣孫潤壇敬譔。

　　長沙各房嗣孫共捐銀二百八十八兩二錢，捐錢一千一百六十三千文。

　　善化各房嗣孫共捐銀三百一十五兩，捐錢三百七十千零五百文。

　　湘陰各房嗣孫共捐銀十二兩，捐錢四百三十三千文。

　　瀏陽各房嗣孫共捐錢二百四十九千文。

　　醴陵各房嗣孫共捐錢九百四十四千文。

　　湘潭各房嗣孫共捐銀七十五兩，捐錢三百九十千文。

　　寧鄉各房嗣孫捐銀四兩，共捐錢三百二十六千六百文。

　　益陽各房嗣孫共捐錢一百八十三千文。

　　湘鄉各房嗣孫捐銀四十兩，捐錢四百五十三千文。

　　攸縣各房嗣孫捐錢二百九十千文。

　　安化各房嗣孫捐錢七十二千文。

　　新化瓏公派下捐錢六十千文。

　　龍陽伯光支捐錢二十千文。

　　黔陽子彬公支捐銀八十兩。

已上共銀八百一十四兩二錢,共錢四千九百五十串。

細數均詳《祠志》,未録。

民國四年乙卯,重修省垣藥王街總祠,樂捐芳名各房各支樂捐者,以萬餘計,刊詳碑記,未及備録。我竹湖房一支,所有樂捐芳名,刊登於左。

竹湖祠捐三十五千文。　　少懷捐二千文。

廷長公三千文。　　乾元公一千文。

紹林錢二千文。　　有鵬錢一千文。

二南公捐二千文。　　乾山公捐二千文。

席珍公二千文。　　桂榮一千文。

紫庭公錢二千文。　　漢春公錢三千文。

雲廷一千文。　　春林一千文。

恒春公捐一千二百文。　　萬太公捐二千文。

文典公一千文。　　品三公一千文。

旭山公錢三千文。　　永亭錢一千文。

團山祠竹林堂捐錢四千文。　　文泰公捐錢五千文。

寧九公捐錢二千文。

（易達海等輯《［湖南］寧鄉易氏九修家譜》　1916 年篤慶堂木活字本）

湖南寧鄉潙寧周氏祠圖

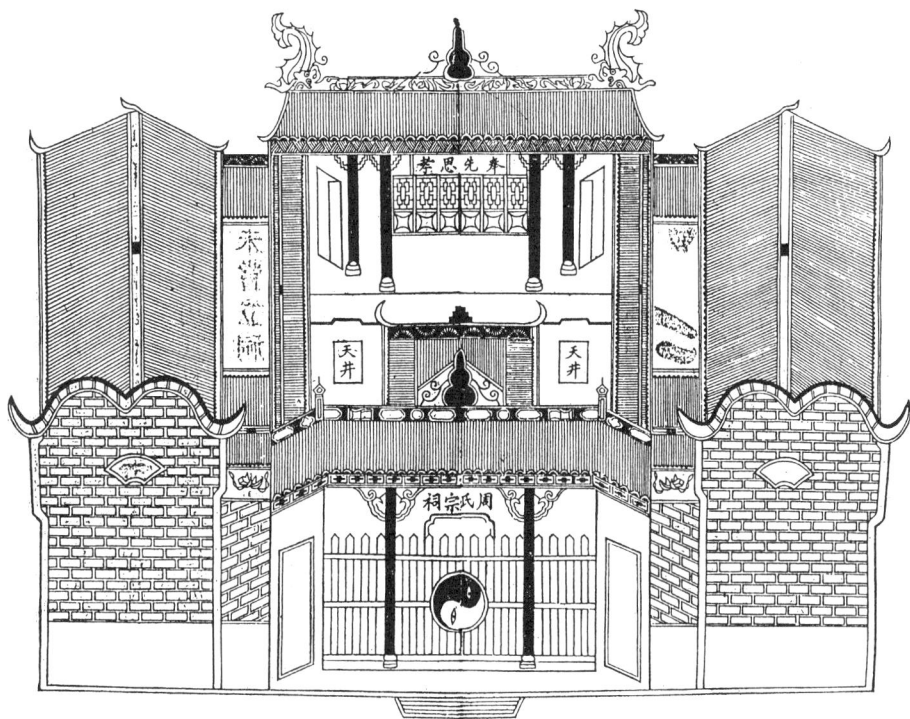

湖南寧鄉潙寧周氏祠記

古者天子七廟,諸侯五,大夫三,士一,庶人寢。合大夫士庶,有曰家廟者,有曰影堂者,今皆改爲祠,其妥先人,則一也。我周氏自龍溪公遷潙五百餘載,有明之代,未嘗立祠。清之乾隆間,我高祖景咸公,見支派蕃衍,歲時奉祀僅及高、曾,不覺惻然動念,乃聚族衆,諭以孝思,緣會公資又捐銀兩,以爲首倡,累積多金,置馬蟒塘田數十畝。越數載,即其地定基卜址,遂建公祠,族衆無不歡欣鼓舞。無何,嘉慶之歲,蟻傷樑棟,以壁易柱,殊不雅觀。光緒庚寅祭會,從叔曉湘公議重建。來春叔卒,贊悼之,遂繼其志。鳩工庀材,率福源、海澄、錦堂諸人,朝夕從事,不數月落成。耄耋者,扶杖而觀,謂過當年之壯麗;嬉遊者,攜手而入,謂新此日之奐輪。即婦女之高瞻、兒童之遠矚者,莫不謂竹苞松茂、鳥革翬飛。而贊則不然,執豆籩,駿奔走,愾乎如聞先人之謦欬,僾乎如見先人之衣冠。今雖二十餘年,回憶當日之經營,髣髴於昨日事。茲因刊譜而閱祠圖,圖依舊而祠更新,是圖與祠有不合處,乃命畫工改繪,而付梨棗。非記予之述事,以無忘我高祖之創始云爾。

十六世嗣孫益贊敬撰。

湖南寧鄉溈寧周氏兩世祠圖

湖南寧鄉溈寧周氏兩世祠碑記

　　嗚呼！天道果無知耶，若還有知，當不至是；而竟至是也，天道果無知耶！阿翁周公歌舞，忠厚長者也，中道鼓盆，止育阿夫伶仃兩世，人無不爲之酸鼻者，幸阿夫周子豈藏，克自樹立。乾隆甲申年，李大宗師科試補寧邑弟子員，人皆爲阿夫慶，且爲阿翁慶，謂歌舞公果獲忠厚之報也夫。何泮遊未幾，疾已中於膏肓，延至戊子九月，奄奄不起，遂化鶴去也。嗚呼！功名雖就，嗣息何存，痛念宗支，不堪回首。天乎，人乎，何至此極也。阿自四歲爲婦，電勉有無，今日者，欲近繼而無旁支，欲遠求而乖昭穆，椎心泣血，無由慰翁志於九京，之死靡他，終難奠夫魂於地下，不得已割産建祠，搆宇三間，晨昏奉祀，妥侑兩世，唯此而已。嗚呼！我躬不閱，奚爲後遑，但冀英靈呵護，俾此祠永垂不朽。是役也，姪益榮、益端勤贊，落成刻石壁間，而爲之記。
　　乾隆庚寅年仲冬月穀旦，阿鍾氏誌。

附：

祠　　記

　　吾族姪孫豈藏，名文顯，自幼岐嶷邁衆，穎悟絕倫，率孝友於庭幃，敦睦婣於戚黨，躬列黌序，屢試前茅，邑中名宿咸器重之。無何，年逾三十不禄，其妻鍾氏柏舟矢志，靡有承桃，乃割所遺之田，於五都十一區芧塘右邊新屋灣下手，建置祠宇，奉翁歌舞、姑李氏與夫之主入龕合享，額曰“兩世祠”，歲取所入爲祀資，俾無嗣而有嗣，意良美也。後二十餘年，鍾氏物故，奉主入龕，與夫配祀，吾常唯豈藏之文行無傳，鍾氏之志節甚苦。伊房子姪又問誌於予，意以誌在則祠常在，而豈藏之幽靈及鍾氏之潛德與之俱在矣。予也隨注存没，附誌於宗牒云。

　　祠田壹拾叁畝，共計拾壹坵。水係茅塘、曲尺塘、廟山塘，照額車放注蔭祠後堤内山壹塊。

　　乾隆六十年乙卯仲春月上浣之吉，益盥手撰。

（周益焕主修《［湖南長沙］潙寧周氏七修族譜》　1917年汝南堂木活字本）

湖南湘潭中湘謝氏宗祠山水全圖

湖南湘潭中湘謝氏宗祠山水全圖記

　　謝氏爲朱亭望族,由明及清,代有聞人。子姓蕃衍,廟食闕如,薦寢無地,族之長宗海憂之。因與族次石、尊賢、揚廷、子鏡、超林等,及族衆之有才者,僉謀鳩庀,慇懃從事,自庚午迄今,閲十有餘載,而家乘竣,斯寢亦穆然有俔焉。宗海與予爲族姊丈行,去年冬,往過其地,得周覽其營造基址甚悉。其左側,則崇林阻峭,佛祖之所宅也。其右則民廛延袤,憲署肅嚴,陰陽風雨之所和會也。後則高阜嶔崟,爲美竿,爲奇石,若熊羆虎豹之所踞蹲也。出寢門前望,大河自衡嶽逶迤而下,綿亘數百里,惟朱亭之水,石激反逆,渟泓濚洄,澄潭淺渚,勢若環此松桷旅楹之下。予與宗海曰:“予觀今之世家大族,重宮複廟,類多佳山水,如貴祠信歸然特秀者。”宗海曰:“斯寢之成,皆自然之勢也。吾方欲與兒姪輩營一善地,適族霖蒼姪通判柳州,卒於官,以此售予,

相其堂基敞廓,謂可以妥我先人也,急受之,乃墍乃塗,以黝以堊,而斯寢適成。"予曰:是正爾先
人之福澤彌留也,今之世傲徒戒役,疲極人力,甚者,啟繡闥作雕甍,崒然攢聳,馳奔雲蠹,靡則
靡矣,然而求山環水集之區,概難有焉。貴祠昔一凱昧宅耳,而翁因時起事,不度地,不改椽,自
然形勝,臨矙風雨,鍾靈而毓秀,天其有意造謝氏乎? 抑烏知昔之營室之人,不即作寢廟之人
耶? 苟霖蒼長此攸宇,不以爲棄地,又安得而售之? 即售矣,而或朽蝕不堪塗澤,短垣曲檻僅容
旋馬,又烏足語於尊祖敬宗耶! 沿昔襲故而宗廟森嚴,豈非造物者假手於霖蒼,至於今而始發
耶! 吾聞之川嶽之英,往往有奇蹟,不輕畀人,畀人則得之甚易,其在斯祠也與,其在斯祠也與!

　　峽源曾宗海頓首拜撰。

　　　　　　(謝滌荃纂修《[湖南湘潭]中湘謝氏五修族譜》　1917年崇本堂本活字本)

湖南長沙虢氏家廟圖

湖南長沙虢氏家廟圖記

　　家廟之原,起於清乾隆三十八年,糾族興派邦、爵、顏、曾、思、唐、隆七房後裔,訂合約,鈐以萬、代、衣、冠、拜、冕、旒七字約付七房收執,招墾祖遺大垻湖荒,捐收丁銀,由是積貲。越四十五年庚子冬二爲高臨及族衆公經營度地,而乃於大灣之東獲吉址,創立家廟堂。爲長龕,隔作三,中祀始祖,仿古人夾室之意,左昭祖,右穆祖,烝嘗弗替。歷嘉慶、同治、光緒四次歲修,規模奠定。光緒三十二年,修葺祠西後棟牆垛。三十三年,修復前棟。因祠東基地狹隘,遂於是年五月初十日,憑族價買昌進父子基屋一契,槽門、板倉、瓦蓋,大小房屋八間,雙單門片、堦石、丹池、園林、竹木俱全,其地界左抵後簷滴水,右抵祠牆,前抵垻邊,由後簷滴水直至後塿外溝心爲界。昌進除所售祠基屋滴水外,存地基一綫,與思房毗連,旋於是年冬,有思房裔孫晴峯、佩生等,將祖遺分受祠東基地一綫,介居顏、曾二公所遺基地之中,仍照當日顏、曾二公分受基地之分扦點丈量,悉捐入祠。其界前抵埧,後抵墳,左抵顏房昌進存留之地,右抵曾房分受鳳儀之基。迨光緒三十四年十二月初二日,昌進父子願將前年所存地基,左抵思房捐入祠地,右抵己分出售祠屋後簷滴水,前抵埧邊直上由菜土田,中抵檀樹山塝外爲界,憑族扦點兌歸祠管,與祠地相成一片。祠將三十三年冬思房捐入之地,概兌昌進父子管理,兌契存祠。統計全祠基地劃分東西兩大界。丈量其東界,齊埧邊,照祠香火中分,由橫屋至兌入地基止,寬五丈八尺五寸,中廣自後棟茶堂後牆脚起,至兌入地基止,廣四丈一尺五寸。其西界齊埧邊,亦照祠香火中分,至右抵塝寬五丈,中廣自後棟茶堂後牆外起,至右抵塝止,寬四丈,前抵埧邊,後連園塝一圍,不計丈禁,菜園右沙牆,外抵塝圍塝內田一坵,墪二隻,圍塝便溝外田二坵,計三斗五升,概歸祠管。此全祠之地界也。於時糾工庀材,廓張前棟,廟貌崇隆。山之輝,川之媚,祥鍾斯地。祖宗之靈,長與天地永,俾爾戩穀,馨無不宜矣。今將捐名依年彙刊卷末,俾後之覽者,其亦思妥宗靈於燕翼,展仁孝於鴻猷,庶家廟之不朽也夫。

　　民國七年歲次戊午仲秋月穀旦,嗣孫公誌。

(虢氏合族纂修《[湖南]長沙虢氏族譜》 1918 年新平堂木活字本)

湖南醴陵汪氏祠堂圖

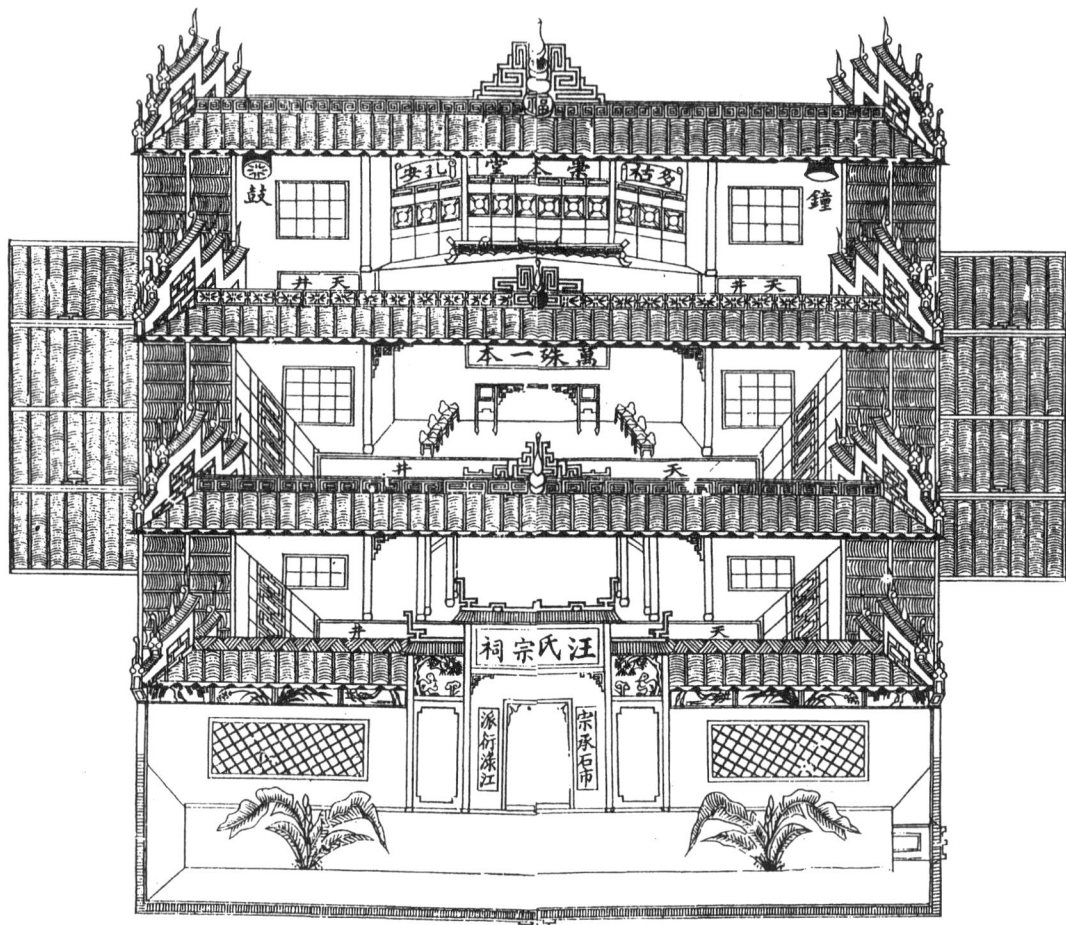

湖南醴陵汪氏祠堂記

　　古有廟而無祠。秦制，天下無敢立廟。漢興，乃立祠於墓所，蓋祠以棲靈，墓以藏魄，祠於墓所者，本求神於陽、求形於陰之義也。後世師其名，不譜其義，徒矜壯麗，侈觀瞻，精義全没，而祠與墓遂不可併爲一談。我基祖元二公，世居江右永新石市，没葬本里大坪。越數百年，又得醴陵北城曹家巷之大坪爲廟食地，後人建祠於其上，以我醴三分遷祖同出公，尊爲基祖。是舉也，基始於前清同治，告成於光緒中葉。其制四進，後爲寢室。中奉公位，左右列配享，昭穆序焉。題其堂曰"崇本"，示不忘本也。階下有庭，以肅拜跪。左右有亭，以奏鼓樂。東西有房，房有樓，可以宿齋戒，可以藏祭器。中進爲祭時序立之所，前進爲祭畢飲福之場。歷階而升，傍右有廚房,蘋蘩薀藻,薦焉必潔。祠之向首子趾午,渌水環抱,衆山羅列,大坪之名,鼓噪一世。要其所以得名之故,公葬於大坪,復祠於大坪,地之相距數百里,時之相去數百年,名與實不相類,而適相同,準以漢人祠於墓所之義,雖不免有所牽合,而隱隱精神可以貫注者,實我公在天之靈,有以玉成之。昔潮人爲韓文公立廟於潮之南,有謂公去國萬里,没必不眷戀於潮。蘇文忠公作記,據理以折之,謂公之神在天下,如水之在地中,無所往而不在也。信之深,思之至,焄蒿悽愴,若或見之,與孔子之論盛德,洋洋乎如在其上,如在其左右之義同揆,古今所傳不可誣也,何於大坪而獨異之!夫身在山林者,而心或在於廊廟,人生惟然。孰謂既殁之後,墓在彼,祠在此,名可通,義可接,而祠與墓不可以併爲一談,吾有以知其不然也。更進而求其名,坪者,平也,必有以形其不平,而始得以坪名。大者,小之積也,必有以形其小,而始得以大名。不有不平,無以見其平,不有小,無以見其大,不有我公之祠、之墓,無以見(其)斯坪之名之久而傳世。蓋有謂非大坪,不足以容我公之祠、之墓,非我公之祠、之墓,坪雖大,亦將淪没於荒煙蔓草之中,徒供牧童樵豎,往來遊憩,上下歌詠,無當人意。(誰)〔唯〕是大書特書,使石市之大坪與此間之大坪,遥遥相對,令吾族譜牒爲之一新。後之履斯地、登斯堂者,顧名思義,知士之立名,當能與斯坪長存,則庶幾可亢吾宗。若夫南北戰爭之後,吾醴丁兹兵燹,寢廟多化爲灰燼,而公祠獨存。猶有人焉,舉世皆濁而我獨清,則尤不可多得者也。覽斯譜者,又當有感於斯文。

　　民國八年己未歲季秋月穀旦,闔族裔孫謹撰。

　　　　　　　　　(汪世業等主修《[湖南]醴陵江氏譜系》　1919年崇本堂木活字本)

湖南長沙易氏始祖忠愍侯暨潘夫人石墓圖

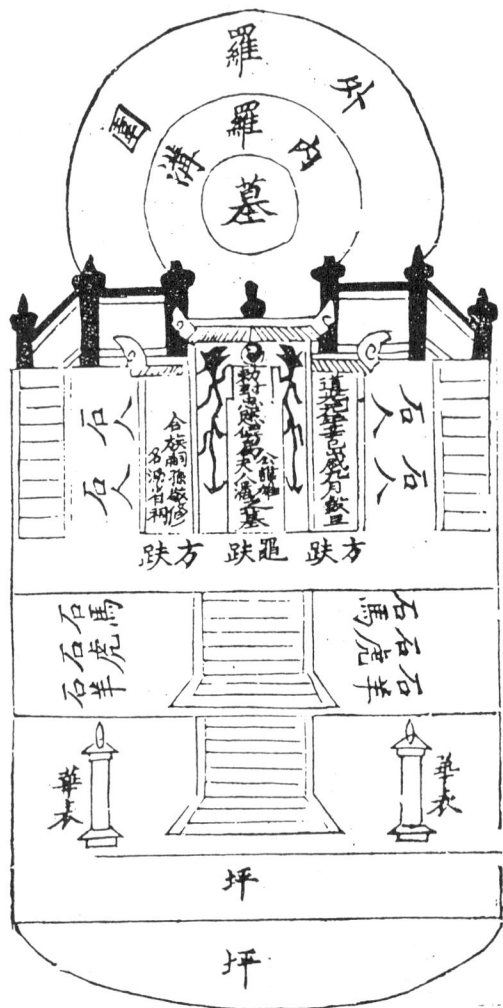

湖南長沙易氏始祖忠愍侯暨潘夫人石墓圖説

　　右圖在瀏陽縣西四十五里根衝之將軍崗,由縣河左峽山口宋家園,循右曲折而入,即墓所也。穴高數十仞,首未趾丑,墓左將軍崗有墓廬一所。先是,公墓每年春秋由瀏邑知縣躬親致祭,因公墓距縣城四十里許,知縣憚於途遠,飭歸縣祠,易氏子孫按時致祭,並劃將軍崗及打石坡一直至界碑水口止,所有每年應納田糧十九串文,永歸縣祠收納,作爲祭祀費用。

（易祖舜等纂修《［湖南長沙］易氏支譜》 1920 年百禄堂木活字本）

湖南湘潭錦石歐陽氏環山公祠圖

湖南湘潭錦石歐陽氏環山公祠圖記

　　我高祖環山公,乃四房義祖之仲子,承祧於五房簡祖者也。清道光間,立專祠奉公主在邑之黑山衝,亦別子爲宗之意也。翬飛鳥革,頗壯觀瞻。越數十年,雨蝕風淫,半遭摧剥。迨光緒中葉,從兄子林等,振而興之,易基遷建,倉卒工作,踵事未竟。丙午冬,衞塏商之青雲、漱泉兩兄暨丙初再姪,重新改造入主祀焉。然溯厥由來,義祖之主器失傳,而義祖之血食豈忍餒而,屢議雙方承祀不果。己未秋,命男之奐偕從姪春華、廉生、吉皆等,增建上亭,左右坿開兩廳,布置殊俗,立龕崇祀本生太高祖義祖夫婦主,歲時伏臘,同薦馨香,俾後日知所自來,數典莫敢或忘也。事雖創始,於理無愆,敬將祠基之崇山峻嶺、茂林修竹並繪其形勝,圖諸譜端,援筆而記大概。
　　民國十年辛酉冬月穀旦敬刊,玄孫衞塏敬譔。

（歐陽之廉纂修《［湖南］湘潭錦石歐陽氏五修族譜》　1921 年敦本堂木活字本）

湖南湘潭錦石歐陽氏涉公祠宇圖

湖南湘潭錦石歐陽氏涉公祠宇圖記

　　東山者,我三代祖景陟公之舊廬也。自明以來,公靈在天,未得憑依之所也。先正議祠,有志未逮。至清光緒末,司事嶽屏與同事惠來、瑞章、月陔、瑞祥等,提倡祠議,即卜東山故宅,易爲饗堂,勸捐成美,寢成,孔安公之英靈乃得憑依矣。況此地後叢佳木,鳥雜絃歌,前湧碧泉,魚鮮俎豆,悉嘗之物於茲盛焉。頌曰:東來紫氣兮,旋故鄉。山送青光兮,映高堂。宗祠對峙兮,並馨香。玉樹三枝兮,永承福蔭於東山之旁。

　　民國十年辛酉孟秋月穀旦,三支嗣孫同識。

　　　　(歐陽之廉纂修《[湖南]湘潭錦石歐陽氏五修族譜》 1921年敦本堂木活字本)

湖北沔城孟氏亞聖廟圖

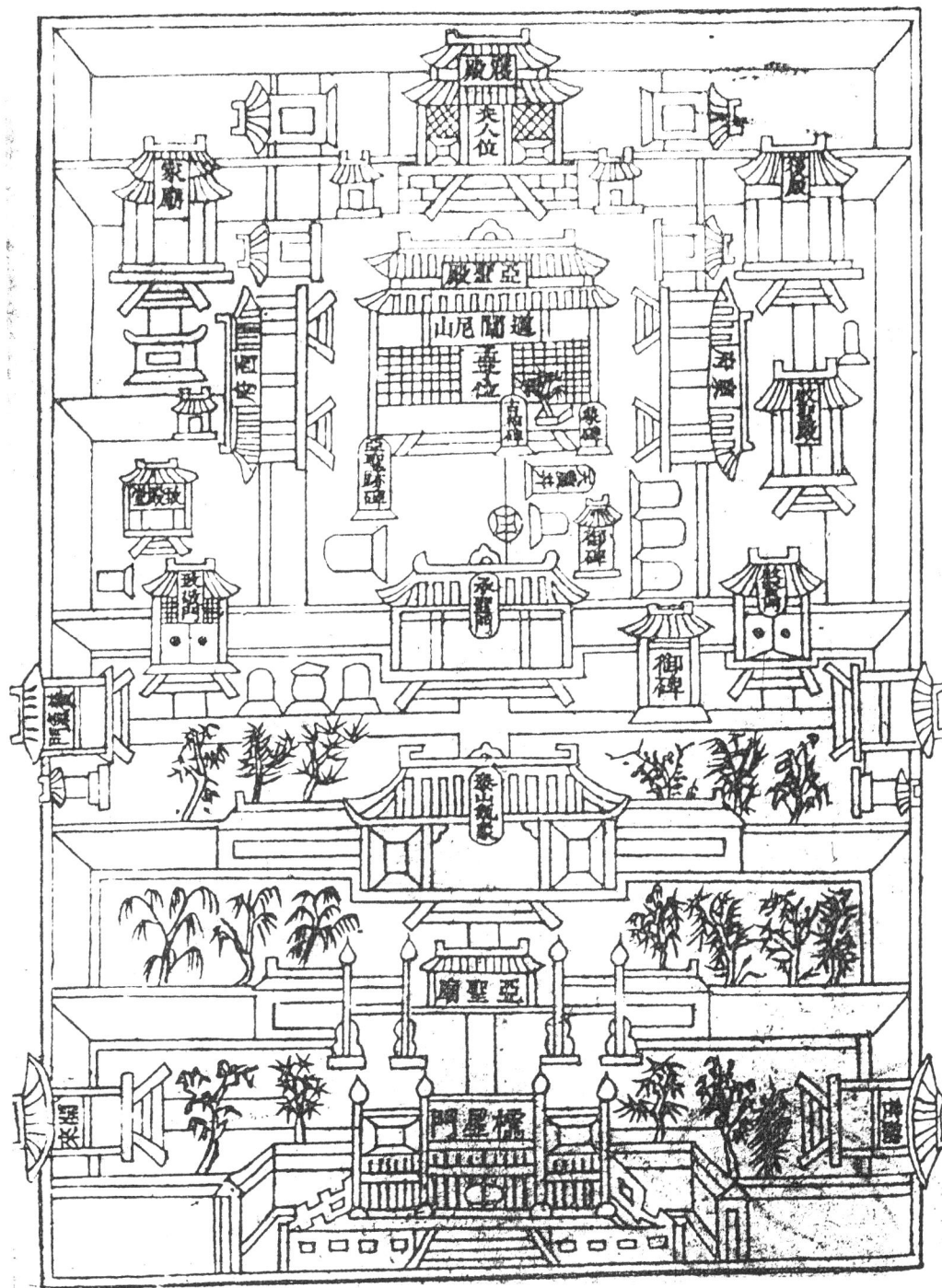

（孟繼堂等修《［湖北沔陽］沔城孟氏宗譜》　1921 年亞聖堂木活字本）

湖南湘潭沈氏宗祠圖

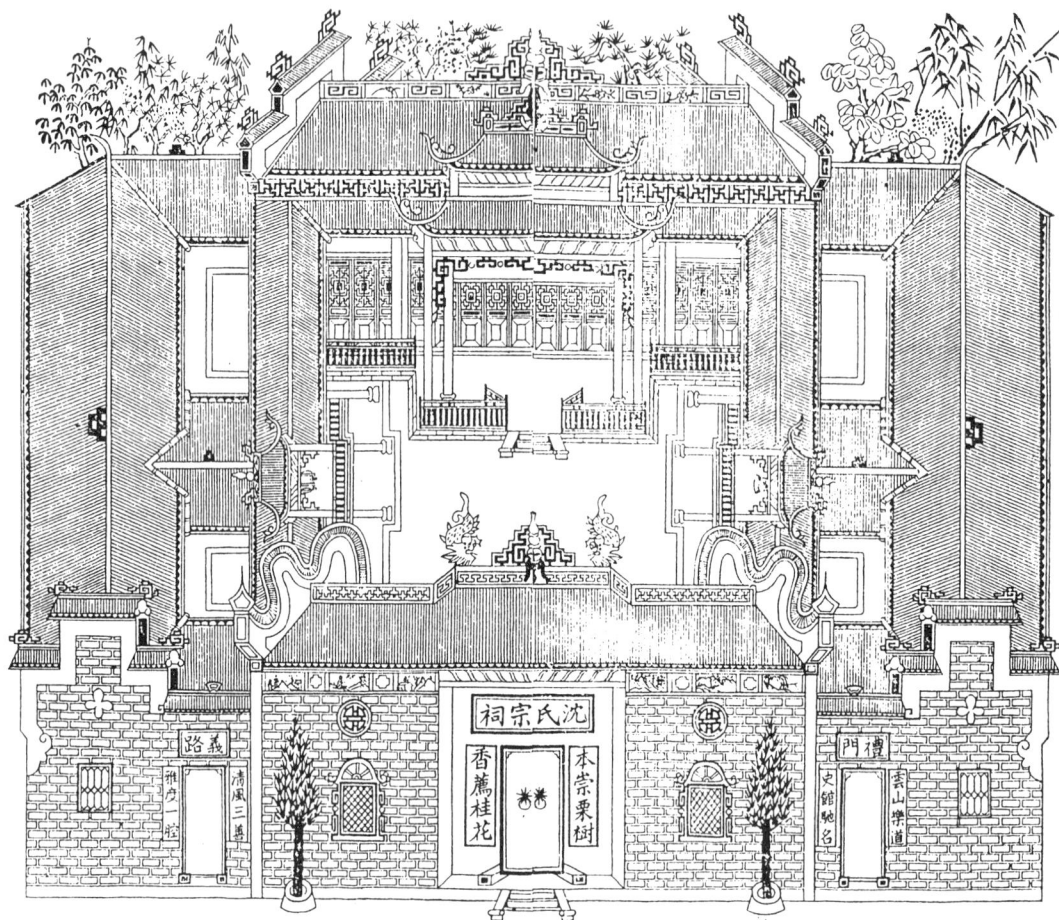

湖南湘潭沈氏宗祠圖記

　　古者,惟士以上分別立廟,未聞民間皆得有祠。建祠之説,自宋之朱考亭始。然在昔,猶未極踵行之盛。至清朝,則凡有族者,類皆有祠矣。我始遷祖祥開豫郡,慶篤中湘,颿續瓜綿,衍及數邑。雖舊有宗祠,而規模狹小,知不足以妥先靈而聯族屬,欲改弦而更張者久之,所慮蓄積無多,莫供取給。癸未冬,遂集三堂商酌,咸曰尊祖睦族,人有同心,何憂資用? 於是族九江力任其事,道南、惺臣、椿茂、照松、月秋等佐之。庀材物,遴匠石,因舊址正方位,以甲申夏始事,越數月而工遂竣。中建大廳,拜獻在焉。後爲正寢,神主安焉。左右各置巍亭,鐘鼓設焉。東西別立正室,齋宿便焉。兩旁各置小廳,族事謀焉。前面復合儌樓,往事繪焉。他如前後相距十四丈有奇，而屏牆之餘趾隙地不與焉。左右相離約七丈有奇，而護祠之廚室莊屋不與焉。蓋合簿書會之，共費三千餘金。其間，公貲祇數百金，餘皆三堂捐項、丁費所出，故財不必貸而自贍，功不必久而始成。所以妥先靈而聯族屬者，至是可無憾矣。雖然，善始尤貴善終，善作尤貴善成。今雖厚牆垣、大榱桷，而歲時修葺，保夏屋以常新，光大門閭，振家聲於弗替，則尤有望於後之興起者。

　　光緒十七年辛卯歲，會埠、新市、井壠三堂子孫公譔。

　　民國十年辛酉重鐫。

　　　　　（沈秀椿等纂修《［湖南湘潭］沈氏六修族譜》　1921 年三善堂木活字本）

湖南益陽郭氏始遷祖祠堂圖

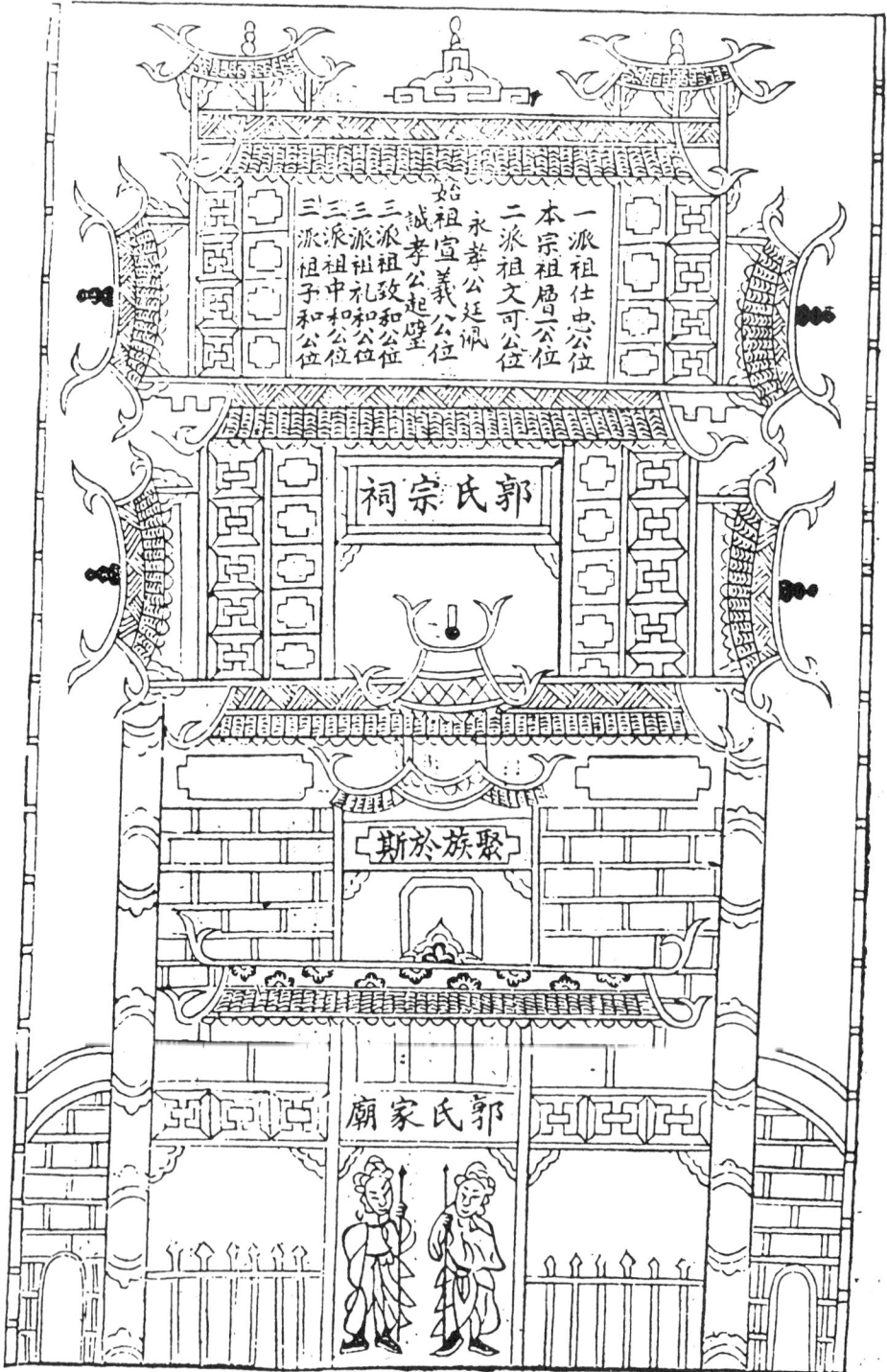

湖南益陽郭氏始遷祖祠堂圖記

右祠在益陽城内五馬坊老岸，壬丙兼亥巳向，計三進。内進爲享堂，中龕奉祀始遷祖宣義公，左龕祔祀二世祖層一公、三世祖仕忠公、四世祖文可公暨各房宗親，右龕祔祀五世祖致和公、禮和公、中和公、子和公暨各房宗親。八世祖廷佩公，以捐南田坊義田，族謚永孝，配享始祖左。十五世祖起璧公，以死祠事，族謚誠孝，配享始祖右。扁額：中龕曰“勳光百代”，三江總督武陵楊超曾題；左龕曰“調元贊化”，武英殿大學士兼兵部尚書史可法題；右龕曰“孝友性成”，邑侯林嵩基題。堂前曰“長沙風範”，陶士偰題。堂後碑亭一所，建碑二道，刊祠址、義田及《家規》印照，文詳首卷。堂東爲族學校堂，西爲客廳，爲管首室。左右及前，迴樓環抱。樓下爲應門，爲中門，中門外，書“郭氏祠堂”，此内進也。中門前爲廊舍，爲義倉，翼在兩旁，中爲引道，門外書“聚族於斯”，此中進也。又前爲戲台，爲大門，大門外書郭氏家廟，其前爲大檻，以資捍衛，此前進也。規模之壯，堪爲城中巨觀，具見先人堂構之善云。祠基前抵街心，横寬一十四丈，後以自牆，横寬一十三丈四尺，左抵卜氏宗祠，《族譜》載抵王人屋基，今歸我祠。以水巷巷心爲界，右抵郭永發屋基，《族譜》載抵魯人屋基，今歸郭。上節有牆，有脚，下節以牆，直出街心爲界。祠左右各有鋪屋三間，概在界内。河岸鋪屋四間，前抵街心，後抵城牆，左抵福音堂牆脚，右以自牆。從城牆直至街心，長一十一丈九尺，城牆外，隨城内屋基，直出河心爲界。凡屬祠内、祠外鋪屋、餘屋及各處祭田、庄屋，祇佃外姓，不佃自姓，從族前議也。

附：

祭　田

南田坊義田，一十四石六斗五升正，大小一百零九坵。

梓山郙水田，一十石零一斗九升正，大小一百八坵。

縣南大海塘水田，一石一斗正，大小二坵。

九水灣水田，八石一斗四升正，大小三十四坵。

四房郙水田，一十六石二斗九升正，大小七十坵。

大塘郙水田，七石三斗五升正，大小三十八坵。

托口港水田，一十二石一斗四升正，大小三十七坵。

實竹巷阮家郙水田，六石零一升二合正，大小廿四坵。

楊樹坪水田，五石四斗正，大小十八坵。以上載《族譜》。

朱家湖水田，二石三斗，大小六坵。

通共水田八十三石五斗七升二合正。此田俱經點驗，過弓丈量，因佃户將田改小爲大，坵名多寡，升斗多寡，與新舊契載多不相符。宗族覽者，以譜所載爲準，不得執契疑譜。糧載在城里七區十區郭義田户内。

湖南益陽郭氏九世祖祠堂圖

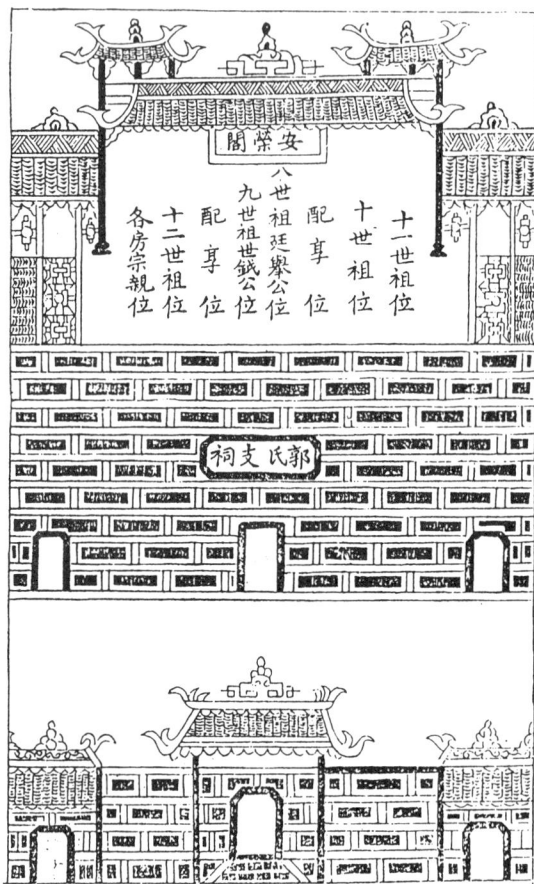

湖南益陽郭氏九世祖祠堂圖記

　　右祠在益陽城内西門，舊呼郭家樓子，即安榮閣是也。明嘉靖時，謙、謪、謐三祖建閣於兹。經明末兵燹，爲伍姓所佔。謙、謐兩房嗣孫清齡、康齡、江齡、起聖、起寅五公訟官，備價贖回，捐爲九世祖白鹿公祠，有碑，詳首卷。民國八年，謙、謪、謐三房嗣孫，以舊宇頹壞，捐貲改建前後三進。内進爲享堂，奉祀九世祖白鹿公，追祀八世祖珍公，祔祀十世祖謙公、謪公、謐公及十一世祖象賢公、見賢公、及賢公、懋賢公、睿賢公、可賢公、敬賢公、多賢公、敘賢公，十二世祖良心公、良策公、良嗣公、良彦公、良樞公、良宋公、良侣公、良儔公、良燦公、良知公、良瑜公、良徙公、良瑛公暨列祖妣各房宗親，而以清齡等五公配享中前兩進，暫仍舊觀，俟有羸餘再行改作。祠基後有菜園一頃，有堤，有溝，有舊牆脚爲界，園内莊屋一棟，屋後餘地邊小塘一口，獨管。又有水田一坵，<small>今廢爲塘</small>。田壋西面餘地，抵文姓屋基，南抵自菜園，東抵周姓毛姓園堤，東下抵陳姓垸堤爲界。田係夏家塘水灌溉。公舉總管一人，謙、謫兩房各舉房長一人，諡房因贖月明山墓田，多捐銀兩，銓舉房長二人，以董祠事。公立合約，三房同心蓄積，不准分析絲毫，有違議者，公同綑送入祠重行責罰，不服，稟官懲治，約詳《珍房支譜》。

　　附：

祭　　　田

　　青龍觜祭田，一斗八升，又新開田三斗。

　　月明山祭田，五石二斗。

　　共計水田五石六斗八升，坵數詳契。此田原有合約，載明白鹿公所置。月明山一所，山內安葬八世祖珍公。後三房疊葬墳塋在內，子孫散蔓。房某將月明山產業，竟爾外售。乾隆二十九年，謙房師禹、席珍、友松、價侯、士佩、士英，謫房維明、元音、行必，諡房萬，皆其誠裔儒近也。如上宅安耀祖等糾率三房人等，鳴族告官，備價買回水田二石五斗，並山場房屋基地等項，公私用費二百餘金，議定無論房分人丁多寡，出費照銀係股，墳山公蓄公管，永不進葬。乾隆三十年，以捐款踴躍，又買劉敬六水田一石五斗，及關山屋基。三十七年，又買黃鰍隴水田一石。三十八年，又買郭立青水田二斗，及塘山屋基各項。十年之內共置水田五石二斗。公同會議，書立合約八紙，開載各房捐費並後來所加之錢，另立書冊四部，著載兩處田山段落及掌管條規，每年銓總管房長，掛祭清理，輪流交代，尾開謙公子乾房捐銀十七兩五錢。三十年，席珍、士英加捐錢二串，子寧房捐銀十七兩五錢。三十年，師禹、友松、士佩加捐錢三串，謫公下兩公房捐銀十六兩。三十年，維明加捐錢一串，汝甯房捐銀二十兩。三十年，元音、行必加捐錢二串，諡公房萬皆裔儒其誠近也，如上宅安耀祖各捐銀四兩。三十年各加捐錢一串，汝南捐銀三兩。三十年加捐錢一串，其訓仰彌六皆仁則、孝思、士明、齊政、繩武、光閭、師朝、光旦、光緒各捐銀三兩，穆槐捐銀一兩，立青捐錢一串。

　　清乾隆三十九年甲午二月初六日立。

（郭鳳鏡等纂修《［湖南］益陽郭氏溶公支譜》　1921年木活字本）

湖北江陵粟氏長房祠圖

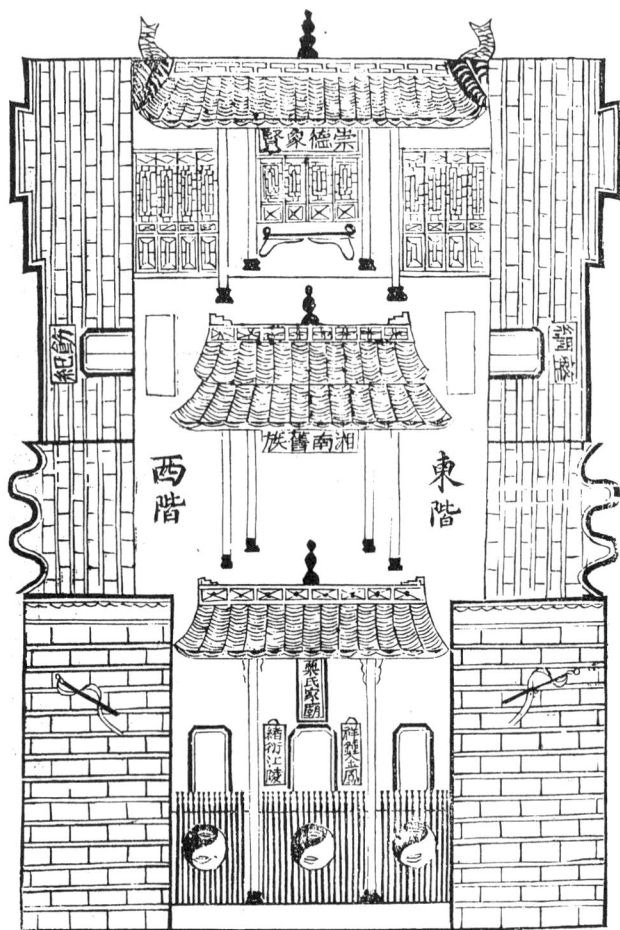

湖北江陵粟氏長房祠圖記

　　右圖乃長房金山宗祠也。乾隆年間,接買有斐田業建祠,每歲租穀,祭祀歲修外,蓄積餘貲。道光初,又買弼朝田塘一契。咸豐八年,各房捐貲修建,添置祭器,規模因以畧整。同治二年,又買宗武克益田一契。光緒年間,先後接買陳象賢河塘、時富粟樹屋田業各一契,其餘者撙節積累。歲戊戌,重新改建是祠,所有契據、祭器概交總監值年輪流收管。嗚呼!祠宇所在,列祖式憑,凡我族衆,庶各本源念切,披圖而深如在之情,則在天之靈,佑啓於無既矣。

（粟彬等修《[湖北江陵]粟氏六修族譜》　1921年江陵堂木活字本）

湖北江陵粟氏三房祠圖

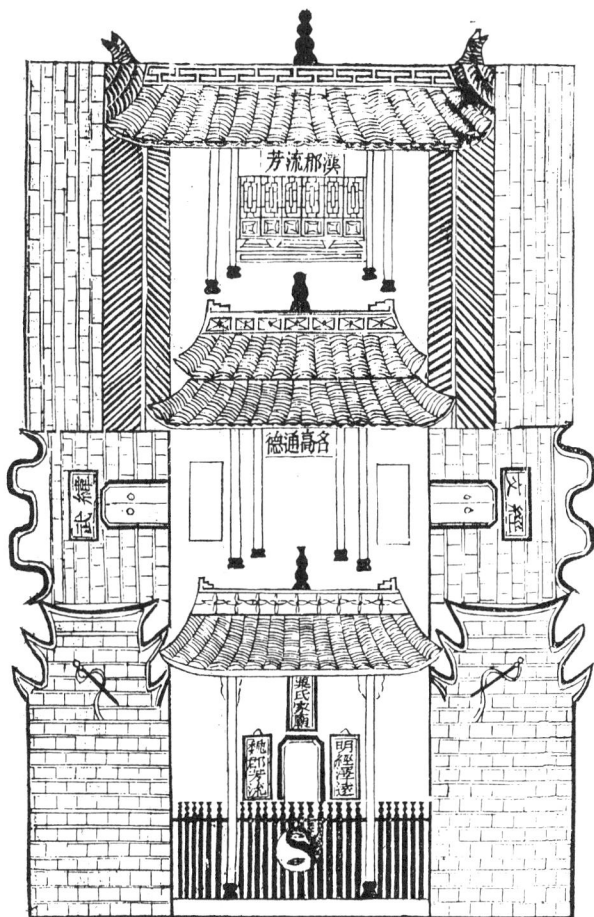

湖北江陵粟氏三房祠圖記

　　右圖乃三房板石宗祠。先是,以將軍廟爲公所。乾隆甲辰,接售民屋。至嘉慶庚申,改易棟宇,建是祠,以妥神主。同治三年,各房捐貲修建前棟,添置祭器,而厥觀於以頓改。其田屋山界契據合同,概交執年人輪流公管。嗚呼!祠宇規模森然具在,而列祖之靈爽莫不式憑。撫斯圖也,得毋深如在之忱,而恪然起敬也乎!

　　嗣孫謹誌。

（貫彬等主修《[湖北江陵]江陵堂粟氏六修族譜》　1921年江陵堂木活字本）

湖北漢陽姚氏宗祠圖

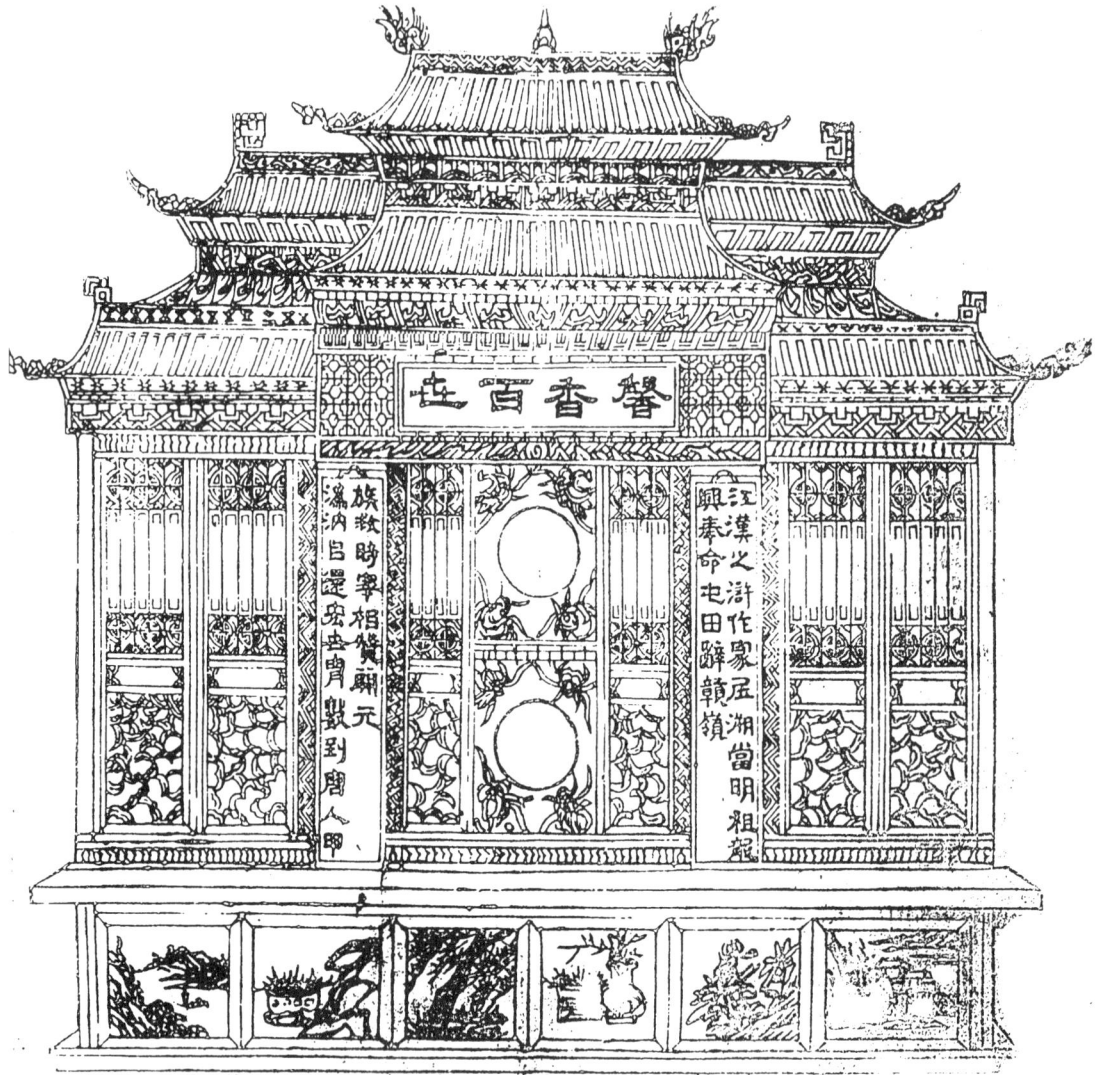

（姚芳勳等修《[湖北]漢陽姚氏宗譜》　1921 年成務堂木活字本）

湖南湘潭龍泉羅氏宗祠圖

燕翼貽謀　　佛惠香山　　日前南海

祖宗堂　　大乘寺　　觀音閣

高懿家聲　西江世澤　法復龍山　八部天龍　神留天竺　慈航普渡　萬代同瞻

羅氏家廟

湘水流長　　龜山世業

湖南湘潭龍泉羅氏宗祠圖記

　　名曰龍泉山,建宗大乘寺,興於李唐,巍然廟貌,自昔輝煌。由唐迄明,數千年強。洪武七載,我祖楚芳公來,從江右遷徙中湘。聚族於斯,卜吉允藏。延至我朝,堂構增光。重修數次,畫棟雕梁。左觀音閣,右寢室堂。後安佛像,前立文昌。神威赫濯,祖澤綿長。地靈人傑,百代冠裳。繪圖家乘,永誌不忘。後有作者,籌畫益良。幸甚幸甚,是余所望。

湖南湘潭龍泉羅氏宗祠祭器圖(一)

俎　　圖

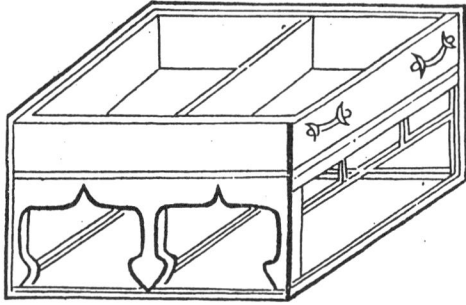

用木爲之,中區爲二,以實牲體。裏用錫,外髹以漆紅色。縱三尺九寸,橫二尺八寸左右。各銅環二,六足,有跗。通高二尺七寸奇。

湖南湘潭龍泉羅氏宗祠祭器圖(二)

鉶　　圖

范銅爲之,以實和羹。高四寸一分,深四寸,口徑五寸一分,底徑三寸三分三,足高一寸三分,蓋高二寸二分三,峯高一寸。

湖南湘潭龍泉羅氏宗祠祭器圖(三)

敦　　圖

敦，亦簋也。笵銅爲之，以實黍稷。通高四寸二分，深二寸一分，口徑七寸二分，底徑六寸，蓋高一寸八分，上棱四出高一寸一分。

湖南湘潭龍泉羅氏宗祠祭器圖(四)

簋　　圖

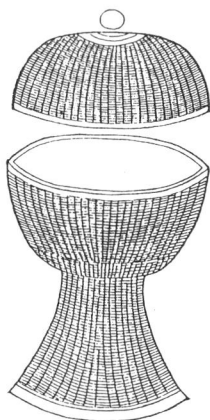

編竹爲之，以絹飾裏，通髹以漆紅色，以實果餅、乾肉。通高五寸四分，深八分，口徑四寸六分，足徑四寸，蓋高一寸九分，頂四分。

湖南湘潭龍泉羅氏宗祠祭器圖(五)

豆 圖

范銅爲之,蓋用絢紐,以實炙胾、時蔬。通高五寸五分、深二寸,口徑四寸九分,校圍二寸,足徑四寸七分,蓋高二寸二分,頂三分。

湖南湘潭龍泉羅氏宗祠祭器圖(六)

尊 圖

范銅爲之,用以貯酒。通高八寸六分,口徑五寸一分,腹圍二尺四寸,底徑四寸六分。

湖南湘潭龍泉羅氏宗祠祭器圖（七）

爵　圖

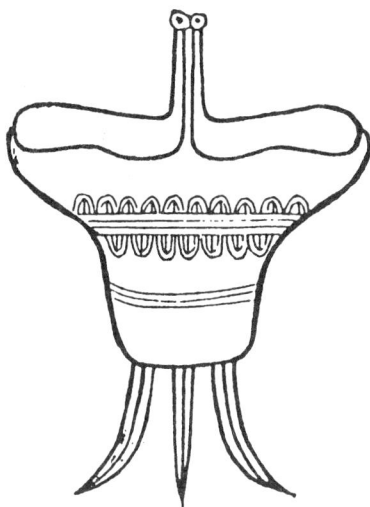

以金銀或以銅爲之，用以酌酒。通高四寸六分，深二寸三分，兩柱高七分，三足相距各一寸五分，高二寸。

湖南湘潭龍泉羅氏祭器圖說

《唐開元禮》云，官員廟祭，用簠簋鉶俎籩豆，其數以品爲差。是私家得用祭器，自唐已然。謹按《大清會典》所載三品以上，每案俎二，鉶二，籩六，豆六。七品以上，籩四，豆四。八品以下，籩二，豆二，皆俎一，鉶、敦數同。用繪各圖於右，以存古制云。

（羅大維纂修《［湖南湘潭］龍泉羅氏五修族譜》　1922 年明德堂木活字本）

湖南醴陵泉水灣袁氏宗祠山水圖

湖南醴陵泉水灣袁氏宗祠山水圖記

　　昔范公爲嚴先生作《祠堂記》，而贊曰："雲山蒼蒼，江水泱泱，嘆江山拱秀，雲水臻雄，羨建祠之得所也。"故古之卜居築室，必擇佳山佳水，故山川毓秀，地脈鍾靈，而廣厦之宏基所肇，奐輪之頌美由來，燕翼之所以垂於奕世也。我族世居泉水灣，五百有餘歲矣。覩山川之雄勢，可謂壯觀。咸豐間，族前輩議建祠宇，以祀先靈，度基址於譚家灣，卜之曰吉，遂營堂構焉。祠基之發脈，祖於章仙嶺。左則由塘基壢歷東坑老鴉山，迤邐數十里，至祠前之象形蛇形，以爲明堂關鎖。右則由葡萄坳功德牌，穿境過峽，至桃蘭坳分支，右出則爲邑城發脈，左而曲轉回顧，更爲左旋至小水灣，突出大山嶺，與蛇形兩山會合，昂然獨立，爲泉灣之堡障關山。祠之後山，由功德牌左出，盤礴而下，蜿蜒而來，乍起乍伏。如波濤滾突，如駿馬奔馳，雄勢勃然莫遏。至北斗嶺，始豁然開展，即爲祠基。有楓梓坳生雞嶺爲之護衛，兩旁有小河，醴泉所自出，悠悠洋洋，灣環曲折，至化泉江始滙合焉，故名泉水灣。中有良田千頃，泉甘土肥，居民不下千家，率皆忠厚，風善俗美，素稱仁里焉。且也桑麻滿徑，雞犬相聞，修竹蒼松，茂林鬱鬱，覩茲勝概，欣然樂哉！始知先人之用心有所自矣。以故秉其山水精英之氣，宜乎椒蕃派衍，歷久而不衰與。茲今譜牒增新，爰將山川之大局圖而記之，以便閱者。

湖南醴陵泉水灣袁氏宗祠圖

湖南醴陵泉水灣袁氏宗祠圖記

　　《記》曰："君子將營宮室,寢廟爲先。"蓋以此妥先靈而隆報饗也。我族自八代祖寶公徙居泉水灣,歲時享祭祖先,歷就先人舊廬,族前輩屢議創建,以經費未充,不果。迨清咸豐間,合族議建宗祠,遂相地於斯,但該處地址係各房子孫私業,乃將族管田山遂一兌就。用是鳩工庀材,經歲餘而工竣,克壯觀瞻,复乎備矣。雲連綿亘,水近樓臺,月映參差,風吹鈴角。停鸞峙鵠,迎神報享之庭;浮柱飛梁,燕毛棲息之所。華簪相向,朱户交橫。且雅韻流傳,暮擊如雷之鼓;清音飛越,晨撞報曉之鐘。地下光明,花磚可數。堦前修潔,細草平舖。制巨模宏,慮周藻密。況復地脈高厚,祠之前後左右,佳水佳山,無一不擅其極,真地闢名區,天成勝景,固知我祖卜居有自,歷世無窮耳。孫等纂輯之餘,緬懷世德,情殷報本,念切敬宗,表揚先緒:愧無永叔之才,摹寫真詮;欲學王維之筆,爰繪一圖,附諸篇末,以誌不忘之意云耳。

湖南醴陵泉水灣袁氏宗祠陳設圖

湖南醴陵泉水灣袁氏節孝坊祠圖

湖南醴陵泉水灣袁氏節孝坊祠圖記

　　中華民國四年乙卯,閤邑紳商學界公舉萍鄉西區鳳鳴鄉袁先生海帆諱名揚之夫人賴氏,青年守忠,貞節冰清,係與民國褒揚例第一條第二款之行誼相符,錄呈事實,由縣道轉詳省長,咨內務部核准,奉大總統題額並賜褒章證書,建坊旌表。大總統題褒四字"節勵松筠",萍鄉節婦袁名揚妻賴氏。

　　中華民國四年六月穀旦。

（袁楨等纂修《[湖南醴陵]醴東泉水灣袁丙三修族譜》　1922 年光裕堂木活字本）

湖南長沙詹氏宗祠圖(一)

湖南長沙詹氏宗祠圖(二)

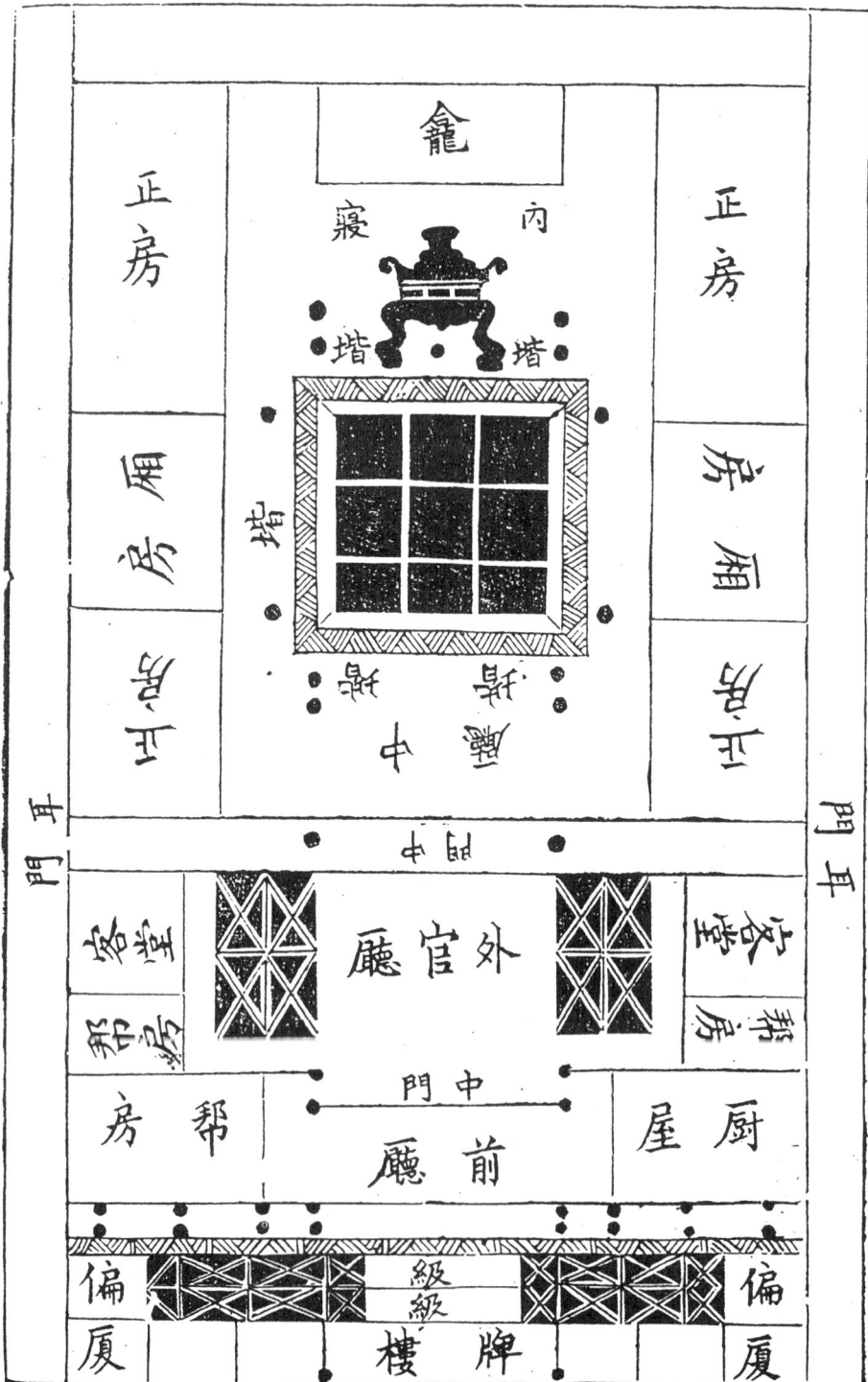

湖南長沙詹氏宗祠圖記

　　祠堂者,祖宗靈爽所憑依,族姓綱常所維繫也。我詹氏始祖再九公,當元明鼎革之初,由江西浮梁官遷常衛,占籍開宗,一綫再傳茂椿公,二世祖也。逮乎三世從善公,以嫡長讓世襲於季弟從俊公,而率仲弟從禮公、三弟從貴公,遷益以宗繼祖,以長承宗。故我族祠建益邑,本宗法也。祠地距鮓市下數武,帶河南向,數百年於茲矣。乃者,代易時移,風銷雨蝕,漸及摧殘,慨焉朽腐,若不除舊更新,難免槵頹棟折。先人有靈,其不安也。清光緒二十九年癸卯,族長老合族屬謀於宗庭,復修祠宇,齊聲踴躍,敦促進行。於是派董理,召工匠,興土木,擇是年十月十四日,成立内宅主寢暨東西廂,逾月中宅續立,越明年告成。請主復位,乃安斯寢,以妥厥靈。後數年,再修前宅一層,高出聳然,有亭左右對列,是爲外廂,祠門兩側,樓倉附焉。四圍牆垣,離屋成垛,祠宇形勢,大概如斯。雖不美麗,而局面規模較諸舊祠則稍勝矣。是役也,前後共費四千二百餘金。款提三項,一按丁,一按糧,一按房,不及則以祭産贏餘補助之。原始要終,締造閲十餘寒暑,斯殆有年有幹,未雨綢繆,若非祖宗之福,家族之和,曷克臻此。試觀廟貌,煥然一新,不但聚族於斯,子若孫咸知追遠奉先。即如武邑老家,與夫遠遷蜀陝以及分遷大湖南北各府州縣我族苗裔,罔不念切朝宗,情深顧祖,禴禘烝嘗,年常四祀,馨香恪薦,感而遂通,音容雖杳,精神若接然,要皆由此入室,登此堂籍。

(《［湖南長沙］詹氏六修族譜》　1923 年木活字本)

湖南寧鄉潙寧何氏祠堂圖

湖南寧鄉潙寧何氏祠堂圖説

　　夫萬物本乎天，人本乎祖，祖所在即本所在也。爲子孫者，欲於春露秋霜，隆其孝享，非建祠宇、置祭田，何以妥先靈於九京，延俎豆於千秋哉。我何氏自海潮祖而下，振振繩繩，亦云盛矣。歲丁木，春祭里，少長咸集，商議建祠置田，爲先人式憑之所。僉謂爲所當爲，亦爲所必爲，遂皆踴躍趨義。爰協謀樫兩房捐資，價置三都九區大地名白竹衝、小地名四畝衝田山一契，支祠建於山塢。制凡二重二橫，宗堂辰向兼乙，上設龕，中奉海潮始祖神主，旁奉廣元公、紋炳公、章華公神主及希謀、希猷、希樫、希能公神主，陸續奉歷派祖先神主，因親及親也。祠外左有園，右有圃，前則山環水遠，後則松茂竹苞，地之勝實助吾祠之勝，妥先靈而利後嗣者也。繼自今以往，所賴後之人，懔儳常存，烝嘗罔替，租供歲祭外，積有羨餘，增其式廓，光大前業，幸何如之。然而不敢以規模粗就，責諸後人，宜後人亦有志於斯也。蓋至此而先靈妥矣，俎豆延矣，不誠我族之盛舉哉。因繪圖而爲之記。俾後之覽斯譜者，一開帙而咸知祠之巔末云。

　　　　（何梓薌等纂修《[湖南寧鄉]潙寧何氏四修支譜》　1923年廬江堂木活字本）

浙江新昌彩煙丁氏宗祠圖

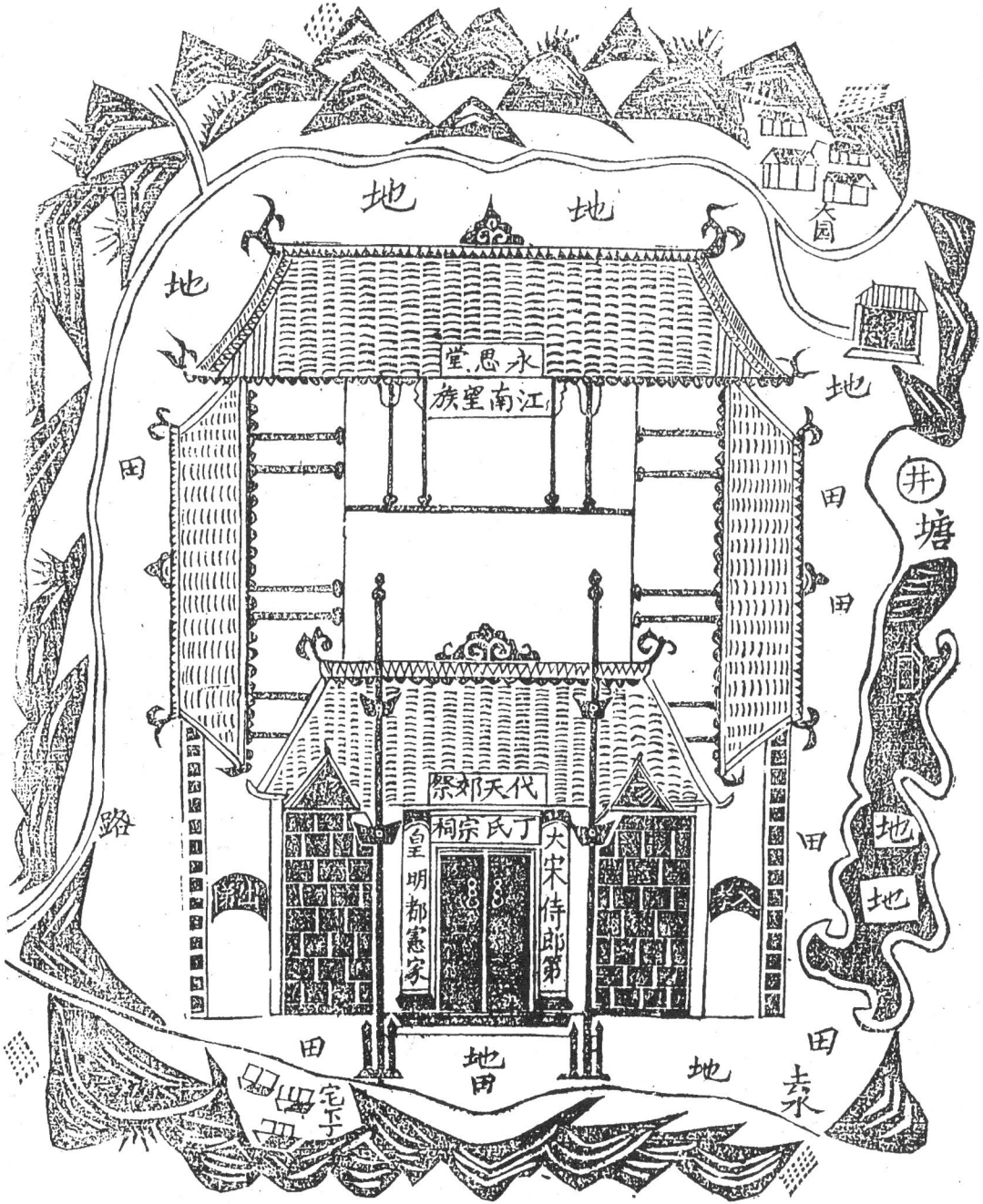

（丁志賢纂修《［浙江新昌］彩煙丁氏宗譜》 1924 年永思堂木活字本）

湖南湘潭白鹽童氏祠堂圖

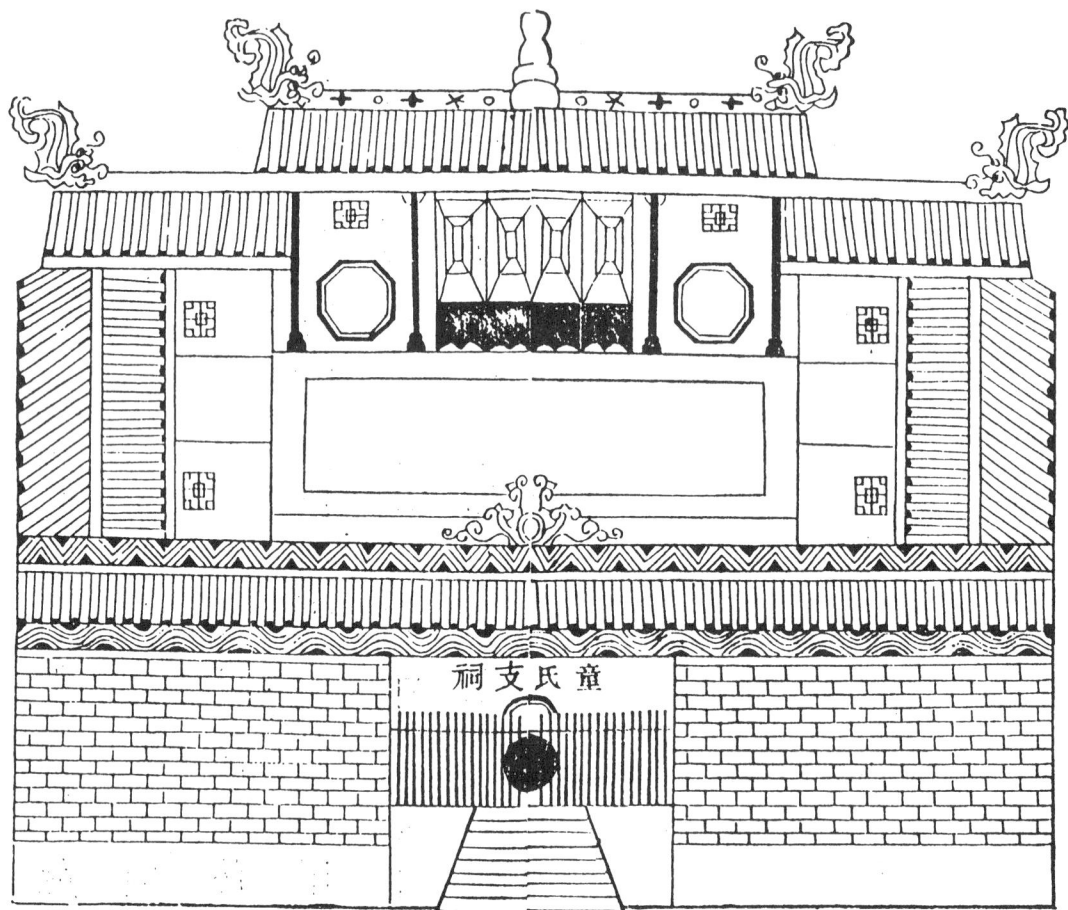

祠支氏童

湖南湘潭白鹽童氏祠堂圖記

　　古者，士大夫祭於廟，庶人祭於寢。伊川謂，庶人無廟，可立影堂。朱子因改影堂爲祠堂，其制奉高、曾、祖、禰四派之主，亦以四仲之月祭之。至永樂時，又頒文公《家禮》於學宮，此祠堂之制所以尤重士大夫也。吾族祠於清嘉慶十八年，兩房後裔醵金，公建湘潭上五都七甲白鹽之童家衝。每歲春秋祭祀，上以祀祖宗之靈爽，下以盡子孫之孝思，定歷久之規模，圖維新之矩範。是爲説。

（童方籴纂修《[湖南]湘潭白鹽童氏五修支譜》　1924 年光耀堂木活字本）

四川、江西、福建、廣東廖氏新河堰祠圖

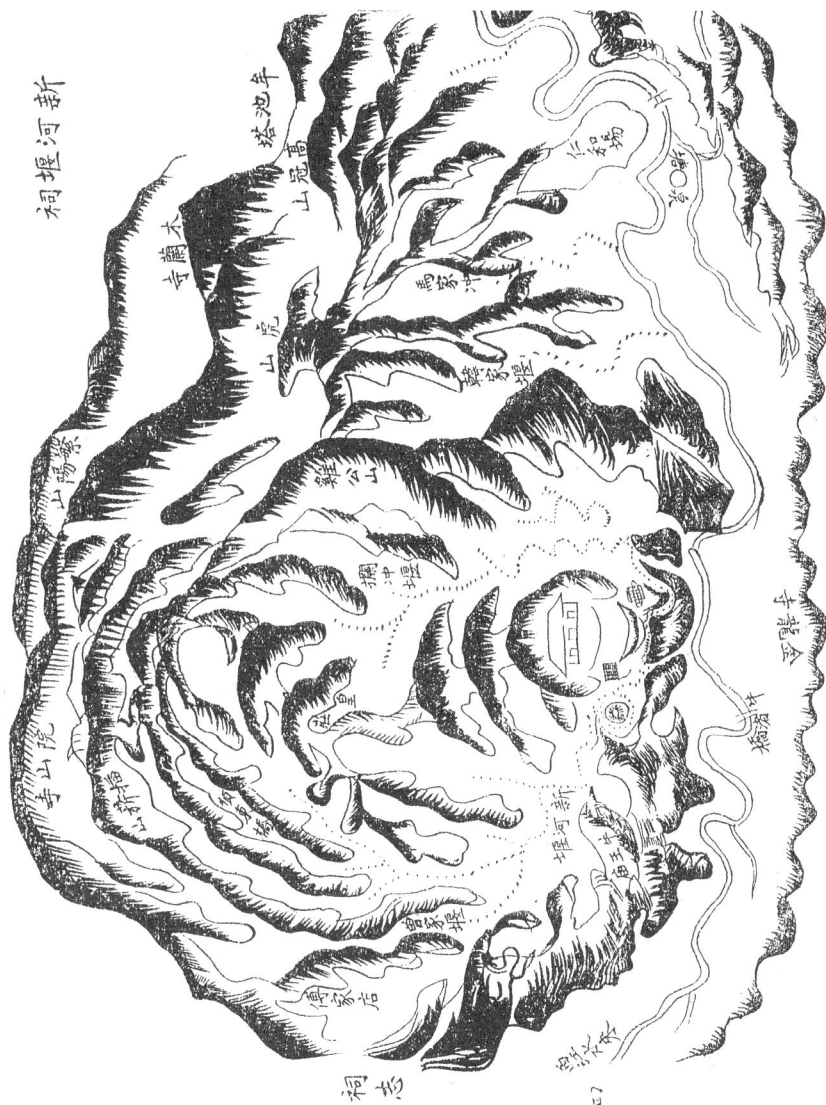

四川、江西、福建、廣東廖氏新河堰祖祠水口故道記

　　天地有自然化工，山川有自然結局。體勢既定，不容變遷，蓋順易成，戾則必廢。智者因天地之自然，隨造化之固有，行所無事，不故爲矯揉，是以享成功，而卒鮮敗事。

　　我體用祖祠，卜宅於新河堰，百有餘年矣。斯地也，左有攔沖堰，右有新河堰，兩水俱流到

祠前,而水口未交合,滙流一處,不知始自何時。然其合流,故道蹟尚顯然在也。凡四方喜談風水之士,來觀吾祠者,每以水口損壞不能修復爲可惜。而族中人議,言人人殊,或云當左,或云當右,見各相持,難歸畫一。平心而論,未免皆非。何者? 其云水口當左,不過遵僞造三元大卦之説,謂戌龍入首水口,正宜出壬,變宜出甲,始合城門一訣,詎知挨星秘旨全不如是,未得三卦真傳,宜有此誤也。且攔沖下流溝底,較新河堰下流溝底高踰六七尺,從攔沖堰引過明堂歸水口故道,其勢順而易,從新河堰引過明堂出甲位,則必激使上行,而水不理遜,其勢逆而難,其説之謬,固不待智者而決矣。至云水口當在巽方,合乙向巽流,如救貧黄泉之説,此尤謬甚。按此法,謂水口既在巽方,當立乙向,以爲消納,庶不犯煞爾。先輩因水口故道,近辰遠巽,恐犯流破地支之説,於是將水口之捍門山,妄行鑿斷,戕賊來脈,又於水口故道重築堤埂,壅塞填淤,左邊甲位山勢稍低,外與西江相距,僅隔數丈,每夏秋洪水暴漲泛濫,浸淫攔沖,堰水湍流迅急,遂乘勢衝決,截奔而去。此兩水所以分流,而中間故道竟成涸港,變作原(由)〔田〕也。豈非前人迂執司馬頭陀之説,不知變通,乃致此大誤歟。

　　夫山川融結,勢本自然,來去兩口,尤爲天造而地設,豈容謬爲附會,妄加穿鑿,以虧傷真體,剥喪生機耶。兹蒙天地垂憐,祖宗默佑,將一姓有再興之兆,家運有重盛之幾,故四房人等同心協力,議復水口故道,以蓋前人之愆,而完川澤本來之體。於辛巳八月,擇吉始事,迄於十月。鳩工庀材,用金五百,役夫數百,鼓舞來趨,人廣力倍,役未四旬竟藏厥事。

　　由是山河復舊,風景更新,嶽崝淵渟,如開生面,從此地德上載,天光下臨,行見生氣穹窿,人文蔚起,上足奠爇嘗於奕禩,下足綏福履於無窮也。第恐族人尚有未喻,特爲明辨,使知其義,且俾後來者共加保護,不爲異説所惑,是所厚望。

　　水口既成,仲冬下浣,有族人告余,祠林有鳥數百來集,十餘宵矣。祠内不更事子弟,以鳥鎗弋之,遂去。余曰:地理有天時之應,禽鳥得氣化之先,水口復而鳥來,此感應之先兆也。惜人事不修,無以承天相而享地利耳。後嗣有克敦倫常慕仁義者,吾族其昌矣。然自是而後,僅三年,遊泮者八人中,武闈鄉試式者一人,吉之先幾,亦畧可覩矣。故坿志於此。

　　乙酉季冬上浣,守誠跋。

(廖文炳等纂《〔四川、江西、福建、廣東〕廖氏族譜》　1924 年石印本)

湖南湘陰義門陳氏祠堂圖

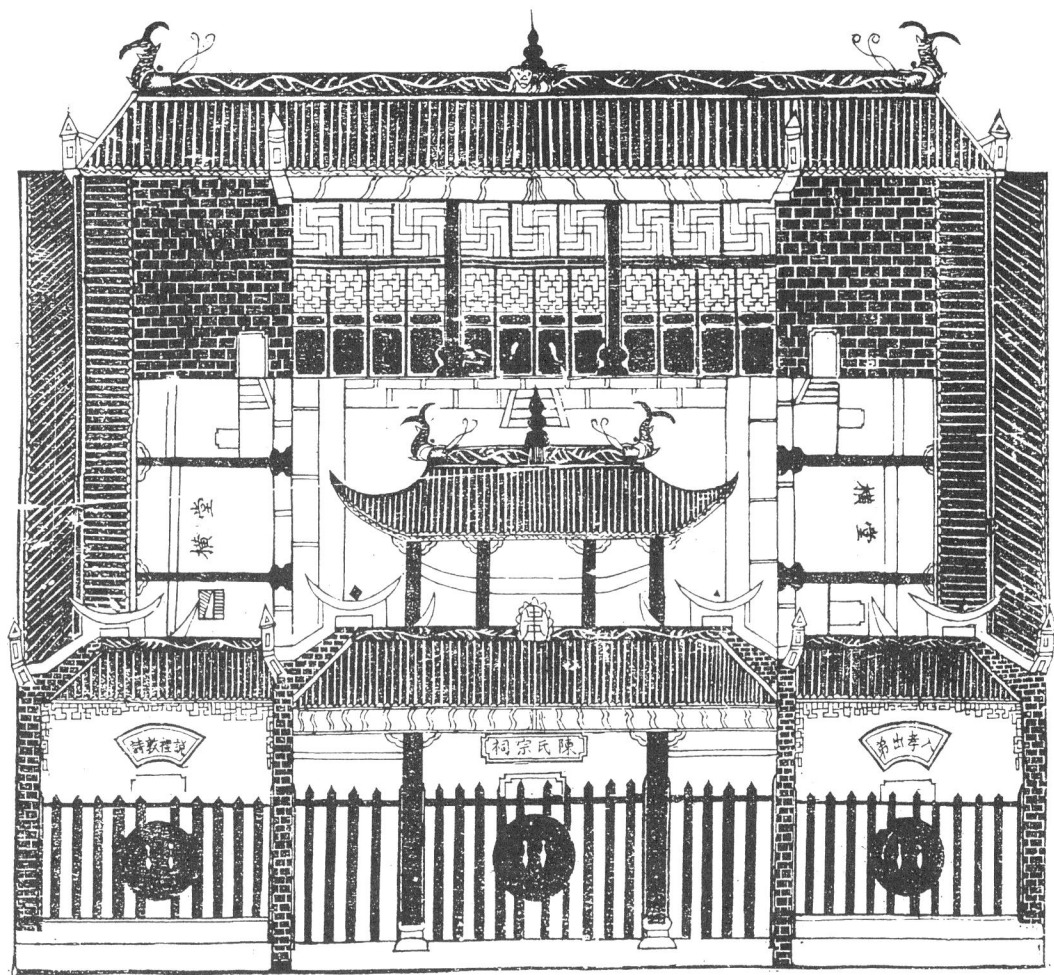

湖南湘陰義門陳氏祠堂圖記

　　家必有廟,廟必有主,所以妥先靈,而供祀事也。我族義門嘉表,累代簪纓,祖宗之培植孔厚,子孫之報本宜隆。仰觀堂宇,雖云美奐美侖,要非徒以肅一日之觀瞻。踵事者,自宜勤於省視,毋廢前人苦心。屋漏者撿蓋之,朽缺者添補之。庶千百載廟貌猶新,而祖靈可長妥也。至於冬至祀祖,讀書士子先期齊赴宗堂,務要衣冠整肅,各效駿奔,以昭孝敬,庶祖靈來格,而錫福悠長矣。

（陳學唐纂修《［湖南湘陰］義門陳氏族譜》 1924年義門堂木活字本）

湖南寧鄉謝氏六公祠圖

湖南寧鄉謝氏祠堂昭穆式圖

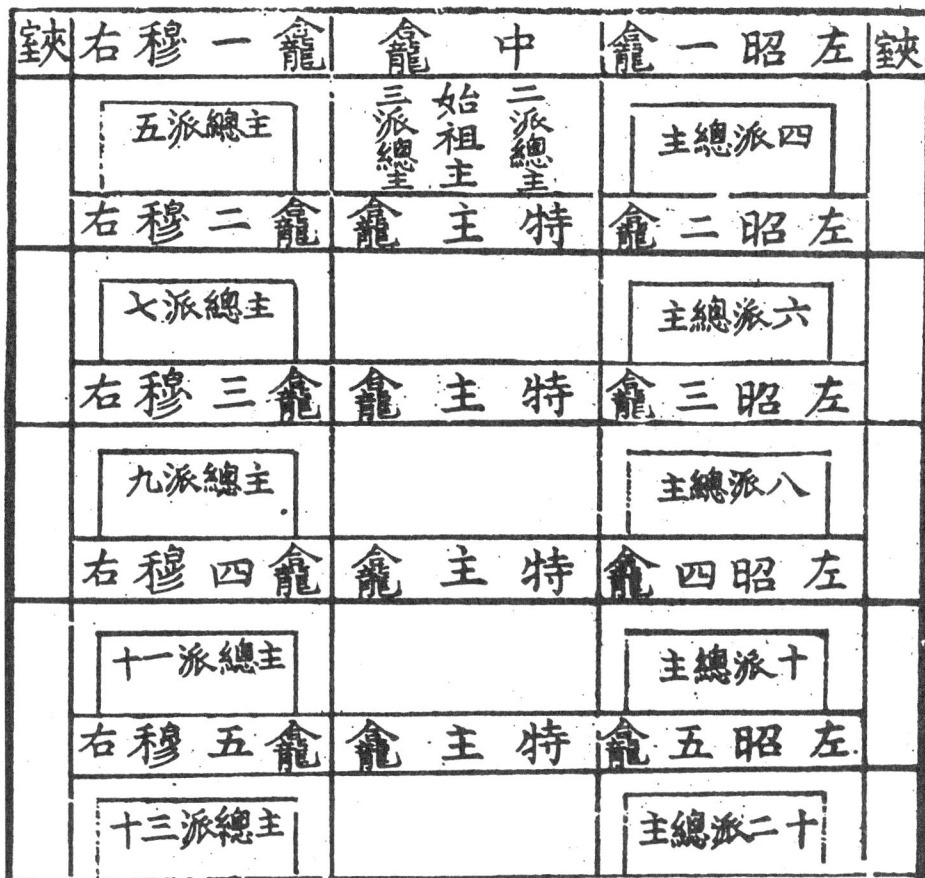

缺	右穆一龕	龕　中	龕一昭　左	缺
	五派總主	三派總塋　始祖主　二派總塋	四派總主	
缺	右穆二龕	龕　主特	龕二昭　左	缺
	七派總主		六派總主	
缺	右穆三龕	龕　主特	龕三昭　左	缺
	九派總主		八派總主	
缺	右穆四龕	龕　主特	龕四昭　左	缺
	十一派總主		十派總主	
缺	右穆五龕	龕　主特	龕五昭　左	缺
	十三派總主		十二派總主	

十四派昭主應置十二派龕內，十二派主應遷十派龕內，以次遞遷。而上四派主，則祧而藏之夾室，是昭常爲昭。

始祖百世不祧，以二派三派祖配，亦百世不祧。始祖以下諸龕，凡仕宦覃恩誥封及科第明經與布衣之有功德者，另立特主，按派位置亦不祧。

十五派穆主應置十三派龕內，十三派主應遷十一派龕內，以次遞遷。而上五派主，則祧而藏之夾室，是穆常爲穆。

湖南長沙謝氏祠堂碑記

謝氏公祠基址，劼興、崇璧二公墓地也。公屬二房之二派、三派祖族自攸邑來寧，派分各房散處，如星羅棋布，子姓浩繁，在邑頗稱名第。祖功、宗德所由來者漸矣。久欲合志成祠，恪我

蒸嘗，難得其道里適均者以爲之基。爰卜其地，得二公墓之東偏，山水清秀，不寂不喧，衆方以
二房祖墓在，雖連城莫易也。而二房子姓，乃喜而捐之。其亦奉廷寶公，當日修大陽壩、建迴龍
橋、開穀塘壩數大事，喜於利人不懷己私之家風未替歟。房衆因是糾工庀材，建立祠宇。俾祖
若宗之靈爽聚一堂而奉祀焉，祖宗之安，子孫之樂也。但祠雖爲公，而山實屬私，不有章程，何
以示後。公爲泐碑作記，祠以外仍是二房管理，族衆不得藉祠侵漁。至若各房祖之所自出，與
祠之所由成，另有鐫記，不贅於此。爰誌諸石，以崇祀典，以靖後人，謹勒。

　　清乾隆十八年癸酉孟冬月穀旦，安侯、宗承、爾音、黄鼎、重士、斯來、吉上各房嗣孫等立。

　　　　　（謝筱珊等主修《［湖南寧鄉］謝氏七修族譜》　1924 年寶樹堂木活字本）

湖南長沙彭氏家廟圖

湖南長沙彭氏始祖墓圖

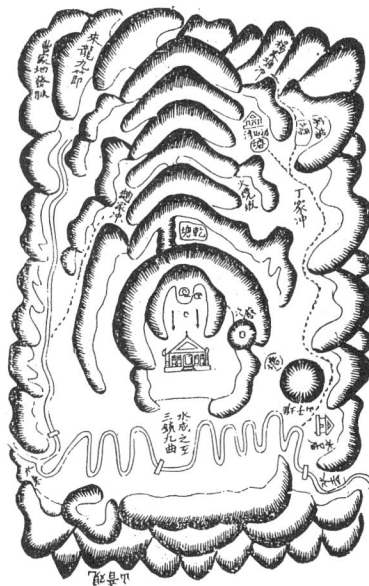

湖南長沙彭氏始祖妣許老夫人等合墓圖

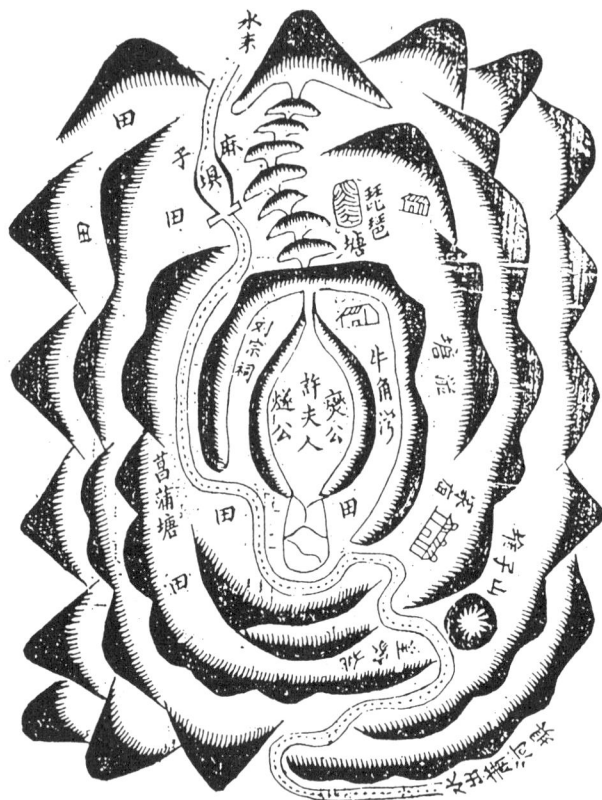

湖南長沙彭氏祠墓圖說

　　家廟在善邑河西六都堆子山。明洪武二年,始祖壽公由江右遷衡陽,繼徙坪山,落業西衝灣寶糧衝堆子山長田灣谷山一帶,沒後葬堆子山。嘉慶年間,族人以堆子山業捐金買作公產,遂因先塋而立廟焉。至今子孫繁衍,規模式廓,祠宇巍峨。祠宇共三棟,中有二亭,左右兩橫,第一棟爲堂,爲長寵位,北垣隔作三,始祖居中,歷代祖以次祔列東西。中懸羅太史典題"古閥新模"四字匾額,東懸茶陵相國維新題"世業允光"四字匾額,西懸衡山殿撰浚題"彝倫攸敘"四字匾額。東西壁摹朱子"忠孝廉節"四大字,其餘匾額楹聯,多時賢手筆,美不勝錄。堂前倚柱限以格門,門外疊磚石爲墀,降墀而下,中覆過亭,左右小方墀,周有簷廊。過亭外障以屏門,門外爲第二棟大廳。廳外又一亭,中覆左右方墀,頭棟大門三,中爲匾堂,正中懸"彭氏家廟"額,族貴文武官階額均懸兩旁,外以玲瓏格門限之。東頭第一棟爲關聖殿,宗堂東墀便門通焉。中爲殿,兩旁有房,前有長方墀。關聖殿前稍偏西爲文昌閣,一進爲殿,祀文昌,一進爲樓,祀魁星。前有小院,周圍印牆。兩旁有門,右通大廳,左通東橫,屋六縫五間,上有箭樓,西橫屋一棟九間。此外曲廊迴折,旁舍參差,不及備載。祠基由谷龍發脈,層巒疊障,水送山迎,入首特開大嶂,層層環抱,中懸一突,葬始祖墓,二世祖妣祔葬,左側墓下爲祠,左右如張兩手,長過祠前,前朝一字三台,水繞前面之元,曲折出水處,特起一山,圓如覆釜,故以堆子名。又宗祠右岸,烏龜嘴山相隔祠宇百餘丈,結一木星穴,始祖妣許夫人葬焉,子午兼癸丁向。二世祖變公、燧公祔葬左右。噫! 祠墓相依,情形闊大。前人經締造而妥英靈,但願鍾毓多奇,地靈人傑,簪纓代啟,閥閱增輝,實於此有厚望焉。

(彭上璞等主修《[湖南長沙]彭氏五修族譜》 1925 年信述堂木活字本)

湖南長沙蕭氏家廟圖

湖南長沙蕭氏家廟圖説

　　右圖在長邑新康都又一甲沱市。基址前街道,後塘灣,左夾牆,右通巷。乾隆初年,合族建祠於斯焉。同治丁卯,因歲久年湮,牆垣頹壞,棟幹傾欹,且卑狹,意非所以妥先靈者,仍舊址丙向,合族捐貲重建。中立祖龕,東西爲房,前大堂,通以亭,後爲廳,規模闊大,煥然一新。當時董其事者,我房十五派嗣孫大彥甫蘭庭也。最後爲蔬圃,古白果樹一株,圍七尺許,高七丈餘,老幹聳拔,枝葉扶疏,實爲吾鄉所罕覲者。咸豐間,爲風雨所摧,此其孫枝也。祠左乃我房公屋,前後三楹,東外另公屋一棟,契據該印於祀田契略内。祠右係清宣統元年,四大房公接秦葆臣兄弟之業,作陪祠公屋,修葺洋樓門面,前後三楹,後一圍院,契據附刊於右。故誌之,以垂久遠云。

　　十七派嗣孫道梁耀先繪并説。

（蕭道梁等纂修《[湖南長沙]蕭氏二房支譜》　1926年河南堂木活字本）

上海朱氏宗祠圖

上海朱氏祠堂圖誌

　　此我《朱氏祠堂圖》也。祠在本縣城内二十五保八圖居宅之西，約地址三畝餘。前爲牆門三楹，額曰“朱氏家祠”。西則繚以長垣。入門爲“思敬堂”，祭後宗族飲福之地。堂後有石坡，植牡丹垂柳於其間，復作石爲基，搆小亭三楹。東隅曰“守祠所”，中供先大夫栖谷公畫像，遵遺意也。公奉伯父菉溪公命，經營結搆，創立宗祠，落成之後，嘗曰：“死而有知，我魂魄當長爲祖宗守護也。”其後則廚房在焉。堂前東廡，立菉溪公祠堂碑記於中。西爲寢門，庭前疊石爲山，繁植桂樹，名之曰“小山叢桂”。山巔有亭翼然，北則饗堂三楹，爲祭祀行禮之處，以綸音“祥開厥後”顔其上。後爲寢室三楹，供奉先世木主。東西爲夾室，祧主祭器藏焉。東西廂曰“敬廬”、曰“敦素”，爲致齋之所。其西則葡萄作架，下濬爲池，畜金魚千頭，游泳唼喋，可作濮上觀。北曰“一勺泉”。上爲岸舫，曰“知魚樂”。臨池者，爲水榭。迤西爲“望雲閣”，頗極高曠。前壘小山，饒有層嵐聳翠之致。池水環繞其下，中植荷花。山之南曰“一草亭”。西爲小樓，宛轉高下，可由曲磴以達“望雲閣”焉。《邑志》遂以“思敬”名其園。歲己酉，從兄綺峯輩倡輯族譜，中列世祠，幸偕仲弟林、季弟森共與校讐之。末書成，敬敍大畧如右。

　　七世孫木謹識。

　　道光己亥，寢室後添建欽旌孝悌祠三楹。民國甲寅以守祠所翻爲樓房，立先賢祠。乙卯，改建後進廚房爲樓屋。戊午，復於西首添建紉香樓三楹。

（朱澄儉輯纂《[上海]朱氏族譜》　1928年木活字本）

湖南長沙星沙冷木沇吳氏家廟圖

湖南長沙星沙冷木沇吳氏家廟圖記

　　程朱集禮,創立祠堂,通及士庶,均得建置,以奉祖先。其禮,月朔必薦新時祭用,仲月冬至祭始祖,立春祭先祖,季秋祭禰,忌日遷主祭於正寢,故族有祠堂,先人之靈爽於是憑焉,後嗣之孝思於是展焉。《記》曰:"君子將營宮室,宗廟爲先。"此物此志也。我族自一世祖佐昌公及一世叔祖倚正公於明洪武十有一年,建立宗祠於金井塘山之右。其時以來,遷之初居址甫定,即於茲展孝思以妥先靈,即於茲裕規模以啓後嗣,誠見報本之亟,詒謀之遠也。嗣後幾傳,倏遭兵燹,僅以基址存。崇禎間,合族列先改建於冷木沇陽雀塘之廟山。又不幾傳,而復毀。康熙間,闔族仍爲修建,其即壞頹者,蓋亦未歷幾代也。乾隆丁卯,列列先人極力修舉,復卜於初建之金井塘,而佐昌、倚正二公當年創造,遂煥然復新。夫以前人構造辛勤,子孫弗爲之傳述記載,非所以重由來也。以前人敬宗尊祖,建立祠堂,子孫弗因之告潔告虔,勤修祀事,尤非所以善繼述而展孝思也。兹將祠式圖畫,並敘建祠由來,惟幸闔族子姓,謹按禮文,因時舉祭,於以伸春露秋霜之感,於以致愾見著存之忱,庶幾苾芬致薦與廟貌增輝,而始祖之創置與列祖之重修,其遂流傳勿替也哉。

(吳炳榮等修《[湖南長沙]星沙冷木沇吳氏續修族譜》　1928年渤海堂木活字本)

湖南寧鄉龍潭橋王氏宗祠圖

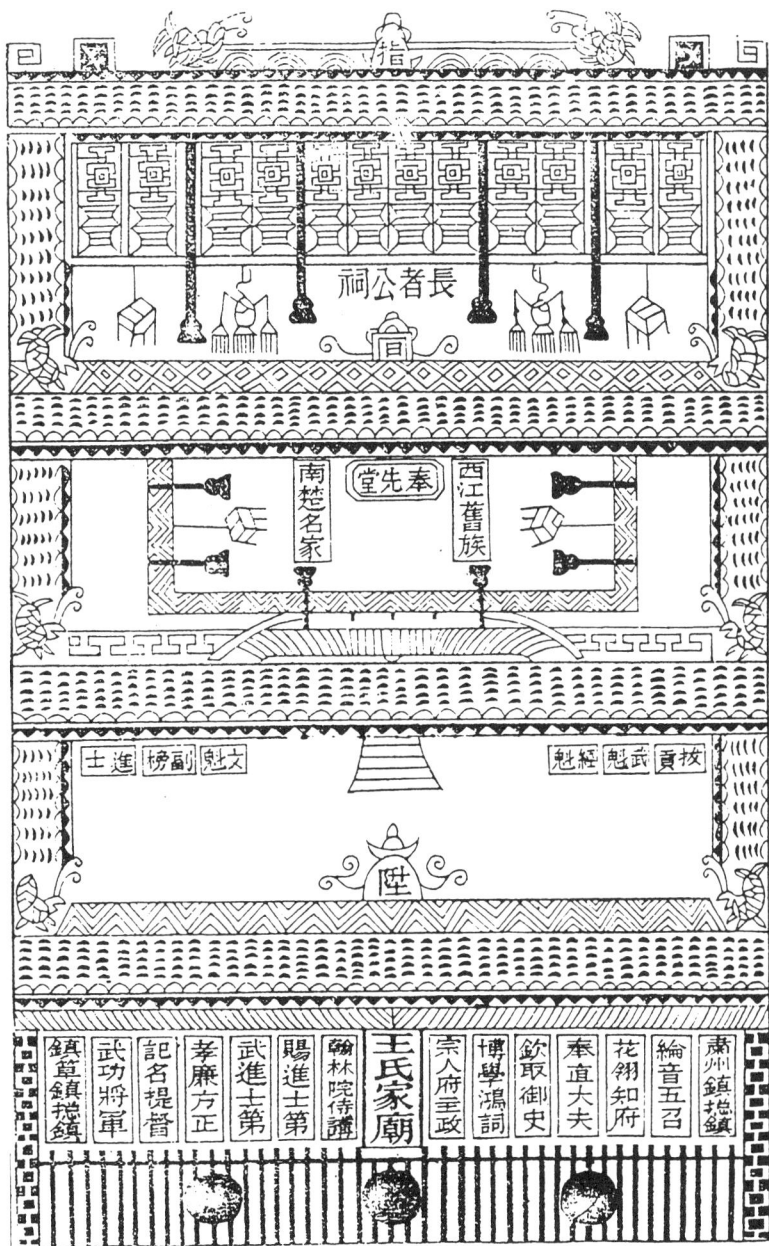

右祠在寧邑大西城内正街坳上，卯山酉向。同治年，該祖子孫倡建爲該祖專祠。各支捐費
入主，每年立冬日少長咸集，敬祀該祖。

（《[湖南]寧鄉龍潭橋王氏三修族譜》　1929年太原堂木活字本）

湖南湘潭中湘黃氏祠堂圖

湖南湘潭中湘黃氏祠堂記

　　宗祠之設,所以妥先靈、綿祀事,報本返始,非徒壯一姓之觀瞻也。我族肇基於石湖,故公祠建於其地焉。由明洎清,歷數百年矣。子姓日蕃,居廬星散,或私祠於花橋之茶庵,或分建於善邑之樓底,皆就其所居之近,而春秋得以共申仁孝之思,所謂歌於斯,哭於斯,遂各聚族於斯也。而我六代祖豫彰公曁妣李孺人,由花橋轉徙於匣錦塘田廬聚處,亦歷有年,其地如蘭亭之有崇山峻嶺,茂林修竹,清流激湍,映帶左右,山環水抱,地脈鍾靈。公沒即卜葬於塘右之眠牛山,李孺人合葬焉。山下存有保墓之産,墓下貴、相兩公嗣裔相繼管理,歲修祀事,歷久弗替,租資日積,祀産日增。道光戊申歲,即其墓廬之故址,更而新之以爲公祠,規模宏廠,棟宇丕崇,俾九京之靈爽得所式憑，千秋之明禋昭其芬苾。棟宇雲理，堂階日煥，寢室昭其雝肅，廳廊備極寬纖。備馨香者有庖廚，共齋宿者有廂房。碧水當門，近開蓉鏡青環，檻外遠疊層螺，氣聚峯迴，松榮竹茂，誠我祖棲靈之所也。夫根之深者葉自茂，源之遠者流自長。詩書爲禮義之府，代育通材；耕耘乃衣食之源，人毋遊惰。行見自茲以往，子姓備爾烝嘗，宗祖庶幾歆格，駿奔趨蹌，執事有恪，在天之靈有弗佑啓後人，益以光大門户也哉。茲値家乘四修，爰即茲圖而謹誌之，俾後之覽者，益生仁孝之感，且並與石湖公祠共垂不朽云。

清同治五年丙寅歲孟冬月穀旦，敦厚堂敬撰。

附：

豫彰公祀田記

祀田之設，誠念祖宗世澤流傳，當春露秋霜之下，藉以申其仁孝之念。禮有之，有田則祭，此物此志也。我六代祖豫彰公先世，由花橋西瓜坪各處轉徙匣錦塘，没即卜葬塘右眠牛山。山下存有祀田，爲每歲享獻之資。當譜牒四修，將新老合約一並刊入，以昭定規，庶幾祖宗之明禋永遠無既，子孫之報效亦遂靡窮焉。

敦厚堂嗣孫公誌。

附録

泐石新老合約

康熙五十九年三月初四日，立合同人大貴房黄修奇、鵬飛等，大相房五昆、五沛等。今有上五都地名峽頸塘眠牛山，祖公黄德宸暨娶李氏夫婦之墓，有民荒熟墓田壹畝，坐上五都九甲一百二十四區，地名眠牛山邊，又上五都十甲一百三十五區，三十八年丈報民荒熟田貳畝六分五釐四毫，塘貳口，一分九釐，地名峽頸塘下楓樹坳柳樹垻邊，共八垁。兩甲墓田，以爲永遠掛掃之資。今兩房公議，將墓田每房各管三年，子丑寅午未申年，係大貴房管，卯辰巳酉戌亥年，係大相房管。先年收租完糧，次年清明，先一日掛掃，其正餉南漕以及掛掃，俱係收管之人輪流理落，如有輪流管田之人，不完正餉南漕，以及不掛掃者，兩房之人公議罰處。倘日後差繁，兩房合志同心，不得推卻。今恐無憑，公立合同二紙，兩房各收一紙，永遠爲據，鈐合如一。

　　貴房鵬飛公嗣裔先鷗收一紙

　　相房五昆公嗣裔先瀿收一紙

　　立重刊合約人，黄大貴、大相兩房派下仙登、榜登、俊登、岱登，四房貴房仙登公嗣裔顯庠、顯揚、顯堂、顯蕃、顯蓬、顯蒞、顯莘、顯荷、顯萱、光前、光剑、光剈、光剩等，貴房榜登公嗣裔先浩、先執、先澧、先録、先馥、先應、先癸、先貴、先極、先鶴、先鶉、先鷗、先撫、先鍾、先鏵、先耀、先慎、先録、先春、先妙、先迷、先緯、先紹、先經、先緒、先進、先揩、先緜、先撰、先沾、先棋、先樹、先枝、先彬、先樟、佑慬、佑慆、佑㦬、佑㬚、佑憎、佑怔、佑惺、佑㦦、佑㤹、佑忼、佑愉、佑仲、佑梅、佑橙、佑樹、佑才、佑知、佑特、佑漳、佑棨、佑禄、佑蒓、佑憬、佑詒、佑佺、佑偕、佑福、佑硡、佑碤、佑曙、佑卓、佑符、顯烺、顯煻、顯腤等，相房俊登公嗣裔昭绣、先早、先旭、先韶等，相房岱登公嗣裔昭珏、昭琪、昭汎、昭枏、昭霊、先潑、先藻、先□、先淕、先潽、先潩、先洮、先㳇、先瀲、先溪、佑豈、佑岏、佑岷、佑岩、佑密等，緣前康熙五十九年，大貴、相兩房公立合約，註載潭邑上五都九甲眠牛山墓田壹畝，正餉貳分七釐，十甲峽頸塘墓田貳畝六分五釐，正餉壹錢零三釐，兩甲墓田，歷佃壹拾五畝，眠牛山墓廬屋一棟，荒塘坳莊屋一棟，蘇坳莊屋壹棟。至乾隆五十九年，兩房嗣裔商議,輪流四人值年,經理總薄四本,出入銀錢、租穀、完糧、祭掃一概登記,每年寒食祭祀後,清算登載總簿,始終如一。至嘉慶三年,豫彰公接買胡焕文兄弟上五都十甲汪家屋場,契載荒田壹畝,山場壹所。至六年,豫彰公接買楊宗晟兄弟姪等上五都十甲石竹埴契田壹拾柒畝,內有七年胡植山兌山屋,契載找田貳畝正餉貳錢九分五釐。至十二年,麻坳荒塘坳兩處添公墾田一十二畝,並修造塘圳,共用銀三十五兩。至道光三年,豫彰公接買嗣裔日新懷仁二都五甲箭樓灣契田二十五畝,正餉四錢四分三釐。至八年,豫彰公接買嗣裔太和兄弟姪等上五都十甲唐家屋場長衝兩處,契田二十七畝,峽頸塘蓄蓮生放壹半莊屋一棟,正餉三錢。至十年,豫彰公接買嗣裔道行父子上五都十甲竹山屋場,契田捌拾畝,莊屋一棟,民餉壹兩零貳分,茶左一屯,餉伍錢。至十年,豫彰公退友仁母子佃荒塘坳田山屋,出莊銀一百兩。至二十二年,豫彰公接買嗣裔阿劉母子娌阿劉母子二都五甲箭樓灣,契田伍十畝,莊屋一棟,正餉捌錢捌分五釐。光緒十二年,添接胡啓先父子上五都十甲嘉謨塘田貳拾壹畝陸分,正餉二錢五分四釐,共計田貳百肆拾捌畝陸分,均更冊名黃豫彰。外前道光十三年,修譜公出捐項丁費、圖費,共銀肆百兩零捌錢。道光二十八年,眠牛山創建祠宇,共用銀貳伍拾捌兩整,新置什物器皿區對碗盞,共用銀肆拾肆兩。咸豐三年,重修豫彰公石墓,宗祠新老合約泐石,共用銀貳拾陸兩。嗣後永照遵辦。司事殷實者,毋致昧良染指,平淡者,毋稍覬覦垂涎。保墓山場,四房子孫,通向留心禁管,不許砍伐、鋤挖、樵採、種煙等弊。莊佃宜樸誠,不可刻待,不法宜退,免滋牽累。子孫不許耕居,以杜爭端,永禁進葬,以符舊例。但祖業原以綿血食,子孫總宜世守,永不出售。四房嗣裔商議,輪流六人值年,總簿六本,始終如一。其契據字約,註載總簿,值年遞交遞管,毋得隱匿,庶枝榮而葉茂,源遠而流長,億萬斯年,直如一日。爰將新老合約泐石,俾後世子孫觸目,咸知前人創業之苦,用是縷敘巔末,以垂不朽云。

　　清咸豐三年歲次癸丑十一月十九日,四房嗣裔同立。

(黃顯芝等主修《[湖南湘潭]中湘黃氏六修族譜》 1929年敦睦堂木活字本)

湖南寧鄉邱氏文源公祠堂圖

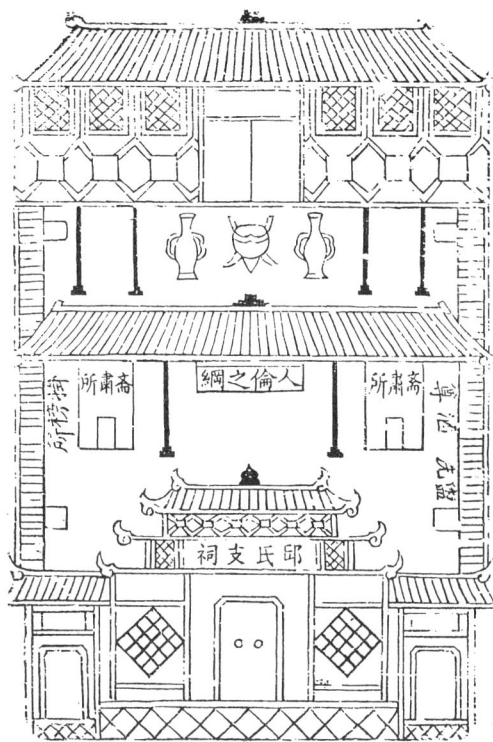

湖南寧鄉邱氏文源公祠堂記

　　清同治三年，諸先輩創捐銀一十五兩，爲我十四派祖文源大人成立祭掛之資，遂得日積月累，聚腋成裘。越至清光緒十二年，接買二都七區邊市下漢塅水田一十二畝正，降及光緒二十五年，又接買二都六區石塘坡黎海澄田山屋宇一所，因就其軒而整理之，即立我公而祠之，開千百世之一偉局，不亦神人共快也耶！寶座屬美女山，高峰聳立，龍虎周環，官鬼羅列，氣象崢嶸，竹林茂樹，奇花怪石，錯綜其間。又有清流激湍，映帶左右。吾輩每逢春分祀事，少長咸集，列坐其次，引以爲流觴曲水，雖無絲竹管弦之盛，闡揚先德，然一觴一詠，一禮一拜，亦足以暢敍幽情，稍展孝思耳。惟我公之赫赫不可盡者，固昭孫子耳目，而孫子向往之不足者，非祠則無以致其志也。聞其威足以感人，況拜其祠而親炙之者歟！尤賴我公永得地氣鍾靈，齊日月於窮壤，蔚起人文，房房發福，稱快世俗，足使後之繼起擴張而光大之，庶斯祠之不朽也。

　　齊傑、齊翰、齊翥，三房嗣孫謹識。

（邱祖善等主修《［湖南寧鄉］邱氏五修支譜》　1929年忠實堂木活字本）

湖南長沙南軒張氏官山祠圖

湖南長沙南軒張氏官山祠義.羲兩房歸併祀產碑文

　　我國家族制度素稱完善，望門巨族尤斤斤以敬宗收族相詔勉，鄉黨敦庬之俗即基於此。然世代綿延，宗支蕃衍，由合而分，有固然者。若百世之下，子姓雍睦，復能由分而合，共謀所以光俎豆，護丘壟，則尤爲仁孝之極誼，而世俗所難能者。我始祖南軒公祠下，分義公、羲公兩房，所有祠宇雖迭經兩房捐資修建，而祭產則初未合置，義房裔於附近祠墓處舊有田租，羲房裔亦陸續捐資，合供祭祀之用。迨後羲房於近祠墓處購置祭田，然仍各自掌管，是雖合而猶分也。邇年兩房建議，將所有田租歸併爲一，兩房公舉總理二人，襄辦二人，共司錢穀出入，仍率由舊章，春秋致祭，再三開議，詢謀僉同，爰著爲成規，垂之奕世。由分而合，亦盛事也。兹將兩房歸併產業，刊錄於後：

一、花椒衝水田屋宇一處，進莊錢參伯零捌吊正，每年收租穀壹拾叁石，係義房歸併。

一、花椒衝下節及本祠東門外上首水四一處，進莊錢貳伯伍拾吊正，每年收租穀壹拾柒石正，係義房歸併。

一、牛車田水田拾肆畝，進莊錢貳伯吊正，每年收租穀貳拾肆石正，係義房歸併。

一、蓮花橋塂上老屋衝水田屋宇一契，進莊錢貳伯貳拾吊正，每年收租穀叁拾叁石正，係義房歸併。

一、義房貴文祠、紹文祠、景文祠、所炳祠、寅一祠、紋萌祠，世南公共加入捐錢叁伯吊正，以作花椒衝、蓮花橋、牛車田退莊用，三處共加租穀拾玖石肆斗正。其餘土稅各項詳載總簿，兹不贅刊。

經管：　義房服賓、漢堂、玉卿

值年：　義房素林、文葵、道生

民國丙辰五年季秋月日公刊。

（張先炳等纂修《［湖南長沙］南軒張氏城南壽文房五修支譜》　1929 年孝友堂木活字本）

湖南沅江楊氏家廟圖

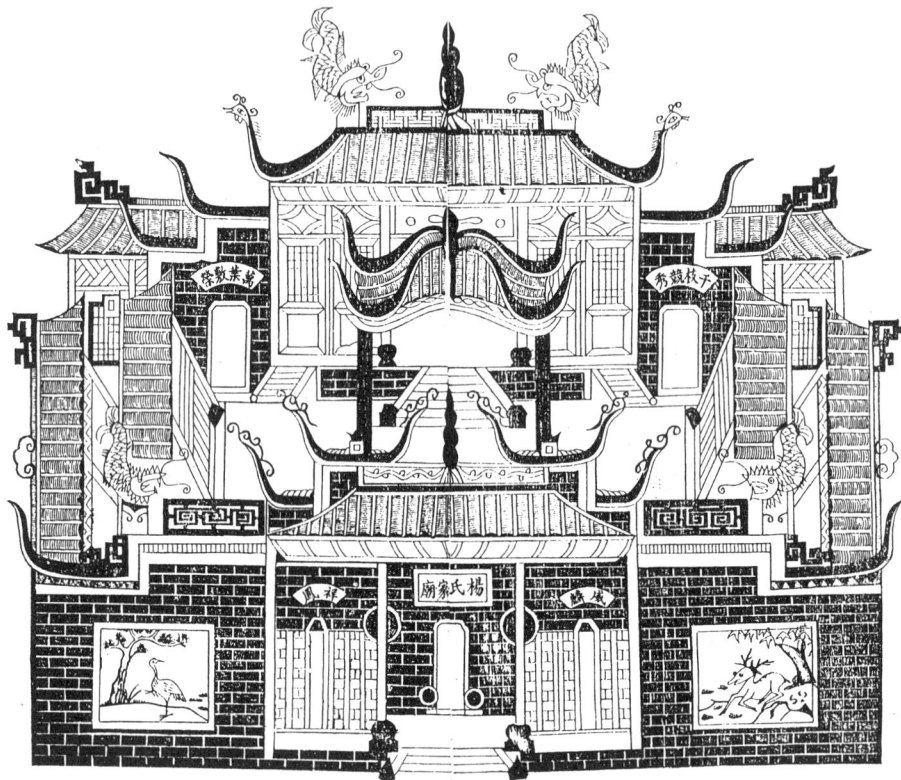

湖南沅江楊氏家廟説

　　蓋聞祖廟之制,與譜相類。古者天子七廟,諸侯五廟,大夫三廟,適士二廟,官師一廟,庶人祭於寢。湘陰郭氏謂宗法之行,必統於廟,引《白虎通》"宗者,何也? 爲先祖主也"。然漢以後,廟制無傳,南北朝著姓,世立宗長,譜録圖諜,各有紀述,今所傳諸家譜,大抵明世系、備官閥而已,無及宗廟之事。隋唐以後,始有廟碑,條載氏族,並同譜系。昌黎《袁氏先廟碑》、《烏氏廟碑》皆然,故知家廟與譜相類。吾族原無大宗家廟,惟春冬享祀,各向小宗祠宇草率供事,今始探源溯本,尊祖敬宗,完成通譜,相度地基,建置大宗家廟,以妥鼻祖、列宗在天之靈,庶後之人和衷共濟,修明世守,有所承事。

　　闔族嗣孫公識。

　　　　　　　　　　　　　　　(楊克儉等主修《[湖南沅江]楊氏族譜》 1930 年弘農堂木活字本)

湖南樂氏祠堂圖説

　　粵稽古有爵者得立廟，而庶人祭於寢。秦漢而下，仕無世官，即制亦無可考。至宋，文潞公做唐杜佑遺制，士庶多設影堂。祠堂者，朱子即影堂變而通之也。顧昔之所謂祠堂，在正寢之東，一家之祠也。今之祠堂，一族之祠也。其制之大小不同，大率萃一族之主於其中，不問服盡與否，一併祭之耳。夫高祖有服不祭，甚非程朱之篤論也。宋元來，士庶止祭四代，是高祖以上祖，從未有敢祭者矣。據從宜《家禮》云，高曾祖考主，宜各祭於其繼嫡。小宗家旦謁是享，以篤孝思。何乃至子不自祭其禰，委歲事於族衆，祖考亦何賴有後世子孫，亦何容服衰乎。至於合族之祠，宜爲三間，尊奉始祖神主，世以繼別之宗子主，其祀酌用程子冬至祭始祖之文，於次日族一祭之，既不忘其本，因以撫睦郡支，申明族衆。而高祖以上不得祭之，遷主按世次而藏於旁之二龕，考東妣西，垂簾不祭。其實有功於國與民與族者，分考妣按世次附於始祖之龕中，於祭祖日附祭，其於尊祖敬宗齊家之義亦有合焉。且其所謂始祖者，乃始遷其邑，衍族之祖，準禮所謂別子，而非周詠厥初、商歌長發之始祖，是皆禮之可緣義起而不爲僭者也。我族自衡以來，建祠宇在即。今幸譜牒告竣，昭穆分明，而祀事將興，考妣有位，所以妥先靈展孝思也。集族而議，所見皆同，爲族尊者建祠，所宜首講也。夫祠乃祖宗神靈所依，子孫思祖宗不可見，見所依之處，即如見祖宗。時而墓祭，時而祠祭，皆展視大體，必加嚴謹。此事死如事生、事亡如事存之道得矣。故姑述其説，以俟後之繼起者。

　　四修諸執事重錄。

湖南樂氏祠堂圖

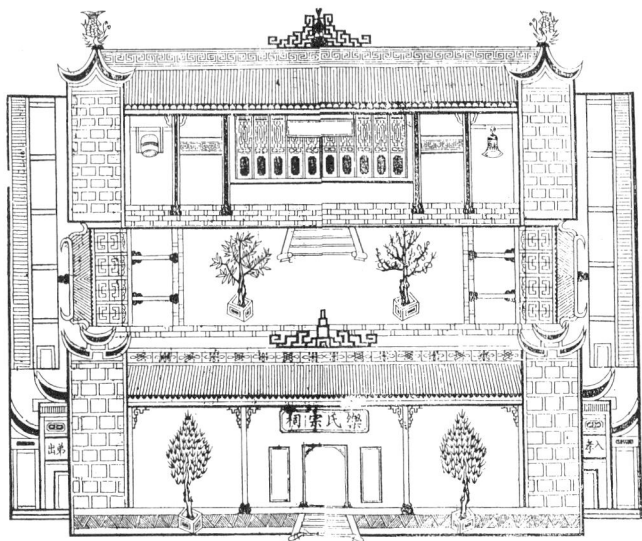

（樂遠新等纂修《[湖南衡陽]樂氏四修支譜》　1930 年篤本堂木活字本）

湖南湘鄉桑棗園王氏宗祠圖

湖南湘鄉桑棗園王氏新祠堂記

　　《禮》曰："君子將營宮室，宗廟爲先。"蓋宗廟者，乃祖宗精靈所依，又爲崇享之地，爲子孫者，宜經營保守，未可忽署視之耳。我族王氏自始祖榮忠公於元末明初之時，由豫章而遷湘鄉，屯墾桑棗園、銅鈿彎、沙子江等處，廣袤數十里，皆我祖宗之棲址。我族在明朝時代爲最盛時期，建立宗廟，營造住宅，生聚斯土。每逢月朔，召集子孫於祠宇，諄諄教訓，敦篤倫紀，各事職業，以耕讀爲本。自是有親睦之風，鮮悖逆之事。此數十里之間，我王氏子姓，無一不受其甄陶也。迨至明末兵燹之後，祠堂既廢，住宅皆燬，族人星散，田園荒蕪。及清朝定鼎，欲恢復種種舊業，勢有萬難普及之處。首由先人召集族眾，經營住宅，督墾荒地，又由初揚祖等，搜筆蹟於灰燼之餘，倡修譜牒，我王氏子孫始稍環聚焉。遞至乾隆甲午，三嶺祖等目覩我族情形，欲偕族眾追祭先祖，無從奠獻，於是苦心孤詣，即以建祠爲急務。幸賴祖先默佑之力，及子孫孝思之誠，未幾而巨功告成。遞乾隆迄光緒，歷祀百數十年。歲時既久，木蠹垣頹，牆壁椽瓦，圮毀將半，靈爽奚安？爲子孫者，不忍恝視。是以合族會商，（簽）〔僉〕謂舊祠湫隘，不足以肅廟貌而妥先靈，與其修葺舊祠，抱殘補缺，不如建立新祠，尤覺光耀。適有讓房世柏公屋，坐落桑棗園老屋灣，基址寬敞，山水灣環，適合建造新祠地址。而世柏公派下子孫，亦樂從其議，願將該業議價對調。於是謹卜扦向，以寅山由兼艮坤爲合宜。光緒庚子，公舉主修明軒、萬祥、韻簧，糾修曉春、清勝、夫奏等，經理部署，以專責成，重新起造新祠三棟及東邊廂房。竊幸祖宗默佑，祠宇落成。民國八年，族眾又謂我祠主堂完備，先靈雖妥，而規模尚未闊大，急應完成西廂房屋，以壯觀瞻。不一年，而大功又告成矣。茲值通修族譜告竣，合將新祠繪圖撰記刊譜，庶光大前人之業，而澤流裕後，有奕世無窮者矣。所有仁孝子孫，起造新祠捐資勸助者，已泐名碑石，垂諸久遠，此編不贅。嗣孫合撰。

（王百樓等纂修《［湖南湘鄉］桑棗園王氏族譜》　1930年太原堂木活字本）

湖南湘潭中湘李氏祠基山水圖

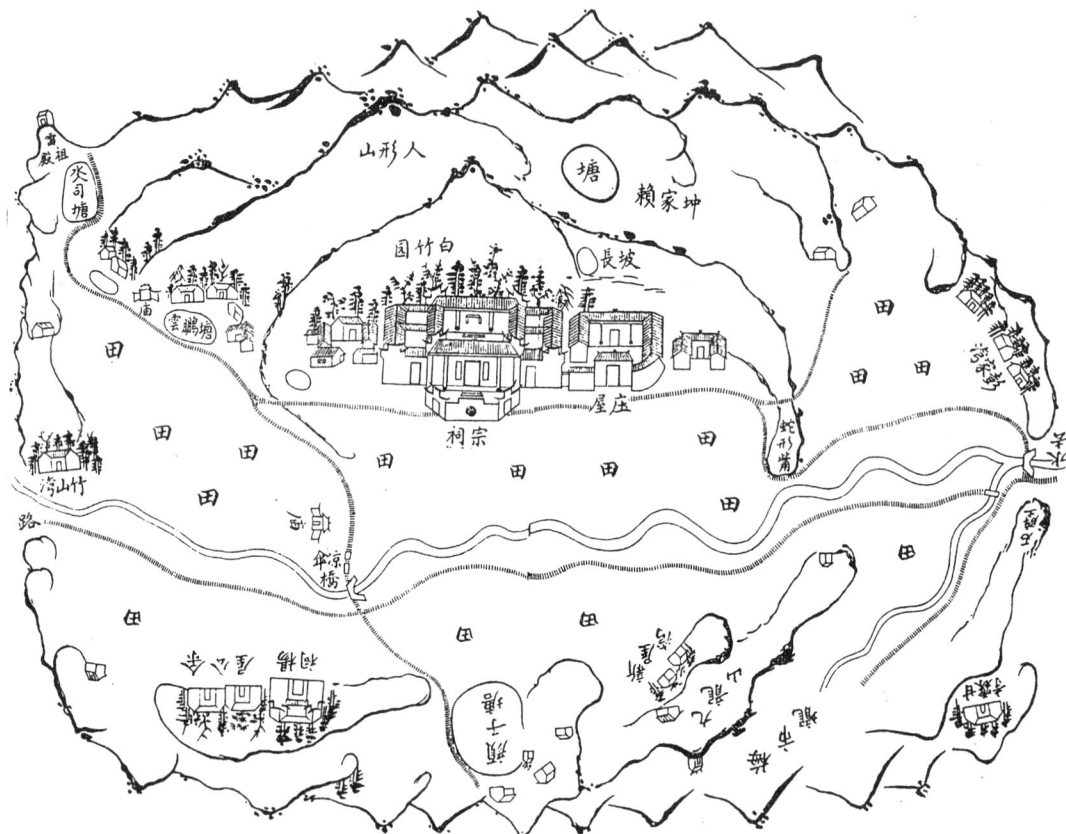

湖南湘潭中湘李氏祠基圖説

　　天下事,莫大於始基,不可不慎。君子之於居室,必先卜其基址,基址　定,而後任意施爲,臻於工巧,況乎建祠宇之重耶!我始祖大菴公,肇遷湘潭,屯業飛羊,卒葬十三都七甲嗊鳳坡之陽,後人將於坡近畫一建祠之策,終以不獲吉地爲恨。同治年間,始得此營鵬灣田業,於是環觀前後左右,益知基址之美。蓋此地脈,遠自南嶽發源,近從雷祖過峽,蜿蜒曲折,伏盤屈結,茲名區終歸吾族,不可謂非先族有靈,默相之而致然矣。就山而論,則有高峯嶺之聳拔於前後;就水而論,則有清流石壁之環繞於左右。喬木千年,蒼枝入望,柔草一片,青色盈隄。在此而建祠宇,誰曰不宜。是爲引。

湖南湘潭中湘李氏元美公享堂圖

湖南湘潭中湘李氏元美公享堂記

　　墓廬者，固祖宗靈爽所憑依，亦族人祭掃所聚會也。我九派祖元美公享堂，昔建於十三都七甲泉湖李家灣，歷久不廢。而公之墓，則在十二都三甲石砌園，因拜廬而謁墓，每苦不便。光緒末年，遂倡自李家灣移石砌園之議，五支子孫詢謀僉同。鳩工採石，共勤美舉，經之營之，不日成之。登斯廬也，將見深幽宏廓，鞏固輝煌，俎豆流馨，門閭煥彩，自是歷千秋而不朽也。是為說。

（李錫訓纂修《[湖南湘潭]中湘李氏六修族譜》 1930年㕯鳳堂木活字本）

湖南湘潭雲湖盛氏宗祠圖

湖南湘潭雲湖盛氏祠堂圖說

　　祠在雲湖盛家衝之陽，地名荷葉壩，去縣西五十里，即前明成化間彪祖所建誦經堂故址也。國朝乾隆庚子，胥來、啓宇、上簡諸公，以爲先世發祥之地，無過於此，爰商族衆，庀材鳩工，即其地營家廟焉，向立乙辛兼辰戌。初入門，爲前進，題“盛氏宗祠”四字於額。門之內爲堂，榜曰“篤慶”。東西屋四間，圈門洞達。由堂左右轉爲迴廊，左廊鐘亭一，右廊鼓亭一。歷堦而升，則靚深寬敞。上爲崇臺，置木龕，設始祖考妣及五世以上神主，合昭穆而三寢。寢之正中，懸“緒振孝章”一額，乃祠宇落成時，鄉先達石公蓋南所手題，以誌慶者也。稍前，簷下額曰“貞壽之門”，則十六世孫修弟妻劉氏，享百齡上壽，邀寵錫之榮，前邑侯陳公嘉榆所贈，以表人瑞者也。循堦而出，爲祭亭，繚以雕欄，承以畫棟，雨鈴風鐸，備極精詳。亭之下，即丹墀，雙柏森然，陰濃戶牖。寢室左右有堂二間,一曰"式訓",守先型也;一曰"誦經",存遺制也。兩廊之外,西有廳堂、廚室,宴私之所需也。東有偏廈廂房,齋宿之所在也。而且"入孝"、"出弟"兩門,闢閭於旁;蔽日干霄一塔,高撐於外。前出屏牆一道,左右建立角門。祠後有山,山周以壕,荊榛蒙密,其中古樹最多,蔭翳深邃,春夏秋冬之景不同,風雨晦冥之狀各異。門外有塘,塘水甘而冽。塘下有田,田土沃而肥。計額二十一畝,坐落長右三屯,冊名盛氏祠納糧。此外遙莊別業,現今三百有餘畝,歲收租稅,悉供冬至祭祀及每屆歲修之費。殖殖其庭,神之來格,洵足妥先靈而隆祀事矣。顧吾於此竊有感焉。《書》曰:若考作室,厥子肯堂。古今來創業之難,與守成之不易,其致一也。是祠之成,距今百有十年矣。其中風雨蝕之,霜雪侵之,而此甋瓦之所集,土木之所成,尚猶輪焉奐焉,得以永垂於弗朽者,甚賴夫前者作之,而後者述之也。自兹以往,族之賢肖子孫,誠念前人經營之苦,創造之勞,時加修葺,用迪前光,行見駟馬門閭,規模當更爲宏遠也。猗歟盛矣!

皇清光緒十有七年歲在重光單閼仲夏月吉,十九世孫德金廩唐氏謹誌。

(盛先千主修《[湖南湘潭]云湖盛氏六修族譜》 1931年篤慶堂木活字本)

湖南湘鄉羅氏忠節公祠圖

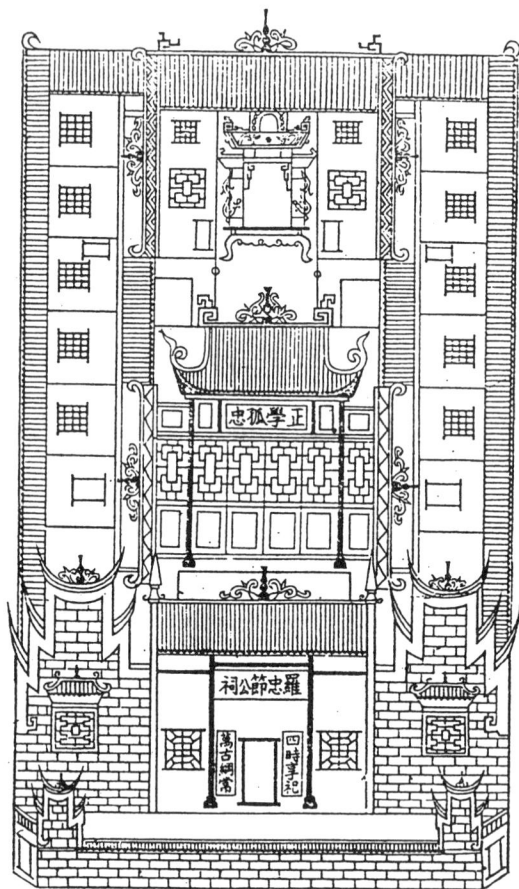

湖南湘鄉羅氏忠節公祠堂記

　　國家之盛衰興廢存乎天，而治亂因乎人。人道不終窮也，則常有豪傑不世出之才，起承其敝，以與天之氣數爭勝。得，則功實昭焉；不得，而繼之以死，而忠孝之義以明於天下。嗚呼！此人道之所以立，而天心往復之機，所以託而留焉者也。湘鄉羅忠節公起諸生，以一旅從督帥曾公，恢復武漢，轉戰蘄、黃之間，東出豫章、平廣、信義、寧諸州郡，武昌再陷，上書督師，規畫天下大勢，請以所部間道出崇通，與鄂撫胡公會於武昌，以攻城傷遽卒。事聞，天子愍焉，追贈巡撫銜，諡忠節，詔所在建專祠以祀。蓋距公之起事纔四年，而公始終所部三千餘人而已。軍興以來，戰功之多莫公若者，天下以是哀思之尤深。而公在軍，慨然以天下自任，艱危困躓，處之夷然，獨念時事之日非，生民塗炭，若有迫而待焉，以惟吾心之咎，其視功名榮寵，猝加於其身，無足爲其歆喜，倘所謂豪傑不世出之才，非耶？在《易》卦象，皆即事以明吉凶，獨於《困》曰大人吉，於《師》曰大人吉。天地否塞，道喪民流，君子處此，窮通異位，皆困道也。無已而行師，斬刈吾民，以毒天下，此豈武人陰慘之能勝哉。聖人於此，急正人事之宜，而戒之以貞剛，中之德用，以消天下之險阻，而徵功立名無所庸焉。二者之吉，吉以此爾，故於《師》曰，以律律者貞也。亭林顧氏謂以湯武之仁義爲心，以桓文之節制爲用，斯謂之律。《春秋傳》郤縠以敦詩書，説禮樂，任爲將帥。漢趙充國之言亦曰：“兵者，所以明德除害也，〔故〕舉得於外，（而）〔則〕福生於內。”觀於此公之以道□天下之窮，安危利病身任焉而不疑者，亦可知其由來矣。諸葛武侯歸自祁山，乃謀校變通之道，減兵省將，明罰思過，處極亂之時，值事機之變，兵多將繁，民以重困，寇以滋興，武人之氣昌，君子之憂也。公之出處本末，可以爲大人之貞矣，而輿尸之凶告焉。然則爭勝於氣數之天，以死而無悔，豈非公之道然哉。公故居羅山，弟澤曙，子兆作、兆升，爲祠堂於所居之旁，徵記於予，予是以綜公之生平，記其大者，而祠之所以成畧焉，其斯以發明公之志也夫。

　　同治元年孟夏上浣，賜進士出身、誥授中憲大夫、前翰林院編修、南書房行走、江蘇蘇松儲糧道、湘陰郭嵩燾記。

（羅澤潤等主修《［湖南湘鄉］羅氏四修族譜》　1931 年德清堂木活字本）

江蘇鎮江開沙許氏宗祠圖

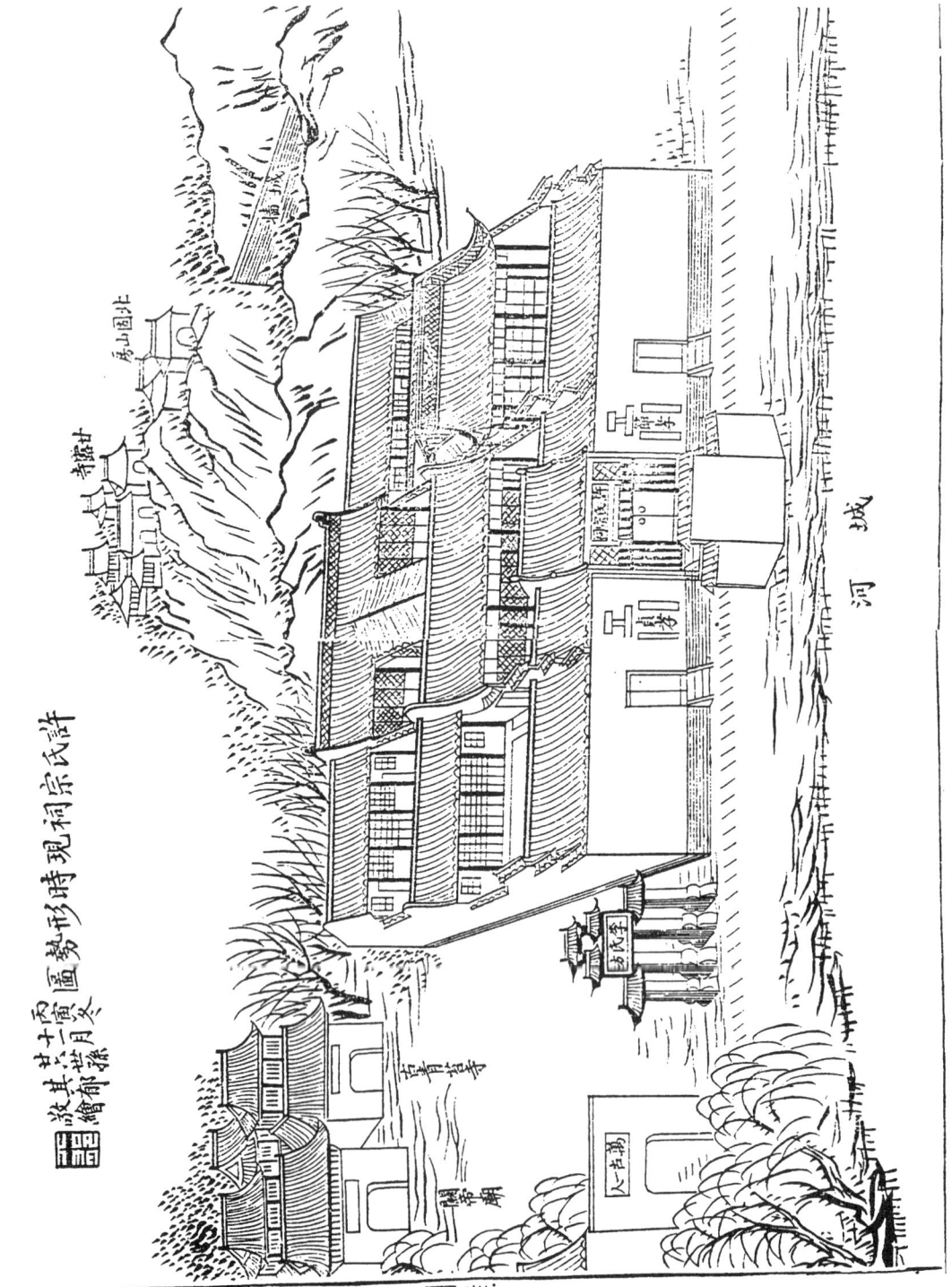

江蘇鎮江開沙許氏宗祠基址丈尺圖

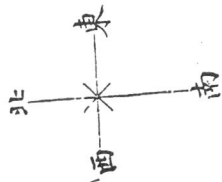

江蘇鎮江開沙許氏民國十五年改建宗祠記

　　吾族之宗廟,自開沙湮沒,後卜宅潤州城內,始建於道光七年,再建於光緒五年。其再建之時,適當洪楊刦後,由族高祖秀峯公倡建,吾祖元伯公亦襄與其事。合族雖不以財力爲薄弱,然僅建寢室門堂及西首廂屋數椽而已,其大廳後復由秀峯公籌捐續建。自再建至今已歷有四十餘載。寢室將圮,其餘廳屋廂屋,亦均朽敗矣。於是由族長雲程、族祖秋颿、族叔仲衡暨諸尊長集議兩載,今春祠祭時始能議決。時秋颿祖官滬,更助以東西基地,得以捐資齊集。委郁辦理工程及籌備祭器祀典事宜,以郁於壬戌年辭卸京職,退居故里,比諸有暇。郁以義固當盡責,何敢辭。遂於孟夏朔開工,季冬望工竣,閱時八月有半。除將原有之廳屋稍加修葺外,其寢室門堂照壁全行拆造,加建穿堂一廈,東首增築花廳三間一進,對廳五間一進,後廊五間一進。西宅原有廂屋七間,茲改建四間一進,五間兩進,添楣改庸,換壁增柵,山節藻梲,復廟重簷,刮楹達鄉,反坫出尊,此改建之大畧也。東花廳名曰“觀德軒”,備陳宗器,懸設先容,葢所謂七世之廟,可以觀德也。廳旁之門曰“履禮”、曰“蹈仁”,乃喻以循規蹈矩,守於禮義,即步趨亦不得亂也。況又木主增雕,謹按譜系年表,慎察薰沐敬書,四閱月而成。禮器有俎豆簠簋之陳,樂器極鐘鼓管鑰之備,祀典雖簡,毋慚於春秋,致祭必誠,莫疎於整肅。郁值此盛典,以無補助,抱憾實深。幸蒙族長論曰:能於敬事,較補助者爲嘉。而仲衡叔又曰:集款尚易,失此機會即難。何譽郁之深耶! 故郁宵旰勤勞,以報萬一,而云繼吾祖之志,則相去天壤矣! 又值衆議,呈送匾聯之際,郁亦撰呈匾額二方,楹聯二副,並作書繪畫,以補屏壁。雖不稱雅,聊盡誠心,紀念有餘,壯觀不足。從此廟貌重新,先靈妥慰,雖係合族之子孫孝思所致,抑亦祖宗之所庇陰也。茲以落成並繪祠圖二幅,一爲《現時形勢圖》,一爲《基址丈尺圖》。圖成,謹爲之記。

　　民國十五年丙寅嘉平之吉,第二十六世其郁謹譔。

（許其郁等纂修《[江蘇鎮江]潤州開沙許氏七修宗譜》 1932年木活字本）

湖南醴陵汪氏宗祠圖

湖南醴陵汪氏宗祠圖記

　　渴不飲盜泉水，熱不棲惡木陰。古人於一勺之微，偶憩之頃，且處迫不及待時，猶自審慎若是。矧以祖靈之所式憑，迎來於斯，送往於斯，敦倫序齒於斯，修俎豆於百世，奉蒸嘗於千秋，謂可不擇地而處也哉。吾族始遷祖從新公，落業醴南螺田，自螺田渡溪而北，有芳柏園焉。其植宜柏蔭翳可愛，誠佳木也。園之左，不百餘步，有井，井在池中，呼蛟塘井，或曰有神蛟穴處地中，井若穴之門户焉。水從地中騰躍而出，近池之田，即遇旱亦無歉歲，汲之涓潔照人，味淡而甘，真清泉也。吾先人盤桓於此，愛之慕之，因建祠於芳柏園之前。康熙丁酉，乾隆癸酉、甲辰，迄嘉慶己未，陸續接就基址經營，凡幾次構造，亦屢興乃克。前立祠門，中建廳堂，後修寢室，築圍牆於後，柏園之柏因得長養滋榮，以蓄其參天之勢也。且夫美斯愛，愛斯傳，前人眷戀之地，靈爽寄託之區，有不登其堂而動念，觸於目而驚心乎。今試思柏園之柏，何以根茂而實遂，蛟井之泉，何以資深而流長，則水源木本之思，必有俯仰不忘、寤寐莫置者矣。況夫取諸柏而燎於爐，孰使香之克升也。取諸泉而釀爲酒，孰使神之來歆也。凡我後嗣尚其惕霜露而永念之，抑吾思之，木惟有心，不改柯而易葉，水惟有本，乃盈科而放流。則瞻彼柏園，當共挺干霄披雲之志；撫茲蛟井，宜更切泛槎凌漢之懷。誠如是，庶克光我祖先，而祠宇且煥然日新矣。爰即建造之始末而略記之，後之覽者，其必有對蛟井柏園以洗心滌慮，而堅持歲寒不彫之操也夫。

　　道光三年癸未歲季秋月吉旦，闔族嗣孫謹誌。

　　　　（汪澤柄等修《[湖南醴陵]醴南汪氏七修族譜》　1932年龍西堂木活字本）

湖南益陽新橋徐氏祠堂圖

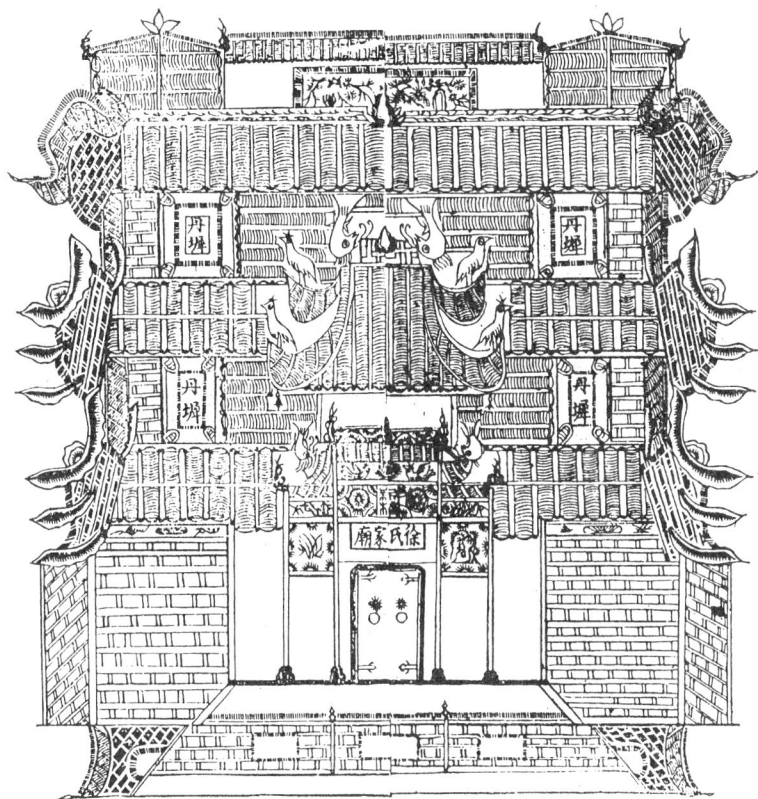

湖南益陽新橋徐氏宗祠圖記

　　祠堂之建，昔先人所爲，欲以展孝思、宏錫類也。清康熙戊戌，日嚴公倡同各房，聊備價七兩五錢，勸三房日孜公、大創公兄弟叔姪將住基扦二丈四尺，四房日恒公將住基扦一丈二尺，共三丈六尺，契載買爲近溪公諱欽佐祠堂，門前抵水塘，牆後公路一條，直通河邊。乾隆壬午，補修祠堂，並新置祭田，備價六十兩，接受其繩垻中水田一石一斗，一坵四斗五升，一坵三斗五升，一坵三斗。隔河廟山草皮壹廂，東面以河泓爲界，南西北三面以古堤爲界。挖水坵墻上扦糞宕一隻，南北一丈五尺，東西一丈六尺，契載買爲八派祖良郁公、九派祖欽佐公支祠祭田，熟糧二斗七升五合，立戶名十九里二區徐近溪，其田價即八派、九派祖塋楠竹山官斷之山價所積儲生息者也。其祭田亦照楠竹山墓田股數，子宦公房四分，子泰公房一分，公議誠實人掌管生息，各房不得覬覦瓜分。庚寅仲春下浣之四日，良渙、良郁、良棟、良誥四公子孫公立合約，約載新橋支祠屋宇基地，康熙年間捐買起造，乾隆壬午補修，用費多金，渙、棟、誥三公房內人未經入場，今推族誼同係一脈，續修《支譜》，公酌春秋二祭，涣、棟、誥三公子孫入祠與祭，但不得照房分稱分等語，凡此者皆敦本之一念也。夫人未有不尊祖敬宗而能得乎燕及克昌者也，亦未有爲孝子慈孫而不獲乎螽斯福履者也。蓋源之遠者流必長，根之盛者枝必茂，水源木本之思，顧不重歟？則克篤前謨，慰幽靈而永禋祀，是所厚望於我家庭者矣。　　　　　乾隆庚子十五派孫其_英謹誌。

　　祠堂祭田，佃種家居，勢不得不蓄養豬牛而堆積柴草也。獨是祖宗之所式憑，子孫之所奉祀，奚以肅觀瞻而妥幽靈乎？此英與二三兄弟所爲心切念者久矣。清乾隆辛丑，譜帙雖已告成，猶待編號，擇吉頒給子姓。英與其瑞、其經同事局中，適嗣孫光琬將挨祠堂西頭屋基禾塲園土山地蕁塲，並門首水田二坵五斗二升五合、熟糧九升，出售與人，因不禁歡欣鼓舞，遂將良郁、欽佐兩祖公錢壹百零壹千叁百文，買爲祭田莊所，_{子宦公房四分，子泰公房一分}。庶香燈之供奉，既可停其人，而佃户之家居又别有其地矣。其田當門塘、菖蒲塘，俱八分之一，以及新橋河水車放蔭，求其門首禾塲，挨一字牆向南，直量裁尺一丈二尺四寸爲界，屋塲基地東抵祠堂牆，橫量至西頭滴水溝，裁尺四丈三尺二寸爲界，由滴水溝向北，直至園土山塲堤上，大柳樹堤外水蕩一隻，並售從大柳樹向北，直至蕁塲界上楛子樹，又從楛子樹畧斜至河邊柳樹，直抵河縫爲界，其東面園土山地蕁塲，以祠堂牆後山堤，直至河縫爲界，四至界址窨立界石，屬祠堂管理。門前挨塘地坪，與其暘公管屋塲門首，原有出入門路，不得阻塞，英節録買契，補鐫圖註，使後之人咸惄然於愛祖敦本之念云爾。英再誌。

　　清嘉慶丙子秋，先嚴朗亭公遺命，將接受族姪凌雲契内地名上新橋胡家壟水田肆坵，共計壹石整，係熊家壋、曾家壋、楓樹壋、檀樹壋、草薦壋、老司壋、何家壋、下壋河水車臺，俱照田承分車救蔭注永，捐爲大宗祠良郁公祭田，熟糧二斗二升三合，推入公户完納。兹因《續譜》告成，謹述先志附載圖後，外不另書捐契。日後澔、瞻、訐子孫永遠恪遵無異，庶有以光俎豆而慰先嚴矣。

　　嘉慶丙子十六派孫光澔、光瞻、光訐同誌。

（徐祖彦主修《［湖南］益陽新橋徐氏六修支譜》　1932 年木活字本）

湖南寧鄉潙寧戴氏水竹宗祠圖

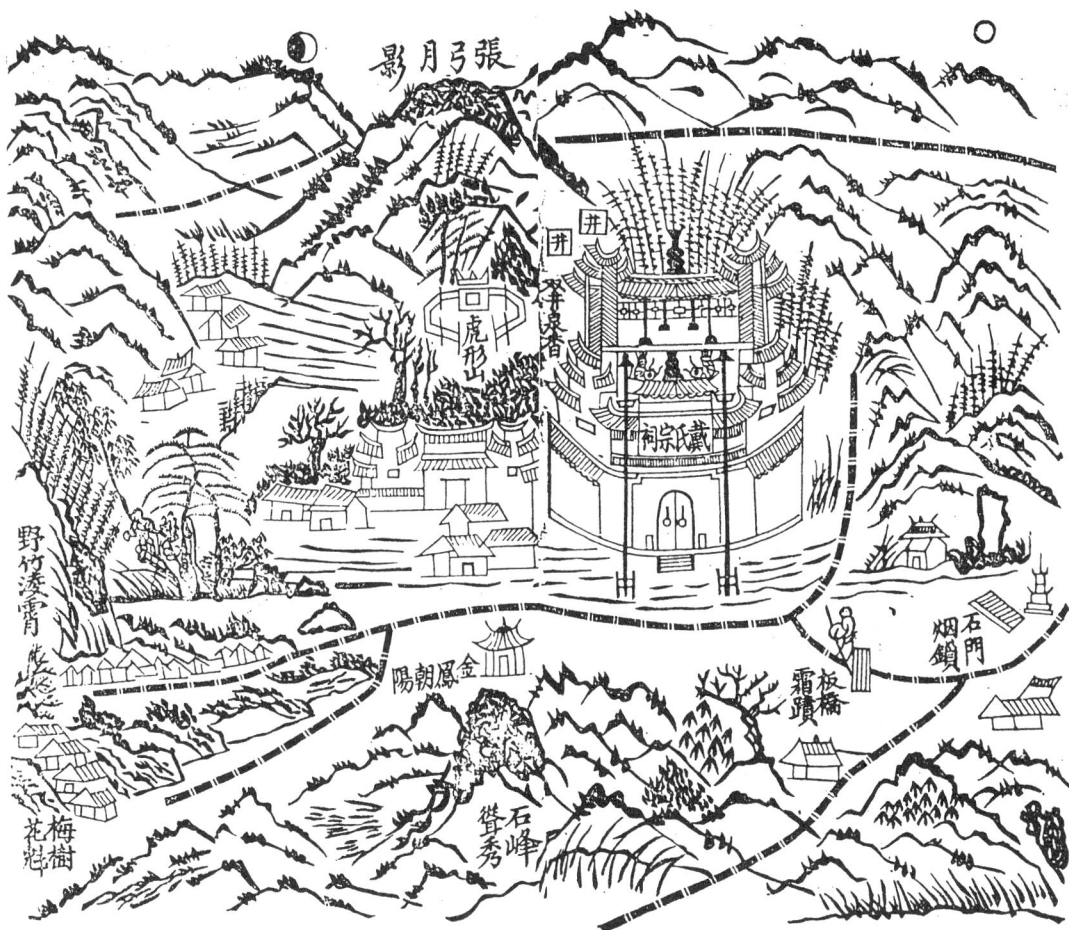

湖南寧鄉潙寧戴氏水竹祠堂記

　　易廟爲祠，昉自有宋，下及士庶，亦得修祀事，以妥先靈，制綦重矣。我族世居豫章郡，麟公以明季避世，於清初定鼎，徙居湖南，隸籍潙寧之西水竹邨而家焉。二百餘年，族滋大，子姓椒蕃，春露秋霜，未獲宗朝江右。道光十一年，爰創建祠宇，相陰陽於丘壠之傍，購置基址，倡修二，主修五，監修三，各房樂捐丁費，先祖彩祥公總其成。祠凡二進，上中爲主堂，坐北面南，昭穆如其制，左右各廳一，爲天倫序樂所。四楹而下，旁夾采樓，檻影參差，與樂臺相輝映，簷鈴錯雜，四時聞擊柎聲。臺下爲庖廚，而禮器箱櫝及司事簿書，胥於是乎在。坊建祠外，繪塑精工，水竹之間，樓臺壯色，桐廬山水之勝，幾難專美於前云。是舉也，經始於辛卯春，告成於甲午秋，前後凡四寒暑，籌款約千餘金。基外負郭田半畝，厥後捐置張時嶺祭産，券詳碑碣。由是烝嘗時祀，聚族於斯者，歷有年所。餒餘遊賞，見夫星峯羅列：前則瑞符飛鳳，羽翮朝陽；後則勢似張弓，影斜射月。石門煙鎖，直拈朝夕之香；雙井泉甘，合抱春秋之醴。板橋則四朝鞏固，石峯則片玉崢嶸。野竹色壯，西巖高凌霄際；梅樹枝先，南嶺喜占花魁。環而顧之，如入山陰，令人應接不暇，不有佳詠，何伸雅懷。於是騷人逸士唱和偏多，信美不勝收焉。昔則爲祖若宗，丘壑煙霞之所；今則爲子若孫，詩酒風月之鄉。猗猗箓竹，在水一方。想先人棲遲之靈，亦必有安而樂之者。至靈秀所鍾，熾昌預卜，於繼起有厚望焉。兹因續輯家乘，儀列編修，國縷繪祠景，並敍巔末，以筆之記。

裔孫太學生儀鴻迖甫敬譔。

（戴氏合族纂修《［湖南寧鄉］溈寧戴氏二次續修譜》 1932 年注禮堂木活字本）

湖南長沙糾田盛氏家廟圖

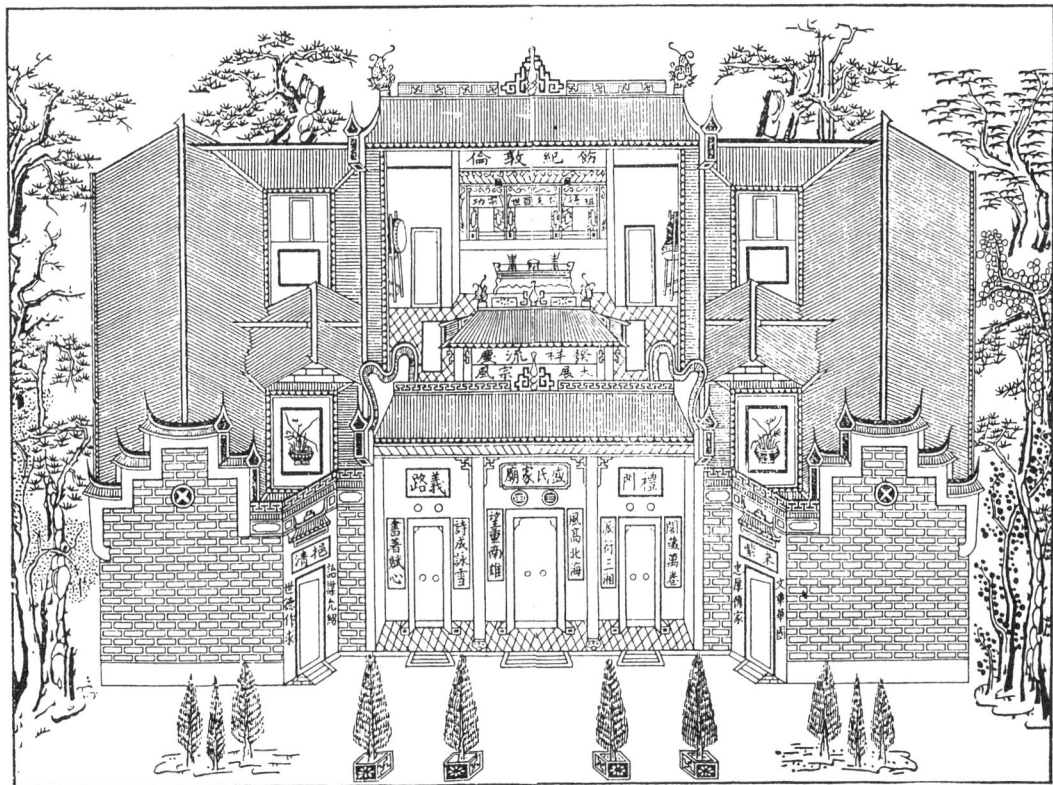

湖南長沙糾田盛氏新祠堂記

　　夫彰美在有爲之前,傳盛在有爲之後。古者宗廟,蓋歲必於春秋修之,以致其嚴。至於歷年既多,風雨漂搖,薪木毀傷,改作改爲,非僅修其廢,實亦作其新,烏可不有以記之。溯吾叔高祖儒懷公與紹梁諸公,糾合宗人,創建祖廟,在有清嘉慶初元。其時崇尚樸質,規制頗儉,迄今百餘載。風氣日新,堂構已舊,宗靈所在,對越滋慚,故前甲子歲清明致祀後,族人慶生、繼虞、普階、漢卿、治中、紹堂、芝亮、鑑堂、新亮、潤生、鳳笙、小峯、永孚、仁山、幹成、春樹、克安、銘新、鏡秋、煥斌、連春、原田、永太、德成、丙德、義元、自成、怡常、瀚章、東山、桂南、德芸、曼鈞、佑鈞、燕臣、曉庭、晉成、幹泉、德生、甫臣、鼎台、慶藩、長生、篤生、雲生、彥才、連山、漸逵等,共議重修,一言提倡,衆聲響應。遂公舉慶生、芝亮、治中、紹堂、繼虞、銘新、翰章等董其事。是秋庀材,方冬經始,閱三月落成。用國幣伍千餘圓。七房分輪。惠公房共輪銀幣五十八元六角,稻籽一碩;仲公房共輪銀幣三十一元七角;密公房共輪銀幣七百十四元二角,稻籽三碩三斗;三房公輸銀幣十三元八角;安公房共輸銀幣三百二十一元一角;邦公房共輸銀幣一百五十三元;印公房共輸銀幣一千二百六十四元四角,稻籽三十六碩六斗;政公房共輸銀幣六十二元四角,稻籽三碩六斗;四房公輸銀幣五十九元九角。合計爲銀二千六百七十七元有奇,穀四十四碩五斗有奇。不敷,酒斥祠田加佃規足成之,蓋其艱也。然輪奐聿新,乃安斯寢,馨香弗替,迪爲前光。《詩》曰"作廟翼翼",董事之謂矣;《禮》云"福者,備也",吾族其同焉。兹距祠之重新已八載矣,而記猶闕。長老慮其後將失攷,屬書其畧,故不敢以不文辭。裔孫陶謹譔。

（盛小峰纂修《［湖南長沙］紏田盛氏族譜》　1932 年肅雝堂木活字本）

湖南長沙唐氏大宗祠圖

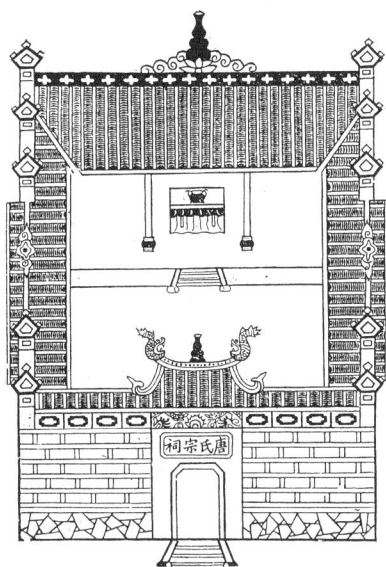

湖南長沙唐氏大宗祠山水圖

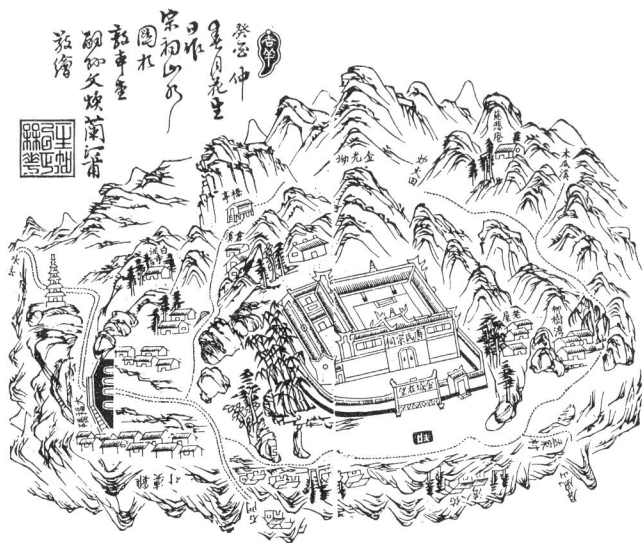

湖南長沙唐氏祠堂圖説

祠地求詳，山源當溯。城牆山名發脈午丁，走閃而來；洞坳抽枝左黄皮洞，右陳家洞。子癸，高低以接。天池深闊，池在柘木嶺脊。漣漪不涸於四時；雲霧山名遥遮，青翠恒留乎一角。樹屏風山名於鸞鳴坳名之後，帳幕連縣；聳天花山名於牛頸山名之傍，峯巒層簇。辭樓下殿，兩傍護衛重重；渡峽駐關，四面朝迎疊疊。翻身成逆勢，行若蜿蜒；入局展奇觀，景如圖畫。一斷二斷，過白彊坳名，而開帳回頭；三轉五轉，對蒼溪地名，而聳身出脈。金光坳地名上，山骨穿來；爐火田地名中，溪流界送。頓起星峯寨子嶺，一傳再傳，枝枝繞轉；凝成穴頂，左顧右顧，處處關情。垂鳳尾鳳形山於平崗，爰成祠脈；舖邆脣祠左右皆平地，舖毡形。於坦壤，乃作祠基。李家坊、張家坊皆地名東西環抱；浮泥寺、白泥寺遠近關攔。塔聳文星，助文風而人覘鼇首；橋成大福橋名，資福蔭而地固黿梁。古柳參天，柳樹灣。分得陶公緑蔭；修篁繞室，祠右多翠竹。培萩成宅青蔥。朝對拜迎，則排笏排牙，合旗鼓而羅列；城垣關鎖，則成禽成獸，並劍戟以森陳。煙閣儼然，入廟時宜其慎矣；金城宛在，數典者毋或忘之。

湖南長沙唐氏祠堂記

古無祠堂，自明制敕士庶得立始祖廟，而士庶之家廟始多。我族舊祠，光緒丙子冬燬，族衆惋惜。越二年，乃商重構，由是詢謀僉同，舉鶴泉、奇才、習之、勝修、香沼與文煥督理其事。乃鳩工庀材，宏其基址，大其樑棟。主龕則雕鏤金漆，求其華美，重祖也，其餘但求堅樸。庚辰經始，辛巳七月十六子時豎柱，甲申落成。於民國十七年秋月，補修創建橫屋一棟，九縫八間，冬月工竣。自端派而按昭穆序次入主其中，庶祖靈有憑依之所，子孫有奠獻之場，固吾輩分内事也。而説者以爲貴祠之新建而高華若此，冥冥中若有主之者，其令祖之靈使然乎？其造物之機適然乎？不然，前此而有是舉，則諸良材猶未成此參天之質，後此而〔有〕（自）〔是〕舉，則諸良材且將老於巖穴之傍，乃不後不先，適逢其會，非令祖與造物默而主之不及此。余曰：適然耳，乃若或使然耳。客既退，爰志其巔末，並繪祠堂圖，且詳載祠基四抵於圖後。後之董理祠事者，須嚴戒佃人，時勤灑掃，祠外四圍不許堆積柴薪茅草，以昭恭敬，且以備不虞。屋牆磚瓦有一破損，即時補輯，當念創造之艱，以永垂不朽云。

計批：祠基坐山，左邊抵明臣公分下墳山，自牆脚用公議尺橫量至山界，計一丈三尺，自祠後墈下橫界起，直量至大路下抵田，計壹拾肆丈貳尺，後抵明臣公竹山墈下窖石，橫過轉下，抵族園坑中窖石爲界。右邊以族園限，直下抵大路下田爲界。

又批：族園係宗祠下首，成林竹樹，永遠蓄禁，毋得擅伐。如違，從重罰處。

（唐興等纂修《［湖南長沙］唐氏五修族譜》　1933年晉陽堂木活字本）

湖南醴陵羅田賀氏宗祠圖

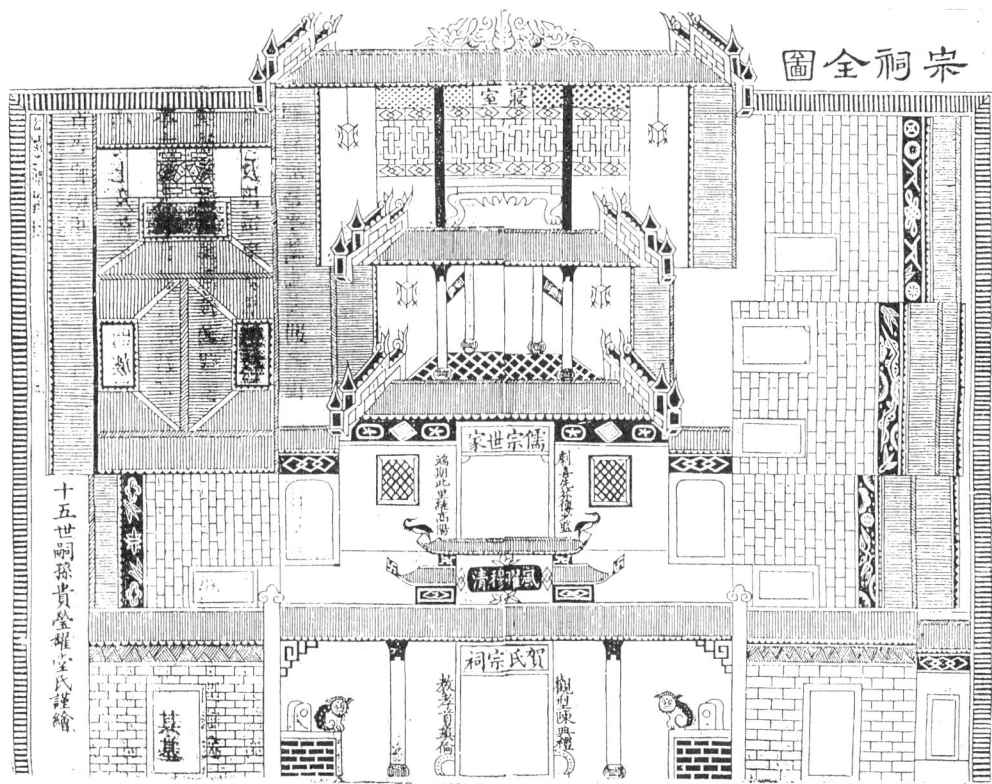

湖南醴陵羅田賀氏闔族祠堂記

　　古者祀禮，用五宗法，未有合祠、合祀之制。自程夫子以義起祀禮，得上及先祖、始祖，則族屬之散無統紀者，皆合祠以祀之，亦本古聖人教民反古復始，不忘其所自生意也。我族宗祠，其基陝蟠，其面寬綽，厥惟舊哉。蓋自明月峯發脈，連巒聳翠，開帳發枝以及田，田中現梧桐枝體，再三盤旋，然後束細腰閃大陽，而祠局於是乎結焉。前則名山之星體，兩層疊來朝拱，後則天台之文筆，特峙緊相捍衛。夾乎右者，則有大富諸嶺，迅如駿馬之奔馳；夾乎左者，則有玉屏峭壁，堅如金城之鞏固。他若橫琴作案，兩江如帶，奇勢遞出，不可具狀，此先代祠宇之所由建也。雍正三年編譜，虔長公曾作《記》。嘉慶八年，續修譜，後我先人以棟楹宗桷蓋瓦磚級之當易也，乃鞏材遴匠而更新之。其始門首竪立高華，凡登科第隸仕版者，悉炳諸額。由門入，則有庭，由庭入，則有堂，由堂入，則有拜亭。東西兩階級遞升始入寢，寢列三龕，先靈於此妥，昭穆於此分。兩旁房屋凡榻廚竈之制，均無乎不備。顧前己酉歲，族人念風霜之遞歷，涓時日以重修，換脆爲緻,濯黯爲鮮,庶乎神靈之棲息,倍增嚴整壯麗矣。今歲譜屆三修,又以前屆繪祠之圖,概用欹式,似於嚌嚌其正之義有未洽,故改欹爲正,其亦有當於攸芋攸躋之意乎。且夫祠之必資乎堂也,率作悉由乎後人,而堂之必有其地也,底法實本於先人。念昔我祖之由田東以遷於斯也,相陰陽,觀流泉,豈遂預爲異日宝閣計,而後之建宝閣者,乃不必求諸遠而第因乎邇,夫非造物當日,特留此隩臯神區,以待我祖來,遂使一時之安宅,而得爲千秋之宗祐乎。然則我祖之有感於造物者深矣。我祖之有造於後人者,洵遠且大矣。兢兢乎踵前規以記之,豈直以陰爽憑依之地,美輪奐而薦馨香哉。其尚各竭肯堂肯構之力,以迪前光也可。

　　清咸豐元年辛亥仲春月吉旦,闔族公立,十三代孫之焕謹撰。

羅田賀氏祠堂圖説

　　此我闔族之公祠也。我始祖昶榮公,由江右田東遷醴,攜其子臨、賢二公,卜居羅田,不數傳,子姓椒蕃,人文霞蔚,醴南推甲族焉。嗣是家於斯,族於斯,建祠宇於斯。每歲時明禋肅祭,入其門,則離離來也,升其堂,則肅肅止也。瞻其閟閣,則洋洋如在上而在旁也。其局勢堂皇,體制嚴整,前人已記之詳矣。第兩次重修,均仍舊制,族人猶嫌其隘也,久欲拓基址,而恢宏之。光緒丙子,我臨公裔,毅然於宗祠右旁,添建橫屋數椽,一切費款,悉獨力經營,夫而後宏開宴飲之堂,高建儲備之倉,廣設賓從之所,凡有事宗廟中者,恢恢乎綽有餘地,匪特前廚後庫,增新廣大之規模,而松桷旅楹,更足妥先靈之棲息也。族人僉稱之曰:善。雖然,祠公也,而添建曷以臨分獨爲? 考其始契,接家榮華屋宇基地,原以臨、賢二公分餂派,厥後賢公裔以賢分所應得股分,盡售與臨公裔雲峯公祀管理,故其祠則闔族之公,而添建乃我臨分所獨也。兹修牒繪圖,特述顛末,以昭兹來許云。

　　清光緒庚子春月吉日,十四代孫國香謹撰。

羅田賀氏宗祠門首月塘記

　　我族宗祠,坐乾向巽。頭門外得寬平地,行及百餘步,有橫路,爲湘攸衡永通衢。路下有塘一口,形若眉月,取名口"月塘",四時泉流不竭,常穆穆以金波拱向祠宇,無稍斜倚。上以橫路爲界,下與左右俱以本塘岸爲界,均石砌,極爲整齊。其源發自龍龜山,順流賀家橋,紆徐迤邐爲祠宇,隨龍水會合氆下月塘,爲元辰廉泉,澄定清潤,如大空之無纖翳,如明鏡之無點塵,書所云水合禄儲者此也。其塘,昔係芑元兄弟私管,今契售與春祭祀公管保祠宇也。昔魯候建學,環以泮水,形如半璧,遊泮者,詠思樂焉。今我祠而有月塘,何殊學宮之有泮水,將泉源與心源相通,活潑有象,水藻與文澡交秀,光耀無窮,此誠天開一鑑,足以輝映俎豆者也。族中人果深探本尋源之慕,而切盈科及海之思,行見采芹藻,探桂香,恒於斯覘瑞應焉,則斯塘之有關祠宇豈淺鮮哉。吾故樂記之,以爲族人望。

　　十四代嗣孫富方義門氏原稿。五修重訂。

湖南醴陵羅田賀氏臺公祠圖

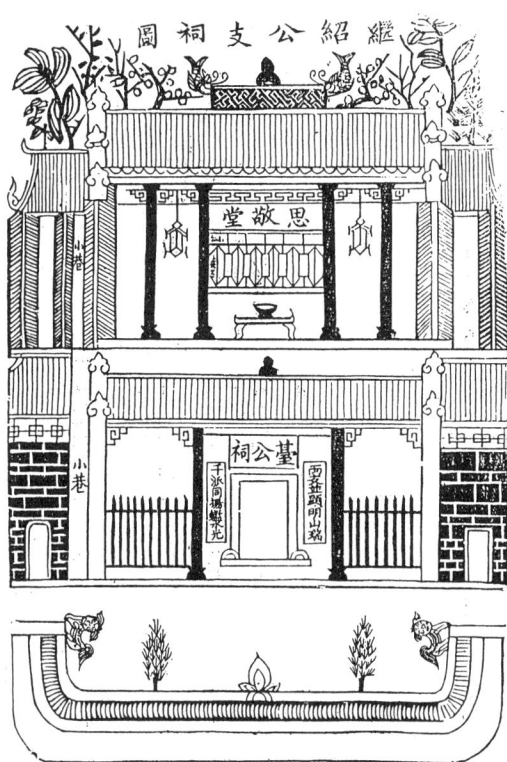

湖南醴陵羅田賀氏臺公祠記

　　建宗祠,妥先靈也,我族宗祠體制,虔長公記之詳矣。第宗祠,公祠也。族於公祠外,各建支祠。我等繼、紹二公裔,昔因費難驟辦,故支祠未建。乃荷先人設立章程,酌以上字派起,立中元會,按名捐穀,經理蓄積,置各處產業。由此各房凡生一丁,捐穀三斗二升入會,每年中元祭,與祭者飲福,未與者分胙。道光丁酉,會內商議,置基地建立二公支祠。祠之制,自門而升,一前廳,由廳而入,一亭一堂,上立寢室,左置房二,後庫前廚,復置房外左邊上下廳各一,半爲宗人止肅所。棟宇維新,二公之精靈得其憑依,而後嗣奉承祭祀,亦得以達其誠敬焉。構祠並祭器各項,計費千有餘金,俱係中元丁會租息所出,未嘗照房分餉派也。嗣議租息所收及續捐生丁之穀,每值中元祭祀,恪遵前規,仍爲蓄管,矢公矢慎,以久以大。茲因續修家乘,繪具祠圖,聊舉祠之所由建,會之所由起,費之所由出,付之黎棗,以垂不朽云。

　　清咸豐元年歲在辛亥春月穀旦,十四代孫富昭允齡氏謹譔。

　　　　（賀彝燃總修《[湖南醴陵]羅田賀氏主修族譜》　1933年儒宗堂木活字本）

湖南益陽資陽臧氏宗堂圖

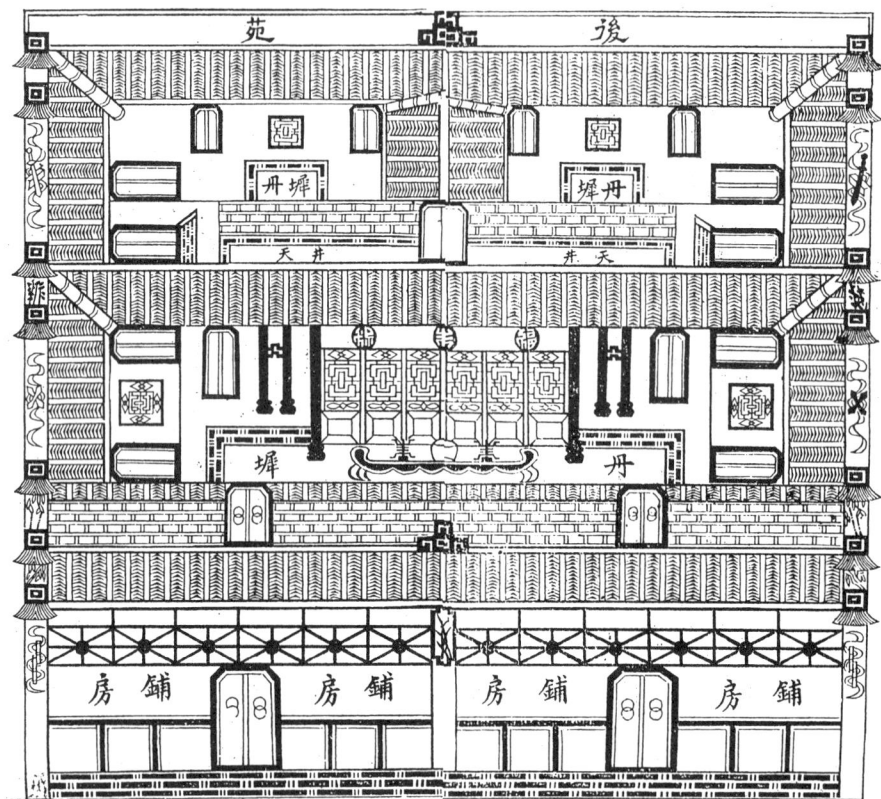

湖南益陽資陽臧氏宗堂圖記

　　右圖在城內縣治東老岸。宗祠店房基地,直十四丈六尺,橫五丈一尺,左抵巷心,右抵邱姓基,後抵周姓基,前抵白街爲界。河岸店房基地,直十六丈五尺,前抵白街,後抵牆,右抵黃姓基,左以古巷心爲界。

　　東關外基址:

　　東關內宗祠基地,老譜載之詳矣。而外水北橋下河岸,合族尚有公屋基地一則,直六丈八尺,橫三丈四尺,前抵官街,後抵馬地,左抵薛家巷,右抵蕭姓基。

附:

祠巷立拱街保耽承字約

　　立耽字人陳泰階、曹午齋、黃雲澍、陳彥方、范松喬、徐元照,情臧姚兩姓,祠宇牆垛毗連,其中姚家古巷,歷無牆拱。兩頭奉憲,原有木柵今因空曠無倚,姚會臧商議,憑我一干於臧祠間牆處,修立一拱,其餘不許加增,今木柵改修塼柵,以保兩牆堅固,亦可作二面之光,從此一拱兩柵,許垂久遠。嗣後姚姓毋得加更,倘後姚姓再欲加更,有我等一併耽當,恐口無憑,立此耽承,付臧祠首事收執爲據。

光緒三年十一月初二日,黃雲澍筆。

附:

祠 堂 記

乾隆二十四年,始得東城街東之地数十弓老屋數椽,將鬮之以祀祖先,未果。後庚子歲,又得街西地較舒,遂於其後建以爲祠,其前故有貨房數間,仍之賃諸商者居焉,收其租,以供祭祀需。當始營其事也,族長老咸至,正其位,量其材,擇其工石,度支所出,則各房稱其家捐之,以時人諸公,而使余叔萃亭暨族伯近亭共董其事。越明年成。曩者時和年豐,物力充裕,倡以敬祖之義,而舉族靡不翕然響應,故事不勞而功畢舉,經始之意,固猶不僅此也。將脊祠外兩面屋垣,而一一新之,以爲先人光。嗣淮、華兩房,相繼分去,而街東貨房,遂分給之,存者惟街西貨房,前志由此不遂矣。嘉慶戊午間,澄房湛玉公倡議改造,擇族中有力者,湊會爲貲,挨年奪彩,則以房租納出,後又各捐銀若干數,始臧其事。今祠外貨房三間,棟宇崇矣,牆垣厚矣,皆此計之得者也。其經營土木,權度出入,則湛玉公之力也。適落成,族長老相與言曰,事無興廢,惟其人耳,當斯祠之立也,創也。今貨房之修,因而亦創者也,或舉族公爲之而有餘,或十數人諒爲之而無不足,由是復因而擴之易易耳。何者?歲租所入,供祭費者十之三四,贏者猶得十之六七,有人焉,司其所入,慎其所出,權其子母,不出十年,而又可益業,是在賢子孫之爲之者。若夫假公以濟私,瘠公以肥己,一人作俑,衆人效尤,亦可不出十數年,而祖宗之業蕩然無復有存者。夫前之人尚虧己以成祖宗,後之人乃虧祖宗以成己,縱不懼族人於我瑕疵,自問寧難覥顏立於人世,此不肖之行,當世士大夫之後亦往往有其人,我族人當慎之,戒之。昺曰:善,斯言固可與祠堂並垂不朽者也。乃退而爲之記。

時嘉慶五年歲次庚申孟冬月,十五派孫昺謹識。

附:

重 修 祠 堂 記

我族建祠東城西,其祠外貨房之改造,嘉慶戊午間事也。而道光初,華、淮子若孫又返街東貨房於公,此先人在天之靈,默啓其衷,而其仁孝亦於是乎見。彼時祠中事,族伯一菴董之,入與出,無一毫苟且,族中人無間言。一菴伯即世,羣以事屬芝陸兄,猶乃父志也。甫二載,族大難制,辭焉,而債遂自此積矣。癸卯冬,族兄楚良等糾耆長於祠,稽逋欠,易房長,定章程,肅然一清,由是客無追逋者。數年後,擴充易易也。乃今二月十九之夕,鄰人不戒於火,而我祠貨房兩面巍然,祝融收拾殆盡,前人數十年之經營,可令後人見者,僅一祠堂耳,吁,可慨也已。春祭燕於寢,杞起而言曰,祠有貨房,歲得租以供祭祀,今焦土可若何?讜曰,其次第新之,如戊午湊捐改造故事。一人曰,曩者時和年豐,故以敬祖之義創而靡不應求之,今難,且續譜十年矣,不得已捐貲成之,族人猶有難色,茲又義捐,是重累族人也,烏乎?又一人曰,爲祀先計,即重累族人,其諒之,但勿太驟耳,秋來黍稻既登,捐錢不便,則捐穀石,成功頗易,況爾時譜牒竣工,可專理此,任事者亦不至兩役疲焉。而杞獨取讜之說,讜亦心折杞。彼此就商,毅然以重修爲己任,即於是日擇首事立捐簿,有力者多捐,無力者稍捐,與祭十數人中,捐不上百金,合後此陸續所捐計之,金亦止七百零,而鳩工庀材,已於三月下旬始,四閱月,而街西貨房成。夫興廢者,天也,慶興者,人也,天欲廢之,人無權焉,人欲興之,天亦無權焉。特派費較戊午爲重,保無怨余二人者,然此心自誓終不效侵漁者所爲,人怨之久必知之,余二人惟與首事諸公,同心脅力,慎始慎終,期街東貨房之重新而已,而怨與不怨,可無論也。

　　時咸豐七年丁巳季夏月,十五派孫世杞謹識。

　　　　（臧祖霖等主修《[湖南益陽]資陽臧氏六修族譜》　1933年東海堂木活字本）

湖南益陽芭矛灘曹氏福海公祠堂圖

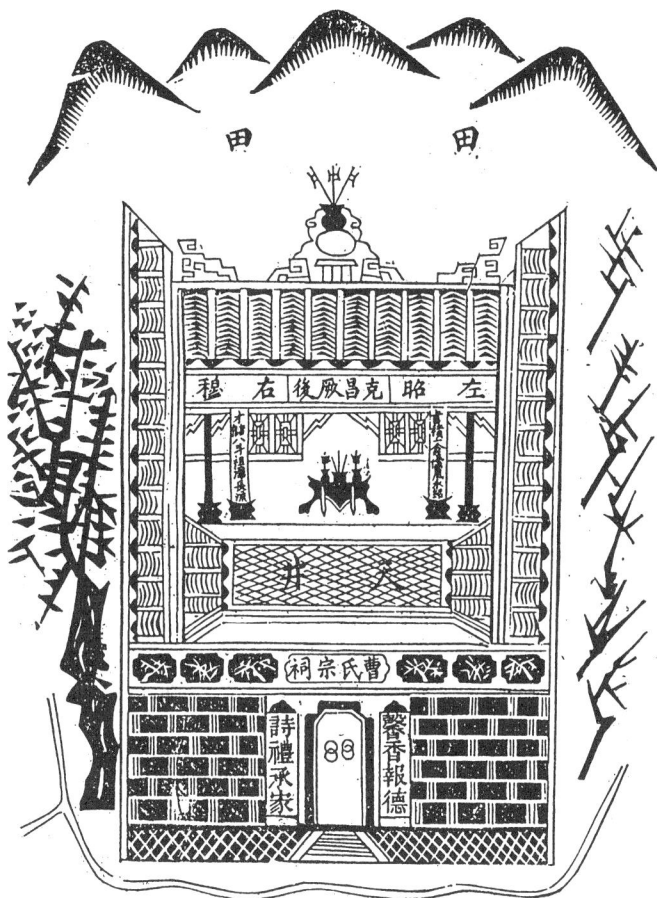

湖南益陽芭矛灘曹氏福海公祠堂圖記

　　傳曰，春秋修其祖廟，陳其宗器，設其裳衣，薦其時食，蓋祖宗之於子孫，隔者形體，通者神明，使無妥其靈，奉其誠，此若敖之鬼所以嘆餒而也，豈聖人報本追遠之義哉。我族自前明來益，宅土於茲，數百年矣！爰建宗祠，奉始遷祖福海公以下二代之祖考妣。清嘉慶間，振而新之，堂構之規，輪奐之美，雖未必盡臻大備，而春露秋霜，愾聞僾見，駿奔蹌濟，亦足以將誠敬通神明，申報本追遠之忱矣。瓜瓞之綿，其有邰家室立之基乎。若以云善繼善述，則滋愧矣。

　　闔族嗣孫公誌。

（曹永瓚纂修《［湖南益陽］芭矛灘曹氏支譜》　1933年譙國堂木活字本）

安徽潛山南陽韓氏豹山祠堂圖

安徽潛山南陽韓氏豹山祠堂圖記

斯祠之基,捐自憲公裔孫,斯祠之建,創於康熙丁酉之年。規模粗就,尚未成功。至乾隆辛亥年,我七公裔孫,共體仁孝,妥祖爲懷,復起而光大之。幾歷艱難,幾經辛苦,後之繼志述事者,當保其所已成,補其所未逮也。况其地近五派祖,祠與墓依,墓與祠連,水源木本,更足動墓下之念。異日者,各房對墓興思,願來合一,共切培植,我後人宜一體相關,慎毋執創始(目)〔自〕我之見,阻通族仁孝之心也。爰敘摯語,勉我支孫,尤有望於通族共重一本所在云爾。

豹峯山祠基序重鐫

君子創業垂統,爲子孫植基耳。蓋天下事,無基不立,有基則成。是故德者,福之基;實者,名之基;覆載者,生成之基;田産者,饒裕之基;丘陵者,爲高之基;規矩者,制器之基;而要不若祖宗爲子孫之基,其根本爲至切也。而欲妥先靈,莫如建家廟。予懷宗韓氏,居豹山。先輩諸君子,不忍祖靈之無依,康熙丁酉歲,議構宗祠,富八公裔孫定基於河,富七公裔孫等,覓基未獲佳城,隨有識者指示云:豹山之陽,其地崇山峻嶺,其址規模宏廠,來脈層巒聳翠,局面砂水堂皇,且近伊五世祖雲公之墓,旁瞻榱桷,几筵起敬,顧祖墓臨穴興思,祠與墓依,互相庇蔭,洵哉勝境也。遂羣謂欲構宗堂,非是基不可。但其地乃尚憲公所私受,非股内之公業也。偕敬以請憲公裔孫,先熊、進鉉等慨然曰:土地雖私,祖宗則公,吾等之基地,皆祖宗所遺留也,以祖宗所遺留之基地,而有不能爲祖宗立寢廟者乎?論祖宗耳,何論公私,願以基捐。於是經之營之,聿觀厥成,而作廟翼翼焉。夫捐田、捐地,所在多有,或公酬以金,或公鐫以碑,而憲公之裔孫,不計私,並不計名,惟以妥祖靡他,培基後世,是誠孝子之居心,慈孫之行事也。己卯歲,予辱命纂修,既經寒暑,因知之稔焉。夫一長一節,君子録之取之,蓋不没人善也。况憲公裔孫,捐地妥祖,培植子孫,緜萬世無疆之福者,又豈一長一節可同日語哉。進升、修詔諸先生命予爲文以誌之。而憲公裔孫先壽、先燕、進鑑、進城、修璜、修道、修轍、修職等謝弗受,予曰:有基俾勿壞,善作貴善承,祖宗之芳行,實後嗣之楷範也,惡乎謝。爰搦管數言,以垂不朽。

乾隆二十五年庚辰歲蒲月上旬吉旦,候選儒學正堂雷川宗晚錫爵詔稭氏端肅拜撰。

(韓文麟等《[安徽潛山]南陽韓氏支譜》 1933年木活字本)

湖南湘潭泉沖王氏宗祠圖

湖南湘潭泉沖王氏宗祠記

　　禮曰："君子將營宮室，宗廟爲先。"古制官師皆有廟，漢以來士庶家多建祠於墓所，後世因之。凡一姓，每於聚族處建宗祠，卜地卜日，地其尤謹者也。邑城南渡下瀟司五里許，入白雲深處，一派清流，澄瑩翠碧，秀匯湘靈，舊名泉沖，吾二世祖孝廉、汝礪公，元至治年間，挈家居焉。遞傳而下，子孫蕃衍，上自三角塘，下抵趙家洲，連井聚廬，不下千餘家。秀者詩書，樸者稼穡，田舍無恙，丘墓猶存，歌於斯，哭於斯，聚族於斯，已數百年矣。乾隆庚子年，族議建祠，而難其地也。歲己丑，恩房接張姓王家沖業，亮公夫婦之墓在焉，本善公之墓亦在焉。族衆商之恩房，用卜祠基，以其地尚隘而又未之定也。適恩、憩兩房公接郭姓許家營田屋，與王家沖聯屬，形家者謂靈奇鬱蟠，山湊水會，勝地也，而祠基以定。四十五年，筮吉拓基，部署周詳，庀材鳩工，閱三年落成，糜費約二千餘金。計祠屋兩進，上爲寢室，中龕安主，旁遷主，雕格十四合，左右貯祭器、司會計屋各一間，前窗豁達，窗外小墀，堂前簷障，以木欄設門啓閉。地最高階下，砌石級廁大墀，植柏桂各二。左右長廊有樓，上爲齋宿所，下以備餕飲。位次前構戲樓，旁可附鼓樂，下廚屋兩間。大門外木欄如後堂，前地端正周廣，兩旁有塘隊列，水深而魚肥，此就近形勝這較著也。遠而溯之，嶽脈綿亘東下五崟山，逶迤蜿蜒，奇峯磊落，舒徐數節，秀靈聚焉。左則奔騰簇擁，勢若導若翼，泉源流長，旋繞祠門，過右數里，至寒潭港興隆橋關鍵。右砂疊抱，如環如拱，前開大面，宏廠數千畝。近山如印案，外聳玉筍文峯，先靈式憑，其在斯歟。祠成距今二十餘年，每當祭祀之暇，登樓遠眺，心智耳目爲之一擴，未嘗不嘆先澤長流，益以山靈呵護，遂長享禋祀於弗替也。環祠皆祀田，公私各契，另作《祠田記》。建祠董事明遠、芳遠、江淮、朝殷、文名、河清等，及近年經理祠務時若、樹門、璞菴等，例得並書於後，是爲記。

　　時嘉慶九年甲子秋九月穀旦，十六世孫正寧敬撰。

湖南湘潭泉沖王氏以齋公祠堂圖

湖南湘潭泉沖王氏以齋公祠堂記

嗚乎！厚純不肖，無以顯揚先人，而於祖與父所欲爲者，蓋未嘗一日忘諸心也。吾祖以勤儉起家，年登大耋，足不出閭里，而鄉人載德性，好與鄉人遊，仰而望山，俯而聽泉，課農桑而話晴雨，欣然自得。鄉之中有地名井壩者，其山翼然而環其谷，窈然而秀，其下有清泉，潏然而出，去吾宅約里許。吾祖購其地，顧而樂之，每流連不忍去。吾祖殁，吾父欲於其地建祠，以妥吾祖之靈。未幾，吾父疾亟，不果成，彌留之際，呼厚曰：若井壩山水之盛，固爾祖所欣羨者也，此吾所急欲建祠，以妥爾祖之靈者也，今已矣，爾善爲之。嗚乎！此非吾父之能成先志哉。厚雖不肖，謹誌之不敢忘。先是，吾祖生伯父詠卿公、可亭公及吾父星階公三人，伯父相繼早卒，詠卿

公生霞江兄,可亭公生惕安兄,惕安亦早逝,有子儒瀚。吾父殁,越數年,厚與霞江兄及弟與姪
輩商之,相時度地,庀材鳩工,數月告成。祀主於祠,歲時致祭,祖以下子孫咸在焉。嗚呼！祖
往矣,伯父及吾父又往矣。自今而後,由吾與兄與弟與姪推之,吾之子若孫及兄弟與姪之子若
孫,緜緜延延,散而難聚矣。今得以建斯廟者,上承先志,下示來茲,報本恒於斯,聚族恒於斯,
不亦可以油然生孝弟之心哉！是役也,費銀柒伯餘兩,皆先人所羨餘也。祠有田九十畝,歲得
穀以供祭祀。祠中有事,三房子孫共紀理之,垂之久遠。祠成,因誌其始末於石,以告來者。是
爲記。

　　光緒十八年壬辰孟夏月穀旦,孫厚純敬撰。

　　　　（王振育等纂修《［湖南］湘潭泉沖王氏五修族譜》　1934 年槐蔭堂木活字木）

湖南瀏陽官橋黃氏家廟圖

湖南瀏陽官橋黃氏家廟圖説

　　官倉嶺在長沙淳化鎮文家塅之北，舊爲在中公祠墓地。在中公名文裳，吾族二房之十三世祖，康熙時歲貢，初修族譜，網羅遺佚，收輯散亡，今日吾輩得知元明以來世系，歷歷不爽，公之功也。子世起、世光、世勳，皆邑諸生。孫楚彥、楚鍾，同舉乾隆丙子鄉試，而楚彥以進士宰山西。玄孫範宏，亦舉嘉慶癸酉鄉試。十世詩書不絶，食報亦云厚矣。同治初，吾長沙三房子孫，擇地謀立家廟，公之後嗣，慨然以祠屋山田讓之。族衆創立家廟，奉始祖君、洞府君以下十餘世木主，馨香勿替。族衆亦醵金備價償之，時際承平，敬祖合族，一堂雍容，禮讓是敦，誠盛舉也。俊兒時，冬至入祠祀祖，躬見前輩拜跪肅穆，謦欬如聞，緬然有怵惕悽愴之意。餕餘飲酒，蹌躋歡睦，尊卑凜然。酒後尊老坐於上，卑幼環於下，計用度之出入，訓後輩以孝友，肫肫如也。今何時乎，淳風日遠，戾氣方騰，入祠誼攘，爲肉食非爲祀典，囂雜淩厲，遇事奮爭，甚至非我族類，族愚無知，妄引混竄，血親紊亂，莫此爲甚。明禮之士，寡不勝衆，不敢以正言大義曉之。吾祖有靈，不知如何隱慟矣！六房自廷鳴公開支瀏西，四百年來，力田服穡，山川阻隔，不相往來，僅乾隆時，兩族一通譜牒。光緒中葉，兩族士子應試，同居書院，惟時六房筠峯、菊初兩先生，吾四房篤生及先兄峙清兩先生，通殷勤，敘族誼，互謀將來合譜、合祠之事。俊傍座，熟聞之，不敢忘。歲壬戌，迺集長房曉亭、二房復順諸公，與六房訂約，合修族譜。乙丑夏，開譜局於官橋，推俊編撰。會是時茶陵譚延闓、衡山趙恒惕爭湘省政權，方事力鬥，俊之戚友皆祖延闓，奸人某媚恒惕，誣俊爲延闓黨，與匿瀏西募兵，伺隙助之，恒惕將派兵圍官橋，一日警報三至，實則不置一嘻也。然時危世幻，有出人情意外者，深恐以一人誤全族，避地遠適，譜局亦因渙散。今思之，有餘慟也。自此連年戰爭，四竄逃生，迄無寧歲。壬申冬至，六房族長蕊初諸公赴祠，復訂合約。主吾祠事者，仍爲二房復順，病未踐約，齎志遂卒。癸酉，余復至祠，督促長房曉亭、二房熙農諸人，以竟厥事，諾之既，未踐約，促之復無人至，蓋時亂年荒，人窮族散，無力踐修，至可念也。獨慨俊以窮老歸鄉，復乏餘資助族衆成盛舉，致無以慰答六房，内疚於心，恧顔何極。惟是國不亡，家不破，祠宇不毁，吾族長瀏四房子孫，同綿延於千載，永爲一脈之親，官倉家廟雖長沙三房所修，六房原屬一本，有何鄉人一孔之見，捐資與否之分乎？家國一體，得人者興，六房多明禮睦族，君子每歲烝祭，翩然戾止祭先上冢，襄理祠事，振起家風，與吾長沙三房融合一體，興替共之，作千百年團結基礎，吾祖在天之靈，想亦欣然佇望，俊則不勝馨香禱祝云。故爲説，附圖後，以貽六房賢哲云。四房二十世孫俊良士謹撰。

湖南瀏陽官橋黄氏宗祠圖

湖南瀏陽官橋黄氏宗祠圖説

　　祠宇之建,所以妥先靈而崇祀事也。初,嘉慶間,蹈和、德光二公集衆捐資,價買鎮市宋仁懋屋,尋以地遠,未遑建祠。道光初,大純等倡議,將鎮市屋出售,得價若干,並各房捐資,遂買兆河兄弟瀏西二十五都官橋居屋,及萬象公裔捐買崇夏屋一契,以作宗祠,立卯山酉向,並原置祀田、屋宇,均有印據,册名黄紹徽公祀輪糧,由是祠宇落成。中奉友琦公歷代神主,左昭右穆,班次井然,庶堂基立而俎豆馨香,秩序分而衣冠蹌濟,崇德報功,垂之永久矣。

　　　　　　（黄良幹纂修《［湖南瀏陽］官橋黄氏四修族譜》　1934 年江夏堂木活字本）

湖南長沙湘西許氏家廟圖

天井

天井

許氏宗廟

八惺風高　　五經澤永

湖南長沙湘西許氏家廟圖説

　　宗之有廟，所以奉主，先祖之靈實式憑之，對越之地，即告虔之地也。我族建廟以來，屢經修理，茲照式繪圖。俾閲者宛然在目，而情深瞻仰，念切綢繆，庶有以妥先靈焉。是爲記。

湖南長沙湘西許氏家廟地輿圖

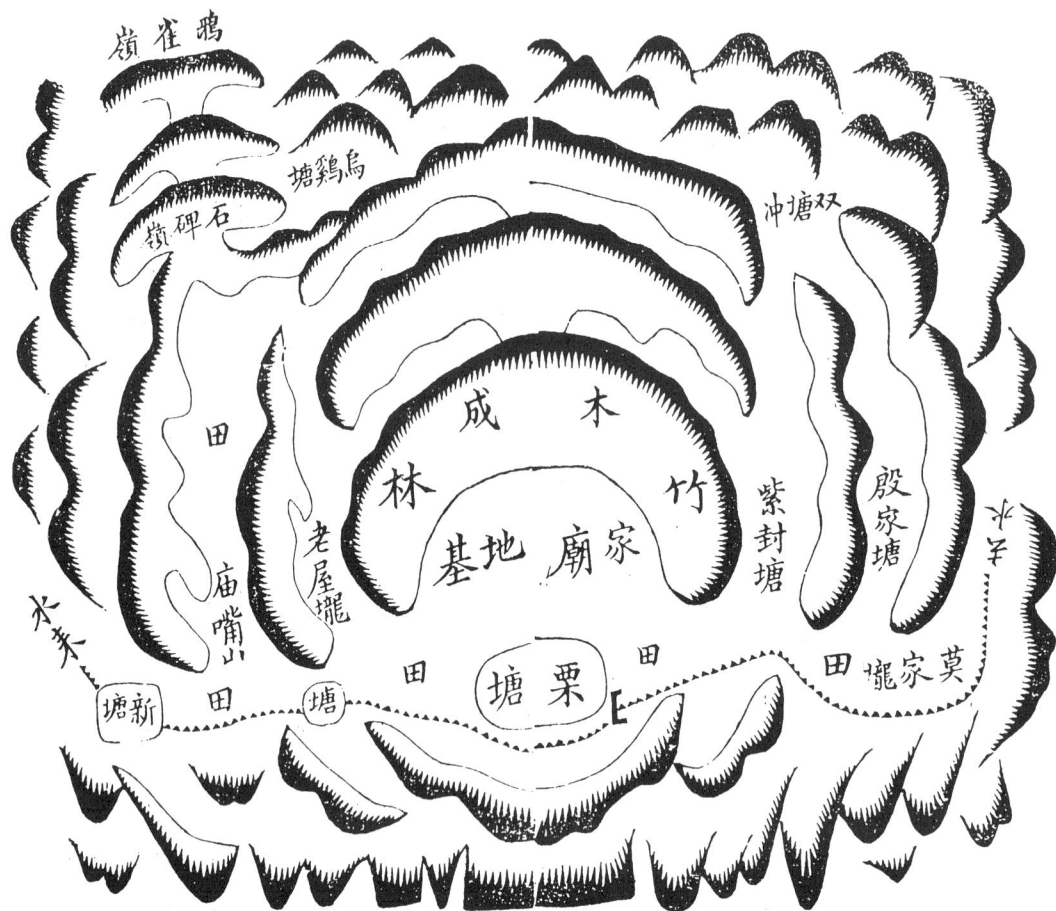

嶺雀鴉　塘鷄烏　嶺碑石　冲塘双　成木　林竹　田　老屋壠　紫封塘　殷家塘　基地廟家　庙嘴山　田　水來　塘新　塘　田　塘栗　田　田　莫家壠　水

湖南長沙湘西許氏家廟地輿圖説

　　右圖龍由鴉鵲嶺分枝,走石碑嶺、烏鷄塘尾、乾塘坡等處,逶迤而來,特開一局,我族建廟於此,針定艮山坤向。前有栗塘坡,一字文星作朝。案外官星高聳,旗鼓分明,水蓄中堂,形團氣聚。祠後週圍有壕,茂林修竹,其培植匪懈,誠以祖宗所憑依,不可或忘也。是爲説。

　　闔族嗣孫謹識。

湖南長沙湘西許氏家廟契據

一、道光三年十一月十九日，家廟管公人云旦等，出備價銀柒拾兩，接受蕭方中地名翁家壠糧田伍畝，共計大小肆坵，糧餉蔭注載明契管。

一、道光三年十二月初十日，家廟管公人敬亭等，出備價銀壹百肆拾兩，接受許從章糧田壹石，地名廟山觜壠，共計大小田捌坵，注蔭公私照額，並上首老契一紙。

一、道光三年十月初十日，家廟管公人敬亭等，出備價銀玖拾貳兩，接受許佩綬糧田柒畝，地名楊梅山，共計大小田肆坵，新老印契貳紙。

一、道光十一年十一月初十日，家廟管公人敬亭等，出備價銀捌拾兩，接受鄧大年文契一紙，地名橫山壩，糧田肆畝，注蔭公私照額，並上首老契一紙。

一、道光八年十月十三日，家廟管公人振南等，出備價銀玖拾捌兩，接受家廟右側翁萬邦文契一紙，糧田柒畝，共計大小拾陸坵。

一、道光十九年十二月初八日，家廟管公人光晞等，出備價銀肆拾陸兩，接受象九糧田伍畝，地名窰觜岸，共計大小田肆坵，新老印契貳紙。

一、同治五年十一月十九日，家廟管公人映遠等，出備價銀捌兩，接受茂林糧田壹坵，其田即家廟門首，注蔭照額，並老契一紙。

一、道光二十八年十月初十日，許其詳願將許氏家廟門外上首，接連挨園山塸，共田大小陸坵，兌與許家廟爲業，家廟祥堂等將楊梅冊壠油子坵田一坵，犁鏵崽子田二坵，共計大小田三坵兌與其祥承管，自兌之後，其糧餉蔭注及鏟挖山場，均照契管，各立兌約爲據。

一、光緒二年，家廟管公人芝圃等，出備價銀參拾捌兩，接受吳惟貴田三畝，計三坵，有絕賣文契。

一、光緒三十四年十月十一日，家廟管公人德豐等，出備價銀五拾二兩正，接受易樹生介韓仲傑遇龍吉階同姪雲山等，地名許家灣下楊梅山之業田二斗五升，計田二坵，上一坵係栗塘窰口下，出水港右側，挨張姓田下，小長坵田一坵，下一坵係栗塘坡大路下，窰觜上，挨山邊黃泥坵田一坵，水係大新塘四眼塘下易家塘，照分徹底車放蓄蔭東西兩岸公山，聽其隨田鏟挖，以上所載，均有契文照額管理。

（許惟喬纂修《［湖南長沙］湘西許氏四修族譜》 1935 年太嶽堂木活字本）

湖南瀏陽南溪施氏祠堂圖

湖南瀏陽南溪施氏祠堂圖記

　　我祠正寢,建於前清乾隆癸巳年,在南溪初花灣,原名邱關灣,背南拱北,癸山兼丑。迨光緒辛丑間,乃立下邊橫屋。民國己未年,又立上邊橫屋,設立在田初級小學校。未幾,又將下棟修改並建亭子,漸次完美,曾經先賢作有賦記,恕亦學爲續記,並登文集。因將舊圖改革,從新繪圖如右。民國乙亥年嗣孫其恕謹誌。

湖南瀏陽南溪施氏雙坑屋圖

湖南瀏陽南溪施氏雙坑屋圖記

　　雙坑屋在南溪上遊，地名雙坑上頭，爲淮公享堂。居中新建者，爲政公享堂。下頭乃敦、政二公後裔住宅。此處形勝，堪輿家謂不亞於老屋云。

（施逾福主修《［湖南瀏陽］瀏東南溪施氏族譜》　1935 年吳興堂石印本）

廣東德慶河東聶氏宗祠平面圖

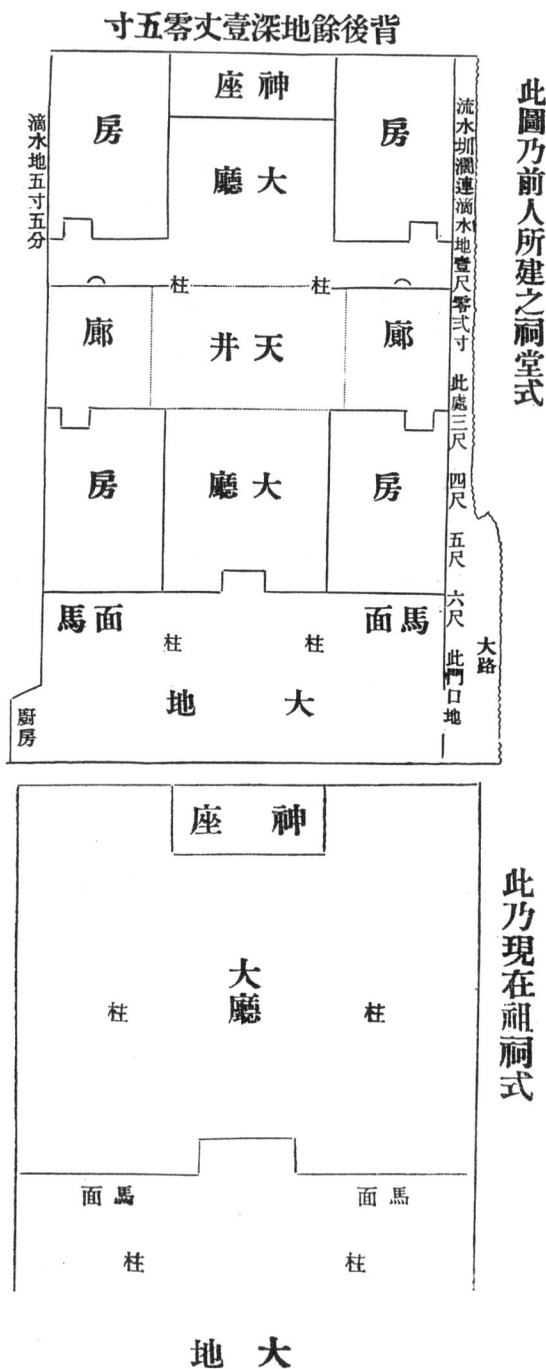

背後餘地深壹丈零五寸

房　神座　房
　　大廳

滴水地五寸五分

流水圳潤連滴水地壹尺零式寸

廊　天井　廊

此處三尺　四尺　五尺　六尺

房　大廳　房

此門口地　大路

面馬　　面馬

廚房　大　地

此圖乃前人所建之祠堂式

神座

大廳

柱　柱

此乃現在祖祠式

面馬　　面馬

柱　柱

大　地

（聶禄初纂修《［廣東德慶］河東聶氏鹿頸崗房家譜》　1935 年鉛印本）

湖南沅江鄧氏總祠圖

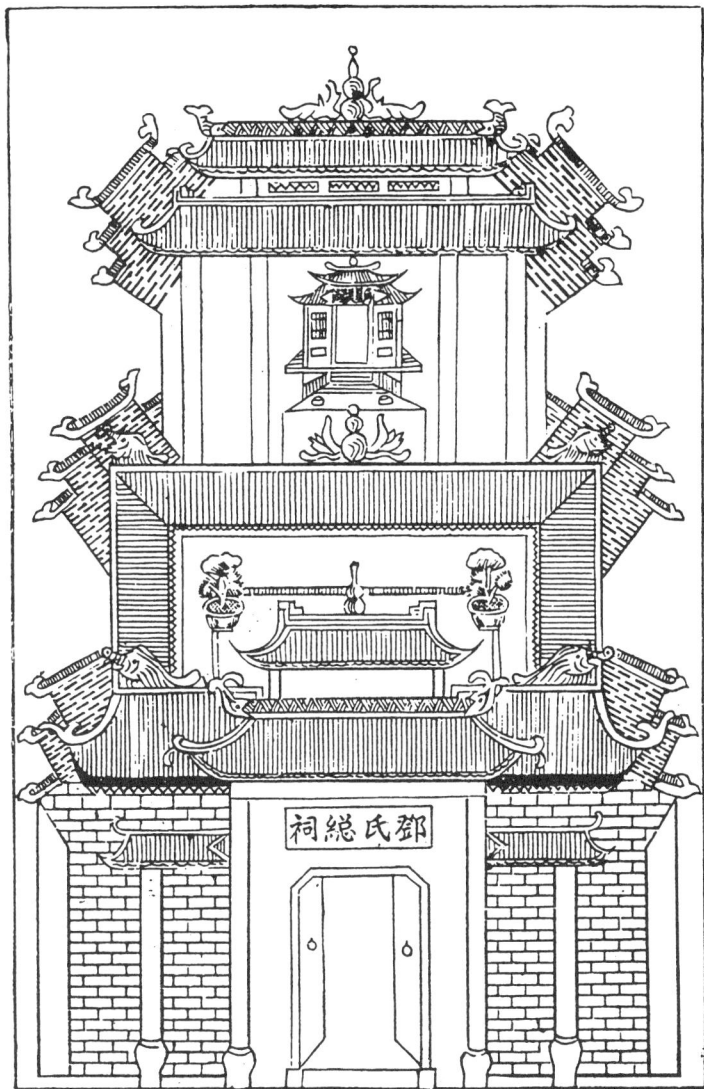

湖南沅江鄧氏總祠圖記

　　祠在湘鄉縣治南門，肇建於清乾隆中葉，板山、文泮、內翰爲之倡。重構於光緒初年，鄧氏渡屏翰司馬爲之倡，榱題柱石，觀瞻一新。民國紀元，茶衝碧淇鄧氏渡茹真先後捐修兩旁房屋，規模益宏。

湖南沅江鄧氏祠堂圖

湖南沅江鄧氏祠堂圖附説

　　祠在皮保楊柳潭之東岸，廣袤宏濶，地勢隆高，肇建於清乾隆□□歲，堂皇華麗，頗壯觀瞻。洎道光甲辰，洪水泛濫，祠宇被波濤衝蕩，漸就傾圮，既而重加修葺，堂構一新。逮同治初年，復罹馮夷之患，蕩爲坵墟。族先輩目擊心傷，謀所以建造，顧災變頻仍，公私俱困，有志未遂焉。迨民國二年癸丑歲，始因年豐，公儲稍裕，於是鳩工經營，就舊祠規模而擴充之，崇墉崛興，複宇相瞰，壯不及僭，麗不及奢，所冀後人共加愛護，不時整飾，上以隆享祀於弗衰，下以昭世守而垂遠。是爲説。

　　民國二十四年乙亥歲季春月吉日，嗣孫清生謹識。

（鄧中椅等修《[湖南沅江]鄧氏四修族譜》　1935 年南陽堂木活字木）

江蘇江陰太寧邢氏修葺祠宇記

　　吾族占籍江陰，素乏祠宇。自清嘉慶間，魯風公就板橋宅畔，草創祠屋兩進，進各三楹，繼思擴展規模，未竟厥志。逮雲驤公重修譜牒於清道光丁未，告成時以祠宇狹隘，乏昭穆祧室及庖湢之處，故凡祠宇之說，譜牒一概不贅，僅錄有《清會典・家祭禮》以備考。讀公《宗祠說》，有"現亦未逮，留俟異日"之語，從可知其梗概。惟自丁未迄今，又越九十餘年。中經洪楊之役，賴錫康公匿跡里中，盡力維護板橋全市屋宇，未罹兵火，而祠宇亦得幸存。洪楊役後，復經錫康公整理修葺，東台叔奇公獨捐祝塘田三十五畝。光緒初年，更由族人就祠之東旁隙地，建屋二間一側，出租產息以作祭祀之資。每歲寒食節及夏曆十月朔兩次會族致祭，著爲常例。惟越時既久，人事變遷，屋宇則剝蝕破漏，祭祀則亂雜無序，甚至窗戶不完，神位散失，祝塘田畝悉被某族人變賣，莫可究詰，凡此現象皆我族人引爲深疚者也。此次續修《支譜》，既由源堂捐資獨任，舉凡族人捐助各款以及領譜等收入，悉數撥充宗祠基金，約可得二千元之數，僉謂當務之急，首宜修葺祠宇，以妥先靈。於是鳩工庀材，上補以瓦，下易爲甎，牆垣之破損者改建之，窗戶之朽壞者更易之。首進兩旁，裝修成室，以爲辦事集議之所。祠前餘地，計劃建屋，以爲出租產息之需。圬墁髹漆，堂構一新，增匾置聯，觀瞻益肅。爰復繪具祠圖，議訂規律，酌定祭儀，著之於譜，以備查考，聊補前此散漫無序破漏不完之闕失，庶先靈安妥，免風雨之相侵，祭祀有常式，儀型而起敬。至於擴展規模，增建楹宇，完成魯風、雲驤二公未竟之志，雖有擬議，一時力仍未逮，謹誌顚末，以俟後來之興起耳。是爲記。

　　民國二十五年歲次丙子季冬，十八世孫午。

江蘇江陰太寧邢氏宗祠圖

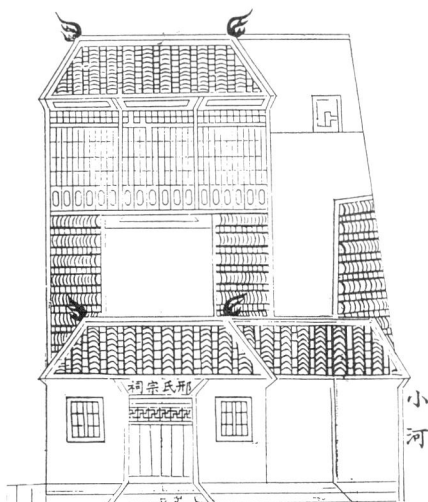

江蘇江陰太寧邢氏宗祠平面圖

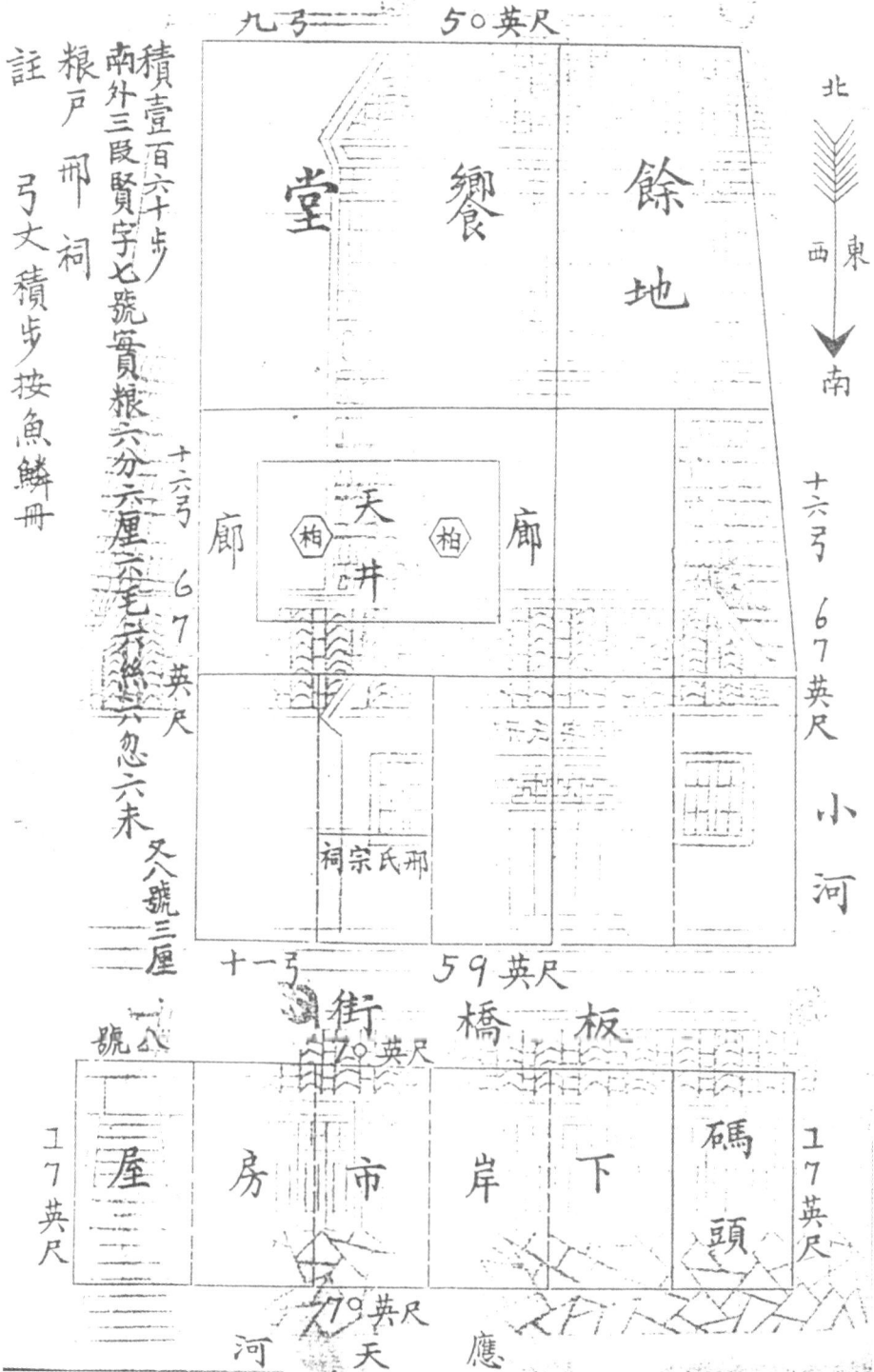

山東滕縣生氏家祠圖

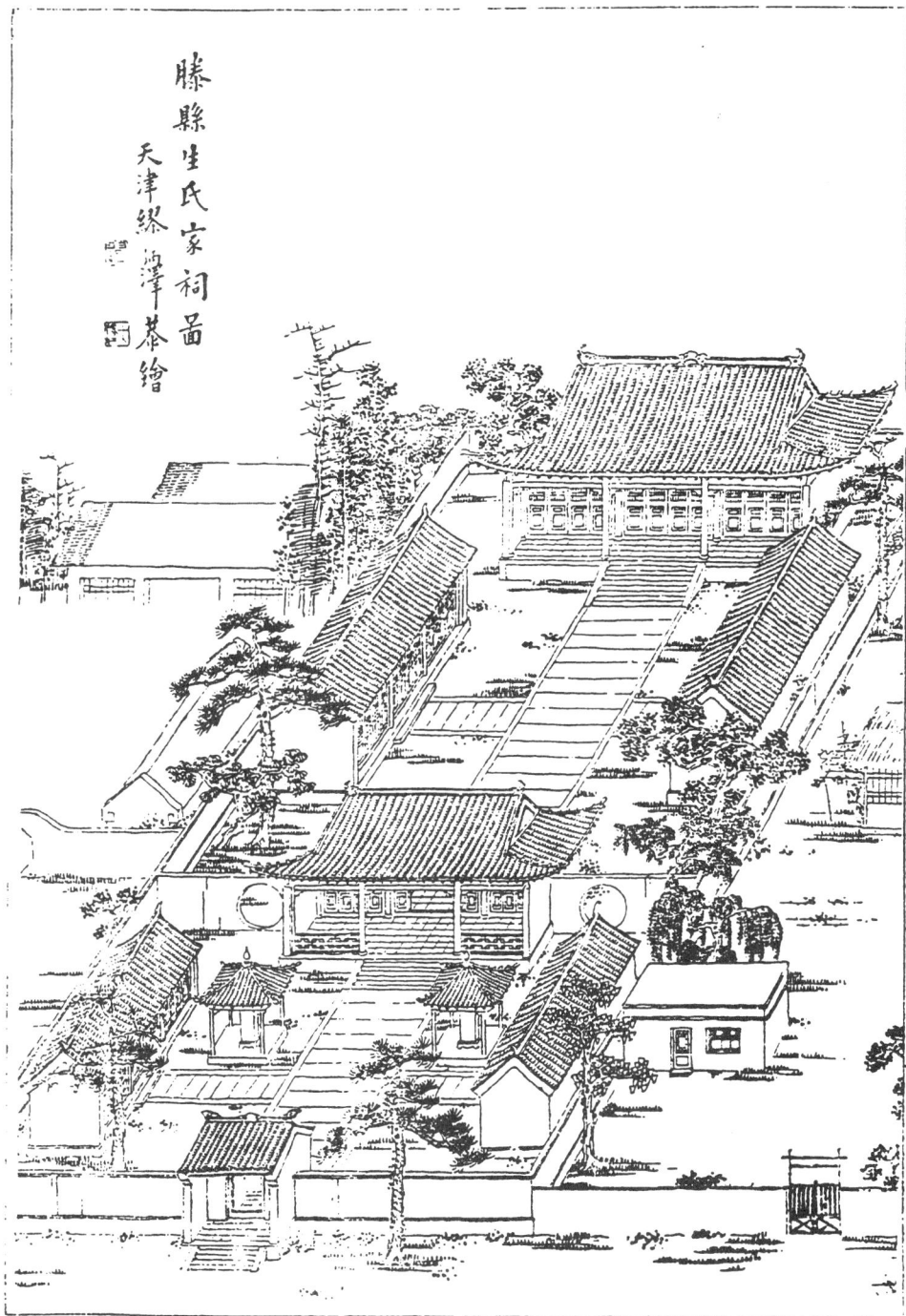

(生克昭纂修《[山東]滕縣生氏族譜》 1936 年刻本)

湖南平江單氏甕江公祠圖

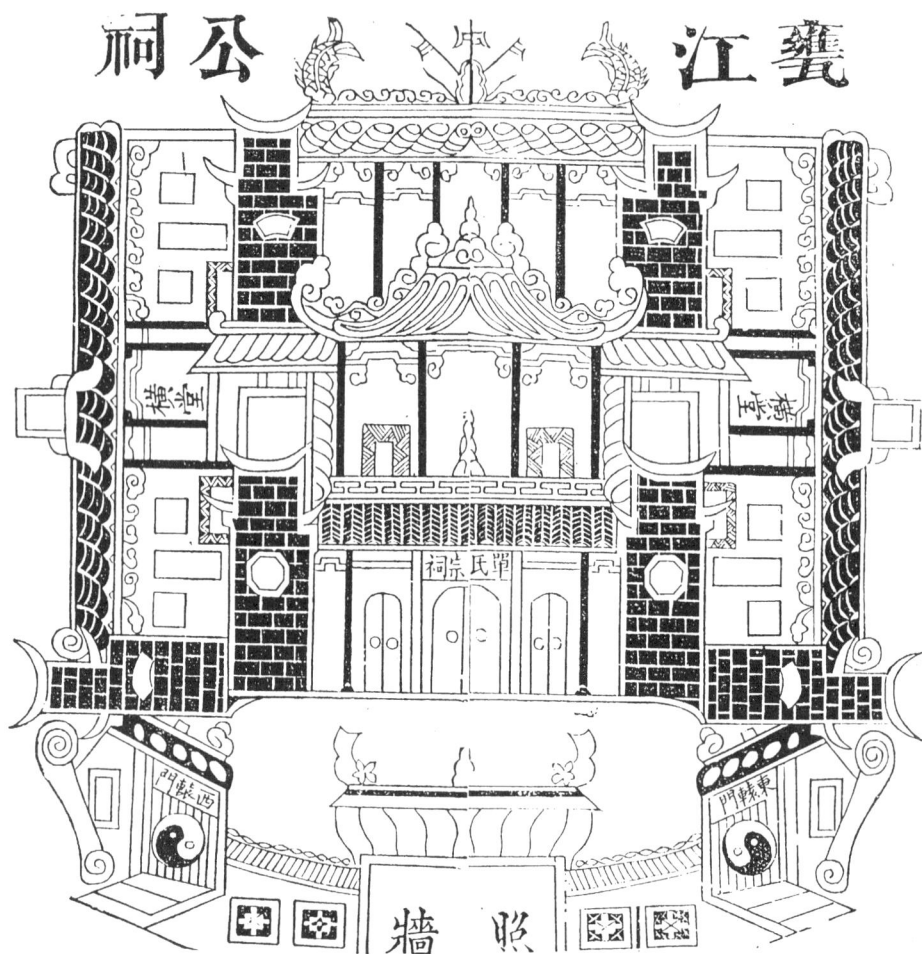

湖南平江單氏甕江公祠圖記

　　撿閱歷屆譜敍，更推測當日情形，因建祠在乾隆三十八年，修譜在嘉慶七年，且係房譜，未經公開。士勳公之後裔爲峯、崙兩房，於建祠捐輸較多，依社會之習慣，故有上項命名。惟查光緒二十九年重修《夢鐵公墓碑》，左載男裕昆、雄風，尾署大宗祠裔孫監修。此次合修譜牒，自應依照碑文次序編訂，以求碑譜之符合。至於祠堂祭祀建設一切事宜，仍本三大房往日章規，循序辦理。茲並録出，以備後之覽者一目瞭然，世世子孫，永宜雍睦一堂，共明斯旨云。

　　民國二十五年丙子歲仲秋月吉日，三大房裔孫公立。

附：

甕江大祠碑文書後

古之諸侯大夫士，有功於民，有禄於國，有爵於朝者，則建廟祀之，庶人無功、無禄、無爵，則祭於寢，此禮之定制耳。粤稽我始祖啓公，由東魯宦遊豫郡，旋任岳州，是有功於民，有禄於國，有爵於朝者也。乾隆年間，三大房鼎建甕江祠，宰羊豕，陳俎豆，薦黍稷，每歲孟春以禴之，宜矣。是時峯、崙兩房，踴躍樂輸梧崗房釀金以助，步思公特捐銀伍百兩，碑文彰彰可核，然苟非深明大義者，奚至是。同治辛未，族衆以爲祖堂止可棲息神主，而東西缺乏橫屋，下無廊宇，凡南安之子孫，馨香共祝，拜跪升降，周旋不能中禮，遂創構之。由是規模潤大，廟貌焕然一新，此豈特獻酬交錯、式禮莫愆而已哉！逮至民國戊辰年，祠突被匪以火燎之，化爲荒丘，荊棘叢生，過之者，咸抱徬徨不忍之慨。民國乙亥，集族會議，重修下棟，一致翕然，鳩工庀材，迄冬杪始克落成。蓋外有鳥革翬飛之美，内有竹苞松茂之固，可謂極輪奐之大觀矣！綜核兩届用款，難未刊碑，同治十年，每房派制錢壹伯串，民國二十四年，每房派銀洋壹伯元，其同心善繼先人之志，抑又何如也耶！雖然，兩楹之間，趨蹌奔走，禮儀固可卒度，而上之饗堂，棟折榱崩，瓦解垣潰，風雨飄搖，靈爽憑依靡定，惟冀合族殫精竭慮，恢復原狀，雖工程浩大，需款孔多，然宜量公積家資，輸金玉成此舉，切勿分別畛域，藉照攤之例爲口實，議論沸騰，徘徊觀望，致我有功於民、有禄於國、有爵於朝之啓公，莫獲歆其血食，而負乾隆、同治諸先輩之盛意也可。

三大房裔孫公立，世崙祝廖氏敬撰。

（單祝等纂修《[湖南平江]單氏族譜》 1936 年南安堂木活字本）

安徽六安匡氏宗祠全圖

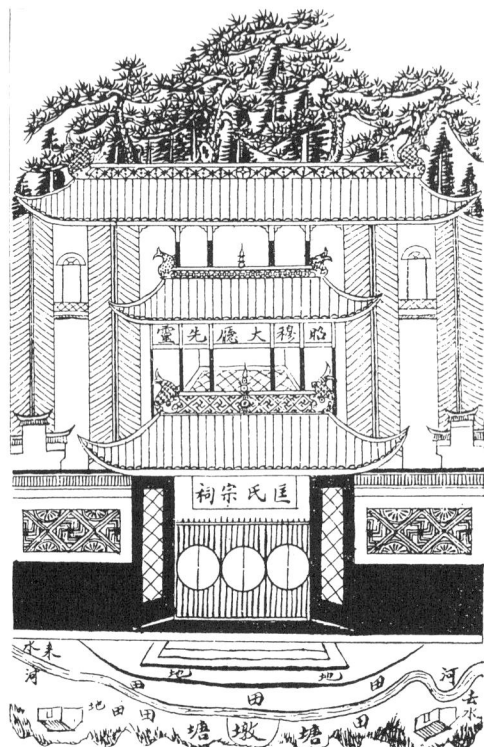

安徽六安匡氏宗祠圖記

　　謹按：宗祠坐落六安縣西南二十里匡家畈祁家崗保匡祠崗，原有祭田八石。乾隆四十年，孟侯公等又置祭田五石五斗。民國二十四年，又價買田五石。本祠祠山通長一段，並兩窪在內，私塘五口，灣河外河私埠使水到底。其田山四界：束齊賁姓田，直上山嶺爲界，北至山嶺私地下王姓地邊，西頭曲轉至大路直西路。北有長地一塊，北齊余姓田爲界，西抵姚姓墳爲界，南齊天河心爲界，西齊王姓田，直北抵王姓地，曲轉向東抵王姓稻場，曲轉向北齊王姓山牆滴水，直上山嶺本界。姚家窪有私大塘一口，東南均本界，西齊姚墳至王姓塘邊爲界。北買許姓山地一塊，北齊吳姓田爲界，南至王姓山嶺分水爲界。有私水溝一道，由王姓山塝至山脚王莊，西下向東直通祠產，其溝坍塌，聽祠修補，王姓不得攔阻。其餘增添祭產契據等，均在祀產錄，註明界址，永爲祖宗血食祭掃，毋許典賣。日後賢孝子孫，應竭力栽培祠產，重新添置祠宇，輪奐增輝，靈爽有憑，萬世永賴。倘有垂涎祠租，覬覦公款，一經察覺，照家規究治，決不姑寬，而保久遠。

　　　　　　　　（匡良玳總纂《［安徽］六安匡氏總譜》 1936年敦厚堂鉛印本）

江西萬載鍾氏宗祠圖(一)

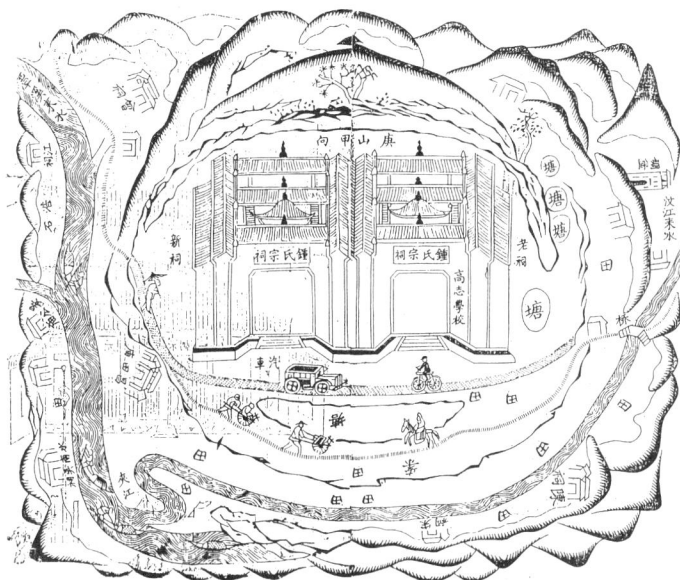

江西萬載鍾氏宗祠圖(二)

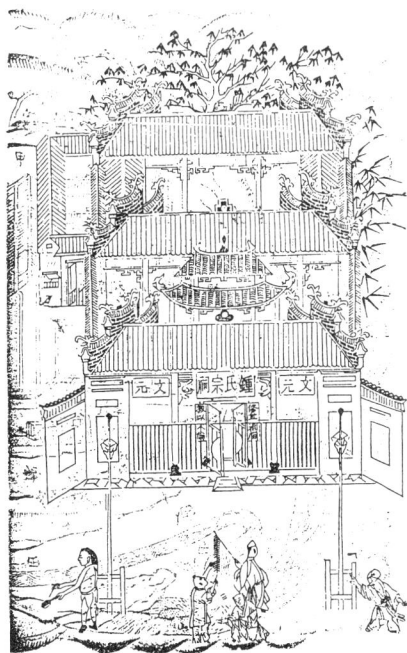

江西萬載鍾氏祠堂圖説

祠堂有圖，而復加説者，何也？蓋圖祇能表現形勢之大略，凡龍從何來，砂從何轉，溪水之源流從何開闔，俱缺然不詳；至祠堂之來歷與時勢之變遷，更非圖可得以形容者也。查族自各公遷萬以來，溯源一脈。清乾隆己卯，肇建袁郡共尚公祠，昌田猶後置之基。族先達爲敬宗收族起見，按丁釀金，子母累積，始乾隆戊午，歷戊寅，貲漸鉅，遂創左之丁會祠。迨同治丁卯，合族捐進木主，集腋成裘，復建右之牌位祠，此兩祠並立之由來也。詎民國庚午之秋，突遭兵燹，右祠全被焚燬，左祠亦已殘破不堪。迄甲戌春，由三房兩衆捐貲，暫將左祠修葺，冬幸落成。計共開支國幣一千二百五十元，本仁堂、思孝堂各出二百一十元，寧、壽兩房各出二百六十元，福房出三百一十元。而右祠因經濟窘難，尚無恢復之可能。本圖仍繪兩祠者，一則不没前人創始之功，二則不絶後人復興之望也。相傳昌田墈有十八朵蓮花，而鍾祠冠之墈中，今猶墩阜歷落，形家多以爲然。據云嘗見蓮花開時，瓣環繞成圓形，貴祠形勝如盆，恰與蓮花相似。其龍由大皇山發脈，經卓筆尖至新田過峽，儼如一王字，真是貴龍氣脈。峽後冲作品字三台，名烏尖寨，分兩支，正氣逶迤而來，將入首連頓跌開一大金星作勢，鋪下展開兩臂，左砂眠弓近案，右砂迴抱外砂，拖長繞護柵上，一砂橫欄特作外案，汶水左來，潭溪右至，雙流灣環若帶，會合第二層，案外經鈴田交鎖而去。左祠庚山甲向，右祠庚山兼酉，正朝宋家灣獅形。古云地靈人傑，貴族獲此福基，其熾昌豈有限量也哉。樂不敏，爰將本祠沿革及形家之譚片并録付梓，以餉閲者。

民國丙子年重九節，嗣孫樂天誌於福房譜局辦公室。

（鍾子受纂修《[江西萬載]萬載昌田鍾氏福房支譜》　1936 年思孝堂木活字本）

湖南寧鄉傅氏五邑總祠圖

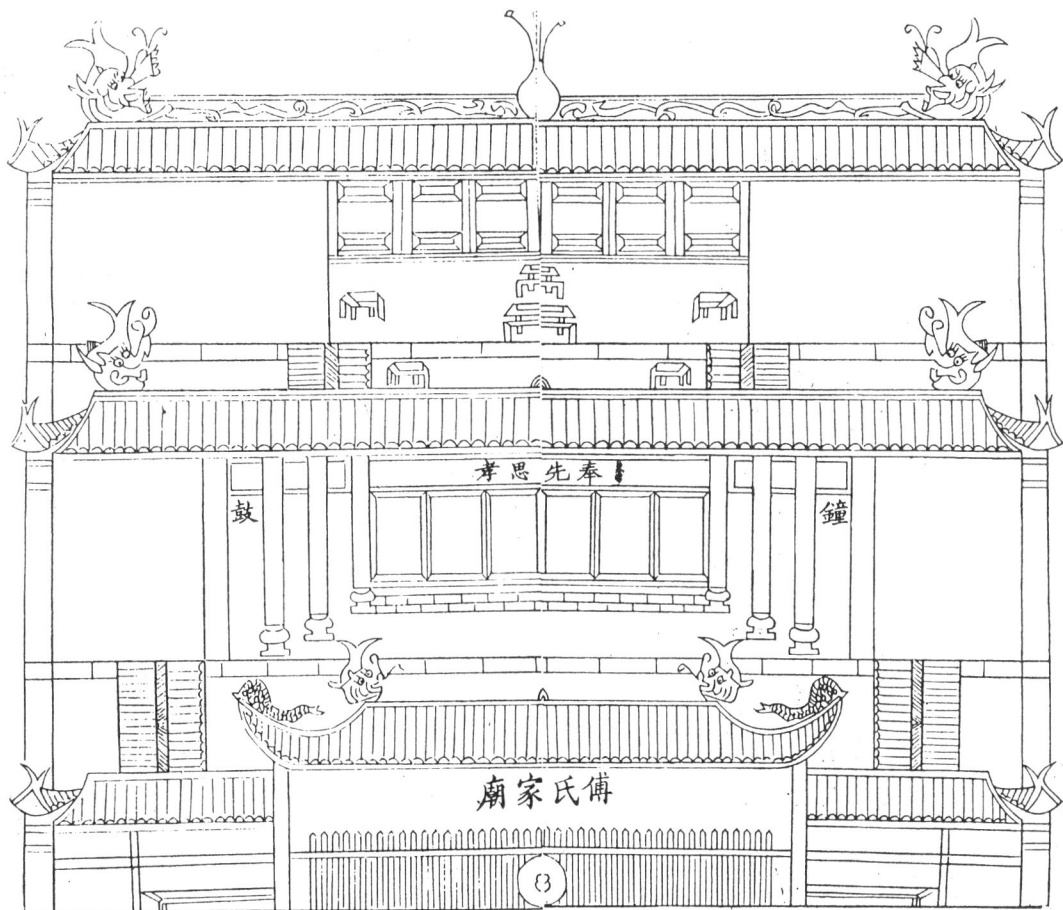

圖中文字：

孝思先奉

鼓　　鐘

傅氏家廟

湖南寧鄉傅氏五邑祠堂記

　　湖南居荆楚上遊,衡嶽峙其南,洞庭阻其北,川黔粵贛鄂各省域,犬牙交錯於周遭,磅礴欝積之氣油然而生,久爲他邦所膾炙。古今名臣孝子,特立獨行之士,胥薈萃崛起於其間,所以抉巍科登顯仕,澤及當時,名垂後世,豐功偉烈銘彝鼎被絃歌者,不乏其人。而其廟貌之盛,饗祀之隆,赫聲濯靈爲後來尊崇瞻仰者,尤以長沙爲最,吾傅氏宗廟在焉。蓋乾隆四十一年丙申歲,長邑文登公,糾合寧鄉、湘潭、湘陰、瀏陽五邑同宗所建立,崇祀始祖説公,支祖澄公、潞公,春秋霜露,禮樂昭明,悽愴怵惕,允懷于茲,誠盛舉矣。夫太上有立德,其次有立功,其次有立言,是之謂不朽。維我説公,天降箕宿,版築傅巖,爰立作相,受姓有商,奕葉相承,代有賢哲。爰及後唐，進士潞公，太守岳陽，從兄澄公，賓蹟巴陵，宦蹟發祥。楚南衍派，支庶繁殖，緝緝振振，數百餘年之生息，蔓延長郡各屬，不下十數萬人，非甚盛德，其孰能與於斯。巴陵有商太保祠，而獅山亦有傅氏祠，我長沙祠，則又鼎足而三者，倘所謂不朽與？或曰："地靈則人傑。"又曰："積善之家，必有餘慶。"《傳》曰："聖人有明德者，若不當世，其後必有達人。"然則以聖人隱德之後，來居化淳俗美之邦，衡嶽洞庭，英靈浩氣，祥鍾瑞集，霞蔚雲蒸，椒衍瓜緜，百世其昌，我傅氏之興，當未有艾也。兹逢修譜之會，因坿繪祠圖，併爲之記。

（傅宗讓主修《［湖南寧鄉］傅氏寧鄉道林支譜》　1936年清河堂木活字本）

湖南益陽湯氏祠堂圖

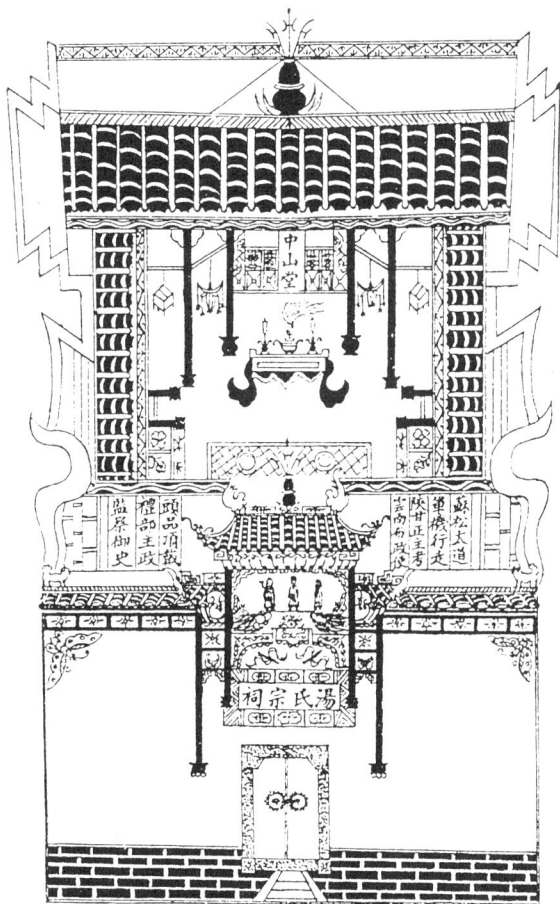

湖南益陽湯氏祠堂圖説

　　祠堂建於兹，歷有年矣。東抵文學兄弟基地爲界，北抵山溝爲界，南抵公塘，西抵靜園公基地，有石樁爲界。量過弓口，前闊九丈一尺，後闊九丈零五寸。自道光丁未秋，厚其垣墉，高其閈閎。次年洪水汜濫，千家洲堤潰，祠宇亦潰。水退旋即鳩工修治，迄今百餘年矣。樹木依然，基址依然，門閭閥閱俱復依然。願後人重加補葺，雖歷千百世，無故宮禾黍之感、頹垣荆棘之悲。世運有盛衰，而廟貌巍然不改，斯爲仁人孝子之用心，而宗祊可以常保矣。故爲説，以誌於後。

（湯允歡等纂修《［湖南益陽］湯氏五修族譜》　1936年石印本）

湖南益陽高氏石灘公祠堂圖

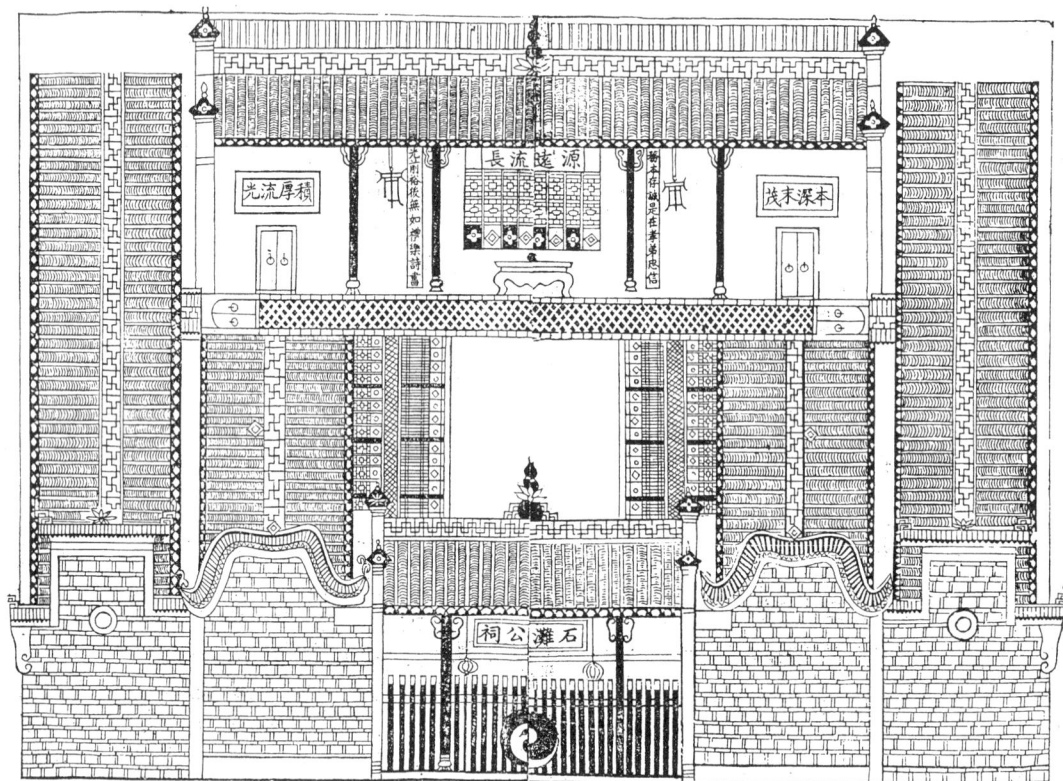

湖南益陽高氏石灘公祠堂圖記

　　右圖十一里高家橋南岸，石灘公祠堂誌也。乾隆二十六年辛巳，將公墓所松樹易金生息。越十五年乙未，以祭費外餘金，於公墓近地及高家橋段中二處，共置田七石六斗五升。後又陸續添置各處水田一石六斗五升正，永爲公祭享之資。其祠自清嘉慶辛未議修，越甲戌而功始竣。每歲春秋，設行祀典，遂爲公靈爽式憑焉。夫自今憶昔，爲之前者，則有份千、調爕、國海、中山、世德、麟趾、玉英、元音經管其事，共推善繼爲之總。繼而國河、韶武、席瓏、奇秀、燭遠、仲升、馭世、南紀、相才、琥文、射斗、奉翔、蒂書、光本、光珠、明鏡、耀甲、耀楠等，皆輪流經理，矢慎矢公，蓄積日益繁矣。至若修建祠宇，土魁任其事於前，端夫繼其事於後，國漢、貞吉、東暉董其成，維時任經理而共贊襄者，則席珝、惠吉、光世、東暗諸人也。道光年間，杞山、商音、德音重葺廟之東西廡。同治乙丑，續修廟左之康吉莊者，則有琢成、星槎、彥吾主之也。光緒丁酉，祠坊將墜，商同改修，而所費不貲，無令公儲浸匱，爰議召灘公、湯三公、東穀公捐貲，並二六兩房新捐椅會，共得金三百餘緡，以輔仁總其事，乾一、源升、耀啟、敦初、彩霞、錦泉贊襄之。越明年，樓閣恢宏，廟貌增新矣。今者，譜牒告成，繪圖誌其巔末，祭田契據並歷年經理椅會名目，亦附載之。蓋以見前此積累之艱，亦以勉後來者之不時修葺，緜祀典於無窮焉耳，誌功云乎哉。

　　化公下大本、大順、大觀三房嗣孫謹識。

（高信敏主修《［湖南益陽］資陽高氏六修族譜》　1936 年渤海堂木活字本）

安徽六安麻埠保匡氏支祠圖

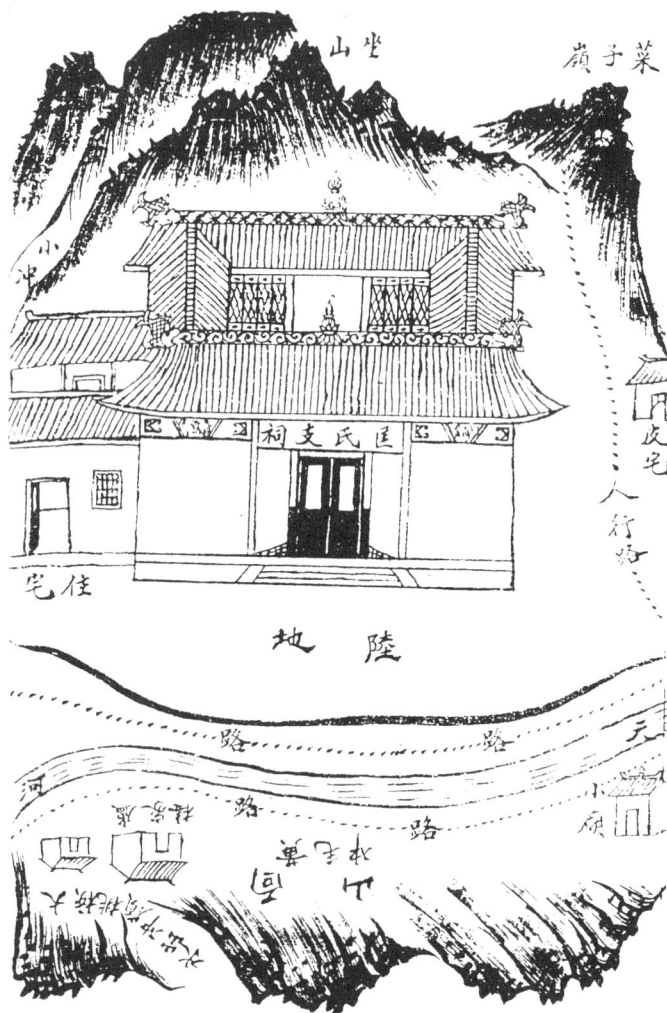

安徽六安麻埠保匡氏支祠圖記

　　謹按：本支祠坐落六安西山今改立煌縣。麻埠保石堰冲，於民國八年，經五房子學公支下裔孫良駿、良玉、克懋、克莊等，率領本房族衆捐資創修，一名曰"追遠祠"，此緣義屬篤親，祀典特饗，尚望後之善繼善述，永保蒸嘗，與宗祠形勝後先輝映也。

（匡良玳總纂《[安徽]六安匡氏總譜》　1936年敦厚堂鉛印本）

安徽六安八斗斛匡氏支祠圖

安徽六安八斗斛匡氏支祠圖記

　　謹按：本支祠坐落六安西山今為立煌。八斗斛保，於咸豐初年，經子元公支下裔孫創修此地。將軍祖山，龍潭水口，較諸宗祠形勢，亦猶太華之有少華也。孝子賢孫，春秋修葺，四時享祀，必敬必誠，庶先人之靈爽有憑，子孫之閥閱自無窮也。

（匡良玳總纂《〔安徽〕六安匡氏總譜》 1936 年敦厚堂鉛印本）

湖南醴陵沈氏祖基祠堂山水圖

湖南醴陵沈氏祖基祠堂山水圖記

　　右圖在醴北八都南田境南靈橋,即今北五區南田鄉,離城四十五華里,乃我始遷祖達公肇基立業所也。其龍從婆仙嶺發脈,逶迤而來,行數十里至老虎坰,起一少祖,跌斷起伏,體勢雄健,至大王坰,過峽高聳三台中峯。下脈水木行龍到頭,納咽束氣,宏開一局,恍若船形中開鉗乳,爲我始遷祖肇基屋塲。迄清康熙間,裝設寢室爲達祖祠,有圖列後。祖祠上首灣內,建立十四派祖廷槐、廷樫二公支祠。祠基開展,四維周密。上手巨石鑿井,相傳名古井,川流不息,以資灌溉飲料,真有廉泉讓水之盛。前面秀峯羅列,壩磧橫亙,樹石池塘狀擺文房四寶,大有筆丘輝煌之象。又近有煙包山,不獨其形酷似煙包,而村烟每罩耕壠,牽雲帶柳,其景雅難描。況河水環繞,薄岸園林,苔石狼籍,牧童釣叟,相與其間,實有漁歌互答之樂。下手圳壩河塘綴襲一貫河,架石甕礄,名曰沈家橋,傍橋梘水濚,隔江之田數百畝,儼若飛渡,倘有盈溢之水瀝滴下河,或如鳴鼓,或如珠點甕,又或鏗鏘其音,以應樹岸虫鳥之聲,亟如按版秦腔者在焉。橋下珠顆石中鎮水口,加之左右石觜重重關護,每逐波逢潭,迴瀾不去。後山週圍丘木,四時皆春,尤其松楓蕃古,腰大有一丈八尺圍者,因而高莖蠹可攀天,夜來皓月空臨,儼如掛在對岸上。下坡科考時先輩習武之地,嗣喚名馬曹坡,因當日賽馬蹟成曹射之路也。似此四周不過數里,而古跡風景交全,用以建祠宇,妥先靈,不亦宜乎,況又以其詳而現擬分刊《邑志》,不更懿歟。

民國二十六年冬月,廷槐、廷樫二公後裔謹識。

(沈生圭主修《[湖南醴陵]沈氏四修族譜》 1937年培木堂木活字本)

湖南湘潭石蓮曾氏祠堂圖

湖南湘潭石蓮曾氏祠堂圖記

　　祠地在長沙府湘潭縣十都一甲蓮沱東岸,庚向。乾隆丙午年,宗聖六十派泰韶、泰砒兩公後裔房璧星、仁義,五房公建也倡事,名目詳廟碑。其廟三進,寢室三間。居上進中間,祀開派祖宗聖公暨配公羊夫人,額曰"追遠堂"。左間祀始遷祖考紋昭公,右間祀始遷祖妣張淑人,均額曰"房祖祠"。陸續增置祀田玖百叁拾畝。光緒丁酉夏分,設義莊,提去田肆百壹拾畝。現存祠田伍百貳拾畝。所有祠規詳卷之五,兹不贅述。

　　光緒二十七年歲次辛丑秋月吉日,公五公子孫同識。

　　　　　　（曾傳禄等纂修《[湖南湘潭]石蓮曾氏七修族譜》　1938 年木活字本）

浙江鄞縣應氏三宅總圖引詞

　　慨我始祖，胥宇戍溪，垂裕後昆，億萬斯年。脈接靈麓，源發丈亭，抱山繞水，毓秀鍾靈，亘古至今，子姓繁盛，益徵我列祖德澤源遠流長耳。惟昔之幅員，無從追考，謹就舊譜地圖四至畫之，則知南至新庵前門，延及朱郭里，東至東應及蛇澳，西至稱勾邵張公橋，北至尖角任家橋。週圍規方十餘里，以水界之，其中宅第、塋墓、水土、橋樑，僅畧標名號，列其處所，蓋皆我應氏族土也。其他如王家橋、富公漕，名稱不一，亦屬應土。惟念滄桑變遷，樓閣改觀，則覽斯圖者，未必不生篤本溯源之思耳。

　　民國廿六年仲冬，宗譜編輯處記述。

浙江鄞縣應氏宗祠圖

宗祠圖贊
赫赫宗祠
三宅拱峙
森森陰柏
碧碧沼池
環山繞水
鍾祥應氏
无替祖德
厥在後嗣
民國廿六年丁丑仲冬
吟香館主敬贊
昊王翰芳恭繪

南

浙江鄞縣應氏宗祠平面圖

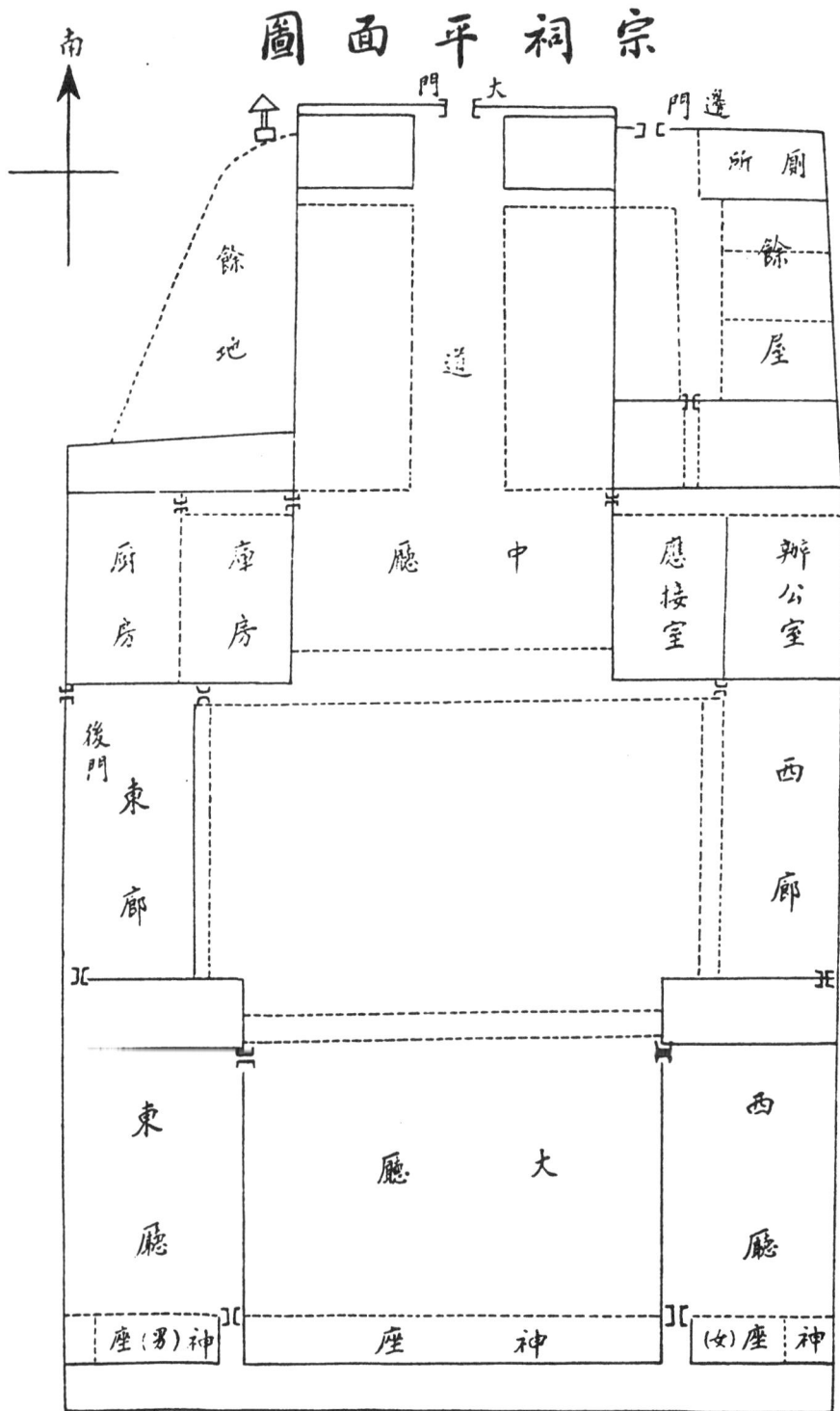

浙江鄞縣應氏新宅地形圖

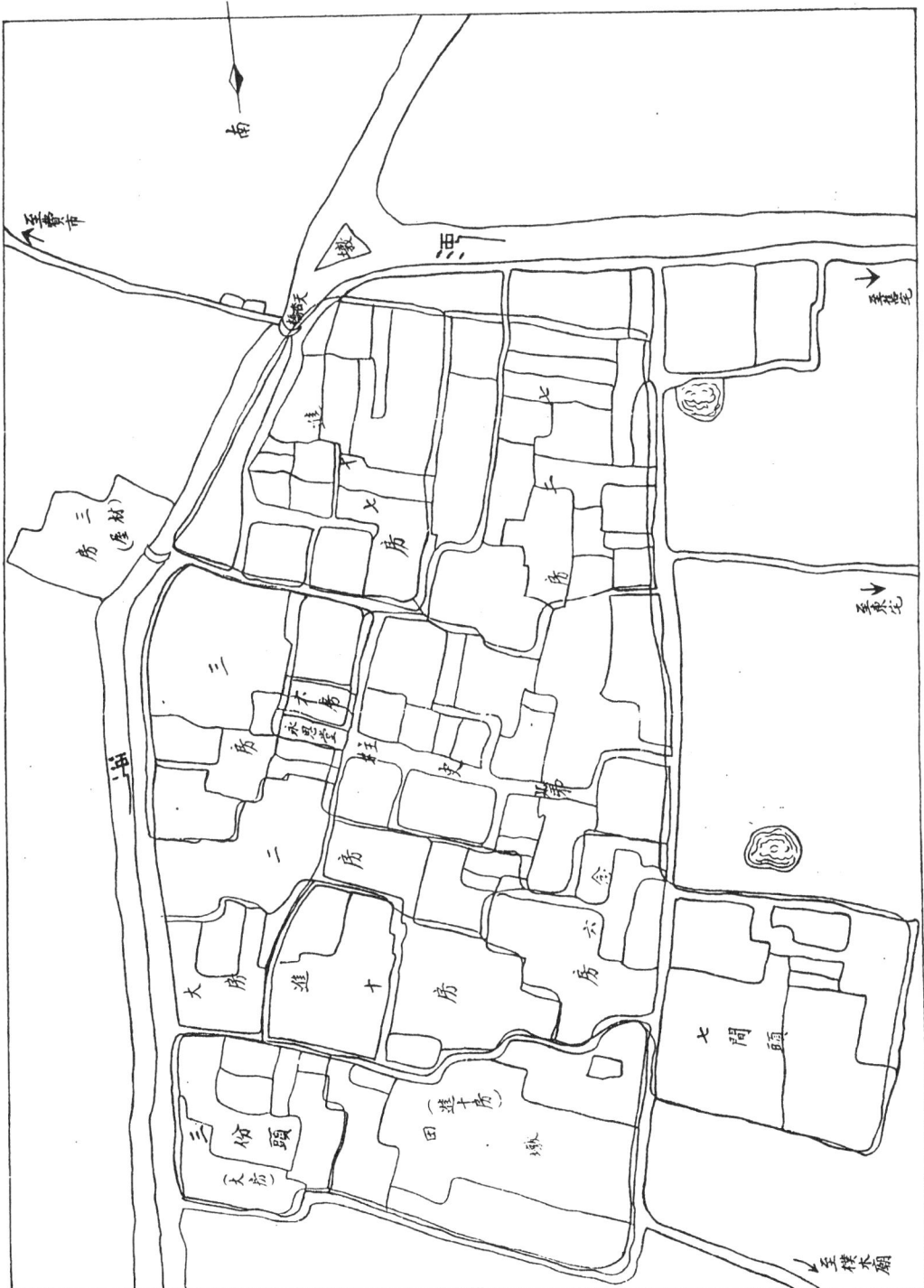

浙江鄞縣應氏舊宅地形圖

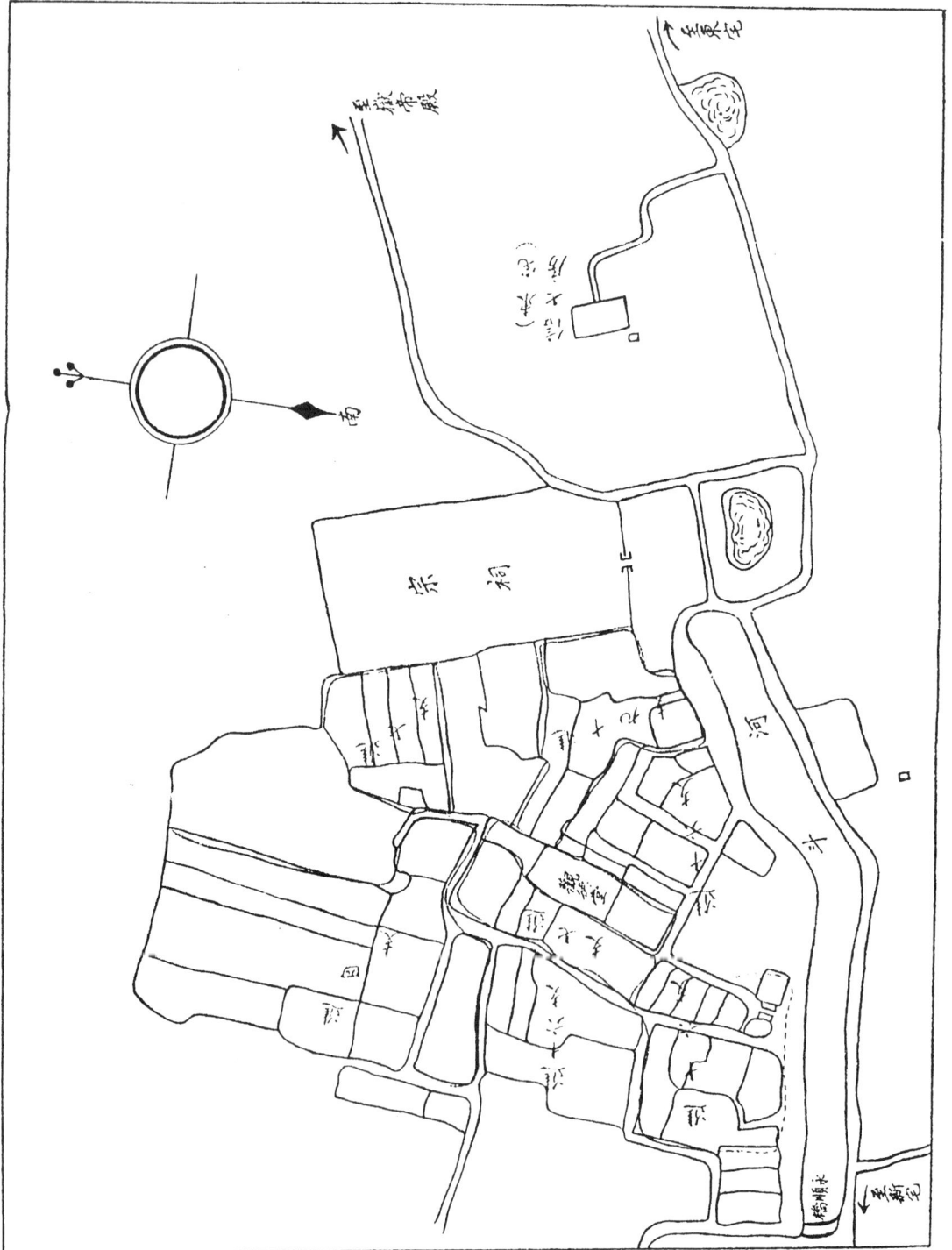

浙江鄞縣應氏東宅地形圖

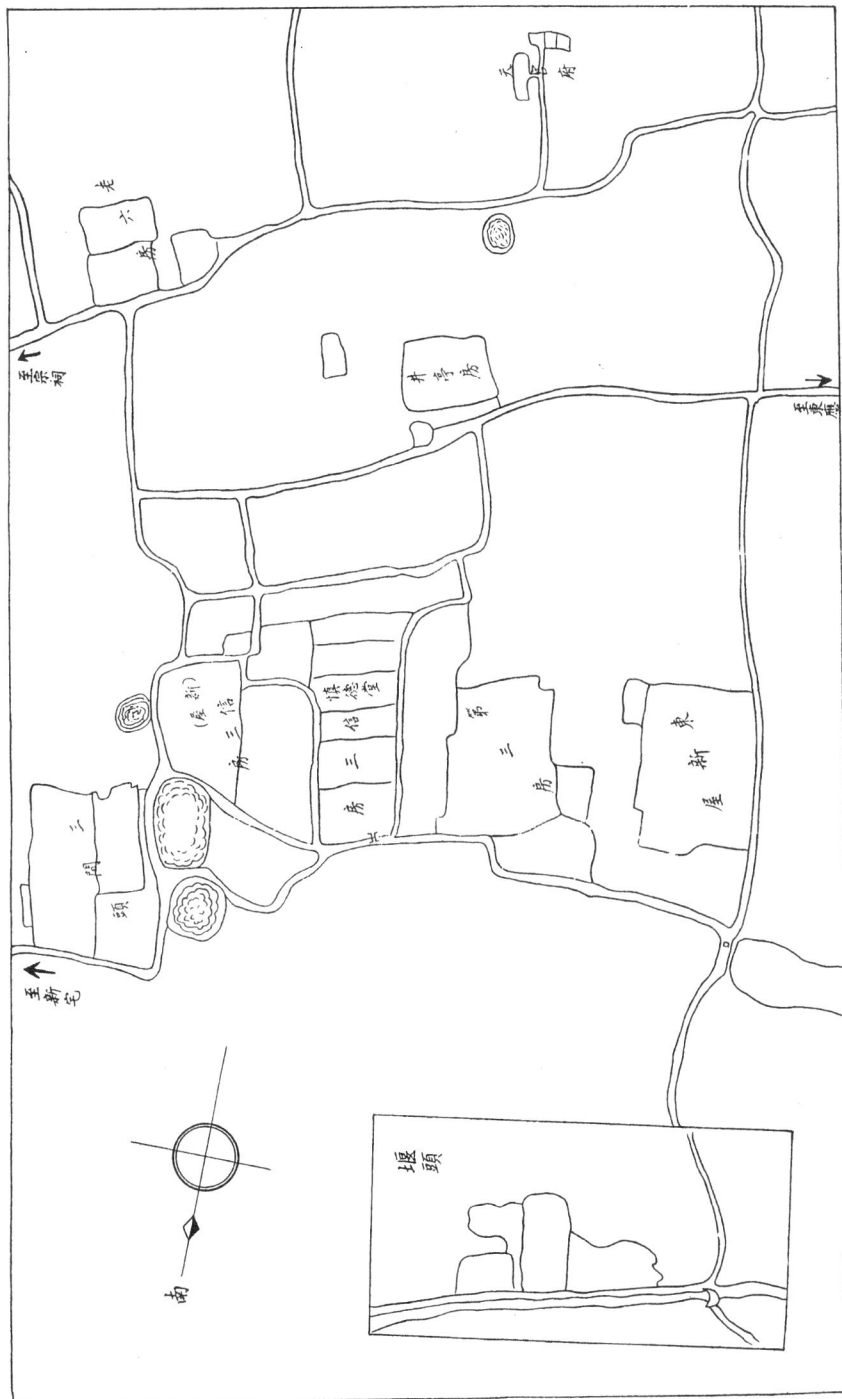

（石渭畋纂《[浙江鄞縣]顯爵戌溪應氏宗譜》 1938 年敬愛堂木活字本）

湖南湘潭中湘赤江灣譚氏祠堂圖

湖南湘潭中湘赤江灣譚氏祠堂記

　　《詩》曰:"奕奕寢廟,君子作之。"《禮》曰:"君子將營宫室,宗廟爲先。"廟制之典,由來舊矣。以是知見爲洋洋如在者,必有地焉。使無門堂楹廡之觀,妥乃先靈,縱備物告虔則望空裸獻,祖宗之精靈既散而不聚,子孫之拜跪亦虚而難憑,則仁人孝子不能不急需於祠也明甚。吾族老祠歷在茶邑,因其遠寫,或風雨阻隔,子孫難於齊赴,我等心竊慮之。今因譜牒方修,族兄青湖、青雲、青雋等有建新祠於潭之意,余亦深幸此舉,有實獲我心者矣。爰是糾合族衆,共勷盛舉,擇上四都四甲,地名赤江灣之陽,而新搆祠焉。此地後龍蜿蜒聳作金星屏帳,前朝天馬誥軸,秀峯隱隱插天表,河水縈帶澄清,左右龍虎拱伏,内堂緊而不逼,禄儲聚而不傾,殆天生一美局,以爲我祖憑依之所，非偶然也。卜今季夏鳩工，迄孟冬告竣，匾其堂爲世顯，是斯祠雖難云美善，而上下四旁毫無缺畧。祭之日，備犧牲，奉冠帶，隆廟祀之儀，舉時享之典，儼乎見而愾乎聞，未嘗逮闇而祭，外盡物而内盡志，不敢跛倚以臨，其有合於報本返始追遠繼孝之義者，庶幾可免怨恫於先人矣。但祠宇雖爲合族所公，而祠基實爲君甫房子孫所獨，而各房子孫毋得藉生覬覦。兹聊撰此付之黎棗，以紀盛績。倘後世超越前人，光耀世第，則斯祠之幸不更有隆於今日者哉！

　　二十八派嗣孫青莪澤齋氏譔。

　　　　（譚傳鼎等纂修《［湖南湘潭］中湘赤江灣譚氏八修支譜》　1938 年世顯堂木活字本）

湖南瀏陽西鄉陳氏宗祠山水圖

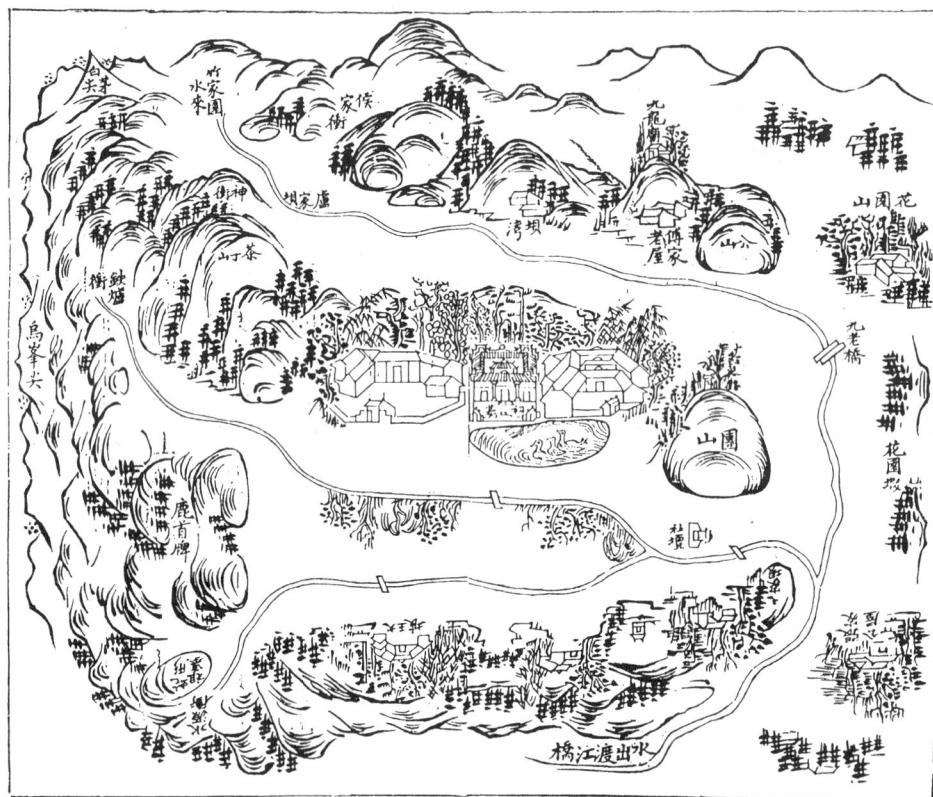

湖南瀏陽西鄉陳氏宗祠山水圖説

　　里中小河，自匯同而下，直至渡江橋，綿亘十數里，環小河四面皆山也。自橋南行，不五百步，有小山山其左，體圓潔而莊重，青葱鬱鬱、古色蒼蒼者，團山也。羣山環四面，獨茲山特立，絶不與衆山相聯屬，故其生氣遠出也。團山之水發源於鐵鑪衝，尾滙前後各條隨龍之水，歸聚於王家壩，轉出渡江橋以達小河，而團山適當其中，又四面皆小水所環抱也。山之右，吾族宗祠在焉。歷爲先世發祥之所，其脈自白茅峯，由許家坳過峽穿入迎壟，復繞至亭子嶺、廟下衝、木馬坳、楊家坳等處，一路嶔崎而下，至此特開生面。上有鹿首排護衛，下即以團山爲關鎖，曲岸平沙繞於前，崇孝之心，以報本而反始，則固百世莫之能易。我族自肇基祖東泉公由湘城徙居瀏西，落業團山，歷今二百餘年。收族建宗，而團山之有陳氏，遂自公始。先是，歷無祠宇以妥先靈，清道光二十七年丁未，族人始即今地，相度基址，創建斯祠。自是春秋兩薦及冬至歲烝，合族子孫以報饗，悉於是乎在，爰謹列其規制於左。

湖南瀏陽西鄉陳氏宗祠圖

湖南瀏陽西鄉陳氏宗祠圖記

　　右圖在瀏西二十一都，地名團山，午山子向，其界後齊山頂，前齊塘基，東邊餘基一所，寬一丈五尺，今建廚室，左右出巷均寬五尺，直抵地坪塘基爲界。此記。

　　（陳永球等纂修《［湖南瀏陽］瀏邑西鄉團山陳氏五修族譜》　1938 年敦本堂木活字本）

湖南寧鄉道林南衝張氏宗祠圖

湖南寧鄉道林南衝張氏宗祠碑記

　　南衝張氏宗祠，我道、義兩房爲始祖金星公暨列宗共建祭享之堂，亦即私人團體匯萃敦睦之所也。南衝位在寧鄉四都道林東北隅，距長沙縣境僅三里而强。後山雄峙，砂水迴環，原葬我三世祖洞海公，旋兩房了姓又在冢旁窀穸如鱗祖孫毅魄，朝暮相依，其樂之永，迥逾生人。民國十二年秋，兩房嗣裔石泉、漱泉、碧泉、桂林、星橋、漢臣、達尊、命三、定安、彩和、在田、佐臣、國安、俊武、雲喬、紹祥、玉生、紫汀、樹林等，以始祖於明正德間，避宸濠變亂，由江西金谿縣圳田上房，遷居寧鄉道林，四百餘年，從未合祭，殊違敬宗收族之義，乃由道房捐南衝田四畝，義房捐道林鋪屋池園，書契互執，永作祀産。又合捐銀二千六百餘元，相度山麓，天然形勝，由道房三合堂湊捐四石穀田作基，創建此祠。是冬經始，明春告成，蠲吉升主禮祭。在他人覩此，祠宇維新，興言仁孝。而我族數百年來離而復合，要亦賴我先靈默牖，始乃有濟也。余故不揣固陋，將南衝地勢、方位與建祠概略，鑴石而作是記云。

　　中華民國十三年秋月穀旦，道義房嗣孫公立，十四世孫孝熙謹撰。

湖南寧鄉道林南衝張氏宗祠記

　　南衝居溈寧秀鄉英里敬勝團境，西面烏石，北崎報恩，距道林市燒湯河，均僅六七里。山脈由衡嶽分支，經黃茅嶺、關王山、黑石坡，舉頂過峽，而結金盤山，砂水繞環，峯巒叠障，我三世祖洞海公，於萬曆年間卜葬於斯，爲我張氏開族之基，子孫亦多祔葬此山。仁者頻臨，堪輿畢至，皆曰此勝地也。久爲他人所膾炙，是故洞公之子瑞公、生公，玉石城二公，分爲道、義兩房，子姓傳達廿代，丁口約計千餘，秀讀樸耕，講文習武，賢能輩出，殷實素多，人皆以望族、富族贊之。非先人盛德，其孰能於斯！民國十二年秋，兩房嗣裔各捐田屋銀番，創建宗祠於斯山之下，春秋霜露，禮樂昭明，悽愴怵惕，允懷于茲，誠盛舉矣！或曰地靈則人傑；又曰積善之家，必有餘慶；又曰先人有明德者，其後必有達人。然則以先人之明德，來居石鏡俗美之鄉，麟峯獅山，英靈浩氣，祥鍾瑞集，霞蔚雲蒸，椒衍瓜緜，百世其昌，我張氏之興，當未有艾也。茲逢合修族譜之會，附繪刊祠圖，樂爲之記。

　　十二世孫家鑫定安氏謹譔，中華民國二十七年戊寅葳孟秋月中浣十日在泉衝校舍筆識。

湖南寧鄉道林張氏古樓圖

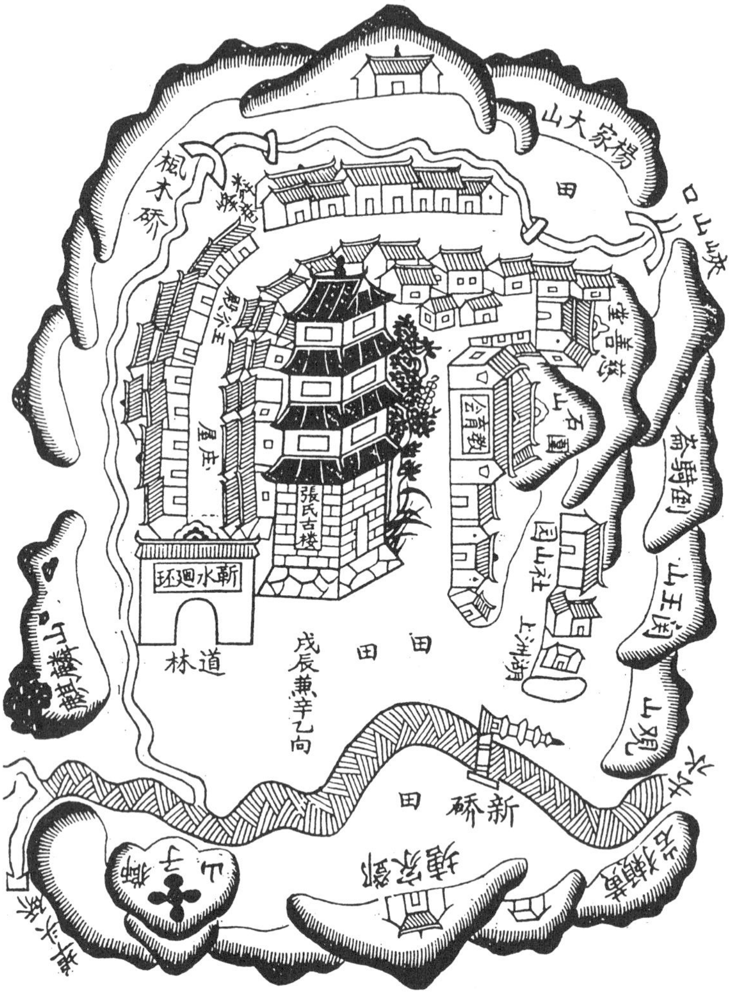

湖南寧鄉道林張氏古樓圖説

　　右圖在寧邑四都十區地名道林市下節街後，二世祖古菴公督子洞海，建於有明萬曆年間，迄今三百餘載。樓壁高嵌，石碑顏曰"張氏古樓"，詳載邑乘。樓下各方，存基地壹丈，以保樓腳。每年完納餉銀伍分，户名張義。其菜園一，圍舖屋拾數椽，均屬義房分下私管，已於民國十二年捐入南衝宗祠，歸道、義兩房公有。惟古樓年久失修，尚冀後起俊秀，重加繕葺，保留先人勝迹，點綴道林風景，爲欣幸耳。

附：

道 林 古 樓 記

九世孫萬超撰

道林市古樓者，二世祖古庵公、三世祖洞海公父子之所創建也。當明中葉，天下大同，車書一統，公卜居市口，斯時身染芹香，優游林下，不樂仕進，迺相陰陽，諏時日，遂庀衆材，鳩工匠，而經營之，顏曰"漚樓"。是樓之建也，五層，層分三間，間方丈咫，聳勢雲霄，恍若浮屠，其磚牆厚尺有六，相傳砌泥以糯米粥和過篩石灰爲之，今硾如石，固堅而耐久。樓下棟宇十數椽，即爲棲居之所。左有池鮮可釣，右有圃蔬可茹。暇則着布袍，戴方巾，讀書其上，越闤闠，遠囂塵，晏如也。時則北眺青嶺黃茅，樹屏藩之崇峻。南瞻獅峯麟岫，踞獷吼之巉巖。東瀠靳江之帶，西拱洪先之虹，上吞雲氣，下挹林氛，此樓之大觀也。而或羣雞曉度，村杵間梵宮之鐘；一鷺昏歸，江烟裏舟岸之雪。暑資清而泛飲，寒起粟以成吟。聆淅瀝之蕭瑟，葉落秋高；覽艷冶之芳容，花凝春靄。風清午夜，恍送謝英讀書之聲；雨黯崇朝，慘懷宗祠矢志之烈。顧不美哉！彼夫黃岡之竹易朽，陳倉之酒徒傳。亦可異幻脣氣而望空海若，弄瓊玉而玩寂江濱。抑又思燕國怡情於早霽，曲江寫意於朝暾，眺礙君山之眼，守傷燕子之燈。與堂號木蘭，義山留詠；亭名放鶴，玉局傳文。宇宙間前人之流傳，名存而實去者，何可勝道。兹則仰四鄰，經累葉至我瑞生公，丁明季年，流賊蹂躪鄉村，堙我市井，焚我室廬，瑞公逃難於外，蒼頭應差於內。迨大定後，歸理舊莊，但見碎瓦頹垣，蒿然滿目，昔之所謂峻宇雕牆者，蕩矣無存。而樓獨完四壁，不蕪没於丹楓白荻中，而竟表異於廛廬玕宇上，無冒無覆，歷今又二百餘年。標鎮市口磚縫，挂天邊之月；環繞薜蘿瓦穴，舞地下之風。嬌癡雀鼠，既乏金莖以承露，亦似銅柱之凌雲。電徹雷驚，未聞不寧，而不令雨洗風撼。祇今無側以無傾，冥漠中若有護持者，是實在而名亦附也。第磚痕斑駁，壁印蒼赭，騷人客士，詠物寫景，僉稱"古樓"云。獨可異者，誌誤採訪之登，黎許田假鄭；册籍國課之供，賦趙璧歸秦。超年髦矣，居鮮翰林子墨之交，筆乏子虛烏有之論，顧詒謀範後，世代相承，述其巔末，冀後之賢者、能者，重理而茸之，永保於弗替云。

附：

道 林 古 樓 記

十世孫代明撰

大凡物之所以不朽者，質存乎物，尤不如文存乎人，故金有時銷，石有時泐，而夏鼎、商盤、周碯，煥然長存，存夫詩書傳記之紀載也。矧乎祖宗之遺，介在將朽未朽之際，天若獨存之，以示厥子孫，可不敬而保之、歌而詠之，使夫後之人覩文而共守之。我二世祖古菴公、三世祖洞海公，於有明年間，卜基道林，面地勢之宏敞，建樓以收山水之勝，時登眺嘯咏焉。越崇禎末年，戎馬蹂躪，房屋盡爲流賊所燬，惟兹樓四壁巋然獨存，如印斯方，如圭斯正，蒼苔斑駁，碧蘿交縈，蔚乎秀出於晴嵐夕靄間，里之風人，取以爲"道林八景"之一，命曰"古樓"，蓋佳什不勝收矣。嗚呼！爲臺、爲閣，盡態極妍，其所以爲長久計者，非不至深且遠，數傳以後，欲求其髣髴，而破瓦頹垣，化爲禾黍荆棘，長使人欷歔悲悼者，何可勝道！今斯樓也，數百有餘年矣。予嘗與二三子弟，循其牆，遊其旁，復登高而望其鄉。水則靳江之清且漣也，山則麟峯獅嶺之丹翠而蜿蜒也，若迴巧獻伎，以列於斯樓之前，而當曰：我烈祖之登眺於斯，嘯咏於斯，其暢然而自適，悠然而遐思，直欲以其樂樂我子孫者，舉於斯可想見也。然則里之風人，雖有詩歌以道斯樓之勝蹟，亦過

自抒其樂，未必如子孫之樂其祖宗者，其樂爲最眞也。夫能樂祖宗之樂，則必將敬而保之，而將
朽未朽者，於是乎永垂不朽已。

（張邦渙等纂修《［湖南］寧鄉道林南衝張氏族譜》　1938 年清河堂木活字本）

湖南醴陵邱氏攸塢祠圖

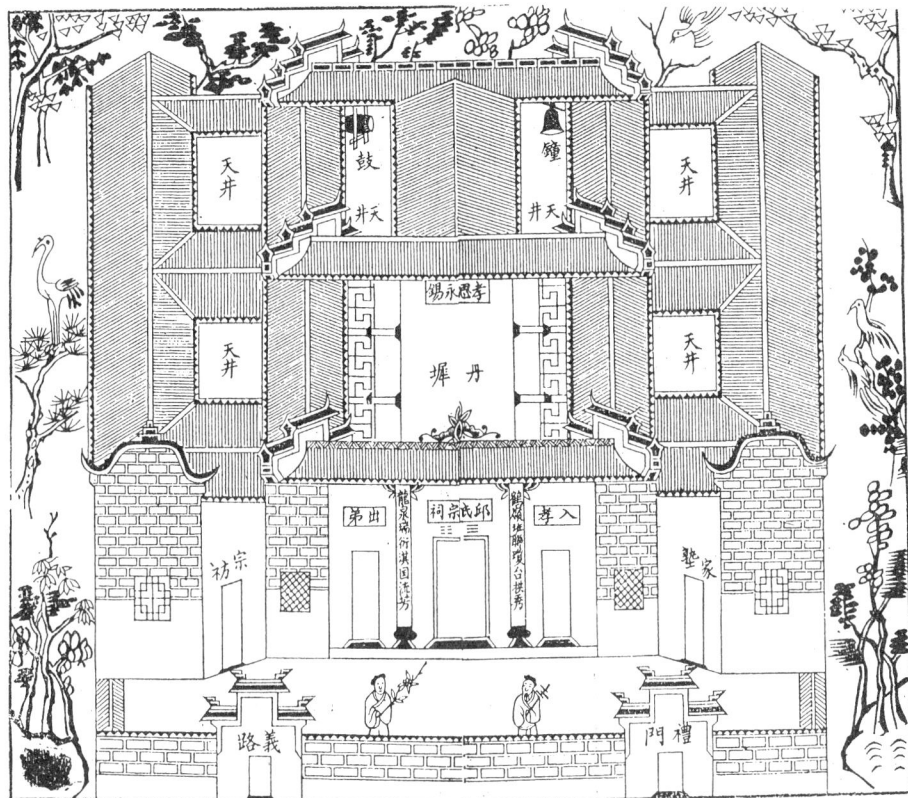

湖南醴陵邱氏攸塢祠堂記

　　醴邑多勝地焉。如我攸塢總橋，脈發天台，龍蟠虎踞，美萃於斯，爲地無多，縱橫方十里許，雲山包乎其中，江水環乎其內，凡往來賢士大夫，莫不停驂駐趾，而流覽不置。同治戊辰秋，長老鍾毓、鍾漢、鍾謙三公，有志營寢，遂商我黛柏村眾，曰：“我萬有公祠建攸塢，舉鑴《邑誌》，曷容寢乎？余兄弟願將私買之業，總橋下數武許，頂天台之正脈，像龍勢之盤旋，九腸曲水抱乎前，一徑小邨環於後。左有虎堤據口，而水之東者，轉而上游，護回左右，異時之富貴可占；右有龍井釀泉，而飲之香者，偏若可掬，徑達門首，此後之禄名可許。遠則鶴嶺拱之，而層山萬叠，高與雲齊，丁山可知不虧；近則仙橋鎖之，而烟柳綠楊，橫連水口，財源亦知有自。南有普菴寺，爲文峯之嶇；東有盧公池，作洗筆之處。以余等觀之，似佳址也。捐入族內，飾作公祠，庶不空邑乘之所誌。”僉曰：“公等義舉，此子姓千百世之馨香而祝斯願之有也。然未必其果可也。”於是延明師，步龍勢，相址基，觀水曲。地師曰：鬱佳哉，眞名區也。五星歸垣，三台引脉，改作祠宇，則五世其昌，八世正興，之兆之佇，見於斯也。惜下首稍虧，公等合將糧畝而培之。毓曰：然。越明年己巳，諏吉期，舉董事，選良匠，度短長，鳩工庀材，築登削屢，寒暑七載，告厥成功，共用去錢叁千餘緡。其間，舊者仍之，新者創之，黝之堊之，培之植之，前後三進，煥然一新。至於寢堂之固，刻鏤之精，又有不待舉者矣。然寢廟既成，而同宗共慕，有若儒尚公裔、之任公裔、永華公裔、盛文公裔各分人等，願從祀事，捐款入祠。僉曰：仁孝莫大於敬宗，義舉莫先於收族，夫以一本九族之親，實同條而共貫，準乎合族敦歡之道，自公爾而忘私，於戲盛哉！迄今睹祠宇之巃，思創造之善，在我族衆勤加培植，將見千秋俎豆，萬代馨香，而我族之寢宇，不且與山嶽而並壽與。

　　合族嗣孫謹識。

湖南醴陵邱氏附錄建祠碑記

　　今夫萃分枝以收族，乃徵根柢之胥同；溯共本以修禋，尤貴憑依之有所。如我邱氏者，系出中洲，派衍南楚，承承繼繼，毋論散著於各郡邑者，難以統爲繫屬，即近之蕃衍於我醴之西者，亦幾等凫渙星離，而莫之有紀。昔先輩情深報本，念切篤親，宗祠一役，未始不惓惓懷抱，特以卜基未諧，致屢議屢寢耳。歲同治戊辰，族英鍾毓、鍾漢、鍾謙兄弟，仁孝性成，急公好義，願將私買洪姓攸塢總橋之業屋宇基址捐入族內，餙作公祠。又復倡修多金，濟斯盛舉，謀之族內，衆議僉同，而於是我萬有公分之紹忠、相山、占偉各裔，莫不慷慨釀金，俾鳩工庀材，以惟懷永圖。計自同治己巳年經始，迄光緒乙亥秋，告厥成功。其間，舊者仍之，新者創之，黝之堊之，培之植之，約費叁千餘緡。既馬跡村分之儒尚公裔，花麥村分之任公裔，馬峽山分之永華公裔，瀾泥村分之盛文公裔，一皆踴躍輪捐，以贊襄夫盛舉。今而後，爲龕爲寢，上則有以妥先靈；爲室爲堂，下則有以篤宗誼。渙者萃之，離者合之。於以踵起四時之公祀，於以益敦合族之和風，行見澤綿忠實，千秋之俎豆常新，美紹東南，奕世之箕裘勿替，胥於是乎券之也。因撮其梗概，並附樂捐名目，以紀之於石云。

　　　鍾毓、鍾漢、鍾謙樂捐屋宇基地，其界已載捐契，照契管理。

　　萬有公昭明祀，捐錢七伯吊。　　　　　鍾謙，捐錢壹伯吊。

　　奇章公裔，捐錢七伯吊。　　　　　　　南台裔，捐錢貳拾捌吊。

　　占偉公裔，捐錢柒伯吊。　　　　　　　南英裔，捐錢貳拾陸吊。

　　紹忠公裔，捐錢壹伯吊。　　　　　　　鍾陵裔，捐錢貳拾吊。

　　相山公裔，捐錢柒拾陸吊。　　　　　　鍾俊裔，捐錢貳拾吊。

　　應乾公裔，捐錢壹伯肆拾吊。　　　　　吉祥裔，捐錢拾六吊。

　　秉鑑公裔，捐錢壹伯叁拾貳吊。　　　　南開，捐錢拾吊。

　　鍾美公裔，捐錢貳伯吊。　　　　　　　儒尚、之任公裔，捐錢壹伯伍拾吊。

　　鍾毓，捐錢壹伯吊。　　　　　　　　　永華公裔，捐錢壹伯柒拾吊。

　　鍾漢，捐錢壹伯吊。　　　　　　　　　盛文公裔，捐錢壹伯伍拾吊。

　　以上合共捐錢叁千陸伯叁拾捌吊整。

　　光緒四年戊寅仲冬月穀旦，合族公立。

　　民國二十八年己卯仲秋月中浣穀旦，六修族譜嗣孫重錄。

湖南醴陵邱氏榮宗公祠圖

湖南醴陵邱氏榮宗公祠記

　　且事有不始於始事之日，而始於踵事之日者，如鐘鼓塘之建榮公祠是也。先是，乾隆初年，榮、永二公裔共管承天橋。自乾隆二十五年分清，我祖分此，永宗分泗汾水口。於是我十分先輩，曾費經營，復建榮宗老祠於承天橋邱家灣，兼立祀產，以妥先靈。越嘉慶以後，生齒浩繁，會貲亦盛，因復會合十房公議，又建祠於鐘鼓塘前。越數月，厥功乃竣。夫祠與老祠址基雖殊，而壯麗則一。斯舉也，若非祖宗默佑之靈，曷克臻此。但願後之入斯門登斯堂者，溯駿烈，誦清芬，露濡霜降，長懷怵惕之思，俎豆冠裳，彌深愛慕之想，孝弟之念油然而生，雍睦之風勃然而發，斯為不負乎始事踵事諸公之心焉。

　　時民國二十八年歲次己卯仲秋月上浣之吉日，六修族譜榮宗公裔重錄。

（邱如懋纂修《［湖南醴陵］醴邑邱氏六修族譜》　1938年忠實堂木活字本）

湖北漢陽朱氏祠堂圖説

　　古無所謂祠堂也,有之,自吾文公《家禮》始。其制於正寢之東,築室一間,或三間,以奉先世神主,名曰祠堂。然第合服内子姓爲之,非合一族之親疏遠近而爲之者也。明初,即用知縣胡秉中請,許庶人祀三代,後推恩得祭其始祖。而人始合一族以爲祠,謂之大宗祠。吾族固舊有祠矣,兹更鼎新重建,規模較爲閎敞,結構亦復整嚴,或有問祠制所由昉者,因著《祠堂圖説》,以示之圖祠堂。

　　附註:是圖前爲總祠,坐落大灣之中。後爲支祠,坐落大灣之左,俱係面東背西,古式建築。其祠基方向丈尺,民國戊寅年悉已測繪清晰,附註於祠圖之中。

湖北漢陽朱氏總祠平面圖

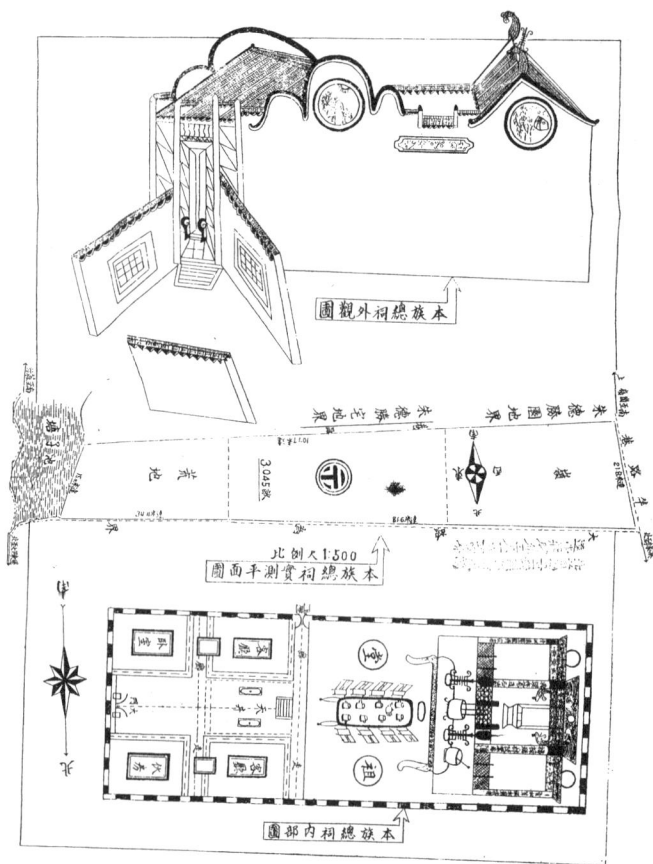

(朱本敏纂《[湖北漢陽]朱氏宗譜》　1938 年紫陽堂木活字本)

湖南瀏陽鄭氏家廟圖

湖南瀏陽鄭氏家廟圖記

右圖係總祠，在瀏邑西城營盤，丙山壬向兼子午，辛巳辛亥分金。雍正壬子，契買陳公位之基業。至乾隆辛卯季春，建立祠宇。嘉慶乙丑重修。同治己巳，將桐子園園土找價兌入。祠前黎姓地基，辛未立昭穆龕，建中亭並祠前莊屋。光緒乙亥，將祠前餘地，找價兌入黎人基址，起造品牆。

附載祠堂基址買契

立契人陳公位，有自置土磚瓦屋一堂，並門首前後左右地基園土，二隻門窗，户扇俱全，掃土出賣與人，實科正糧七升正，坐落土名西城內。今因公私逼迫，無銀應用，不得已將屋園土儘行出賣。當日儘問房親户內人等，俱各不願承買。央中陳又亨、黃文輝、李仁章，召到鄭世祖廷光、奕才、玉章、焕麟、榮遠、焕庠、振輝、永長、永清等出首承買。當日三面實受足色紋銀肆拾伍兩正。即日銀契兩交明白，陳人親手領訖，並無短少分釐。此係價極糧儘，二家願賣願買，兩無逼勒，二比甘心，亦無價貨准折謀買等情，一賣千休，永無贖續。自賣之後，其屋園土任從鄭人起造祠堂，永遠管業。其糧在五十二都六甲，册名陳光位，任從鄭人推糧過户完納，不敢阻塞。自上年錢粮不清，陳人承當，倘日後有異言生端，另生枝節等情，許鄭人執契鳴上，陳人甘罪無辭。恐口無憑，立此賣契一紙與鄭人，永遠子孫爲照。將四至界址批明：東至學地爲界，南至黄天燦牆爲界，西至陳昇生牆爲界，北至劉昇煌牆爲界，四至分明，不得越賣等情。

　　在場人：陳加祥、胡界玉、李國瑚

　　雍正十年三月十六日立契陳公位仝男開源筆。

湖南瀏陽鄭氏聯興祀屋圖

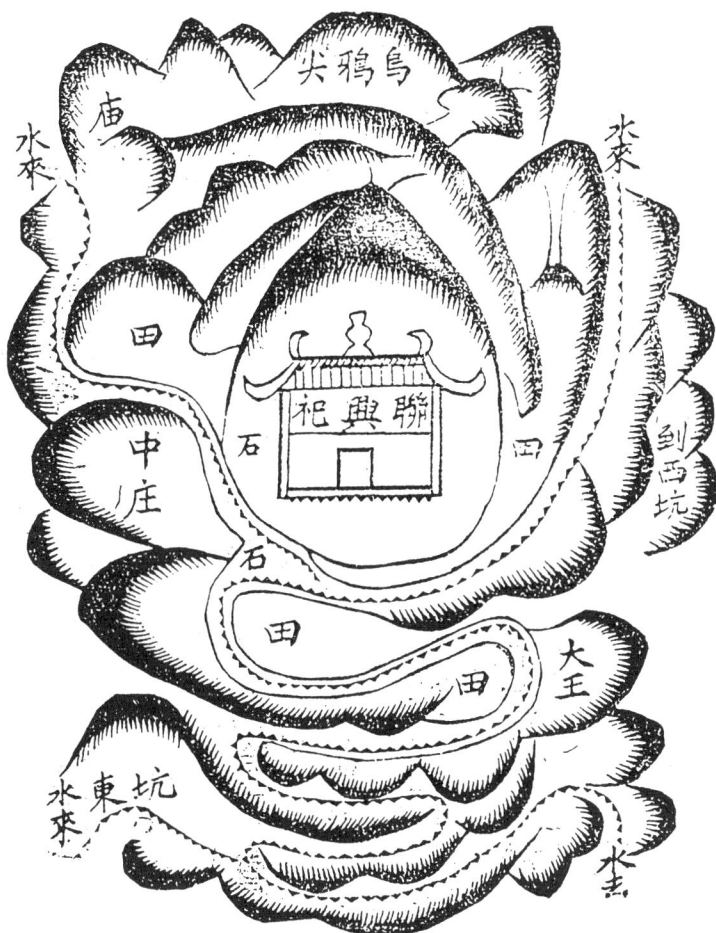

湖南瀏陽鄭氏聯興祀屋圖記

　　右圖在瀏邑上，東清潭橋之南坑口。原係喬亮公裔煇現兄，接買周人之業，計田種三斗，清光緒間建築房屋。擬爲亮公饗堂，奈現兄無嗣，立附約四紙，交族戚收執爲據。嗣因執約人均故，其業遂歸其姪興寶所佔有，乃會同泥塢支所屬各房，先設法收回，繼復加捐租碩，組織聯興祀，擇妥人經理，訂立大簿，俟祀款稍裕，改建聯興祠，以宏祀典。亮公與現公均進特主永享馨香。爰計其原委於此，以示不忘祖先之意云爾。

　　民國二十八年秋月，煇亮謹誌。

（鄭紹徽等主修《［湖南瀏陽］鄭氏四修族譜》　1939年木活字本）

湖南長沙楚塘樊氏宗祠圖

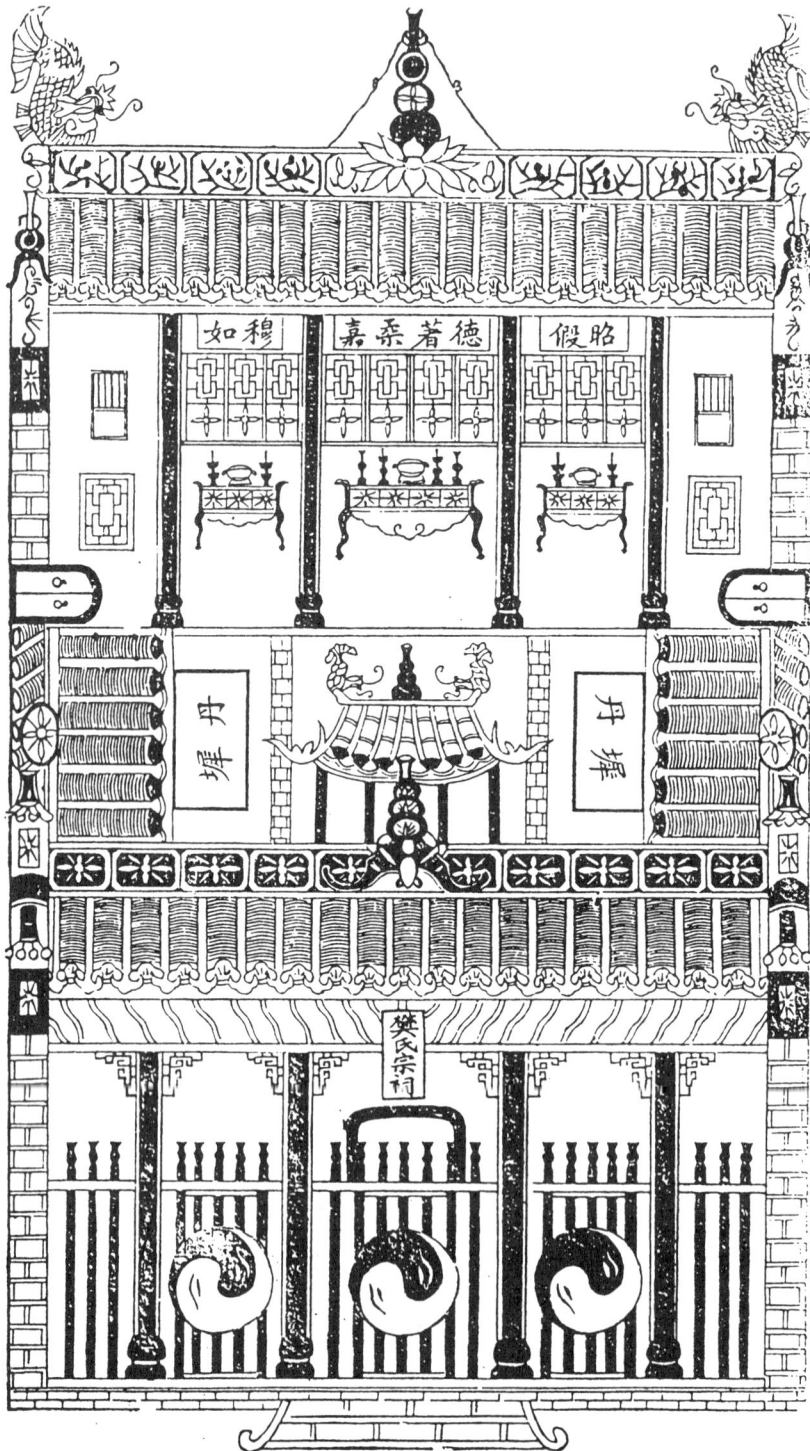

湖南長沙楚塘樊氏宗祠圖説

　　右圖在湖南長邑新康都二甲九區楚塘樊家坪，係爲始祖麟公以下子孫奉祀之祠。

　　嘗考之祖廟者，天子七，諸侯五，大夫三，適士二，官師一，或又謂庶人不得立廟，而祠堂遂昉焉。夫祠堂之設，所以敬宗收族，陳器薦時，俾昭穆不失其倫，而妥祖宗之靈於在上質旁，非徒酒食是議、口腹是圖，以蹈近時儉鄙之習俗也。我族自始祖麟公傳及五世綿公，遷居楚塘樊家山，建有祠宇，被道光二十四年洪水漲潰，僅有公屋供祭宗祖。厥後湘藻、南陔、紹初、大賓、培元、貞舉、金友、瑞生諸公經總節用掌放公貲，廣置膏腴，永爲祭享歲修之費。爰糾族眾商議，仍卜樊家坪吉地，係價買五房輝虎、萬照舊趾。四面禁界照契管理。建立宗祠，子午兼癸丁向，委有襄辦貞耀、春海等，始於光緒乙酉年，建後棟爲宗祀之堂。越癸巳年夏，又委有襄辦少湘、俊廷、邦華、道生等，接建中亭，爲飲福之所。建前棟爲宰牲竪設牌匾之所，公擬後建西湖景爲庖廩之所。今者春秋亨祀，鉅典皇皇，廟貌崇隆，良規秩秩，先祖有靈，實式憑之矣。惟冀松茂竹苞，光前者千秋俎豆；靈鍾秀毓，裕後者百代簪纓。茲值七修譜牒，謹依圖式繪入，披覽之次，或亦肅然起敬，如登先祖之堂焉！爰陳巔末，而署爲之記云。

　　民國二十九年庚辰秋月，闔族公識。

（樊桂生等主修《［湖南長沙］楚塘樊氏七修族譜》　1940 年柔嘉堂木活字本）

江西萬載歐陽氏朝宗公祠圖

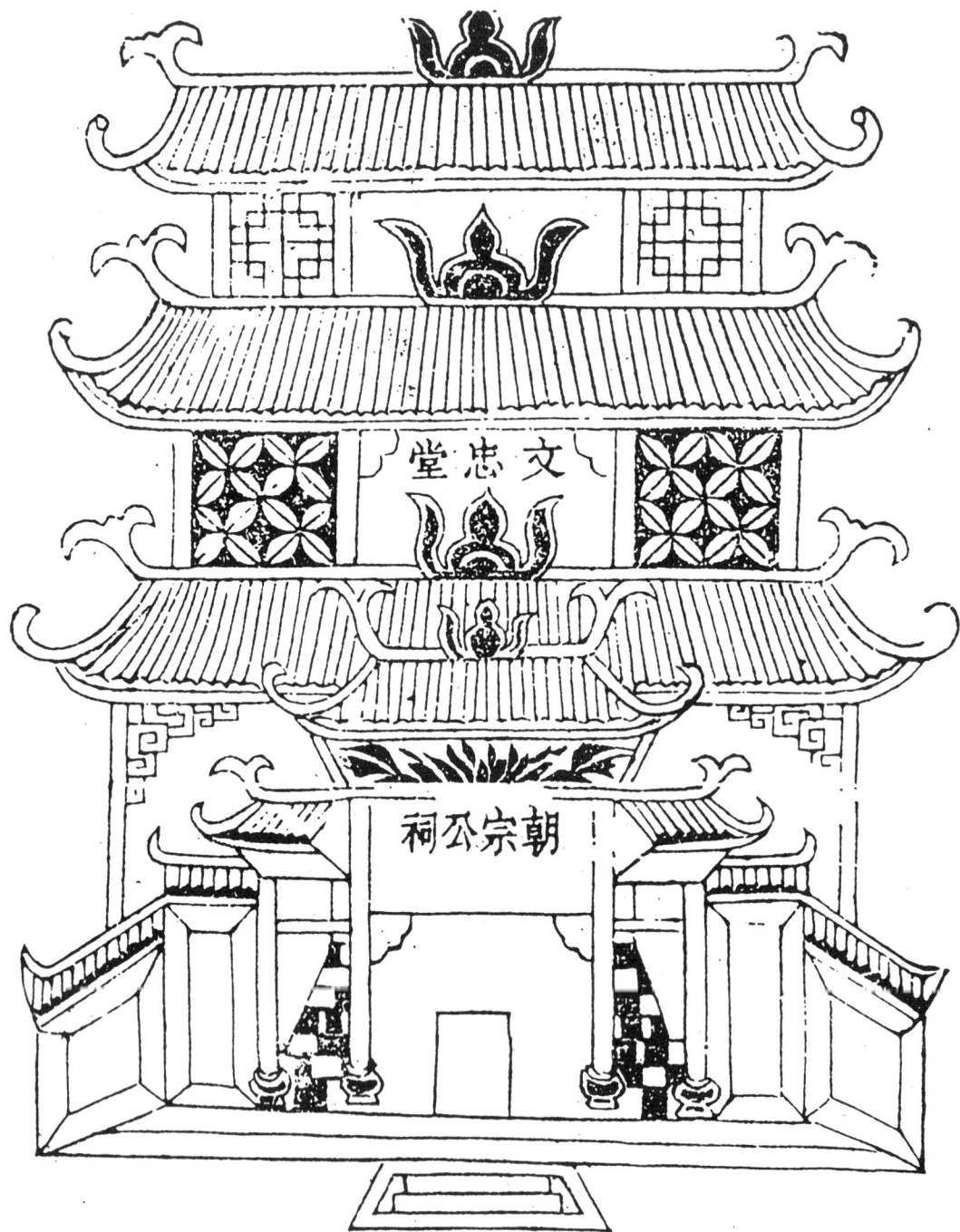

文忠堂

朝宗公祠

江西萬載歐陽氏朝宗公祠引

　　萬邑之有歐陽氏,始宗遠公,來自廬陵,朝宗公其五世孫也。初居邑之西門,生子三:長諱孟江,次諱孟賢,幼諱孟環。江、環二公另擇其地,子孫各建支祠,惟賢公仍居故里,十數傳門祚頓衰,而祀事莫舉。伏念朝公爲三祖所自出,乃從無祠饗,將水源木本之謂何矣!雖然,追遠之誠,不尊遠公而尊朝公者,蓋遠公爲萬之鼻祖,朝公吾三房之共祖也。祠建於邑西者,蓋由共肇基於此,復念賢公靈爽無依,則不僅崇追遠之禮,抑且思親親之義也。在昔邑西基土,本三公衆業,後因賢公歷居祖宅,業亦歸之。乾隆初,岐舜叔姪遂將三分之二賣與江、環二公,俟後總建大祠。至三十五年,又積欠社倉穀數十石,時縣侯追押甚急,令叔姪賠補無措出辦,又將衆産呈縣,縣令江公裔孫承買,當日出去契價銀二十七兩正。道光三十年,江、環二公裔孫相商,欲將該業贖回,緣江公支下即將先年已出契價銀,併添造店房工本,當衆結算。二公斂錢贖回,仍爲兩公衆産,收租生息,立有合約。至同治甲子,餘積數百多金,是年兩公商議,建立朝宗公祠,庶不負前人之志矣。嗚呼!興復之理,雖曰人事,豈非先靈哉。又以祠號山房者,祖廟兼家學之義也。祖廟而兼家學,上可崇追祀之禮,下可興孝弟之教,抑又暫妥先靈,冀後建立大祠之意也。韓子云:莫爲之前,雖美弗彰;莫爲之後,雖盛弗傳。非即此意歟。

　　時同治五年歲次丙寅季春月穀旦,江環裔孫富春、鳳岡謹識。

　　　　　(歐陽卿發纂修《[江西萬載]歐陽氏族譜》　1940年文忠堂木活字本)

湖南湘潭韶山毛氏震公祠圖

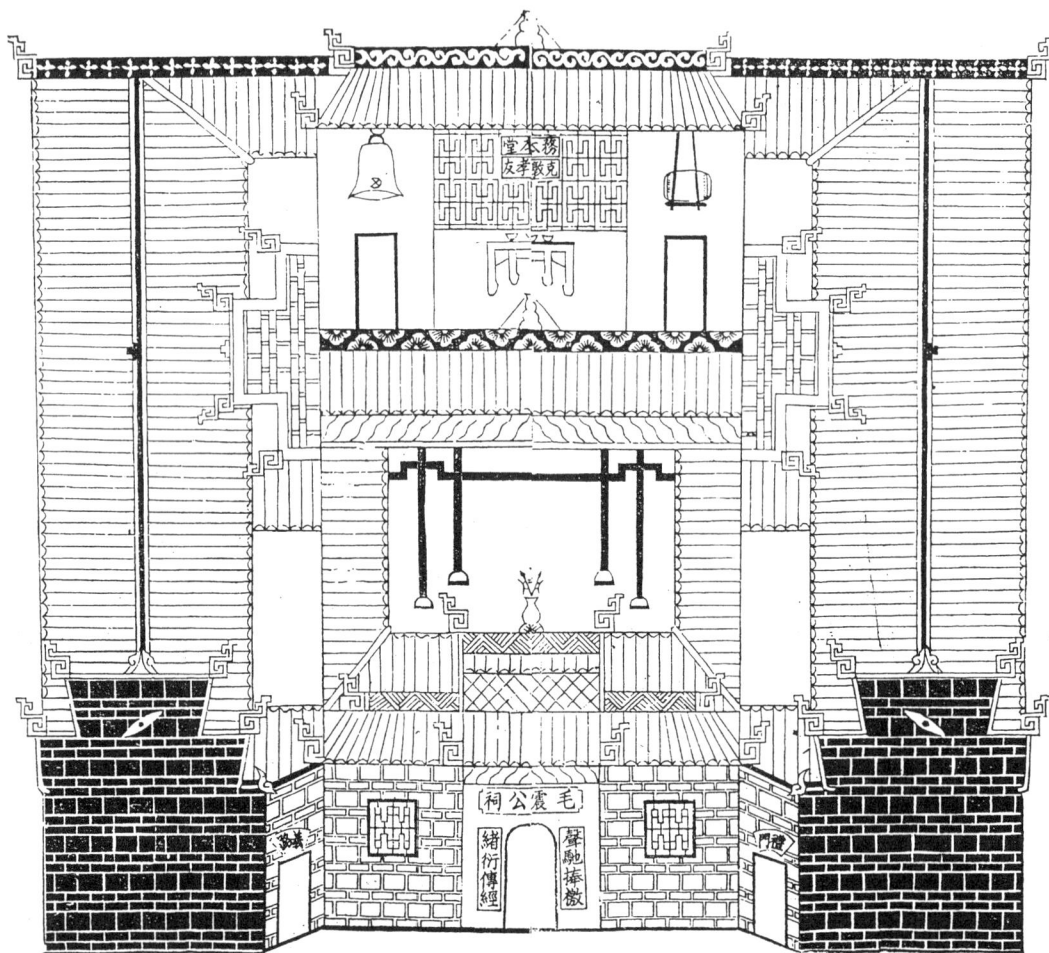

克敬孝友
務本堂

雨

毛震公祠
緒衍傳經　聲馳捧檄

湖南湘潭韶山毛氏震公祠圖記

　　我房震祖之有祠宇，自先輩建立以來，一修於遜清光緒戊寅，再修於民國己巳，此爲三修矣。其在光緒戊寅之修也，業已刊立祠碑。至民國己巳之再修，則尚闕然，兹之踵事三修，即賡續己巳之再修。原己巳之再修，僅祠宇下棟戲樓，移形改步於前面，兩旁之垛壁則依然如舊，而經費則係震公鬻田開支。竊祠廟爲一姓之觀瞻，上棟下宇，左城右坪，自宜整齊劃一，以壯廟貌。況我房内環居祠下，覩祠宇之參差，兩旁未得與寝門銜接，又豈可不積極修整乎。久欲興工，輒以需費甚鉅不果。至丁丑春，無何前面左壁忽被風吹折，於是經衆討論，迫不得已，而決

議整修，規模則與己巳年而擴大，經費則由房內而酌捐。前此之形呈參差者，今則整齊之；前此
之未能銜接者，今則聯綴之。計於丁丑冬鳩工伊始，至戊寅春而告厥成功。此則三修之所由舉
也。今則寢廟奕奕，家族與國族同榮；世代繩繩，後賢與前賢濟美。一時土木，三度整修，欲垂
久而昭鉅典。爰將贊襄其事及各執事，並房內之各孝子賢孫慷慨捐輸者，而一一勒諸瑱珉，以
誌不朽云。

　　嗣孫澤啟宇居氏謹撰並書。

　　　　　（毛澤鈞主修《［湖南湘潭］韻山毛氏四修族譜》　1941年西河堂木活字本）

湖南邵陽雙泉胡氏祠堂圖

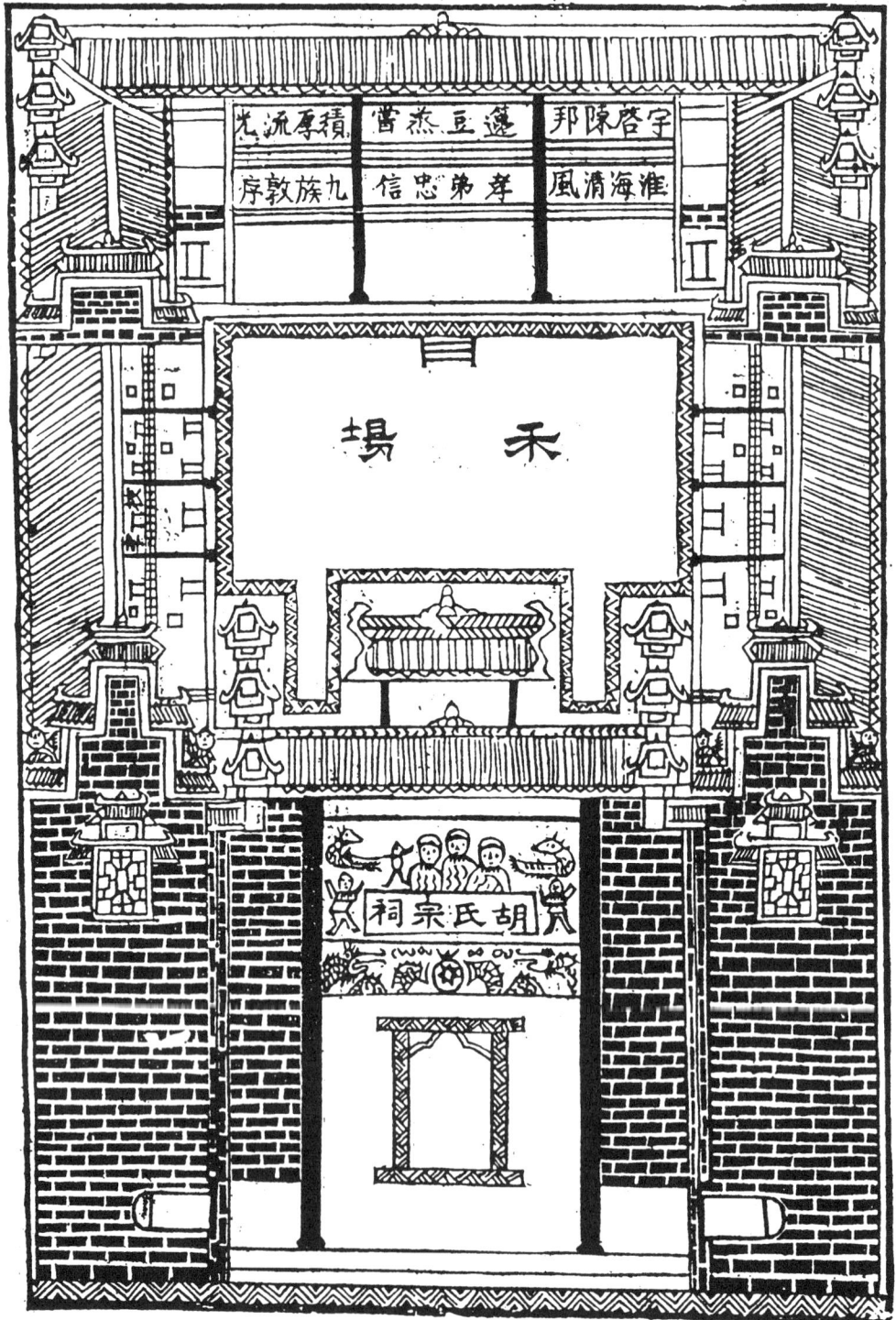

湖南邵陽雙泉胡氏祠堂記

　　邵陽東路六十里，有仰山焉。其脈自龍山蜿蜒而來，爲資邵之分水嶺，資水東逝，邵水西流，地势雄奇，天然偉構。顧仰山高僅百餘丈，未嘗以崇隆著稱，然一造其極，則羣山萬壑奔來眼底，煙林竹樹臚列胸前，其一種渾含毓樸光昌遠大之氣象，有非楮墨可以形容者，祇可以意會。得之淵明盛贊桃源，退之艷稱盤谷以之相埒，殆難比數。仰山係積土，而京巋如壽者，頂旁有巖石嶄軒，露石上有泉，曰仰山泉，不盈不濁，晝夜取汲，獲擔餘烹茗，味極清洌。左邊有梵宮，亦曰仰山殿，皆以仰山爲名。其麓曰雙泉舖。明時我祖諱道澄公由贛移湘，即卜居於此，傳之至今，歷十七世，計年近三百餘年矣。公以屢代名臣之後，不求聞達，韜光養晦，隱迹此鄉，且自耕而食，自帛而衣，蓄德累功，以貽後嗣，樂施好善，以惠鄉人。公傳鵬、鸞兩公，紹衍子孫萬億，清紀戀遷於川陝黔桂各省，頗不乏人。惟雙泉則仍聚族而居，世守先人塋塚。今建縣縣制度，有司美其名曰"寶善鄉"。每年春秋兩祭，恒以雙泉街屋設奠，過於湫隘，不堪設備。民國戊辰，闔族集議建立新祠。始事於十九年春，告成於二十七年夏，共費國幣二萬餘元。其負責供職慘淡経営者，以族兄毅甫、立山、樹堂、喻義、星泉、樹池、雍甫、吉甫力爲多，其他不過樂輸鉅款補助而已。計成享堂五楹，左右厢樓各五楹，面享堂而立戲臺一榭，臺之兩端，爲倉廠。全祠基礎整嚴，青磚壁合，院中空曠，導以清渠。門閭外磚坊一座，額曰"胡氏宗祠"。祠址位於仰山麓，前有荷葉，堨水環繞如帶。堨水之外爲田疇，田疇外爲土埠，埠外即雙泉舖。人煙比櫛，環境肅雍。昔（舊）〔咎〕犯曰楚國無以爲寶，惟善以爲寶。今雙泉獨得寶善之名，殆非偶然。祠廟落成後，有謂澄公爲入湘始祖，應尊奉木主於中位，而以鵬、鸞兩系翼之。嵒謹按道光墨譜，載有南唐以來血統圖，一世祖諱贇，十一世祖諱銓，至澄公爲二十一世。然自大宗之法廢，古者即以別子爲祖，繼別爲宗，原可倣而行之，尊澄公爲一世祖，顧衡之慎終追遠、明德歸厚之義，容有未安，若上世不可得而聞者，闕疑可也。今既知歷代世次，一脈相承，木本水源，焉能恝置，乃與族長輩討論再三，仍擬以中龕奉一世祖贇，以迄澄公，再以澄公爲入湘始祖，冠鵬、鸞兩龕之首，以爲左昭右穆，姑毋論其大宗小宗，總以敬宗爲是，不問遠族近族，務以闔族爲宜，詢謀僉同，衆皆曰善。敬占某月日延神上座，於戲，猗歟盛哉！公有善於鄉人，去數百年，而人亦報之曰善。公有德於後嗣，則後裔無德以報公，無已，乃崇修廟貌，用妥先靈，俎豆馨香，來格來享，聊表寸心焉耳。祭費所需，議決以牛形山、楓樹坪二處土租爲奉，不足，由族人釀資凑之，永禁典賣，以維祀典。光緒中葉，先君回籍掃墓，置有學田，用供族人膏火。入民國來，即以此產專辦學校，族中子弟進退出入，彬彬有禮，不失我胡氏忠孝傳家之風範。夫山不在高，仰之彌高；樹德滋大，有容乃大。昔司馬遷遊孔子廟堂，見諸生習禮其家，退而贊之曰："高山仰止，景行行之。"今吾宗廟位於仰山之下，子弟肄業祠宇之中，讀太史公之言，得毋有所感奮，而思有以仰副祖德宗功之厚澤耶！祠成十有一年，嗣孫嵒始爲之記。

（邵郧等纂修《［湖南邵陽］邵陵雙泉胡氏續修族譜》　1942年春陽堂木活字本）

湖南湘潭烏石吳氏宗祠圖

湖南湘潭烏石吳氏祠堂記

　　江南衡，峻極九千餘丈，散結七十二峯。烏石者，曰高，曰堅，尤爲特出。始祖正陽公，以戰功之多，晉秩軍門，老而致事隱約，就閑挹南山之秀，湘水之清，擇烏石爲休息所，旋葬而窆焉。故後嗣建立老祠於烏石峯。況世遠年湮，陸續顛覆，即經修整，因言狹隘，難治祭祀。於光緒丙子年，政醴、家曉等倡捐建祠宇六都四甲皂角塘，壯麗宏偉，先靈以妥。爰於此處悉本烏石一脈，相傳大山宮，小羅列，如兒孫焉。重建宗祠，構室堂，厚垣墉，飾黝堊，堅固無華，東拱柘木，西（爛）〔欄〕雲峯，仙女在北，弗離弗即，輔依行龍，迴顧祖山，左抱右護，前關後欄，聚族於斯，悉承卜吉穴落平洋。由是觀之，漣水泱泱，港草蒼蒼，自上而下，源遠流長。是爲記。

　　清光緒二十六年庚子歲季春月上澣，十五派嗣孫政潤謹誌。

　　　　（吳齊香主修《［湖南］湘潭烏石吳氏四修族譜》 1942 年奉恩堂木活字本）

湖南湘潭射埠譚氏宗祠圖

湖南湘潭射埠譚氏祠堂記

　　族之有祠，則先靈有所歸，而爲其嗣者，得足以展其孝思也。我初祖友諒公，自明永樂二年，由茶陵遷湘潭卜居十五都焉。厥後冢子浩清，復居茶陵。季子涼清早世。惟次子溙清，居田心。三子溢清，居銅盃。四子瀟清，居甕塘。自是以來，溙祖、溢祖、瀟祖之裔，則各以先人之地著也。乾隆五十二年，三房合續二修譜牒，猶未及立宗祠，皆遵文公禮法，薦先於寢。嘉慶十二年，銅盃、甕塘兩房，以田心房立私祠於田心坪，遂於射埠、任家坪卜建兩房合祠，然皆各奉其支祖，而末謀及其初祖也。光緒丙午夏，三房四修譜議成，僉曰：譜又合矣，而祠猶各別，仁人孝子之心忍處此乎！於是銅盃、甕塘，願以任家坪祠宇捐爲友諒祖祠，並附祀三房支祖及其派下，是爲宗祠，而田心亦樂捐賀業衝田業爲友諒祖祀田。是祠產兩立，馨香百世矣。

　　光緒三十二年歲次丙午仲冬月上浣之吉，十四派孫祖歧鳶軒氏謹識。

　　　　（譚述亮纂修《［湖南湘潭］射埠譚氏五修家譜》　1943 年永言堂木活字本）

湖南醴陵田心劉氏宗祠圖

湖南醴陵田心劉氏宗祠記

　　先人往矣，而所以長留不往者，惟此棲神之所耳。故僾乎有見，愾乎有聞，誠如《禮》之所載云。我田心僻處醴南之上都，去邑城七十餘里，面南而背北，居村而遠市，山環如城，水繞如帶，泉甘而土肥，風淳而俗美，自定公由沙田劉家山遷而居之，樂業於斯，即已建祠於斯。雖戎馬幾經，而子孫之妥先靈者，世世不墜，第爲祖宗謀久遠者，當無乎不至也。故新祠宇，所以動榱桷之思也；廣祭田，所以示孝享之永也。縱非孔曼且碩，而洋洋如在，即此而申後有尊祖敬宗之心者，能勿覯斯堂而興起也歟。清乾隆元年歲次丙辰冬月穀旦。

湖南醴陵田心劉氏宗祠山水圖

湖南醴陵田心劉氏宗祠山水圖記

　　醴之南，與潭攸毗連處，山脈錯綜，層巒聳翠，其最著者，明月峯也。山麓西行，經龍龜山源頭坳，越雲嚴之峯，出石獅之口，復自南向北，蜿蜒至塘頭坳，折而東走約數百武處止，而南向如回龍之顧祖者，虎形也，劉氏祠即建於其下焉。右則天華臺縣亘，左則雲峯嶺屏障，與前後之山環而觀之，有如龍蟠虎踞矣。祠後松柏蒼翠，古木參天，祠前有樟一株，重重如蓋。有月塘，澄清如鑑，有溪水灣環，明潔可愛。其源來自楊家，源出寺村石獅口，經砂板橋隣上，曲折東流，過香花橋，與來自鑒石之水，在妙泉滙合焉。至若山水之奇特者，則有五鳳之朝天，九獅之戲月，雲嚴之九峯，石欄之瀑布。氣象之奇特者，則有雲峯之白雲，旭日石筍之雲峯，仰山之烟障，龍龜之夕電，並皆爲我劉氏之八景也。況乎右有石獅口，爲山脈與溪流穿峽之處，自口內觀之，若小焉者，出口而望，則極目平疇，阡陌交通，雞犬相聞，我劉氏集族而居，樂業於斯，鑿井耕田，民俗醇樸，其所以前代迭産賢豪者，是皆山水之鍾靈有以致之也。得斯地而建祠，將來之發皇，固未有艾也。

　　時中華民國三十二年癸未仲秋月穀旦，二十六代嗣孫翰元性成氏敬譔。

　　　　（劉維璠等纂修《[湖南醴陵]醴南田心劉氏八修家譜》　1943 年敦倫堂木活字本）

湖南醴陵劉氏華貴公享堂墳墓圖

湖南醴陵劉氏華貴公享堂墳墓圖記

　　右圖係連昌公契接之業,現該山已由各房分管。但凡屬連昌裔子孫,無論山內何處,仍得擇穴進葬,不得阻止。界內建有華貴公享堂,屋後竹木茂盛。又葬有祖墳多冢,均坐東向西。其脈來自生塘嶺,前有小溪,自陽石衝尾而來,經墳山與享堂前環抱而去,形勢頗佳,誠佳境也。

　　中華民國三十二年癸未仲秋月穀旦,華貴公裔孫謹誌。

　　　　（劉維璠等纂修《［湖南醴陵］醴南劉氏八修家譜》 1943 年敦倫堂木活字本）

江蘇武進龍溪盛氏光禄公祠莊圖

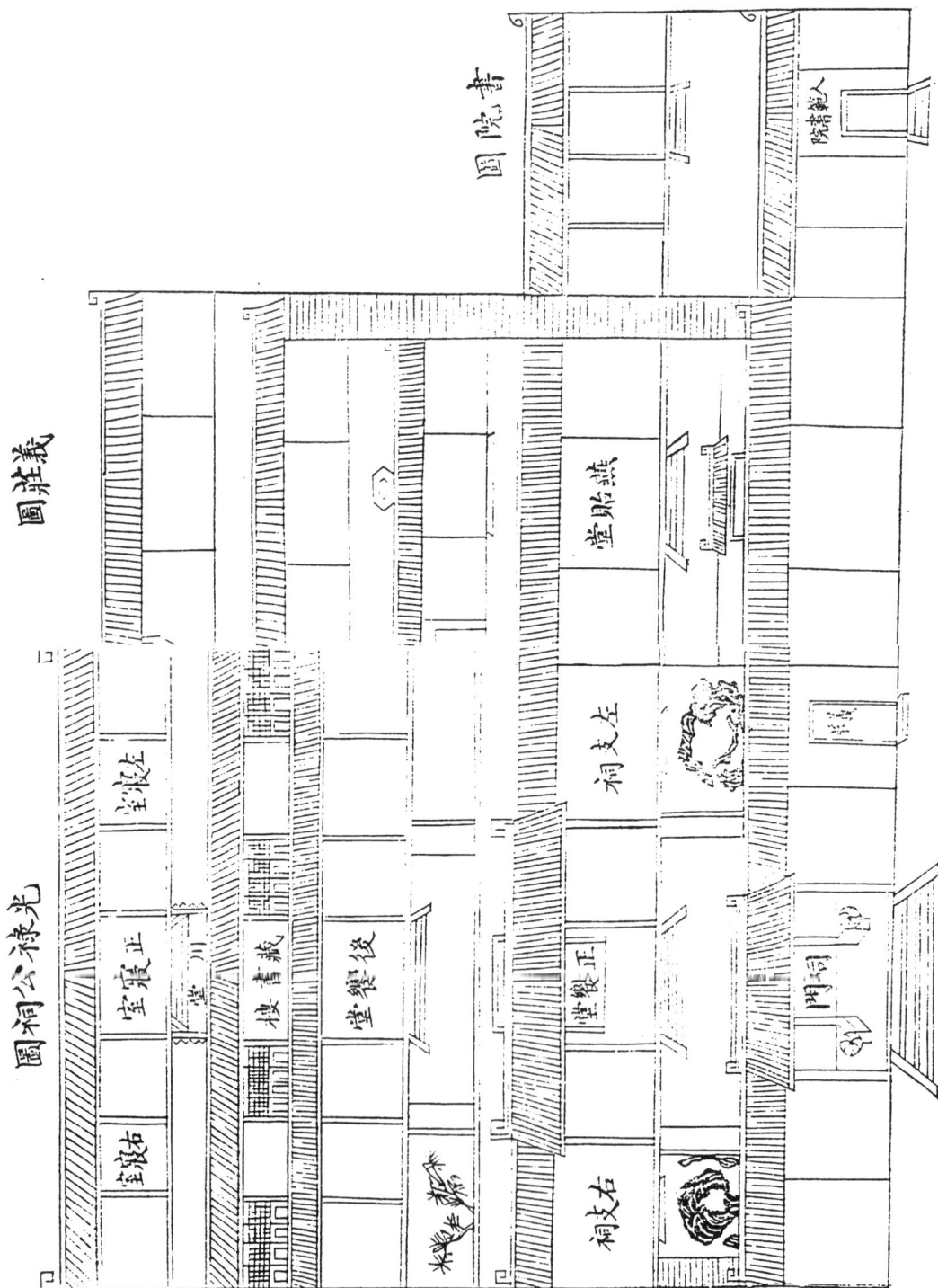

圖院書

圖莊義

圖祠公禄光

人範陵

譜貽堂

室寢正

左後祠

堂川三

正饗堂

藏書樓

後饗堂

門祠

右後祠

正饗堂

右祠支

門祠

左祠支

江蘇武進龍溪盛氏光禄公祠莊圖記

　　右光禄公祠莊圖。正落爲祠堂，旁落爲義莊。又東爲人範書院。祠堂後饗堂，額云"孝友傳家"，聯云"詒穀啓家聲，鄉閭矜式；誦芬垂世澤，閥閱清華"。正饗堂額云"人範千秋"，聯云"兩浙播循聲，潔己愛民，卅載勛名不朽；中吴推碩彦，著書垂教，千秋模範常昭"。正寢室聯云"父母方知父母恩，溯生初以迄耄年，斯恩罔極；兒孫自有兒孫福，能讀書而兼修德，厥福迺長"。《跋》云"光緒歲次壬辰，奉安先大夫光禄公暨先妣費太夫人神位於寢室，追憶成語。續撰一聯，以誌永思，奉祀子康敬書，時年七十有九"。義莊前廳，額云"范氏遺規"。《跋》云"旭人方伯同年，仰承先志，建設盛氏義莊，規畫盡善，曩與方伯同官楚北，相契最深，今忝督是邦，聞斯美舉，有裨風教，書額以贈，並爲邦人士勸。同治十有三年五月，李宗義書"。正廳"燕貽堂"，題云"先大夫光禄公，舊居郡北河路灣。咸豐庚申，寇至被燬。今於光禄公支祠旁爲拙園義莊。拙園，光禄公晚年自號也。落成之日，仍以舊額名斯堂。俾光禄公支下子孫，咸知燕翼貽謀，不忘所自云。康謹識"。聯云"人範成書，理學遠承劉氏譜；義田贍族，規模重覲范公莊"。

　　書院額云"師道立，善人多"。《跋》云"吾宗罕知讀書，是院之設，非徒欲博取功名也。祇願吾宗多一讀書人，即多一善人。凡肄業其中者，互相砥厲，同歸於善，庶不負余之厚望也已。光緒癸巳春三月。康並識"。聯云"博濟敢矜言，愧無廣厦萬間，爲寒素栽培子弟；立達祇默喻，矢此婆心一片，體國家養育人材"。《跋》云"此先大夫宰安吉時重建古桃書院，手製楹聯也。今義莊東偏，人範書院告成，歲選族中子弟資質可造者，延師教之，冀有合於栽培養育之意，敬謹刊懸，以誌永慕。光緒十有五年，歲次己丑。康並書"。

　　（盛文頤主修《［江蘇武進］龍溪盛氏宗譜》　1943年敦睦堂木活字本）

湖南湘潭白龍潭趙氏祠堂記

　　昔人有言曰：合抱之木，不産於培塿。又曰：培塿無松柏，蓋地氣必旺，而後載於是地者，其生植乃蕃也。故同是松，而必稱徂徠，同是柏，而必稱新甫，同是金木、竹箭、羽毛、齒革，而雲連徒洲之盛，乃以獨甲於天下，非地氣之旺使然哉。且夫地氣之旺，山不必甚高險也，而取其秀；水不必甚深遠也，而取其清。苟山雖峻，而水不稱，水雖長，而山不靈，偶爾居停建造，或且以爲非久安長處之地，此營大厦者，必擇夫山水兼善而居之矣。若乃構造宗祠，一族之興替因之，則擇地尤宜亟也。吾族自如其公遷潭，迄今十有餘代，而別子爲祖，繼別爲宗。譬鄧林之材，繼長增高之日，延岩谷也；譬睢園之竹，行根布葉之日，滿崇阿也。每當歲時伏臘，諸父昆弟各薦馨香，而寒食清明，白楊芳草之間，疊疊者，亦各剪紙以展墓也。族中建議，以爲一本之親，各爲祭奠以將忱，各拜丘墟而致掃，非所以聯宗族也，必構宗祠，以謀合食，庶祖先之靈爽以有所憑式而相安。且入廟則全乎爲子，出廟則全乎爲弟，四時之首，駿奔將事，飲福餕餘之際，所以敦族誼者在是。有爭則羣相勸釋，有過則羣相責讓，一家之中，曲直攸分，登堂聚議之時，所以泯詬誶者在是。族人無不踴躍，計土木之費而鏤金以勸斯舉，然猶是擇地之難，紛持衆議。族中長老乃倡言曰：吾族自如其公遷湘，歷居白龍潭之上，其地遠峯秀峻，環拱如列門，屏水則南來，瀠洄而曲帶，且始祖之墓在焉。墓之前平陽，而宛成基趾者，非地留其兆以俟後人之卜築乎！春秋間，凡入廟思敬者，亦過墟而思哀焉。族咸稱善。於是運瓦石，謀垣墉，鳩工庇材，不日落成。前列禮門，謹出入也。後宏寝室，妥神靈也。又中堂高敞，陳祭品也。東西有階，序昭穆也。自兹以往，蕭蕭者簪纓榮戟，車馬奔闐，先人有靈，其佑我後人，當如地氣之隆，蒸蒸日盛而永遠勿替云。

　　乾隆十四年己巳冬月穀旦，嗣孫維璧、孔昭、景南、盛傳、相堯敬記。庚戌歲六修闔族嗣孫謹述。

湖南湘潭白龍潭趙氏宗祠圖

湖南湘潭白龍潭趙氏宗祠圖記

　　龍潭爲我趙氏發源之地,下而湘水,上而衡流,蜿蜒相滙,而龍潭即孕於涓江之中。其爲地也,羣山環拱,碁布星羅,佳氣翁勃,上凌雲漢,而吾之祖山,即屹然橫踞於其東。自我肇祖如其公由蘇州播遷於此,没葬此山,後歷十有餘代。至清乾隆十四年己巳,族先輩相公墓之左爲基址,而建公之祠堂。至五十八年癸丑,砌屏牆,並修其下首金鎖橋。又越百有十餘歲,至同治四年乙丑,仍舊制修葺,改建前廊,以廣其規。又十餘年,至光緒初,復建焚字爐於下首,以培其勢。而其搆造之規模,因地勢之高下,約分三層。上廳爲寢室,兩旁各有厢房,躡石梯而下,爲中廳,監檻柱六方,廣數丈,旁列上下房各二。兩廳之間爲丹墀,石砌井然,左右爲鏡鼓樓。由中廳再梯而下,爲大方墀,左右植白菓樹各一,大逾拱把,老幹拂雲。下廳稍狹,其旁排列厢房各二,上爲劇台,旁亦如之。其左右與中廳相接者,上爲走馬樓,下爲走廊,而東西階阼,上下並列前爲大門。門前列一字屏牆,槽門即闢於左。顧是祠也,自先輩開建,復遞爲修置,内而畫檻朱欄,上而鉛黃藻飾,外而人物雕繪,極人工而炫耳目,足壯奇觀矣!於是歲修祀典,陳宗器,序昭穆,以薦其時食,所以隆報本也。然而民智日開,教育未能普及,乃於民初,諸族長設爲學校,並於其右建厨房食堂及其他雜屋,闢厢房爲教室及自修室,而校具畢備,窗牖四闢,光映書卷,由是族中子弟,微論貧富,皆可入校以求學。凡此皆祠内之設施,亦苟完而苟美矣。其外觀也,尤足興景仰之嘆焉!遠望之,若龍之卧波,近視之,若虎之負嵎,蓋山勢之來自衡嶽,經天馬而羅漢奔騰,而至北枕平岡戛然而止,我先輩復廣爲栽培佳木,葱蘢陰翳天日,而宗祠矗奠焉。不惟天地清剛之氣,融結爲河嶽而鍾靈秀於此,且峙嶽爲屏,扼江爲襟,引長湖以爲帶,張遠岫以爲旌,其垂勝概又何如也!豈非天造地設,以俟我祖開千百世之業,以垂諸子孫,俾永保其金玉之骸,而崇其廟堂之祀乎!至於我族丁齒之蕃,人文之盛,代有傳述,吾不贅也。是爲記。

　　時在中華民國三十三年夏四月穀旦,二十世嗣孫承适子英氏謹識。

（趙紹裘纂修《[湖南湘潭]中湘白龍潭趙氏七修族譜》　1944年連璧堂木活字本）

甘肅臨夏馬氏宗祠圖引

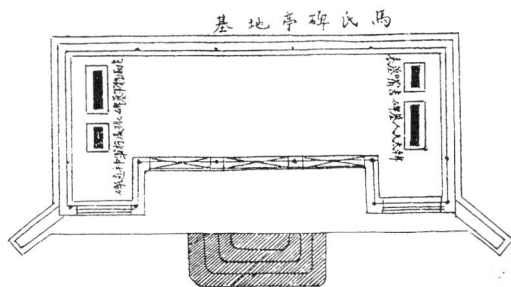

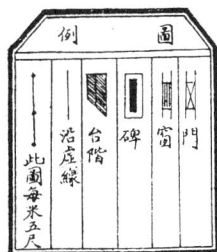

　　殁後立祠,吾教不取也。然先人功在國家及地方,其有公議建祠立碑及其他建築物,以紀念其所欲感謝不忘者,亦不可違其意焉。且也立場在教者,應以教論,其立場在國家及地方者,亦應以國家及地方論,不能一概以教限之也。既有是建築物圖,又其可忽乎哉! 茲所圖者,未能盡之,蓋略焉耳,後之子孫覽圖而思盛德,其亦肅然起敬也歟。

甘肅臨夏馬氏宗祠圖

（馬鴻逵等纂修《[甘肅臨夏]馬氏族譜》 1946 年鉛印本）

湖南安化劉氏仁孫公祠堂圖

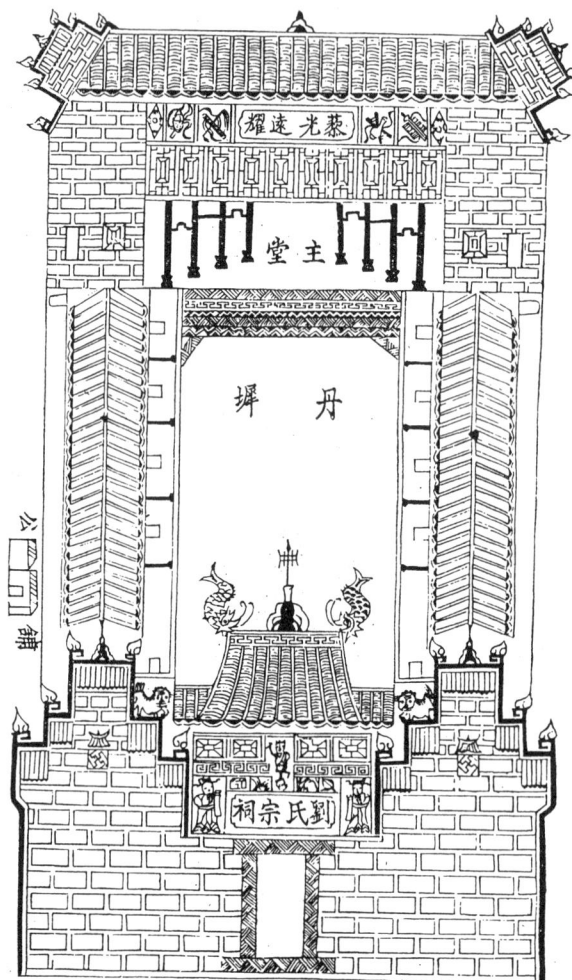

湖南安化劉氏仁孫公祠堂記

　　自來冬至祭始祖,立春祭先祖,季秋祭禰,忌日遷主,凡事死之禮,宜厚于奉生者,此孝思之誠敬然也。而上追祖禰,下聯宗族,序昭穆,敦人倫,賴有祠也。

　　我二世祖天富公,傳景寧公,而文燦公,而貴一、貴二、貴三公。貴二即仁孫公,爲吾豐樂小水之開基祖也。生齒日繁,星羅碁佈,欲聯宗族之誼,以妥先人之靈,自有修祠之必要。故我業師履寅先生、先父蕚蘭公與族父老,於民國九年,發起修建仁孫公家祠,一唱百和,衆擎易舉,竟於民國十二年癸亥冬告成。

　　其祠坐落小水阿公山，背南面北，後負楊山之原，前攬河水之勝，形勢之雄偉，爲近處冠。上棟爲主堂，地勢頗高，左右大房各一間，長房各兩間，爲祭會辦公及族學教育之用。堂中拱以六楹，有若鼇魚負山之勢，東西寬六丈餘，南北長凡九丈有奇，腰間開兩耳門，以便出入。由主堂下歷石等九級，即爲下棟之石坪，丹墀左右翼各有小房六間，樓房亦如之，步梯上樓，則環繞以欄杆，至巍然峙立前面者，爲棃園演劇，促進文化藝術之舞臺也。登斯臺也，手之舞之，足之蹈之，不禁油然而生功名富貴若長在、文采風流今尚存之感焉。

　　是舉也，籌劃一切總攬大綱者，主修履寅老師也。奠基後，履師齎志以終，繼任斯職者，鳳泉君也。捐基地木材與鉅款者，派祖志瑚公也。變產而捐助錢穀者，世伯祖正宇公也。奔走遠族籌款彌補者，協修富求、心耳、林芳、蘭桂諸君也。司理度支者，才華、芳元君也。參謀佈置督導工作者，倡修友生、楚材、躍門、樹梅與先父蕚蘭公也。徵工挑運土木者，附近族人也。禮曰：尊祖故敬宗，敬宗故收族。建斯祠也，其亦尊祖收族，鞏固宗族主義，序昭穆、敦人倫之意歟。

　　現在規模雖已粗具，而各種設備尚付闕如，即住持之香燈費用，僅賴公舖區區之租金以維持，甚望有志嗣賢，念祖聿修，多籌祀產，充實內容，俾世世子孫聚族於斯，永薦馨香於不替，庶上慰先靈，下昭來許，猗歟休哉！

　　嗣孫主修兼總纂自善振原氏拜撰。

　　中華民國三十五年丙戌冬月吉日，闔族敬刊。

湖南安化劉氏仁孫公祠堂補修記

　　湄江之上方里許，有小水阿公山焉。脉由大華楊家諸山蜿蜒而來，形勢雄厚，萬山拱向，風景天然。我五派祖仁孫公，自明中葉間擇居此地，承承繼繼，碁布於小水棃灣山甘衝歸化禁山坪等處，族衍人繁。民國九年，族先賢履寅、鳳泉、蕚蘭、富求、躍門、林芳、心耳、才華諸公，議建支祠，由志瑚公輸捐基地，徵集闔族人力、財力、物力，鳩工晉匠，慘淡經營，越四年始告成，用費甚鉅。迨民國二十四年春，祠左壁動搖，將有傾塌之勢，琨正歸自省垣，目擊神傷，因董其事，復爲整理，奔走呼籲，籌捐款項，勞苦靡辭，節食惜財，塗墍丹漆，惟身自任，併以餘貲於祠之坐右建修公舖一，革故鼎新，越數月，觀厥成功，輪焉奐焉，堪慰先人之靈耳。每當蒸嘗禴祠之典，衣冠肅敍，躋躋蹌蹌，豈非先祖之鍾靈而毓秀者乎！值茲家乘告竣，敬誌辜較以示後昆。

　　嗣孫自盛紹琨氏撰拜。

　　中華民國三十五年丙戌冬月吉日刊。

　　　　（劉振原主修《［湖南安化］劉氏六修族譜》　1946 年乙藜堂木活字本）

湖南長沙善邑黃氏黃龍寺祠堂圖

湖南長沙善邑黃氏黃龍寺記

　　嘉靖八年，歲在己丑，我五派祖立廣公，建黃龍寺於湘水之西，誠仙境也。崇山合沓，曲徑通幽，竹影搖青，槐陰映（緣）〔綠〕。雲樹深中千鳥集，晚煙濃處一聲鐘，雖南陽草廬，難品次也。側又各有一泉，自山石中出，細流吐納，涓涓不窮，飲之者，痼疾皆失，其神物也，殆醴泉之亞歟。寺有佛，有菩薩，瞻其容，則赤金煌煌，入其室，則清香靄靄。土塏苔綠，禪房花深，洵爲清淨之鄉也。右殿有唐元帥朗公真君，萬姓禱求，香煙不斷。寺右有宗祠，興孝思也；有書室，明大倫也。寺側有山，山下有田，而又有栗樹溝、龜形山，共腴田百畝，祭資有餘矣。以祭先之餘資，延師課讀族中子弟，聰敏者，得名山秀氣，足以振采雞羣；遲鈍者，聊俾識字知無，不失純民氣象。翼日家傳禮讓，戶誦書聲，不終讓古江東之家風獨美也。

　　山秀、山潛兩公位下裔孫謹誌。

　　　　　　（黃善信等修《〔湖南〕善邑榨衡黃氏支譜》　1946年忠孝堂木活字本）

湖南邵陽仁風尹氏祠堂説

　　自天子至於士庶，廟制不一，而立廟之意，未嘗不同也。蓋家必有廟，廟必有祀，匪第報本
追遠已也，幽以妥先靈，使神有所棲依而厚其饗；明有以篤仁孝，使人有所培植而食其報。且廟
立而人知禮讓，講信義而重彝倫。有遵訓行者，旌之，揚之；有不軌行者，勸之懲之。吾見人心
風俗，於此醇焉。從古世家巨族，悉如是也。然廟有大宗小宗之別，各設其主，即各重其祀，未
可視爲泛然已也。故臨祀之先，必齋戒清肅；當祀之時，必欲容盛服。其時饈陳獻，不必務以牲
牷肥腯、山海珍奇爲準，苟有四時佳味，即澗溪沼沚、蘋蘩蘊藻，可羞而可薦也。伊川先生曰：月
朔必薦新，時祭用仲月，冬至祭鼻祖，立春祭先祖，季秋祭禰，忌日遷主祭於正寢。凡事死之禮，
當厚於奉生者，人家能存得此等事數件，雖幼者，可使漸知禮義，信哉是言也！今人都不理會，
厚於奉養，薄於先祖，且謂夙緣因果，惟仙釋可以超脱，不惜多金崇修寺觀，禮佛燃燈，甚有切肉
剪指、殘體報恩者，斯固其心之愚，抑亦其性之悖也。不知人本於祖，祖者，吾身之所自出，氣脈
之所流貫，於此篤其意，厚其禮，則培養之道得矣。培養之道得，則不獨己身榮顯，抑且後嗣熾
昌也。吾族自雍正甲寅立祠設祭，人心醇合，鄉里稱之。今又續修家乘，頗有克篤前烈，敦宗睦
族意焉。但願族之少長，究本之所在，則知廟之所立，覩祠興懷，入廟思敬，庶不負先人建立之
意，而啓後人以無窮之昌榮也。是爲説。

　　嗣孫百衡見興氏敬譔。

湖南邵陽仁風尹氏宗祠圖

（尹樂月纂修《[湖南]邵陽仁風尹氏六修族譜》　1946年柏桂堂木活字本）

湖南湘潭丁氏新建宗祠序

　　《詩》曰："奕奕寢廟,君子作之。"《禮》曰："君子將營宮室,宗廟爲先。"廟制之典,由來舊矣。以是知見爲洋洋如在者,必有地焉。使無門堂楹廡之觀,妥乃先靈,縱備物告虔,則望空祼獻祖宗之精靈。吾族老祠屋,被洪水傾頹,而不聚子孫之拜跪憑則,仁人孝子不能不急需於祠也。自民國十八年己巳,闔族將老屋塘新建祠屋一所,前朝天馬,後靠昭山,隱隱插天表,河水縈帶澄清,左右龍虎拱伏,内堂緊而逼,禄儲聚不傾,殆天生一美局,以爲我祖於先人矣。但祠宇雖爲本族公所,而基實爲文域公子孫,而各房子孫毋得藉生覬覦。兹聊撰此,付之梨棗,以紀盛績,倘後世超越前人光耀。今以三修譜牒告成,新舊祠屋另有説明如左,世弟則斯祠之幸,不更有隆於今者哉。

　　中華民國三十六年丁亥歲仲春月穀旦,澤隆延瑀謹撰。

湖南湘潭丁氏宗祠圖

濟陽堂

丁氏宗祠

派衍中州　　源承勃海

出弟　　　　入孝

湖南湘潭丁氏新建宗祠契據

　　立絶契,出賣屋宇、基地、山林、蔨土、竹木、溝塅等項人丁澤潢、澤潤,同姪延齡、延祐、延南、延定、姪孫長太等,今因移業就業,願將祖遺父分及先年價接祖紀分管三都七甲,地名丁家河,小地名老屋塘,禁山一大圍,茅瓦住屋兩棟、桁椽、樓栿、包邊、門片、窗格、麻石、菜園,一概俱全,儘行出售,央中曾新文、丁澤洸、丁延庚等,説合族濟陽堂向前承接管理,比日三面議定,時價九一元,銀叁伯兩整,係澤潢兄弟、叔姪、姪孫等親手領訖,未少分釐。比日登山扦清,東抵鄧人屋址;北抵劉姓田邊,南抵鄧人田邊,西抵李人塘田邊爲界。其山内墳塋鱗砌,任其掛掃,永不進葬，所有毛柴竹木，任聽受業蓄禁、砍伐兩便，所出所受，二彼甘愿。未賣之先，並無重行典當，既賣之後，任受業主管理。倘外生枝節，係出筆人理落，不與受主相干，永無續贖異言。今欲有憑，立絕契一紙，並祖紀絕契一紙，分關三紙，付與濟陽堂收執爲據。

　　計批：劉名哲父子於光緒十六年，接受丁廣榮該山內陰地一穴，其丈界上齊古塚起，直下抵鄧姓田邊爲界，左至右六丈，挖坑窖石爲界。此批。

　　憑中證：丁祖楨、丁祖槑、曾彩文、戴春生

　　丁澤濟、丁澤洗、丁光權、宋履峯、丁延壽、丁澤燾、丁延庚、陳子秋均押

　　價明契足，領不重書。

　　民國元年陰歷九月十九日，丁澤潢、澤潤、延齡、延祐、延南、延定、長太均押筆立。

　　　　　　（丁澤曛等纂修《［湖南］湘潭丁氏三修族譜》　1947 年濟陽堂木活字本）

湖南衡山龍氏宗祠圖

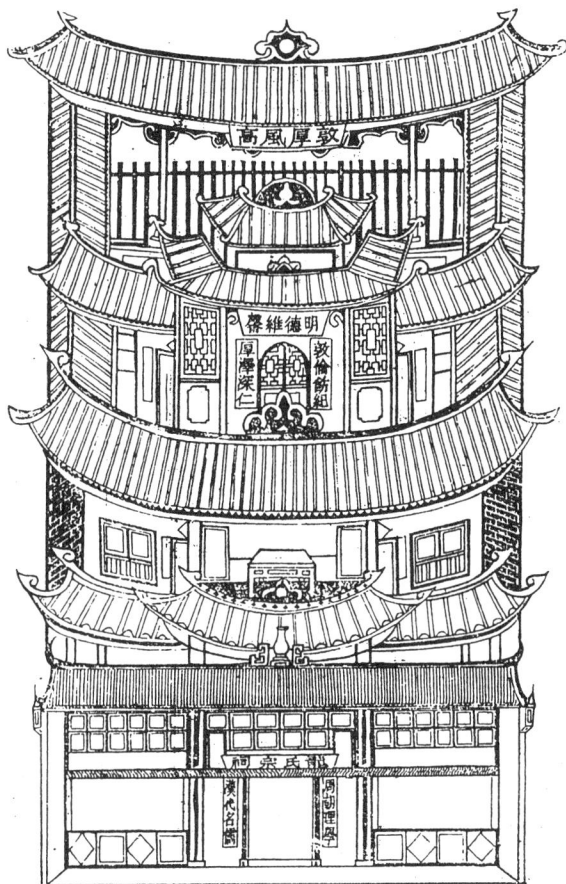

湖南衡山龍氏宗祠圖記

　　建祠以妥先靈，繪圖則誌地點於勿替。我族宗祠，坐衡城南門外，前有雯峯塔特朝，後有巾紫峯作靠，左以觀湘洲砥其中，右以烏石磯關其上，誠大觀也。溯我祖自明季由江右遷衡，始建祠城東，繼改建城北。因堂構狹隘，迄光緒戊子，購曠姓屋基，前抵官街，後抵園内私塘，左右垛壁、垛脚獨管。其左開排屋宇數進，爲廚舍，爲倉廠，爲臥室。垛壁與袁祠毗界，于民國三十六年，雙方商立協議字公同管理。相其前程遠大，後地寬宏，遂符路寢孔碩之頌。丙午夏前，二三進被洪水衝塌，捐修重新，而門閭更爲光大，誠爲我祖式依式憑，永享其烝嘗也已。兹六修家乘，繪圖附右，而瞻其廟貌云。

　　七房公刊。

湖南衡山龍氏彭清公祠堂圖

湖南衡山龍氏恭房彭清祖祠堂記

　　右圖坐潭邑下四都六甲,地名大塘灣,恭房彭清祖享堂也。其契載四抵界址:前抵塏基,後抵塒脚,右抵國彬住宅,左抵雲貴住宅,雙方垛壁、垛脚獨管。頭門外小菜園一隻,東抵雲貴屋脚,周圍以圍牆爲界。又外菜園一隻,與月華連界,西從屋後水圳直下五丈五尺,寬一丈一尺,均以裁尺量準獨管。左右私人住宅,出入通共,彼此無阻。該房裔孫繪圖刊譜,□余翔其實。余維立廟以妥先靈,古聖王所以教民興孝也。義信輩於民國六年丁巳,率子姓合譜於衡,收其族也;祖楊公孫先後捐基址,以建祠寢,敬所宗也。兹屆家乘六修,春林、福庭等又復詳其世系,繪其廟圖,以垂久遠。嗚呼!何該房子孫賢而多能也。輝嘉其志之美,聊敘顛末,綴以銘詩:
　　馘馘祖德,繼起多賢。敬宗收族,仁孝爲先。榱題在望,畫棟珠簾。匪爲觀美,既固既堅。春霜秋露,式几豆籩。少長咸集,雁序鳶聯。椒聊蕃衍,翼翼綿綿。馨香勿替,于萬斯年。
　　民國三十六年丁亥孟秋月穀旦,義房宗末星輝、健生氏拜撰,恭房裔孫經首雨曾振泰敬刊。
　　　　　　　　(龍健生總修《[湖南衡山]龍氏六修族譜》 1947年武陵堂木活字本)

湖南湘潭朱亭何氏羅山祖享祠圖

匾額：何氏享祠
對聯：倫理合天　敦仁安土

湖南湘潭朱亭何氏羅山祖享祠圖説

　　蓋聞莫爲之前，雖美弗彰；莫爲之後，雖盛弗傳。我五世羅山祖，承仲宣祖一脈源流，派衍最蕃，丁以千計。緬前嘉慶丙子年，振新、運開、光明、午山等，志敦本原，念切仁孝，倡議捐資成會，購田立祀，幸祖宗之靈，房衆之和，集腋成裘，得以蔵事，誠美舉也。未幾，購田於三甲曾家灣下，並瓦屋一進，棟宇巍峩，規模閣大，改正寢作主樓，顏其門曰“何氏墓廬”，永妥祖靈焉。其屋在三甲曾家灣，本公葬處人形山之下，後以房屋無多，至光緒庚寅，經理吉山、德立等，捐集本公位下各祀會錢項，增建下首開廠橫屋一頭，約七大間，穀樓俱全，因更“墓廬”二字曰“享祠”。該祠前朝三台峯，後倚眠弓岫，左有鱺魚形作龍，右有人形山作虎，門前一江，大極水環，清光照徹，明月入懷，繞屋扶疎，蔚然深秀。子姓聚處，接壤連疆，秀士樸農，望衡對宇。爲之後者，不更較盛於前乎。夫家族公事，固賴置地興利，尤貴任事得人，厠(聲)〔身〕經理者，務宜矢公矢慎，以公項之贏餘，增益祀田，重新祠宇，是善作者既云善成，而善始者得以善終焉。兹幸祀田增益另記，但即舊説而刪易之，同垂不朽云。

　　本公位下子孫同誌重刊。

湖南湘潭朱亭何氏起祖享祠圖

湖南湘潭朱亭何氏起祖享祠圖説

　　祠以棲神，古制也。上自公卿大夫，下及士庶，咸得有之。族建宗祠，房建享祠，蓋遍天下矣。我十派祖起上公，乃長裕祖五嗣也。世居潭邑十八都三甲山田衝，生子四，至孫而列爲七房，内二房係公之季似國良公撫，猶子以承祧守者，今之芰公、蓮公二支是也。惟是良公獨爲公建享祠於中湖蟥形山下，前列兩楹，以壯觀瞻，中制戲臺，以爲四時修祀鼓樂之所。後設寢室，兩階昭穆，秩然不紊，中開丹池，左右各建榔房，豫爲延師課讀計。又捐田二十畝，爲祠祀田，坐本衝，逐年額租二十八石，村額糧五錢八分三釐，在何起祀完納。其祠祀仍爲七房公屬，至於經理，照以鐘鼎公擇廉能掌持，三年一換，量入爲出，每歲除備祭祀費外，餘以權子母益增祀田，重新祠宇,庶祖靈永妥。祀事長綿,期後嗣率爲世守,當霜露而過墟生哀,入廟思敬,豈不懿歟。無奈寢廟基低地濕,榱摧桷頹,孫等商之房衆,於民國二十一年壬申歲,改建本處龍形山側,名曰楊家龍腦坡,仍前後兩進,中開丹墀,前後兩邊厢房,左頭橫雜,永妥先靈。特繪其圖,而爲之説。

一、契咸豐十一年,接買何秋明田種二畝,額民正銀六分南漕,照派在何芳榮户内扣完,田坐三甲山田衝中湖。祠堂門首田,名井坵田一坵,鋤挖山林水注均照契管出備,時值田價銅錢三十千文。

一、同治八年,接買何闓堂同男秀槎十八都三甲山田沖之楊家壠沖内田種三畝,其田從衝尾起。至嘉慶初年,原建起祖祠側上止,共大小田十五坵左右,均係隨田山林,上至崎頂倒水,下至山脚,係本沖並木沖源水疏圳注蔭。又沖尾大坡�山嶺一大圍,上至坡尾崎頂倒水,下至坡口下田水,直至崎頂倒水,坡左以崎頂老壕,直下繞至彭人壕基田水爲界,坡右亦以崎頂倒水,直下抵田水。界内樹株俱全,山内包人葬墳二,牌從墳堆起,各方二丈,挖斷爲界,日後不得藉墳佔山。軍正銀一分八釐,在十屯彭武飛户完憑。中證、燕堂、秋漢等行言召到起上祖祀,經理秀宗、元吉、向前承受出備,時值業價銅錢二十四千文整。

一、契光緒三年,接買何秋明三甲山田衝正壠,並甘衝二處,共計田種五畝,額民正銀四分二釐南漕,照派在何芳榮户内扣完。田坐本衝中湖七斗壠,田名二斗坵田一坵,橫圳上靴坵下糯禾田一坵,又甘衝直坵田一坵,灘上靠山長坵田一坵,共計田四坵,鋤挖修煞水注山林均照契管出備,時值田價銅錢六十六千文正。

起祖位下子孫同誌。

民國三十六年丁亥歲冬月重刊。

(何藻秦等修《[湖南]湘潭朱亭何氏六修族譜》 1947 年思本堂木活字本)

湖南湘潭賓氏宗祠圖

湖南湘潭賓氏隆公祠圖

湖南湘潭賓氏宗祠暨校舍平面圖

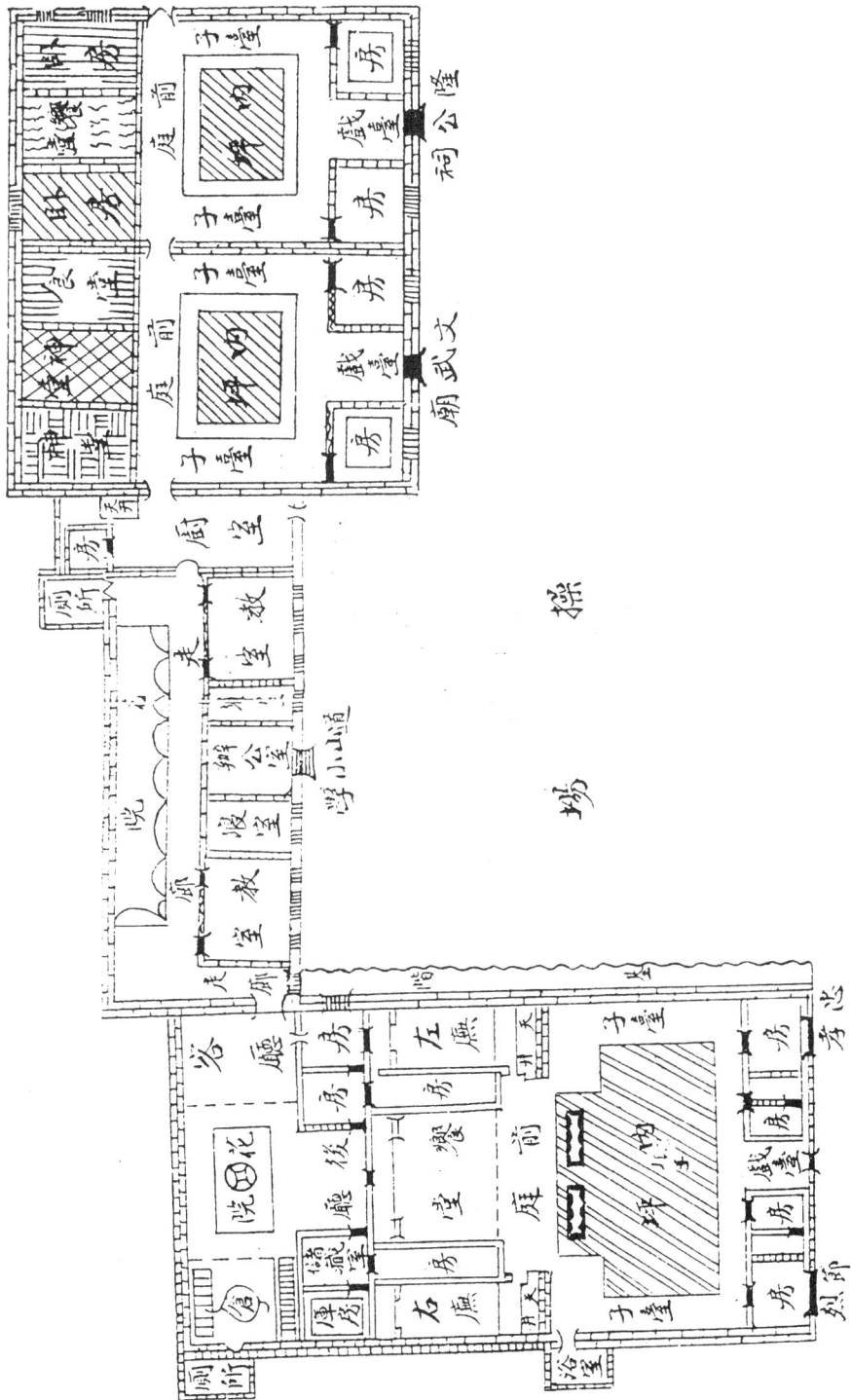

湖南湘潭賓氏舊祠堂記

禮有五經，莫重於祭，而祭必於祠，祖宗之所式憑，子孫之所奔走，春露秋霜之所悽愴而怵惕，此顧可置爲後圖哉。我始祖必達公，於明初卜居潭邑道山衝之關公塘，以似以續，約四百年矣。第祠宇未建，則靈爽無依。今國朝乾隆四年，族首公望鳩集房首龍吉、翰輝、漢文、仕學、舉賢、升俊、碧海、聖爵、介錫、相隆等，謂先人占籍道山以來，雖千秋百世後，魂魄猶應戀此也，爰倡族捐建，定方位，固牆垣，而斯堂於是乎成。於戲！先人之聲音笑貌，迄今杳不復覯矣，而入其門，履其室，僾然愾然，洋洋如在，又豈徒執鸞刀取血膋之具文已哉。至於嗣而葺之，廓而大之，是所望於後人之仁孝者。

十二派孫文燦譔。

附：

重修祠堂記

古昔之制，天子七廟，諸侯五，大夫三，適士二，官師一，庶人無廟，祭於寢。然姬周而降，廟制既隳，後之君子苟可以伸其仁孝，而於大典無所取戾者，正未嘗不緣分以自盡，此宋儒輯禮，所以有先營祠堂之文也。吾族自先人占籍中湘以來，代歷十數傳矣。乾隆四年，族首公望始倡族建祠於一都二甲道山衝，奈歷年既久，耗蠹爲災。至嘉慶初，而棟宇傾欹，不可逼視，搘數十椽於蒼苔碧蘚中，猶岌岌欲墜，風瀟雨晦，上漏下敝，春秋祀事，側身無所。鍟、灝不敏，慨然思所以新之。五年春，遂倡族捐貲，鳩工營葺，自携飲食，朝夕督課，其基址則較前稍上數武，其經制則徑十四丈，橫八丈，中爲正寢，奉始祖考妣神主居之；中之左偏，奉累代昭祖考妣神主居之；中之右偏，奉累代穆祖考妣神主居之。前爲迴廊、爲疏樓，推祀祖之意，以祀神，則前之左爲文昌帝君祠，前之右爲關聖大帝祠。推祖宗之意，以聯子姓之歡，則於後建倒廳一、橫廳二，以爲燕集之處。祭器不可無儲也，則正寢東內前爲一室，後爲二室焉，正寢西內前爲一室，後爲二室焉，而疏樓之左右上下亦爲室各一。經始於嘉慶五年庚申歲，落成於嘉慶七年壬戌歲。於時族首庭珍，房首咸理、次孟、自岱、光傑、萬凝、正邦協修、蒂庭、德輝、映篁、在邦、羽雲、盛清監修，正音、玉峰總糾，首濟川象坤各房，糾首南岳、光宗、清洋、均佩、宏文、正恒、光禹、禄山、良才、臨軒、永明、振耇、惟敏、禹尚、配明、宗朝、榮榜、次蘭、鼎占、添健、臨川、克寬、榮朝、允孚、經世、繼陶、清海、了才、正清、光丸、開釗、北平、萬禄、國欽、燦西、四美等，亦莫不踴躍爭先，竭力以襄事。迄於今規模則增，其式廓氣象則（迴）〔迴〕然一新，以妥先靈，式依式憑，洋洋乎如在也。以展孝思，庶幾或肆或將，恢恢乎有容也。惟仁人孝子之名所不敢當，而尊祖敬宗之念或亦稍盡萬分之一已。至於後之視今，一猶今之視昔，則謹公項之出入，以爲他日修理之需，是所望於族之繼起者。

嘉慶十三年十月，主修文鍟、正照、文灝、若梁譔。

附：

補修祠堂記

竊以革故鼎新，《周禮》隆黝堊之飾，著華存實，《虞書》紀丹雘之塗，宗廟之賴於修也，不綦重乎！我祠始創於乾隆四年，則公、望公等董其成。續修於嘉慶五年，則正照、若梁二公倡其首。迄今歷年已久，輪奐半非，不有以增美之，其何以壯厥觀瞻耶！道光庚戌春，來、均未敏，慨然思所以新之，於是與族眾商議，眾皆樂爲之慫恿，遂捐貲以成。是舉實捐得錢三百八十五串一百文，而凡房族及糾首與事之人，無不廉潔自守，踴躍爭先，自始事以至成功，僅經費錢三百一十八串六百七十文正，即議將所餘之資另成一會，顏曰"大啓"，層累積之，以爲後日廓建祠宇之助，非夸功也。第念宗功祖德，歷久彌彰，土木丹鉛無終不朽，則今日粉白塗朱，堪壯一時之景象，而他年翬飛鳥革，重煥梁國之宗祊，因一臂而易成，或可告於後起者。

咸豐元年辛亥歲孟春月穀旦，十四派孫開來字善培、十五派孫泰均字秩臣謹撰。

附：

道山小學沿革

本校於民國二年，由族前輩曙生、麗明諸公創設。原名道山賓氏族立初級小學，修建校舍於文武廟，以我族丁口居處星散，就遠道子弟便利，遂於民國十年，增設第二校於泉山坡次陶公祠。十六年，增設第三校於八戶賓家廟。本校學生發達，校舍爲蟻侵蝕。民國二十八年，遷至宗祠，增辦雙級教學。民國三十一年，爲便利學生升學起見，復經載德君極力整理學産，提足基金，呈准立案，改設完全小學，公舉書勳君任校長。三十二年，增建校舍，原八戶之第三校，經海波君就地罸增學産，改爲本校分班，泉山坡之第二校，另組校董會，備案更名育賢小學。三十三年五月，日寇犯湘，學校校教用具損失殆盡，繼以敵軍不時深入，下期因之停課。三十四年上期，本校高小部附設建寧中學，初小部則分設亭村前及大屋灣開學。是年下期，改選聲洋君任校長，裕昆忝主事職，繼續復學。惟復員經費急待籌措，務望繼起賢達，深體教育爲建國首要，培植後昆，俾我族發揚光大，家族幸甚！國家幸甚！

裕昆謹識。

（賓衍祚等主修《［湖南湘潭］中湘賓氏五修族譜》 1948 年梁國堂石印本）

江蘇宜興宗氏忠簡公祠圖記

　　按：壽邱山，宋武帝微時宅基也。帝即位，築丹徒宫，後建慈和、普照、雲臺、龍華諸寺。宣和間，忠簡公以言事坐謫潤州，居製錦坊前軍寨，讀書於龍華寺之乘載菴。嘉定間，部使者喬行簡，即其書院爲祠。明正德辛未，奉敕祠於壽邱山北建坊，曰“表忠”。嘉靖初，規寺址爲學，以公爲宋名臣，獨得不廢。崇禎乙亥，夢感邑侯張公文光，率十九世孫德、二十世孫廷章、廷綸，協族捐移於學内大成殿左，爲祠五楹，奉像以祀。

江蘇宜興宗氏忠簡公祠圖

江蘇宜興宗氏忠簡公墓享堂圖記

　　按：宋嘉定間，郡守俞公烈即忠簡公墓道建享堂，額曰"忠武"，歲久圮廢。二十世孫廷章、廷綸僉謀重建，會建平二十世裔芳奮袂起捐橐錢，先之二十一世裔瑛，亦捐縉助之。於康熙十四年乙卯，購居民陳君道等房一宅，爲正廟寢室，門堂各三楹，齋所厨房各二楹。春秋丁祀畢，羣歸是堂，具三獻之禮，舉墓祀飲福酒焉。計地一畝三分五釐，坐村向墓。裔孫廷綸、元豫爲之記。

江蘇宜興宗氏忠簡公墓享堂圖

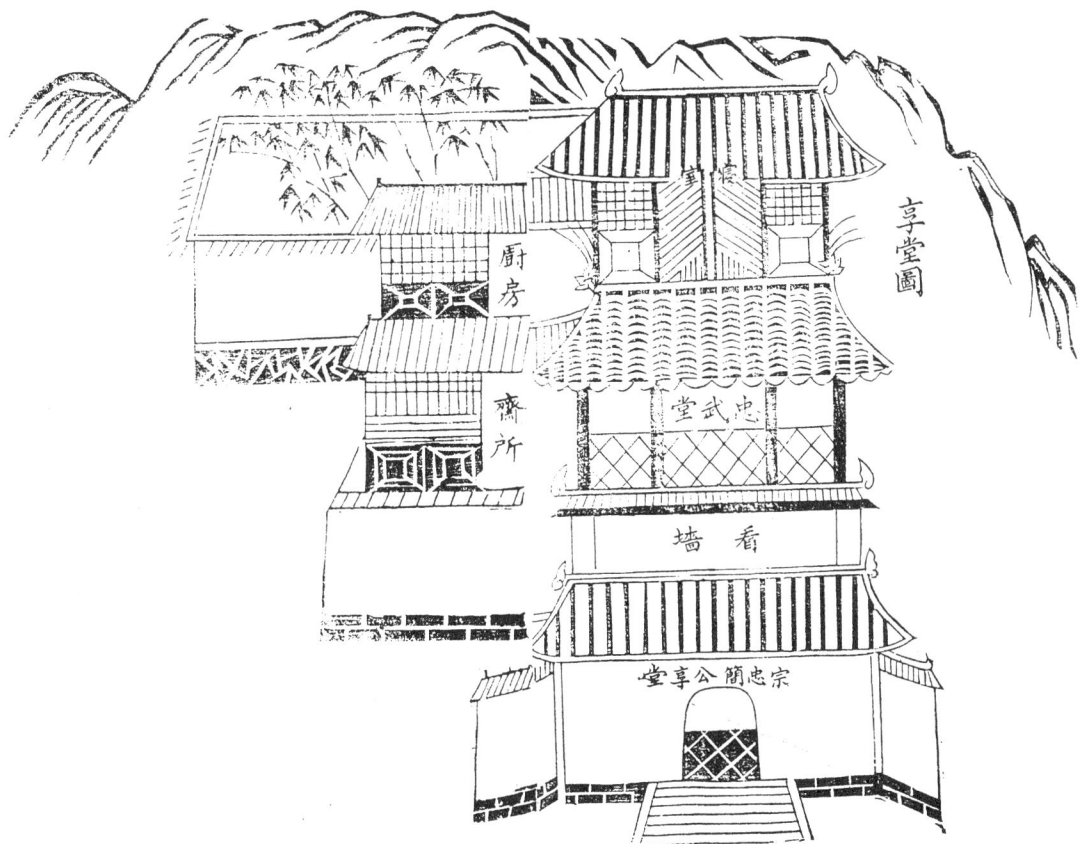

（宗楚箴等修《[江蘇宜興]美墟宗氏家乘》　1948 年天香閣木活字本）

江蘇江陰龍砂貢氏宗祠圖

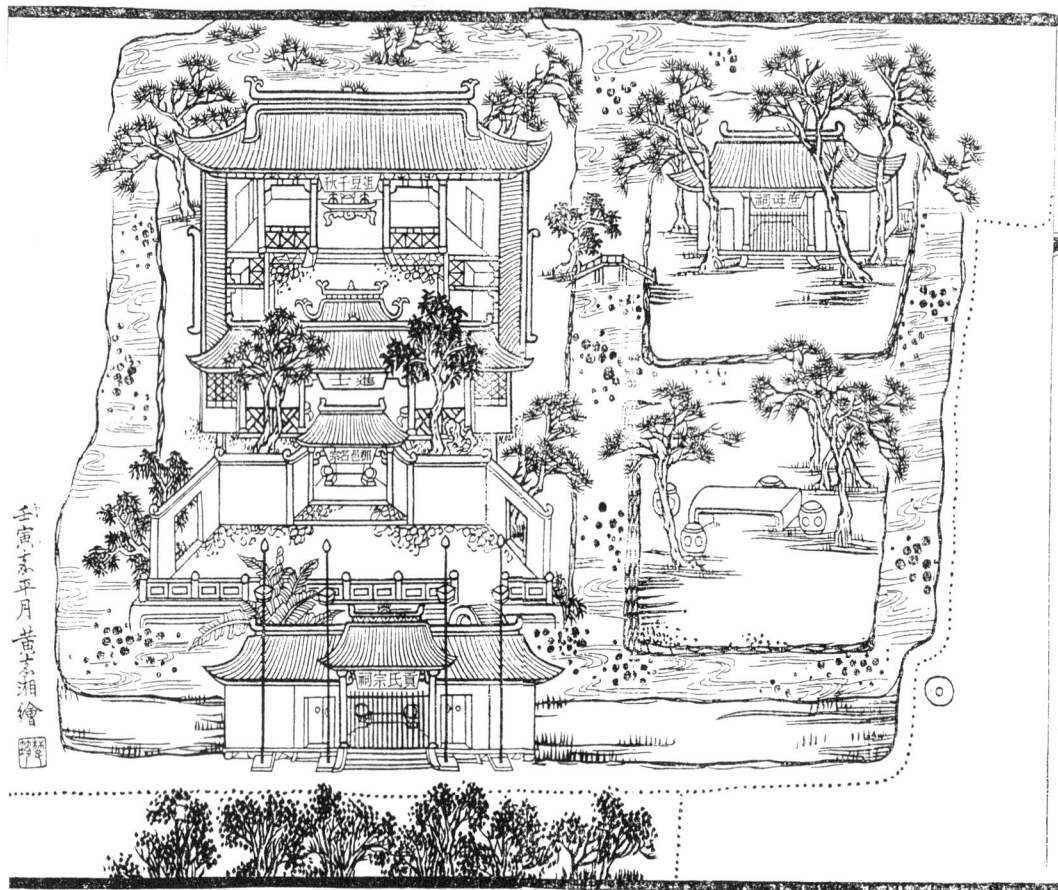

江蘇江陰龍砂貢氏宗祠圖基地界址

　　華東貳保潛字八百三十五號,丈田叁畝捌分陸釐五毫捌絲柒忽,丈步玖百貳拾柒步捌分壹釐。墩兩,北首名不須春亭,有庶母祠,在南首名願從亭,丈步四十八步貳分,前面田後河,東一畝八田,西秧田。祠後垟,土名後松垟,坐落潛字八百十號,東首是傳承業戶,闊三弓,長七十弓。

　　（貢慶余等纂修《[江蘇江陰]龍砂貢氏宗譜》　1948年木活字本）

湖南沅江陳氏家廟圖

湖南沅江陳氏家廟圖記

　　右圖,我祖神楊五將軍廟也。先年,在邑之黃荊院濠汇港香火田側,名光天壇,後遷於永豐院金山園,附宗祠右,危樓高閣,炫耀異常,蓋既妥神靈而彰祖德矣。清同治間,連年水患,廟貌傾頹,合族按户捐資,復徙於上壩沅益交界之處,亦附於宗祠右,其規模制度一一如舊,所有租課多寡,我先人悉詳諸記。今譜告成,繪斯圖焉。俾日後子孫,享祀勿替云。

附：

祖神楊五將軍祭田並宅記

　　邑之南濠沄港者，毗連益有田二十一畝，宅三間，或曰我潭、湧、州、渭、淮、滅六房所遺，以奉祀祖神楊五將軍，間亦貯其租課，於春秋二仲月附列祖主位而祭焉者也。故就其義而考之，田爲公田，宅爲公宅，未有所謂主名也。迄道光元年辛巳，宗祠建，旋又置附祠之畝數十而輸將之，而斯田與宅遂專爲祖神有矣。或曰不然，祖神者，祖所歲時報賽之神也，黍稻之享，馨香之奉，凡爲祖也，孫者皆宜爲，神也（民）〔明〕矣，獨奈何六房祭之乎？即以六房論，股法分法，莫不與魚形三山等謂爲神，有何以保滋大安子孫哉！予曰然，有之皆是也。所謂六房者，不過因其田以起義耳，所謂神有者，不過因其義以成名耳。租課之中，香火若干，若干之餘，仍照分均分爲各房私息，如此則上不致傷厥祖心，中不致絶神靈祀，下亦可以長世守，而平月旦不更俞於無田不祭者乎！於是詢課僉同，願刊諸譜首，以爲定例，囑予作文以記之。予曰，是田之置，忘其始矣，然間觀夫春草緣縟，夏黍秀傑，秋稻碧毯，田夫野老，相與謳吟，上下未嘗不慨然想見先人遺意，低佪留之不能去。及與二三父老尋及舊蹟，遥指荒烟蔓草，冢土纍纍，向之危然榱桷者，杳乎其不可復見，又未嘗不爽然自失。邇年六房孫子，動禾黍之感，奮然而興禁越葬，謹租課於其中，仍結草廬數間，以蔽風日，規模氣象殆復有興者機乎，則又不禁破涕成笑。嗚呼！吾烏知乎豐草野田忽變而爲危樓高閣乎？又烏知乎危樓高閣不復變而爲豐草野田乎？後之人踵而增之，俾予言不幸而不中，則尤予之所深幸也已。故忘其固陋，發數語以弁諸端云。

　　湧房昌位謹識

附：

超凡公捐置香火田記

　　距祖神廟二里許，有基地一所，田五畝零，我十一世祖超凡公捐置，以建廟宇助祭享者也。今廟之故址猶存，昔人有言曰：祭田不可過多，而亦不可太少，蓋過多則浮費，太少則不敷。祖既有之，神亦宜然，況乎祖澤所留，事神即如事祖者哉？夫世人遠徙，必各有所奉之神，或即古人神道設教之意也。吾族自訓公南徙，奉楊五將軍爲之神，歲月馨香，有舉無廢，迨其後子孫繁衍，分祭甚煩，因立廟置田，歲時致敬，于事甚允，然負郭廖廖，支絀亦見。超凡公懼用度之不敷也，致歲祭之不時也，爰以是數畝捐入，曰：吾以爲助祭也，初非造功德於神也。夫自禍福之説興，而世之奔走神前者，拜之不已，且邀之，邀之未愜且費之，而金錢之揮霍，至有蕩身家而弗惜者，卒之非祭，而謟功於何居？以視公之事神，即以事祖者，其智愚相去爲何如也。嗚呼！公可謂能事其祖者矣。歲在己丑，族譜續成，因記而登之，亦非藉述祖德也，惟詔後之人毋彎賣，毋押莊，毋復據爲己業。蓋無忘祖神歲時之祭，及超凡公助祭之孝思也云爾。

　　超凡公後嗣謹識。

湖南沅江陳氏祠堂圖

　　右我族祠堂圖也，艮山坤向。在下資東院，爲沅益交界之地，其制度之美，基屋之值，悉詳
諸記。惟望後之人，永守勿替焉可也。

　　闔族公誌。

湖南沅江陳氏祠堂圖記

　　古者，天子七廟，諸侯五廟，大夫三，士二，庶人不敢言廟，則立影堂。朱子又以庶人不宜立影，復易影爲嗣似祠，專爲庶人設也。而百家紀載，有所謂丞相祠堂者，何以稱焉？總之，不外乎棲祖神、萃子姓、序昭穆爲是，祠顧不重乎哉！我族自始祖謙訓公以來，歷十有餘派矣。孫子之衍，户口之殷，詩書之秀，皆派不勝計，獨所云春露秋霜，列衆祖而行拜獻者，無遺址焉。清道光元年辛巳歲，潭、湧、洲、渭、淮、滧六房，各捐費錢百千文，契買潭公房青草港基屋一所，因其舊而作之新，正廳則五間矣，中一間爲正堂，堂設四龕，皆四級，所以列四派高曾祖考妣也。前爲中門，中門外爲兩階，東曰阼階，西曰西階，階下隨地廣狹，以屋覆之，所以容家衆序立也。東一間爲一庫。又東一間爲神厨，別爲外門，常加扃閉，所以藏遺書、衣服、祭器及治享祀、犧牲、黍稻也。西一間爲桃閣。又西一間爲浴滌所。又東西對照二間，爲節義兩龕。最後爲倉廠，數四。前後左右俱增其牆垣，所以安桃主、致齋戒、崇孤節、屯租課、防水火盗賊也。然則惟六房可祭乎？曰非也。榮公、文公二房，亦各入錢二十千文，附其主於祠。數十年間，享祀不忒，亦既妥先靈而展孝思矣。迨咸豐、同治，水災疊至，牆頹瓦圮，向之所謂危樓高閣，尚有存乎？光緒初，我六房按户捐貲，曉貴亦踴躍相助，卜諸益邑下資東，價買曹姓基地而徙焉。其規模制度一一如舊。迄今喤喤鐘磬，則有亭可鼓焉；飛飛干羽，則有塲可舞焉；青青蘋藻，則有塘可取焉；芻狗包茅，則有園可圃焉。夫盛衰興廢，天道之常。觀斯祠也，一以見祖宗創業之維艱，一以嘆吾輩守成之不易，凡此皆不容不誌矣。後之覽者，亦將有感於斯文。

（陳和坤等纂修《［湖南沅江］陳氏四修族譜》　1948 年木活字本）

湖南益陽臘湖孫氏老屋洲祠圖

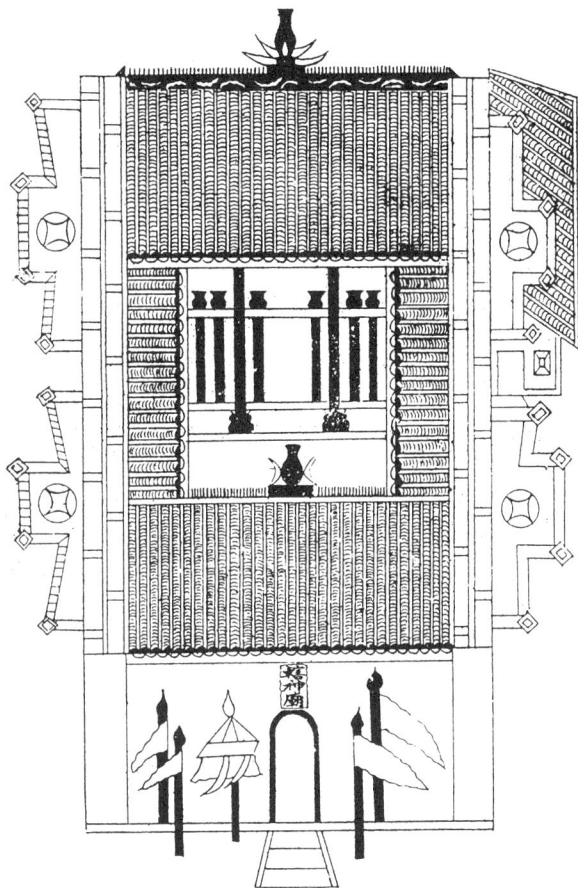

湖南益陽臘湖孫氏老屋洲祠圖記

　　我始祖原係江西吉安府泰和縣西鄉圳上籍，於洪武元年戊申，携祖婆及二派祖來楚南益邑，先駐桃花江，繼寓馬頭冲，皆以地窄山僻，非〔托〕〔托〕跡之所，因落業十七里臘湖之西南，即今所稱老屋洲是也。向來建立家廟，頹而復構者三。乾隆辛亥冬，奉闔族神主入蘭溪祠堂，是祠惟奉祖神香火。原基橫寬三丈六尺，長七丈六尺，祠前公路寬八尺，直出石橋，祠右公路寬五尺，直出坦塘。又祠前沿各屋基，曲轉公路，寬四尺，彼此相通。且前有月塘，後有坦塘，俱屬公業。道光庚寅，挨祠左價接炳武田三升零，構屋數椽，祠宇就寬。今悉註明，後人若欲宏開甲第，更立遠模，則基址可稽矣。

　　闔族公識。

湖南益陽臘湖孫氏蘭市宗祠圖

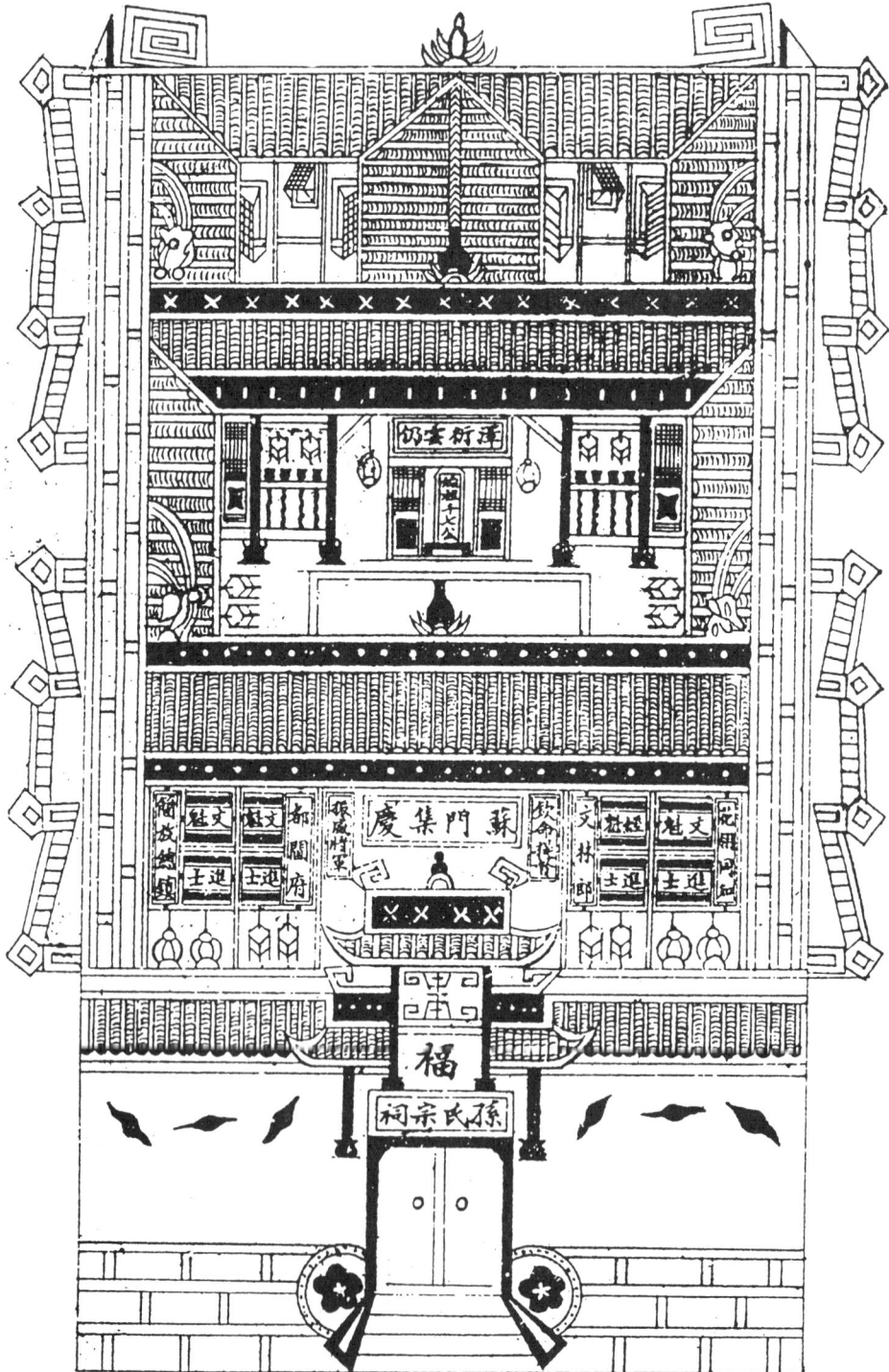

湖南益陽臘湖孫氏蘭市宗祠圖記

　　右圖我族祠宇也。爲子孫者，凡祖宗基業，俱當保護，況祠堂重地乎。按族祠舊在老屋洲，乾隆年間，始於蘭市下渡口買周陳王李四姓之業，而廟貌從新矣。原界東抵陳人基地，西抵張人坪盤，北隨河水，南抵自塘基。外與陳姓地毗連，各留地四尺，爲公路約據。迄嘉慶時，捐西邊基地一條，爲義渡碼頭，從河岸至正街轉角，皆吾族所捐也。其餘店舍、園林、池塘、田畝，亦可取貲，以備祭用，豈可數典忘祖歟。後之人閱圖守界，則先人之義舉毋或壞，而遺業尤不可不鄭重焉！ 子孫其勉之。

　　闔族公識。

附：

祠 堂 合 記

　　致祠之爲義，猶食也，猶繼嗣也。孝子思親繼嗣而食之，所以別死生也，古制也。我族先人率多仁孝建祠，以奉蒸嘗，亦猶行古之制也。胡以一建於老屋洲，一建於蘭溪？ 建老屋洲，從其朔也。建蘭溪，大其規也。何謂從其朔也？ 老屋洲祠堂，創自前明也，致亭朱子云，君子將營宮室，先立祠堂於正寢之東。是域也，爲始祖千七郎肇遷地，履其地而思其德，建祠祀之，禮也。丁明季兵燹之後，求其故址而重新之，亦禮也。夫既重新之，又何以有蘭溪祠也？ 老屋洲祠所貲有餘，即以其所餘，益以捐金，而購之者也。楩楠較隆也，牆宇較峻也，所謂大其規也。當是時，仲春則祀於老屋洲祠，仲秋則祀於蘭溪祠。祠有二，祭亦從而二之。《記》曰，於彼乎？ 於此乎？ 此物此志也。既乃以兩處駿奔，誠意渙散，遂以老屋洲祠爲祖神壇廟，且告請千七郎神主，合食於蘭溪祠。祠雖有二，而祖一也。祖一不可以二祀之也，專之至也，敬之至也，所以交於神明之道也。或曰祖神壇廟不得稱宗祠，按《周禮》小宗伯：禱祀於上下神祇。解之者曰得求曰祠，又曰神祠，是神當祠之也。況祖神者，祖宗所祀之神，以祖宗所祀之神，居祖宗受祀之祠，猶之乎祖宗陟降也，即稱之爲宗祠，無不可也。或曰祀於蘭溪祠，不如祀於老屋洲祠，爲祖宗故地，此其說尤不謂然。東坡撰韓昌黎《廟碑》，謂公之神，〔在天下者〕如水之在地中，無所往而不在。我始祖千七郎之神，當如是也，廟貌所在，神實憑之，爲子孫者，果能彷彿先祖之容貌，而以神敬通之，享於彼而格，享於此亦格也。由此言之，祖一也，不嫌其有兩祠也，祠二也，致其創建原委，兩祠亦如一祠也，是一而二，二而仍一者也。故合記之，使後之人知繼嗣而食之，得以有其地者，皆先人之爲力不少也。

　　道光四年歲次甲申，闔族公記。

　　　　（孫顏翼等主修《［湖南］益陽臘湖孫氏六修族譜》 1948 年延春堂鉛印本）

湖南瀏陽瀏東謝氏列宗祠圖

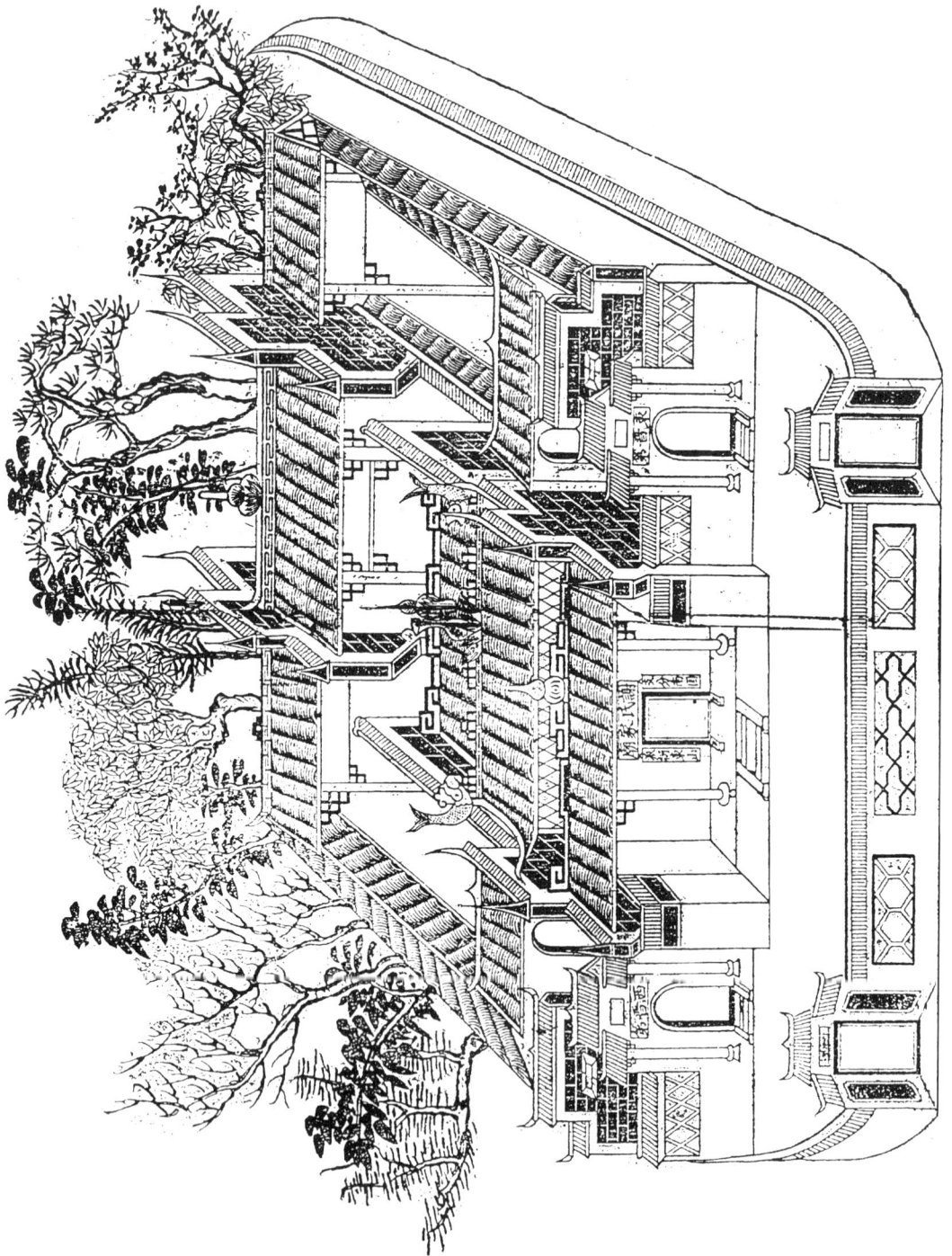

湖南益陽蔡氏應辛公祠堂圖

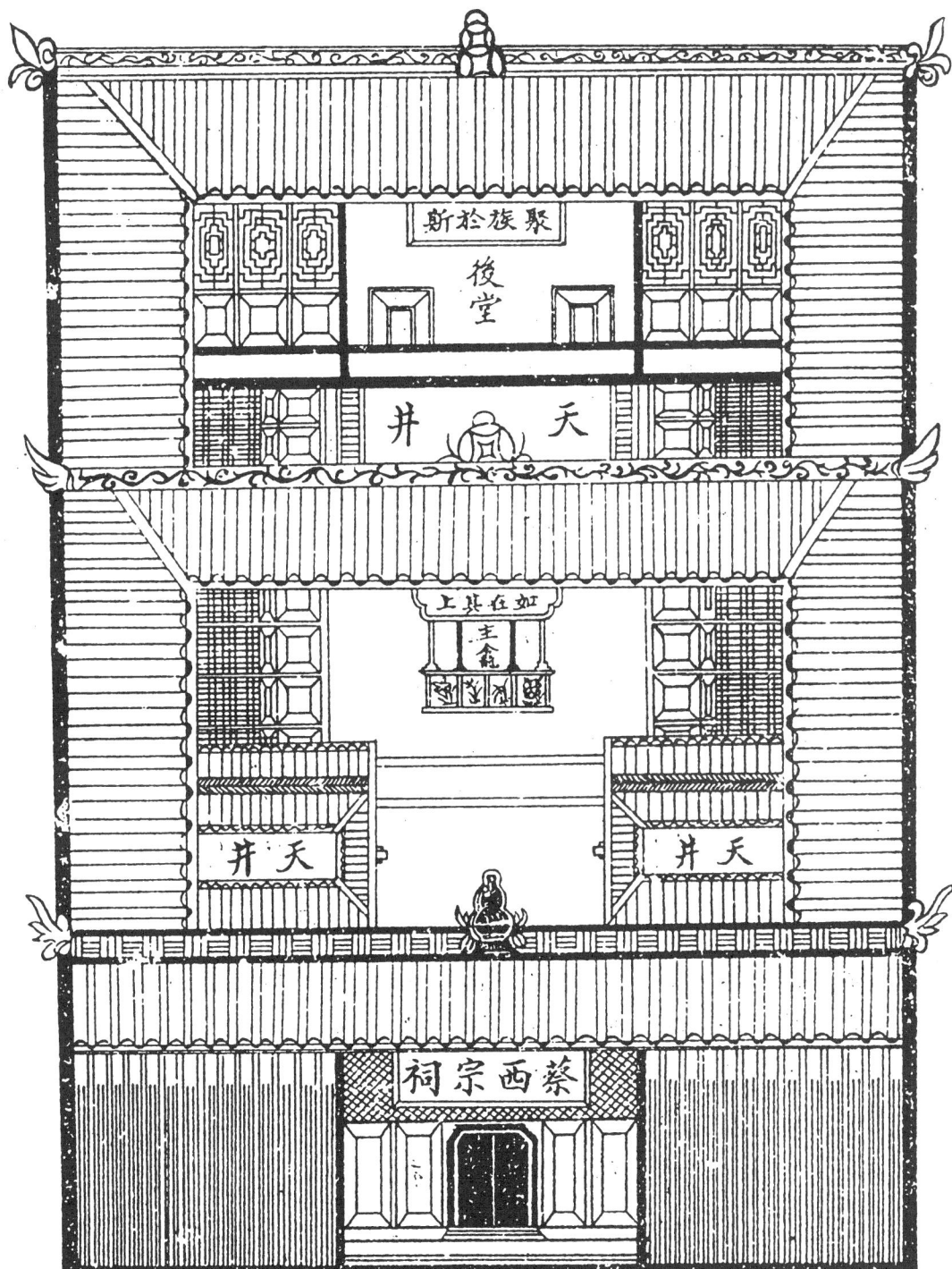

湖南益陽蔡氏應辛公祠堂圖記

　　公十歲應試,其年辛未,即以辛命名而進學,我益邑西宗共祖也。其祠即益邑西宗共祠。西宗自一派祖至公,歷十四傳矣。而猶謂公爲西宗共祖,西宗必於公建祠,何也?蓋十四傳間,惟六派叔祖文伊公遷安化,别未分支,是自公以上綫綫一綫,其勢甚危,幾無所謂西宗者。至公生子三:得受、得慶、得旻。受公子孫徙居滇省。清乾隆甲午乙未間,滇宗人有官閩觀察者,自言其先世自益遷,爲受公後,是受公支屬甚蕃,想必有建祠以祀公於滇者。矧我慶、旻兩公子孫,世居益邑,椒衍瓜縣,人文蔚起,其勳位顯赫者亦不乏人。自公而上有始祖祠,自公而下支祠甚多,以公之克昌厥後而爲益邑西宗共祖,又曷可不爲祠以祀之乎!清光緒辛丑之歲,族人集議爲公建祠,捐定款項各房分掌生息。至宣統辛亥,適始祖五修祠誌,得會商建祠,地點定在邑城。民國壬子,接買城後街一名富貴街之五甲舒祠,隨加修葺,以爲公祠。所謂舒祠,即左公房清翰林典簿二然公故宅,世人稱蔡家臺子,我族宅之最著名者也。二然公子孫家道中落,以宅售舒族,人過之每爲神沮,幸藉公靈得收復爲祠,永遺世守,是公之神得所憑依,族皆欣然,二然公當亦歡顏地下也。其祠三層。入門初層,中爲前堂,東爲厨室,西爲工役宿室,進而天井,兩旁有雨牆,牆之裏面各有廡進。而中層中爲主堂,建龕以棲神主,兩旁爲寝室,進而天井,有東西厢。進而三層,中爲後堂,兩旁爲書室。三層後之東頭有雜屋數間。規模既具,商定每年九月十八日,爲嘗祭之期。題其額曰"蔡西宗祠"。公之去西宗一派祖已遠,而以其祠名西宗祠者,所以顯公爲益邑西宗之共祖,亦以見西宗之昌熾,皆由於公。而西宗之遷居安化及遠徙滇省者,不在其列,固可不計也。獨是公諱應辛,原於辛未應考,公祠之建,肇於辛丑,公祠地點,定於辛亥,今以六修家乘,繪公祠圖,又爲辛酉。屢以辛著,在我後人自當以字名義,時一念公而勿忘,並各辛苦自勵,高大門户以迪惟前人光也乎!

附録祠屋文契

　　立永賣祠屋基地園土文契人舒審一、二公系下掌管正卿、華峯、谷生、輝廣及合族嗣孫等,情因棄業就業,通族商議,訂立合約,願將接受蔡姓之業,地名益城後街五甲考棚上首第四家祠屋壹所,前中後三進,前中兩進,均四縫三間,後進五縫四間,前抵官街爲界,後右抵徐人屋爲界,后左抵契内園土,左前抵卜人屋縫爲界,左后抵黎人屋簷滴水爲界,右抵古巷爲界;屋後園土一厢,前抵朴屋地基後以界石爲界,左抵黎人滴水爲界,右抵徐人屋簷滴水爲界;東西兩頭樓板地板,共計六間,天井過亭、前後厢房、週圍堦基、餘地拖簷、側屋厮屋、陰溝陰□、窗格欄杆、木壁竹壁、照壁間壁、堦石塔石、堦甋磨甋、礛磞磚牆、築牆裡壁、望板樓栿、大小窗門、格門雨板、板門前門後門,上至椽皮瓦檁,下至平盤地基,凡屬祠屋内外上下,無論舊創新造,寸土寸木,片磚片瓦,概無存留,倘有漏載漏批,概付契内管理。以上等業一並出售。儘問合族人等,俱稱不便,衹得請憑中人劉照林、曹維漢、張岳保、舒仁育、蔡化育等説合蔡應辛公系下慶、旻兩房嗣孫劭齊、漢賓、小雲、蘭秋、詠秋、國珍、神堯、美玉、駿飛、佐元、玉成、世標、敷忠、志元、育廷等,承接爲祠業。當日三面言定,得受時值業價拾足銅錢陸百玖拾肆串陸百文正,就日親手領足,不少分文,所有包頭、畫字、潤筆、扦點、移神、下匾、出屋、搬遷及百凡雜費,概包在内,領書契尾外不立領，此係實契實價，並無謀準逼勒重行典當等情。倘業有不明，業主向前理落，不與受業人相干。自賣之後，任蔡管業百爲修造，永無反悔贖續異言。今欲有憑。立此永賣文契一紙，付蔡永遠收執爲據。

計批後右抵徐人屋有溝爲界。其餘已載未載，概付契內管理。此批劉照林筆。

憑中人：舒安邦　　　舒紹三
　　　　輝海　　　　紹達
　　　　正陽　　　　祖植
　　　　揚名　　　　海云
　　　　懷白　　　　紹夫
　　　　長清　　　　紹進
　　　蔡文洋　　　蔡通訓
　　　　慶云　　　　秋元
　　　　先開　　　　毓卿
　　　　紫林

民國元年陽歷十二月二十四號

舒華峯從立字起至六行漏字止其後半舒揚名接筆立妥

湖南益陽蔡氏國安公祠堂圖

湖南益陽蔡氏國安公祠堂圖記

　　此我仁公房宣溥公系下諱用佑號國安公祠也。在益治南五十華里滄水舖上首之田家村口。公生子三：長通泰，次通明，三通顯。泰、明兩房孫子，星居於華容縣屬及滄水舖尹家灣等地。聚居於公祠附近者，惟顯房孫子耳。公於三子析箸時，存錢三串掌積爲公，迄宣統元年，就其公之住宅改創成祠，並置田十數畝於滄水舖田家冲等處，以其歲收而修祀典。後之人踵而續之，（廊）〔廓〕而大之，則春禴秋嘗，因時致祭，享祀千秋矣！

　　民國三十六年孟冬月，嗣孫麓雲教慈氏謹誌。

（蔡聲泉纂修《［湖南益陽］蔡氏西宗七修族譜》　1948 年仁讓堂木活字本）

湖南益陽趙氏家廟圖

江蘇江陰文林包氏祠堂圖

江蘇江陰文林包氏祠堂圖記

　　右文林大宗祠圖,在江陰文林鎮二保,壹字六百七十六號,基地六分。崔太君祠,六百七十七號,基地六分,又三分二釐。詳祠堂記碑記。又六百七十八號,土埠三畝一分五釐五毫五絲七忽。又南二房支建思敬堂三間,基地一分,南二房戶辦糧。

　　　　　　(包仁榮等纂修《[江蘇江陰]文林包氏宗譜》 1948年秀干堂木活字本)

江西瑞金西門楊氏宗祠圖

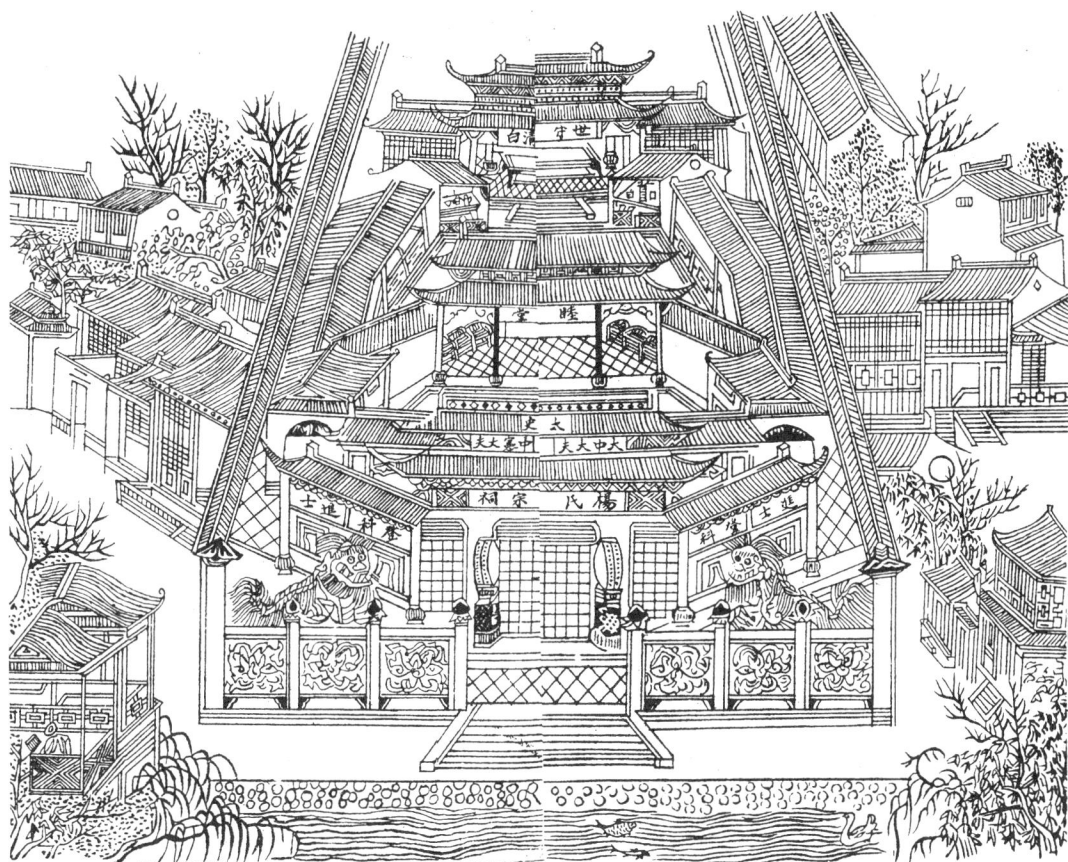

江西瑞金西門楊氏宗祠圖記

　　本祠艮山坤向兼丑未。直自寢室而中堂，而前廳，而丹墀，而大門，至石欄干，計一十五丈四尺。橫後計四丈七尺，橫前計四丈九尺五寸，週圍俱連磚牆爲界。後寢磚牆外空土，直計三丈七尺，橫連右堵土牆，至左倉房滴水，計四丈。後左側向，厨房倉廒共八間，共計柒丈五尺闊。上第一間，前後簷計貳丈深。下第八間，前後簷計一丈七尺深。週圍牆土、封火牆，俱係祠內之業。其創造之年月，則詳于記中。規模之高大，則見于圖中。至任創建督理之勞者，中堂則永鉉、永慈、永詳、以端、以藎、以賀、兆閎、枝橋、枝桂；前廳則永瑠、永吉、永璋、以藎、以牲、兆提、兆駰、兆閱、枝禮、枝梅；改換地基，鼎建寢室，則惠、兆嶧、兆滋、暻、兆洞、燦、枝芹、枝玟、枝醀、長發、枝杰、方申、方堅也。

江西瑞金西門楊氏泰公祠圖

江西瑞金西門楊氏泰公祠圖記

　　本祠艮山坤向兼寅申。祠基前至丹太塘横過爲界，右導十向常頭瓦，至厨房壹連肆大間，以族人屋脚爲界。寢後以已廢墙及墙外騰屋屋基如凸字樣横過爲界。左邊新建横屋一連拾間，圍墻壹直，墙外厠所壹只，墩下已塘壹口，直出爲界。大門外圍墻餘坪出路，及左邊圍墻外横屋當頭老屋地基，至已塘爲界。規模形勢，悉詳圖記。

　　　　　（楊光斗等纂修《［江西］瑞金西門楊氏七修族譜》　1948年木活字本）

湖南湘鄉新園唐氏祠墓全圖

湖南湘鄉新園唐氏祠堂圖

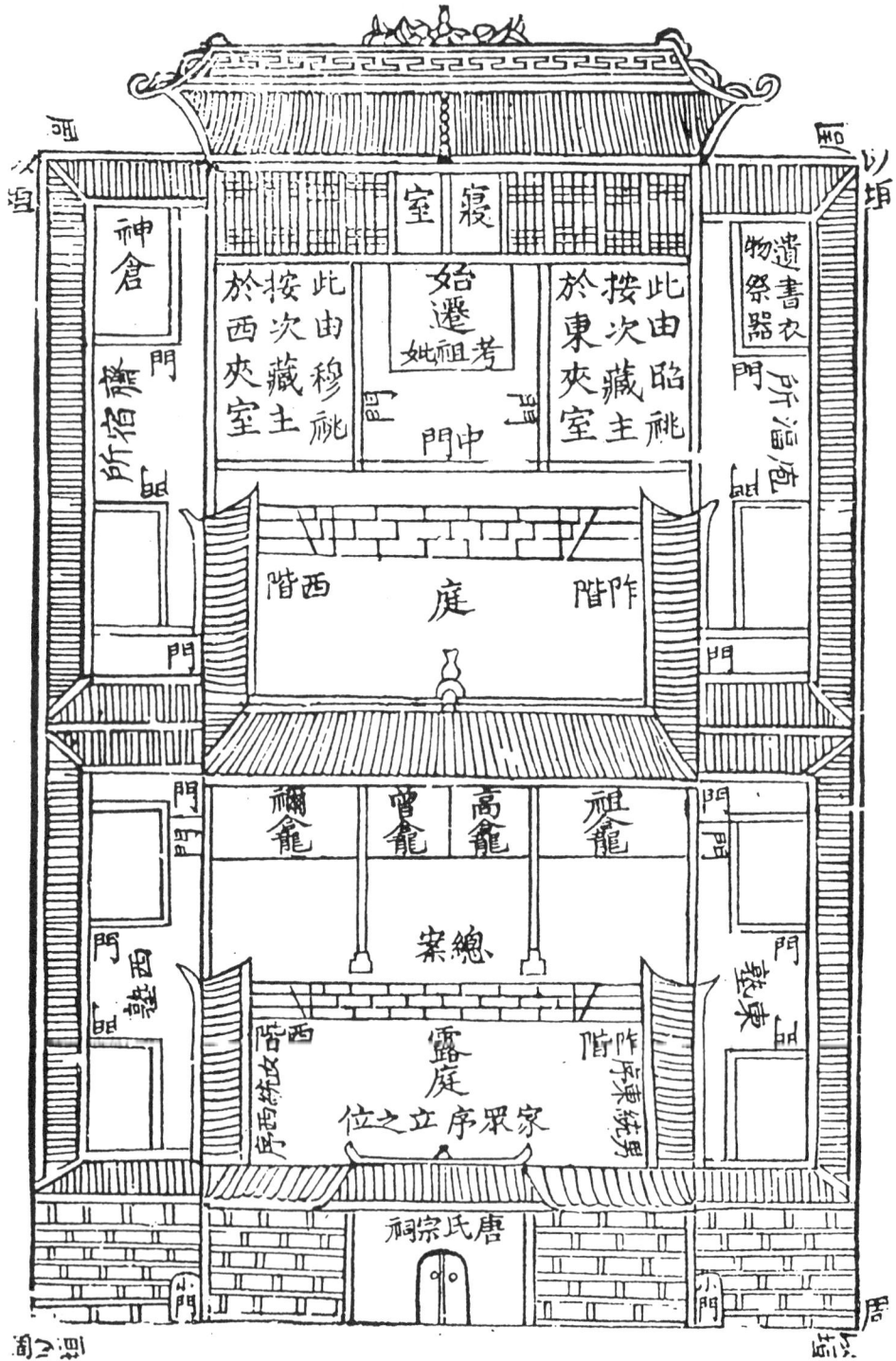

湖南湘鄉新園唐氏祠堂圖記

朱子易影堂爲祠堂，乃家祠，非族祠也。明初，用胡秉忠議，許庶人祭三代。至中葉，許從文公《家禮》。嘉靖十五年，詔天下臣民，得祭初祖。今按《大清通禮》，言臣民家廟甚悉，庶士於寢堂北爲龕，以版別爲四室，奉高曾祖禰，皆以妣配位。如品官，皆昭左穆右南向。高祖以上親盡，由昭祧者，藏主東夾室；由穆祧者，藏主西夾室。遷室祔廟，均依昭穆之次，東序西序爲祔位，服親男女成人無後者，按行輩書位祔食，男東女西相向，而族祠則未有明文。考乾隆二十九年，上諭民間，惇宗睦族，不禁立祠修祀，則建族祠供初祖，未爲僭矣。兹爲祠三間，階三級，内爲中門，前爲外門，祠東爲屋，西向，藏遺衣書物，並置神厨，周以牆，準朱子禮也。階下覆屋序立之處，準黄氏從宜爲廳，以便會食申約也。祀初祖於後堂，設四公龕於前廳北。東列衆高與祖，西列衆曾與禰。本從宜爲私居狹隘，不能妥四世神主者設也。東西爲塾，爲小門，以便出入，本從宜法古者大門兩旁皆有塾意也。其位置遷祔，概本清朝定例，未敢稍異焉。其移建巔末，具傳惇記中。

清道光庚戌，嗣孫邦桂謹記。

（唐業梅等纂修《［湖南湘鄉］新園唐氏八修族譜》 1948 年倫鑒堂木活字本）

湖南益陽蔡氏祠圖序

　　《禮》曰："君子將營宮室,宗廟為先。"又曰："春秋修其祖廟。"則祠堂之建綦重矣。顧當其創造之初,豫為圖式,或正中龕堂,若左右昭穆,若兩旁宿室,前廳兩廊及帳房、厨舍、佃居旁屋,無不一一分明,以便照式構造。至於祠既告成,歲時奉祀,以無庸再為圖繪,致類徒誇祠廟之壯麗者。然而奉先思孝,目觸心警,人情各務職業,不能時謁祖祠,又或散居遠寫,不能盡與祠祭,加以一姓之中,大小祠宇為數甚多,若不繪圖入譜,俾人喻家曉,則純安耕鑿之人,未免數典或忘,偶至祠前,並不知此為某房某公者。兹自始祖而下,所有祠宇,各繪一圖,登諸譜牒,附以記說,註明時祭日期,俾閱是譜者,各知祖祠至重,一見而生孝敬之心,可以屆期詣祠與祭,並將所有圭田及各項祭產載入圖,後子孫世守勿替。雖祠規家約,總列卷首,不能於各祠分列,而循流溯源,因祠以求之,並可令恪守規約云。

　　時民國十年辛酉,福公房潤玉仁。

湖南益陽蔡氏始祖祠圖

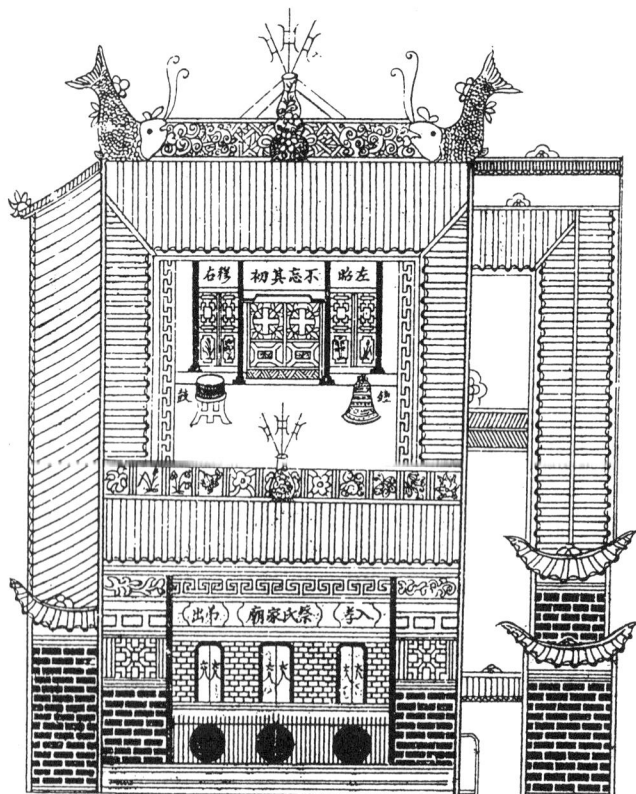

湖南益陽蔡氏始祖祠説

　　人有東登泰岱之高，而謂山之本在是，西涉龍門之險，而謂水之源在是。夫豈其然，彼崑崙者，非山之本，星宿海者，非水之源乎！夫舍崑崙以言山，則培塿邱垤皆山也，舍星宿海以言水，則潢汗行潦皆水也。此庸流之見，非所語於探本窮源之心。今我大宗祠之創建，殆類是歟。我族自始祖尚書文忠公肇啟兩宗，其本源事蹟，志書譜牒詳言之矣。曩者尚書府第，雖父老傳聞尚堪指點，迭經兵燹以來，文獻雖徵，無由清復，有心者能無深慨。乾隆甲辰，始即墓前建牌坊。道光己丑，復於坊前建亭，謂之墓亭，較之荒煙蔓草，規模亦稍肅矣。前此東宗自文派下，西宗自應派下，各建支祠，奉公之主，歲奉蒸嘗，而公之專祠闕如，是不啻山其山，而遺崑崙，水其水，而遺星宿海也。況近來墓亭爲風雨侵蝕，半就傾圮，族人屢議爲公建祠，遷延未就。兹既建祠於墓左，以中龕奉公考妣神主，旁列昭穆，前建門樓，環以短垣，芟去舊亭，以宏敞墓道，易一寒暑而落成。冀稍合於言山之本崑崙，言水之本星宿海者。後有作者，式廓而光大之，即以是爲始基也可。

　　清同治十年甲戌孟春穀旦，東西兩宗嗣孫謹誌。

　　　　　（蔡聲泉纂修《［湖南益陽］蔡氏西宗族譜》　1948 年仁讓堂木活字本）

湖南岳陽坪橋河何氏祠堂圖記

　　祠堂創建於清嘉慶庚午，下棟上故有昭格亭。裝戎公曾重修之。同、光以後，洞庭淤洲，日多夏漲，汎濫吾祠，常在水中。光緒辛卯，升築增建，拆故亭，三年祠成，而其籌備則在二十年以前也，事具雜項捐款並凡例。祠前今東西豎石各六方，故事登科第者，宗祠住宅門豎彩竿二，製以長杉木爲之，置斗形於上赤其外，每竿二石夾豎。越三年，當其石斷之，而石則表識於不朽也。其四石，爲乾隆乙亥科士湘公中副舉彩竿，餘爲秉禮公同治甲子鄉舉、辛未會試取科第豎而遺者也。後世敬祖數典，其勿遷移。惟形家言，祠宜亭銳其頂象交筆，前輩恒言之，以費鉅有志未逮，後之有志者，審慎圖之。祠圖向不列譜，今閱他譜，皆刊祠圖。而吾祠偉麗精堅，尤宜昭垂後世。凡四易其稿，而圖始成。余性不諳繪，然少時遊泮，謁祖在故祠，今祠又親覩經營，以文筆望後世，則故祠科第在胸，以偉麗精堅仰前輩，則今祠之升築增建，猶歷歷在目也。瓣香心祝，敬謹誌之。圖列左。

　　十九世湘俊記。

（何宗武纂修《［湖南］岳陽坪橋河何氏族譜》　1949年廬江堂木活字本）

湖南岳陽坪橋河何氏祠堂圖

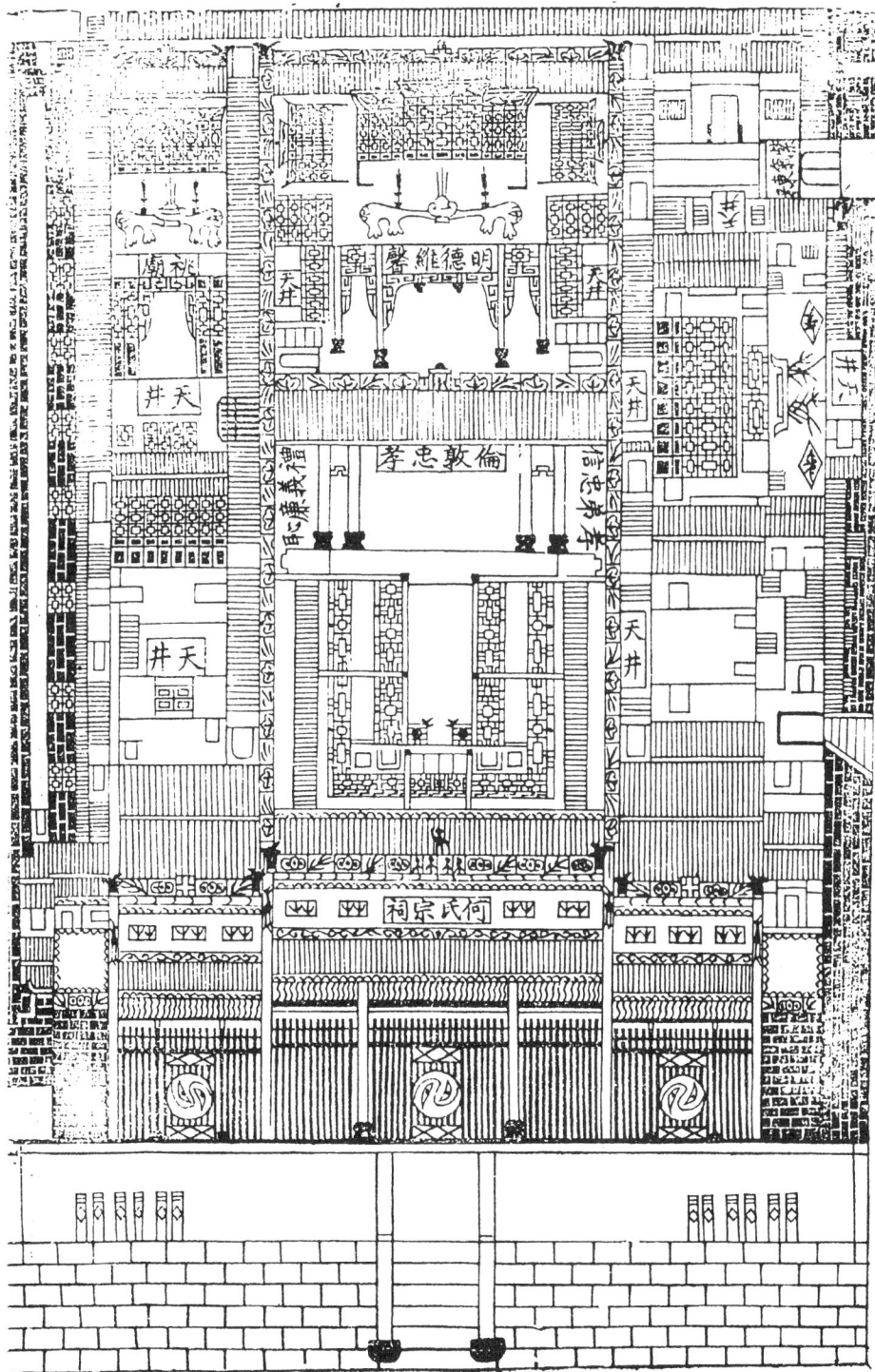

江蘇江陰綺山東沙王氏三槐堂圖

江蘇江陰綺山東沙王氏三槐堂攷

　　北宋王祐手植三槐於庭，曰：吾子孫必有爲三公者。天下謂之三槐王氏。祐子王旦，官果爲太保，襄贊國事，勤政愛民。攷王旦者，字子明，宋舉進士，真宗時知樞密院，進太保，當國最久，事至不膠，有謗不校，軍國重事，皆預參決。惟真宗作天書，旦不敢諫，故臨卒，猶以爲憾。卒謚文正。《書》云"立太師、太傅、太保，茲惟三公"。此周之三公也。西漢以大司馬、大司徒、大司空爲三公。東漢以太尉、司徒、司空爲三公。唐宋則襲周漢舊制焉。

江蘇江陰任氏宗祠圖

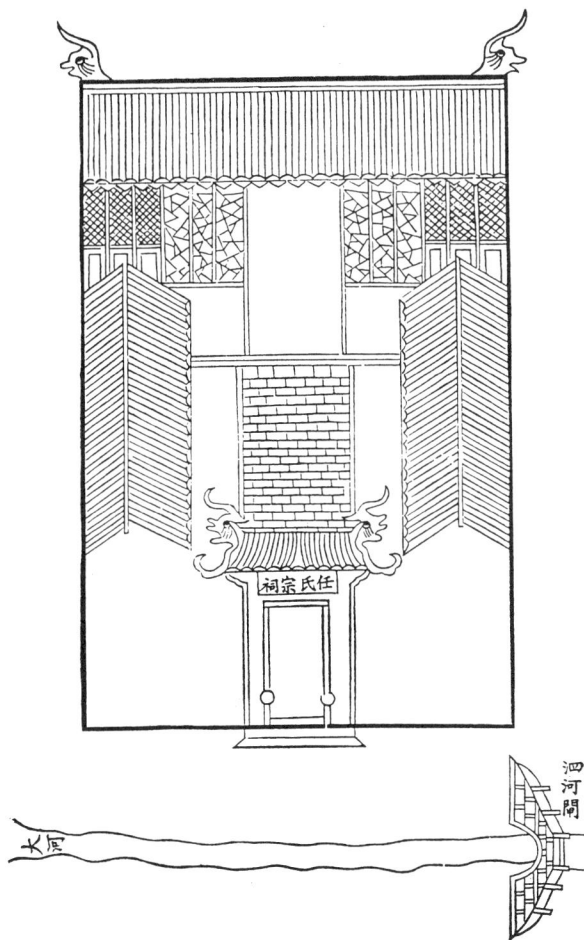

（徐徵吉等纂修《［江蘇江陰］綺山東沙王氏支譜》 1949 年三槐堂鉛印本）

江蘇江陰任氏宗祠碑記

　　任氏爲澄江之望族，已有年矣。其先猶未崇廟祀，《傳》曰：凡有功德於民，則祀之，國家崇報之典，不遺一功德之人，矧祖宗之於子孫，其爲功德孰大焉。而任氏之議祀事獨後，何歟？ 蓋古者，立廟必先定所，宗宗者，百世不祧之祖既定矣，乃可以序昭穆，次祔食，遞傳以降，宗法自明。而春秋奉祀，用以報本即用以聯族，祠廟之所，係誠非淺鮮，苟非一日之制而有百世不易之規，有未可輕舉者，故任氏之先人，越世數傳，歷年數百，於此而猶循循乎若有所俟，非怠而忘之，誠重之也。歲癸酉，任氏創立家廟，以祀其先。既成，孝廉元水君、文園君，悉其上世著姓之由，以及其始遷之祖，與夫廟中之規模，貽後之法則，來告於余，曰："吾家先世，本出軒轅後裔，夏商之間年益遠，弗可考矣，於周爲薛，至春秋時，有先賢子選從遊聖門，在七十二人之列，此姓之所由著也。自是以後，歷秦漢晉五代唐宋，傳六十一世。其間或賜爵爲侯，或爲御史大夫，或爲大將軍，或爲中郎將，或爲中散大夫，或爲黃門侍郎，或爲御史中丞，或爲觀察使，或爲諫議大夫，或爲太守，或爲左拾遺，代不乏人，皆有令德顯譽，昭著於時，以吾宗人視之，固皆蒙其德澤。然而曠代相隔，未歷此土，雖欲宗而祀之，恐飲食嗜好性情言語之間，有未易感格者，故今廟祀之所宗，斷以始遷江邑之柏巖公爲主，蓋自先賢子選數之，凡五十九世，而實爲江陰之第一世也。且柏巖公來此，雖僅爲邑之教授，而當年秉鐸之時，立爲規條，以振興士行，日課月程，鼓舞不倦，學校之中翕然爲之一變，其甄陶樂育，實超越乎前後之人。又精於岐黃之術，修製藥餌，以濟邑之困乏，其所全活無算，至今猶有歌其遺澤者。邑之人且猶賴之，而其所以厚我子孫者，不待言矣。即今者，振振繩繩，宗支蕃衍，孰非其貽謀之善，有以至是哉，則以之爲宗，而廟以祀之，其誰曰不宜。然吾非特專祀柏巖公而已也，柏巖公固爲始祖，而其先有彥升公者，自北而南，又爲吾宗南方肇起之祖，則亦設主以祠之。其下依世次論昭穆，皆得祔食焉。而昭穆中，有功在宗祖德及族人者，斯其主亦在不祧之列。夫如是，庶幾有以盡崇報之道，而亦不失古者大小宗法之意矣乎。至於廟中之制，前有堂，後有寢，外有門，廡中有夾室。春秋祭祀有常期，薦品有定制。當祭之日，子孫莫不咸至，臨祭之時，宗子宣讀祖訓，祭畢相與共燕於一堂，則宗黨之間，歲必再聚，雖頑梗不忘祖先，雖疎遠知敦族誼，而觀廟中之制度，可以昭法守，聆祖宗之垂訓，可以油然起仁孝之思，悚然動懲創之志，實於是有厚望焉。此吾宗人之志也，願乞文以記之。"予聞其言，不覺肅然以敬，展然以思，而更慨然以嘆也。夫世之人，孰不有祖若宗之當報其功德者，然營營役役，春露秋霜之感，漠然無所動於其中，水源木本之思，寂然無所愓於其內。雖近而考妣，猶若或忘之，又安在能追十數世以前之祖宗而祀之，且因欲以聯既渙之族也哉。今任氏上遡先賢，班其世數，不忘本也。廟祀始于柏巖公，能定所宗也，禮斷以義也。下次昭穆之位因祀，以明宗法也。祔食之主，有不祧者，尊有功、報有德也。尊其祖先，即因以親其同族，篤一本之好，推愛於無窮也。仁孝也，誠敬也，兼而有之矣，是可嘉也！乃援筆而爲之序。

　　景泰四年歲在癸酉仲春下澣日，賜進士觀政銀臺琴川王儀撰。

　　右王銀臺撰《泗河支祠碑記》。敦愛謹按祠建於前明景泰四年，爲元水、文園兩公所創，門廡夾室，想見規模宏敞。明季燬於兵燹。洎國朝乾隆癸未，支裔秉中、秉法、秉珪、秉文等，重建兩進。至咸豐庚申之亂，仍遭拆毀。支裔有洪、有疇、有香等，避難初歸，欷歔感泣，從瓦礫中檢尋木主，拂拭塵垢，尚留其半，敬謹收藏。同治戊辰，彙族集議，庀材鳩工，建堂三楹，左右兩序，共縻制錢二十六萬有奇。謹擇冬至陽生之日，供設神位，具牲牢，酌酒醴，潔粢奉帛展告禮成，率子姓而羅拜焉。敦愛爲撰楹帖兩聯。其一云："設教廣芙蓉，世澤遥聯八祊；敷榮增棣萼，家聲猶溯二難。"其一云："脈衍瓜縣，源流四匯；竹苞松茂，棟宇再新。"蓋紀實也。嗣後子姓蒸蒸日新月盛，祠制悉復舊規，不負肯構肯堂之意，則敦愛有厚望焉。

同治戊辰十二月，教授、二十四世孫敦愛謹識。

附記　鳳字一百二十八號田二畝
　　　二百八十八號祠基一畝五釐

（任佑之等纂《［江蘇江陰］任氏宗譜》　1950年思敬堂鉛印本）

河南洛陽秦氏秦淮海祠堂圖

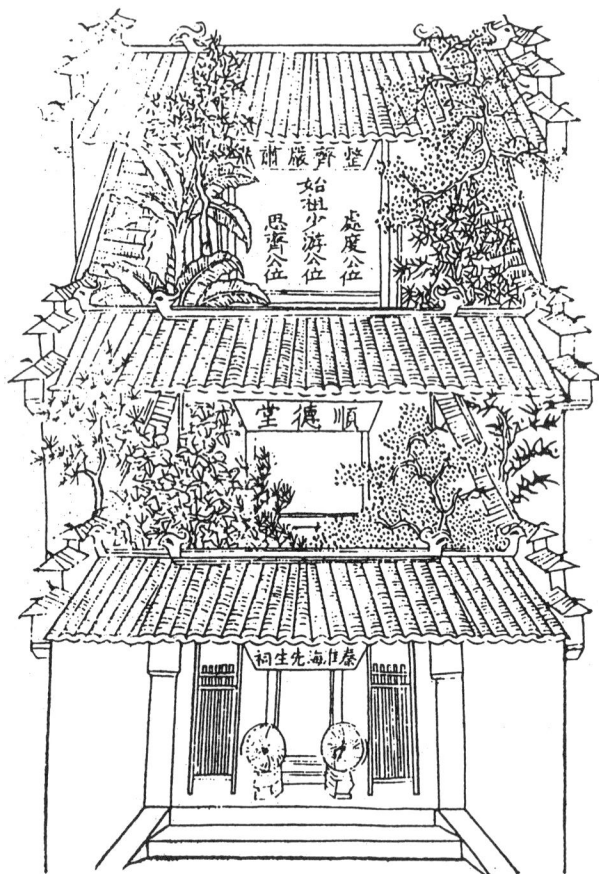

河南洛陽秦氏秦淮海祠堂圖記

  舊有祖祠在河東，基址逼窄無展拓處。廿三世志餘公謀遷河西西巷門外，建造中後兩進，每進二楹。至道立公爲長，因接前進五楹，增建中後各五楹、大堂後東西兩廂，復於祠旁建屋兩進，以設五分廚竈，并爲守祠人所居。咸豐庚申，粤匪蹂躪，祠宇幾燬，爲二十八世孫清誠折衝禦侮，保衛宗祐。承平後，桐蔭如蓋，松柏敷榮，依然昔日規模，令後之子孫登堂展拜，思宗祖之音容宛然如在，前人之功烈爲不泯焉。爰刊印一圖，以昭垂千古云。

  二十九世孫蓉裳謹誌。

（秦子卿主編《［河南洛陽］秦少游家譜》 1991 年影印本）

湖南邵陽太平曾氏宏毅堂圖

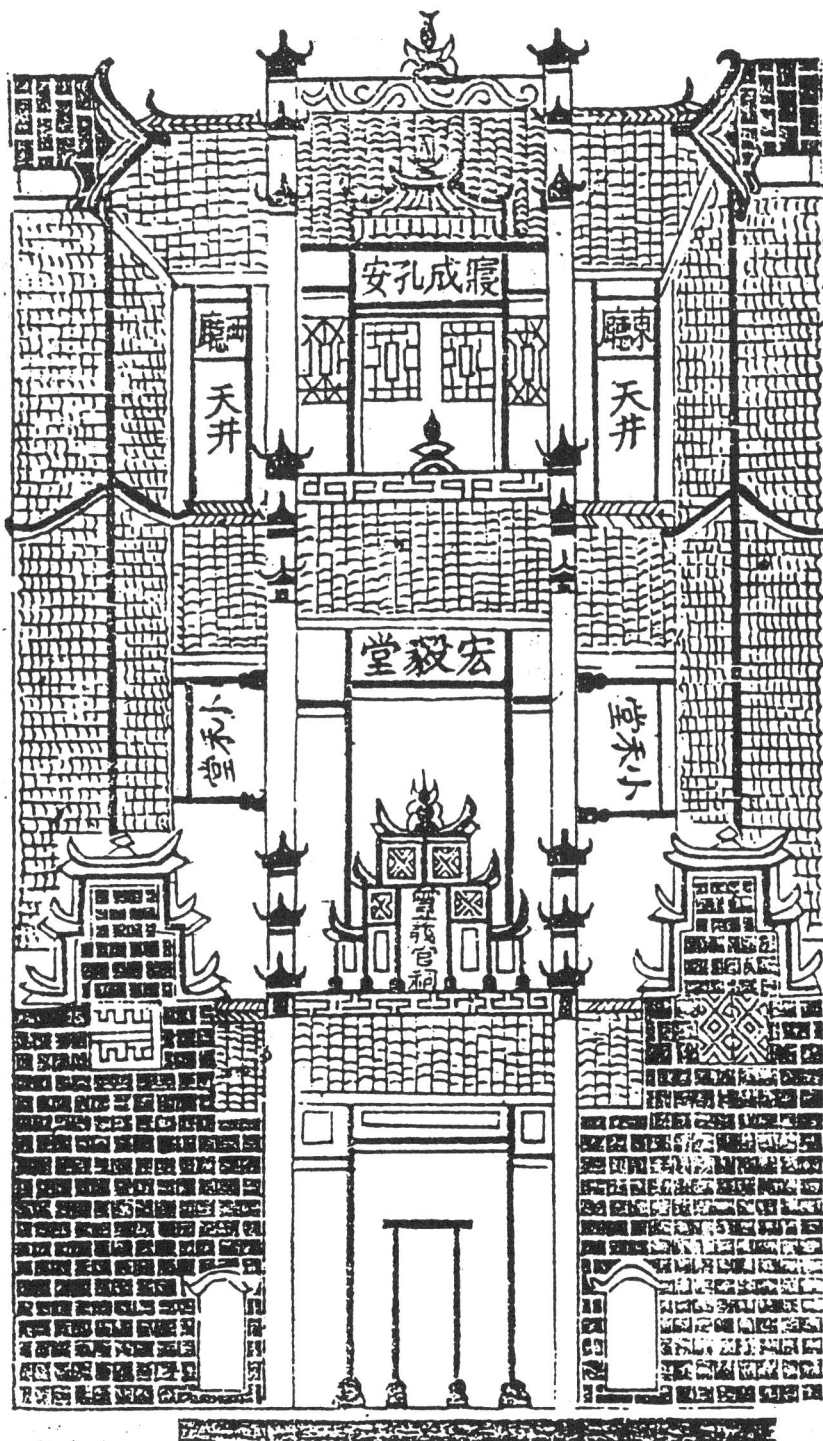

寢成孔安

西廳　天井

東廳　天井

宏毅堂

小東堂

小東堂

曾我官祠

湖南邵陽太平曾氏宏毅堂記

　　《易》曰："王假有廟,致孝享也。"其卦爲萃。萃,聚也。上以聚祖宗之精靈,下以聚子孫之仁孝,自天子達於庶人,無隆殺,一也。我五世祖義官公,積公累仁,盛德莫匹,派衍巒、釜、鎣、鑾四房,由明迄今,數百年未及作廟崇祀。六世鎣祖,舊有專祠。七世瀚祖、激祖附焉。祠圮有年,亦未重建,每屆對越,愴懷彌切。光緒乙未冬,房内榮莊、毓勳、澤新、世祐等,以公務暨振,翼會議興言,念祖勃發追遠之思,共抒報本之悃,慨然倡書捐款若干,隨即約合巒、釜、鑾三房,酌商通行募捐,爲五世祖一新廟貌,擬以六世祖配享。顧工費浩繁,力量不一其等。三房以我鎣祖暨七世瀚、激二祖,其先父子同祠,久謀重修,遂勸我房公私助金,與五世卜吉闔建,一可以齊心志,二可以贍財用,三可以擴大規模,一舉而三善備,不亦美乎,衆皆曰善。乃於明歲春王之吉,大興厥事。四房酌派勸捐者若而人,鳩工者若而人,庀材者若而人,經始於本年仲冬,落成於甲辰仲春。顏其堂曰"宏毅",凡八越寒暑,計費金一萬有奇。其時各房所捐尚不敷所用,無已,又訪省會宗聖廟,入主式以我鎣房永善派下九世邑祖正位左龕,十一世至祖正位右龕,倉樓橫屋各詳約據,共得金二千零,遂以敷用,告厥成功。吁,是舉也,孝子慈孫聚精凝神,萃智殫力,集義者廣,樂捐者繁,赴工者勤,任勞者衆,乃藏其事,蓋亦艱矣。同事芳名理合共登譜牒,俾後之人顧名思奮,於以承敘萬年俎豆不朽云。是爲記。

　　十三孫邑增生振翼謹撰。

湖南邵陽太平曾氏任道堂圖

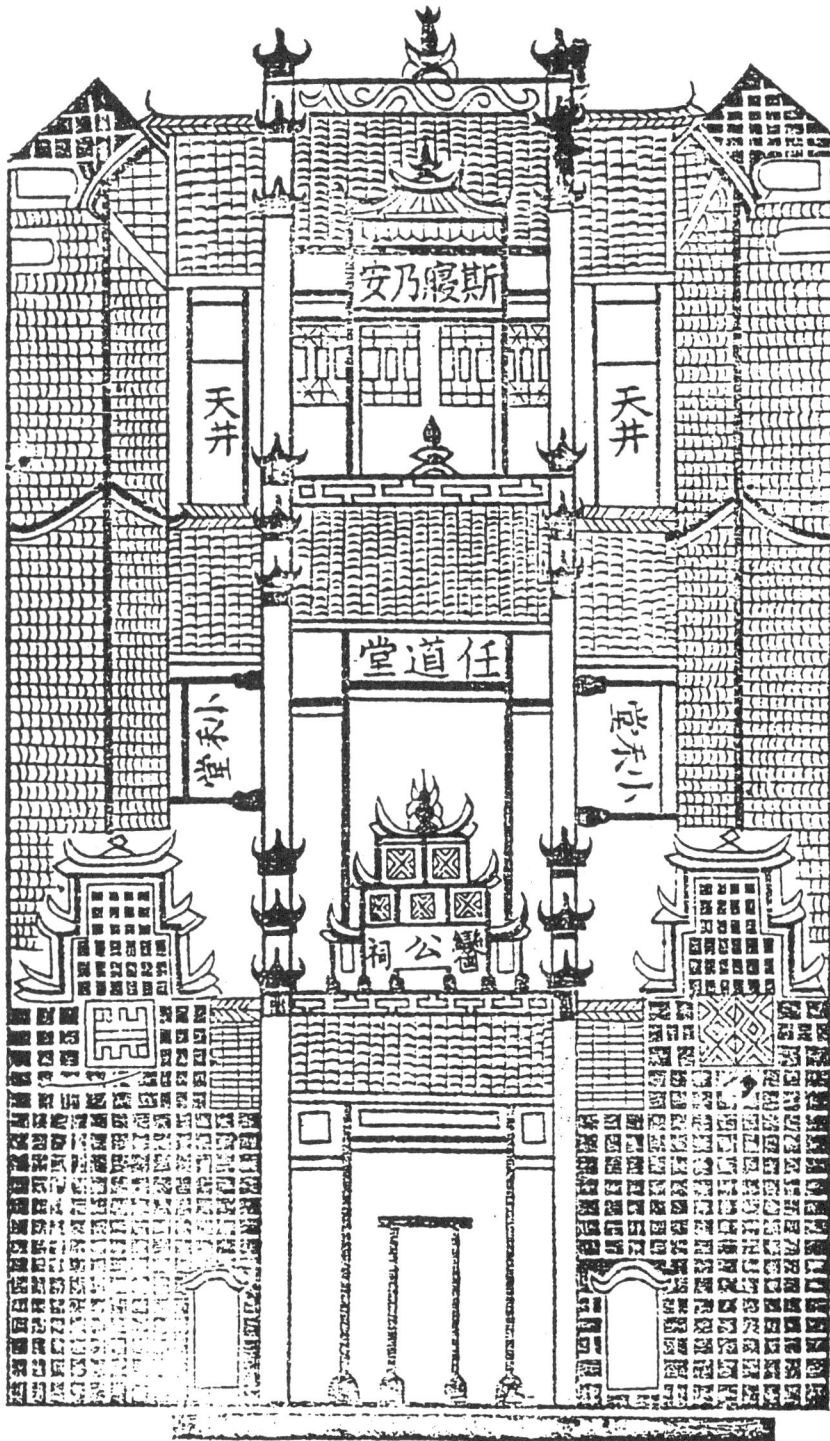

斯寢乃安

天井　　天井

任道堂

小利堂　　小永堂

醫公祠

湖南邵陽太平曾氏任道堂記

　　族太祖興鑾公,作祠堂於皮田村騰芳里石灰窰之舊居,名其堂曰"任道堂"。其裔孫毓英等乃屬廉爲《記》,且其言曰:我祖自佘田遷此,歲久就圮,始棲神於坳上塘,莊舍愀隘,囂塵不可以居,每當霜露之濡,不勝怵惕悽愴之感,此任道之不可不作也。廉按吾曾氏自常博府君胥宇於邵,始居屋上屋,第四世通、達、遜、暹、迢、道,實始分居。第五世曰景贇公,始居佘田老屋,興鑾公者,乃景贇公之宗子也。遂自佘田遷石灰窰。《詩》曰:"古公亶父,陶復陶穴。"古字爲陶,今字爲窰,古者營窟之造,至今秦隴尚有土室,其中爲天窗,中霤因是以名,其後晝爾於茅,宵爾索陶,則漸易爲茅屋,宮室之制以起,此周之以樸陋開國也。興鑾公雖非從古穴居之制,而地有業石灰者,由是名焉。其時我曾氏實始創業,則亦古公之比也。今也人文日繁,乃爲公作寢廟,其非君子之作乎!且是堂也,蒸水南北源,悉會其下。後漢《郡國志》又謂之佘水,旁有漁父廟者也。朝旭夕景,氣象萬千。未知昔日之華屋何以山邱,今日之頹垣蔓草何以又奕奕寢廟,終然允臧,天道循環,人事之遷流,其盛衰又可常也哉。君子觀於山川第宅,而知之矣。是記也,所以誌也。於是以復於毓英,刻之於壁,以告之後人。

　　中議大夫、鹽運使銜、陝西候補道、會典館詳校官、族孫廉謹譔。

湖南邵陽太平曾氏祠堂記

　　竊嘗讀《祭義》矣。因物之精,制爲之極,明命鬼神爲黔首則,而又築爲宮室,設爲宗祧,以別親疏遠邇,教民反古復始,不忘其所由生,此明報享之由,而宗廟之重也。故《記》曰:君子將營宮室,宗廟爲先。而《王制》所頒,自天子以至官師,雖差數不同,莫不有廟,惟庶人祭於寢耳。考古寢廟合爲一處,大抵寢者,生人所居,廟者鬼神所棲。故宮室處中,左廟右社,典禮攸昭,先儒所謂先立祠堂於正寢之東是也。正寢者,前堂也,祠堂即廟也。以宮室言,則棲神者爲廟;而人居爲寢。以廟言,則前半爲堂,後半爲室,亦謂之寢。秦漢而下,浸失其制,雖以高祖英武,止立廟於陵旁,而京師無太廟,自非元成申請,則宗廟異處,而昭穆無由序矣。唐原周制,崇尚私廟,乃干拜不作家廟,卒爲有司所劾,世亦因以險不中禮少之,公卿而卜草率如此,而士庶可知。自時厥後,或泥於奏請之文,或撓於世襲之制,又或貴賤通行,並無等差多寡之別。代各異法,法各異議,縱祀典未曠,而古廟究不可復。惟古者立廟,必於其家,是乃所謂寢廟畢備也。其位在寢前,其制隆於寢,所謂寢不踰廟也。始遷之廟,大宗主之,繼禰之廟,小宗主之,以次相及,貴不得踰,賤不得僭,古道然也。迨後戶口蕃衍,或地狹而不便列次,或勢遠而艱於統攝,因較量於別墅,卜吉建祠,聚一族之人,合展孝敬。此孫子報本追遠之良不容自已,而亦祖宗展親錫福之念,油然大順,故後世各尚公祠,實準諸此。欣逢我聖朝臨御以來,孝治天下,德洽萬姓,故咸思原本,廟貌星燦。而我族先達,亦得建祠修舉祀事。其制寢廟三棟,後寢設立三龕,始祖居中,左昭右穆,冬至則請出就前寢,恭伸奠獻,而以族之長且賢者分享焉。堂以上,贊者引者,歌者謳者,奔且走者,堂以下,憂者鳴者,考者伐者,吹而彈者,莫不位置攸宜,歡欣交暢。左右有東西階,所以序昭穆、別少長也。兩旁有東西廂,所以習容觀、潔器品也。與夫主祭執事,齋宿各有其所;神厨守藏,備列各異其處。夫聯百千以下之精神,以承百千以上之靈爽,常亦我先人臨上質旁,所樂予而歆饗者。他如孟春季秋之祭,則各於私室行之,即此廟制安排,於禮未必悉合,倘所謂惟其時、惟其宜、惟其稱者,或有當焉。由是言之,禮雖先王未之有,可以義起也。故爲之説,以俟夫講求禮制者裁擇云。

嗣孫邑庠生榮品謹訂。

（曾毓軒纂修《[湖南邵陽]太平曾氏修族譜》　1994年守約堂木活字掃描本）

福建龍巖星沙吳氏水口祠堂圖

福建龍巖星沙吳氏水口祠堂記

　　古者天子有七廟，諸侯有五廟，大夫有三廟，士庶人將營宮室，必先寢廟。寢廟之重，由來久矣。我水口思敬堂祠堂之建，在雍正初年，實先於星沙總祠；而所尊始祖亦興甫公也。興甫公有子二．長勝旱，次智和。勝旱公子四，友宗、友誠、榮茂、珣馨；智和公子亦四，祖琐、祖瑄、祖瑛、祖璟，合之稱八房焉。由八房傳至十一代，當明末清初，去閩入吳楚，散居十邑者，八十有一支。而隸斯祠者，分居萍、醴兩邑，則有十五支焉。夫所謂十五支者，以勝旱公裔數之：友誠公房下，道三、莪青、龍壽、龍輝、文元、分寧、質美七支；珣馨公房下，仰惠、師仁、師信三支是也；以智和公裔數之：祖琐公房下，士勝、士金二支；祖瑄公房下，位三、潤石二支；祖瑛公房下，秉初一支是也。當年十五支子孫，有丁百六十三名，釀金立祀，經營生息，得建祠於醴東水口之百丈境，迄今蓋三百餘年矣。魯殿靈光，巋然尚存，未始非祖宗在天之靈有以永保之也。吾是以上溯前徽，遠思來哲，更有無窮之望焉，於是乎記。

　　民國十八年己巳夏首穀旦，嗣孫楚材敬撰。

福建龍巖星沙吳氏吳湘公祠圖

福建龍巖星沙吳氏吳湘公建祠序

　　竊思：謀貽弓冶，人當念乎祖德宗功；孝祀苾芬，時有感乎春霜秋露。如我十四世祖湘山公者，分香貢樹，振鐸廬陵。宮植藻芹，士子被一方化雨；盤陳苜蓿，宦囊剩兩袖清風。教子弟以孝忠，課兒孫以耕讀。先父等追思彝訓，篤念前徽，徵同意於四支，謀薦馨於百代，出穀立會，勸祀妥靈。弗限以支，輸八桶者爲一户；不拘其數，能加倍者則多名。踴躍當年，經營累世。祭田幸置，敢云不墜前型；寢廟既成，庶幾永酬先澤。禮宜從祀四支祖，共列宗祐。功有攸歸，各捐户應同配享。然情緣義起而經以權通，故重名者，移頂本宗，彝倫攸敘。子捐者推尊父主，孺慕克諧。續捐以助經營，輸資準乎租碩。本翼教以扶世，上率貽謀；惟經正則民興，遥思繩武；故顏其堂曰"翼經"。自是每歲暮春中旬九日，躋公堂而祝嘏，按捐册以開筵，慶俎豆之新輝，食詩書之舊德。固已孝思維則，而亦受福孔皆矣。至先人原有之田山，存爲祖妣生辰之祭費。庶麥黄四月，夏礿繼春禴而行；桃熟千年，金母與木公並壽。是爲序。

　　民國六年（公元 1917 年）丁巳孟冬月中浣穀旦，嗣係儒廉謹識。

　　（吳漢暉、吳潤芳纂修《［福建龍巖］星沙吳氏奉先堂一柱公支族譜》　1996 年鉛印本）

河南鞏義張氏祠堂圖

河南鞏義張氏祠堂建筑史

　　張氏祠堂創建於清道光二十一年(公元 1841 年)，創建人系六門十世張殿瑞，張德永之先人。還有四門十一世人張文書，六門十二世人張人杰。重修於清光緒十三、四年間，重修人四門十六世人張心維、張海舟之先人。張三林、張玉欽之先人。張秀文等。再修於民國二十二年，經修人張朝林、張富潤、張光松之先人。張光禄等人。經多次修膳，面貌歲歲新穎，後人春秋祭祀，世世弗替。民國以來，興辦學堂，爲國家和吾族培養出了很多人材。

　　吾張氏祠堂從創建到修膳，不知花費了張氏先祖們多少心血，但在二十世紀七十年代，村中爲辦工業，折除了吾族張氏祠堂，面貌全非，改爲他用。

　　爲了供俸吾族張氏先祖，在適當時機，望我張氏族衆，還要捐資出力，再建宗祠，恢復原貌。

　　附：張氏祠堂建築紀念碑文兩篇

張氏家乘暨修家廟原委序

　　按照舊家譜所載，軒轅第五子揮，造弦張綱，世守其職，遂爲張姓所有由來，後宗祖蔓延於晉爲蕃。明洪武時，余先祖自洪洞遷鞏，卜居於清泥鎮。鼻祖塋葬東南岑，地名溥沱岸，距鎮約五里許。歷年久遠，世系多失傳，墓塚三層下僅有一碑，碑上書諱賢，字希聖，生子二，長懷次振，樓院系振後，南溝系懷後，以及漫流有族，北侯、石家莊有族，昭穆繩繩。

　　家廟咸載清道光二十一年歲次辛丑。祖人六書、人杰、殿瑞等的創建家廟，贊襄其事，實爲妥侑。

　　先祖之基，至光緒十三、四年間，又有心維、心友、西崖、秀文、慶文、中長、木旺、東周、學書、光聚、學易、庚萬、寶淇、水、仙芝、三林、相林、金水等重修之。廟貌焕然一新。以後春秋祭祀，世世費替。民國以來學校風起，俊有、景禹、朝林、富潤、光禄、朝悦、有功、永和、聚銀、呼蘭等油漆門窗，鋪路修房屋，及吾階級廟校，從此勃興，爲有後繼，起而擴充之者，余所厚望也！此叙。

　　　　監生：星躍　　　督工
　　喬孫生員：廷楹　　　筆述
　　　　振鼎　　　　　　書丹
　　　　發榮　　　　　　核正
　　　　茂易　　　　　　經理
　　　　　賓　　　　　　催款

　　　　　　　　　　　　　　　　民國二十二年正月夏浣穀旦
　　　　　　　　　　　　　　　　　　合族同立

重修家廟臨街東西厢房及前後周圍院墙碑記

　　古人有言莫爲之，前美弗彰莫爲之，後盛弗傳，即修家廟事亦然。民國初，堅之卧碑有人之事備泊，二十四年六月初旬大雨，濤頭八九許，橫伊洛而佛面而來，湍流迅速，大野半成澤國，付近回郭鎮，羅莊及東西街，一概傾倒。因而祠堂臨街，東西厢房及前後周圍院墙倒塌無迹，大屋

水上尺許，不惟無以妥□□先祖見之者□□□<small>至此以下碑文損毀不晰</small>

　　中華民國二十八年清明節，合族同立。

　　　　　　　　（張玉欽等編《［河南鞏義］張氏宗譜》　2001 年電腦排印本）

湖南攸縣淥田蔡氏祠堂圖

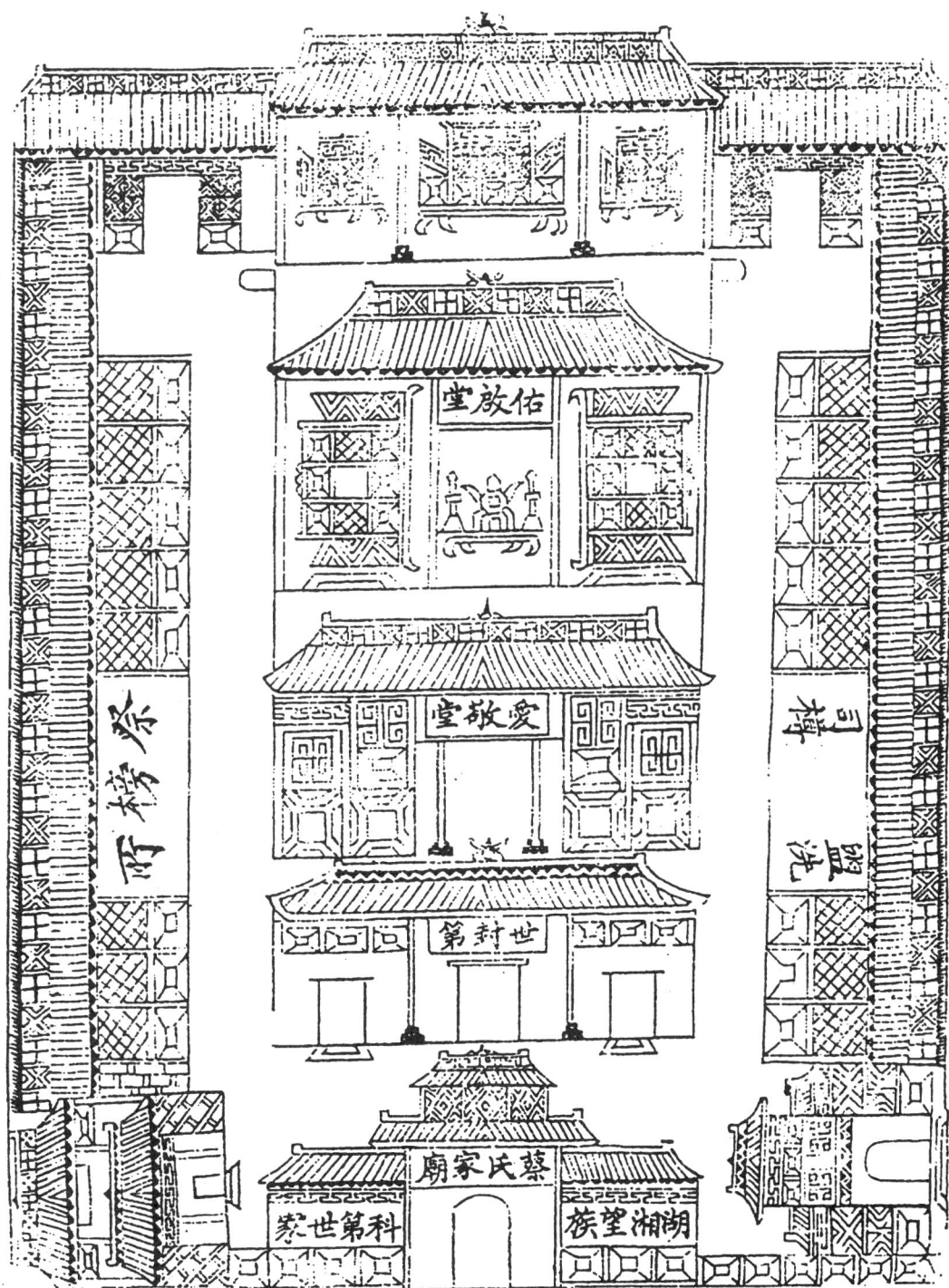

湖南攸縣淥田蔡氏祠堂記

　　宗祠舊址,我雪松祖卜築安攸之界,益相里桑田隴之地。地負黃岡嶺。祠有堂,後爲楹六,扁曰"啟佑",以棲神。中爲楹八,扁曰"愛敬"。賜進士題名於斯,鄉進士題名於斯,歲進士題名於斯。其歷宦途者,籍記焉,其列黌序者,籍記焉。堂之西爲祭厨,爲齋沐之室。前有廊爲楹四,門三以通出入。門以外爲省牲所建坊牌。其楹四,正南向,衡州大守陳題"科第世家"。額坊以外有敞地方如布枰,爲義館,以課文藝,爲屏墻,以障行人,高二丈,甃而垣之。轉向東大門一重,湖廣學使劉題"湖湘望族",額門與玉峰相望,若高拱深揖。於其前即宋太學士周益公讀書處,前臨江水,西流至衡山與湘流會。其興建托文字以傳者,詳衡南祖祠堂記。

　　　　　　　　　(蔡精華主編《[湖南攸縣]淥田蔡氏九修族譜》　2001 年濟陽堂鉛印本)

江蘇武進秦氏洛陽秦淮海先生祠堂圖

整齊嚴肅

始祖少游公位
思齊公位
處度公位

順德堂

秦淮海先生祠

江蘇武進秦氏洛陽秦淮海先生祠堂記

　　嗚呼，自先叔父仲選公經理宗祠，去今幾二十年矣。賴吾弟銘川不時修葺，不至有傾圮剥落之患。至今族弟壽庚、達和，復承族公尊命葺舊添新，丹黄黝堊之，而墻垣户牖始復焕然其一新，是皆先靈之默佑也。銓敢於展拜之餘，歷考祠所由來，而爲之記。吾族始祖淮海先生，例得有專祠，故洛陽向有祠堂。然自康熙初年遇災，僅存基址，則創始維艱矣。雍正戊申，衛生公糾集宗族，移建祠於橋之東。至乾隆庚辰，子宇公復協族人遷祠於橋之西，即今之祠所也。當時屢建遷，譜牒不詳其故，年遠無從究追。而衛生、子宇二公創始之功，均不可没云。特初建宗祠，前後約三楹耳。道立公始重建宗祠，以舊時第二進，移後作第三進，爲前中後三進，各五楹，規模加宏遠矣。惜舊譜詞堂無記，僅從《道立公傳》中得之，而傳又不載建祠年月，想前人不自居功，故質不爲記，而爲《道立公傳》者，又略不詳載，故竟無從考，大約不離乾隆五十年左右。《道立公傳》又云公經理公帑十餘年，居積有餘，乃重建宗祠。公晝則監督工料，夜則夫妻二人宿祠防守，備極辛苦。落成後，每月朔望，必入祠前後灑掃，拂拭几案，然後肅衣冠焚香燭處拜，終身未嘗少怠，道立公於祠尤盡心焉耳矣。道立公没後，先叔父經理數十年，敬謹時加修飾，故廟貌常新。而前人創始之功，至於今不墜。吁，前人質不爲記，銓乃起而爲之記，非爲今之重修者示夸張也，不忘先人之舊也。將以貽之後人，見祠堂由替而興，則細而鉅，衛生、子宇二公創之于始，道立公擴之于繼，先叔父守之於後，銘川乃得承其遺緒，而今日壽庚、達和始踵事以增華，蓋若是其綿遠，欲令子子孫孫永保弗替也。是役也，經費若干，工料若干，經始於道光二十八年正月日，落成於十月日。二十七世孫恩銓再拜謹記。

　　　　　　　（秦祥明撰《[江蘇武進]毗陵洛陽秦氏宗譜》　2002 年七月電腦排印本）

湖南醴陵醴南文氏宗祠圖

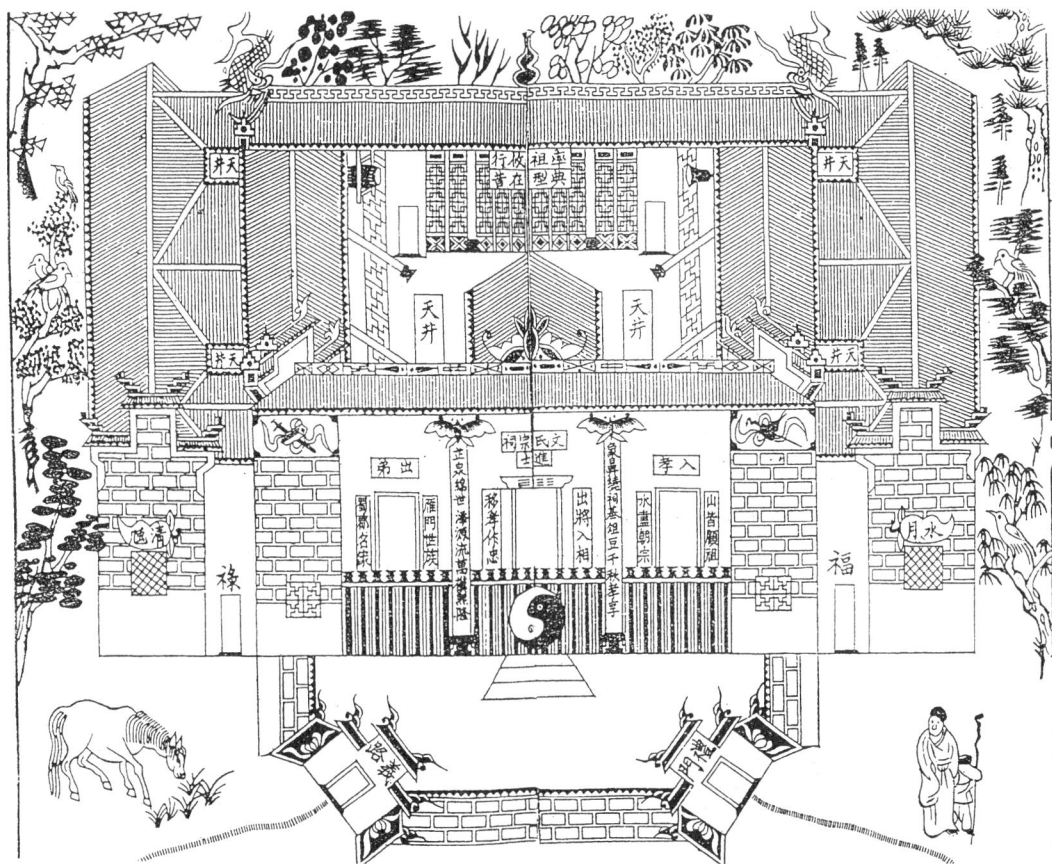

湖南醴陵醴南文氏創建宗祠小引

　　家之有祠，所以妥祖靈而隆祀事，典至重也。然必得世守之業，以供厥需，且得繼志之人，以永其傳，則宗功祖德固可歷百世而不替耳。吾族自美濟公遷居芷泉以來，椒衍瓜緜，而於陳裳薦寢未得其地，其遺憾孰大如是。《記》曰，君子將營宮室，宗廟爲先，其說豈無所見而云然耶。吾願以此意告諸族人，以新厥宗廟爲己任，斯爲孝子慈孫之用心焉耳。

　　附：

祠　堂　記

　　家必有廟，廟必有主，所以妥先靈致孝享也。苟於祖宗靈爽所式憑，而不思斤斤寶貴，勤勤愛護，何由入室僾然若有見，出戶愾然若有聞乎。我族祠宇建於乾隆年間，維時亦止粗具規模，未能盡美而盡善。道光乙酉，族人整修前楹，已費多金。癸卯年，又修葺後棟，鳩工營繕，費亦不少。咸豐十年，又因東邊基址圮毁，垣墉坼裂，大懼傾頹，於是鳩工取石，清脚植基，換墻及棟，幾費經營，以圖鞏固，而費貲在所不惜，規模稍也覺完善。族人以爲猶未也，又於同治壬戌，丹楹刻桷，鏤金錯采，制送匾聯，以求壯麗，似殆近於侈矣。然以尊祖敬宗之意，爲翬飛鳥革之華，雖崇大其宫室，雕鏤其枓枋，豈得議其爲侈乎。尤望後嗣子孫繼繼承承，勿忘先志，或隨時修葺，或加意拂除，務宜肅静潔清。庶祖宗在天之靈瞻妥侑，而心怡歆苾芬之孝祀，於以昌厥後而恢厥先，豈不懿歟。

時清同治二年癸亥歲秋八月中浣穀旦，合族嗣孫謹志。

附：

添建宗祠學校記

粤稽宋仁宗詔聽各立家廟，時文潞公獨爲舉行，他皆不逮。蓋以曩時廟制之隆不見於今，而時制則士庶之賤有不得爲者，此祠堂之設所由起也。我族於前清乾隆朝創立宗祠，上爲寢，寢之前爲廳，中爲堂，堂之兩旁有樓欄，有丹墀，前爲三門，門之外有階。寢也，堂也，門也，規制稱宏敞焉。迄光緒季年，族人以祠之東偏棟無依倚，於是斂貲就範，鳩工庇材，復經營校室數間，顔曰“文山學校”。又於祠之門首，修筑四圍，論風水則較昔稍藏，論規模則視昔不隘，此建祠與添造之大略也。夫祠堂者，祖宗憑依之所在，即子孫駿奔之所在。學校者，宗族教育之基礎，即人材發達之基礎也。非此則上無以妥先人之靈，下無以伸子孫之敬。族不有倡明教學之地，士安有振興文學之機。故君子將營宫室，宗廟爲先，既庶且富，教之尤爲要務者也。今以吾先人之肇造，得以妥先靈於燕寢，風雨俱蔽，歷數百年而如故，雖不必踵事增華，而亦當有基勿壞，則修除而黝堊之，是有望於後之爲子若孫者。是爲記。

時民國二十三年歲甲戌季秋月上浣穀旦，闔族公識。

（文昭祥主編《［湖南醴陵］醴南芷泉文氏五修族譜》　2002 年敦本堂電腦排印本）

湖南醴陵醴南文氏燾公祠圖

湖南醴陵醴南文氏燾公祠堂記

　　春秋修祖廟，武周孚達孝之稱；風雨妥先靈，裴晉展每懷之念。凡有血氣，莫不尊親。然業創西岐，原肇基於亶父；光增東魯，致起頌於奚斯。祖有德而宗有功，乃享馨香俎豆；肇斯飛亦鳥斯革，共瞻冠冕堂皇。洪惟文公鳳燾者，濟公繼緒，信國靈根。生有自來，品亦無偶。書讀柳堂深處，絮點曹倉神游。藝圃薰時，風披鄴架。賈生綺歲，修身早韌乎方嚴；公瑾華年，珥筆亦呈夫錦繡。淡泊明志，愷悌爲懷。等富貴如浮雲，培芝蘭於湛露。是以光騰梓舍，明幷三星，秀發棻枝，名符五桂。留芳型而在世，抱大璞以歸真。高餐三界煙霞，年維久矣；允享千秋廟祀，禮亦宜之。是以文子文孫，肯堂肯構，倡者和者，經之營之。開山不俟乎五丁，奏效均成於百子。欣明堂之開展，亦氣勢以盤旋。不觀夫北枕屏山，南通庾嶺，璜崗東峙。一品迎朝日之紅，玉釵西關，雙峰凌霄漢之碧，高瞻遠矚，右有左宜。近則高岸爲屏，山皆顧祖，芷泉如帶，水盡朝宗。隔浦船形，宛具乘風之勢；承流鷗渚，如同展翼之機。邵康節之樂窩不是過也，杜少陵之傑氣何以加兹。又况虹梁層疊,鳳瓦縱横,簾開霧捲,窻啟霞明。問煙雨於南朝,新歌玉樹;擬神仙於紫府,舊夢瑶京。締造維艱,憑依得所。從此寢成安燕,瞻氣象以萬千;詩詠詵螽,卜榮昌於百世。

時民國二十三年歲在甲戌季秋月上浣穀旦,姻晚芝芬顏家文拜撰。

（文昭祥主編《[湖南醴陵]醴南芷泉文氏五修族譜》 2002年敦本堂電腦排印本）

三、墳　墓　圖

江蘇吳縣馬氏勝三公墓圖

江蘇吳縣馬氏勝三公墓圖説

　　吾宗遷山祖，平南將軍也。勝三公遷山，第五世祖也。不圖平南墓，而圖勝三，何也？覈實
也。其覈實者何？平南始居馬城，六傳而真三公遷居洞山，留真二公一支守馬城祖墓。厥後真
二支式微，墓地或竊售他姓，或侵漁豪猾，相傳高敞百畝，至明崇禎年釐剔則僅存三畝。至本朝
康熙九年，回贖又得十一畝二分，以後漸次恢拓，得山地二十七畝有奇。其地在馬村關峯塢，俗
名南塢者也。當崇禎中，伯勳、鄒嶧諸公搜剔，時得勝三、處士二公斷碑殘碣於荒烟蔓草中，易
而新之，而平南以下四世不敢臆斷，而封樹表揭，祗付之想像，壘壘之坏土，蓋不得已也。嗚呼！
孔子少孤，不知父墓。今馬越世二十，越年八百，安得耶曼父之母問之而得之也哉。及今圖勝
三而識之，所謂失之東隅，收之桑榆者也。勝三公諱廷瑞，別號桂巖。靜逸處士諱國珍，字鈞
石，勝三公仲子也。

　　時乾隆四十年乙未孟秋二十世孫尚謨識。

江蘇吳縣馬氏真三公墓圖

江蘇吳縣馬氏真三公墓圖記

　　真三公，諱松年，字國壽，號竹溪，吾宗洞山支第六世祖也。父桂巖公，長兄國馨、仲兄處士公，桂巖公以馬村地僻人稠，命公遷居洞山之陽，而留國馨與處士二公支居馬村。後真三公無嗣，遂以處士公長子處和爲嗣，今居洞山者，皆真三公後，而實處士公之嫡裔也。墓在七賢山麓之陽，距洞山半里而近，面離背坎，其祔葬者，爲俊一、吉三、吉四、良一、良二、良三、良六、唐一、唐三、唐七、可一、可二、可四、可九等公。元明之間，居馬村者日以衰替，而洞山支瓜瓞蔓延，以至各展先墓居洞山者，止祭真三，而於墓前樹桂巖公墓碣，墓後封桂巖公虛塚，碑曰“勝三公提領之墓”，而馬村關峯塢莫一顧焉。迨至明崇禎中，居馬村者嗣幾斬，遂將墓山交出洞山支管領，於是七賢關峯始合而一焉。七賢山坐落三十四都九圖藏字號，計系山五則，原額二畝九分六釐，砂形畧存个字格第，來脈不甚清，幸餘氣甚長，關峯塢離龍發脉，安穴極高，最爲合法，但葬經主離鄉而發，此雖術家之言，而予宗不能大振者，或以此歟？兩公墓圖，前曰說者闕疑也，後曰記者傳信也。

　　二十世孫尚謨又識。

　　　　　　　（清馬顯曠等纂修《［江蘇吳縣］古吳西洞庭馬氏家乘》　清乾隆四十五年刻本）

浙江嵊縣楊氏墓圖

庵谷山 谷山寨 案屋
檬山坡
坵 坵 坵
坵楊家 塘 坵 塘
坵屋四畝沖 坵 細塘坡 坵 田沖 田畝米 女
塘 田蕩 庚申 女
林家沖 坵 坵田塘 木星山 塘田 虎
蜈蚣形 塘田 甲 杉
二畝沖 岩 坵屋虎形廟 庚 田蕩 中古山
塘田沖 屋田 石箐田
熊家大山 坵蝦眼 屋田
石坦閘 坵
水去 坵田 坵 水去

浙江嵊縣楊氏墓圖記

　　右圖在甯邑十都九區扶王山，老祖也。辭樓下殿逶迤數十里，頓起屏峯，結銅鑼山爲少祖，盤鬱曲赴馬頸坳開嶂抽中脉，至頂石坡，向北結局，正邦妻劉氏啓葬。屋對岸結木星，葬作堂妻劉氏，午山子從。右矗矗星峯，起伏數節，向西結鳳形，葬碧枝、楚卓，辰戌向。左穿障出脉，結木星，代爵妣石氏啓葬，甲庚向。左砂鐘鼓山，代歷啓葬。砂左虎形，葬承楚。右大峯開障，向南至栗山坡，結兩乳。左乳葬正邦，寅申向；右乳承韜啓葬，丑未向。栗山坡曲下細塘沖，宗錦啓葬，卯酉向。從右啓障至二畈沖蜈蚣形，宗斌妻陳氏啓葬，乙辛向。左坡上圓椅形，葬惟五妻周氏，卯酉向。又栗山坡向南至屋後虎形，紹姜母劉孺人啓葬，壬山丙。至四畈沖木星，葬存心，甲山庚。沖口蝦蟆石，葬宗賢、宗華，艮山坤。林家沖尾，葬宗伯。跌馬洞左鳳形，世俊公啓葬，坤山艮。洞右屋後金星，九修母廖氏啓葬，甲山庚。又轉至茶園坡木星，葬潤春妻蘇氏，辰山戌。左至羅家坳虎形，惟爵妻魏氏啓葬，寅申向。羅家坳過峽月形，代麒啓葬，庚甲向。檀樹沖口土星，永禮啓葬，乾巽向。以上諸山，公私祔葬，詳載《世系》，閲譜自悉。是爲説。

　　光緒辛巳孟秋月，隆望、信公後裔同識。

　　　　　　　　　　（《[浙江嵊縣]剡西楊氏宗譜》　清嘉慶十五年木活字本）

江蘇無錫浦氏始祖墓圖

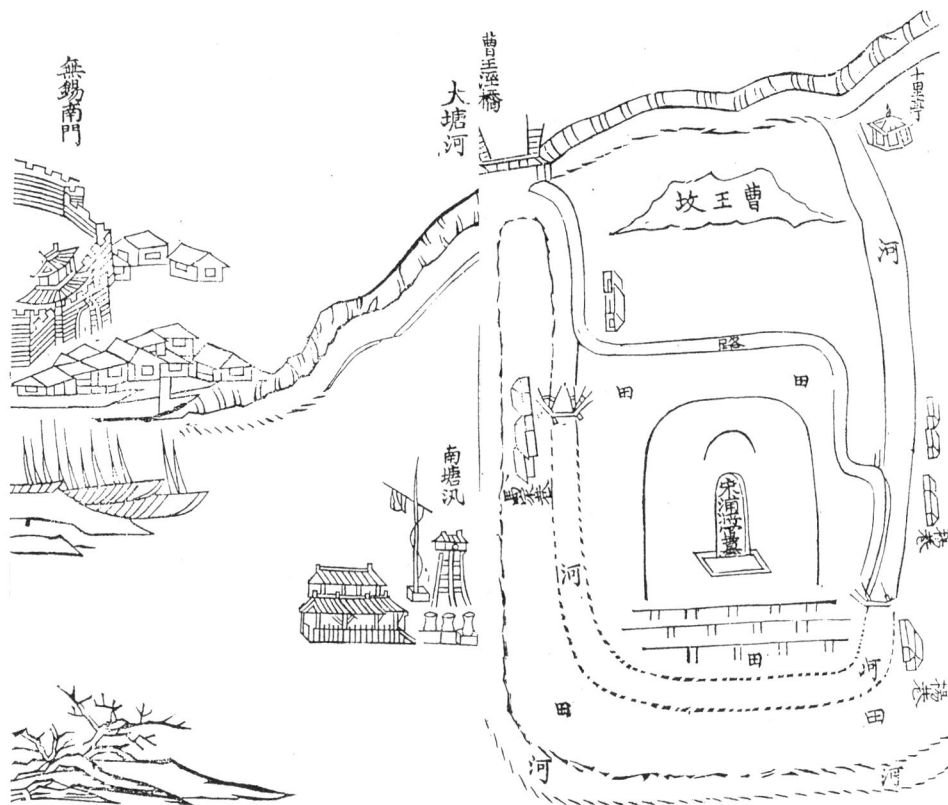

江蘇無錫浦氏宋始祖平南大將軍墓碑記

尊祖則敬宗,敬宗故收族,而譜之作,尤宜詳於墓。宋平南大將軍鵬飛公,諱沖吾,浦居錫之祖也。原籍山西太原府太谷縣,於開寶八年從曹武惠王南下,留守吳中,卒於鎮署,葬無錫南門外十里陽明鄉曹王涇。《邑誌》載之,正譜胄望註之。其涇南通震澤,北屬漕渠,旁有支濱,隨涇東轉而南環於墓之西南東三面,北有墩,曰曹王墳,涇之所由名也。墓向東南,東十五步,西十四步,南北皆十六步,坐方字一千二百零六號墩,糧九分六釐七毫,全浦世墓辦糧。嗚呼!圖與記詳之,以備考耳。惟後之人視譜知圖,視圖知墓,因之護藩籬,培薪木,慎祭掃,防侵損,即謂圖以敬宗譜以收族也可。

嘉慶庚辰三月,中行瀾分二十六世孫廷袞繪圖崧恭記。

(清浦崧等纂修《[江蘇無錫]前澗浦氏續修宗譜》 清嘉慶二十五年世守堂刻本)

浙江鄞縣秦氏周家漕墓圖

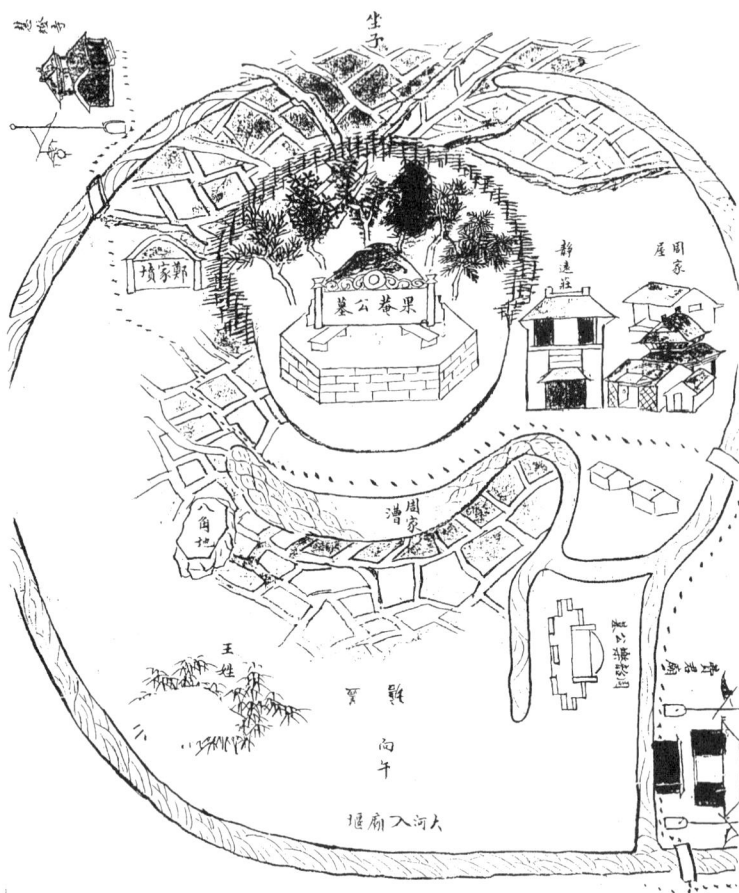

浙江鄞縣秦氏周家漕墓記

　　坐落二十都費君廟西北畔周家世漕,果菴公自蔡家山遷葬於此,穴坐子向午,攔土隸書"寧靜致遠"四字,慕亭傅夢元先生題。兩旁皆松栢。龍自北來,過峽處,每有兩漕作束,至墳後四峽,上沙鄭氏墳,下沙周姓宅基墳。前低田作内明堂,明堂外官路,西首田水皆落此漕,久旱不涸,外有土埂一道,其水向下沙周姓宅基屈曲南流,過費君廟前,出大港西流,至廟堰入江。蓋塘高田數十畝,西有小墩,土名八角地,作印東南有一漕。蓋塘之水皆落于此,至莊門外合流。墳之東畔有高地一方,再東即靜遠莊。來龍入手,其田作人字形,遠案朝橫溪百步尖。葬後相地者,如周鐵山、何梅屐、俞含笙諸先生,皆云極佳。以前蔭木被人盜砍,縣中皆有案,我後人須時常栽培,并責成莊人看守,毋怠!

浙江鄞縣秦氏靜遠莊圖

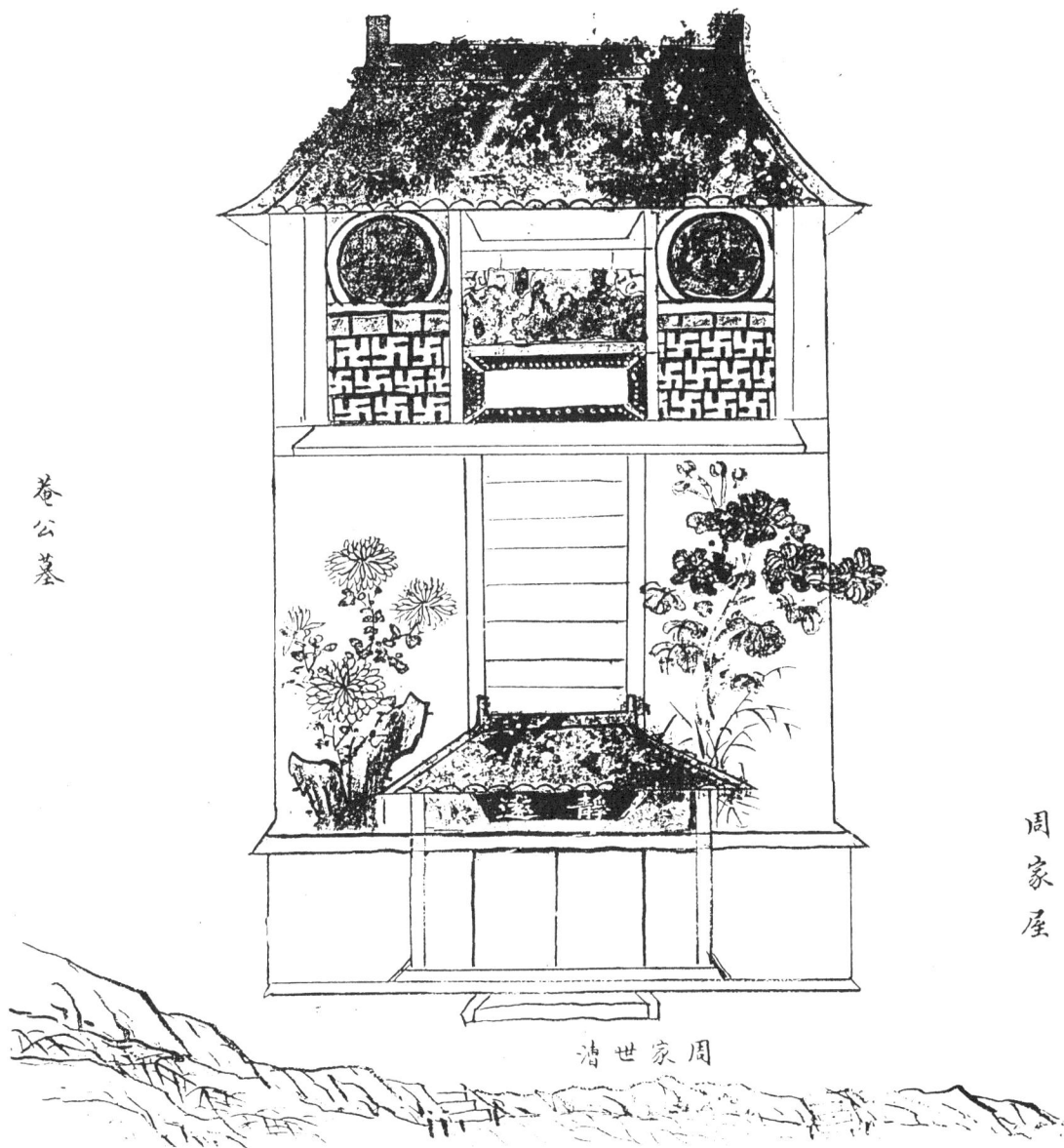

巷公墓

周家屋

周家世渚

静墓

浙江鄞縣秦氏靜遠莊記

莊一座,坐落墓之東南,坐北朝南。臨河門屋一間,正屋三間,中奉香火,四圍墙垣,門扇壁絡木柵俱全。内厨灶桌櫈物件,俱有交單,着莊人看守。蔭木給田四畝,每年秤穀四百觔,歸公莊。有"寧遠"二字額,野堂公記,今改作"靜遠"。莊内不許借放農具,違者,莊人逐出。

墳莊各契畧節

乾隆廿二年十二月,吳李氏來民地七分,内兩壠。四至:東士誠地,南大路,西得業地,北周姓地。又一壠,東周姓地,南大路,西得業地,北周姓地。

乾隆廿七年四月,鄭可封來民田一坵,計一畝,土名地園。四至:東高地,南河,西田塍,北周處地。

乾隆三十四年三月,周德順來民田一分,土名四分。四至:東周世元田,南河西得業田,北東起昆地,西有能地。

乾隆三十五年二月,周有能來地二塊,計三分零,土名屠家園。其一塊,四至:東世標地,南得業地,西同北,契内折號。又一塊,東世標地,南契内折號,西得業地,北陳處田。橫直共計三壠。

乾隆三十五年二月,周起昆來地二分零,土名屠家園。四至:東□□,南秦姓地,西同上,北□□。

乾隆四十五年四月,王尚猷來民田二坵,計一畝二分,土名高田,係此字九百二十號。四至:東周姓地,南河塘,西周姓地,北契内算田。

又算田,係此字九百廿一號。四至:東□□,南契内高田,西北秦姓田。

乾隆四十五年十二月,周廷賢來田七釐,土名高田。四至:東得業田,南周姓地,西周姓地,北田塍。

乾隆四十九年十一月,周世顯來民田三分,土名下秧田,計一畝九分,内一畝五分年前永賣與秦姓,今所有四分内永賣三分。四至:南折田,東得業田,西北同。

（清秦嗣瀛等纂修《［浙江鄞縣］董西秦氏宗譜》　清道光七年六訓堂木活字本）

江蘇鎮江鄒氏南岡村祖塋圖

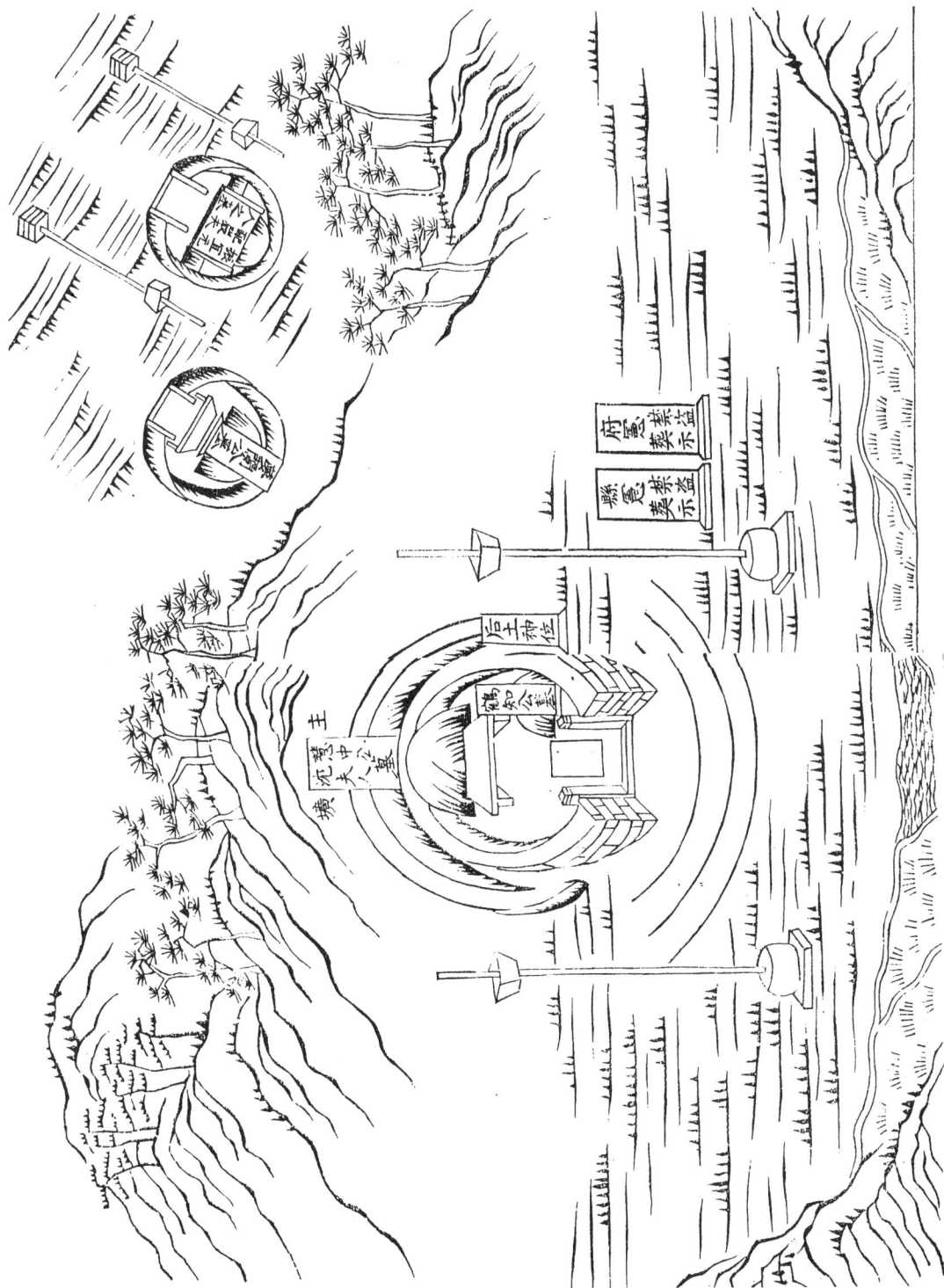

江蘇鎮江鄒氏南岡村祖塋圖記

右《南岡村赤字圩祖塋全圖》。塋在城南十七區十五都四圖南岡村赤字圩仙人山枝，其上面丑背未，一壙三棺二穴。主穴二棺是七世祖慧中公同配沈夫人墓，左穴一棺是八世祖鶴知公墓。此山三契。　一、乾隆二十三年虞大文契，十七區十五都四圖赤字圩□□號，計二畝有零，土名仙人山，東至山脚徐宅山爲界，西至山頂正音山爲界，南至馬宅山爲界，北至項宅山爲界。　一、乾隆二十五年馬文獻契，十七區十五都四圖赤字圩五號，計山六分，土名仙人山，東至徐宅山爲界，西至巫宅山爲界，南至馬宅山爲界，北至本宅山爲界。　一、乾隆四十六年袁正龍正瑞契，十七區十五都四圖□□圩□□號，計塘埂一條，東至塘爲界，西至賣主爲界，南至山爲界，北至袁正祥爲界。共山二畝六分零。在山柴薪，仍給上首各姓，以抵條糧看墳雜費。嗣又置墳前袁天朗祭田一契。嘉慶十年袁天朗契，二區十四都十五圖善字圩□□號，計田一畝五分，又塘二分，土名陳忠家田，東至天彭地爲界，西至天禄心瑞地爲界，南至天壽地爲界，北至天祺地爲界。計田一畝五分，塘二分，共推實差一畝五分二釐，條漕在十六區雲山坊鄒一和户内完納。又嘉慶十五年，袁天祺轉當田三塊，共一契外上首三契。一、上首契，二區十四都十五圖善字圩□□號，計田七分八釐，土名草甫田。　一、上首契，二區十四都十五圖善字圩□□號，計田六分，土名老隴地。　一、上首契，二區十四都十五圖善字圩□□號，計田五分，土名賣家田。計田一畝八分八釐二，共祭田三畝五分八釐，均袁天朗領種。此山于嘉慶十五年，突被孫姓執袁僞契，盜葬界内之地，當經稟官提究押讓，旋反疊控各上憲並兩次赴京，在都憲衙門控告，都憲移咨撫憲百初勘訊，撫憲轉委臬憲毓，臬憲轉委蘇州府憲陶、候補府憲趙、鎮江府憲盧勘訊，將孫姓盜佔實情一一審出，孫姓知情虧理屈，自甘拔棺讓地具結。各憲念孫姓已知悔過，僅革生員照，不應重律折責發落，移咨都憲結案。嗣復呈求府憲盧、縣憲李，給發侵佔盜葬禁示二道，鐫石豎立壙左，以杜訟端。其山後左臂有左右二壙，左一壙一棺一穴，是十世夢蘭之墓，右一壙一棺一穴，是十世振宜之元配嚴淑人之墓，均有碑碣。嚴淑人山二契。一契馬姓山二畝，東至袁宅山爲界，西至地脚爲界，南至袁宅山爲界，北至袁宅山爲界。　一契袁姓山五分，東至本宅山爲界，西至本宅山爲界，南至賣主山爲界，北至徐宅山爲界。共山二畝五分零。所有柴薪仍給賣主，抵補條糧看墳之費。恐後世子孫不盡曉合，並誌此。

（清鄒敏等纂修《［江蘇鎮江］潤州鄒氏宗譜》　清道光八年肇禋堂木活字本）

江蘇鎮江鄒氏八世祖樸齋公塋圖

江蘇鎮江鄒氏八世祖樸齋公塋地畝數圖

八世祖樸齋公塋地畝數圖

一半圭式東南西南共長九十五弓
對折計四十七弓五分
東北寬九弓
共積二百一十三弓七分五厘　對折計四弓五分
二四化畝八分九厘零六

一大斜方式東西共長九
十一弓　對折計
四十五弓五分
南北共長六十二弓
對折三十一弓
共積一千四百一十弓
零五分
二四化畝五分八分七厘七毫

一弧矢式弦長四十一弓
共長六十二弓　矢長二十一弓
共積六百五十一弓　對折計三十一弓
二四化畝二畝七分一厘三毫

三式通共計九畝四分七厘九毫六絲

道光丁亥冬月
孫　提震　履謹　履發　敬繪

墳墻週圍　穿心六弓
樸齋公墓
土神
塘門至山脚　界
直長十八弓

右山脚四十一弓並誌
三弓塘左山脚至塘
塘前山脚七十
一　塘後頂界至

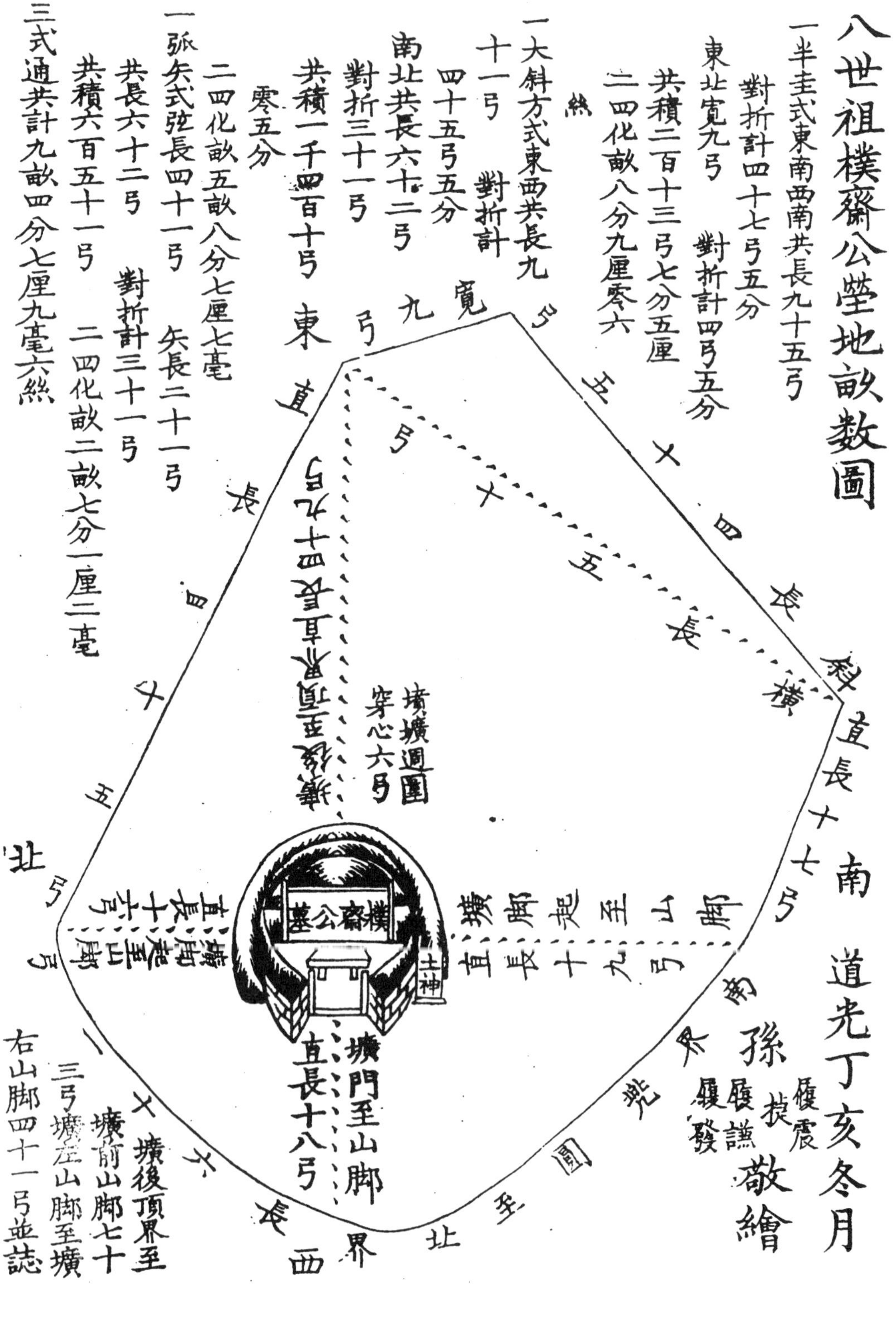

江蘇鎮江鄒氏八世祖樸齋公塋圖記

　　右《劉莊村南字圩祖塋全圖》。塋在城西二區十四都西十五圖劉莊村南字圩高驪山枝驢子灣王家山嘴，其上一壙一穴，面庚背甲，是八世祖樸齋公墓。此山五契：　一、嘉慶元年丁松友契，二區十四都西十五圖南字圩□□號山地一塊，計五畝有零，土名王家山嘴，前至山脚田爲界，後至東山頂爲界，左至南山脚謝宅平地爲界，右至北山脚田爲界。外田三畝，見後祭田；　一、嘉慶十九年丁軼羣契，二區十四都西十五圖南字圩□□號山地一塊，計三畝有零。土名王家山嘴，東至嚴宅山爲界，西至鄒宅山爲界，南至山脚爲界，北至巫宅山爲界；　一、嘉慶元年巫瑞芳契，二區十四都西十五圖南字圩□□號山脚一塊，計半分，土名□□□，寬八尺長二丈五尺；　一、嘉慶二年巫明倫契，二區十三都五圖南字圩□□號山脚田一塊，計二分，土名驢子灣，東至買主山脚爲界，西至買主山界爲界，南至山脚爲界，北至田坎爲界；　一、嘉慶二年謝啟廣契，二區十四都西十五圖南字圩□□號山地一塊，計三畝零，土名驢子灣，東至田爲界，西至田爲界，南至田爲界，北至買主山爲界。計山十一畝二分零。又墳前挑接右首沙嘴謝聲和一契，嘉慶八年謝聲和契，二區十四都西十五圖南字圩□□號山地一塊，計一畝，土名黄塘凹，東至古墳爲界，西至買主田爲界，南至謝國治田爲界，北至吳宅地爲界。此山挑接沙嘴，又外用丁佩聲契内田八分，共有一畝八分。計山一畝二。共十二畝二分零。除巫瑞芳、謝聲和二家柴薪抵補條糧看山雜費，其餘四家共推實差一畝三分，條漕在十六區雲山坊鄒麟户内完納。墳山弓口全圖附墳圖後，其祭田另繪田圖並記。

　　　　（清鄒衍慶等纂修《［江蘇鎮江］鄒氏重修宗譜》　清道光八年肇禮堂木活字本）

江蘇鎮江鄒氏八世祖樸齋公配丁夫人祭田圖

江蘇鎮江鄒氏八世祖樸齋公配丁夫人祭田圖記

　　右南岡村圩字圩《八世祖樸齋公配丁夫人塋前祭田全圖》。田在城南二區十四都東十五圖南岡村圩字圩白石山枝,土名諸賢圩。塋前祭田,嘉慶元年共買九契:　一、嘉慶元年,袁在中契,二區十四都十五圖東字圩□□號田二坵,計二畝二分五釐。一坵一畝,土名大塘口,東至大路爲界,西至塘爲界,南至天椿田爲界,北至陳宅田爲界。又一坵,一畝二分五釐,土名窨頭灣,東至山爲界,西至水溝爲界,南至陳宅田爲界,北至陳宅田爲界。　一、嘉慶元年,袁天祺契,二區十四都十五圖圩字圩□□號田二坵,計二畝八分。一坵一畝三分,土名織機灣,東至塘爲界,西至天椿田爲界,南至天楷田爲界,北至陳姓田爲界。又塔字圩□□號田一坵,一畝五分,土名窨頭灣,東至山爲界,西至地脚爲界,南至正音田爲界,北至陳姓田爲界。　一、嘉慶元年,袁天椿契,二區十四都十五圖圩字圩□□號田一坵,計二畝二分,土名織機灣,東至天祺爲界,西至本山爲界,南至天楷爲界,北至大路爲界。　一、嘉慶元年,袁天松契,二區十四都十五圖上字圩□□號田一坵,計一畝五分,土名大塘口,東至塘爲界,西至陳宅爲界,南至水溝爲界,北至陳正傑爲界。　一、嘉慶元年,袁天楷契,二區十四都十五圖東字圩□□號田一坵,計一畝四分,土名織機灣,東至水溝爲界,西至本山爲界,南至陳宅田爲界,北至天椿田爲界。　一、嘉慶元年,袁國全契,二區十四都十一圖圩字圩□□號田一坵,計一畝二分,土名搖車圩,東至陳宅田爲界,西至山爲界,南至陳宅田爲界,北至袁宅田爲界。　一、嘉慶元年,袁國用契,二區十四都十一圖塔字圩□□號田一坵,計一畝一分,土名鑰匙田,東至水溝爲界,西至陳宅田爲界,南至正敏田爲界,北至陳宅田爲界。　一、嘉慶元年,袁正弼契,二區十四都十一圖圩字圩□□號上下二坵,計一畝五分,土名落蕩田。上落蕩一坵,東至本山爲界,西至陳宅田爲界,南至陳宅田爲界,北至正卿田爲界。下落蕩一坵,東至正音山爲界,西至正卿山爲界,南至本山爲界,北至巫宅田爲界。　一、嘉慶元年,袁天福契,二區十四都十一圖東字圩□□號田二坵,計一畝六分。一坵,八分,土名大路□,東至大路爲界,西至正魁田爲界,南至本山爲界,北至心秀田爲界。又圩字圩□□號田一坵,八分,土名乙三田,東至正鼎田爲界,西至天富田爲界,南至塘口爲界,北至天榮田爲界。計田十五畝五分五釐,係袁在中叔姪五房領種,夏納乾麥三担一斗一升,秋納熟米十担零八斗二升二,共米麥十三担九斗三升,除内提貼看山米麥八担二斗一升,袁天俊即天進,又情懇讓去一斗六升四合,淨納熟米五担五斗五升六合。一、袁在中子天輝、天坤,種九號、十號,共田二畝二分五釐,應納熟米一担五斗九升三合。　一、袁天祺子心裕、心禕、心褑,種三號、六號,共田二畝八分,應納熟米二担零二升七合。　一、袁天松同姪心鼎,種十四號田一畝五分,應納熟米一担零八升六合。　一、袁天楷種四號田一畝四分,應納熟米一担零一升四合。此田今天楷退出,立有筆據,聽招領種。今幫看墳山人袁天俊領種,情懇照天楷之租,讓去一斗六升四合,每年淨納熟米八斗五升外,袁天俊代種二號、五號、七號、八號、十一號、十二號、十三號,共田七畝六分,所出籽粒,均與袁在中家叔姪催給幫看之費。嘉慶十二年,又買一契:嘉慶十二年,袁天俊契,二區十四都十一圖境字圩□□號田一坵,計一畝六分五釐,土名大路口,東至陳宅田爲界,西至本路爲界,南至正炳田爲界,北至心仁田爲界。計一畝六分五釐,係袁天俊領種,夏納乾麥三斗五升,秋納熟米七斗,因念幫管墳山,讓去麥租三斗五升,米租三斗,每年淨納熟米四斗二。共計田十七畝二分,除二家提貼看墳米麥外,淨應納熟米五担九斗五升六合。以上共推實差十六畝九分二釐五毫,所有條漕,俱在十六區雲山坊鄒麟户内完納。

　　　　(清鄒敏等纂修《[江蘇鎮江]潤州鄒氏宗譜》　清道光八年肇禋堂木活字本)

江蘇鎮江鄒氏八世祖樸齋公塋前祭田圖

江蘇鎮江鄒氏八世祖樸齋公塋前祭田圖記

　　右劉莊村南字圩《八世祖樸齋公塋前祭田全圖》。田在城西二區十四都西十五圖劉莊村南字圩高驪山枝驢子灣王家山嘴。塋前祭田共九契：一、嘉慶元年，吳起鳳契，二區十四都西十五圖南字圩□□號山地一塊，計三分，土名汪塘凹，改田五分，東至己田爲界，西至謝宅山爲界，南至田邊爲界，北至謝宅山脚爲界。一、嘉慶二年，丁佩聲契，二區十三都八圖南字圩□□號山田一坵，計二畝八分，土名關門田。　一、嘉慶三年，丁化幹契，二區十三都八圖南字圩□□號山田三坵，一坵二畝二分，又靠高田一坵，計七分，又小高田一坵，計一分，合成一坵，計三畝，土名四畝田，東至謝宅田爲界，西至山爲界，南至謝宅田爲界，北至買主田爲界。　一、嘉慶十一年，謝公明契，二區十四都西十五圖南字圩□□號山田三坵，計二畝五分，土名驢子灣，一坵一畝六分，東至買主山爲界，西至謝宅田爲界，南至謝宅山爲界，北至謝宅田爲界；又一坵連上短子一坵，共九分，東至買主田爲界，西至謝宅田爲界，南至買主水溝爲界，北至謝宅田爲界。

　　一、嘉慶二十三年，吳士金同姪朝盛契，二區十三都五圖南字圩□□號山田一坵，計三畝二分，土名三畝，東至吳姓田爲界，西至本宅田爲界，南至謝宅山爲界，北至本宅山爲界。　一、嘉慶二十三年，謝賢書契，二區十四都西十五圖南字圩□□號山田一坵，計一畝四分零，土名驢子灣，東至本宅田山爲界，西至巫大麒山爲界，南至本宅謝景山田爲界，北至謝宗慧田爲界。

　　一、道光三年，謝宗友契，二區十四都西十五圖南字圩□□號山田二坵，南一坵計四分，北一坵計八分，共計一畝二分零，土名雙田，東至買主田爲界，西至買主田爲界，南至買主田爲界，北至買主田爲界。　一、道光三年，謝宗廣契，二區十四都西十五圖南字圩□□號山田一坵，計一畝零，土名雙田，東至買主田爲界，西至買主田爲界，南至買主田爲界，北至買主田爲界。

　　一、道光八年，謝賢侯、賢儀契，二區十四都西十五圖南字圩□□號田二坵，土名驢子灣，一坵二畝一分，東西北均至買主田爲界，南至山邊爲界；一坵三分，東西南均至買主田爲界，北至山邊爲界。計田十八畝。又前丁松友所賣山契內田一塊。附前山契。計田三畝。二共祭田二十一畝。內除塋前挑塘用一畝五分，又接右首沙嘴用八分，二共用田二畝三分，淨存田十八畝七分，七家領種。夏納乾麥共三担三斗九升四合三勺，秋納熟米共七担五斗五升五合。一、巫大楠、大椿、大懷兄弟三人，領種一畝五分。夏納乾麥二斗二升五合，秋納熟米五斗二升五合。　一、謝宗福領種八畝。夏納乾麥一担二斗，秋納熟米二担八斗。　一、吳士金領種一畝零。夏納乾麥二斗三升三合三勺，秋納熟米五斗。　一、吳朝盛領種二畝一分零。夏納乾麥四斗六升六合，秋納熟米一担。　一、謝賢書領種三畝八分。夏納乾麥八斗二升，秋納熟米一擔六斗三升。　一、謝宗友領種一畝二分零。夏納乾麥二斗五升，秋納熟米六斗。　一、謝宗廣領種一畝零。夏納乾麥二斗，秋納熟米五斗。以上共推實差二十畝零六分七釐七毫，所有條漕俱在十六區雲山坊鄒麟戶內完納。

　　　　（清鄒敏等纂修《［江蘇鎮江］潤州鄒氏宗譜》　清道光八年肇禋堂木活字本）

江蘇鎮江鄒氏祖塋前祭田全圖

江蘇鎮江鄒氏祖塋前祭田全圖記

　　右三茅菴側《談家山祖塋前祭田全圖》，田在城西二區三都三圖三茅菴側寶蓋山枝談家山祖塋前，此田共實差五畝七分三釐三毫，皆在談字圩冊號。按此田在談字圩冊二十號五分八釐六毫，談字圩冊二十二號一畝九分五釐，談字圩冊二十三號二畝三分三釐三毫，談字圩冊二十四號七分三釐一毫，談字圩冊二十五號一分三釐三毫五，共計田五畝七分三釐三毫。是四世祖一儒公所置，後爲族中典出，至乾隆三年七世祖敏公一人措資贖回，繪圖分立五號，並記前後左右弓數：一號前埂二十弓，後埂十九弓二尺，左埂十一弓，右埂六弓三尺。二號與三號合前埂三十二弓一尺，後埂三十四弓，左埂二十八弓三尺，右埂二十八弓四尺。四號與五號合前埂二十二弓，後埂二十一弓二尺，左埂六弓二尺，右埂四弓四尺。所有條漕均在十六區雲山坊鄒一和户内完納，仍諭八世祖光裕公、光國公、光祖公弟兄三人同三里岡金家灣祭田輪流經理，以爲祭掃修葺之資。迄今九十餘年，均是看墳談姓子孫承種分收，各無異説。不意近年談有貴、有富弟兄不遵舊例，將稻麥收割在家再知照往分，本合稟究，念承種有年，伊亦自悔，立有嗣後稻麥請同田主當割當分筆據。其右首山脚水塘四分五釐八毫，實因倚靠塘脚，又兼古樹欲倒入塘，樹今已壞。故續買卜芝高、英菜地一畝開挖新塘，其舊塘則已填平，改爲山脚。新塘比舊日之塘較大，恐後子孫不盡曉，故特記於此。

城西三茅菴側談家山祖塋前祭田原佃情懇
承種嗣後稻麥收割當面割分帖

　　立情懇承種祭田嗣後稻麥收割當面割分帖。談有貴、談有富，情因身祖於乾隆三年領種鄒名下二區三都三圖談字圩二十號田五分八釐六毫、二十二號田一畝九分五釐、二十三號田二畝三分三釐三毫、二十四號田七分三釐一毫、二十五號田一分三釐三毫五，共五畝七分三釐三毫。歷年春麥秋稻收割之時，皆憑鄒姓當面分割。年近身等不合先將麥稻私刈收家，後再邀鄒來分，今鄒欲起田另佃，身等情懇蒙念照管墳山有年，俟後收割照舊請鄒當面分割，不致再蹈前轍，倘有此情，聽憑起田送究。恐後無憑，立此情懇承種祭田，嗣後稻麥收割當面割分帖存照。

道光十七年十一月　日立
情懇承種祭田嗣後稻麥收割當面割分帖

談有貴　押

弟談有富　押

見中:張際唐　押

　　存照

（清鄒衍慶等纂修《[江蘇鎮江]鄒氏重修宗譜》　清道光八年肇禮堂木活字本）

甘肅蘭州李氏始祖塋圖

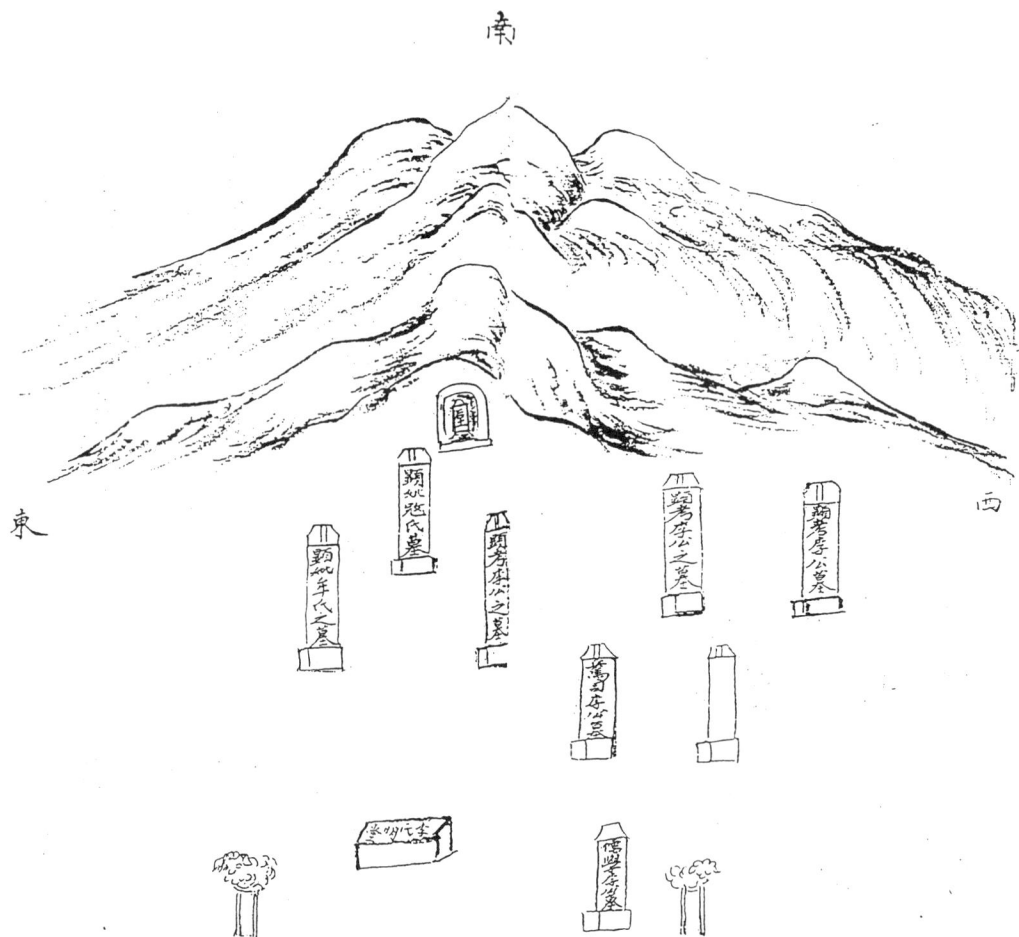

甘肅蘭州李氏始祖塋圖記

　　此始祖塋也。脉占龍爪,向立丁癸,蓋取其生生不息之象也。當我始祖調赴條城,遺我始祖母寇氏並二世名祖家於蘭後,我始祖歸葬原籍,故蘭以始祖母寇氏卜葬焉。自始祖而下依次葬埋,惟塋地遼闊,漸至後世俱靠東葬埋,西則止。有碑銘多係毀滅無跡。因後人多地狹,又向西而葬。葬至十二世,人丁更爲繁衍,各另擇地卜葬,惟長房文選祖父懷德、祖父文有仍卜葬祖塋,故並序之,以誌不忘。其有碑文稍有字跡者,俱抄録附後。至今族人凡居長房者,俱在祖塋卜葬焉。願我族人共知穴地,尊卑無容混焉,可也。

　　懷德謹記。

甘肅蘭州李氏文理公等塋圖

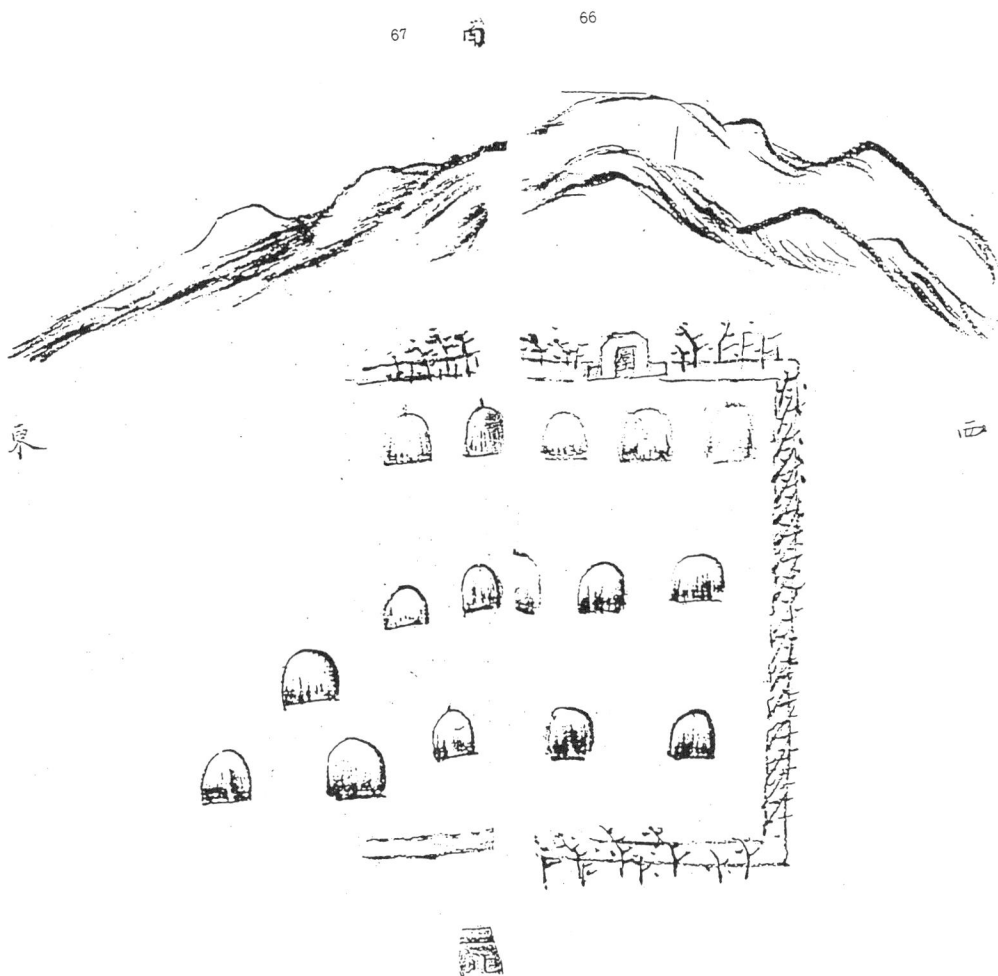

甘肅蘭州李氏文理公等塋圖記

　　此我祖父文理等公之塋也。向占丁癸,地名四十畝園,今葬埋者,俱秉德祖之後裔也。在我諸伯,當稱爲新塋,及至我身仍尊爲祖塋,雖有此塋,而我祖父內亦有同族人卜葬祖塋者矣。惟此塋內,族人並未葬焉。

　　懷德謹記。

（清李懷德纂修《［甘肅蘭州］李氏家譜》　清道光十九年稿本）

上海王氏陸家嘴祖塋圖

上海王氏陸家嘴祖塋圖記

　　乾隆六十年合葬與可公至惠仕公三代於二十四保二十四圖男字圩一百八十號，即先子所謂吾有地六畝在黃浦之東者是也。立亥山巳向兼壬丙分金。首穴與可公李太孺人墓昭穴，廷颺公唐太宜人、沈太宜人墓穆穴，惠仕公張太宜人墓次昭穴，惠昭公黃太孺人墓次穆穴。道光十二年祔葬春泉公周太安人、張太安人、單太安人墓。又東南五步另穴，道光二十年合葬輯庭公張太宜人墓，亥山巳向壬丙分金。

　　　　　　　　（清王壽序纂修《上海王氏家譜》　清咸豐十一年奉思堂刻本）

安徽歙縣新館鮑氏一世祖德彰公暨妣曹太孺人墓圖

安徽歙縣新館鮑氏一世祖德彰公暨妣曹太孺人墓圖記

　　新館之村，礦山帶河。墓在廬舍盡處，別號桐木村，爲始祖考妣墓，與曹氏並葬，曹即始祖贅家焉。過此半里許，即芟草嶺矣。脈從領落，隱而不顯，至墓始覺墳起，蜿蜒入村，遂成里落。墓下爲赴績邑通衢大河，遂而曲折，隔河平岡，長如匹練，爲墓之案。河水聒耳無休息，乃水碓也。輪大於車，轉旋不已。昔孔融曰，水碓之巧，勝於聖人之斷木掘地，信然。父老謂之獅戲繡毬圖。

安徽歙縣新館鮑氏六世祖汝靜公暨繼妣胡太孺人墓圖

安徽歙縣新館鮑氏六世祖汝靜公暨繼妣胡太孺人墓圖記

　　績爲歙之東鄙，越芟草嶺五里，爲界牌嶺，歙、績兩邑交界處也。下嶺爲茭塘，江姓者居多。行五里沙臨溪橋，皆設市廛，舟楫止此，再上，溪水漲涸靡常。由臨溪進五里，爲龍塘鎮，十里爲雄路鎮。鎮將盡顧西而行，大溪橫阻，石梁駕其上，過橋緣溪行里許，號溪西，村社冷落。斜穿村腹，見山下塘廣數畝，循塘陟山，墓在弦上，前面塘，後枕山，西山卯向，是爲汝靜公墓。其來脈起自西北，後隆高嵪，視衆巒如剡巉，跡隱畦時聞崛起，而鋪爲平岡，兩岬下陷如山崿之蹊。數百步外，山復摧婁作勢，前後兩露其頂，墓在前山之陸，左抱墟里，右擁巖塹，古樹紛披，天日罕睹，右下田隴之水，夾流入塘，而漸達於溪，距績城僅十里。

安徽歙縣新館鮑氏八世祖繼仲公暨妣汪太孺人墓圖

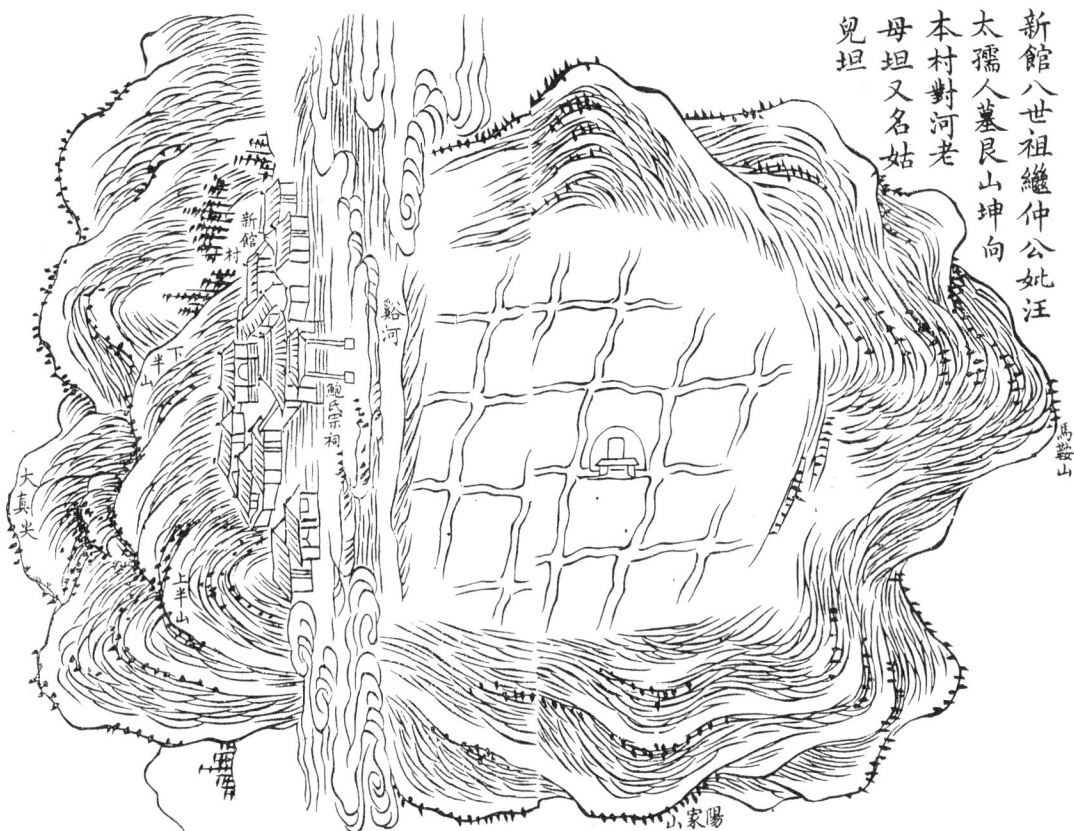

安徽歙縣新館鮑氏八世祖繼仲公暨妣汪太孺人墓圖記

新館之北，渡河而西，地漸高，途亦坦。行數百步，爲老母坦亦名姑兒坦。墓。漸近地勢亦漸低，墓嵜町畦間，轉北而趨墓下。東望陽高，南指新館，西顧涑口，北列馬鞍，四顧空闊。墓之前後畛畷皆高，東下近墓一畦獨低尺許，如詔降爲明堂，有可確據，外此則畎畝，漸增而漸遠矣。

安徽歙縣新館鮑氏十一世祖鳴玉公暨妣江太宜人墓圖

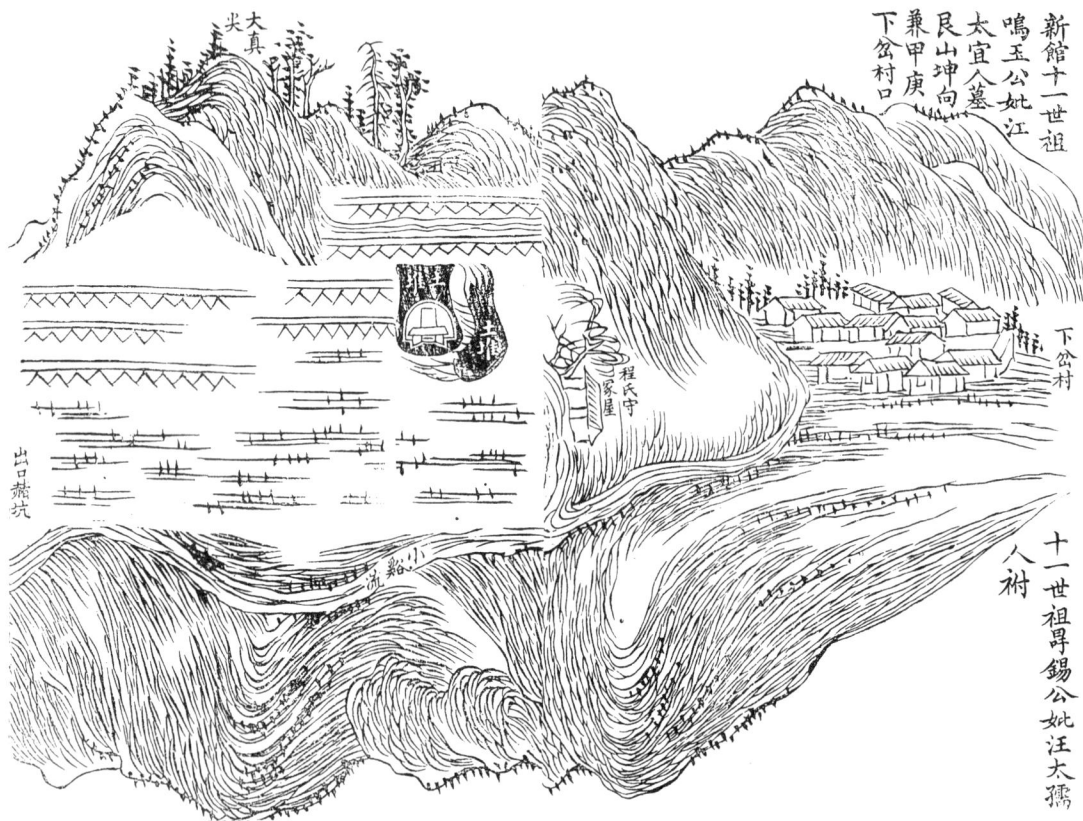

安徽歙縣新館鮑氏十一世祖鳴玉公暨妣江太宜人墓圖記

　　赭坑之前，下岔之口，名葉家坦，土地平曠，谿水淙淙，或山村間，或繞坦左，至墓前，左隅并流環抱，隨朝山之勢，直出赭坑，盤於半月坵角，墓在畊時，穴後層累而上，嶙峋幾接山麓。始疑落脈在是，於是窮跡其地，但見小谿如帶，畫然而止，水即繞坦左出。四顧形勢，或界以畷畛，或限以陂塘，脈絡疑似，無從捉摸，殆神龍見首不見尾歟。穴左護沙，隱隱隆起，過此以往，坡漸低，前行數十武，盡谿乃止。谿外案岫，即係朝山，內顧下岔山窩，露村舍一角，雞鳴犬吠，隱約聽之。

　　（清鮑存良纂修《［安徽歙縣］歙新館鮑氏著存堂宗譜》　清光緒元年著存堂木活字本）

江蘇吳縣嚴氏錦峯諭塋圖

江蘇吳縣嚴氏錦峯諭塋説

　　明贈宫保種杏公配朱氏合葬錦峯諭塋。收字號，主穴癸山丁向兼子午。長子培杏公配葛氏、鄒氏，孫國珍公，國寶公配朱氏，次子贈宫保慕杏公配陸氏，孫封宫保心萱公配吕氏，祔葬昭穆。基地除無糧山地外，廣一十八畝三分，建有石墓門、甬道、月河橋、三拜臺，救亭、翁仲、石馬、石獅、石羊、石虎分列左右，周圍黄石墻垣，陸樹聲志墓。西塋兵部子張公配文氏，副胡氏、吳氏，合葬主穴。山向同上。地廣六畝六分八釐，另建石墓，門顔曰：兵部嚴公合葬墓。長子白雲公配袁氏，祔昭。裔孫斗城配節母李氏，祔左側。墓有節孝坊，並載府縣志。

　　光緒二年孟春十二世孫成勛謹識。

　　　　　　　　　　（清嚴成勛編《［江蘇吳縣］嚴氏家譜》　清光緒二年木活字本）

廣東惠安西河林氏殷太師比干墓圖

廣東惠安西河林氏殷太師比干墓圖説

　　比干公,殷太丁子,帝乙弟,官少師,忠諫而死。周武王克商,封其墓,而銅盤之銘,固可考而識也。墓上"殷比干墓"四字,乃先師孔夫子筆也。其墓字缺一角云。唐太宗貞觀十九年,贈太師謚忠烈。先是,夫人陳氏避於長林石室中,生子泉,後賜名堅,姓林氏,封郡公,食采博陵。公墓在汲郡,今河南衛輝府,去城西北十五里,歷朝祭典。墓東南有田七頃五十畝,前代傳爲供祭,今係汲縣民佃種辦祭,恐年久泯滅,故勒石以誌之。每年四月四日致祭,羊一、豕一、玉帛果酒等品。佃户張岡、張琬、李岡、李讓、崔昇,每種七頃五十畝,爲誕辰費。

廣東惠安西河林氏晉安郡王墓圖

晉安郡王配孔夫人之墓

蒲林始祖祿公墓

閩林始祖

古今忠孝集二祖堂

忠孝有聲二世芳

廣東惠安西河林氏晉安郡王墓圖説

晉安郡王墓,在惠安縣塗嶺大路之旁,坐乾向巽,穴名龍馬毓奇墓。墓頂巖石,古篆鐫有林始祖諱禄公九龍穴墓。墓前明器,尚存石將軍二,石馬二。墓上有碑,題"林始祖晉安郡王禄公墓"。係明嘉靖乙酉,裔孫太子太保刑部尚書俊,命男吏部郎中達書,知惠安縣事新建,萬夔立。天啟丁卯,裔孫惠安教諭齊聖,偕惠安舉人徽龍等,立龍馬毓奇碑于道左,鐫莆田始祖晉安郡王禄公墓道,知惠安縣事安福鄧英書。公墓左傍有祠宇,祀禄公、孔夫人像,以天后從祀,係惠安族人春秋祭奠之所,内懸匾額多三及第者焉。裔孫湄增註。

廣東惠安西河林氏九牧公墓圖説

九牧公墓,在興化郡尊賢里,福平山之原,即今楓林寺積翠庵後。端州刺史葦公居中,以次列左右九墳一行,坐壬向丙。舊誌金井同亥巳,廣十六丈有餘。披公遺囑:唐開元二十六年,開福撫二州山崗置汀州府於新羅城。天寶元年,改爲龍巖州,披公任臨汀別駕十年,諳熟地理風俗,遺囑子孫曰:龍巖今雖改名,尚仍新羅壘,使雄龍吐珠形圖,下吧偏塞,不但立府不成,且必遷徙剿滅,刁悍兇頑,非仁里可擇處也。日後若有改城,環北枕繞,珠光沿溪包裹,則火燄周全,東西南北之山,拱映土壘,五星端正,三水環流,且犀象麒麟羅列水口,當是閩中奥壤。吾子孫遷居於此,乃堪永世,不然,曷若北螺村,涵江左右,足以聚族傳家也。子孫世世記之。

(清林光銓校《[廣東惠安]西河林氏族譜》 清光緒三年新加坡古軒石印本)

廣東惠安西河林氏九牧公墓圖

浙江海寧祝氏祠墓圖

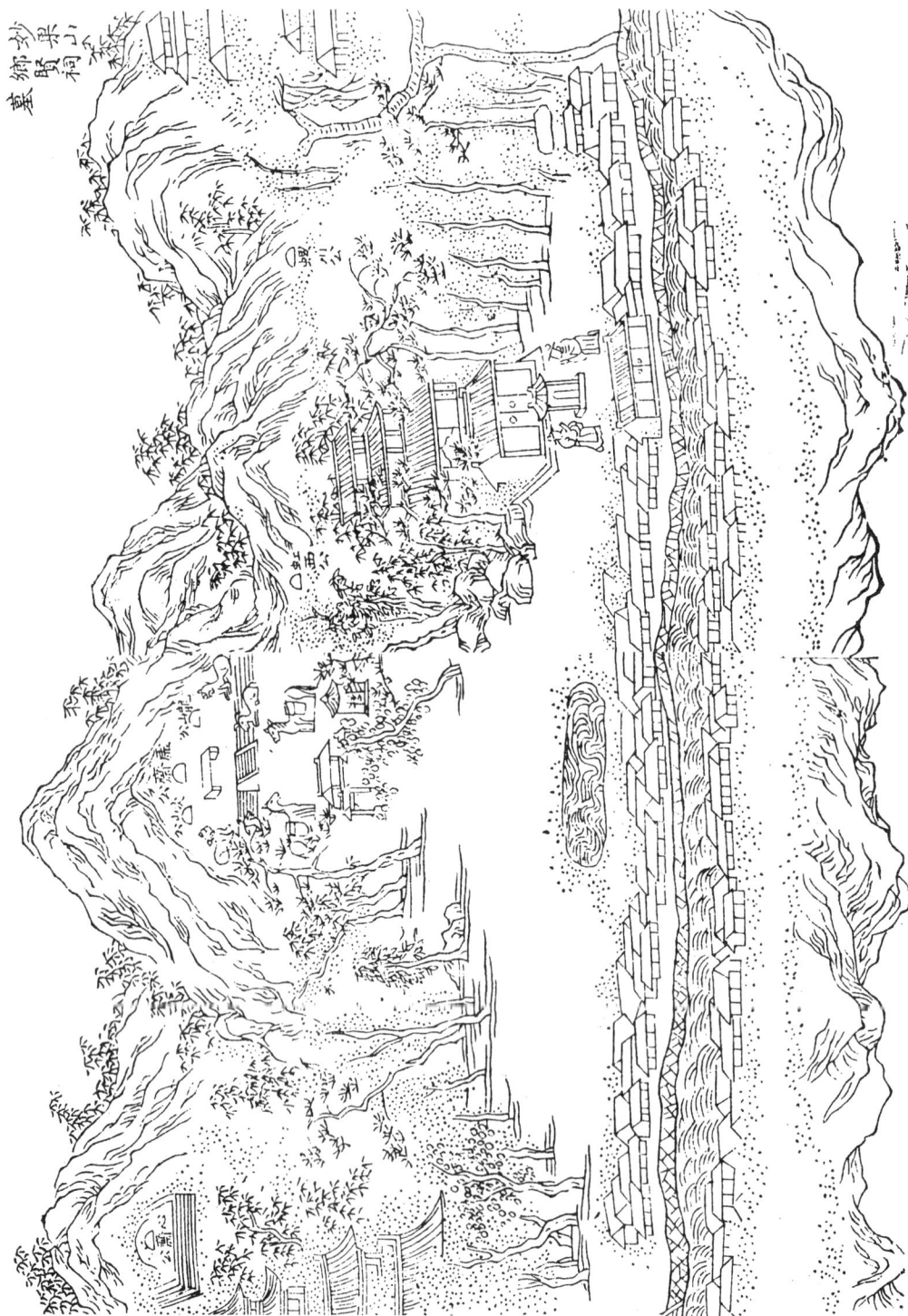

浙江海寧祝氏祠墓圖記

　　右圖在妙果山崇教寺左上方，山右爲明通議祝虛齋公及駕部龍山公、太學次山公合葬之墓。來龍由西塢亥脉博辛入首，水流辰巽穴結，山腰扞戌山辰向，面臨河市外砂，巽巳丙峯環作屏障，左麓建祠。祠之左爲上方諸山重重包裹，右麓爲崇教寺，而其鐘樓，峙于午宮。康熙間，里人有姚公傑者，精堪輿，嘗指上方山謂人曰："百年後，此處合起高閣，其寺之鐘樓當燬。"祝氏塋始爲，純美叩其故，曰："祝之塋辛脉入首以艮爲魁星，今艮方形勢高爽，後必有以樓閣收其勝者，而午宮貴人星峯，受元運之生氣，安得久爲鐘樓所蔽，此五行生剋之定數，故廢興可預卜。"人或未之信。迨雍正初，上方山舊廟興爲城隍行宮。乾隆甲子，殿後山巔赳閣，未幾而鐘樓火，姚之言爲奇驗云。公墓右山嵓爲刑部郎心齋公墓，左數十丈爲虹西公墓，又左爲螺川公墓，皆公裔，俱未得穴情。

同里後學黃德興拜手繪圖并説

（清祝光綏等纂修《［浙江海寧］海昌祝氏宗譜》　清光緒七年清淑堂刻本）

江蘇蘇州吳氏斜堰岭祖塋圖

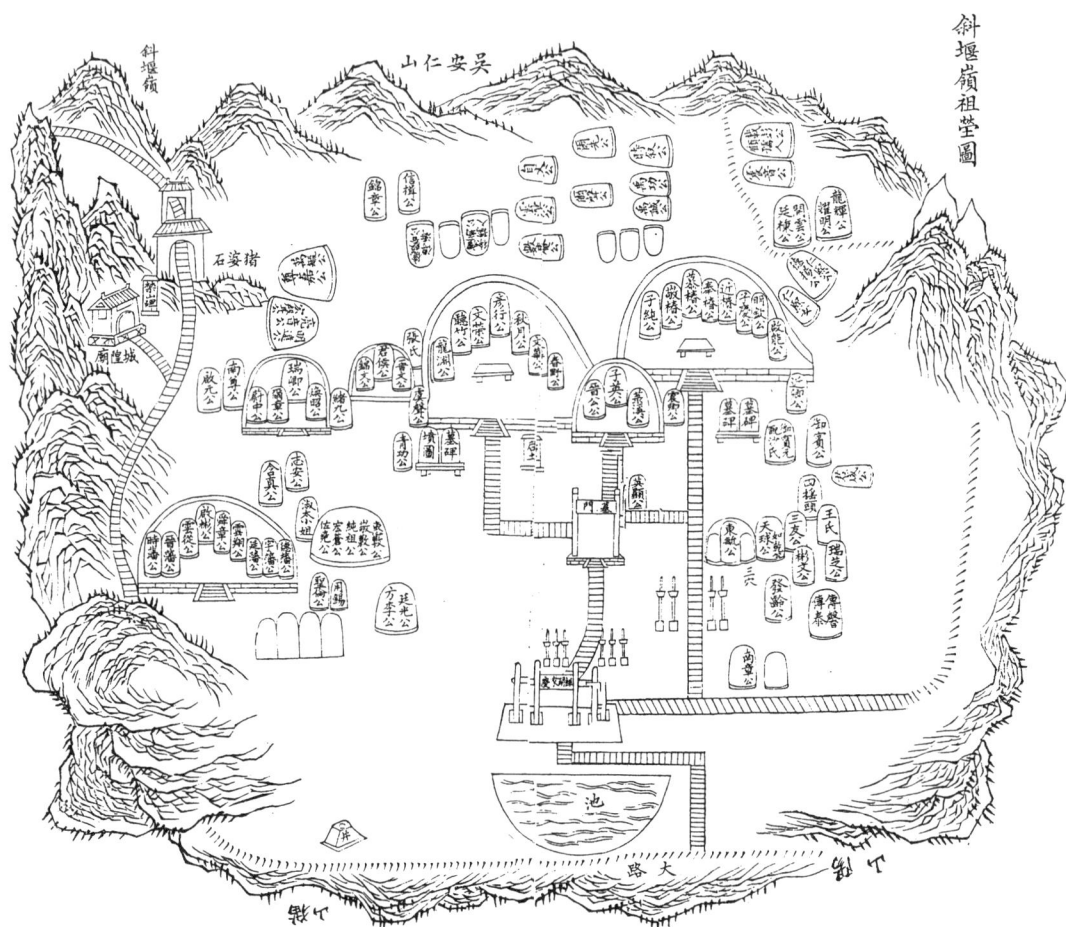

江蘇蘇州吳氏斜堰岭祖塋圖記

　　祖塋自嘉慶五年季春，丈見實地拾玖畝壹分貳釐伍毫，內何姓僭壹百肆拾肆步肆分，鄉城迢遞，稽察難周，第恐再被別姓侵僭，是以於道光九年仲夏，經官丈書陳崑泉覆丈，見實地僅有壹拾陸畝捌分捌釐正，顯係又被人侵僭。事經三十載，一時驟難清理，公議僅就現在丈見實數，另繪新圖，並將每年應完條漕開列於後，俾世世子孫有所考云。

　　計一升五合，則田壹拾陸畝捌分捌釐。有閏之年，應完漕米壹斗叁升貳合。有閏之年，應完上忙銀壹錢壹分柒釐，下忙銀壹錢壹分柒釐。無閏仝。

　　辦糧戶吳府墳。

江蘇蘇州吳氏斜堰岭祖塋清丈圖

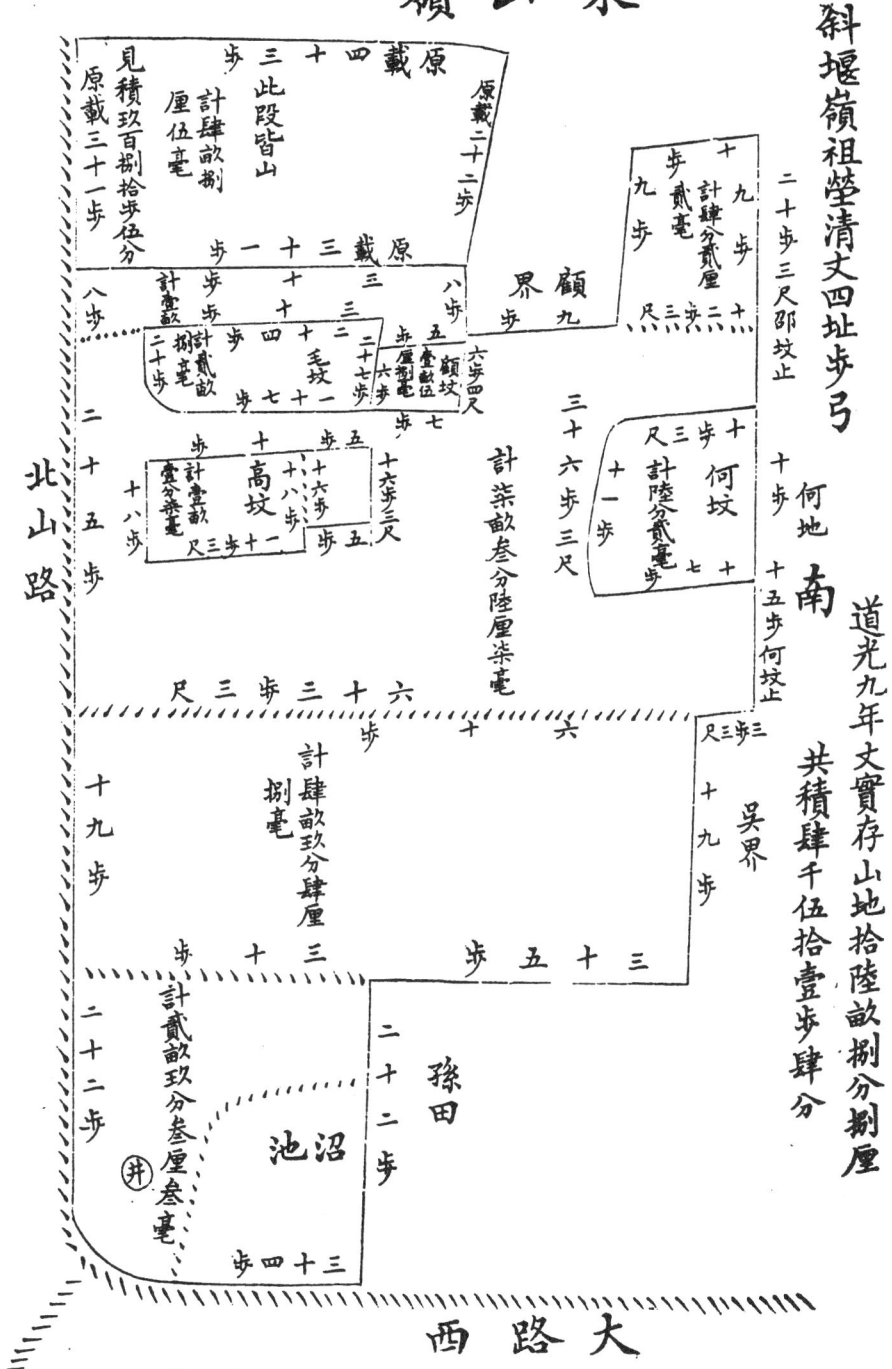

江蘇蘇州吳氏芝巖公墓圖

江蘇蘇州吳氏芝巖公墓圖記

　　芝巖公暨配尹孺人，合葬吳邑一都二十六圖璧字圩吳山城灣內。公子午亭公暨元配陳孺人，祔葬墓右。午亭公長子振豐公暨配鮑孺人，祔于下。振豐公支兩世子姓並祔焉。俱另冢。

　　　　　　（清吳大贇纂修《［江蘇蘇州］皋廡吳氏家乘》　清光緒七年刻本）

江蘇蘇州吳氏芝巖公墓地步弓四址圖

步弓四址圖

共積貳伯伍拾玖步壹分合實山地壹畝捌釐正

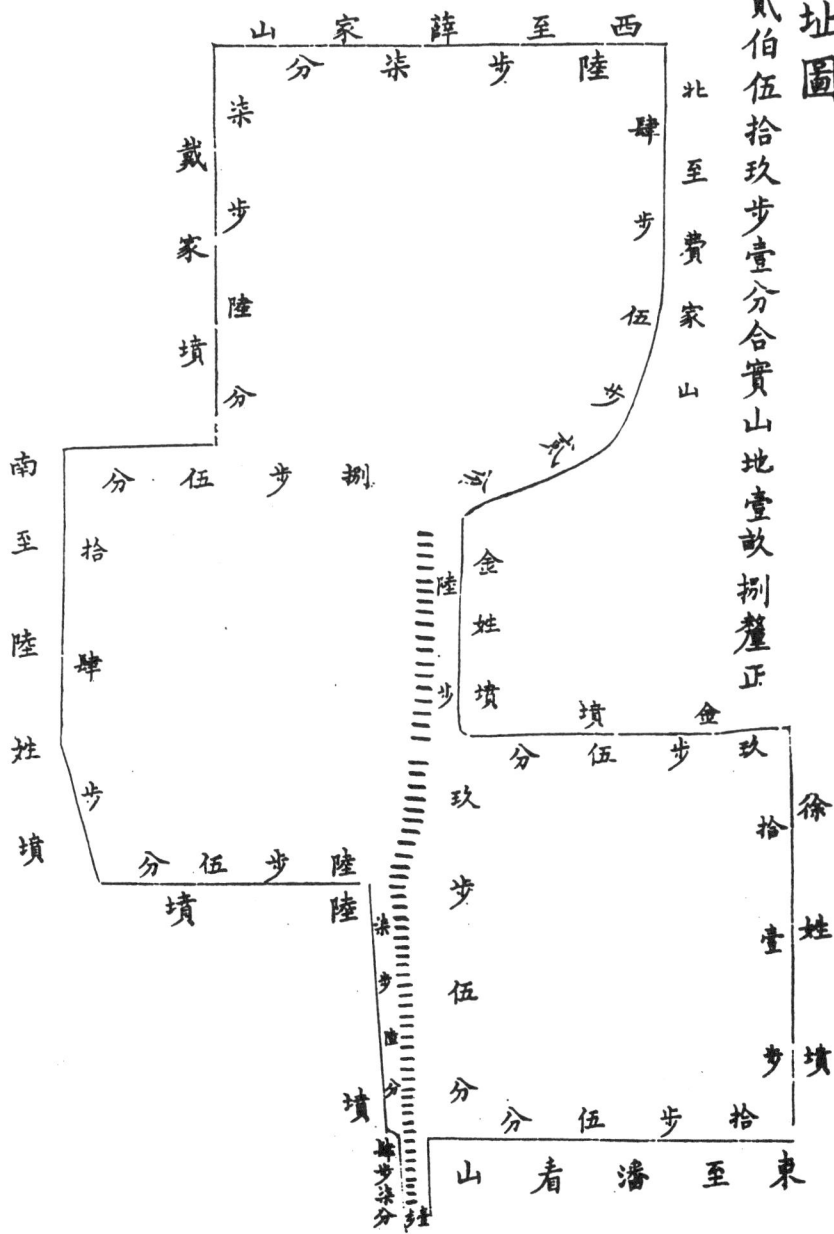

西至陸步柒薛家山分

北至費家山肆步伍步

戴家墳柒步陸分

南至陸姓墳捌步伍分拾肆步

金姓墳陸

陸墳金分伍步玖

徐姓墳拾壹步

陸墳伍步陸分

玖步伍分拾步伍分

東至潘看山

柒步壹分墳鍾步柒分

湖南寧鄉陶氏江家衝墓圖

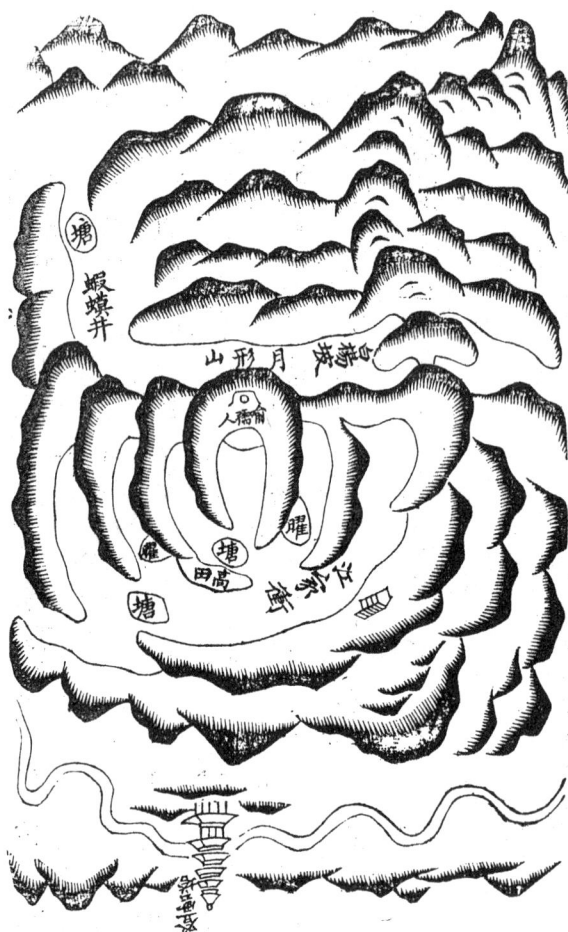

湖南寧鄉陶氏江家衝墓圖記

　　右圖在二都十區獅子山後江家衝月形山，鳴高公繼配喻氏墓。龍自鍋底塘過峽，體勢雄偉，分落此枝，結橫騎龍，穴兩鉗勻厚，唇氈兜起，去龍節節迴顧，有有餘不盡之致，小堂緊暖元辰，水一滴不洩，對面官星出現，文塔作朝，立穴雖在深山，而平原曠野盡在望中。喻孺人葬於乾隆甲辰。後業售楊姓，契內批存墳禁，以本山小坡後抵壙堤，前以坡心橫堤為界，左右均以騎崙直下為界。

（清陶栗村等修《［湖南］寧鄉陶氏家譜》　清光緒八年木活字本）

江蘇無錫朱氏明御史直齋公墓圖

江蘇無錫朱氏明御史直齋公墓圖記

　　明御史直齋公墓坐落開化鄉念四六圖。查浮山實辦山糧化字九號山田五畝，又十號山田十一畝四分，一千六百六十三號高田二畝七分四釐，一千六百八十六號高田四分五釐二毫。主穴直齋公，乙辛兼卯酉向。直齋公側室墓，另石羅城，艮坤向。孝廉藎臣公墓，另石羅城，主穴中長六十五步。齊雲公墓，另穴羅城，濶三丈，下至路，艮坤兼寅申向。塘下另立羅城，主穴子賢公，昭穴雲梯公，穆穴壽益公，東二十五步，西二十四步，北二十一步，旁有潘婆墳。墳佃李阿雙。

（清朱鳳銜彙輯《［江蘇無錫］古吳朱氏宗譜》　清光緒九年敘倫堂木活字本）

安徽績溪許氏遷歙始祖儒公墓圖

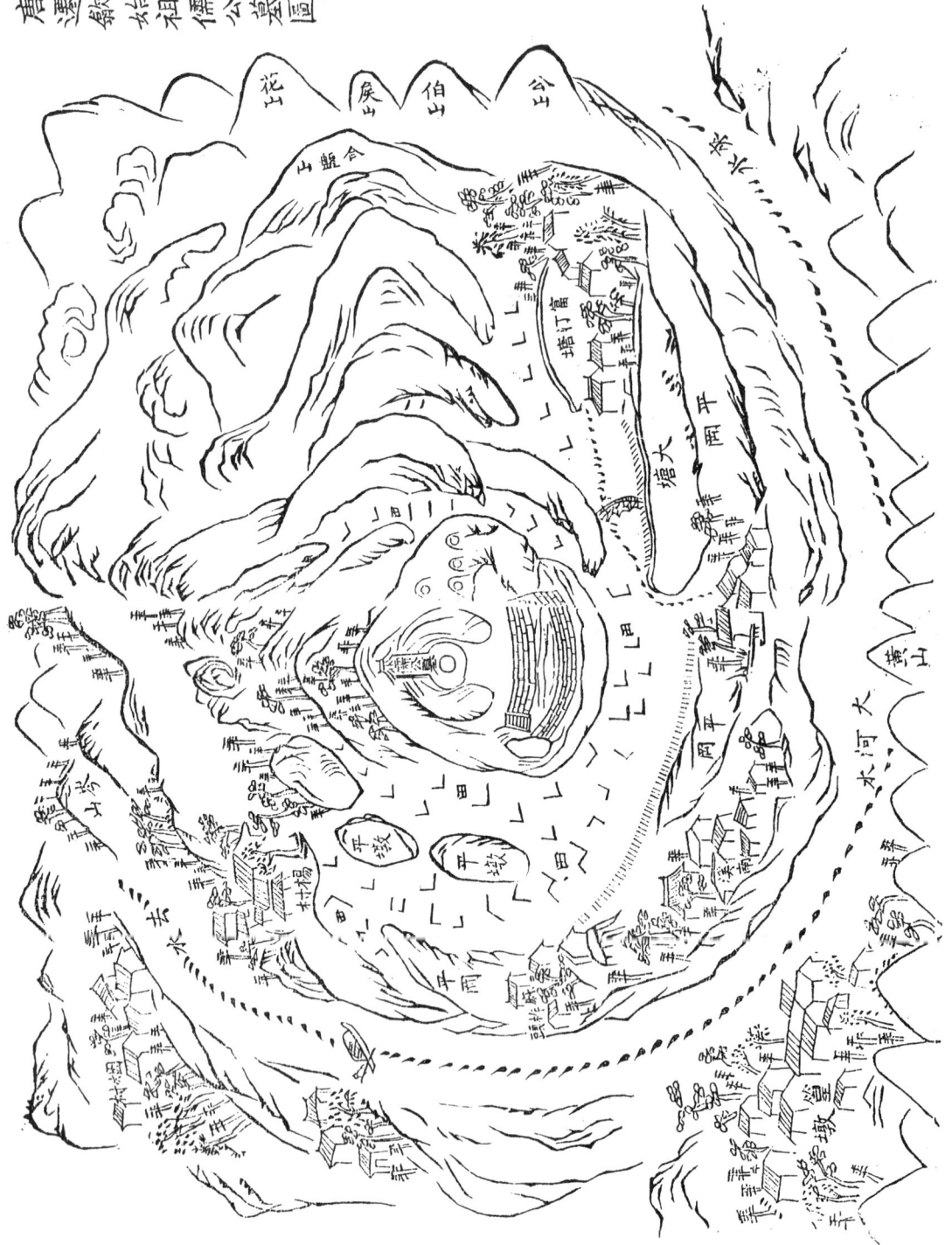

安徽績溪許氏遷歙始祖儒公墓圖記

　　唐遷歙始祖儒公暨安人李氏合葬墓，乾山巽向，加戌辰，坐落歙縣二十五都五圖被字二千三百八十壹號，土名富汀塘頭，計山地稅壹分四釐玖毫。東至鷄箇石，西至自地，南至水溝直下，北至大路。

附 墓 圖 紀 事

　　始祖儒公，生於唐末，不義朱梁，自雍州偕顏姓避地居歙之篁墩程門鍬北坑，隔河不數武，有富汀塘頭山，儒公實卜葬於此。子稠公由篁墩遷昉村，即今之許村。而顏姓亦遷昉村。其時顏、許避地同來，居又同里，亦如朱、陳之世聯媾戚。迄今顏姓僅拾餘戶，而儒公子孫支繁派衍，遷歙、遷伏、遷黟、遷績及遷各省，皆成望族。上溯居歙之始祖儒公、稠公，歷宋元明，世遠年湮，而儒公塋墓竟不知其所在矣。康熙己亥，許村支裔荃等，查考稠公塋墓，因及儒公，按家譜所載，訪尋至富汀塘頭山，詢之土人，咸曰許氏古塚，無祭掃久矣，然不敢遽認爲儒公之墓也。庚子歲，登瀛謁選歸里，躬修掃墓之禮，族人以始祖墓事具告，即買舟親往查勘，墓形山向地記與譜圖毫無差異，猶慮祖墓事體重大，必得確據方可徵信，因步至墓下左側，有小塚露石角，因剗去浮土，係壹小碑碣，上書顏之保安人許氏之墓數字，始信爲儒公之墓無疑矣。考之徽郡，別無顏姓，此顏某許氏，必儒公之女，而附葬於墓左者，同時地鄰鄉老在山公勘，咸以爲然。於是呈明府縣總戎出示茲地，又與許村支裔重修坟墓，並買墓前田地，築砌拜臺，竪立碑碣，集闔郡支下遠近衣頂子孫，擇期往祭，以展思誠。至於清明各支分派祭掃東門，則予一人捐貲置產，每年備船兩隻、祭儀壹壇，集族中文會衣冠，咸奠拜於墓下，分餐頒胙，事無不周。昔宋相國歐陽文忠公，其先考葬於瀧岡，遲至六十年而始表其阡，以紀三朝之錫命。明代總憲鄒公忠介撰白沙墓碣，亦謂今得以衣冠松楸，時酹椒漿，無瞻雲極目之感。茲吾族始祖之墓，自唐迄今，千有餘載，馬鬣崇封久付之荒烟蔓草，而今幸能追訪遺踪，用彰祀典，以發祖宗之潛幽，敢云與歐、鄒兩公比絜齊芳哉。實我始祖儒公歿世不忘之靈，所由默爲召感也。爰叙其顛末，附於圖譜，以誌不朽云。

　　乾隆二年歲次丁巳冬月，古歙裔孫登瀛謹識。

安徽績溪許氏太舅公艮英公墓圖

墓在壹都霍家園，土名蛇墓坑，又呼余家墓。

往字三百七十六號，墳地二十六步半。又三百七十四號，山稅一錢零四釐連地。

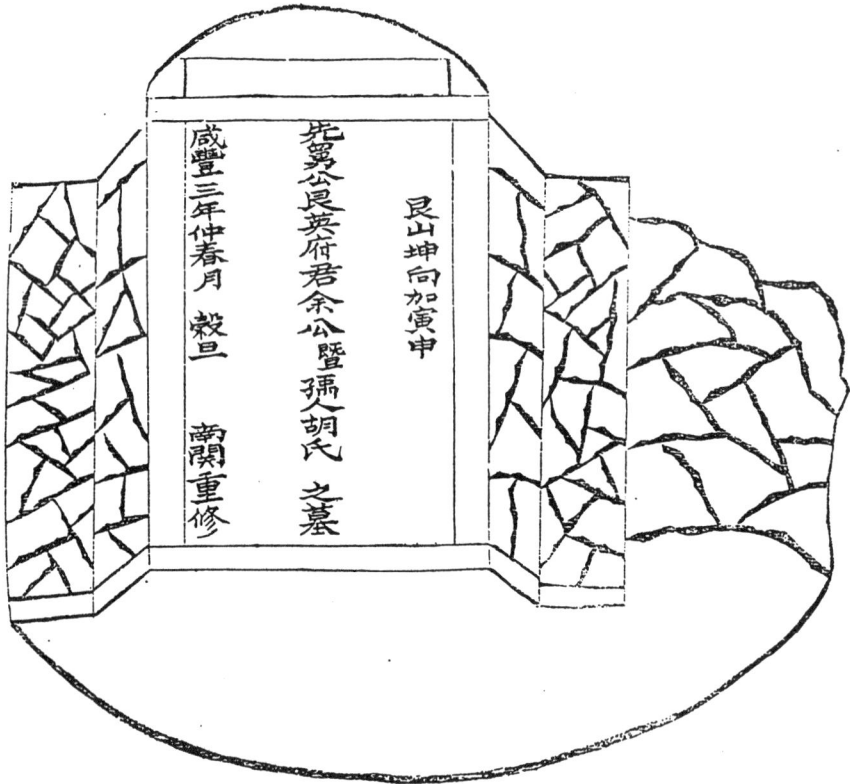

安徽績溪許氏太舅公艮英公墓圖附墓圖紀事

　　昔李克有見人盜其祖墳之樹木者，即手刃之。夫古人保護墳蔭，且如斯之甚，矧其祖墳山地爲人侵佔盜葬，有不義憤冲激者乎？我太舅余公艮英偕胡孺人，明初安葬邑北壹都揚溪嚴塢口之東霍家園。邑之先賢舒貞素公集内《循善堂銘》所云，揚溪祕閣山水衍廓，遭世亂離，辛勤厝槨，蓋指斯墓爲太外祖舜欽公手造也。自明至今，培植松楸，葱蘢庇蔭，兵燹後，祠事式微，墓祭衰替，致啟奸邪窺伺。先是，值祠事者，與嚴塢口張姓有刑譚之私主，以墓之右前地賃以造厝。光緒辛巳冬，勢惡張定元於右首龍盡處，盜伐蔭木，移厝於山，結槨造壙，盜葬一十三棺。控於陳縣主與歐陽縣主，均以賄賂不能平。續控春府憲盧藩憲左、曾兩督，憲檄府提審，勢惡始畏理絀，懇友人吳誠齋求和，願起遷賠樹。值醮墓安山於原地賃造厝墳四棺，立和約，載明厝地直七尺五寸，橫九尺五寸，每年償厝租米壹斗，永遠不得添棺改葬。立約後，又聽誣誑者煽惑翻悔，茲蒙黃縣主詳請府憲王就案審理，依和約斷結，並給示勒石永禁，而奸邪始莫能遁。嗟乎！自訟之起，一詣皖省，三赴南京，善與我族叔日暄、族兄時及、櫛風沐雨，廢寢忘飧，上下奔馳，往來質辯，八載之中歷盡艱辛，尤賴族伯道求、族叔漢宗、族兄順年、族侄樹滋、族再姪照庭、我弟積卿暨闔族敵愾同仇之力，訟至起遷。噫，勞矣瘁矣，誠不堪回想矣。乃知保護祖墓，殊不易易矣。後之人有藉祖墓而多事者，非孝也！有輕祖墓而畏事者，亦非孝也！爰記事之顛末，附於圖後，以傳不朽云。

光緒十五年季夏月祺禎公房三十一世孫積善謹識。

附　告　示

欽加三品銜即補府徽州鹽捕督軍府兼理績溪縣正堂隨帶加五級，卓異候陞加一級，軍功加十六級，紀錄二十次。黃爲出示嚴禁事。據生員許文源、武生許德貴、職員余積霖、許積豐等稟，稱緣生等祠內有壹都霍家園往字三百七十四號墳山一業，並三百七十五六七等號護坟田地小土名余家墓，又名蛇墓坑，明初安葬族祖余艮英公，該業上至山頂，下至山麓，左右至灣，全業之內毫無間襍興養，巨蔭葱蘢，世守情因，兵燹之後，墓祭衰替，看管無人，墓門荊棘，田地荒蕪，致啟他人覬覦盜砍盜葬。控奉督憲檄府親提，因中證未齊，拖延八載之久，茲蒙憲臺愛民息訟之至意，詳請府憲就案審理，照和約斷結詳銷，以斬訟藤，生等已具甘結在案，闔族無任感激。第該墳山落於幽僻之區，離生等居趾窵遠，恐有不法之徒仍在該山滋事，小則縱放牛隻，竊取柴薪，大則盜砍墳蔭，貪吉盜葬，迫其控究於既事之後，不如消患於未事之先，非賞給示嚴禁，不足以儆將來，爲此僉叩出示勒石，永遠嚴禁。爲此示仰該墳山居近諸民人等知悉，所有余家墓墳山業內興養蔭木，不得盜砍盜葬，自示之後，倘有不法棍徒窺吉盜葬，盜砍墳蔭，縱放牛隻，砍竊柴薪，任意殘害情事，准該生等指名控究，定即飭差嚴拿到案，從重究辦，決不姑寬。各宜懍遵毋違，切切。特示。

光緒十五年五月初七日示。

（清許文源等纂修《［安徽］績溪縣南關惇叙堂許氏宗譜》
清光緒十五年惇叙堂木活字本）

湖南寧鄉易氏興長公墳山圖

湖南寧鄉易氏興長公夫婦墓圖

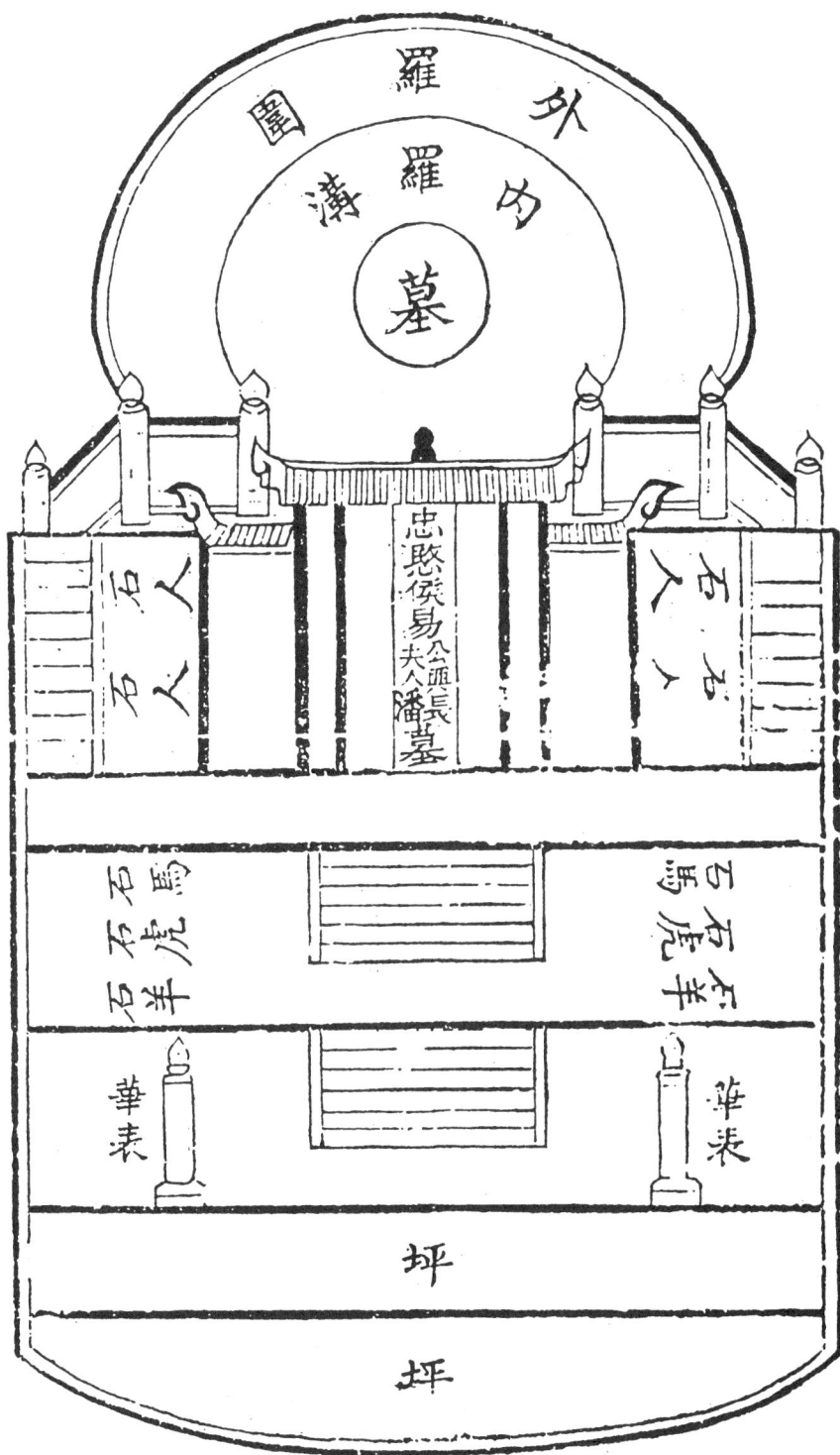

湖南寧鄉易氏興長公夫婦墓圖記

　　右圖蜈蚣形坐瀏陽西鄉將軍峒，葬勅封忠愍侯始祖興長公、始祖妣潘夫人合墓，未山丑向。山脈蜈蚣節穿心上格，左邊打石坡，右邊將軍峒，兩水蓋送交於穴前，前朝秀峯疊疊。自東晉迄今，雖陵谷滄桑，此地清光煥發，千載常新，蓋公與夫人忠義大節，根於至性，其生也，鍾川嶽正氣，其藏也，獲宇宙靈區，故久而彌固。周孝廉忠恕云：公之氣慨，可以壯山河，公之精忠，可以光日月。況在後嗣仰瞻，宜何如感悼而興起乎！用是繪圖冠首，俾開卷而益生孝敬之思云。

　　附：

晉別駕累贈忠愍侯崇祀鄉賢易公神道碑

　　瀏故大邑，山川之氣磅礴鬱積，鍾之於人，爲忠義節烈，彪炳史册，累朝不乏。如晉殉難崇祀鄉賢累封忠愍侯易公，諱雄，爲尤著。其先世食采易水，因賜姓易。曾祖萬年公，由太倉遷瀏陽，家太湖山下。公少年有神童之目，家貧無以自給。爲縣吏，既而舍去，尋仕郡爲主簿。草賊張昌作亂，執太守，萬嗣公與賊爭曲直，賊怒公不屈，叱左右牽公出斬之，公趨出自若，呼使反，三詰三對如初，賊服其義，乃釋公，嗣亦獲免。嗟乎！公官一主簿耳，見義所在，奮不顧身，則其忠勇性成已可概見，由是知名，舉孝廉，擢宜陽別駕，遷春陵令。時晉室播蕩，王氏勢傾天下，朝廷以爲言權稍抑，大都督王敦形於怨望，潛蓄異謀。大興三年冬，以譙王丞爲湘州刺史。越明年秋，以戴淵都督司、豫，劉隗都督青、徐，暗備敦。永昌元年春，敦用嬖人錢鳳謀據武昌，舉兵反，沈充起兵吳興應之，聲勢甚盛。朝廷震懾，大吏擁兵不進，譙王丞馳檄遠近，列敦罪惡。公承檄宣募縣境，得衆千人，率趨湘州，助丞捍禦。時湘州承殘荒之後，城池不完，兵貲又闕。敦遣將魏乂來寇。公惟以忠義勉勵士卒，相持累旬，死傷相枕，衆無叛志，力屈城陷，被虜神色俱厲，魏乂知不可奪生，致武昌。敦遣人以檄示公，公曰："此實有之，惜雄位微力弱，不能救國難，王室如燬，雄安用生爲？今日即戮，得作忠鬼，乃所願也。"罵不絕口，敦怒，遂遇害。當時見者，莫不傷惋。夫古來坐論太平，口談忠義，無不瀝膽披肝，慷慨以赴，一旦當忠臣義士竭節之秋，逡巡畏縮，如戴淵、甘卓、劉隗、刁協輩者，何多也！誰抱忠憤，不惜身家，以千人而撓數十萬之衆，以微員而挫大將軍之威，生死禍福，成敗利鈍，皆聽之也哉。事聞，謚靖節，諭立祠祀。越元至治二年，追贈侯爵，加謚忠愍，崇祀鄉賢。明洪武間，追贈宜陽別駕神銜，御製榜旌，勅有司每歲誕辰致祭。本朝雍正七年、乾隆三十三年沐優詔查詢祠墓，於戲榮矣！夫人潘氏通曉大義，聞公殉難，即率家人五十同赴太湖山下樟樹潭死之。忠節一門，千古罕匹。公生後漢帝延熙二年丁丑八月十四，夫人生晉武帝泰始二年丙戌七月十七，均於晉元旁永昌元年壬午殉難。公年六十有六，夫人年五十有七，合葬瀏陽西鄉將軍峒，首未趾丑。生子二：長天驥，爲陶侃掾；次天駿，爲溫嶠屬史。後驥歷官刺史，駿以平蘇峻功，授千户，大有父風。予前任山東平原公裔煥暄，宰淄川，皆濟南屬，彼此時相往還。談及先世，知公忠義甚悉，今予承乏兹邦，易姓合族重新公墓，請書事泐石。公爲湖湘偉人，爭光日月，義不容辭，既書其事，復爲銘曰：

　　忠死於國，烈死於夫。天地神明，鑒此區區。晉室搆亂，社鼠城狐。烽烟滿目，甲馬盈塗。

公激於義,振臂奮呼。千人一德,志在匡扶。賊雖未殄,死起爲愚。湘江湖水,忠魂不孤。

　　知瀏陽縣事李正晉頓首拜譔。

　　　　　　(清易壽華等修《[湖南寧鄉]易氏九修家譜》　清光緒十六年慶源堂木活字本)

陝西大荔西塒楊氏五塋總圖

五塋總圖
北

墓圖第六

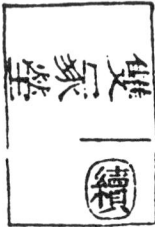

西

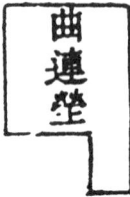

村

東

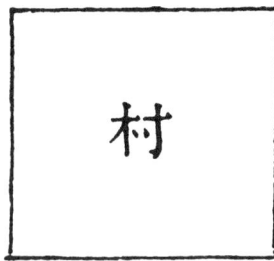

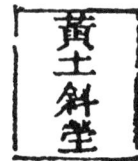

南

陝西大荔西埜楊氏曲連埜圖

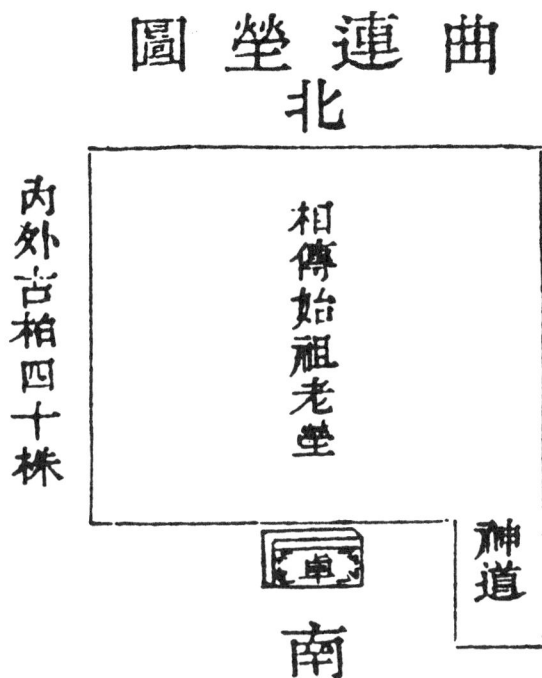

曲連埜圖

北

相傳始祖老埜

丙外古柏四十株

神道

車

南

四圍有壇,故俗呼曲連。無封無碑,竊疑景文、景學、謙俱從葬。但謙諸弟及其子孫有從者乎,惜無考矣。近有族無知者,封土數十,妄甚,宜墮之。古也墓而不墳,無封非病也。

陝西大荔西塋楊氏五塋圖

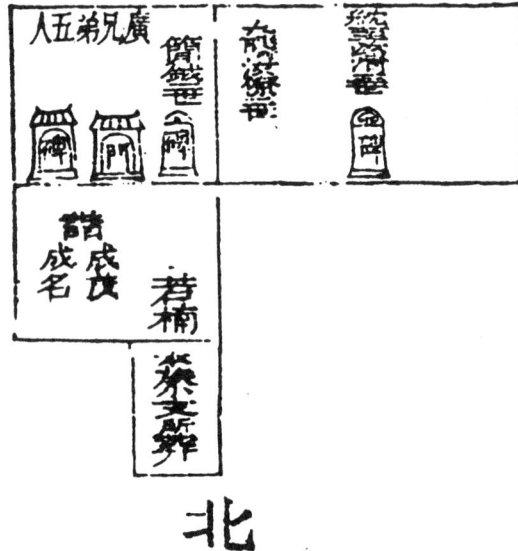

此東南隅一區，五户正塋也。自南而北，至門碑而止。又於西方別起一區，復自南而北，長與正塋齊，廣倍之。至諧之世，與長門分葬。又於門外下別起一區，若楠之後，吾族小支。又於西北隅續爲一區，凡四區，初有表界，歲久混合無分。其封土樹碑，俱乾隆間所爲，頗不倫整，恐是彷彿形似，今未敢據，姑大概識之。且簡之弟有鼎、蕭、珪、璉，紱之弟有增，諧之弟有碩、梧、棣，凡八人，與其子孫有在此塋者乎，惜無玫矣。至西北隅一區，雖近支知有某某，亦不能確指焉。諸之塋有古柏數株，其一大數十圍，數年前竟粥之矣。彌望索然，碑石傾裂，蹊徑交貫，爲子孫者惡得無罪。椿每過每傷心焉，他日有力爲之，其敢後乎。

陝西大荔西埁楊氏寺後塋圖

此吾族高祖以下四世塋也,可一一詳指。初向巳方,後改向午,遂成兩截,然自外視之一也。老柏森森,蔚然甲吾里,子孫其猶興乎。欲立總碑,刻圖識之,又移西南隅石桌於正中,方安。續光緒戊子移中,並樹墓圖碑。其隅相屬別一塋,二門諸婦諸幼也,當殊,故不圖。

陝西大荔西埁楊氏雙冢塋圖

　　此塋自道光二十年始,考妣異封,惟前妣何氏附考壙,故無封。坐甲向庚,考内妣外,皆未合法。蓋北首之禮,尚右之説,椿少時未之學也。但依葬師俗説,至今追恨。甚矣,葬師之害世也。續葬者改向南,如寺後塋例,庶可少安,亦欲立碑刻圖。續光緒元年續前塋樹碑種柏。

陝西大荔西塋楊氏黃土斜塋圖

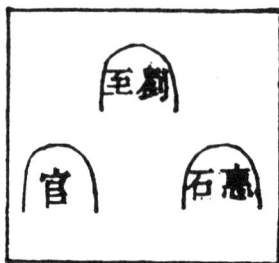

　　此塋北首尚右,同治元年所爲也,栽樹立碑,責在庚白。

陝西大荔西塋楊氏塋圖記

　　椿案:古者墓地同處,萬民族葬,有司掌之。井田溝洫,無所謂別塋私域也。北方北首有定向,無所謂風水之説也。三月踰月有定期,無所謂陰陽之説也。後世廣求吉兆,任意私營稼穡之田,彌望封樹,於是多易迷,私易孤,數世式微,或不辨邱封,或不知處所,或無主後,或犂爲田,或死而貧無葬地,蓋族葬之法失而害至此。此吾始祖之墓,雖有傳説,實無指證,而小支之墓,不能悉圖,後必有失也。老塋而下,即吾長門,爲之圖,載之《譜》,後人善藏焉。或更久於墓前小碑,經喪亂,爲人所仆碎,而竊移者也。

　　　　　　（清楊樹椿纂《[陝西大荔]西塋楊氏壬申譜》　清光緒十六年刻本）

湖南湘潭中湘雷氏楊家嶺墓圖

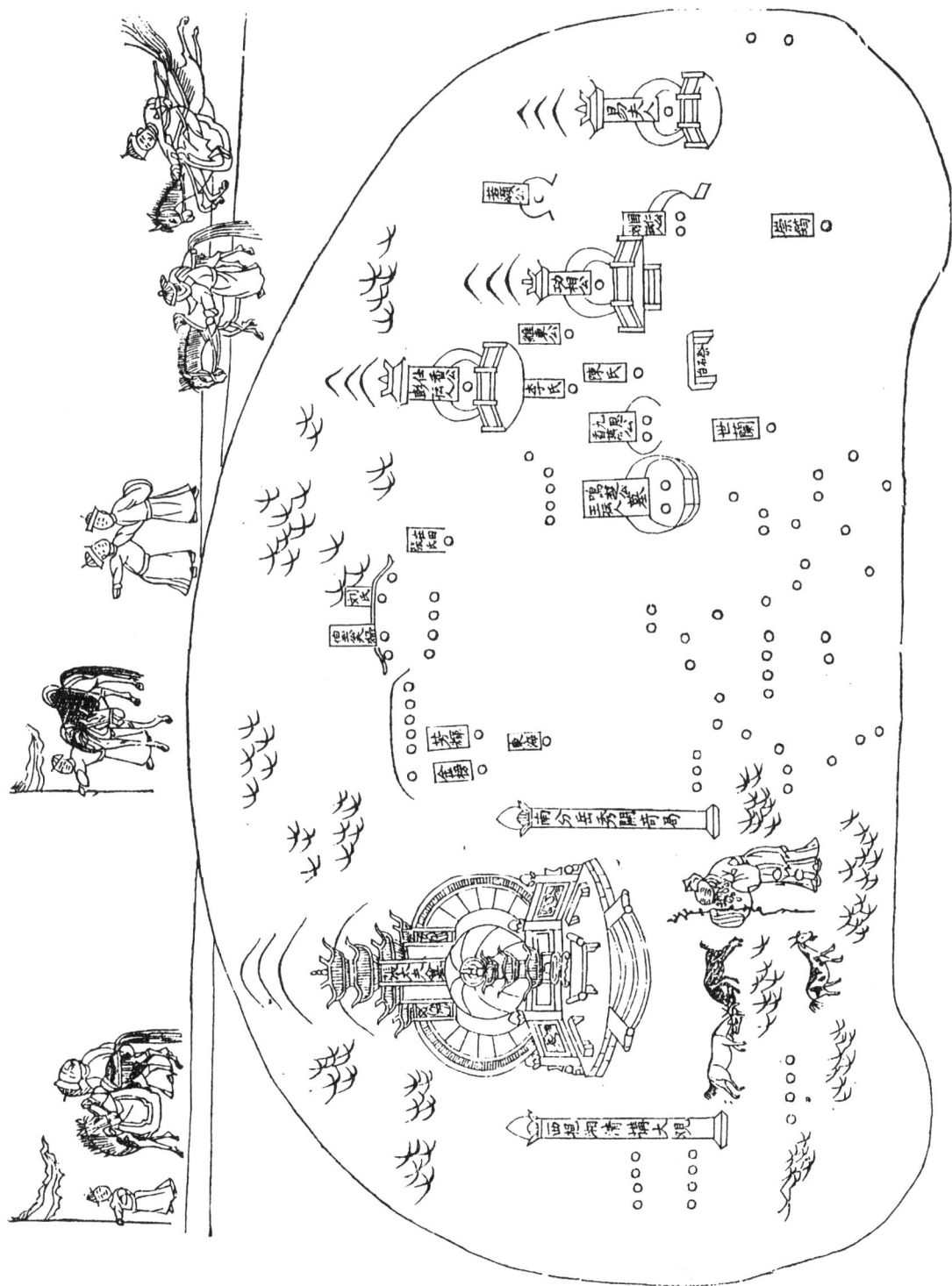

湖南湘潭中湘雷氏楊家岭墓圖記

　　右圖坐一都十甲楊家嶺,此山於康熙丙辰年間,八代祖伯玉公接買楊春元山地一所。上齊嵩頂分水爲界,下抵田邊告石爲界,右抵大路擢壕告石爲界,左抵古壕外擢坑告石爲界,名曰螃蠏形。康熙十五年葬七代祖妣劉孺人,寅山申向。康熙五十年葬七代祖伯玉公五十九年葬八代祖妣黃孺人,申山寅向。又葬九代祖公瑞公妣劉孺人,公華公妣宋孺人,夫婦合墓。此山自敬所公次子伯玉公到株洲建業,以爲發派祖山,附葬者百餘塚,未備全録,均係齒録歷係詳載明白。其山由天梯嶺發脈,走營里,出一高峯,由汗塘過壠,走大坪邊,凝結數穴,濶有三十餘丈,古有楊制使屯營之處,故名楊家嶺。嶺上有騎射跑馬形勢,古記萬世不磨也。

　　今逢聖天子在上,以仁孝治天下,震初兄弟等現在居喪之際,樹風有感,報本無尤,仰荷先人德澤,聊伸後裔葵忱,倡修祖墓,培植墳塋,三代祖墳墓以麻石築以三砂,完隆堅固,萬代常新。各處墳山無論親疎,雇工修整,一體施行,千年不朽。又擢祖山壕基週圍三百餘丈,廣栽樹木松杉數千餘株,雇人看守,大費週章。祖靈安享,永錫禎祥,牛眠叶吉,後裔榮昌,是予之有後望焉。山內墳塚,另總附後。

瑞益華三房嗣孫　　震聲、長裕
　　　　　　　　　玉春、震初
　　　　　　　　　國幹、訓安　全啟
　　　　　　　　　百道、以德

光緒十七年歲次辛卯冬月穀旦,訓安謹譔。

（清雷國干、雷煥南纂修《[湖南湘潭]中湘株州雷氏六修支譜》
清光緒十七年厚德堂木活字本）

湖南湘潭中湘雷氏花門樓墓圖

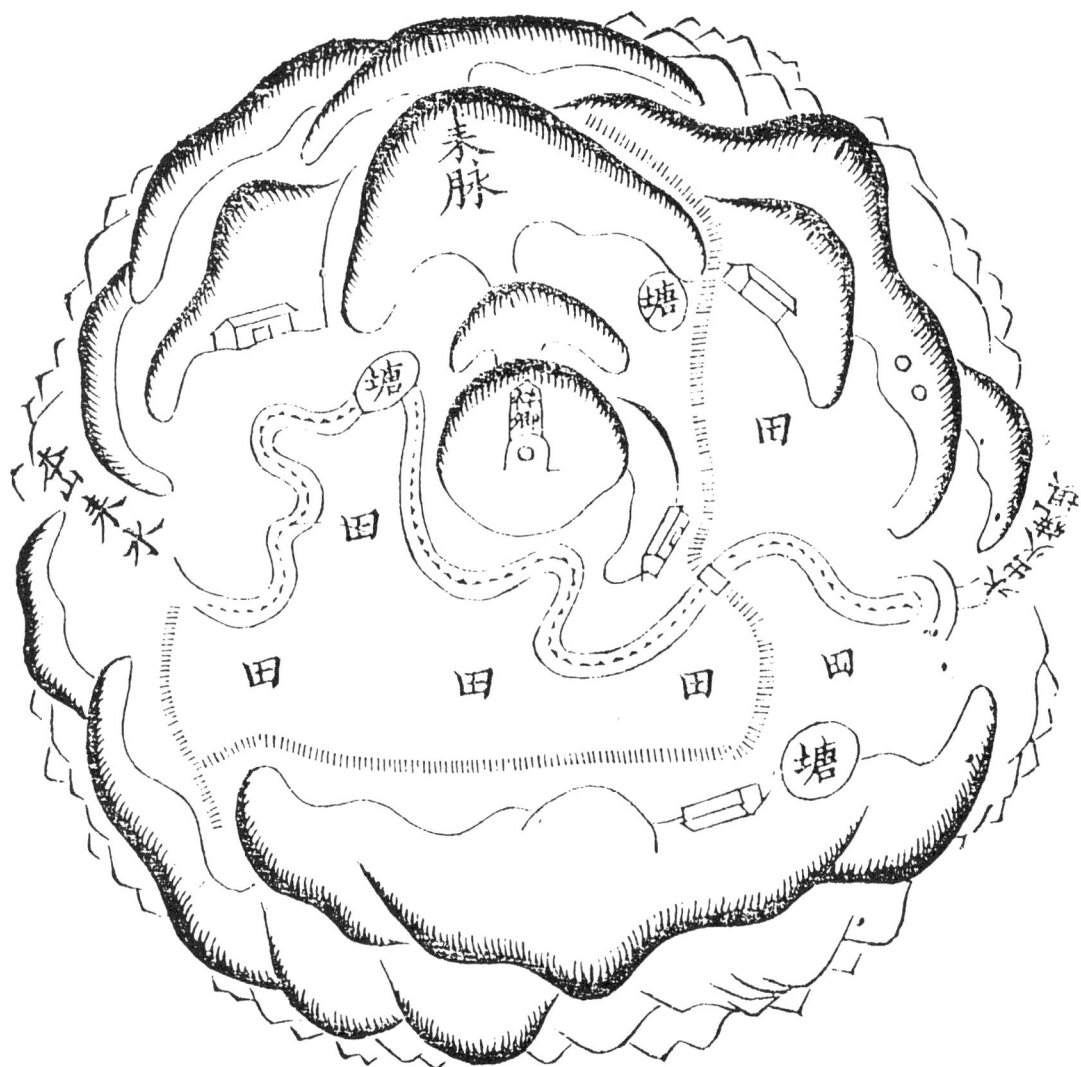

湖南湘潭中湘雷氏花門樓墓圖記

　　右圖坐九都四甲，地名花門樓，又名田菜衝。出水左側迴龍望祖形，其脉由衡嶽而來，開帳數十層，跌斷數十峽，行百餘里，忽翻身騎峯吐秀，開陽立穴，左右護砂叠叠，開面如順行局焉。我八代祖顯詁公，字祥卿，順治間由茶陵始遷建業於斯。康熙三十六年丁丑十二月初八日午時，棄世安厝該山，乾巽立向，修籬圍竪石碑。後將該業出售，批存墳禁穿心各二丈爲界。噫！公生正直，殁獲佳城，卜云其吉，終焉允臧，殆我祖之厚澤有以致之也。兹值續修《支譜》，爰綴數言附之圖末，以垂久遠云耳。嗣孫同誌。

湖南湘潭中湘雷氏東林衝墓圖

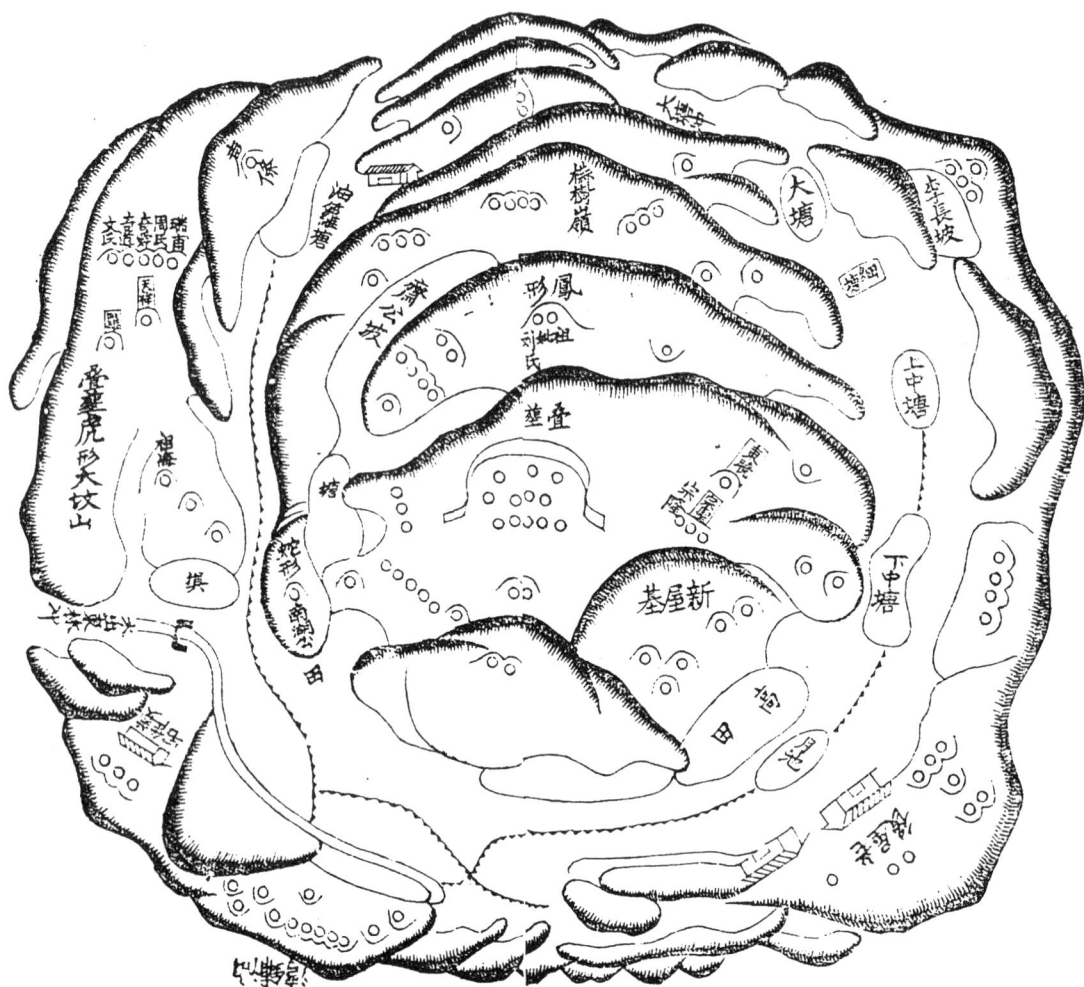

湖南湘潭中湘雷氏東林衝墓圖記

　　右圖坐八都二甲,地名八斗衝、東林衝,尾喝名鳳形,蛇形觜前後左右各處墳山是也。一、雷家坡,右邊蛇形嘴,我分支始祖慶霖公字南湖葬焉,辛山乙向。砌圍窨碑,其墳禁業售周開文,契內批存,前抵田邊止,上二丈左右,各二丈爲界。又大塘右邊鳳形山,我分支始祖妣劉孺人葬焉,附葬奇舜之配劉氏,坤山艮向,合墓共碑。該業出售郭香山,契內批存墳禁,後抵松樹嶺止,墳前道口十丈止,左齊田邊山腳,隨田修挖一丈無阻,右抵廟箕坡老壕爲界。鳳形左脇內葬文魁公暨妣曾氏、玉清之配王氏。左制泡葬奇章公子廷璧,附父合塚。鳳形右脅内葬奇先公、奇堯公,附葬英開、國明之配彭氏,紹曾之配陳氏、宗貴、宗虎、百迪、宗耀、宗成、祖綾、祖虔。右制泡葬文遠公之配潘氏,又附葬應鳳萬年之配易氏、秉清、承柏、承蔭、宗國、宗傑、盛世。又松樹嶺葬十三代祖冠榜字首士暨妣戴氏、次子宗榮,其界限左抵郭人墳禁,右抵鳳形左制泡,上下各四丈爲界。一、細塘右側倒掛金鈎,葬明甫之配楊孺人,附葬燦霞之配陳氏。一、老屋上首頭泡腦,葬少宇公廷禄、冠芙,二泡腦葬英雲之配馬氏,英智之配包氏,英隆之配朱氏。又老屋後心脈上首,葬電宇之配葉氏,奇文之配劉氏,天翔之配何孺人,冠箱公字國望暨妣李氏,伴夫合墓,同向有碑,萬年暨妣唐氏,欽若暨妣金氏,百代暨妣周氏。一、雷家坡左側,喝名月形山,葬少宇之配戚孺人,恒甫之配李氏、奇文,英煌暨妣胡氏、冠佩、百國、祖崑,該業售周開文,契内批存禁界三處疊葬墳塋。一、虎形大墳山,葬電宇,賢繼字瑞甫暨妣周孺人,附葬奇舜、奇道、奇章之配文氏、天翔公,均申山寅向,祖澤之配羅祖海,共墳九塚。歷係屯業,出售龍、郭二姓,管上首老契,内批存墳禁,上至山頂,下齊墻邊,左右挖坑爲界。一、油羅塘左側屋後,葬百喜、百有、百剛合塚,墳前葬外祖妣余包氏墳一塚,該處田山於嘉慶年間兑與譚暢華管契,内批存禁墳,羅圍外左右上下各四丈爲界。一、上中塘右側金盆嶺,葬奇先之配謝氏,上玉、冠芷之配郭氏,漢一暨妣殷氏,玉清、宗瓏、宗武、宗文、宗其、祖澤、東曉、宗聖、宗隆伴兄合塚,乾巽立向,有碑。該業售郭香山,契内批存李長坡戴氏墳禁。上下各五丈,左右各四丈,屋後西頭禁界,上下左右各二丈,中塘嶺亦名金盆山,上玉公墳禁,上四丈,下五丈,左右各四丈。又天翔生基一穴,上下左右各五丈。東茅坡,外祖母蘇氏墳禁,上下左右各一丈。老屋對門新屋上首葬明甫公,屋後下首葬香遠暨妣萬氏,下中塘右側崙頂,葬冠芷、宗虎合塚。一、油鋪灣,又名迴龍山,原葬君甫暨妣楊孺人,瑞甫之配丁氏,又附葬奇週、文遠、百德、祖武、祖崙外,附葬瑞甫岳父丁美忠、俊國母舅李貫聲、貫萬,該業雷香、遠萬、年田售脈姪在廷,契内批存墳禁,上至崙頂,下齊坡心,左右各齊分水爲界。以上等處山雖形勢各別,統屬一山,今值續修《支譜》,特繪圖以垂久遠。其各墳坐向,均詳註齒録載明,兹不復贅。

嗣孫文禮等謹誌。

(清雷國幹、雷焕南纂修《[湖南湘潭]中湘株州、雷氏六修
支譜》 清光緒十七年厚德堂木活字本)

江西婺源雙杉王氏萬壽寺圖

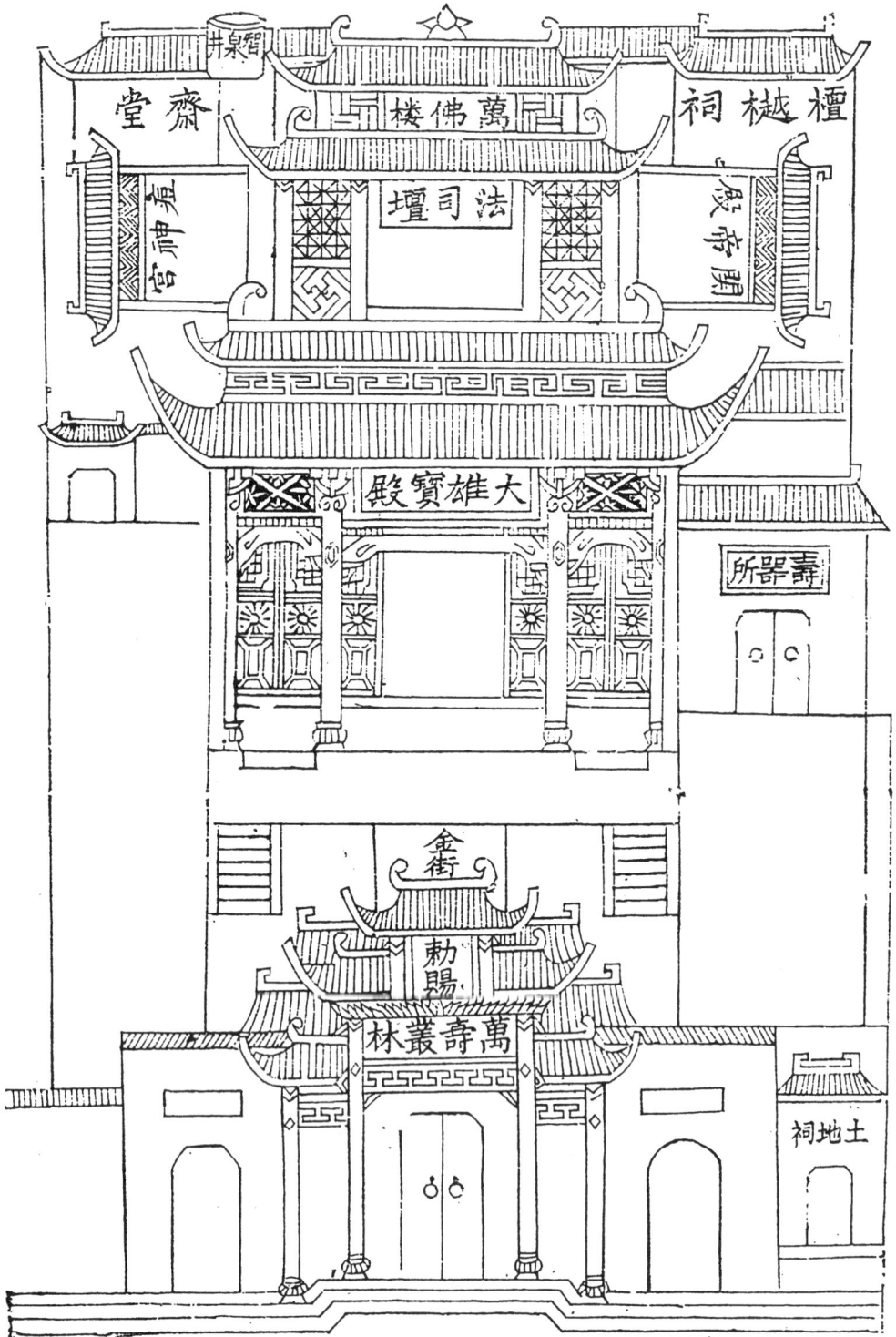

江西婺源雙杉王氏大廟圖

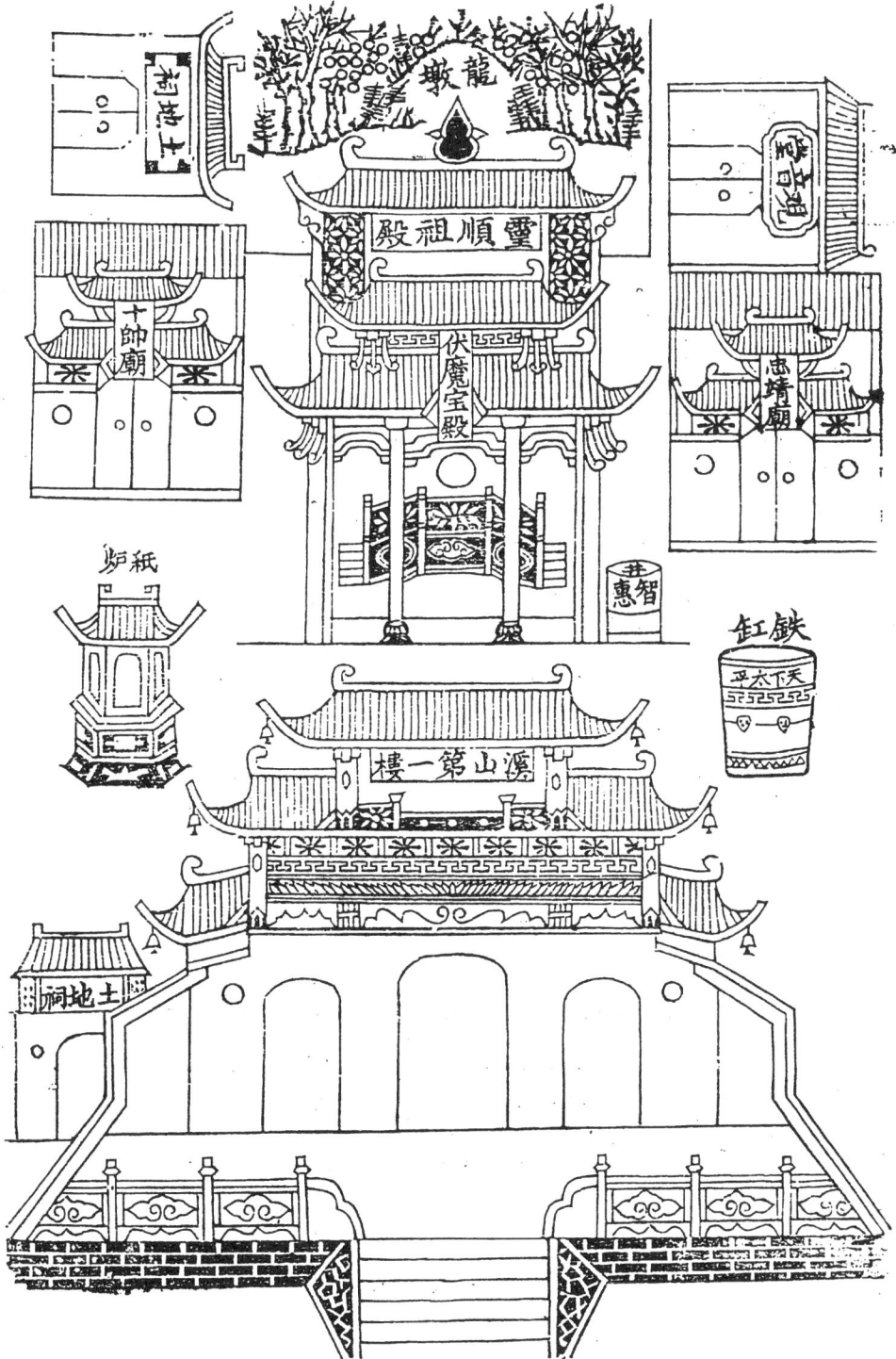

江西婺源雙杉王氏墓祠圖

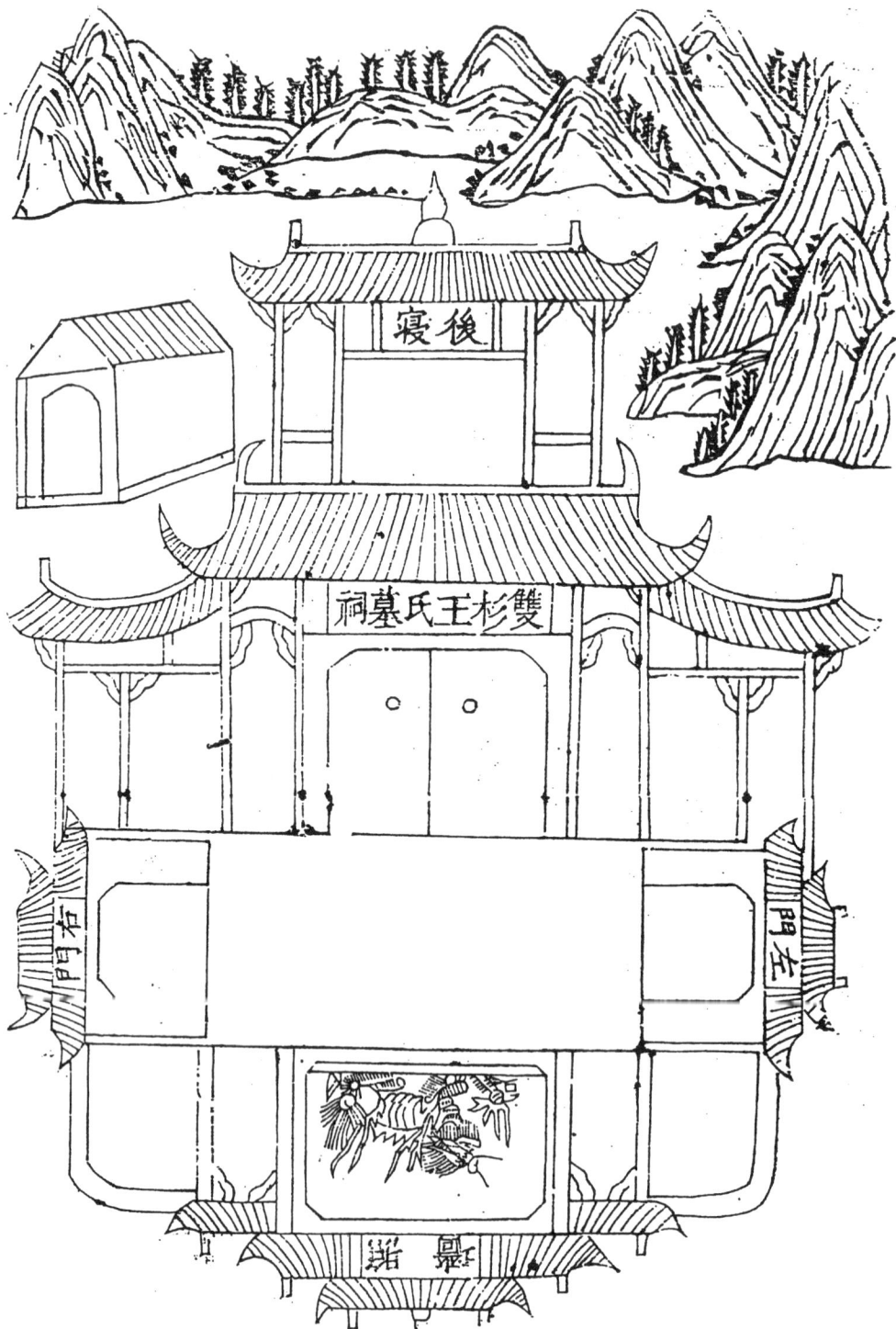

後寢

雙杉王氏墓祠

右門

左門

江西婺源雙杉王氏墓祠圖記

癸卯新置始祖墓祠條例開左：

一、議墓祠正堂，供奉始祖神位，閑時封鎖。每逢朔望及大節日，住守者先期一日至城祠內領鑰，裝點香燈，務俟焰熄，以防火燭，仍行復鎖，即將原鑰繳城，不得延誤。

一、議住歇墓祠，若召本族子孫，恐啓爭端，公選外姓異村誠實之人居住，摽掛日掃墓供茶。祠置田皮五畝，付其耕種食用，以酬支值香燈、看掃墓所辛力。

一、議本族子孫，不得恃强借住需擾，併不許堆積物件。

一、議紳衿各整衣冠，詣墓祠及墓所致祭者，每人給胙一斤，麯籌一枝，無衣冠者不給。

乾隆四十八年仲秋月，族長暨理祠同立。

（清王啓魁等纂修《［江西婺源］雙杉王氏宗譜》 清光緒十九年孝睦堂木活字本）

湖南益陽熊氏孫家山合墓圖記

右圖在十九里華林墈祠後孫家山內。上一排葬五世祖妣劉氏。左葬七世祖妣葉氏，八世祖妣殷氏、楊氏，九世祖妣陳氏、范氏、劉氏。右葬七世祖妣黃氏，八世祖妣江氏、陳氏，九世祖妣譚氏，九世祖月昉，七世祖妣童氏，八世祖九洛、帝美，八世祖妣周氏。其餘墳塚鱗砌，難以悉載，均詳世系。又下首神山園，葬九洛房文澗，茲附圖說，以示後人繼繼繩繩，長保先人之幽兆於勿替也。豈不幸哉！

俊傑兩房嗣孫公識。

（清熊章溥等主修《［湖南益陽］熊氏續修族譜》 清光緒二十年江陵堂木活字本）

湖南益陽熊氏孫家山合墓圖

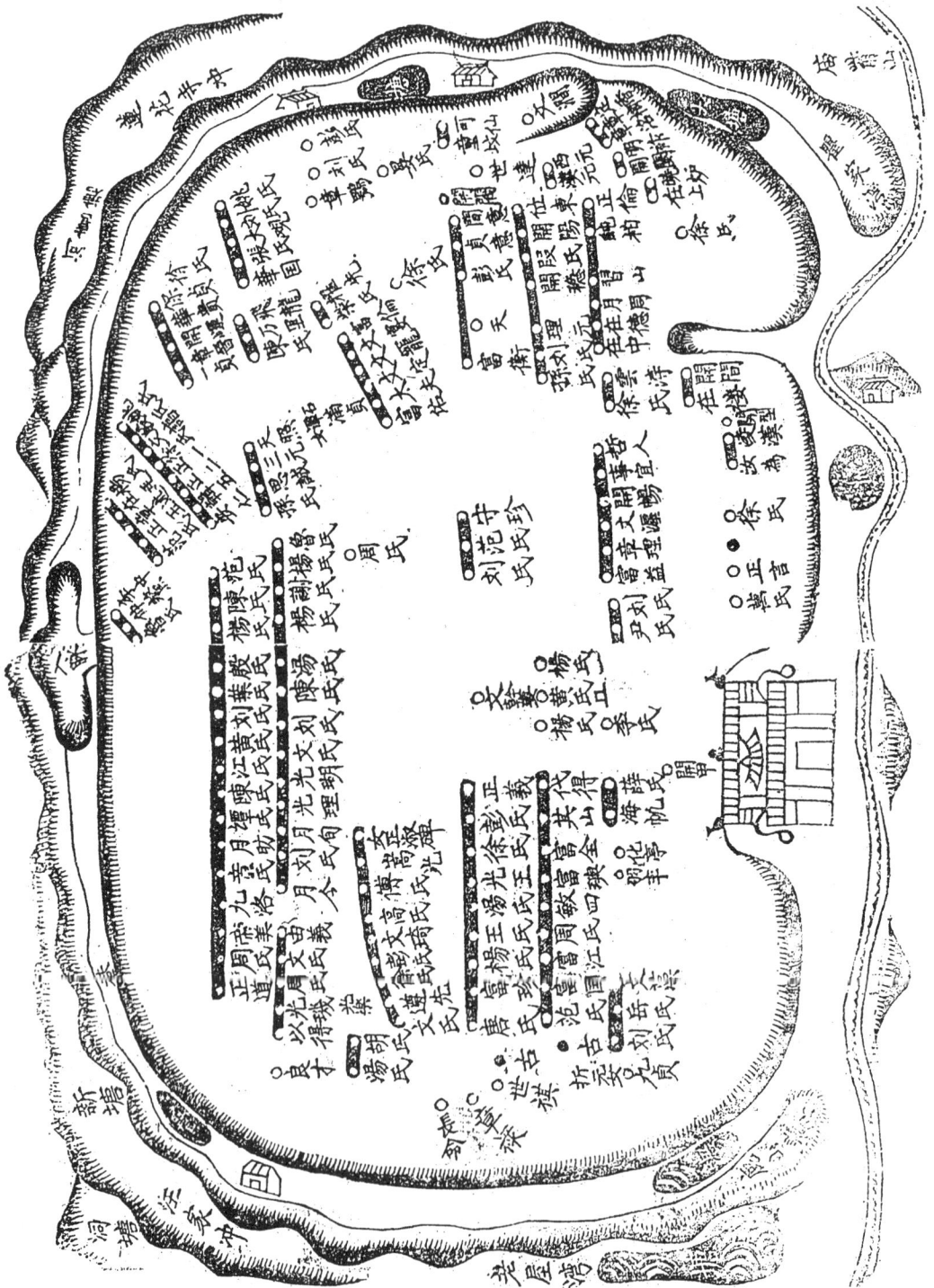

安徽績溪汪氏惟善公村後長蛇含珠形墓圖

按此墓因恐別人肆意逞害故先人將附近田地均置爲支丁己業實爲保護墳塋之計此後內外人等毋得在該田地擅自厝葬誠恐日久迫忽故並記之。

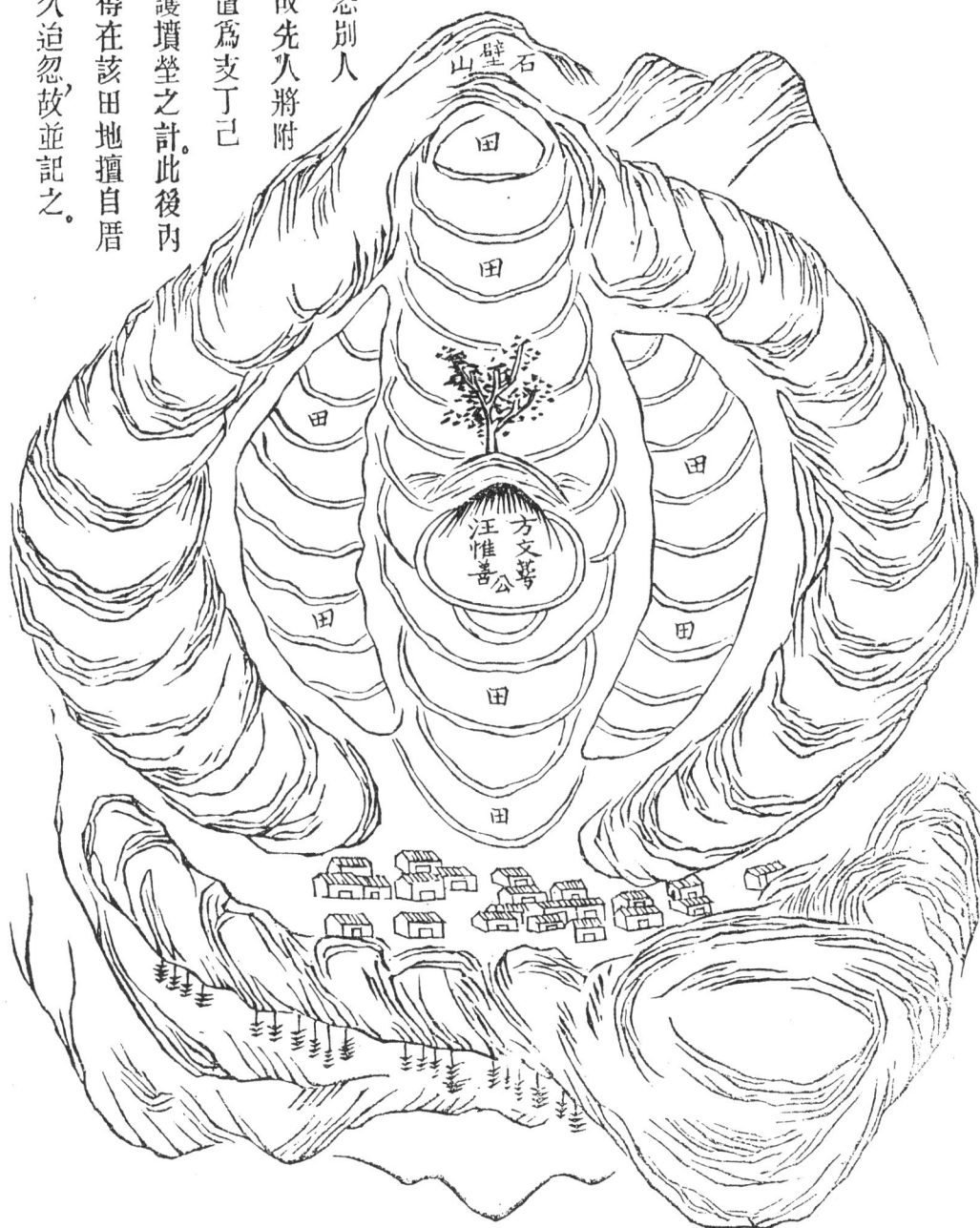

安徽績溪汪氏宋元爽公烏聊山墓圖

安徽績溪汪氏宋元爽公烏聊山墓圖記

　　按：三十九世祖元爽公，劉宋文帝元嘉元年甲子，徵爲富春令。富春，漢縣名，今之桐盧富陽縣也。公歿，葬烏聊山。其山高二十八仞，在州治東南，後皆踐山爲城。墓之右，立有四十四世祖唐越國公神祠，宋真宗大中祥符二年三月□日，賜額靈惠公廟。徽宗政和四年三月二十六日，改賜忠顯廟。恭宗德祐元年四月十五日，又改賜忠烈王廟。其墓廟山地稅七畝有零，世奉免徵。春秋有司致祭，載諸祀典，仍率關隅父老奠之。

　　（清汪宗瀚等纂修《［安徽］績溪三都梧川汪氏宗譜》　清光緒二十一年愛敬堂木活字本）

湖南平江杜氏杜文貞公原墓圖

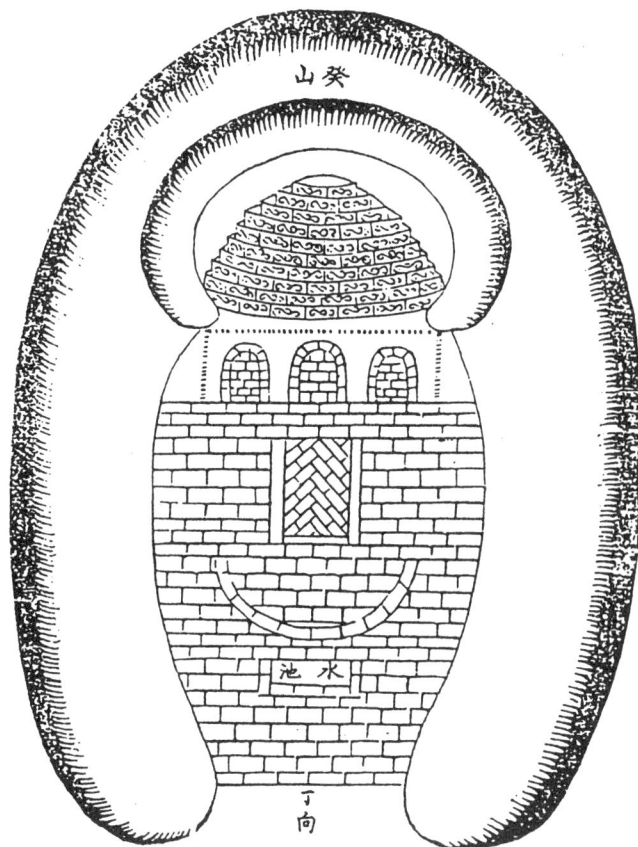

湖南平江杜氏杜文貞公墓圖記

　　原墓癸山丁向,花磚結頂,墓下磚砌圓首門三,皆磚所封塞。外龕紅石碑,字皆剝落無跡。擇吉換碑之時,門面封塞之磚,中有坼裂而隙者,窺其內如堂室然。再進,有磚作花窗,內深邃不可見。父老相傳云,向有玉盃金盌實其中。前輩彭作梅諸生訪杜墓詩,故云"玉杯金椀恐飄蓬"也。紅碑之下,揭土三尺,始知龕地有磚,中分人字勢,以羅經牽線,合人字縫較之,與杜氏譜據所載"癸山丁向"相符合。由此而下,磚分三級,有半月池、小方池形,池外有瓦筒,便於出水者。視此古磚古蹟,未便移易,今仍之。惟墓頂花磚,形類扇頁,側面有陽文轉,草花式磚,因歲久不全,擬照此式造新者補之,而陶工苦難合作,因用堅厚石塊鑲合成墓,徑一丈,高五尺,附以石圍,碑換青石,高一丈,寬二尺有奇。旁附石板,鑲以石柱。碑中鑴字曰:"唐左拾遺工部員外郎杜文貞公之墓。"碑旁曰:"知平江縣事武陵縣知縣李宗蓮題。"

湖南平江杜氏杜公祠墓山水形勝圖

湖南平江杜氏杜公祠墓山水形勝圖記

　　杜工部墓,在邑南三十里之小田團,即古稱永寧鄉也。查杜氏譜,先代有永寧公。嘉慶年間,長沙陳孝廉宏亮,邑諸生彭作梅,訪杜墓於小田,以詩酬唱,詩下註小田爲永寧鄉。大抵因人名而名鄉耳。陳詩入《縣志》,彭詩有自著《劍嘯草》,韻皆同。其墓立杜家洞天井湖畔。杜家洞者,向爲杜姓所居之地,故洞以杜名。此地由長沙龍頭尖出脈,入平之南,逶迤三十里,盤旋於此,結成凹臼,形家所謂窩者是也。所呼爲湖者,蓋窩形深潤,蓄水無從宣洩,因以湖名。近則湖內多半成田矣。湖之四圍竹木蓊蔚,土色紅黃,草青如褥,近墓周圍歷來無敢侵者。同治癸西秋,麻邑侯維緒、陳學博之紀、李學博澤泮、張提刑岳齡、李提刑元度,會同查勘,即以修墓立祠定議,事未果。今邑侯李公司篆此邦,捐廉置就近墓田土,爲士紳倡。工將竣,並命將《山水形勝圖》另繪付梓成幀,則所謂"先生之風,山高水長"者,於杜工部亦如此云云。

湖南平江杜氏杜公祠墓官廳僧舍圖

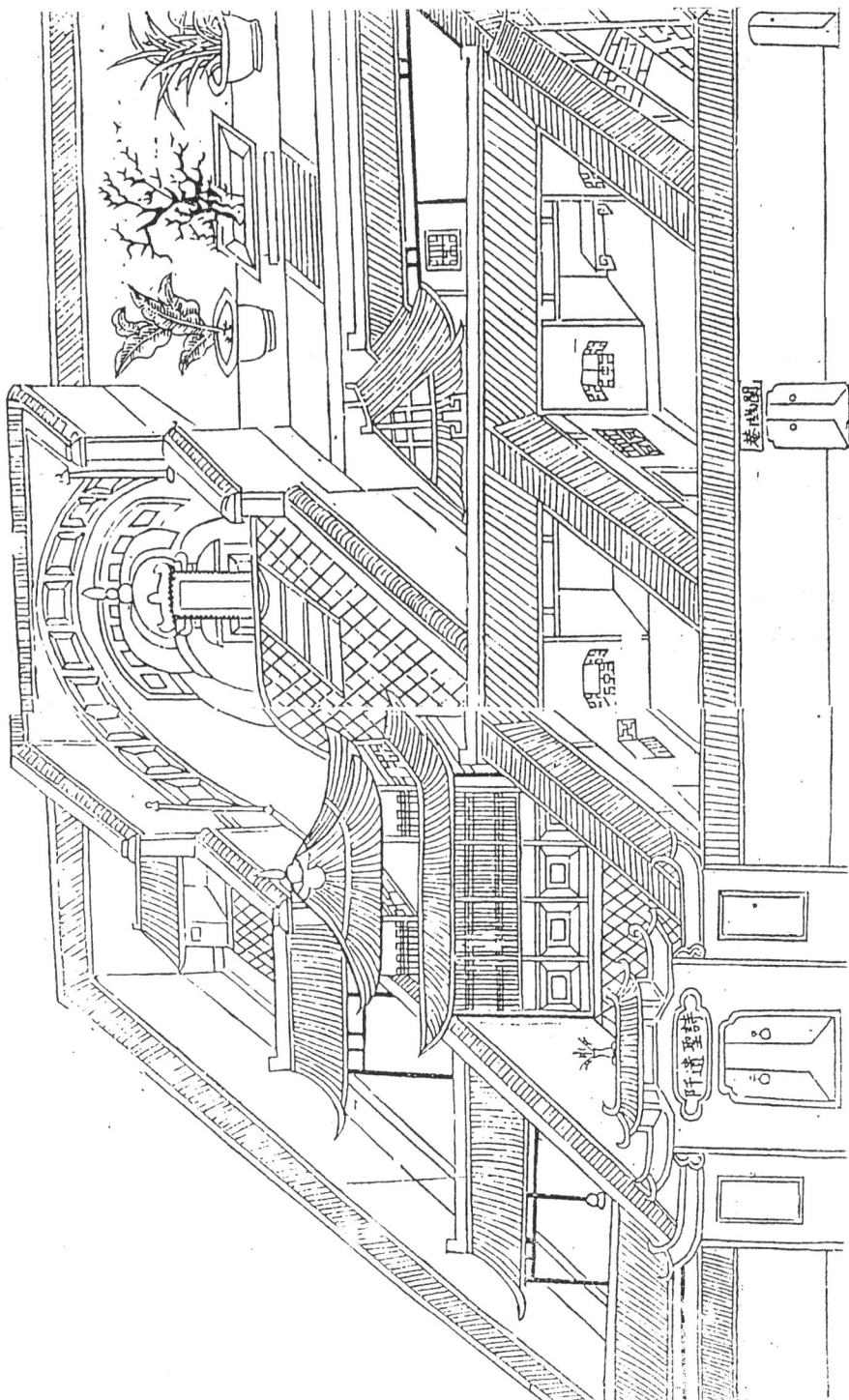

湖南平江杜氏杜公祠墓官廳僧舍圖記

　　杜墓前距三丈照癸山丁向建饗堂，深二丈四尺，廣五丈，五間六架，東西兩旁甬道各一，可通墓前。堂之上下門皆木櫺，開可見墓，而宜祀事。堂內俱石柱，東西俱磚壁，篆石鐫其記並捐貲者姓名，而並刻之堂檐之下。天井計橫三丈六尺，順一丈，兩旁檐階各七尺。天井以下爲門棟，橫亦五丈，深丈六尺，五間六架，俱石柱，兩旁皆磚壁，門外作牌坊，額曰"詩聖遺阡"。地坪順二丈四尺，抵李邑侯捐置之田，橫與官廳、僧舍盡其址。饗堂東廊門通官廳，廳廣三丈六尺，深二丈四尺，三間四架，上下門皆木櫺。東西房，廣各丈二尺，深如其廳。西房外，附以巷，可通後院及李邑侯捐置之土。廳前天井，東西廂房各一，橫各一丈，順各丈六。天井之前，牆爲官廳照面。官廳之東，附僧舍，坐向與祠墓、官廳同，上下兩進，丈尺，俱隨地佈置，前後牆壁，與官廳俱齊，空其官廳，僧舍之後，爲浣花草堂地位。僧舍另立大門，顏曰"闢幽菴"。饗堂門棟之西，就其隙地丈餘，而僧爲間房。統祠墓、官廳僧舍之外，四面俱附以牆，方各十五六丈不等，附墓田土，無混淆者。其路照坐北南向。東西北通楊孝仙祠，及江口大礄，可達縣城。西北通清水團，及洪家墈，可達縣城。東南通長田市，及瀏陽之黃泥界。西南通橫江團，及茱桐嶺之長沙界。近墓居民俱住天井湖畔之外，其杜公後裔久已遷居邑西之晉坑，及本鄉距此三十里之石坳。此地宜松、宜竹、宜食茶、薯、芋。湖內餘地，且尚廣焉。

附 載 工 部 墓

　　唐左拾遺工部員外郎杜甫之墓，在小田杜家洞天井湖，癸山丁向，花磚結頂墓，前有紅石板。或疑墓在耒陽縣北韡州上，按愈詩"一堆空土煙蕪裏"，蓋工部原遊耒陽，是邑人思其遺風，遂葬以衣冠也。又新舊《唐書》載歸祔偃師，按元微之《墓志》云旅殯岳陽四十餘年，其孫嗣業歸葬偃師不果，爰葬平邑，遂家焉。

附《杜工部墓辨》

　　唐大曆五年庚戌秋九月，檢校工部員外郎杜公子美，將由湖南歸秦，舟中患風疾，泝汨羅以至平江。既歿，殯縣南十里之小田村天井湖。子宗武病不克葬。歿，命其子嗣業。嗣業生於平江，家貧無以給喪，終不克歸葬，遂占籍爲平江人，至今稱杜家洞也。至宋，有裔孫邦傑，紹興三十二年授承節郎，與公至德三載授左拾遺，兩世誥勅皆在。明參政陳愷、僉事張景賢並爲之跋，載《邑志》，錢氏謙益亦云拾遺勅猶存平江縣市民杜富家也。夫以子美先生葬於平江，子孫從之，誥勅具在，譜班班可考，其墓夫復何疑？而讀史者誤信新舊《唐書》，謂公卒於耒陽，歸柩偃師。公非沒於耒陽，牛肉白酒之誣，業經前人辨駁。惟元微之墓表，"旅殯岳陽四十餘年"，未可斷爲終葬斯土而弗遷也。吾蓋詳考之，而信公墓之確在平江矣。公爲晉征南將軍當陽侯預十三世孫。曾祖依藝監察御史，終鞏縣令。祖審言膳部員外郎。終國子監主簿，加修文館直學士。父閑，兗州司馬，終奉天令。公本襄陽人，後徙河南鞏縣，以祖官長安，居杜陵，又曰少陵。詩所謂"杜陵有布衣"、"少陵野老吞聲哭"也。大曆三年戊申，去夔洲出峽，三月至江陵，秋移居公安，晚之岳州。四年正月，自岳之潭州，未幾入衡州，夏畏熱，復回潭州。五年夏，避臧玠亂入衡州，欲如郴州，依權州事舅氏崔偉。次耒陽，阻水，泊方田驛，有《至縣謝聶令致酒肉》詩。秋，舟下潭州，有《長沙送李十一》詩云："與子避地西康州，洞庭相逢十二秋。"公以乾元二年寓同谷，即西康州，至大曆五年，爲十二秋也。又有《暮秋將歸秦，留別湖南幕府親友》詩云："水闊蒼梧野，天高白帝秋。北歸衝雨雪，誰憫敝貂裘。"可知秋深在途也。《風疾舟中伏枕書懷三十六韻奉承湖南親友》詩云："舟泊常依震，湖平早見參。故國悲寒望，羣雲慘歲陰。鬱鬱冬炎瘴，濛濛雨滯淫。十暑岷山葛，三霜楚戶砧。"自三年至是，爲三霜，計已秋盡入冬，舟泊洞庭東矣。仇滄柱曰：詩有"葛洪尸定解，許靖力難任"，公亦知不久將歿也。至此而冬犯雨雪，資用不給，病又日深，必平江令亦其親友，遂泝汨羅而上，流寓平江。時縣治未改，猶在故縣鄉之中縣坪。渡汨水至小田十里而近，故歿遂葬於斯也。元微之墓表云：遇子美之孫嗣業，啟子美之柩之襄祔事偃師，途次於荊，拜余爲誌。荊襄相距三百餘里，由襄而洛，途不由荊。所云無以給喪收拾乞匂，焦勞晝夜，窘狀可概見。求微之爲文，冀有相助者，非其柩之實至於荊也。微之時貶爲江陵府士曹參軍，能爲文而不能舉助也明矣。子孫終家於平江不能歸，而能歸柩乎？同治七年冬十月，吾歸自關中，道出偃師。距縣十里，過少陵書院，憩焉。詢諸生云：《縣志》載杜工部墓在土樓村，其實土樓村有杜征南墓，無工部墓也。次日至鞏縣，閱《縣志》，亦載有工部墓，詢其地仍無墓。大抵子美曾祖依藝葬於是，遂附會以入志耳。且詢偃師、鞏縣居民，今無杜氏其人。非特子美未歸葬偃師，嗣業亦未復居鞏縣也。而據微之《墓志》，信祔事偃師爲誠然，無乃刻舟求劍也歟。觀宋政和五年王得臣序行《麈史》，有徐屯田《過杜工部墳》詩云："水與汨羅接，天心深有存。遠移工部死，來伴大夫魂。"小田側有盧水，下接汨羅，則工部墓自唐至宋未之遷也，不誠信而有徵哉！今也馬鬣巋然，佳城無恙，壙磚微露花文，一片石剝落風霜，猶唐碣也。吾詳辨之，可以證公歿耒陽之訛，可以明歸葬偃師鞏縣之非實，使海內好古者，曉然於詩聖遺阡，千年白日，不復視爲疑冢云。平江張岳齡撰。

（杜家方等纂修《［湖南平江］杜氏族譜》　清光緒二十二年寶田堂木活字本）

安徽太平峴陽孫氏太師公墓圖

安徽太平峴陽孫氏太師公墓圖記

先太師熙佚公暨夫人趙氏，勑葬旗龍前蘆山之麓，去我高城可二三里許。高城舊籍三都，亡何，遭永樂天難，人煙荒竄，改湊下五都。太師公之墓，華表靡存，翁仲寢廢，祀典始曠。雖然，在天之靈，要自不爽。承平以後，墓前居者如堵，凜凜無敢侵，且蘆山得道木庫夫人，著於空門懺牒，邑人因爲搆祠，百凡祈禱立應，山中有氣，如白旗閃爍，變換不一，見者輒曰：此木庫夫人之靈，而不知爲太師公趙氏夫人也。今歲纂修宗系，得姑熟繁陽舊譜，誌公之墓甚悉。爰造其境，按其形，玉屏落脉，玉几簀案，水向西流，石勢巉巖，朝拱者纍纍。余因撫心曰：烏有祖塋在前，而子孫覿面不親者乎！仲秋望日，謹率子姪輩致祭，更額其碑曰：贈太師孫公某趙氏夫人之墓。噫嘻！非太師公與夫人之靈，安能歷經六百餘載，光昭如此！然非余貴翁公、新一公遷旗嶺，世居高城，又安能令太師公之丘壠久而益著哉！余故爲之識其始末，俾公以下支派，咸知有木本水源之思云。

萬曆己未，高城貴翁公後裔景星誌。

咸豐八年，我族逢庚公曾同五分置田於高洲，爲蘆山掃墓費。嗣因洪漲，田被沖圯，碑記猶存。同治十三年，先道公繼承先志，邀高洲樾山水東西隅九甲下麻楊家山同捐資，復於高洲置祀田十四畝有奇，另立碑記，嵌高洲惇敘堂壁。議定春社後一日，每分紳衿一人，偕往高洲惇敘堂宿。翼日黎明，肅衣冠，詣蘆山墓前致祭。祭品葷素各四，禮畢，偕回惇敘堂飲福。越明日，各歸，餘貲分給紳衿往返輿費。蓋縣距高洲四十五里，高洲距蘆山二十五里云。

（清孫光楣等纂修《［安徽太平］峴陽孫氏族譜》　清光緒二十三年木活字本）

安徽太湖韋氏始祖墓圖

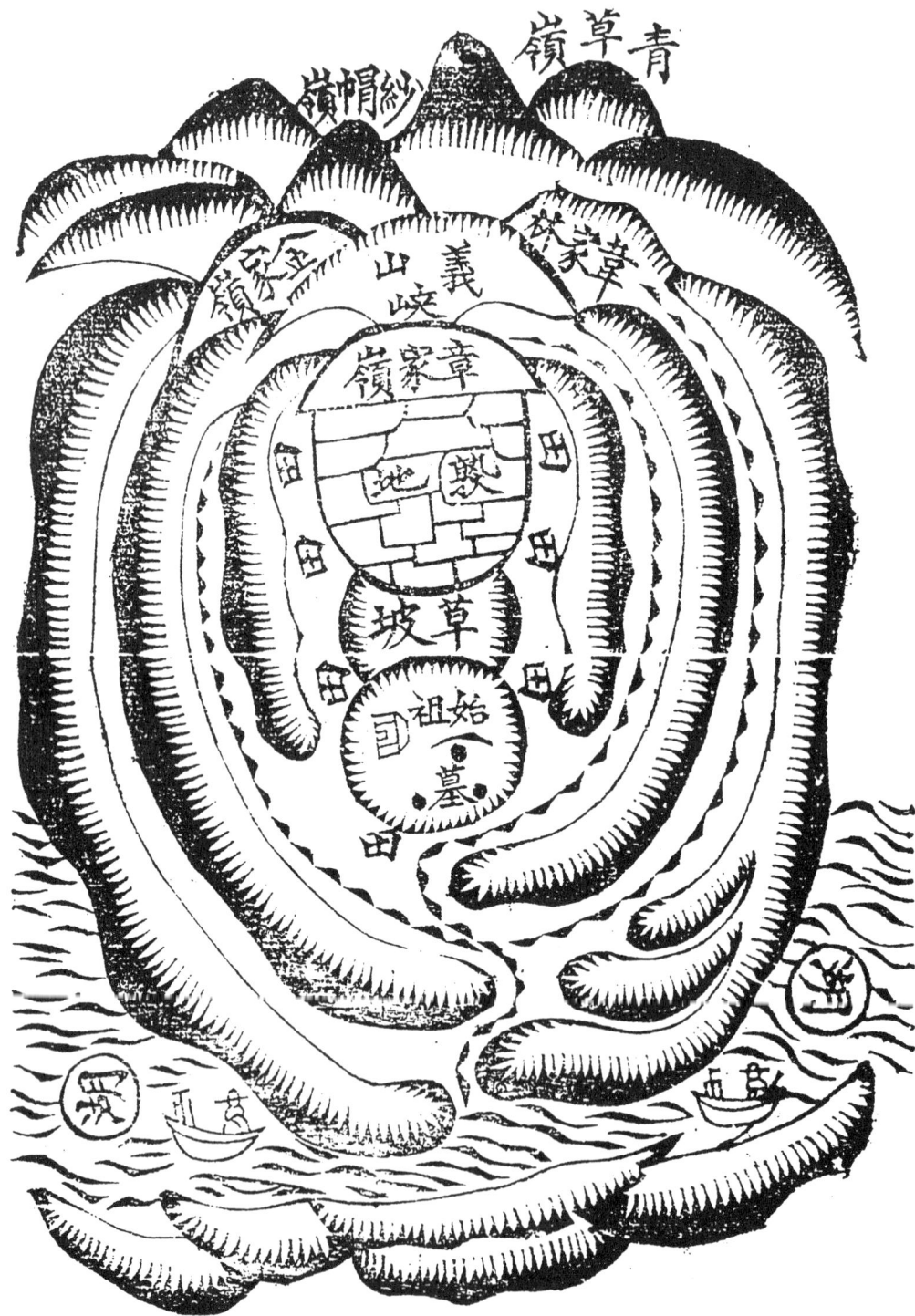

安徽太湖韋氏始祖墓圖記

　　紗帽山下開兩股，中落平岡成培塿。參差走馬文曲星，青草嶺起作少祖。端然一座武曲金，望之形樣如鍾鯆。韋家林向右邊撑，金家嶺向左邊補。義山過峽若金蛇，章家嶺側抽細縷。由丙轉入癸脉奇，變換真如鸞鶴舞。隔瓏山借作青龍，本身迢遞作白虎。左水來乙右水丁，交牙出巽穴無覿。坐亥向巳稍兼壬，巽巳相親理無侮。左水東出蘆薪河，汪家港西泊湖聚。明堂寬闊水直流，重重關攔捍門户。鍾靈筆迹屢徵祥，步龍著説繪於譜。

安徽太湖韋氏二世祖墓圖記

　　重巒疊巘，橫列雲表，則石灰山焉。側岫平岡，映帶左右，則大望山焉。芙蓉九腦，瞻之若九華；杞梓雙枝，護之如雙翼。峭崿窮窿，莫可測度。然後灑落平田，約數十武禄存開帳，左水東注，右水西流。至阮家嶺，如屏，如几，如天財，如誥軸，戰鼓捷旗以扛峽，牙刀執笏以迎龍，參差屈曲至卓家花屋。後峽如工字，短而細，曲而舒，兀兀矗矗，紫氣結束。右砂而連作案朝，兼爲白虎。左砂而曲，赴水口，并借青龍。中則蛛絲馬迹，亂落梅花，分蟬翼而微窩，現蝦鬚而有乳。丙脉出而癸脉入，太極暈正在是矣。則又有蘆薪河、汪家港二水，交會於泊湖，此則覓根尋源之大端也。總之，論明堂則田水橫過，論朝山則一案遮攔，論去水則不見飄流，論關鎖則羅印緊塞，論水位則來庚出巽，論山向則坐癸向丁。形喝游龍戲珠，格合純陰理氣，宜乎二百餘年之精靈不昧也。

（清韋炳等修《［安徽］太湖縣韋氏宗譜》　清光緒二十六年一經堂木活字本）

安徽太湖韋氏二世祖墓圖

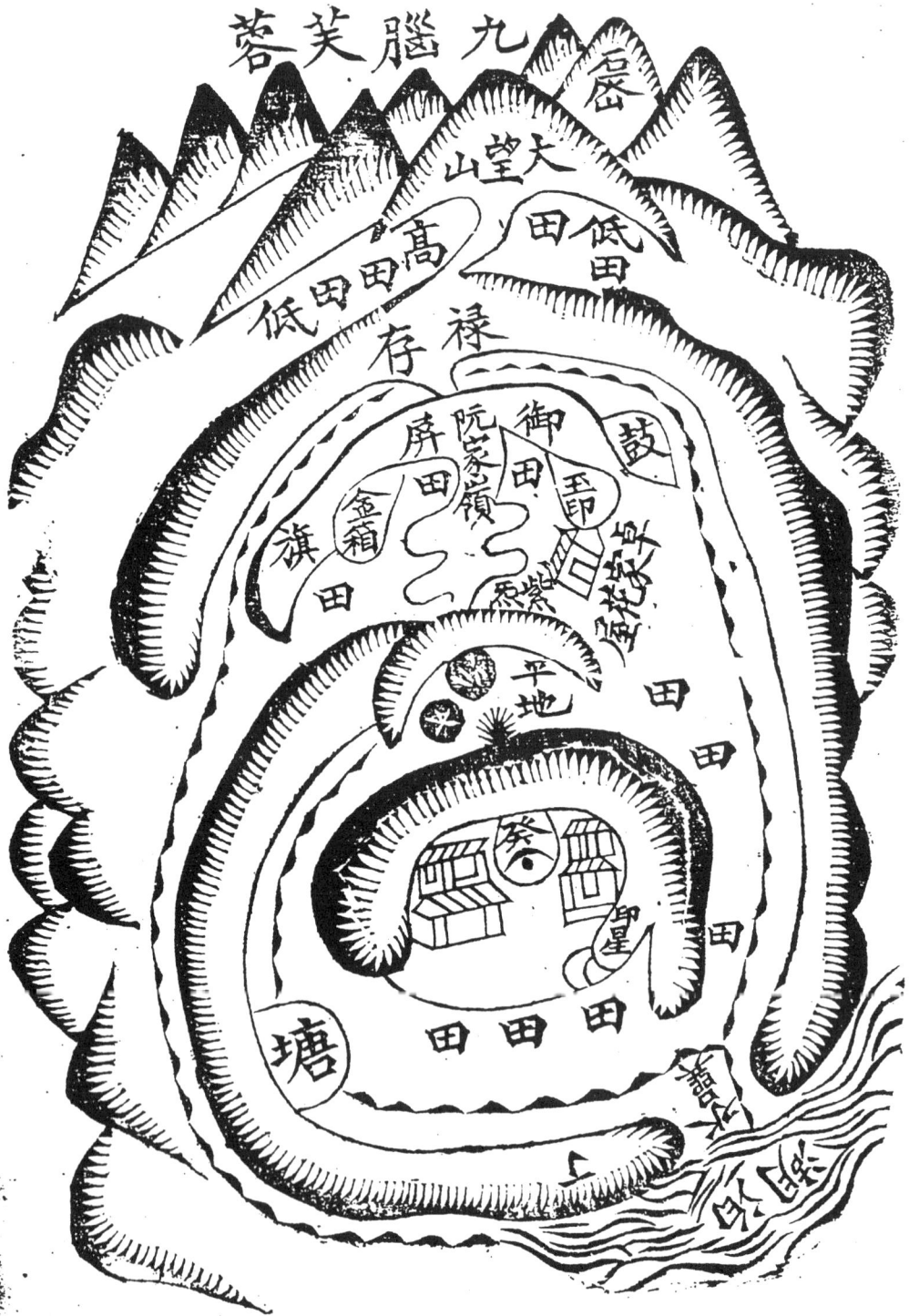

湖南沅江鄧氏黃子坪墓圖

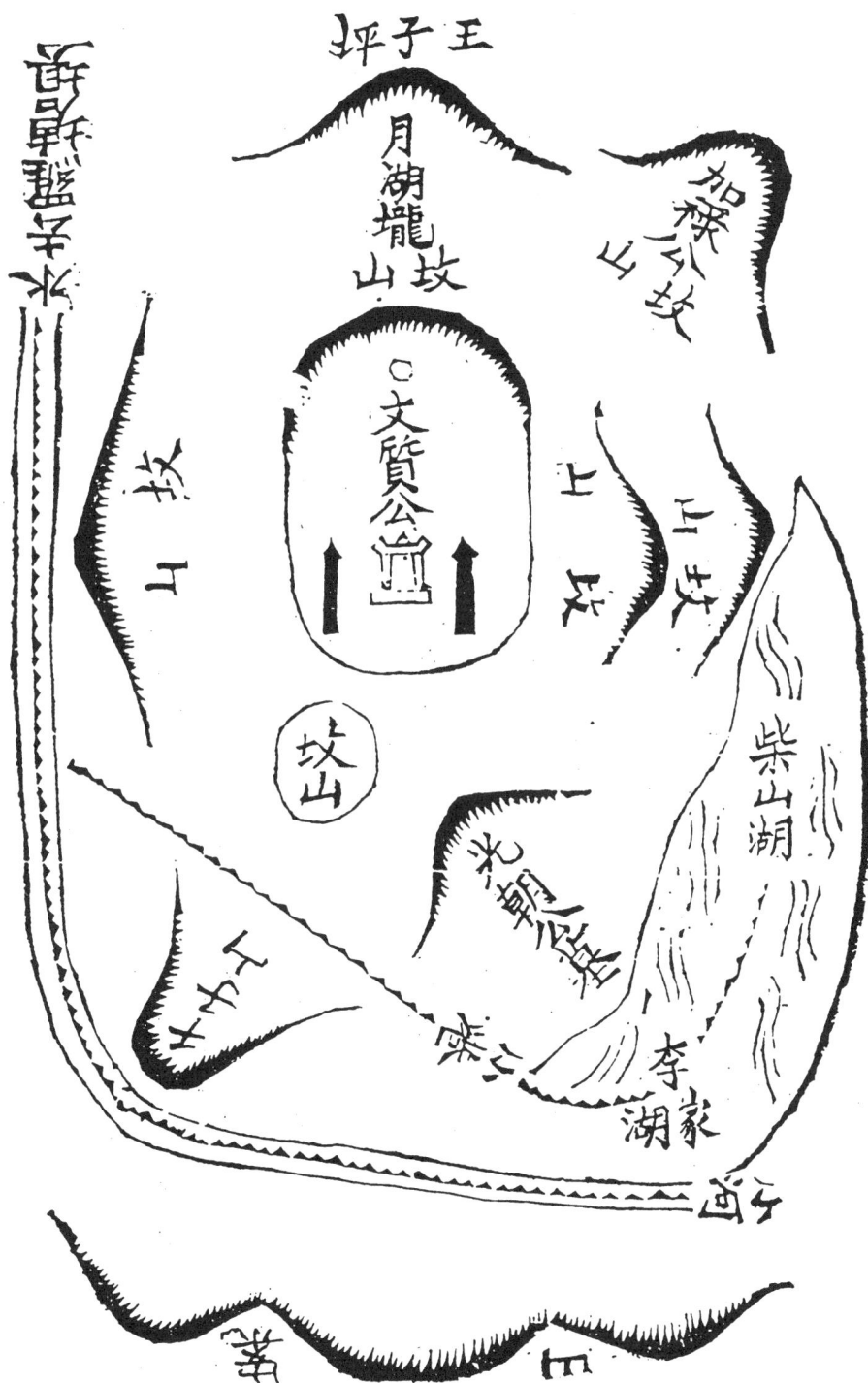

湖南沅江鄧氏黃子坪墓圖記

　　自來地以人傳，墓亦猶是。古人云：死士之墓，令禁樵採，偉矣哉！我族沂英公長子交質公，有明以來，自益遷沅，繼而歿葬於益邑黃子坪，竪有碑石、華表。四百年來，公之發跡，文經武緯，代不乏人。識者謂墓之前後眉橫遠岫，色戴長天，挹山水之精華，泉下人死且不休，外此漢英公支下塋塚纍纍，不一而足，皆其先後附葬者也。然氏與南陽同脈，沅與濱水分流，前程寫隔，易失致哀、致敬之誠。爰因三修《支譜》，遂爾詳繪墓圖，後之子孫因時祭掃，而憑弔欷歔，或一攬而知其顛末云。

　　嗣孫正坊、嶓中等謹識。

湖南沅江鄧氏望湘山墓圖記

　　山在屋基東北，祖遺田壹坵，自抵自業，因其地附近培補成山，議作壽藏，故名曰望湘山。自同治二年，奉安先祖亨勅公，乾山巽向，位居乎中。接葬先父本梧公、伯父本棟公，俱扦酉山卯向。至光緒二年，祖母汪孺人葬是山，位居右，爲戌山壬向。光緒十九年，葬胞兄岷中公，亥山巳向，位稍下。現置續譜在即，凡同房進葬者，不准騎頭掩向，有礙祖塋，務宜加培補厚，則庶幾乎世世子孫，永宇于勿替也。自爲説。

　　孫嶽中峰中嶓中等謹識。

湖南沅江鄧氏望湘山墓圖

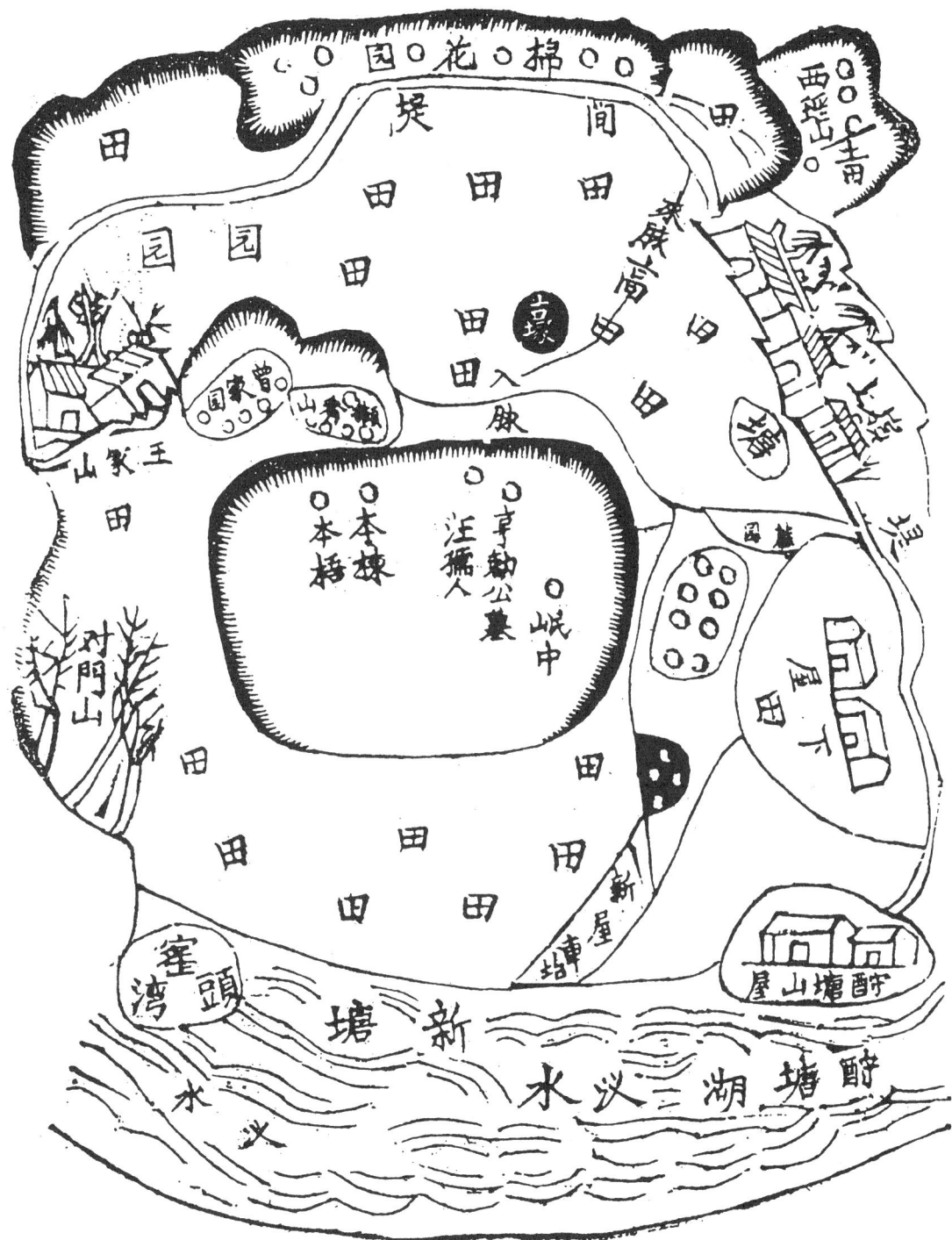

湖南沅江鄧氏海宇山墓圖

湖南沅江鄧氏海宇山墓圖説

　　山在基地西南新堤外一區，舊名海宇山，原係四房私業，分有多寡。至於弓口丈尺抵界，各載契約之內，均未再詳。地勢聯而界劃分明，墳塚多而山向不□，第恐世遠年湮，難免淆混之情，以故繪圖刊説，位次昭然，俾後之人各禁剗削，務宜加高培厚，愍懇祭掃，慎毋得以近而忽之也。此爲説。

　　嗣孫本需、印、珩等謹識。

　　　　（清鄧亘本主修《〔湖南沅江〕鄧氏二修族譜》　清光緒二十六年南陽堂木活字本）

江西樂平洪氏大成公墓圖記

　　灣頭金觀藻，今承祖父有荒山二號，坐落土名塹塢，經理係友字壹千五百四十七號，該身壹半計稅三釐。其山東至脊，西至田，南至李程山，北至脊。又有荒山一號，友字一千五百四十九號，計稅一釐。其山東至田，西至脊，南至脊，北至脊。右件四至分明，今因缺錢正用，自意情願托中立契，斷骨出賣與塅上親眷洪龍先名下爲業，當日三面言定紋銀伍錢整，其銀係身收訖。其山買主前去砍斫柴薪，挗作插苗，所有稅糧照册查收過户。未賣之先，與内外人等並無重張交易。如有不明，賣人自理，不干買主之事。今恐無憑，立此斷骨文契爲證。

康熙五十六年二月十七日

　　　　　　　　　　　　　　　　立斷骨契人：金觀藻
　　　　　　　　　　　　　　　　中見：叔金文龍

所有上項契價當日兩相交付足訖。再批。

江西樂平洪氏大成公墓圖

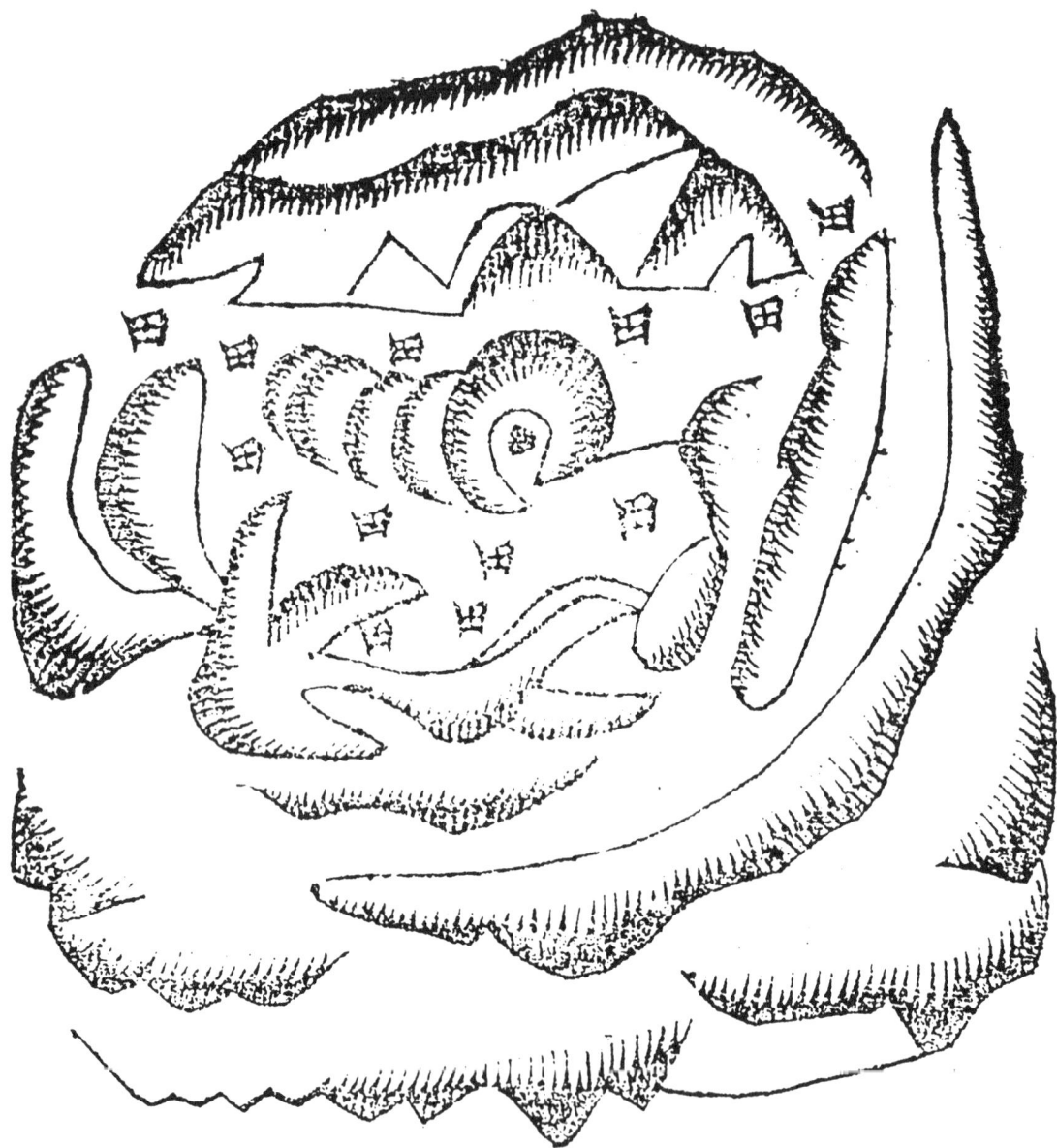

地在壂塢，酉山卯向。取名螺螄形。

江西樂平洪氏尚清公價買山契文

立斷骨出賣山契人，樂平三十八都二圖七甲耆德村余勝虎，同姓應旺、應兆、應顯等，今承
祖有墳山一局，坐落土名大麥嶺，計稅陸釐正。其山東至降脊余勝龍墳墓爲界，西至地塝爲界，
南至余姓老祖墓爲界，北至地塍爲界。右件四至界內分明，今因缺錢支用，自意情願託中，將墳
山出賣與婺邑四十一都壹圖尾甲洪中塅親眷洪□□名下爲業，當日三面言定，價紋銀若干正，
其銀俱係身親收訖，並無貨物虛抵，願買願賣，俱係兩意情願，並非相逼。自賣之後，聽從洪姓
入山扦葬，余姓內外親疏人等，毋得生端異説。如有不明，賣人自理，不干買主之事。其山稅
糧，賣人推付洪姓收入戶無阻。恐後無憑，立此斷骨出賣山契爲證。

乾隆五十七年十二月十六。立斷骨出賣山契人：余勝虎，同姪應旺、應兆、應顯。

見眷：長願、翹龍、葉富保、黃明達、周正芳。

代筆人：余守恭。

江西樂平洪氏良冀公暨沈氏孺人墓圖

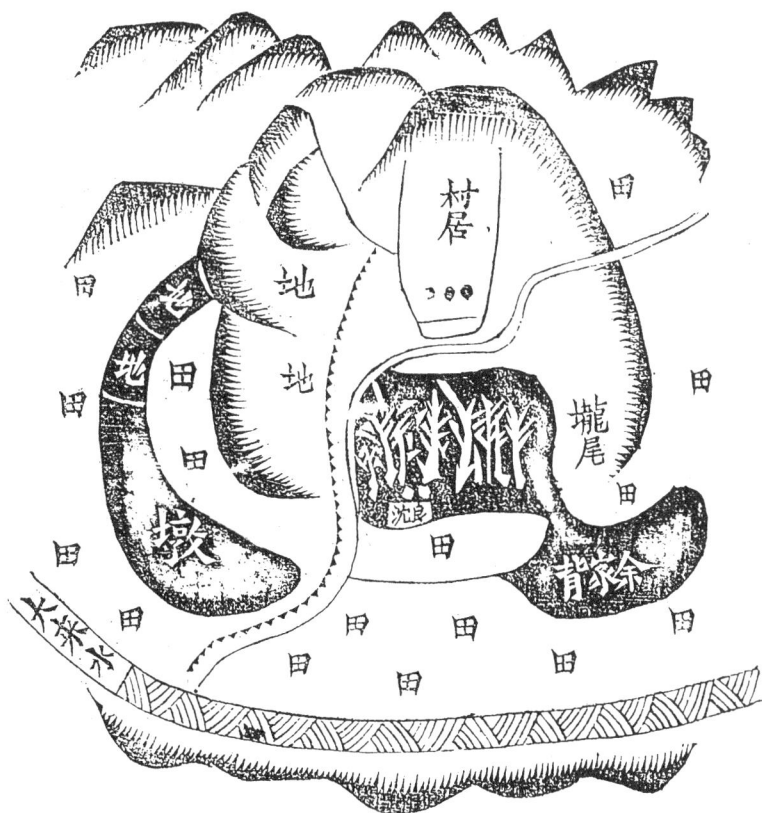

江西樂平洪氏良冀公暨沈氏孺人墓圖記

契暨合同已載譜，故兹不贅。譜載葬寮林者不一，雖不能確指何所，要皆古塚，日後槩不得侵（屠）〔圖〕。上有株樟楓松大木，共拾貳根，壬申後折壞株樹貳根，楓樹壹根。留爲庇蔭。日後子孫不得觊覦，如違，以不孝論。地租事規開列于後：

田植　　早租

石井頭，柒秤大。左家塢，拾貳秤大。

明堂坵、梨樹底，壹秤大。界塝上，肆秤大。

鄭村坦，柒秤大。爐下上坦，七秤。

大塘邊，陸秤。

晚　　　　租

橋嶺背，肆秤大。瓦窰塅，四秤。

密竹塢，四秤。

伯先户坐册及左家塢、鄭村坦、大塘邊、界塝上、爐下上塅五契，存志宏處。

園　　租

志侯衆，壹秤大。德心，二十斤。

宜氾，三十七斤。宜亨，三十二斤。

宜松，三十二斤。志糖，壹秤。

修燭，壹秤大。宜大，一秤半。

宜琳，二十斤。修快，二十斤。

事　　規

上户者，入錢一百六十交，遞年清明，挈首摽掛寮林暨余家背伯榮公及寧氏孺人花磚墳墓，照户給胙壹朐。

（清洪修昕、洪修臣纂修《［江西樂平］段炖煌郡洪氏虹鍾坦崇睦堂族譜》

清光緒三十八年木活字本）

浙江浦江武威賈氏墓圖

形似長蛇奇吐舌，丙山壬向王字穴。金城圍抱案弓眠，兒孫衣繡粟陳積。

安厝

裕二百七公暨鄭氏安人之墓。祖八十八公暨二張氏安人之墓。

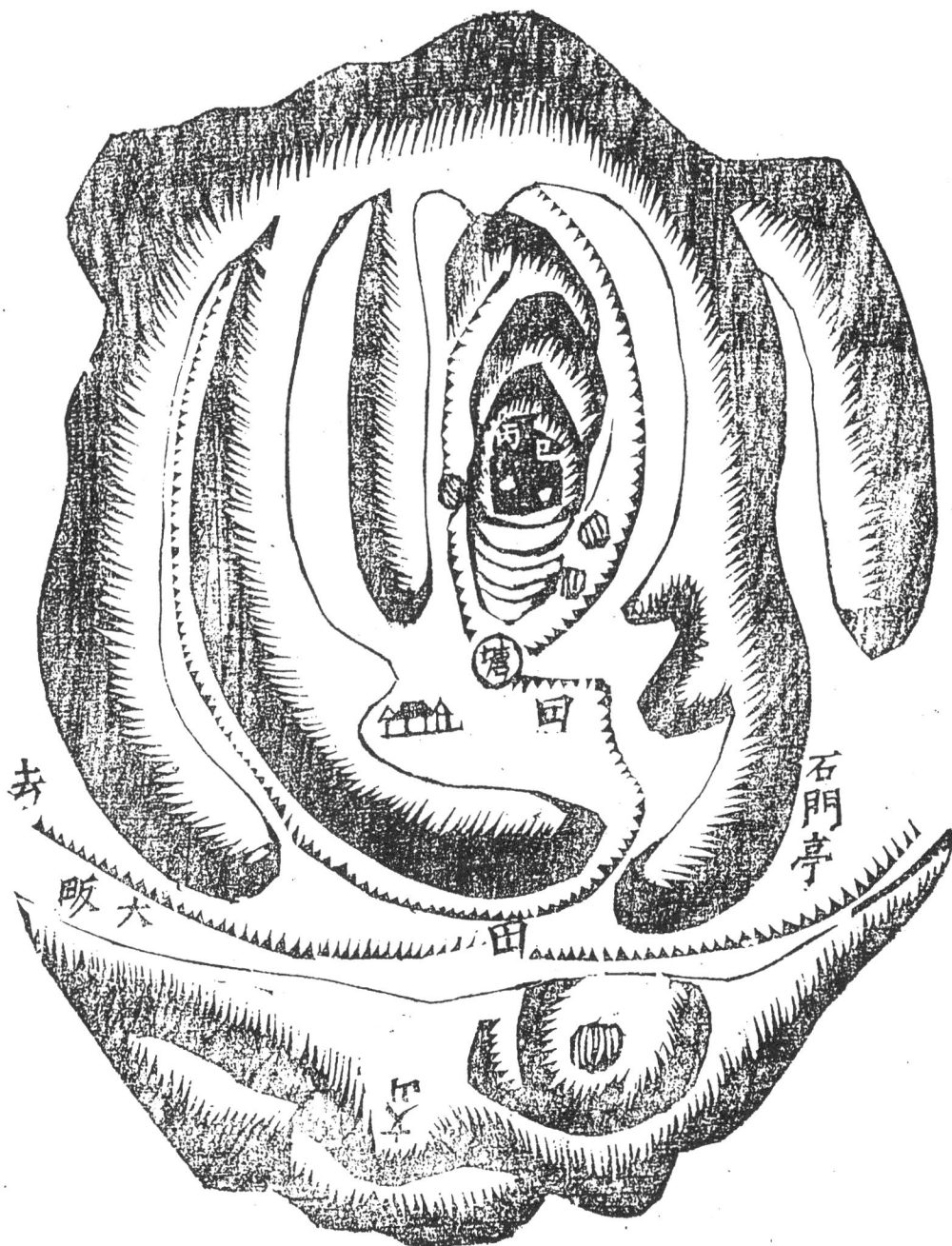

湖南寧鄉溈寧戴氏宗昌公墓廬圖

湖南寧鄉溈寧戴氏宗昌公墓廬記

　　右廬在甯邑五都十六區戴家灣上首碓木䃰，其右即木星山始祖季榮公墳墓處也。我十一派祖宗昌公與湖山明傑公分支以來，子孫繁衍，聚族而居，遂本其分支之祖宗昌公置廬於此，而每歲清明、中元祀之，所以妥先靈也。其後橫嶺山及左右上下各處墳塋甚多，不能悉數，皆其後裔與族中之乏嗣者。今四修譜牒，繪圖以垂久遠。若因小而恢宏增美焉，則有望於後人之光大門閭者，此特其始基耳。

　　嗣孫遠寶遠明裕後等謹誌。

（清戴良翰主修《[湖南寧鄉]溈寧戴氏四修族譜》　清光緒三十年註禮堂木活字本）

福建福州東門郭氏提井山全圖

福建福州東門郭氏提井合墓界址全圖

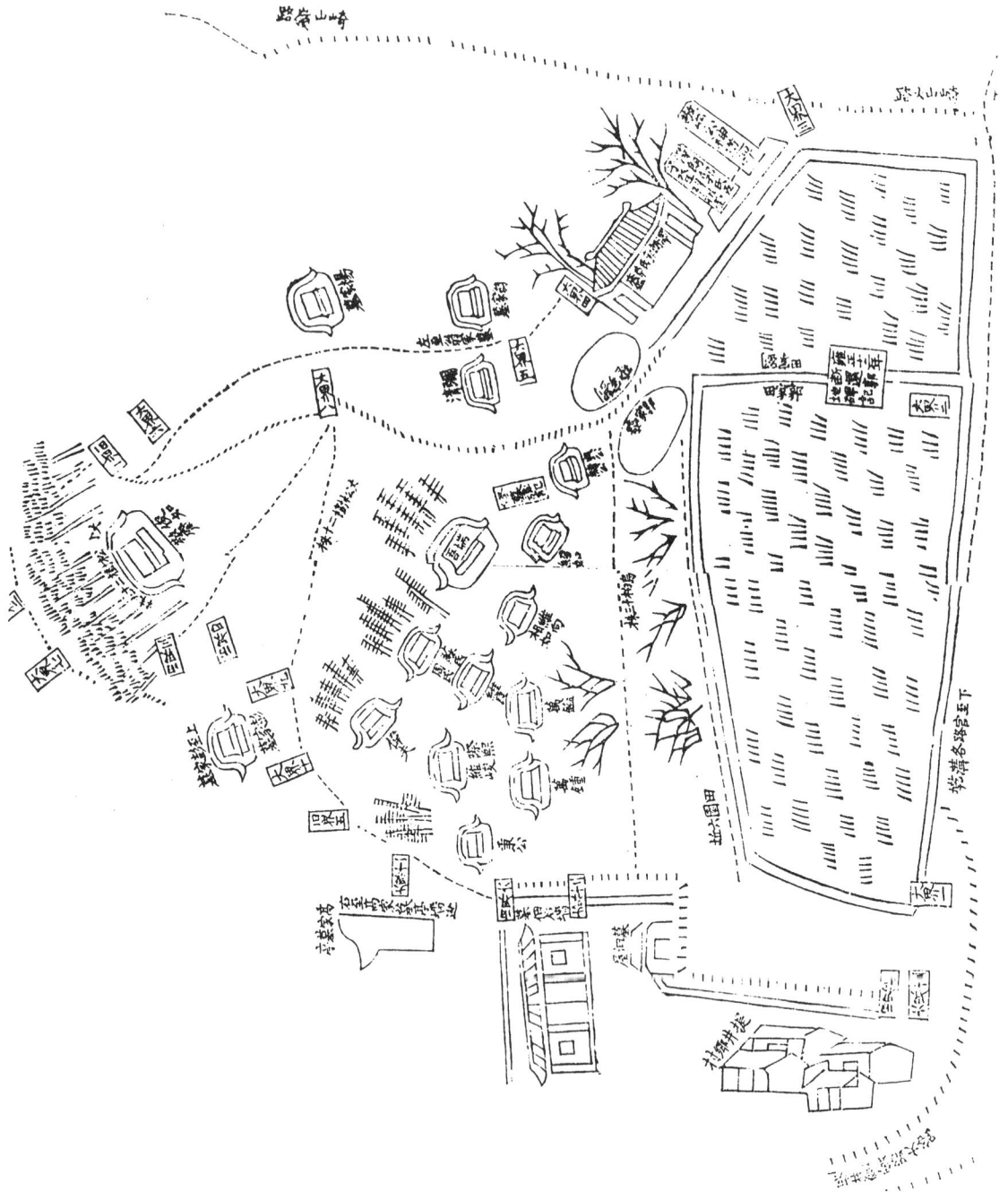

福建福州東門郭氏提井山墓道記事二碑圖

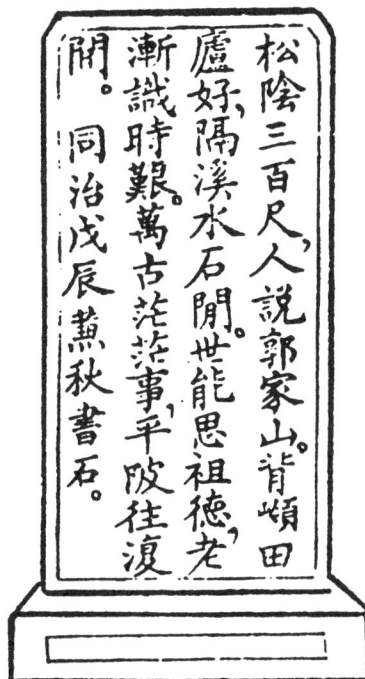

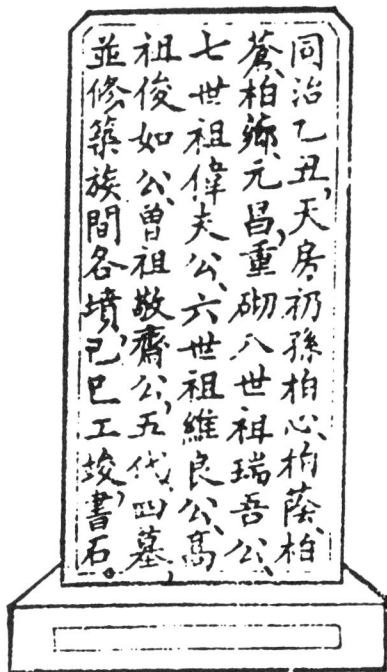

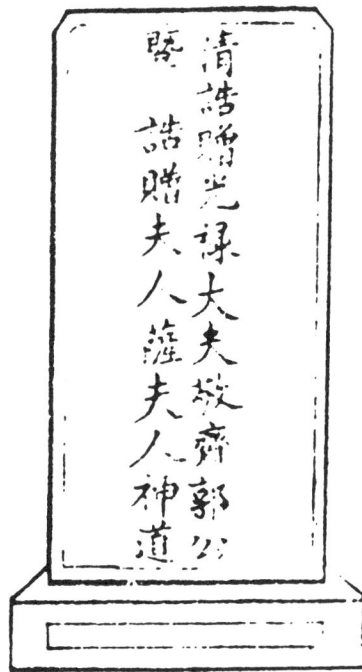

松陰三百尺，人說郭家山背頃田
廬好，隔溪水石開世能思祖德，老
漸識時艱萬古茫茫事，平陂往復
閒。
同治戊辰薰秋書石。

同治乙丑，天房初孫柏心柏蔭柏
蒼柏珍元昌，重砌八世祖瑞吾公
七世祖偉夫公六世祖維良公高
祖俊如公曾祖敬齊公五代四墓
並修築族間各墳己巳工竣書石。

清誥贈光祿大夫敬齊郭公
暨誥贈夫人薩夫人神道

（清郭柏蒼等纂修《［福建福州］郭氏支譜》　清光緒三十一年刻本）

湖南湘潭白汜劉氏始祖鍾秀公墓圖

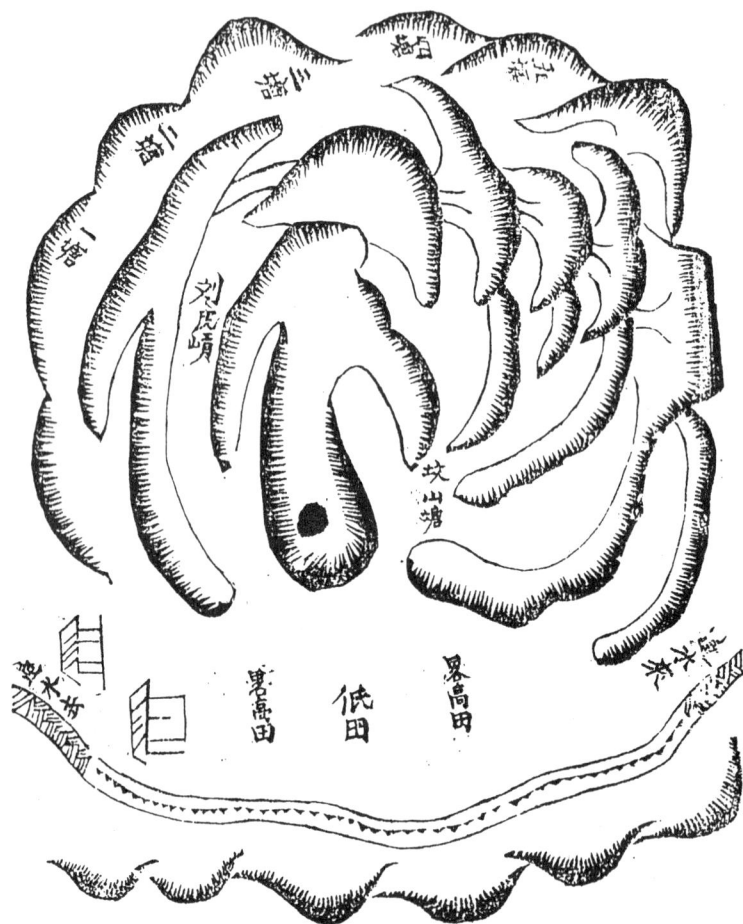

湖南湘潭白汜劉氏始祖鍾秀公墓圖記

　　右圖坐上十七都上十甲地名虎形山。始祖鍾秀公暨德配黃孺人,向葬雷公坪,於乾隆四十一年改葬。長孫海安公所管虎形山,北面向乾,其來龍遠不及述,近自龍坑發脈,由龍形山過峽,逶迤而至高峯結局,左有墳山塘,右有劉虎嶺,大河前橫,諸峯後繞,沙水迴抱,靈氣萃臻,實佳城也。子孫繁衍,於此發祥。其餘坿葬鱗砌,悉詳齒録。爰繪斯圖,俾後人覽之,不忘本原焉。

　　墓下嗣孫敬識。

　　　　　（清劉澤直等修《[湖南湘潭]白汜劉氏三修族譜》　清光緒三十二年木活字本）

甘肅天水秦州西廂里張氏各房祖塋域址

闔族祖塋暨各房祖宗塋域記址：

州伏羲城桂家巷道後塋域一處。係闔族祖塋。

州北山鴉兒厓塋域一處。係長房祖塋。

州北山劉家堡唐家墳上塋域一處。係長房祖塋。

州西頭橋塋域一處。係長房長支現用塋。

州西三十店子撻馬溝門黃家窑山前塋域一處。係長房祖塋，原在三十店子董家磨，因河崩移此，長房次支現用此塋。

州南山石馬坪塋域一處。係二房次支進祥公支塋。

州北山三臺址塋域一處。係二房長支祖塋，旁東爲小口塋。

三臺址二房長支塋上塋域一處。係二房爾志公支現用塋。

州北山堅家堡小鴉兒坪塋域一處。係二房次支現用塋。

州北山堅家堡小鴉兒坪塋域一處。係二房印公支現用塋。

州北山鹽池塋域一處。係二房登階公支現用塋。

州北山何家灣塋域一處。係二房全公支現用塋。

州北山中梁塋域一處。係二房登奎公支現用塋。

州北山楊木匠山塋域一處。係二房登瀛公支現用塋。

州北山楊木匠山塋域一處。係二房印公支現用塋。

州北山楊木匠山塋域一處。係二房申公支現用塋。

州西南漳家溝塋域一處。係二房次支更祥支現用塋。

州西南山張家山山後塋域一處。係三房祖塋。

州西堅家河塋域一處。係三房祥公支塋。

州西南張家山山前塋域一處。係三房新札辰公現用塋。

張家山張家頂東北角塋域一處。係三房監裕公支現用塋。

張家山楊家頂正南塋域一處。係三房賢公支現用塋。

張家山張家頂西北角塋域一處。係三房海成公支現用塋。

張家山張家頂西北角塋域一處。係三房分支現用塋。

州西南山廟子頂塋域一處。係三房居郭公支現用塋。

州西十里鋪團庄西塋域一處。係三房惠支現用塋。

團莊東塋域一處。係三房庫公支現用塋。

州西南坪峪溝後杜家溝塋域一處。係三房自來公支現用塋。

坪峪溝西山王家溝塋域一處。係三房同寅啟公支現用塋。

州東教場門教場厓塋域一處。係三房瑞公支現用塋。

州東北山馬南溝塋域一處。係三房亨支現用塋。

州西三十店子董家磨塋域一處。係三房元公支塋。

州西王家磨堡子背後塋域一處。係三房元敬公支現用塋。

州南山南郭寺頂塋域一處。係四房祖塋。

（清張世英纂修《［甘肅天水］泰州西厢里張五甲張氏宗譜》　清光緒三十四年刻本）

甘肅天水秦州西廂里張氏伏羲城桂家巷後塋圖引

　　塋首北趾南。北界城根,南界低坎,東界沙填隙地盡處,西界園牆。長十五丈,寬十三丈五尺。墓一百七塚,中東連三高塚處,二房長支有碑,西南最高次支十二世諱勢望塚,餘未悉。

甘肅天水秦州西廂里張氏伏羲城桂家巷後塋圖

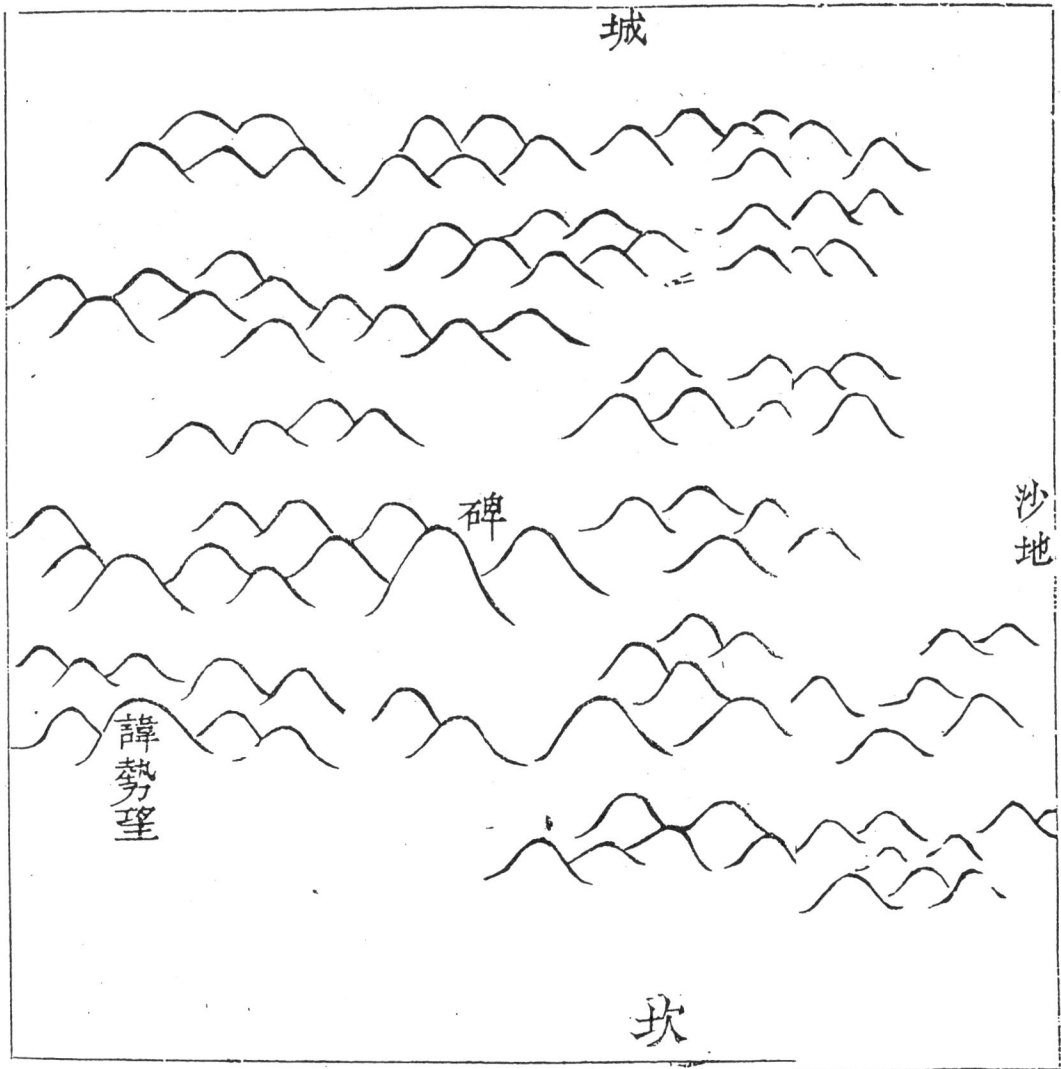

甘肅天水秦州西廂里張氏北山三臺子塋圖引

塋丑山未向。北南九丈，東西上七丈，下五丈二尺。墓二十七塚。塋北北南七丈五尺，東西五丈三尺。左附塋，亦丑山未向，北南七丈，東西三丈。墓十七塚，合護田七畝五分。俗號二畝五分爲塐，七畝五分則三塐也。下仿此，

甘肅天水秦州西廂里張氏北山三台子塋圖

湖南益陽武陵龔氏墓域圖

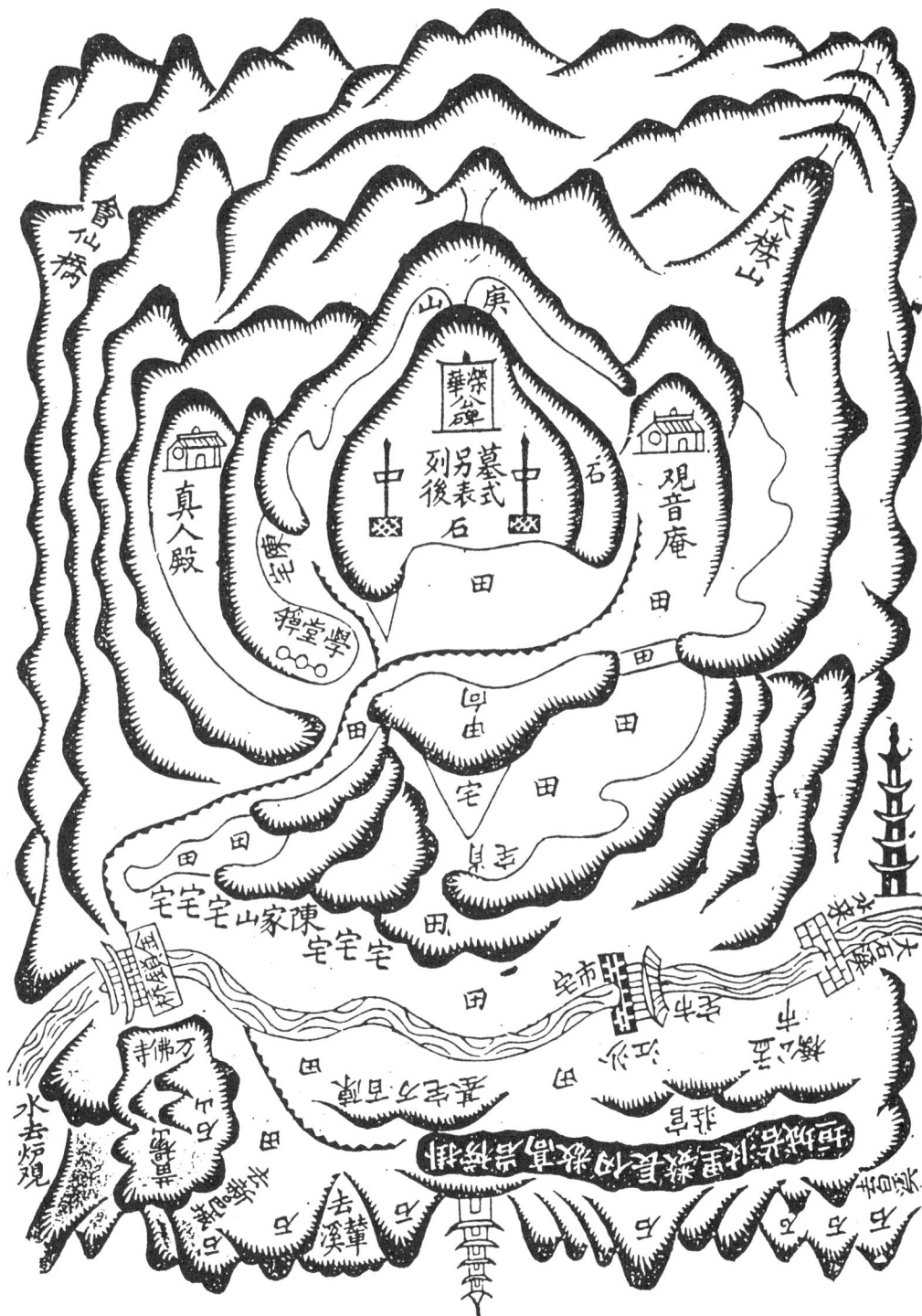

湖南益陽武陵龔氏墓域圖記

　　新邑黄楊山龔家坳鳳形，我榮、華、富、貴四房明初所置祖山也。歷葬數排，碑譜兩據。國朝乾隆時，山被近地蕭姓所佔，有貴公嗣孫展、彩等與之構訟，始獲珠還。咸豐元年辛亥，我榮公支下月房夢蓮舉孝廉，入山祭掃，見祖墓在荆棘中，欲修未果。至七年丁巳，華公後裔峒山來商合修祖塋，贊與房叔吉堂承族命効奔走，因與諸公謁墓畢，即鳩石工竪桅立碑，合置墓産，停佃看守，書立合約共十八紙，各執收照。而山水之靈秀焕然一新，是固由峒山之力，要亦祖宗之靈爽所致也。贊董其事不敢告勞，因詳以記之，俾後人識其巔末焉耳。

　　十一修吉房親贊維翰識。

附：

議　規　合　約

　　立合約字人榮、華、富、貴四房子孫等，有新邑黄楊山祖山一座，地名鳳形龔家坳，四處石界爲斷。左與貴房盛美公私山毗連，原榮公葬是山，其子孫居益陽、龍陽、湘潭等處。華公葬是山，其子孫居安化。富公次子榮祖公葬是山，其子孫居本邑廟前邨及安化甯鄉、漵浦等處。貴公近是山，其子孫居本邑白溪及安化圭溪等處。歷葬數家，看管多年。本年冬至，榮房舉人夢蓮、庠生必達、春暘，華房增生、景行、廪生紹祐，富房庠生應奎、長昭、春樹、廪生春芍，貴房春達、庠生良佐等，登山祭掃，竪桅立碑，四房會集，各出費資置産，停佃看守墳山，議規列後。子孫蕃衍，恐人心不一，是以四房書立合約，各執收照，俾世世子孫恪守規議爲據。

　　一、進葬不許騎宗跨祖，違者歸宗處治。

　　一、山内四抵界址石椿爲斷，界内樹木及學堂簰樹木公蓄公管，如有擅行砍伐者，公處送治。

　　一、祭産係四房公業，招佃看守，永不許典賣。

　　領約人

　　玉堂　長述　位中　翰卿　巨川　長浚

　　春芍　紹遠　植槐　春光　祝嵩　芳蒙

　　春樹　巨卿　熾昭　朝訓　開太　圭溪

　　大清咸豐七年臘月廿日，榮華富貴四房公立。

（清龔親教纂修《[湖南益陽]武陵龔氏十二修族譜》　清光緒三十四年木活字本）

浙江湖州荻溪章氏籜青公墓圖

浙江湖州荻溪章氏籜青公墓圖記

　　龍自西南大圩起祖,迢遥東下,分作兩支:南支護衛來龍,至穴塲之右,圓抱而止,親切可愛;北支辛氣行度,溰插玲瓏,直趨過東,轉換異已,逆迎來水,融結佳穴,妙在穴後插一小濱,顯然穴生圓暈,背陰面陽,朝丁出向,前有池作內明堂,亦證穴之的也。外圩包裹,則前有大圩作葢,至本體盡處,形勢兜收,合關去水,後有大圩,全身托護,亦至本體盡頭,兜轉關水,此之謂砂環內外,大小水神則如元辰,小水先自圩內濱曲折而來,朝於辛位,會於右前,隨龍大小一南一北,自本身兩旁元元織結,左右夾送到頭,南有臨平水來會合。南水同朝坤位,又合元辰,小水橫過穴前,繞抱本體,合北水於龍盡之地。北水自西北曲折長趨,先於癸上開陽溶溶,照穴環上東南總會南路,同出東橋,此水繞大局去,水潤大停,蓄歸於丑艮,正合丁向右旋。按《青田記》云,五杭五里東曲水一逆龍,有人葬得,着代代出三公,正與此符,洵光前裕後之佳兆也。此係亡師陳韓城先生鑒賞章籜青先生素志達觀,預爲百年之計,因搆獲焉。屢思營築壽域,屬余訂定穴局,余以籜青年甫五旬,笑而不答,乃未逾年而逝,其嗣君以遺意見招,勉爾應命,惟望一壞永鞏,百世寢昌,庶無負於師友云爾。

　　乾隆四十二年丁酉中秋月,驤瀾丁逢元識。

江蘇吳興荻溪章氏醇夫公墓圖

九世醇夫公凌韓金孺人墓圖
坐落烏程前泮村午山子向

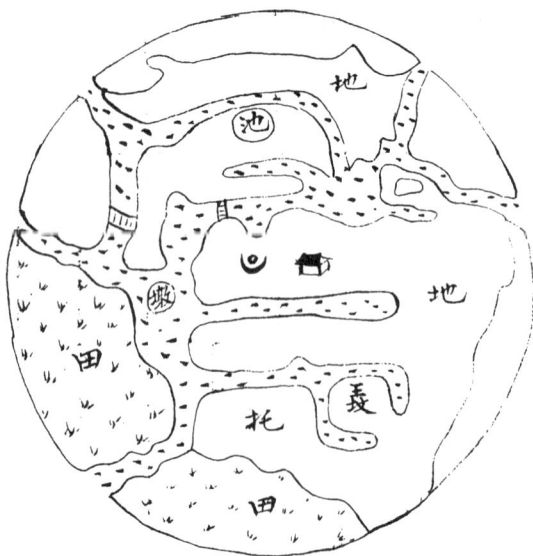

江蘇吳興荻溪章氏醇夫公墓圖記

前泮一地，龍自巽方發祖，大開大頓，穴坐陽權而端向北闕，脉由太乙而右轉雷門，陽光葢照於前，太乙吉星貫耳，龍勢星峰尊貴，猶衆星拱北，有情戀而難舍也。兼之堂局無偏，官鬼應絡，砂行水輔，再觀出脉成胎。三開三峽，幾同岫出層雲；一合一開，宛若江翻巨浪。左水關朝右砂關，雌雄交媾，坎爲向，離爲山，元運相當理。扦午山子向，兼丙壬三分，分金取丙午丙子，內卦坐既濟之名。透地戊午，宿度張危，巽巳來龍，丑艮水口，雖金局之墓，確變水局之衰，向脉死處逢生，乘脉生氣入首，收向之生來會旺，上土人財咸吉。文運長春，佳城既得，細擇良期，準於嘉慶庚申十二月初六日破土，二十二日子時登位大吉。辛酉年庚戌月庚午日丙子時。

嘉慶五年庚申十二月，武邑秋山呂閏甫石圻氏識。

附：

烏程前潘村醇夫公墳產

一契：嘉慶五年庚申三月，買前潘周香墀竝字二圩稅八分六釐，東至王界，南至沈仲界，西至金界，北至官河。價錢四十二千文。任憑點葬。

一契：庚申年，買王紹周竝字二圩稅地三分，東至屋脚，南至仲界，西至買主地，北至官河。價銀三十兩。墳東地。

一契：庚申年，買沈臨光蓉江聖瞻竝二圩，稅地二分一釐，價錢二十一千文。

一契：庚申年十一月，買王紹周竝二圩墳前水爲一分東沈地。南買主墳，西金地，北蘆蕩。價銀二兩。

一契：嘉慶六年，買沈臨光配岐屺臨英三等竝二圩稅地三分，價銀四十兩。東仲牆，西買主，北買主地。

一契：嘉慶七年三月，買王紹周竝二圩稅地屋一間兩廂竝後空地一塊，東買主合柱界，廂房包詹滴水界，後地依柱直出爲界，南仲界，西買主，北沈界。價銀一百五十兩。

一契：乙丑年，買王紹周竝二圩屋一間連界稅地一分正，價銀二十七兩。又嘉慶十三年，貼絕銀二十兩。

一契：乙丑年十月，買王汝鳳竝三圩二百十五號田一畝一分，東張田，西費田，南王田，北費田。價銀二十三兩。

一契：乙丑年十二月，買蔡鶴天妙字三圩稅地六分，南水港，東蔡地，西廟地、李地，北俞地。價銀二十一兩，租銀八錢，佃戶李士奇。

一契：乙丑年十二月，買李發章俗字三圩二百二十八號田一畝三分一釐五毫，東潘田，南潘田，西沈田，北周田。價銀二十三兩，佃戶李士奇。

一契：庚午年十一月，買王黃氏竝二圩屋兩間，四至：東王屋衖，共同出入，南賣主界，西買主，北王地基地。稅桑地八分五釐。又竝字三圩田成地三分，四至：東費地，南王界，西王界，北官河。價錢六十千文。

（清章文熊等纂修《[浙江湖州]荻溪章氏支譜》　清光緒間稿本）

河南通許于氏塋圖引

　　墳墓必擇吉地,所以慰先靈於九原也。始遷咸平,未有塋地,二世祖留神細擇,見六營東岡陵秀起,兩河環抱,局勢洪大,知爲吉地,遂安厝始祖於此,後世子孫多因之。其間外立塋基亦有數處,未便詳誌。僅以始祖塋地圖畫一紙,以示于氏知先後云。

　　（清于公溥等纂修《[河南通許]咸平穴營岡于氏重修宗譜》　清宣統三年祀先堂刻本）

河南通許于氏塋圖

江蘇吳縣葉氏弁山先塋圖引

　　左《弁山祖墓圖》，爲族人輩所訪得而繪者。附近續善、資福兩寺四圍，俱爲祖墓區域。攷《湖州志》，續善寺俗名積善寺，在弁山南，唐建，宋蘀得公請爲功德院，賜額"旌善教忠寺"，後屢毀。嘉靖初，邑人姚鍾重建，仍名"續善"。崇禎間，僧朗初募建大殿。國朝雍正間，僧我仁增建經樓。資福寺在續善寺右，元行端國師道場，初在弁山之東麓，後毀。明宣德間，僧法璘移建於此，又毀。萬曆中，僧如源重建。國朝康熙初，僧慧裔增置綠筠堂，今皆無存，惟枯剎數椽耳。至訪墓記公牘祀典之類，俱附圖後云。

　　新安派慶元謹誌。

江蘇吳縣葉氏弁山先塋圖

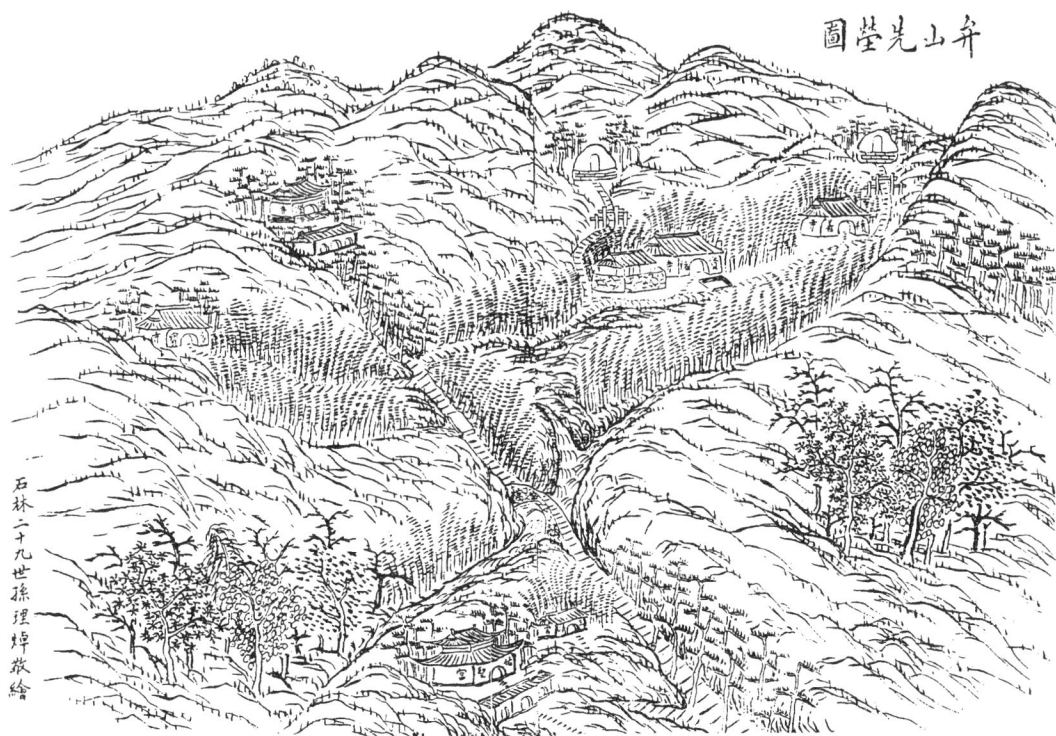

江蘇吳縣葉氏蔣灣墓圖

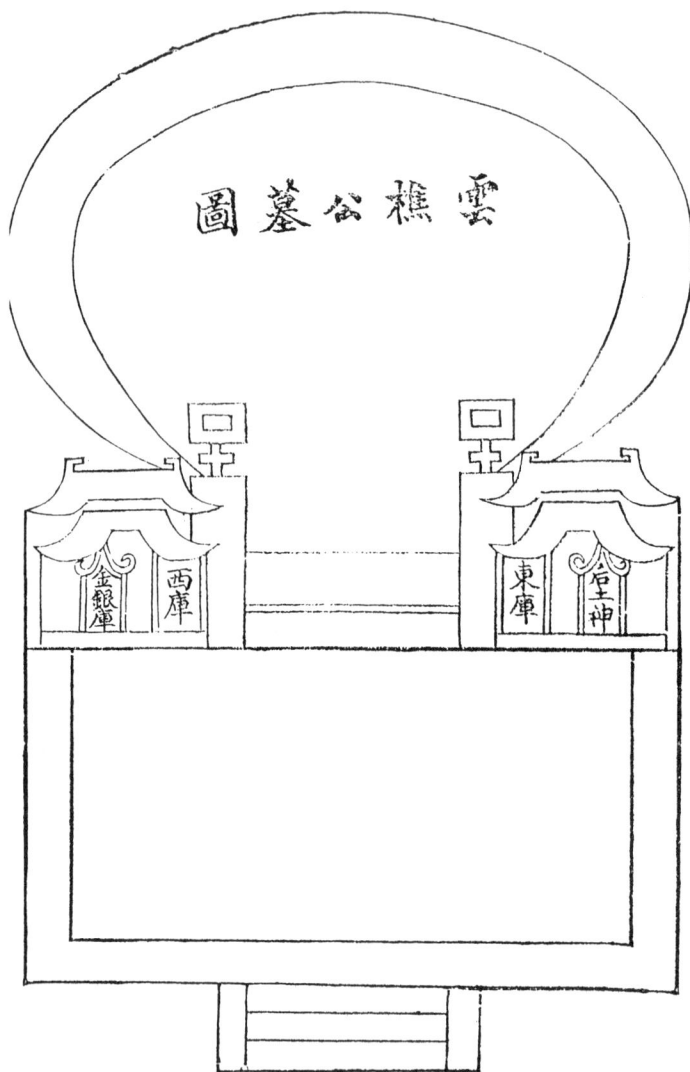

江蘇吳縣葉氏蔣灣墓圖記

　　右圖爲蔣灣派遷郡城史家巷三十三世雲樵公之墓。左旁立有敦義堂葉墳界石一方，坐落長邑一都十六十七圖長字圩一坵茅山沿地方，計地壹畝貳分，長方形，前至范村官街，後至茅山沿，左至周姓古墓，右至雷姓墳。方向來單失載，姑付闕如。

　　宣統續增。

江蘇吳縣葉氏橫弄墓圖（一）

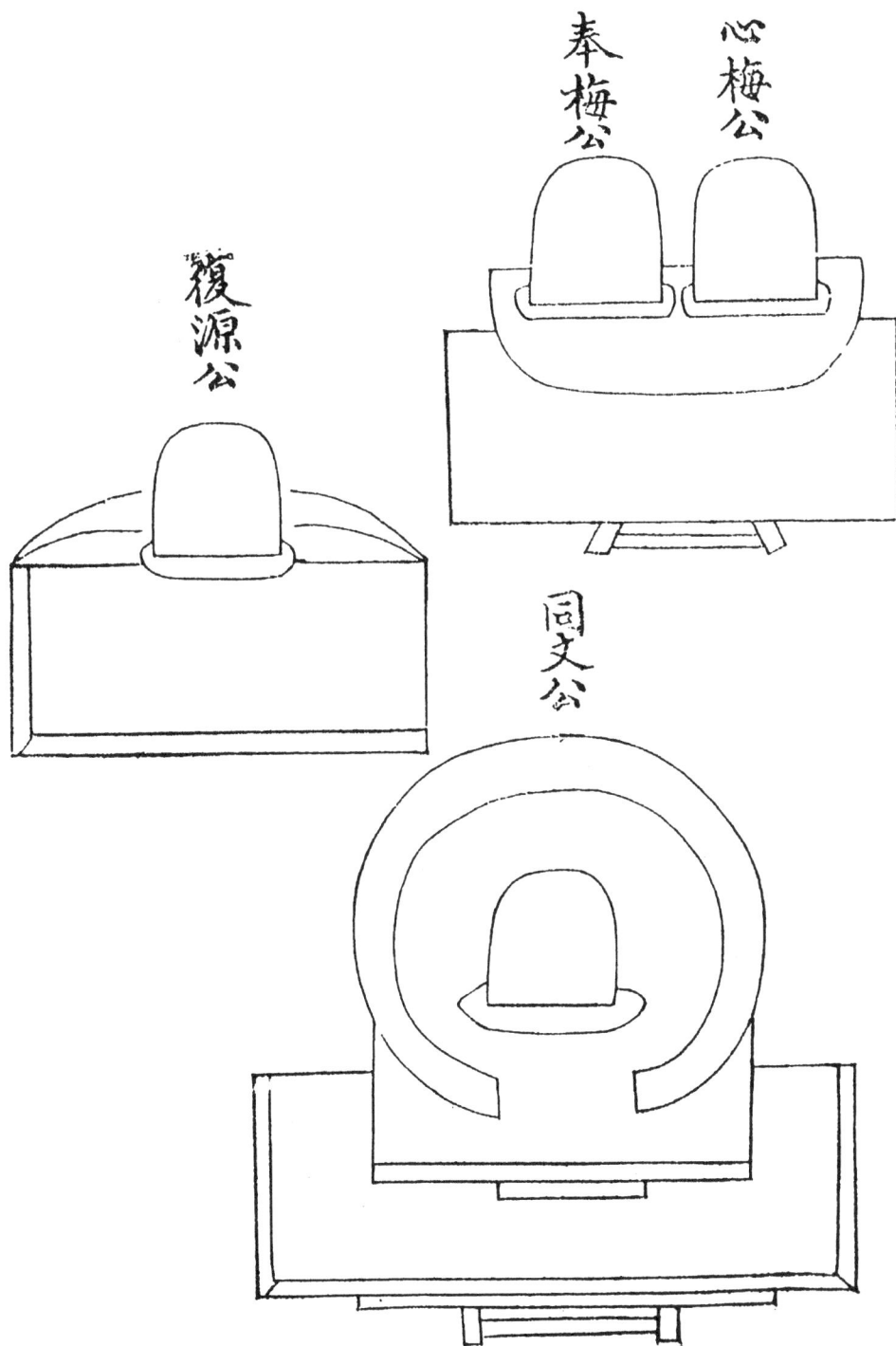

江蘇吳縣葉氏橫弄墓圖(二)

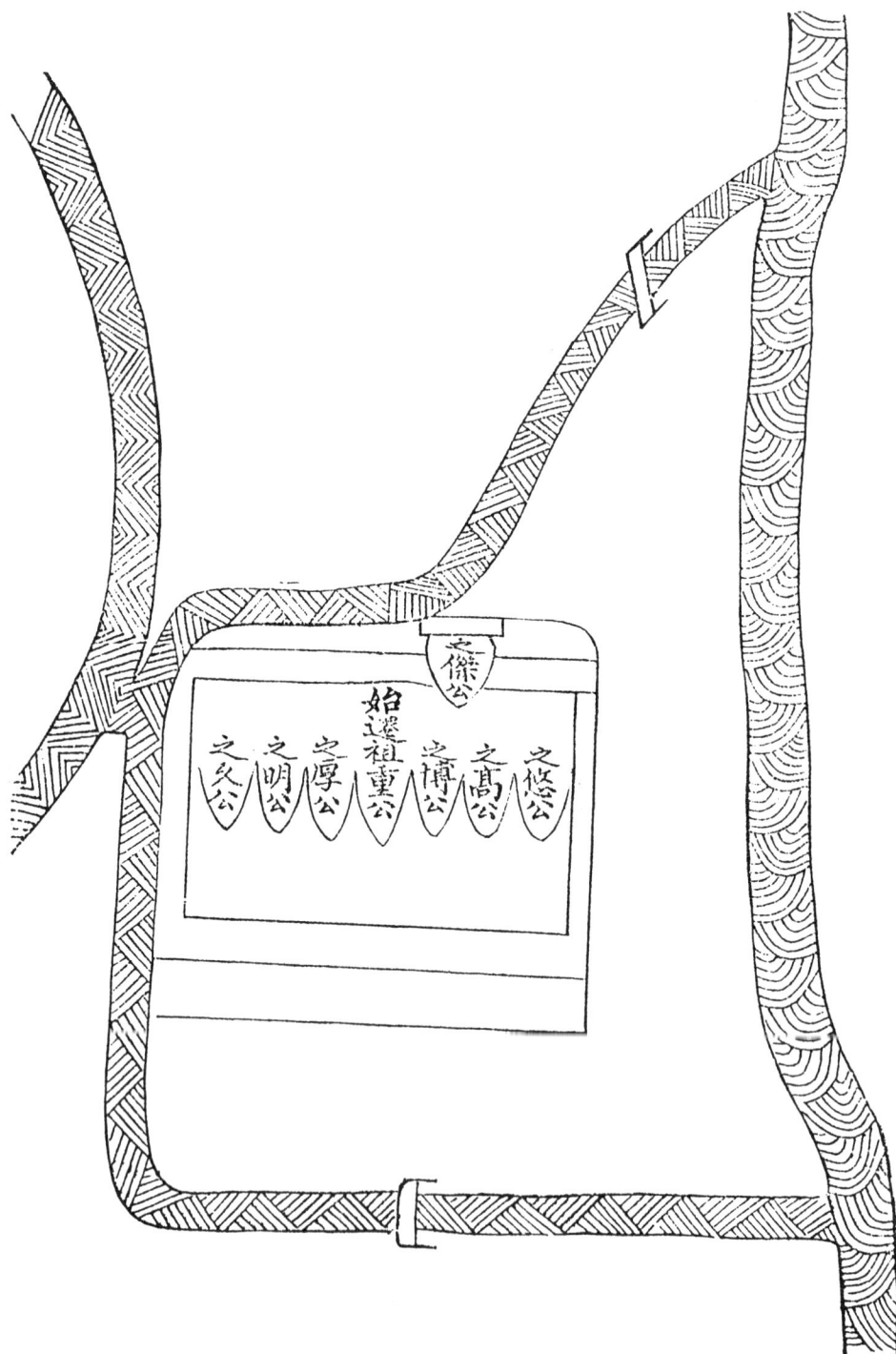

江蘇吳縣葉氏橫弄墓圖記

　　橫弄支心梅公二十三世。奉梅公二十四世。並葬一處。其地在東洞庭後山二十八都三圖寒山邨後，與北佔湖相對。復源公二十五世墓在西隝，向有大松三百餘株。同文公二十六世。墓在查灣唐子嶺側，樹木森森，行人仰望。以上墓三處，如橫弄支祖墓圖一。威士公諱重，二十七世。爲橫弄支遷嘐嘉定別名嘐城。始祖，墓在嘐城西北六里許，守信鄉西三都菜號二十圖冬字圩，計地貳畝有奇，向栽柏樹二百株，今則盜伐殆盡矣。凡威士公以下子姓，均葬嘐鄉，兹録其二十七、二十八兩世列祖墳塋，如橫弄支祖墓圖二，餘不備載。

　　宣統續增。

（清葉德輝等纂修《［江蘇吳縣］吳中葉氏族譜》　清宣統三年木活字本）

廣東南海蘆排梁氏東屏公墓圖

圖 墓 公 屏 東

廣東南海蘆排梁氏東屏公墓圖記

　　猿下田飛鵞嶺墓圖，坐乙向辛兼辰戌。地在廣州府番禺縣峻崗鄉，距城三十五里。

皇清資政大夫花翎候選道梁公墓誌銘

賜進士出身、經筵講官、太子太保協辦大學士吏部尚書、上書房總師傅徐桐撰。

賜進士及第、經筵講官、太子少保都察院左都御史、南書房行走徐郙書丹。

公諱大鏞，字配笙，號東屏，姓梁氏，南海人。祖百朋，父敏堂，世有潛德。母李氏無子，繼母林氏，實生公。公少孤，事母以孝聞，大父春秋高，公扶持抑搔，奉侍維謹。弟少殤，友于從弟，人無閒言。與人交，恂莊樂易，有不可於意，以他事曉譬之，未嘗忤於色。道光中葉，朝廷開海禁，與英夷通商，衆藉茶絲爲利藪，公獨業瓷，自江西轉運至粤，萬品畢備，陸離充棟。故事，凡集貨，先估值畫諾，約期而懋遷之。貨甫集，適鄰舍不戒於火，焚燬無孑遺。夷人不忍累公，厚償其值。公慨然辭曰："貨燬吾家，奚償爲？"夷人以此益重公，諸島夷耳公名，相戒非公貨勿售，由是起家積貲鉅萬。

公雖豐於財，自奉甚約，衣履無華飾，而性樂善好施與，聞人緩急，赴之不遺餘力。咸豐甲寅，賊犯省城，負郭三元里民居，蹂躪殫黨，故舊貧無依者，悉周之，存活無算。有戚某好遊俠，不事生產，公貸金令募勇，助官軍討賊，卒立功受顯職，他行事率類此。

公習處廛閈，顧好讀書，延師課其子及孫。晚年扶杖憩階下，聽書聲琅琅，以爲歡悅。膳脩必腆，禮滋益恭，至今科名蔚起，此其報也。嗚呼！晚近生理墊隘，其起家纖嗇致稍裕者，恒旦夕操盤牟，或坐臥扃鐍，無涓滴漏，雖同體肥瘠弗顧，遑恤其他？夫積金以遺子孫，與積德孰美，而世顧舍此趨彼，徇身命以爭之，不重可慨哉。若公者，可以風矣。

公以軍犒出力大，府請於朝給三代二品封典，賞戴花翎，以道員歸部候選。娶李氏，再娶陳氏，俱封夫人，三娶蕭氏，以子貴封恭人。子五：廷琛，候選道；國邦，藍翎遊擊；廷球，花翎候選府；楷，五品銜候選教諭，光緒己丑順天舉人；綸，內閣中書銜選用訓導，光緒辛卯舉人。女五：適宋，適馮，適馬，適朱，適劉。孫八：文脩，候選清軍府；家懋、家猷俱國學生；頹，光緒甲午順天舉人；元萃更名元權，光祿寺典簿；元蕙，國子監典簿；其昕；其塱。曾孫八：愷鑒、愷淞、愷鑾、愷鋆、宗灝、宗炤、宗相、宗澤。

公生於嘉慶乙亥年正月廿六日，終於光緒癸未年七月十五日，春秋六十有九，葬番禺峻岡鄉猿下田飛鵝嶺。越十有二年甲午，廷琛等以墓道歲久弗修，銘幽之辭未具，郵書至都，辱以文請。楷，故余門下士也，乃縷敘而爲之銘曰：

外樸而真，中粹而温。懿哉梁公，今之古人。諾重於鼎，千金匭珍。澤及枯骸，寒谷爲暄。種德若樹，和神若春。以昌其門，以逮其子孫。於阡有光，壽此貞瑉。

（清梁綸纂修《［廣東南海］蘆排梁氏家譜》　清宣統三年刻本）

江蘇蘇州申氏墓圖

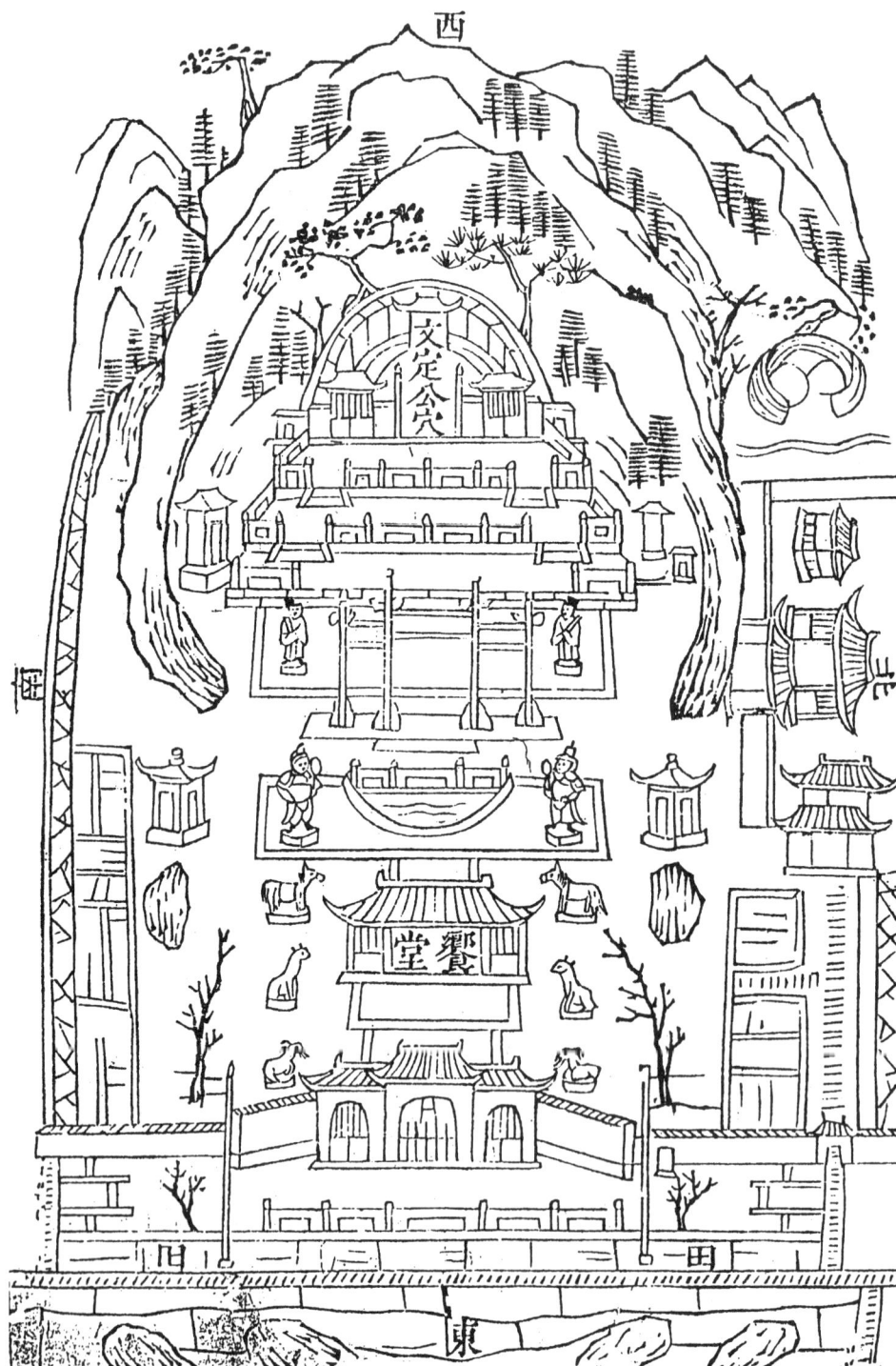

江蘇蘇州申氏墓圖山向考

　　塋在吳縣二都一圖靈巖鄉東果字圩吳山麓,地名羅家浜。主穴係文定公前明中極殿大學士贈太師暨元配累贈一品夫人吳夫人合葬墓,係酉山卯向。墓門一座,中立神道碑。左右角門,門首石獅,禁山碑。南北甬道對建牌坊,前豎華表,炤山兩旁各有馬路。墓門內甬道旁設石羊石虎,上建饗堂三楹,內列豐碑,堂後甬道,月池牌坊,左右碑亭、石馬、石將軍、石翁仲,上月臺拜臺兩層,即塋塚也。旁立后土神碑及紙庫,後石羅腔一重,環繞土靠山一層,內外松杉檜柏數千餘株。向有丙舍,在墓北偏隅門,而廳堂樓房前因傾圮改造,書堂有亭有池,今僅存基址暨從屋五間一披。祭田二百五十餘畝,墳山一百十七畝三分零。康熙六年,奉部查丈造册繪圖,題請編入蘆課,每畝稅銀五分,行司給帖,除完課外,以供祭掃修葺,墳丁歲給飯米,看守外有義莊,田畝數目一併開後。

祭 田 坐 落

吳縣二都一圖、一都廿八圖。

　　東惡陶果致字圩田一百二十六畝五分六釐八毫。　致字圩田六十八畝三分九釐五毫。

　　暑字圩田二十一畝三分二釐八毫。陶字圩田三畝八分八釐。

一都二十八圖

　　因字圩田十九畝二分。　北尺福善字圩田七畝二分三釐。

三都十三圖

　　來往字圩田四畝二分。　北正字圩田五分。

　　以上共祭田二百五十一畝三分零一毫,俱於申隆戶完辦蘆課。

義 田 坐 落

吳縣十三都二圖

　　歲字圩田一百十三畝六分八釐八毫。　乃字圩田三十七畝二分七釐一毫。　常字圩田十二畝五分七釐。

　　十三都三圖

　　問字圩田十八畝零六釐,乃字圩田九十二畝八分九釐二毫。　服字圩田三十六畝四分三釐。　率字圩田九畝一分七釐。　道字圩田四畝。　朝字圩田三畝一分。　遜字圩田一十一畝三分六釐。　推字圩田一十七畝八分三釐。　魚字圩田四畝三分。　南字圩田五畝八分六釐四毫。

　　十三都下二圖

　　常字圩田四畝零二釐,又常字圩田一十一畝四分三釐。

　　十三下都三圖

　　皇字圩田一畝三分六釐。　制字圩田一十五畝零六釐四毫。

　　十三下都四圖

爲字圩田六畝。　致字圩田三十四畝九分五釐六毫。　虎字圩田八畝二分。
十三下五圖
　　表字圩田五畝二分五釐。
十三都七圖
　　首字圩田一畝九分。　拱字圩田十一畝三分五釐。
十一都十三圖
　　稷字圩田八畝三分。　淑字圩田四畝七分。　我字圩田十二畝三分。
十一都十四圖
　　遜字圩田三畝。　淑字圩田二十一畝三分六釐。　率字圩田十六畝三分。
十三都十四圖
　　服字圩田八畝二分八釐。　乃字圩田二十一畝四分零九毫。
十三下十四圖
　　國字圩田十九畝五分零九毫。　皇字圩田十三畝六分九釐。　虞字圩田十三畝四分一
釐一毫。　衣字圩田四畝一分六釐。
十一都二十五圖
　　幾字圩田二十二畝三分四釐。　勞字圩田五畝一分七釐四毫。
一都九圖
　　乃字圩田十六畝三分七釐八毫。　珍字圩田三十三畝零一釐一毫。　李字圩田十一畝
二分。　果字圩田十畝零一分六釐。　珍字圩田一畝四分二釐。
一都七圖
　　崑字圩田二十二畝三分二釐。
一都八圖
　　岡字圩田一畝四分。
十三都五圖
　　金字圩田二畝二分。
一都一圖
　　東果字圩田十一畝五分三釐九毫。
一都二十八圖
　　福字圩田五分。
十三都三圖
　　乃字圩田四畝　分五釐。
一都九圖
　　采字圩田十三畝二分九釐四毫。
十四都十二圖
　　毁字圩田十六畝。　遜字圩田六畝三分。　歸字圩田三畝五分。
一都四圖
　　辰字圩田九畝四分一釐。
一都十五圖
　　西白字圩田六畝二分七釐。　化字圩田三十畝零一分零七毫。　率字圩田二十七畝二

分一釐四毫。首字圩田六十四畝一分三釐五毫。　賓字圩田八畝八分九釐。　大有字圩田九畝八分三釐六毫。　一字圩田三十九畝二分五釐八毫。

一都十六圖

黎字圩田一畝八分。　結字圩田一畝三分一釐六毫。

一都十五圖

首字圩田六畝五分二釐八毫。　化字圩田一畝。

一都十四圖

服字圩田九畝六分二釐。

十一都七圖

蓋字圩田十畝零零四釐。　臬字圩田十一畝二分五釐八毫。　辰字圩田八畝六分四釐九毫。　躬字圩田九畝五分。

十一都六圖

見字圩田一畝九分三釐四毫。　見字圩田二十五畝六分九釐五毫。　即字圩田三畝三分五釐五毫。　疏字圩田一畝三分九釐。　機字圩田一畝六分四釐三毫。　辨字圩田四畝。雨字圩田二畝三分四釐。

十一都九圖

鑑字圩田三畝六分。

十一都十二圖

器字圩田五畝六分七釐。

十一都二十九圖

逼字圩田五畝七分。

以上共田照部册一千一百十五畝。於十一都上先賢圖申義莊户辦粮。

又白山廟、橋山二處，每年柴薪歸莊，不在蘆課之内。

（《［江蘇蘇州］申氏世譜》　清賜閑堂木活字本）

湖北江陵畢氏墓圖(一)

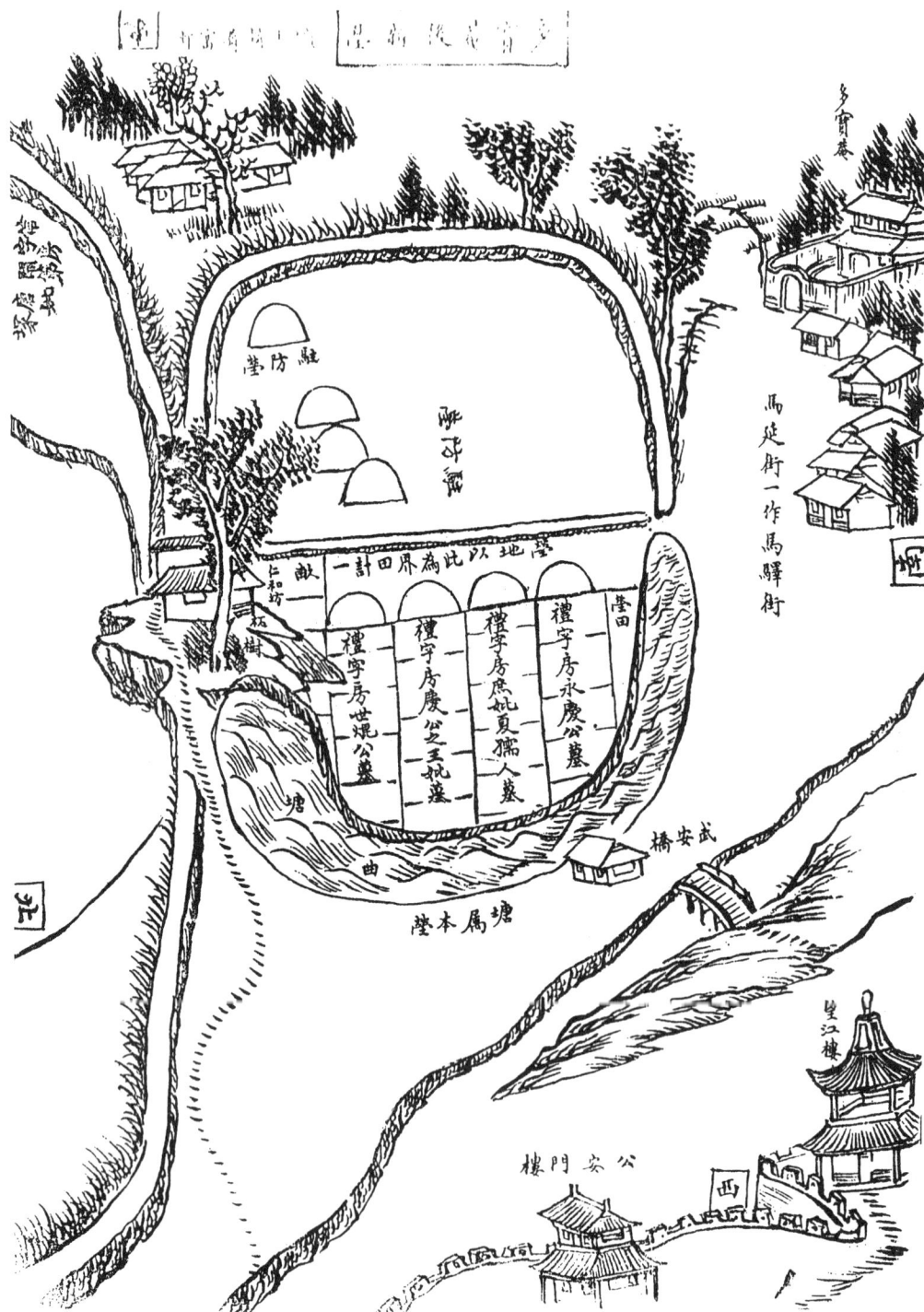

湖北江陵畢氏墓圖(二)

(畢承綏等續修《［湖北江陵］續修江陵畢氏族譜》　1913年石印本)

甘肅武威段氏城北瞭高樓下塋圖

甘肅武威段氏城西北校軍場塋圖

甘肅武威段氏城西北邱家莊塋圖

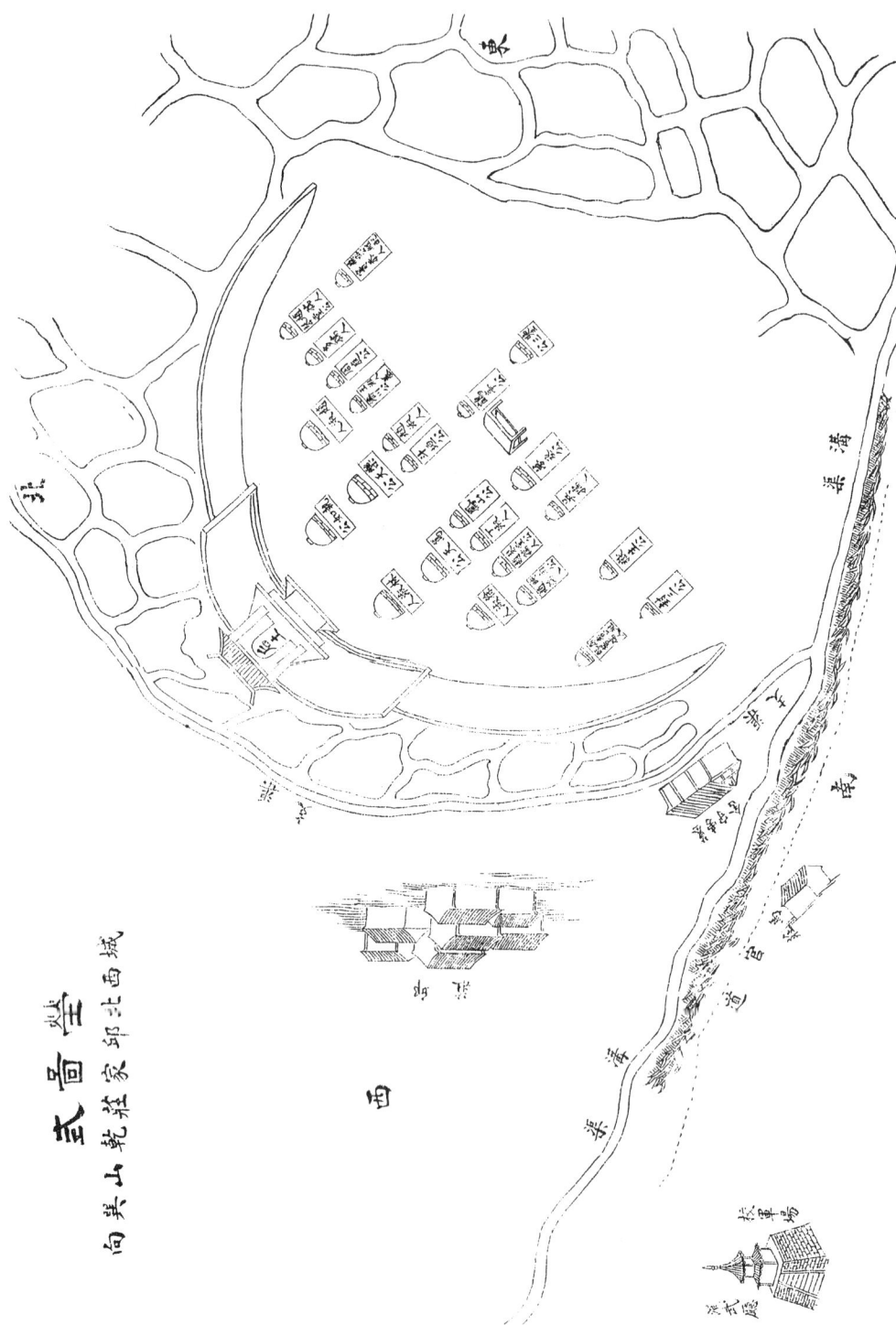

甘肅武威段氏城西阮家沙灘塋圖

塋圖呪
城西阮家沙灘山甲庚向
塋　新

東

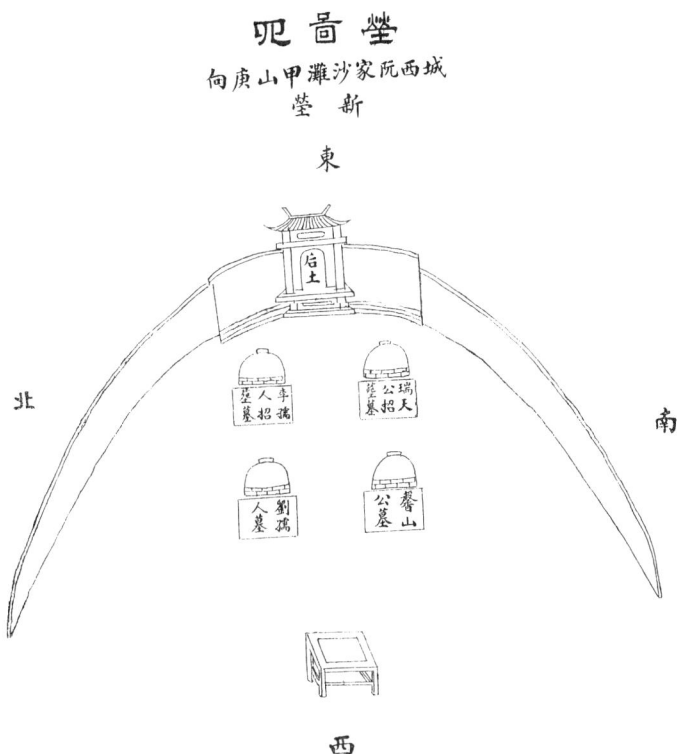

北　　　　　　　　　　　　　　　　　南

西

甘肅武威段氏塋墓圖説

　　吾族塋地凡四，既分別爲之圖冠於卷首，兹將建立年月、初立始祖及塚墓之弗可指考者一一説明於下。

塋圖一　城北瞭高樓下癸山丁向祖塋

　　祖塋創建何時，無可稽考。道光二十一年重建，相傳第一排第一塚爲始遷祖洪斗公墓，自屬無疑。第二排爲第二世祖考妣葬地，然其碣誌漫滅，某塚誰屬已不可考，且第二世僅文華、文秀二公及其配，應四塚耳。今圖内所列共有六塚，計多二塚，不明所自，或二公於劉太孺人、汪太孺人外，尚有配室未可知也。第三排現有五塚，右三塚想係瑾、琨、瑜三公之墓，碣誌無存，亦不知其何塚之誰屬矣。張太孺人既與德先公祔葬第四塚，然則第五塚又將安屬？竊以德先公如無繼配，則第五塚即爲劉太孺人墓，或未與德先公合塚也。第四排共有六塚，其爲何人之墓，尤難考見,以世計之,第四排應即第四世之墓,今第四排無考,而第四世葬於第五排實屬疑莫能明。蓋因葬時排列稍欠整齊,日後修繕無人指示,以致塚墓漸移,一排析而爲二,若然則此無考之,第四排或由第三排歧出,或與今之第五排合而爲第四排,然無論由何排歧分,所葬之人均不可得而詳矣。第五排現有八塚,前三塚亦不可考。按第四世應九塚,惟萃九公之配劉太孺人、梅百公暨配聶太孺人、伯年公之配朱太孺人皆葬丙山壬向舊塋,是葬於祖塋者祇有五塚,即萃九公暨配包太孺人、皋吾公暨配馮太孺人與伯年公也,其餘之前三塚究係誰屬,莫緣懸揣。第六排共有三塚,考之世系,第五世進侯公配葬及鑰公之配馬孺人葬地均未詳,或即此歟?然亦應有四塚,何以僅見三塚耶? 又金如公及錦公所配葬地譜云未詳,考本塋與丙山壬向舊塋均無葬地,或此第六排原葬不僅三塚,其他各塚年久湮没亦未可知。第七排共有七塚,譜載積中、積富、積壽、積楨、積仁、積學諸公配葬均未詳,其在此乎? 第八排以下塚墓零畸更難考辨,惟斗垣公元配趙孺人及第七世永清元配孫孺人、永恩元配李孺人譜云均葬祖塋,而斗垣公繼配張孺人、濟川公繼配王孺人、馨山公元配王孺人、映南公繼配劉孺人葬地未詳,當同在此兩排之列,永康、永孝相傳均葬祖塋塚,亦不可辨識。光緒十三年又四月,先伯父斗垣公以塋墓年久傾圮,鳩工重葺,凡祖墓確有可指者以碣誌之,至今皆可考見,其無考者則付闕如。

塋圖二　城西北校軍場東大坡路南丙山壬向舊塋

舊塋創建於嘉慶二十五年八月,招葬第三世祖德先公暨配張太孺人之靈,爲之祖招葬祔葬皆有墓碣可考,惟第四排右第四塚及第五排左一塚右一塚爲何人葬地,因無墓碣不得而知。塋北數十武另有藁葬處,族中男女夭殤、强死及胎產病亡者葬焉。

塋圖三　城西北邱家莊乾山巽向新塋

新塋創建於道光二十八年二月,招葬曾祖考妣執如公與林太孺人之靈,爲之祖。初樂天公在日,以丙山壬向舊塋南北較狹可爲宅窆之地者無多,深以爲念。道光二十八年二月樂天公歿,斗垣公承其遺意,請於先祖篤天公延地師相新阡購地三斗,招立始祖以樂天公葬焉。厥後執如公支系皆葬於此塋,招葬祔葬均有墓碣可考。

塋圖四　城西阮家沙灘甲山庚向新塋

甲山庚向,新塋創建於光緒二十四年。招葬先族祖瑞天公暨配李太孺人之靈,爲之祖,先祖叔馨山公葬焉。招葬祔葬現有四塚,均有墓碣可考。

宣統三年辛亥秋九月,八世孫永恩謹記。

(段樞纂修《[甘肅]武威段氏族譜》　1914年多壽堂鉛印本)

江蘇無錫梁溪司馬氏墓圖

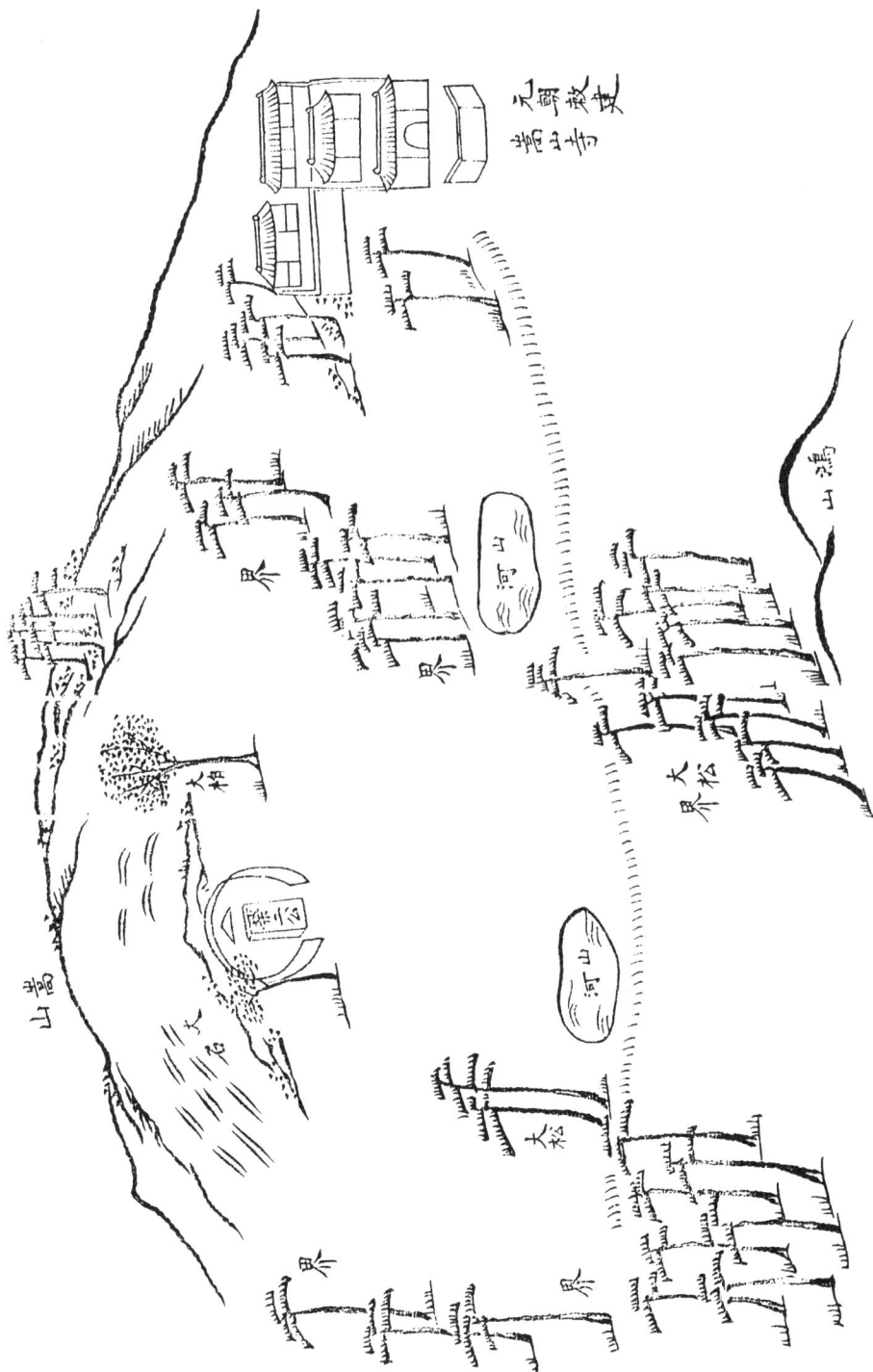

江蘇無錫梁溪司馬氏墓圖記

　　是墓坐落嵩山西麓，南面敕建嵩山寺，西首坐北朝南向，於清同治五年清糧時，編入北上鄉四三六圖内慎字二千一百三十號一畝五分，花户馬敦伏。

　　又二千一百三十一號二畝一分，花户同。

　　又二千一百三十二號一畝四分，花户同。

　　又二千一百三十三號一畝五分，又五分，花户同。

　　又二千一百三十五號一畝八分，花户同。

　　又二千一百三十六號一畝，花户同。

　　以上共計辦山糧九畝八分正，共單七張，花户俱同。

　　前至平田爲界，後至山頂爲界，左首上至華家墳、下至許家山爲界，右首上至許家山、下至蔡家墳爲界。今述榮二公一穴，餘不載。

　　圍内一穴爲元故敕封朝奉郎十二世有章公諱含即榮二公暨配魏孺人合塋。

下附修理墳墓重鐫墓碑永禁賣地紀畧

　　榮二公墓在嵩山西麓山地，共有九畝八分，餘地廣大，被各房後裔所葬，并有偷賣外姓造塋，將近葬滿，而墓前之碑倒卧於地，不思修理。幸有北舍塘界橋天錫巷之二十九世孫守信公、秀書公、元吉公、耀庭公，並三十一世价人、奕華等協力同心，思祖保墓，故於道光十六年歲次丙申孟冬，將是墓修葺，並碑中之字重爲鐫刻，碑背鐫刻千百字號畝數，不准再有盜賣偷葬等情。石碑仍立墓前，務望各房後裔，世世莫失此墓，以保永存爲賢裔也。所有碑上“宋故敕封朝奉郎榮二公之墓”等字，而“宋”字誤也，何則？緣榮二公當元非宋也，故今更“元故敕封朝奉郎”也。又有守信公等世數，諒必將温公起世，然我族宗譜追上三世，温公已在第四世，故彼等誤謬三世也。恐後裔見碑上世數疑惑，故今申明焉。

　　民國五年歲次丙辰仲秋，天錫巷三十二世孫澍謹誌。

（司馬棟等纂修《［江蘇無錫］梁溪司馬氏宗譜》　1916年木活字本）

浙江湖州邱氏友泉公墓圖

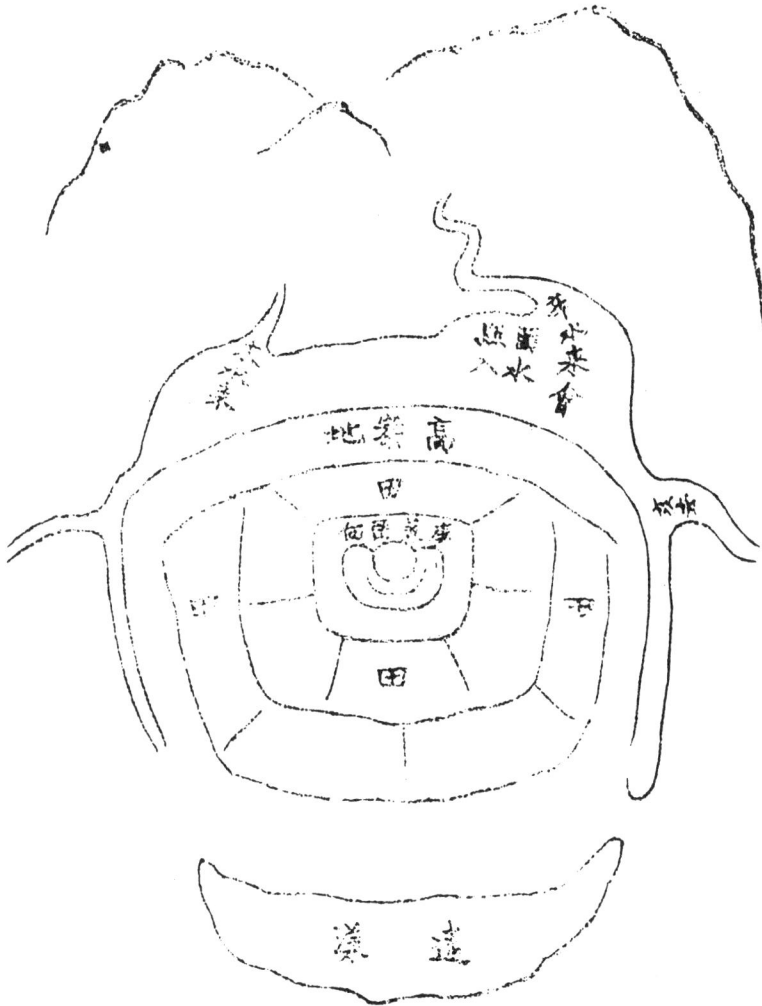

浙江湖州邱氏友泉公墓圖記

　　吾觀邱氏之遷湖始祖友泉公塋兆，自遜清開國時迄今，其穴則爲蠶兒布陣形，地脈寬厚，池色澄清，納辛未會酉之水，而立庚兼酉向，推其氣理，則貫《洛書》之風雷鼓舞格，却宜蕃其子姓，誠古哲師手作，甚有合乎楊曾、吳賴之傳法者也。苟非其師，雖有是壤不能作是向，苟非繼受其法者，雖有兀兀之封，不能知其神也。顧邱氏得是塋之蔭庇，其雲礽萬世甯有既耶。余自戊午春季,應其墓下嗣孫韻仙先生之請,得窺其奧屬,繪圖裰刊於宗譜之端,因識之。

　　海昌呂萬。

　　墓在西組字五圩第十六號,甲山庚向兼卯酉三分。相傳公在田耕作,有老者彳亍來,周迴審視,問公曰:"此爲誰家之田?"公曰:"我也。"問:"何姓?"曰:"邱。""田賣乎?"曰:"家尚温飽,不願賣也。"老者熟視良久,指公田中所立處,曰:"此大吉壤,葬後當興,吾知堪輿,公貌慈祥,必有後福,故以告。"因指示以向而去。公負土成墩,歿後即葬於此。墩不甚高,墓前面積僅留拜跪地。四周皆田,春水發生,阡没即不能行掃墓。時常於對岸陳設祭品,紛紛羅拜焉。

　　光燿謹誌。

　　　　　　　　　　(邱光燿纂修《[浙江湖州]邱氏宗譜》　1919 年刻朱印本)

湖南湘潭錦石歐陽氏君寵公墓廬圖

湖南湘潭錦石歐陽氏君寵公墓廬記

　　經營登築，厥有原因。故豐樂、晝錦、醉翁諸亭，我六一公皆爲之《記》。記非無因，豐樂者，歲時之稔也；晝錦者，韓公之德也；醉翁者，山水之樂也。我十代祖君寵公夫婦之墓廬，獨無因哉？公歷無祀産，越清道光四年，位下玟藻、名立、計六等捐款成，公矢公矢愼，日積月累，公項充餘置産六十餘畝，嗚呼，廬尚未建耳。光緒甲辰歲，司事介人、明月、璞生等倡議建廬，詢謀僉同，遂落成焉。廬墓相依，墓以藏魄，廬以宿神，左右林木之葱蘢，前後岡巒之美秀，四時禽鳥之歡歌，紛紛環集，神其樂乎！況山名井圫，井可濯壘，背象鶴形，鶴堪飛駕，而公靈陟降無在不可憑依也。然非圭田豐稔，祖德流芳，山水鍾靈，斯廬亦難驟建也。廬之原因不更大乎？故效六一公，亦爲作記云爾。

　　鼎武義三支嗣孫同識。

　　時在民國十年歲次辛酉冬月穀旦敬刊。

（歐陽之廉纂修《[湖南]湘潭錦石歐陽氏五修族譜》　1921年敦本堂木活字本）

河北永年李氏西楊庄村塋圖

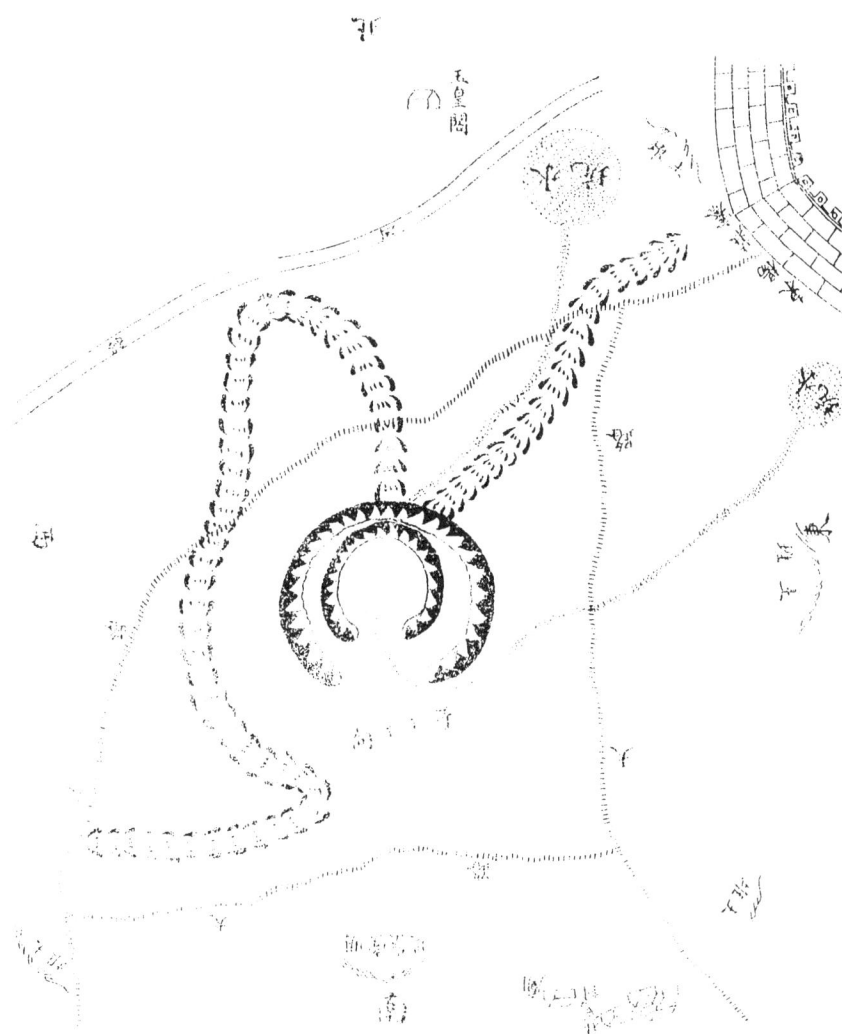

河北永年李氏西楊庄村塋圖記

　　右圖爲西楊庄村南塋,其龍由城西洺山發脉,節節環抱,起伏過夾,自坤轉申轉酉,鶴膝盤旋,轉乾轉壬,開帳結穴,立子山午向。本塋主穴爲第二世祖敬公之墓,凡合葬附葬各墓詳譜表。

河北永年李氏相公庄塋圖

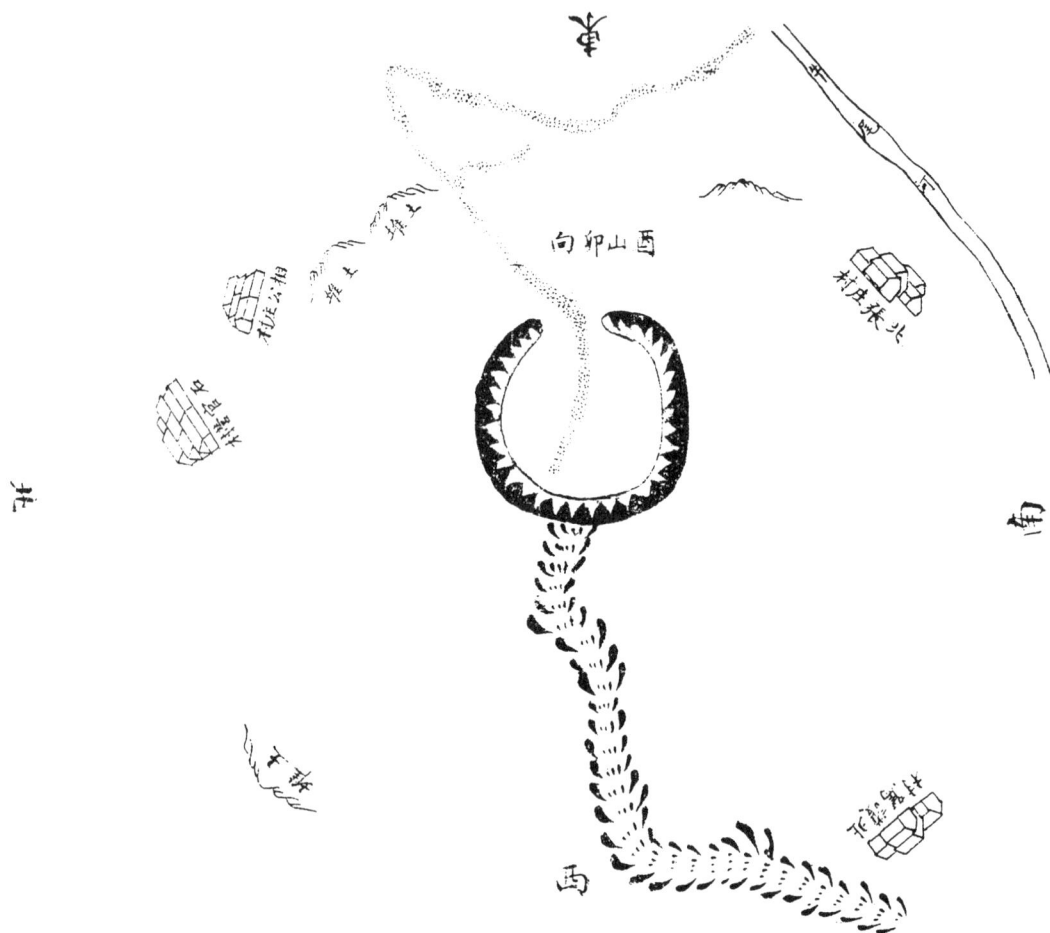

河北永年李氏相公庄塋圖記

　　右圖爲相公庄南塋。其來龍由護駕村後轉來，起伏環抱，自坤轉申轉庚酉，開帳結穴立，西山卯向。内堂水會甲寅，外堂水會乙入牛尾河。本塋主穴爲第九世祖時清公之墓。凡合葬附葬各墓詳譜表。

（李士偉纂修《［河北永年］李氏支譜》 1922 年刻本）

浙江常山錢氏武肅王墓圖

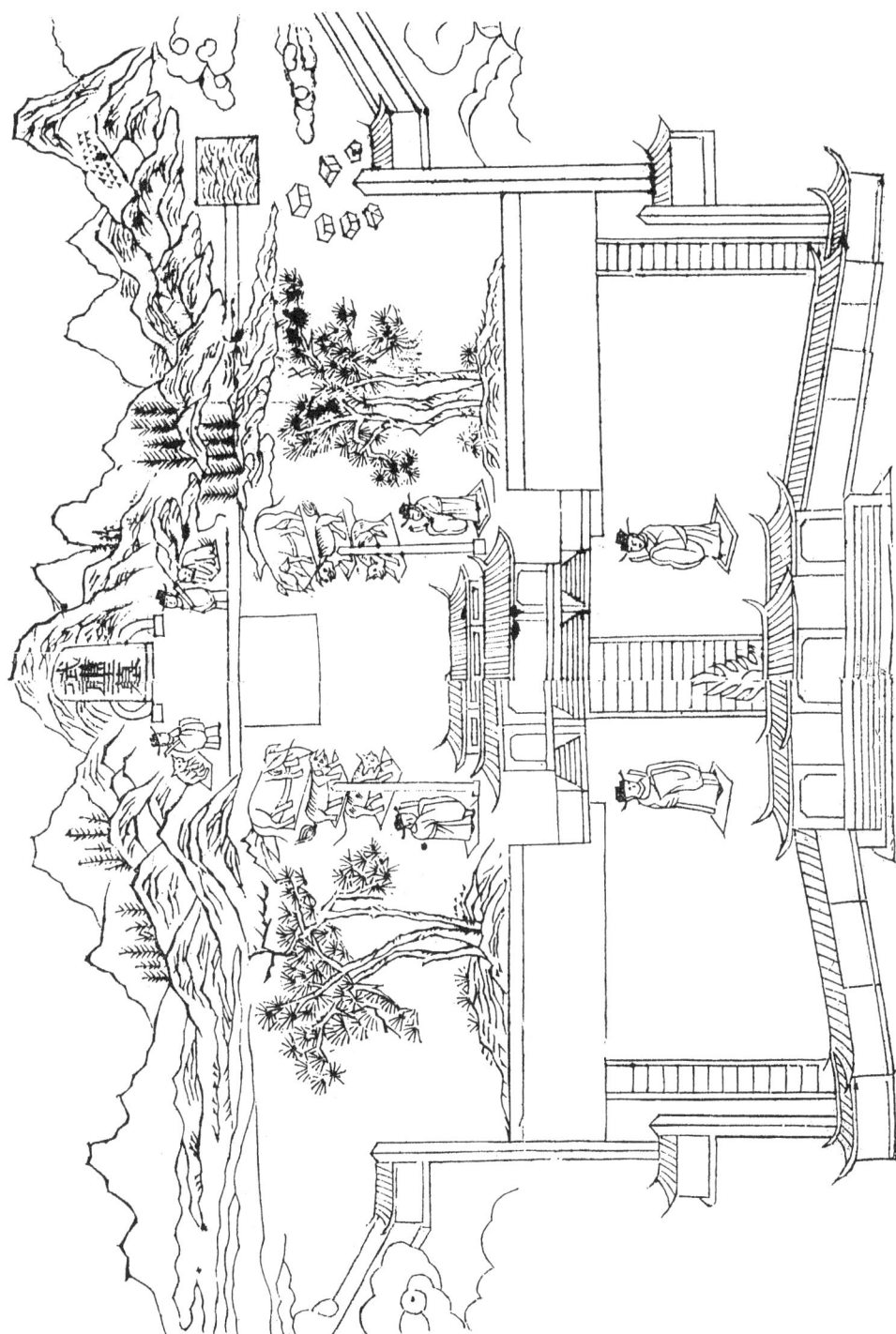

浙江常山錢氏文穆王墓圖

(錢讓梁等纂修《[浙江常山]徐坑錢氏宗譜》 1927 年業桂堂木活字本)

湖北武昌夏口汪氏張家坮前墓圖

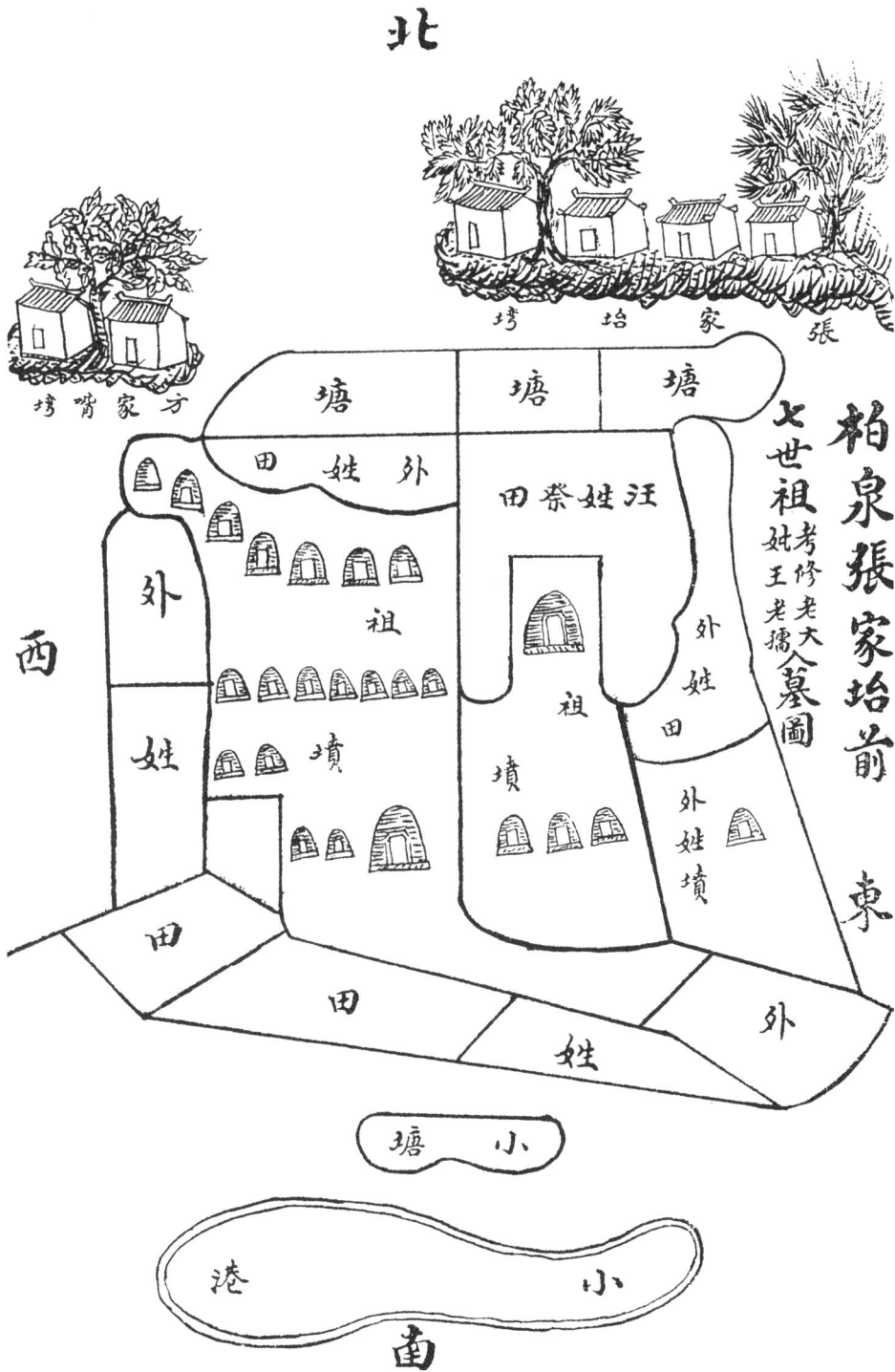

湖北武昌夏口汪氏張家坮前墓圖記

　　立大賣水田陰地約人魏善亭，今因要事需用，夫妻父子好作商議，情願將祖遺受份水田一坵貳斗五升，土名落塘，坐落桂芳庵前，方家嘴與張家坮門首，彭家垸子蔭水塘，墩在新墩泥塘湖二處，取用冊載民米壹斗，在豐樂里四甲魏之善戶内完納，車墩溝路俱照老例，先儘親族人等，無人承買，情願請憑中人黃義興、張秀金。說合，出大賣于汪公善名下爲業，當日三面言定，實價青錢貳拾八串文，比時同中親手收訖。自賣之後，田听買主耕種安葬，粮听買主過戶分單完納，一杜一絶，永無生端異説。恐口無憑，立此賣約一紙爲據。

　　　　　　　　　　　　　　　　　　　　　　　　　　　　　　　憑中人：黃義興、張秀金

　　乾隆叁拾五年七月初二日親筆立

　　計批墳前自排墳脚下至後田埂，計長十四丈。計批墳左路至墳右路，計寬十一丈一尺。計批此約存于運鶴手。

湖北武昌夏口汪氏兔兒岡墓圖記

　　立大賣花地約人高燮臣，情願將祖遺受份花地二塊，出大賣于汪積厚昆玉名下爲業，坐落官衣巷近，土名鄧家灣後面，前至汪姓陰地爲界，後至李人地爲界，左至李文有花地爲界，右至李廷環花地爲界。另有条地三厢，近連汪姓墳墓。其實總共三塊，每年地稞銀四錢，冊載麥粮貳升，在豐樂里四甲高世安戶内過戶分單完納。當得地價銀叁兩六錢正。比時同中賣主親手領訖，併無攙算等情。自賣之後，地聽買主耕種收割安葬，高姓人等永無生端異説。恐口無憑，立此賣約爲據。

　　　　　　　　　　　　　　　　　　　　　憑中人：鄧大魁、高尊五、張聲玉、陳有章

　　雍正十年四月初三日立

　　計批墳之餘地，北首橫寬：東自埋石至西路邊，計寬七丈九尺；中間橫寬：東自路邊至西路邊，計寬十二丈二尺；南首橫寬：東自路邊至西垸角，計寬十四丈；又南下寬：東自外姓園脚，西至外姓垸脚，計橫寬卜丈零四尺。計批墳之餘地，東首直長：北自埋石至南大路田坡邊，計長二十二丈八尺；西首直長：南自灣後垸脚起至北，計長十九丈五尺。

　　計批此約存于運鶴手。

　　　　　　　　　　　　　（汪北瑋總修《[湖北武昌]夏口汪氏宗譜》　1928年石印本）

湖北武昌夏口汪氏兔兒岡墓圖

北

西

東

南

外姓墳

外姓墳

汪姓祖墳

外姓墳

鄧家灣

塘

子 研

陝西武功田氏田寺村圖

陝西武功田氏祖塋圖(一)

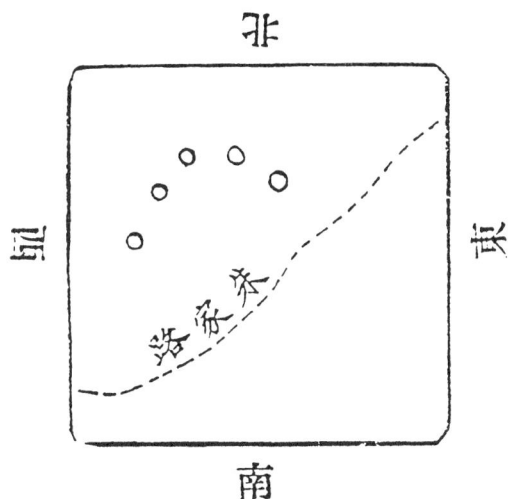

此老西南朱家路北邊始祖舊塋,乾首巽趾,計墓凡五塚,有墳地一畝。清雍正元年買來劉福仁地。嗣後倒當於伊距村約有一里之遥。

陝西武功田氏祖塋圖(二)

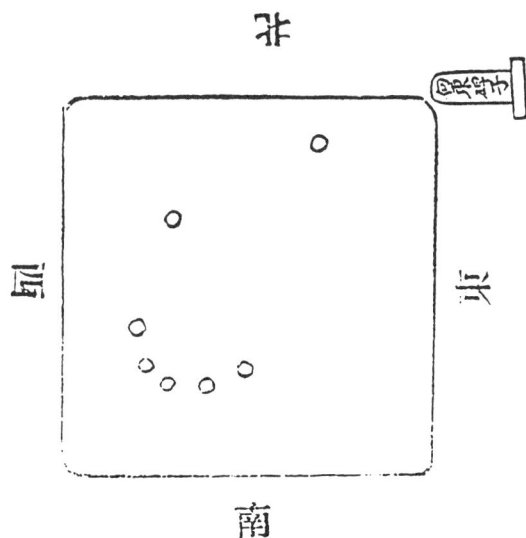

此祖塋在村城西微南,立祖合附,申首寅趾,卦穴庚首甲趾。又北邊札一塋,較諸祖塋五塚稍微東北些,亦庚首甲趾。此墳下東北一塚,系德堂墓,乾首巽趾。

陝西武功田氏祖塋圖(三)

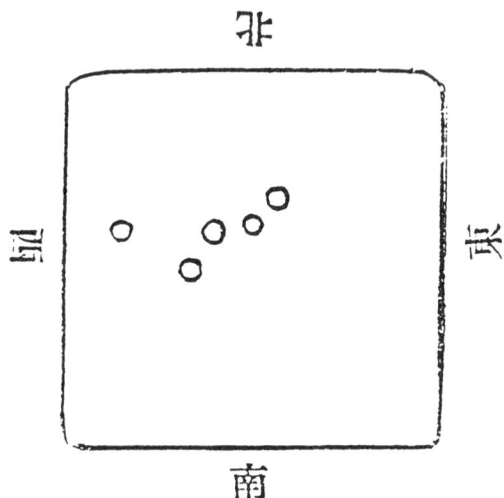

北

西

東

南

　　此塋在城北,起名曰迎春花墳,乾山巽向,計墳四塚。又於此塋微西一塚,山向莫能辨焉,
祖傳確知是吾氏之墳是矣。

陝西武功田氏祖塋圖(四)

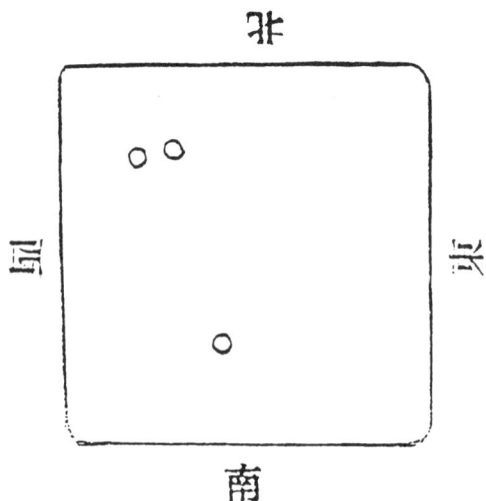

北

西

東

南

　　此墳在村東北石羊地,舊塋乾山巽向,辛巳辛亥分金,計墓凡二塚。
　　又稍西南,計墓一塚,坤首艮趾。

(田德中纂修《[陝西武功]田氏族譜》　1928 年鉛印本)

湖南湘潭中湘譚氏墓圖

湖南湘潭中湘譚氏墓圖記

　　夫人皆有祖,祖必有墓,墓宜有廬,廬之有圖,是圖也,燈繪嶺也,即古曹家屋後人形也。係子珂、子瑭、于豐三房葬墳鱗砌,生齒日繁,後又品分珂、瑭兩房,共管各半。至豐房後既替焉,毋得進葬。今值家乘修輯,特繪墳考,以述墳墓之勢焉。我曾祖麟趾之墓,建造羅圍碑誌,無不麗美。於山下建造墓廬一進三間。右頭橫屋,共計五間,其規模如是,以爲珂、瑭兩公所有也。故刊梨棗,以示後人云爾。

嵩嵐諱柏芳謹誌並繪

附:

麟趾公石墓羅圍碑記

　　顯考譚公光遲,字麟趾。府君生於前清道光六年丙戌歲九月二十八日卯時,没於民國四年乙卯歲二月十三日巳時,享壽大耄。謹擇本月念一日,葬本邑十六都五甲,地名小陂下壠曹家屋後中觜,顏其名曰虎形,枕丁趾癸,立冢爲塋。該山原價接嚴福寺僧人契内摘售四圍,窖石爲界,契譜刊載明晰,永爲萬古佳城。是爲記。

　　男祖汜、祖潢、祖澂、祖遜、孫業善、業苓、業蘇、業蕘、業芬、業薪、曾孫桓芳、栯芳、柳芳、柏芳、梓芳、桙芳、栓芳、權芳、元孫輝璣、輝珧、輝瓚、輝玩謹識

(譚業垂等纂修《[湖南湘潭]中湘譚氏五修族譜》 1929 年愛敬堂木活字本)

湖南湘潭中湘譚氏齊孺人墓圖記

　　右二圖地坐十六都五甲,地名坪山塘搖泉衝,由氈帽山發脈一路奔騰,遠難備述,至石牛嶺起少祖,走草塘坳,過度起頂開帳赴車公坳,豎立星峯,至白泥塘脱煞化氣,旋起巒頭開鉗結蕊,喝作飛蛾形。原於清光緒十七年冬葬房孀母齊孺人,申山寅兼坤艮立穴,於宣統元年房叔存左邊爲壽藏,建修石羅圍碑刊合墓,後房叔麟趾翁身故,因向不利,未葬于斯。但山環水繞,氣聚風藏,朝對清奇,明堂開展,福地留與福人受,陰地還從心地求,誠不誣也。

房姪炳梅筱邨氏謹誌
曾孫柏芳蘭香氏敬繪

(譚業垂等纂修《[湖南湘潭]中湘譚氏五修族譜》 1929 年愛敬堂木活字本)

湖南湘潭中湘譚氏齊孺人墓圖

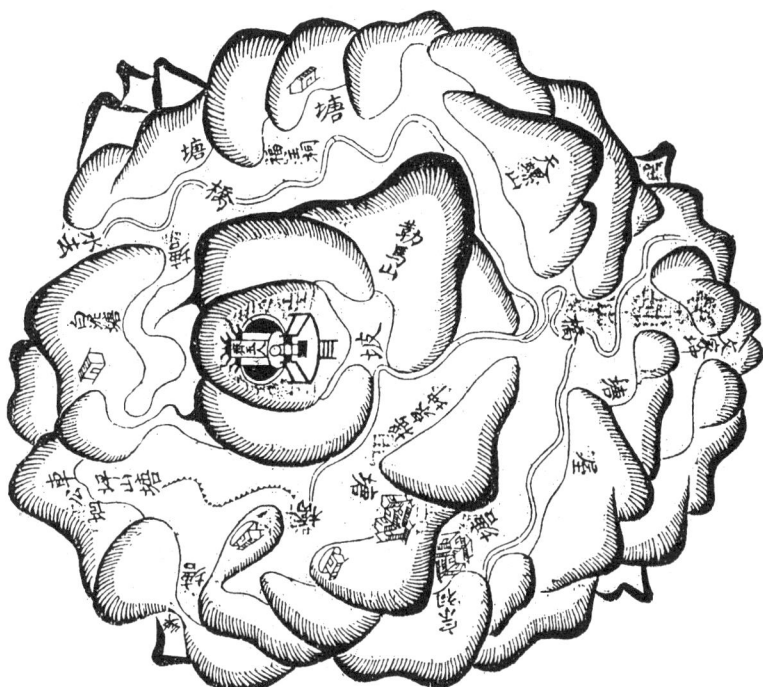

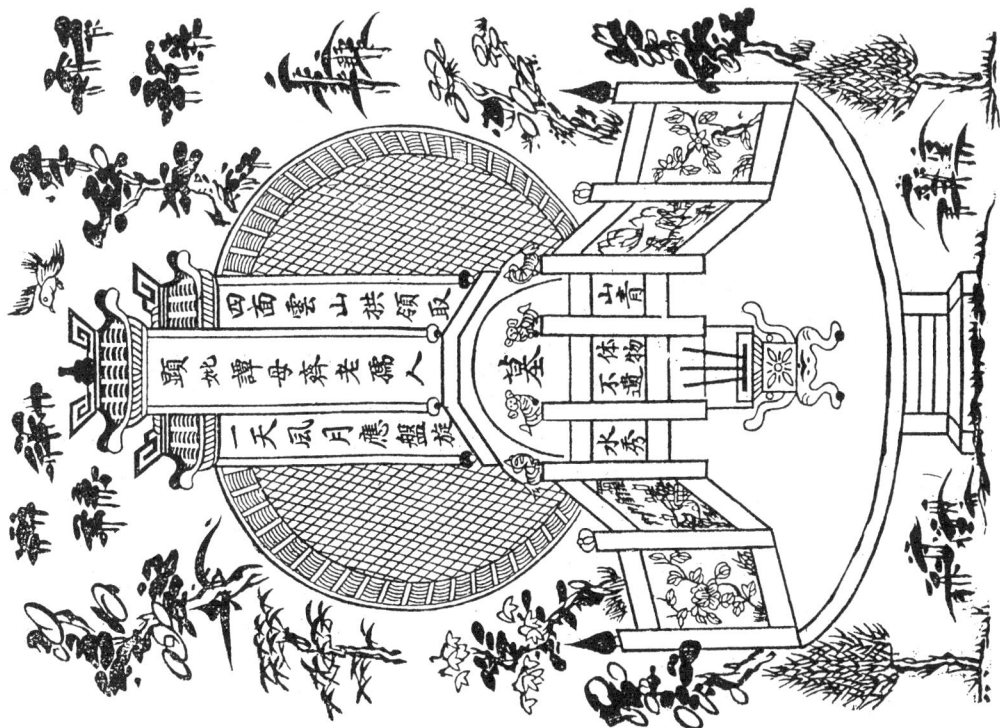

湖南湘潭中湘譚氏致身等墓圖

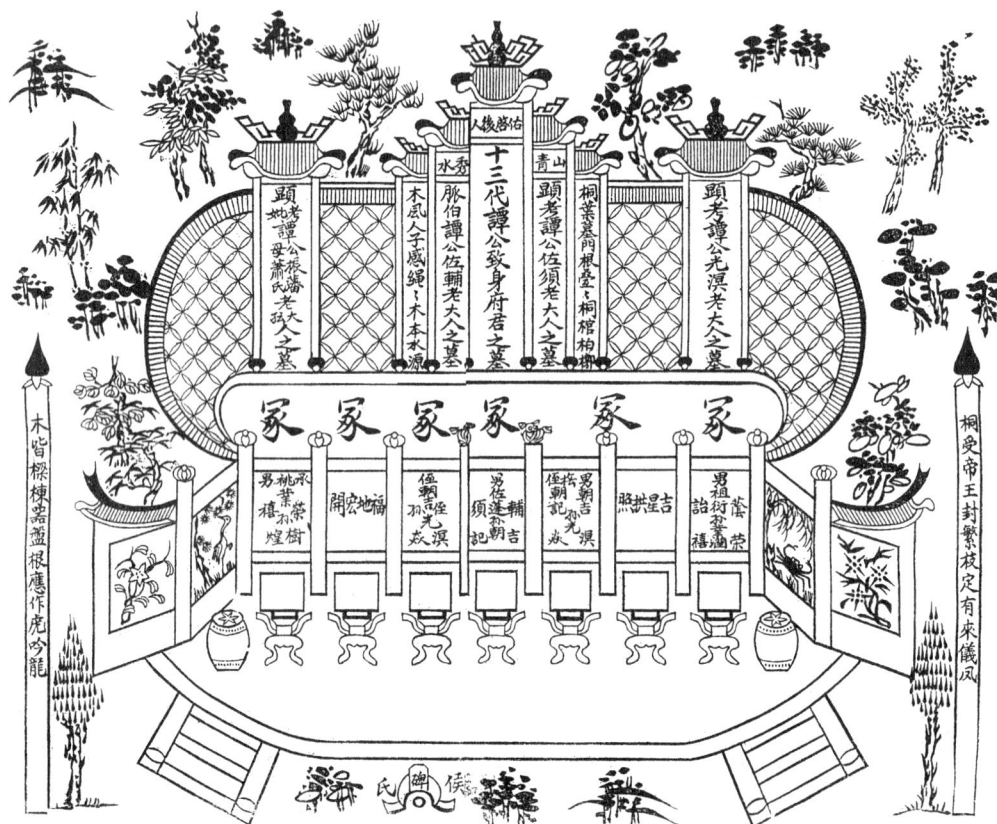

湖南湘潭中湘譚氏致身等墓圖記

　　右二圖地坐十六都七甲，地名桐木衝，脈白氈帽山來，逶迤數十里，至石牛嶺起貪狼星，分支走勝湖衝，由草塘過峽，大斷大跌，復起星峯，前行三里許，結禄存土穴。穴前展鋪大氊，對面玉屏高聳，以爲朝案，左右龍虎彎環繞抱。正穴葬高祖致身翁，右附曾伯祖佐輔，字於庭，左附曾祖佐須，字一本，又左附先父光溟，又右附堂兄祖源，又右附堂兄嫂蕭氏壽藏，合排六冢，建修石墓羅圍。又於墳下葬先祖姒侯孺人，有碑。墳塋各冢，均成上下。此地雖屬小結，可稱吉壤也。兹繪圖以誌之。

　　十七派嗣孫祖詒穀齋謹誌。

（譚業垂等纂修《［湖南湘潭］中湘譚氏五修族譜》　1929 年愛敬堂木活字本）

湖南湘潭中湘上官氏墓圖

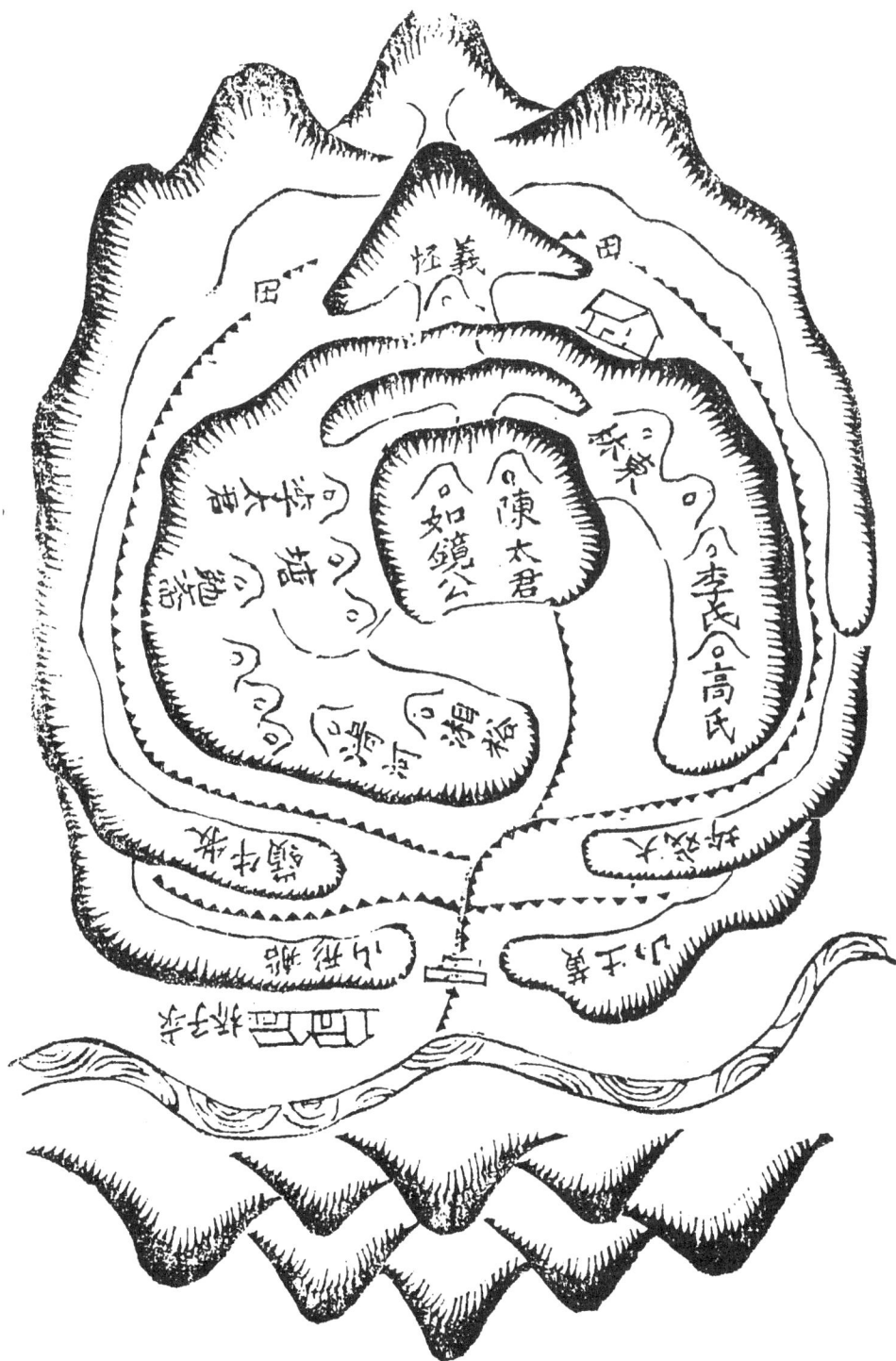

湖南湘潭中湘上官氏墓圖記

　　此圖在邑西下五都一甲，地名落龍曠，係我九派祖陳老太君合墓地也。至右匡內如鏡公墓，至後上載福公墓，莊屋門首東林公墓，至左羅圍外宗泲之墓，向左晒坪李孺人墓，下高老孺人墓，如鏡公右李老太君墓，左宗琪之墓，左周氏之墓，左挨壙基湘裕公墓，上清河公墓，向後牛屎墈上壙基內宗玢之墓，右宗璠之墓，右宗玫墓，向後上挨田邊勉齋公墓地也。龍自黃龍山出脈，縣幹由太平菴分支，奔走之勢雙送雙迎，大頓小伏，至下山塘脈出落於平陽，穿田過峽，脈行數里許，起東桃菴嶺閃開，芙蓉大帳，復起束咽，舉頂中抽結金星穴，其處風藏氣聚，水繞山環，前朝文峯聳大，後座尤喜明堂寬敞，下砂緊固。子孫昌熾，殆是兆歟，亦明堂圓潤，水秀砂明，頗稱吉（壞）〔壤〕。爰繪圖入譜，永垂不朽。

（上官之溧等纂《［湖南湘潭］中湘上官氏五修族譜》　1929 年敦本堂木活字本）

湖南湘潭龍船港李氏始祖蜈蚣形墓圖記

　　右地在縣南一百六十里龍船港市後樓廈壠，曰栗山者，因其山之樹而名之也。曰蜈蚣形者，象其山之體而名之也。《懷麓堂舊譜》曰：荷花塘而今稱荷葉塘者，則土名之遞變也。其龍自衡山來，遠難備述，姑自近者言之。古嶽峯側之湯圓子坳，其祖龍也。起祖後，隨水奔至三望衝，轉桑園，至顏子嶺跌斷，從扶忠塘過峽，起峯俗名杉仙嶺，重興營壘，展開大帳。中抽而抵龍塘，由人坵穿田過峽，走許家衝，蜿蜒至芳塘、希竹塘，頓起太陽金星作少祖，俗名大嶺，復開闊帳，中抽一脈秀嫩異常，水沙極迎送之情，倉庫驗護從之盛，逶迤至本境之高嶺，亦名杉仙嶺，連起三峯成走馬三台，橫展兩翅，右繞至紗帽嶺，左繞至湖山城垣，完整關鎖疊交。其正龍從高嶺中卸跌落平岡，宛轉穿田聯縣成節水木，行龍到頭成倒地木星，開鉗作穴老虎塘、荷葉塘，左右隨龍之水，並會於穴前之菖蒲塘。明堂寬坦，朝對尊嚴，有體有用，真陰陽純粹之地也。明宣德間，我始祖德護公卜葬於斯，戌山辰向，迄今四百餘年。後裔蕃昌，羅列中湘，派分衡醴，固我祖之澤孔長，亦此山之鍾靈毓秀合而成其殷盛也。墳右葬二派以文祖，墳後葬五派祖妣宋三冢，各堆皆磚墓，五大房封禁不准再行進葬。乾隆庚子，改建祠堂於墳，左置石瓶石鑪於墳前，歲時祭祀，即相率而拜掃焉。道光十一年，設石欄於山腳以捍衛之。程子所謂不爲城郭，不爲道路，不爲溝池，不爲耕犁所及，不爲貴豪所奪，此其庶有當矣。是爲記。

　　西平堂子孫敬誌。

湖南湘潭龍船港李氏始祖蜈蚣形墓圖

湖南湘潭龍船港李氏始祖妣鳳形墓圖

湖南湘潭龍船港李氏始祖妣鳳形墓圖記

　　飛鳳形者，我遷潭之一派祖妣段慈人佳城也。地在龍船港下黄桑市西半里許，大蕩湖右側，小地名飛鳳衝。夫山之以鳳名，象其形也。山象乎鳳，豈真能飛者？胡爲乎以飛鳳名？蓋以左右兩沙開展環抱，如鳥舒翼，靈動異常，故取象於飛，而鳳又鳥之最靈者，昔人因此山靈動，而相與靈之，故特稱爲飛鳳云。其來龍與栗山蜈蚣形同至梽園衝，而龍始分，右龍奔高嶺結蜈蚣形，左龍從毛家倉跌斷，轉出山口聳起星峯，由扇子坡過峽，走丁家衝，蜿蜒蟠曲，層層開帳，節節穿田，左有蛇，右有龜，迎送之沙疊出，此如獅，彼如象，盤旋之脈相生，至楊梅坳跌換平岡，文曲行龍束咽，秀嫩起頂清圓，結太陽金星開窩作穴，配乾山巽向兼亥巳三分。隨身之水，盡會於大蕩湖中，捍門之山，更聳於黄桑市後，馬尾洲體如太極，人形嶺鎮住下關清湘一字橫流，隔岸千峯朝對,明堂平正,護衛端嚴,誠發福之吉壤也。二派祖以斌祔母左,其配黃祔姑右,再左則乾暘祖祔焉。四冢平列,歷皆磚墓。道光五年,合族重修羅圍環墳,皆用麻石鑲砌,是亦久遠之計也。本山之後曰炭龍山,二派以文祖妣季,由姑墓左羅圍外改葬於此,未山丑向,其修砌墓石亦如之。季妣墓左側山頂,葬廷學繼配謝,日後子孫永禁進葬。後之登山拜掃者,念先塋之完固,常用護持,睹古木之葱蘢,(培)〔倍〕加(倍)〔培〕植,則如《葬經》所謂本骸得氣、遺體受蔭者,知吾族之榮昌,正未可量也。

謹按前譜,乾隆末,合族立約,封禁該山前後左右公私田山,不准開挖煤窰。嘉慶間,復立禁約,勒碑存祠,並刊譜牒,維時樹木葱蘢,羣託庇廕。道光間,有私犯禁者,族人忿將該樹砍伐,至今猶濯濯也。竊思始祖妣安厝斯山,傳衍數千丁,可謂發祥所矣。族人務宜永遵禁約,嗣後如有悖約強挖者,拘祠責罰不貸。

西平堂子孫敬刊。

(李起敬等修《[湖南湘潭]龍船港李氏七修族譜》 1934年西平堂木活字本)

湖南沅江鄧氏仲華公墓圖

湖南沅江鄧氏仲華公墓圖記

墓初封於梁中大通三年，中被侵佔，蕩爲墟壠。清同治十年，鄧氏渡賡元太守，在兩江總督幕署，奉准修復。歲久就圮。民國十八年己巳，茹真主修，糾捐重建，伐石鳩工，立坊崇表，嶄然巨觀。

（鄧中椅等修《[湖南沅江]鄧氏四修族譜》 1935年南陽堂木活字本）

浙江湖州王氏墳圖

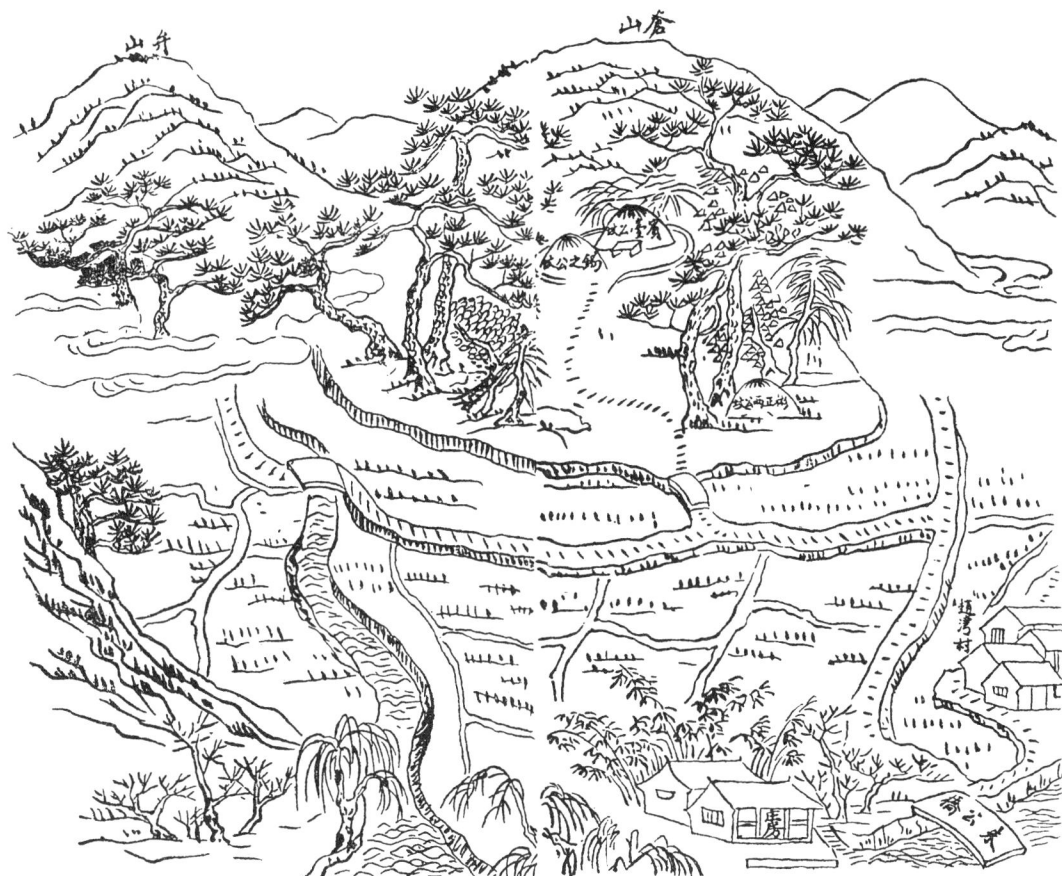

浙江湖州王氏墳圖記

　　前圖爲五世祖賓臺公暨六世祖錫之公之墓,在蒼山之西麓,脈自頂蜿蜒頓跌而下,至此結穴,田塍曲抱,如珥如量,平疇萬頃,秀氣彌目,棲賢諸峯遥相拱揖,洵佳城也。東南隅一塚,爲彬正兩伯祖祔葬處。墓前之圩名曰高二,祭田大半在其内。莊房一區,距墓不及半里,面山臨湖,環植桑竹,大可静憩。春秋祭掃時,率于其中飲福焉。

(王樹榮等纂修《[浙江湖州]王氏族譜》　1936 年鉛印本)

浙江湖州王氏中亭山墳圖

浙江湖州王氏中亭山墳圖記

　　前圖爲我曾祖考澹菴府君暨曾祖妣周太孺人合葬之墓，在中亭山弁之西南支也。土名王家塢，周圍計四十畝。康熙三十三年，向錢丹成置墓，東南距隣界不遠。其北二面，峯藏谷邃，松林翁鬱，向設界石十一處。龍自玉樓峯起祖，迤邐南行，至中亭之頂，折而東落，結穴沙環，水聚千山，特朝局内。又有三重岡澗，層疊關鎖，堪輿家以爲吉壤云。自清洞門舟行四十里，抵盧家浜登岸，循狗眠山行三里許抵墓，或自趙灣而上，踰嶺涉澗，其遠蓋倍蓰云。

　　　　　（王樹榮等纂修《［浙江湖州］王氏族譜》　1936 年鉛印本）

浙江湖州王氏謝婁墓圖

浙江湖州王氏省謝漊墓記

吾族愛山支以雲崖公爲始遷祖,自蒼山塋以下,俱歲兩祀。始祖公權雖設主於祠,其墓在小湖,或曰在謝漊,附葬將軍之阡,祀事闕焉。夫漊之去郡城四十里,僻非孔道所經,族中人宜無至者久,且不知墓之何在。余始生之歲,先君子偕族兄麗天往省焉,而載圖於譜中。閱十四年,麗天兄課余于家塾,時重修譜系,將付剞劂,復與沛霖兄同至墓所,審定圖繪,予未獲從,迄今復逾一紀矣。戊寅禊日,沛霖兄過余,約往謝漊省墓。詰旦登舟,出臨湖門,放乎龍溪,乘風掛帆,舟捷于鳥。俄頃而王母來、圓通、太平諸橋胥過矣。風太緊,舟子力不能操,乃于楊漊艤棹,沿湖塘行二里許,即謝漊橋。越橋東行二百步抵墓,墓在塘之南,中隔一小港,而塘北即古運河。蓋塘夾水爲隄者,十丈有奇。云墓故有碑已仆,五塚錯列如梅花。其東北一巋然者,意爲青萍塚,亦無碑誌可證,更不知餘者之屬也。周覽荒址,曠無纖蔭,相與欷歔不忍去。塘北有菴曰東際,望見老翁與二人倚牆語,頃之翁徐來揖而言曰:"君輩殆愛山臺王氏乎?"鬚髮皓白,語復不羣,問其姓,自稱周子祥。乃曰:"此將軍墳以姓名吾漊,今頹廢若是。子姓寥寥,他徙四支,愛山其一也。君輩不到此,殆有年矣,蓋至菴少憩?"周遂先,余輩隨之,過所謂水架橋者,橋跨港及塘,又有一石橋,跨古運河,無名,乃抵菴。菴中羣蒙輟讀,環視其塾師,亦解談逸事。謝氏昔分兩支,今牆西已不嗣,牆東不滿十丁,憲宗以成行最長。墓有祭田,已蕩然,拜掃或間歲一行耳。茶訖,周復導至最南地,見憲宗自別去。憲宗年貌如周而甚憊,時于桑間挑菜,舍業偕訪以成,不值,留與憲宗談食。頃風益吼,日已近春,舟子促還。棹循舊途,破浪得前,薄暮過匯溪,風忽還扇,喜出意表,鼓檝入城,水關未闔。乘月至完赤堂,小飲而散。之行也,兄麗天、沛霖、姪銘旃暨余凡四人。癸丑,先君子偕麗天兄一至,麗天兄復于丙寅偕沛霖兄一至,故麗天兄凡三至,沛霖兄再至,而余、銘旃姪始一至。今昔之慨萃于斯已。余幸諸昆之惓惓于水木,而痛先君子之不永年,賫志早殞,自嘆學行無成,無以承先澤也。于是乎縷敘其事。

乾隆二十三年歲在著雍攝提格修病月上澣,十世孫鑾謹記。

(王樹榮等纂修《[浙江湖州]王氏族譜》 1936 年鉛印本)

山東滕縣生氏 1 世至 16 世先塋圖

山東滕縣生氏 10 世至 16 世先塋圖

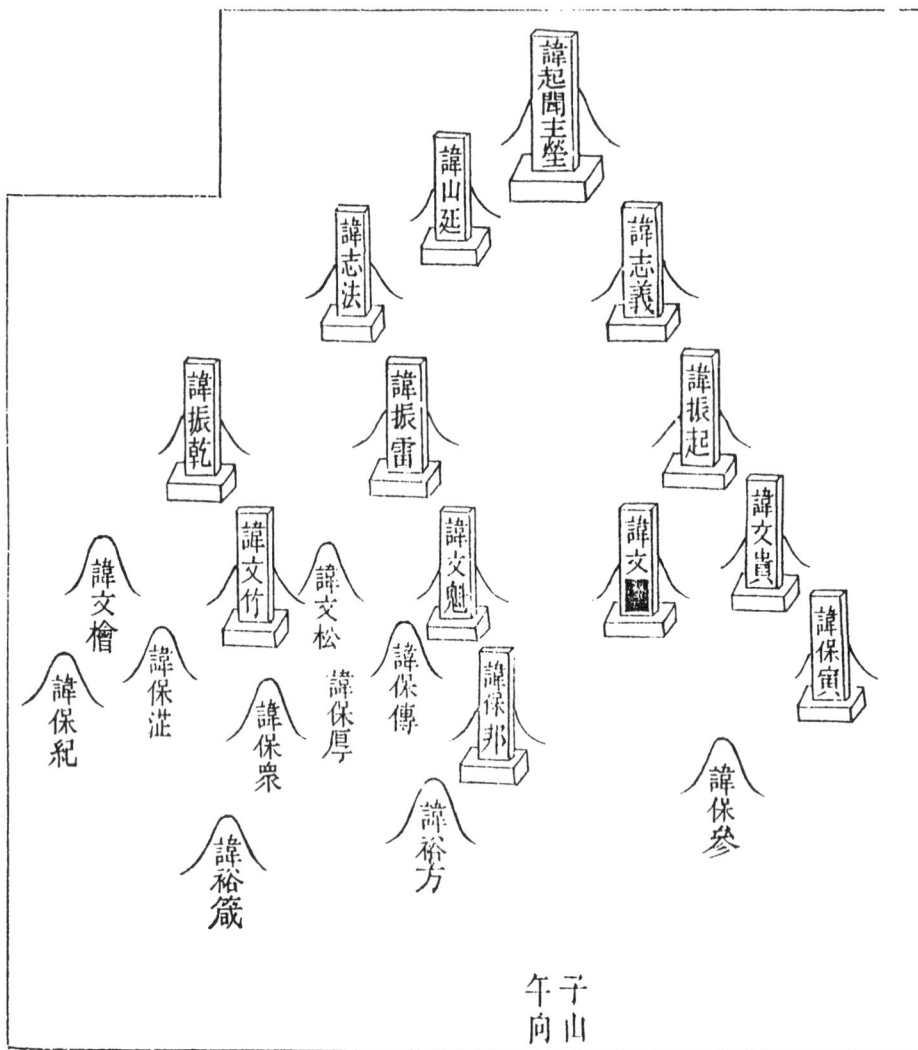

諱起閭主塋

諱山延

諱志法

諱志義

諱振乾

諱振雷

諱振起

諱文竹

諱文松

諱文魁

諱文

諱文寅

諱文檜

諱文

諱保湆

諱保厚

諱保傳

諱保邦

諱保寅

諱保紀

諱保眾

諱裕方

諱保參

諱裕箴

子山午向

西段捌分叁叁 南北同寬捌步 東西同長貳拾伍步

東段貳畝零零二伍 西長叁拾叁步 東長貳拾玖步 北寬拾陸步 南寬拾伍步

北莊山任

（生克昭纂修《〔山東〕滕縣生氏族譜》 1936 年刻本）

山東滕縣生氏 9 世至 17 世先塋圖

（圖內文字）

邊框註記：
- 西長柒拾陸步
- 東長柒拾步零伍分捌厘
- 北寬伍拾伍步伍分貳厘貳毫
- 拾陸畝柒貳貳陸肆
- 西長貳拾伍步陸分
- 生莊南

墓碑名（諱）：
諱作梅主塋、諱志方、諱志元、諱鍈、諱志德、諱彩、諱文杜、諱璵、裕東室孟、諱文正、諱保安、諱裕後、克得室孟、諱保仁、諱琦、諱珍、諱霞、諱克池、諱保長、諱文彬、諱文煥、諱保陽、珊諱、諱保合、諱保貞、諱裕祥、諱裕亮、諱鳳舞、諱保家、諱文廳、諱鳳翔、諱文登、諱琇、諱裕綸、諱克吉、克峻室孔、諱文池、諱保椿、諱文溫、諱帑、諱文江、諱保信、諱文懿、裕魯寰孫、諱裕經、諱保保、諱保楠、諱保桐、諱保其、諱鳳麟、諱裕彩、諱保鑄、諱裕泰、諱保民、諱裕品、諱保銓、諱裕鐸、諱保均、諱裕楷、諱裕振、諱裕善、諱克勤、諱裕純、諱保坤、諱裕杜

底部註記：
- 子山午向
- 北拾伍步肆分捌厘
- 南拾捌步壹壹攻叁刪伍
- 北拾柒步壹分壹外步柒步拾柒貳西
- 南拾肆步叁分伍厘
- 南寬拾貳步捌拾伍寬伍步肆步
- 北寬貳拾柒步柒零玖玖貳伍
- 東貳拾捌步柒分柒

湖南湘潭中湘赤江灣譚氏祖墓全圖

湖南湘潭中湘赤江灣譚氏祖墓全圖記

　　右圖鶴嶺老祖,降脈一路格局,難以盡述。至萬仙峯立少祖,脱工字峽,走菖家塘後陰陽博換,由李子衝、乾衝從兩頭塘穿田渡峽,隱隱而上起一巒頭,曲折從庚走戌,展入坤方開鉗,下脈結一金星,名曰螺頭山,砂從峽發,左抱右顧,水來長遠,會集明堂,兩邊秀巒聳護,前後文筆御屏,可稱龍真穴的。前面江水每逢天雨溪漲,其色多紅,故名赤江灣。扦巳山亥,葬祖母李氏,祔葬多棺。圖難悉載,另詳齒録,以便後來進葬者,得識昭穆云爾。

湖南湘潭中湘赤江灣譚氏豺狗園墓圖

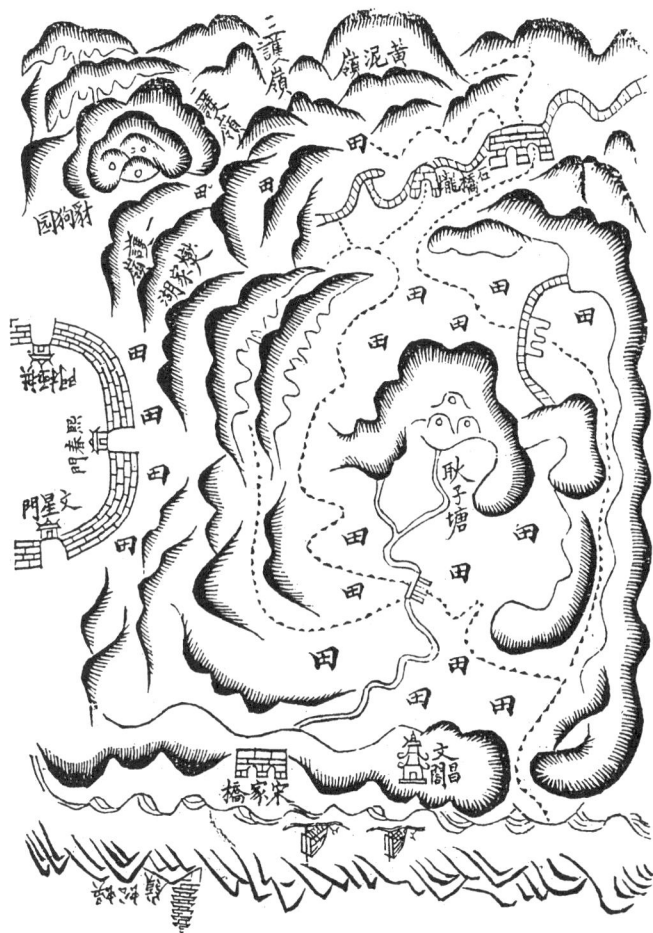

湖南湘潭中湘赤江灣譚氏豺狗園墓圖記

　　右圖黃龍山起祖,降脈而下名為大幹龍,走蘇家塘,後折行數里,至鴨塱塱分枝,走太平菴,曲折跌斷,由雲塘尾穿田過峽,平洋數里,開鉗展翅,帶結一處砂護水聚,地名豺狗園。扦癸山丁,葬祖公志名,祔葬良公及思忠公。右傍葬謝氏祖母。穴後開行平平坦坦,至燮家湖,跌轉由牌樓山過峽,到耿子塘起伏有形,開鉗垂乳。扦癸山丁,葬祖母徐氏,祔葬書公,左葬訒公。砂環水繞,文筆朝前,昔名留本山,訛牛塱山。因兩處祖墳原同一脈,今固合繪以誌之。其老圖所載一二三護嶺之名,今謂湖頭嶺是也。

　　　　(譚傳鼎等纂修《[湖南湘潭]中湘赤江灣譚氏八修支譜》 1938年世顯堂木活字本)

湖南湘潭韶山毛氏始祖墓圖

棋盤山　紅崙山　星　老鴉坪　坪　五甲坪　場裏屋嶺　塘　三字塘　安坪　長橋亭水來　曾家灣　大海坪　受福堂　冲家墓　翁祠　湘亭　路公　湘黔鐵路　田田　湘鄉縣　湘鄉潭　潭寶公路　漣水來　公華木　乾山　緋紫橋　田　田　田　半羊嘴　仙女山　蔣家嶺　毛氏墓　山北九

湖南湘潭韶山毛氏始祖墓圖記

　　我始祖太華公於元至正年間葬湘鄉緋紫橋道士山，今名毛家墳山，又有名蔣家坪者，歷明清，至今數百年矣。二、三各修譜牒，均祇誌其葬所，未繪其圖。茲值四修，特詣墓前，視察山形來脈，撮繪墓圖，以誌不忘。其山係由仙女山出脈，至棋盤山分三枝，右枝至縣城，左枝至官步橋，中由紅崙山出黃泥坪一帶平原，成兼葭枝形，至緋紫橋結穴。我鼻祖葬此，殆亦福人福地。其派衍震瑞鑑深石狂五大房，宜焉。

（毛澤鈞纂修《［湖南湘潭］韶山毛氏四修宗譜》　1941 年西河堂木活字本）

湖南醴陵翁氏朱家冲墓圖

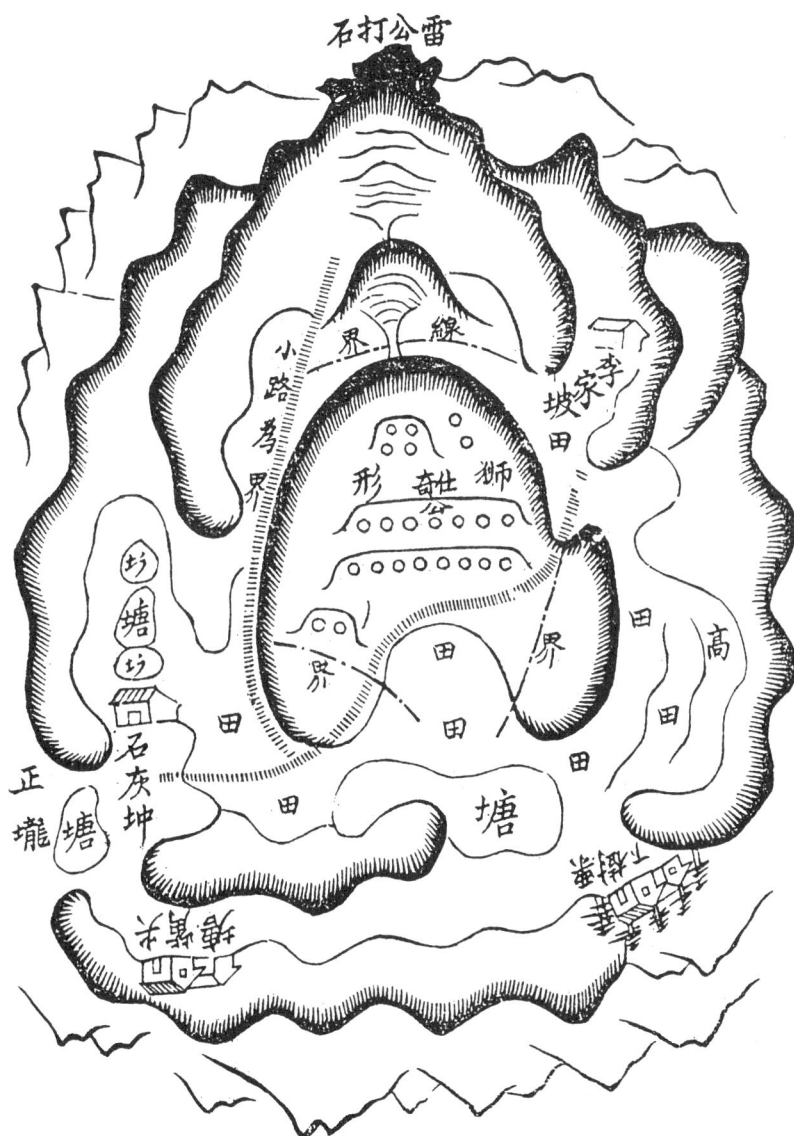

湖南醴陵翁氏朱家冲墓圖記

　　右圖自天華台起祖，層巒疊嶂，繞至雷公打石，逶邐而下，團結人形。該山係我近公、靈公兩分契管山也。七代祖士奇公開穴於斯，左右祔葬者另列塚式。茲繪圖形，兩支子孫務宜蓄禁森林，培植松楸，庶先人之體魂自安，而後人之發榮未艾也。

　　大中華民國三十年辛巳歲秋月之吉，近靈二公裔孫敬梓。

湖南醴陵翁氏封塚圖

湖南醴陵翁氏虎形分塚封山約

立編分塚封山合約五分人翁奉彰,同姪鳴九、德榮,姪孫達兼、萬福等,情因顯妣周老慈人葬于窓達住宅右靈官廟上手虎形,坤山艮向,經今有年,歷未進葬。今二兄嫂九旬壽終,各處山頭欠利,停柩在堂數月。予與姪孫等咸有不安之心,思係祖母所葬之山屬在大利兩傍,稍有餘地,只得鳩聚各房兄弟叔姪人等商議,將餘地分作五塚,編立仁、義、禮、智、信穴,拈鬮爲定。批載約後窓立磚銘,不許鑴礙祖母羅圍,庶祖母墳塋亦全。嗣後子孫毋得恃強橫葬,如有此情,任各房理阻掀棺別葬,尤治侵犯之罪,甘坐無辭。今人不古,憑衆編立同心合約,勒石永垂,並書一樣五紙五分,各收一紙爲據。

計開:

仁字穴　六房,

義字穴　四房,

禮字穴　大房,

智字穴　二房,

信字穴　五房。

乾隆五十年八月初五日,立編分塚封山合約五分。翁奉彰同姪:鳴九、順添、德榮。

男:富潤。姪孫:達兼、萬福、潘文德、胡平衡。

憑族戚:賀思義、張砥廷、翁翼周、丁世昌、翁孔箕

附載與陳姓和約

立編合同和約。親鄰潘上儒、賀冠廷、顏湘傳、翁明映等,緣地名樓下衝窓達翁、陳二姓,毗連住居,屋後山嶺均葬有墳,今冬陳季德等在山砍樹,致翁富潤等鳴論控憲批准在案。茲予等思係二家誼屬親隣,不忍坐視終訟。查翁契係乾隆十七年接買賀業,而陳契係順治八年接買楊業,二契所載雖明,無如各執一說,適從無定。予等公同登山踏看,翁人葬墳居中,陳人葬墳居左,邀齊兩造從塲勸釋,確立界址,於本山左側窓石爲界,上至陳人新園壕基,下至翁人四石圻田角,窓石上岸橫過爲界。左側窓石之下至陳人田岸山嶺,陳人管理;左側窓石之上連崎峯及右側山嶺,翁人管理。庶二家墳塋兩全,而親鄰之好亦不失矣。其於該處山嶺樹木,二比禁長衛護墳屋,均不得砍伐鋤挖,而本山來龍過峽之處,原有一塔在後,不得開挖,有傷風脈。二比咸服,永相和好,再無異論。今欲有憑,編立合約二紙,翁、陳各收一紙,永遠收執爲據。

乾隆五十二年十二月初六日

立編合同和約親鄰:潘上儒　顏湘傳

賀冠廷　翁明映

翁富順　陳季德

陳升南　翁達兼

依和從塲兩造:翁德榮　陳象添

陳儒章　翁萬福

附：

界　碑　文

　　乾隆五十二年,約編本山左側窖石爲界,上至陳人新園壕基,下至翁人四石坵田角,窖石上岸横過爲界。左側窖石之下至陳人田岸山嶺,陳人管理;左側窖石之上連崎峯及右側山嶺,翁人管理。其於該處山嶺樹木,二比禁長衛護墳屋,二家不得砍伐鋤挖,本山來龍過峽之處,原有一塔在後,不得開挖,有傷風脈。

　　上至陳人新園壕基在此。

　　下至翁人四石坵田角在此。翁陳二姓公立。

　　咸豐八年戊午歲孟秋月之吉

　　　　　　　　　　　　　　　　　　　　　　　　　　　　　五分嗣孫敬梓

　　爲復碑永禁遵證前約事。窓達翁陳屋後山界毗連,墳塋接壤,久經豎碑約禁,彼此不得砍伐。兹陳建寢違碑取用,致翁鳴論。予等場寢復碑,該山上下左右永遠封禁,二姓恪遵碑約,不得藉端用售。遇有風雪剝落樹木枯槁,彼此看實發斧,各照界管,毋得爭越。已載碑禁,犯者重處,庶有益于陰陽,亦可以垂久遠。

　　光緒十五年歲次己丑孟冬月吉立

　　從場保鄰:潘友梅　安世福　劉德齋

　　　　　　　　　　　　　豎碑二姓在場：　桂芬　玟明　甲會
　　　　　　　　　　　　　　　　　　　　　　肇先　應明　壽春
　　　　　　　　　　　　　　　　　　　　　　青山　啓靈　尹明
　　　　　　　　　　　　　　　　　　　　　　　　　吉臨　俊靈
　　　　　　　　　　　　　　　　　　　　陳學篤　廣運　壽綱

　　高祖妣周太慈人佐我高祖考靈臺公光前裕後,有陰德焉。妣没獲吉壤于窓達住宅之右,曰虎形,坤山艮向兼申寅,以棲其身,以庇其子孫葬之。既其下有異泉,不復湧,觀山水者,以是爲氣萃焉。而其分塚祔葬者,五分各一,塚式明晰。

　　乾隆五十年。

　　編約封禁,永不許進葬,蓋恐震我祖骸也。其山與陳姓連界,乾隆五十二年,編有合約。地後有塔,名天池,其脈來自天華臺,起伏頓挫,形勢雄偉,前有塘,塘之右有田園,塘之左有壇,其依壇而連廠接棟者,即高祖考妣所建祖堂住宅也。前譜塚式所誌如此。兹經四修,敬繪山圖,仍舊付梓,俾後嗣子孫,觸目興懷,督修墳墓,護守碑碣,邱木加培植,祭掃重歲時,九原有靈,其福蔭固綿延而木艾也。

　　咸豐八年戊午歲秋月之吉　　　　　　　　　　　　　　　　五分嗣孫敬梓

　　光緒二十八年壬寅秋月之吉　　　　　　　　　　　　　　　五分嗣孫敬梓

　　大中華民國三十年辛巳歲秋月之吉　　　　　　　　　　　　裔孫重梓

　　　　　　　(翁紳文編輯《[湖南醴陵]醴南翁氏五修族譜》　1941年梅桂堂木活字本)

湖南醴陵劉氏劉家山祖基墳圖

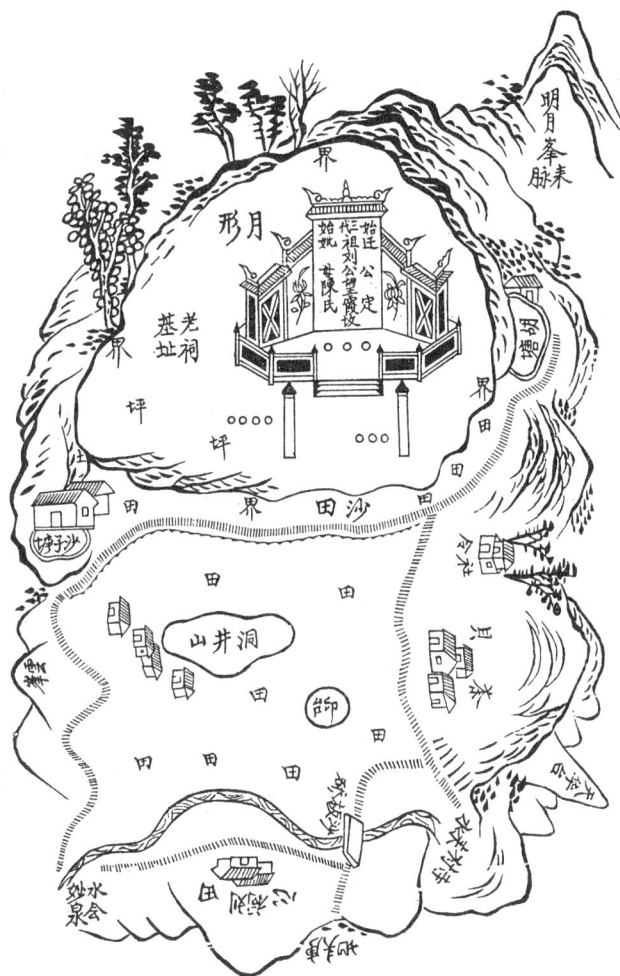

湖南醴陵劉氏劉家山祖基墳圖記

　　右圖劉家山乃我三代祖霞公興業處也。雖宗祠已古，而基址宛然。其脈自明月峯奔騰而至源頭坳，頓起星峯，束腰過峽，嬌麗可觀。至結作處，宛如明月灣環。面天台，則見文筆挺秀；背雲峯，恍若玉椅流光。水來壺塘水如帶，氣聚月壁氣若煙。真美不勝收者也。我祖霞公瘞玉於茲，而定公夫婦祔葬焉。夫非所謂福人而獲福地者乎！

　　清同治三年甲子孟夏月穀旦，燿炳兩支嗣孫等敬刊。

　　中華民國三十二年癸未仲秋月重梓。

湖南醴陵劉氏祠後祖山墳圖

湖南醴陵劉氏祠後祖山墳圖記

　　右圖係我田心劉氏祠後之祖山也。凡與外姓毗連及本族公私之界綫，均於圖内繪明。惟坐山右邊，由水楊坡挨上黑泥塘〔現經泥土填滿〕，沿左邊塘岸之水溝，直至賀人茶山之古壕，又由古壕起挖溝斜過水漕坑，又沿路古壕至小凸，以古溝直下灣，折熊人山横岸下挖溝，直下接田心斯馨第古壕爲界，特加說明。又，分給勝分遷裔之大坡墳山，另圖刊載。其山脈由明月峯，經龍龜山出寺村石獅口，向北蜿蜒至塘頭坳，復折而東向，經祠後水楊坡乩姑仙等山，至虎形止而南向，風水家以回龍顧祖稱之，嗣公、松公等葬焉。虎形之左楓樹山，華公夫婦葬焉。牌形脚下平地鋪氈形，勝公葬焉。其他人形、獅形、蛇形、蠏形等，唯妙唯肖，均叢葬先人之墓，茲不枚舉。至坐山左邊界外，仰山殿所有基址，山嶺之一部分，原係我族所捐，第於祠後登高以望明月之峯，其脈如龍蟠而來，俯瞰寺村來水，其溪乃環抱而去，山水鍾靈，天造地設。定卜我族子孫之永昌焉。

　　中華民國三十二年癸未仲秋月穀旦，闔族嗣孫謹誌。

湖南醴陵劉氏楊家源墳山庄屋圖

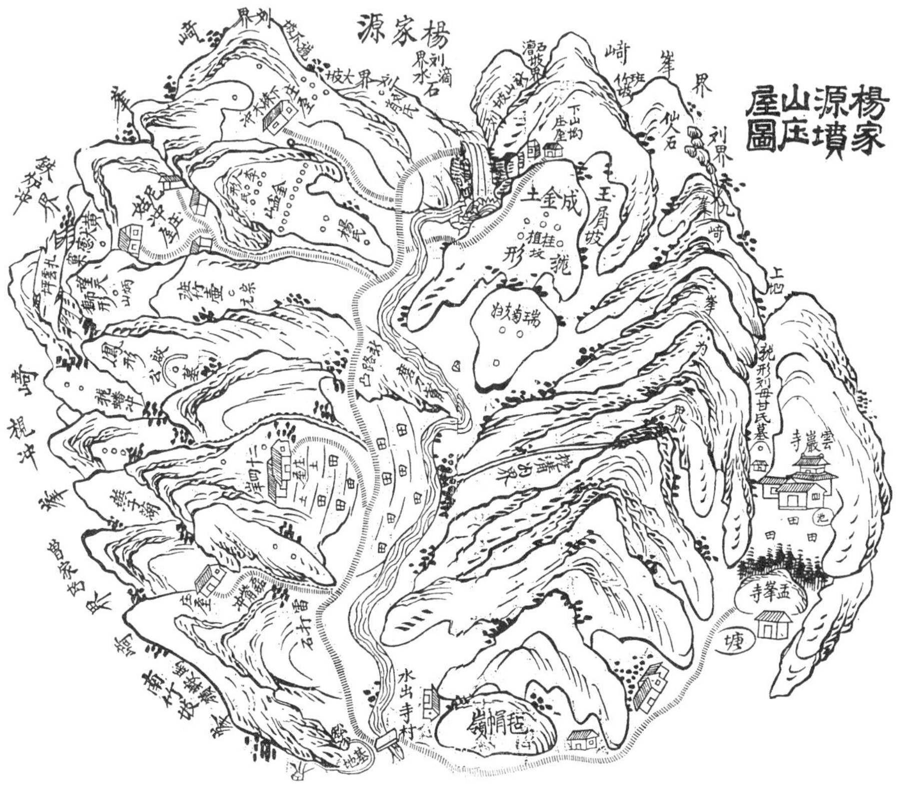

湖南醴陵劉氏楊家源墳山庄屋圖記

　　右圖九峯山界外，原係我族所管，現歸聯盟頒户十姓共管蓄禁。山林蔭翳雲巖浪裏龍形，原葬我七代祖妣劉母甘孺人，乾山巽向，應志之，蓋示其有所自也。又楊才可裔孫，在本山盜葬一案，已由前朝官吏判決，確定刊入據文類。山界已如圖載，所有墳山，歷係蓄禁，不得砍伐，界内佃户練姓、侯姓等所葬墳冢，均係討葬，日後不得藉墳佔山。至所有茶木庄屋等項，均出佃與人居住耕作，書有佃約，每年額納油租。山上祖墳鱗集，桂植公、啓賢公葬于是焉。鳳形峙於左，龍形蟠於右，而成金土、金盆山等分居其間，脈來明月，羣峯聳翠，源出山澗，形勢天成，誠牛眠吉壤也，定卜後嗣之榮昌焉。

　　中華民國三十二年癸未仲秋月穀旦，闔族嗣孫公誌。

　　　　（劉維璠等纂修《［湖南醴陵］醴南田心劉氏八修家譜》　1943 年敦倫堂木活字本）

甘肅臨夏馬氏祖塋圖引

　　塋何以圖？圖余先人殯葬地之方向次序，使子孫得舉其誰某而追遠者焉。雖然，子孫賢，無圖亦知先人葬處而祀之，子孫不賢，即有圖何益焉。然而父之父知爲祖，祖之父知爲曾祖，曾祖之父知爲高祖，高祖之父其能知其誰某者，鮮矣！假使無圖，子孫雖賢，其不知誰某者，則亦付之渺茫矣。使有圖，則某在斯，某在斯，雖百事可知。大矣哉，圖之爲用也。吾族墳塋以臨夏韓家集陽窟山吉嘴者爲最早，一二世祖在焉。其次陽窟陰窟者三世祖在焉。以北平三里河塋地爲最遠，先君子及先二伯並同先二伯殉難諸人在焉。寧夏省垣北門外塋地，吾妻、吾弟三子與族人在焉。

甘肅臨夏馬氏陽窪山塋圖

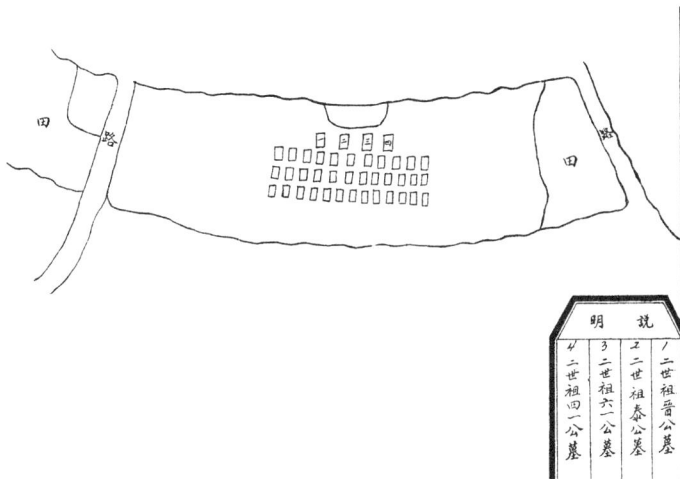

田　路　路　田

說明

1 二世祖晉公墓
2 二世祖泰公墓
3 二世祖六二公墓
4 二世祖四一公墓

甘肅臨夏馬氏陰窪塋圖

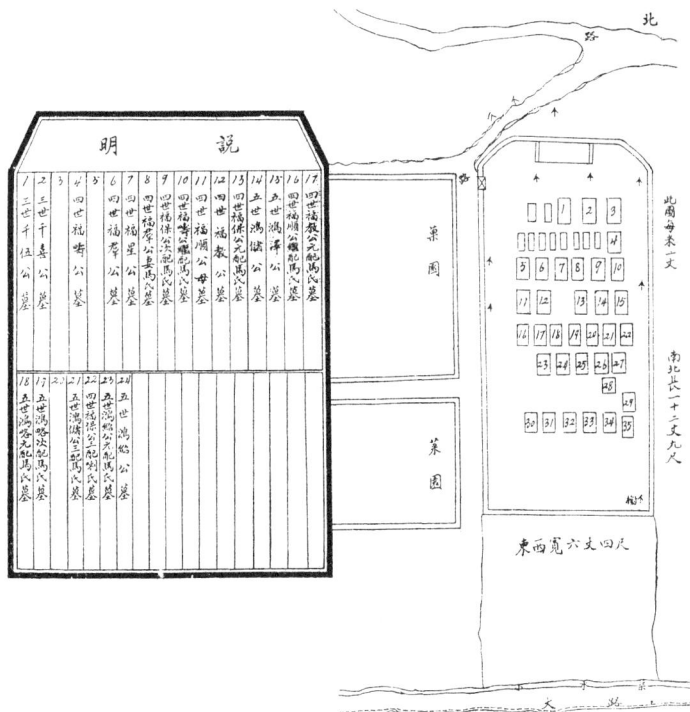

北　路

說明

1 二世千佑公墓
2 三世千喜公墓
3 四世祝畤公墓
4 四世祝公墓
5 四世福春公墓
6 四世福星公墓
7 四世福壽公墓
8 四世福祿公配馬氏墓
9 四世福祿公墓
10 四世福順公墓
11 四世福教公墓
12 四世福瀾公墓
13 五世鴻儀公墓
14 五世鴻澤公墓
15 四世福祿公配馬氏墓
16 四世福順公配馬氏墓
17 四世福教公配馬氏墓

18 五世鴻榮公兒配馬氏墓
19 五世鴻瑞公兒配馬氏墓
20 五世鴻瀚公配馬氏墓
21 四世祖福公配州氏墓
22 四世福祿公兒配馬氏墓
23 五世鴻始公墓

菜園

墓園

此圍每率一丈
南北長二十二丈九尺
東西寬六丈四尺

甘肅臨夏馬氏北平塋圖

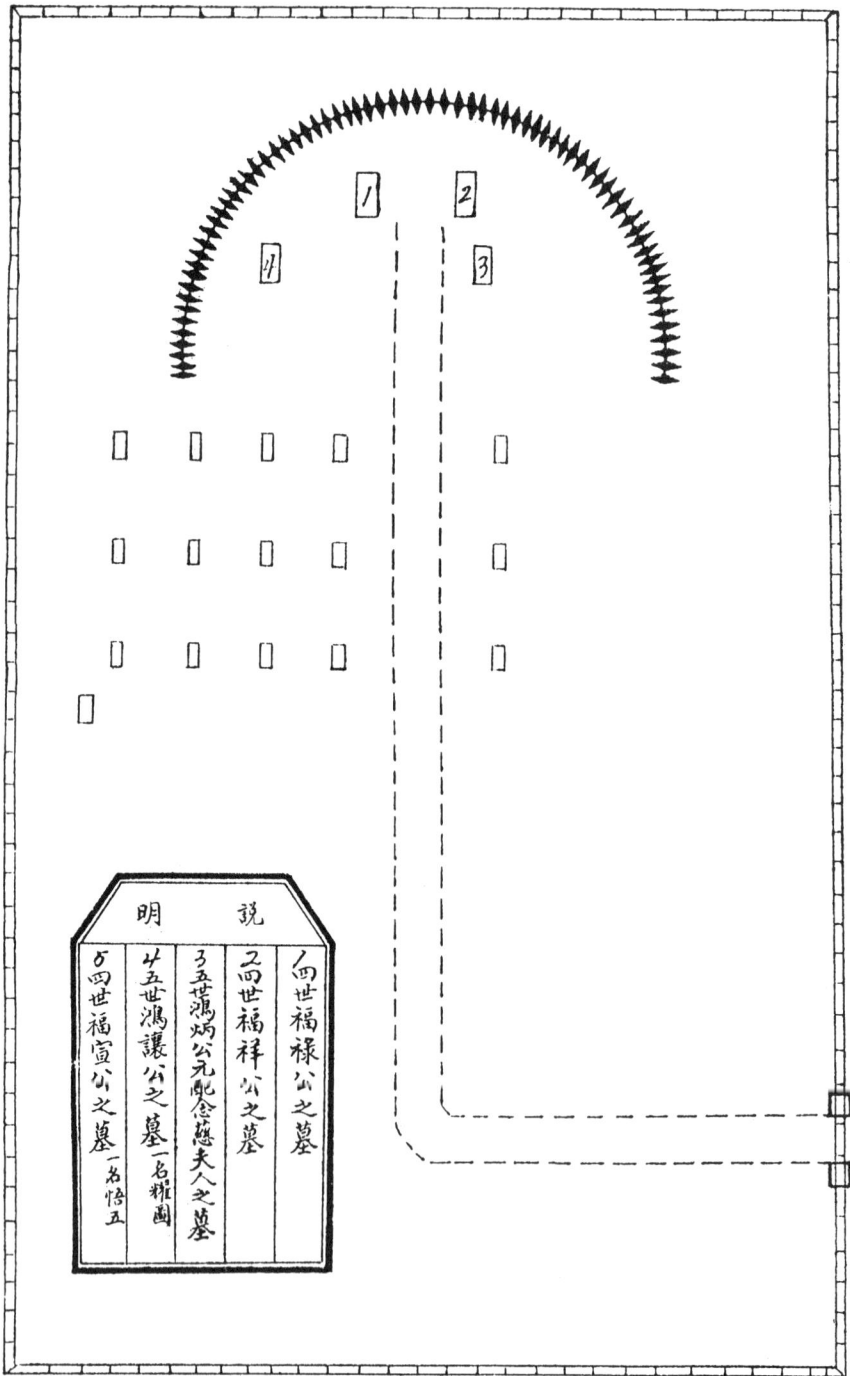

（馬鴻逵等纂修《［甘肅臨夏］馬氏族譜》　1946 年鉛印本）

湖南長沙善邑黃氏金龍公墓廬圖

湖南長沙善邑黃氏金龍公墓廬記

　　我四代祖上璽公，由善邑大洞遷居新庄衝，迨金龍公接新庄坪山業。日後子孫蕃衍，岐居不一地，而老祖之墳塋，疊葬於斯焉。今合房下子孫，以祖先所存之山場屋宇作金龍公墓廬，以園苑茶麻爲祀先之資，將謂祖宗之靈爽有所憑依，而子孫之祭掃有所棲息。是役也，不誠一舉兩得哉。

　　金龍公房下嗣孫公識。

　　　　　　　　（黃善信等纂《[湖南長沙]善邑榨沖黃氏支譜》　1946年忠孝堂木活字本）

甘肅臨洮張氏塋圖引

　　按舊譜以始祖之四子分爲四宗,前後八九世皆合葬,有百五六十塚,至九世以下四宗,各另擇墳塋,將南觀坪佔耕地作爲祭田,定於每年清明先一日以全熟猪祭掃,奈至同治亂後,墳塋概被平毀,不能相認,南觀坪之祭田,亦被人佔去,惟始祖之塋雖平毀,但有誆糧故堆爲證,鏡與鼎臣五兄皆認得,由太平堡堡頭藍四處要回,僅丢一方方十七号之塋,院四角栽立界石,再攢二十餘塚,約集本族留餘之十數家,仍遵舊規,每年清明先一日以三牲紙錁酒醴香蠋祭,掃畢當即計所費多寡,照依家數,每家攤錢若干,各交辦事人,如此輪流辦祭。北城角祖塋墳塚毀平,塋尚未耕,亦即將四角栽立界石,現攢二十餘塚。至我高曾祖昆弟五人,另卜北五里舖車家庄前之祖塋及祠堂祭田,雖被平毀,尚未佔去,將祖塋墳塚依舊啓攢祠堂舊基前後三院,並門前場西牆外之地,共七畝五分,單名取爲張祠堂,又由認懇之地中拔出二十五畝,單名取爲張祭田,誰種誰承銀糧,每年出小麥三斗以爲春秋祭掃及正月初三送紙之資,是我五祖之後祭者而同宗不與焉。謹將始祖之塋及我五祖之新舊塋共十七八處各繪一圖如右。

　　十七世喻銘、自鏡識。

甘肅臨洮張氏始祖塋圖引

　　考舊譜,言始祖以下七世諱字失考,惟以世系相承者推至七世。又言觀始祖合葬墓前後八九世百五六十塚,規模甚大。又云十世祖永禎公配張太君生子,而太君早亡葬於世祖世經公下邊,昔鏡先父嘗言,始祖塋東南角頭枕東之一塚,是十八太太之塚,我等一支即其後裔也。謂卒時年方十八耳,與譜生子而母早卒之言相符。因依譜以世系相承,擬繪一圖如左。

　　　　　　　　　　　　　(張樂賢纂修《[甘肅]臨洮張氏家譜》　民國填寫本)

甘肅臨洮張氏始祖塋圖

江蘇江陰文林包氏始祖天麟公墓圖

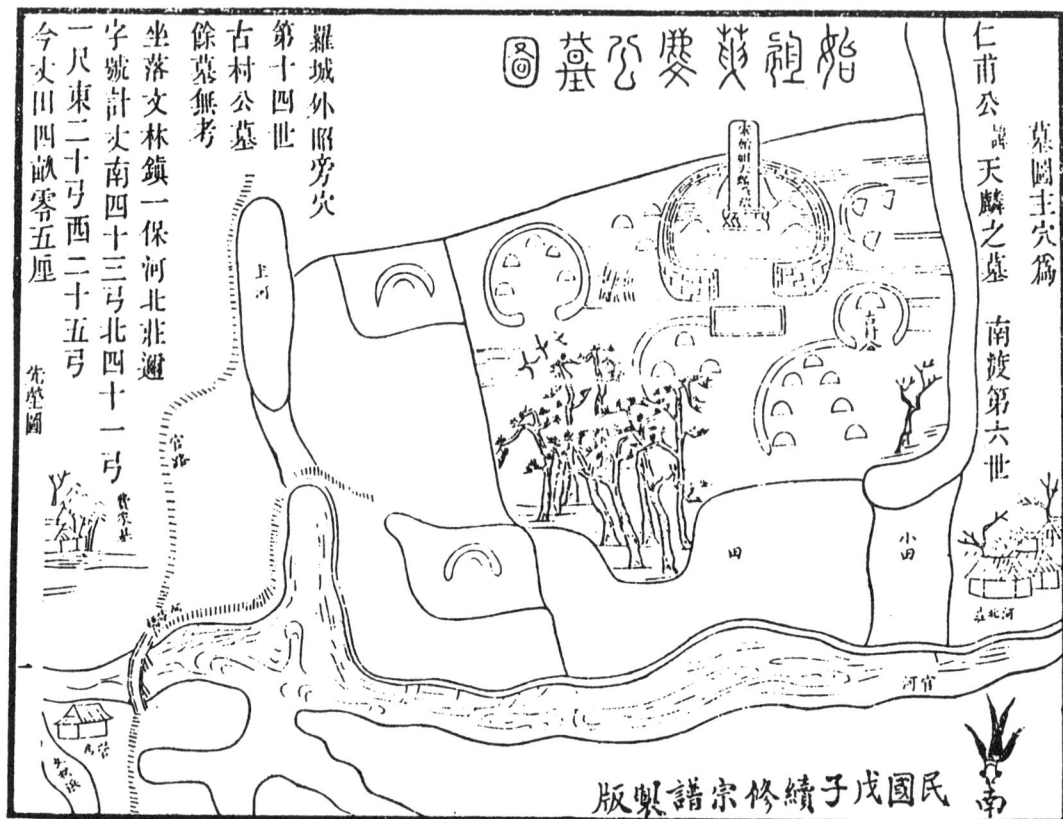

江蘇江陰文林包氏始祖天麟公先塋圖詞

　　偉哉祖陵大地筆，形貌巍峨坵土封。左右環抱氣雄壯，穴身坐滿面朝空。前臨富盃長流水，後負諸麓聚來龍。碑碣儼然中屹立，栽植花木幽深叢。棕櫚梧桐間翠柏，萬年冬青對蒼松。白楊橘梨週密佈，四時綠葉蔭常濃。民國戊子續修宗譜適應時代翻製鋅板。二十六世裔孫齊之敬詠題。

（包仁榮等纂修《［江蘇江陰］文林包氏宗譜》　1948年秀幹堂鉛印本）

江蘇江陰任氏柏巖公墓圖

江陰始祖柏岩公墓圖

山 君

山 黃

山 鞍 馬 平 田 起 麓

坟界溝

邑城王氏墓

葉家村

河 硯池

山里白

江蘇江陰任氏柏巖公墓圖記

坐落雙牌鎮六保賢字四百六十一號,實丈田一畝二釐九毫一絲二忽五末。其糧歷係扈岐村完納,後天榮公另捐田二畝,令伊子孫世世祭掃,不得遺失。此次續修,訪實刊刻,事蹟塚數詳載墓《跋》。

謹按:始祖墓前明學士張公碑記載在譜牒,有明一代,祭掃秩如也。國初,遭鼎革之變,而各支散居不一,俱係鄉城遙隔。在城一支,又經兵燹,祭或闕焉。世表載明,君山南麓,坐落基址,有所未詳,幾二百年,漸成疑似。丙戌冬,吾族定議續修《宗譜》,採訪得扈岐一支,係七世奇公分派,其二十二世孫九皋,詳述始祖墓顛末,云墓在蓉城東外黃山之西南,與君山界趾相連,即君山南麓也。墓自主穴而下,凡九塚,主穴係教授公,昭則進士文叔公,穆降一穴,則壽祺公,次昭又降一穴,則進士澄瀾公,其下依次祔葬,共八塚。另一塚在塋外偏隅,相傳門役靖江人也,并出完糧細數,係賢字四百六十一號,丈田一畝二分零,坐落雙牌六保,以示採訪。族衆又云,我高祖天榮公,捐田二畝,供是墓祭掃費,戒子孫世世勿得復葬,且曰:吾宗兩次修譜,我支未合,後有求始祖墓者,必收吾宗,言之鑿鑿。先是,南溪義方,出康熙二年三月始祖墓看管一紙,係墓近王三畏村旁,侵伐墓樹被獲,自願看管。則知康熙間,南溪支裔尚克祭掃也。戊子十一月,昕同周莊支長大昌、西溪支懷德、鶴皋并九皋,親往墓所,詳視形勢,前面由里北枕馬鞍,在君、黃二山之間,麓起平陽處,其塚數與九皋言符。而西南不及半里,乃王家巷也,與看管姓氏頗相合。昕歸遍述各支長,虔卜祖前,果得信驗,故繪圖及坐落字號,載入譜中,憑族公議,將扈岐一支序其世,補先人譜中之所遺,是祖宗之靈,凡我族人之幸也。至天榮公捐田祭掃完糧,有功於始祖,非淺鮮云。昕謹述其始末,以附墓碑後。

道光九年五月,二十三世孫昕謹跋。

(任佑之等纂《[江蘇江陰]任氏宗譜》 1950 年思敬堂鉛印本)

四、其　他　圖

浙江臨海金鰲山朱氏玉泉堂圖

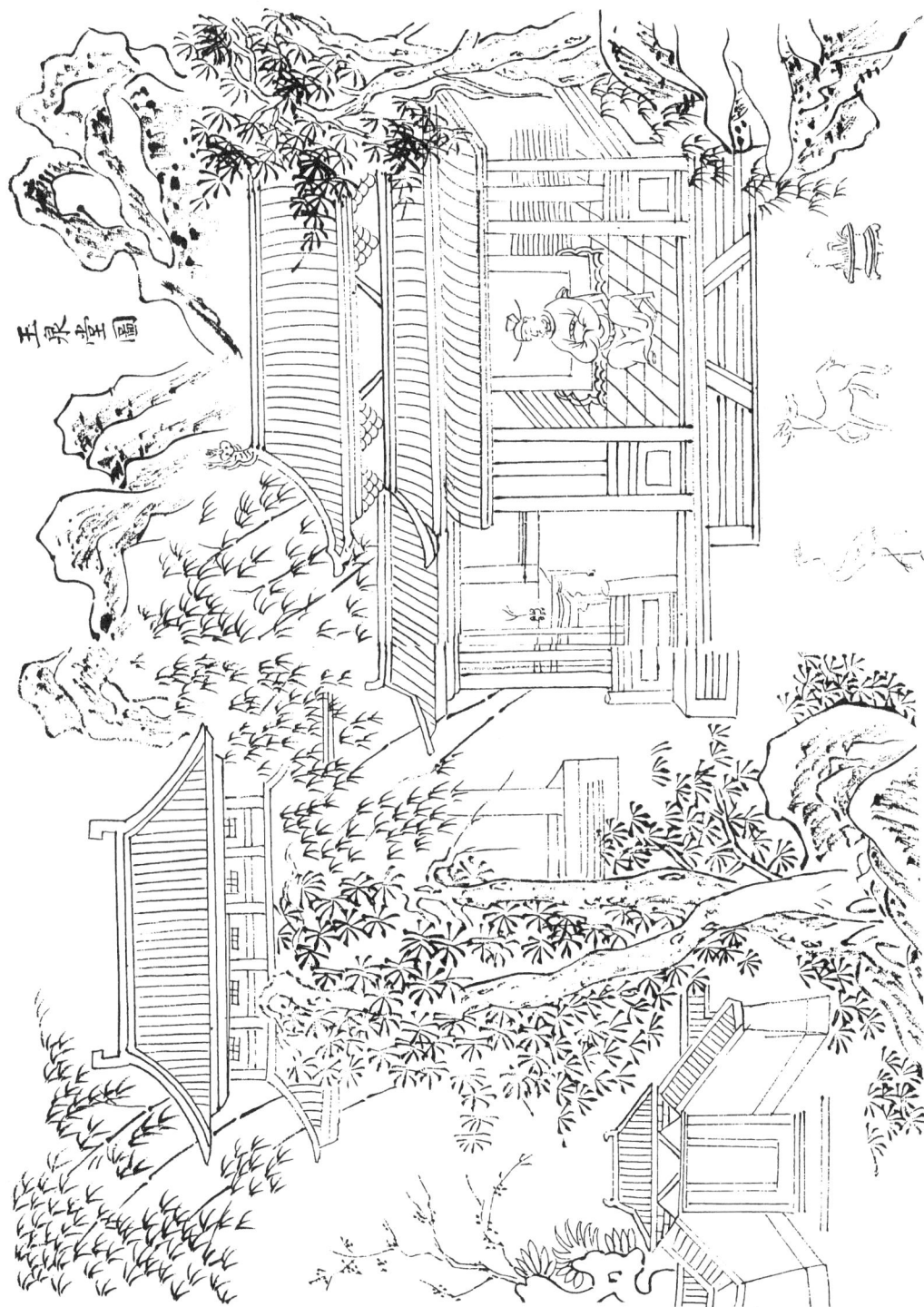

玉泉堂圖

浙江臨海金鰲山朱氏忠靖公墓圖

浙江臨海金鰲山朱氏玉泉堂圖記

　　太傅藏一公，世家河南偃師上蔡，南渡於天台臨海縣金鰲山之麓，公以尚書右僕射起知湖州，引疾歸老。賜第於會稽剡川三泉，始治第室，以據山水之勝。舍之東有山曰太白山，行二里爲龍潭，暎帶左右，琤琮演迤，宛轉成趣，淺有葭芷，深有蒲荷，茂林修竹，蔭翳霍蘼。奉勅作堂，其上名曰“玉泉堂”。四顧奇峯秀巘，間見層出，而太傅公足以盡登覽之興，以書道其詳，屬余爲記。嗟夫玉泉者，上勅賜其名也。古少君子於玉、於泉，比德焉。《記》所謂温潤而澤，仁也；縝密以栗，知也；廉而不劌，義也；垂之如墜，禮也；叩之其聲清越以長，樂也；瑕瑜不掩，忠也；孚尹旁達，信也；圭璋特達，德也；天下莫不貴者，道也。是玉也，《易》所謂“山下出泉，蒙君子以果行育德”，《（傳）》〔孟子〕所謂源泉混混，不舍晝夜，盈科而後進，放乎四海，有本者如是。是泉也，是蓋岐而言也。唐人又謂噴若玉竇，洩爲瑶池，爭如醒醐，瑩若琉璃，是又合玉與泉言之也。要之，泉固玉也，玉固泉也，天下之至潔者也。太傅養高林下，弗混於俗，其潔也熟愈，此玉泉之所以名也。然而玉利器，使泉之灌溉匪是，人將奚賴之，是又天下之至貴者也。太傅公居官清慎，進而用於朝廷，嘗有納忠陳善、愛君許國之心，德見於事，名著於時，莫負於皇朝，則玉泉之清潔也，不徒以其潔而且以其貴，名實副矣。雖然，太傅之先世有積德，而其玉之種而泉之滫也，非一日矣。太傅固培之而瀎之者也，而又有賢子者方有志於學，以期造遠大，是蓋藍田之玉子，盛世之醴泉，人所願見而不可得者，於太傅之後而有望焉。自非玉泉爲澤宏深衍溢，其曷以致之哉。書此以爲記，其知勉矣。

　　紹興五年十一月上浣。

　　　　　　（明朱美輯輯纂《［浙江］臨海金鰲山朱氏家譜》　清康熙四十九年玉泉堂藍格鈔本）

浙江諸暨郭氏朝陽書院圖引

　　古人立教，黨、庠、術、序居其要矣。揚邨，故僻壤也。家塾之制，向嘗缺焉。自吾祖雪巖公創書院於北山之麓，顏曰“朝陽”，其間臺榭亭池與夫繁花雜卉，靡不備列，夫非直爲遊觀地也。凡族人子弟于斯絃，于斯誦，合成人小子而歸諸德造，以啓千載之人文，是則吾祖創書院之深意耳。孰謂斯圖之列其容已乎。

　　　　　　（清郭本法纂輯《［浙江諸暨］宗和郭氏家譜》　清雍正八年木活字本）

浙江諸暨郭氏朝陽書院圖

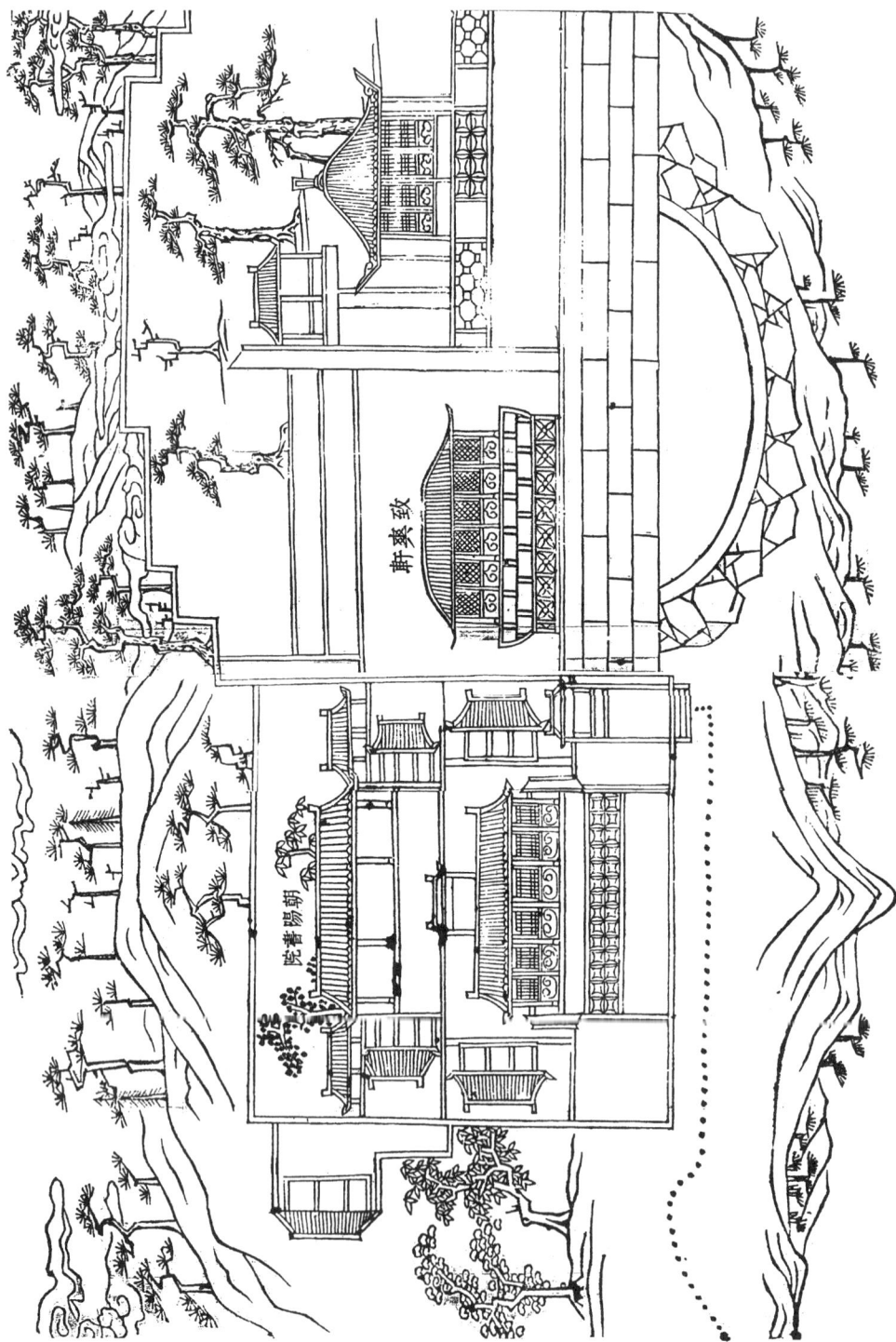

江蘇吳江王氏撫番圖

江蘇吳江王氏撫番圖記

　　自古和戎之法，非有以懾服其心，則和必不固。明神宗朝，特命梧岡公爲茶馬御史，巡視陝西諸邊。前此御史坐邊城，遣有司視事而已，中外體統，漸以陵遲。公毅然出口，大振軍聲，宣示國威，率文武各員親臨視事。番人股慄，長跪受命，自此諸番不敢南下而牧馬，邊境以寧。秦人德之，家家圖畫公像，並繪《撫番圖》以獻，藏之百餘年矣。康熙辛丑，錫偕計吏赴南宮，詣從叔右曾別。右曾，公曾孫也，出斯圖以示。錫曰："凝然而高坐者，御史公也；冠裳而侍於東者，府縣官也；介胄而侍於西者，鎮守將也；旗幟而星列者，秦兵也；或行而或站者，秦吏役也；胡服而長跪者，番頭目也；魚貫而隨牌者，各番人也；成羣而來獻者，番馬也；瓿罍而頒賜者，中土茶也；陳以綢帛、列以牲酒，勞來之也；扶杖而觀、翹首而望者，秦中紳士父老也。"雖世閱滄桑，而華夏之尊崇，節鉞之聲靈如在目前。右曾叔以原本稍有殘缺，倩工臨摹一新，曾命余爲記，誠孝思也。錫惟公之直諫結主知，蒙贈卿秩，勳業在公評，彪炳史乘，何多贅焉。言念二十年來，叔已物化，空負所托，不勝憮然。今修葺《家譜》，倩張君嵩約諸尺幅，並付剞劂，後之覽者，亦將有感於斯圖。

　　乾隆丙寅仲春望日，從元孫錫撰。

　　　　　　　　　　（清王錫等纂修《［江蘇吳江］王氏新譜》　清乾隆十一年刻本）

安徽涇縣倪氏紫山義學圖記

　　村曰紫山村，書院曰紫山書院，皆以紫名，形家言紫氣星爲最貴也。其屋左爲正廳，曰弗措堂。後爲樓，高數十尺，上塑帝君神像，曰文昌閣。閣前作方池，環以斃石，注水焉。文昌閣之南，曰來青閣，青與紫同義也。其右旁屋丈尺減於正廳，房一户一牕，容一人坐，皆有堂，爲講業之所。又其右爲花廳，廳二閣門，曲檻環之，又鑿池焉，曰春和軒。由文昌閣至春和軒，總屋四十餘間，用銀五千八百有奇，經始於乾隆戊子，越十有一年，戊戌落成。亳州梁孝廉巘書額，江刺史、邑趙太史皆爲之記勒碑。

　　大蔚識。

　　　　　　　　（清倪友先等纂修《［安徽涇縣］新紫山倪氏七甲支譜》　清乾隆五十三年刻本）

安徽涇縣倪氏紫山義學圖

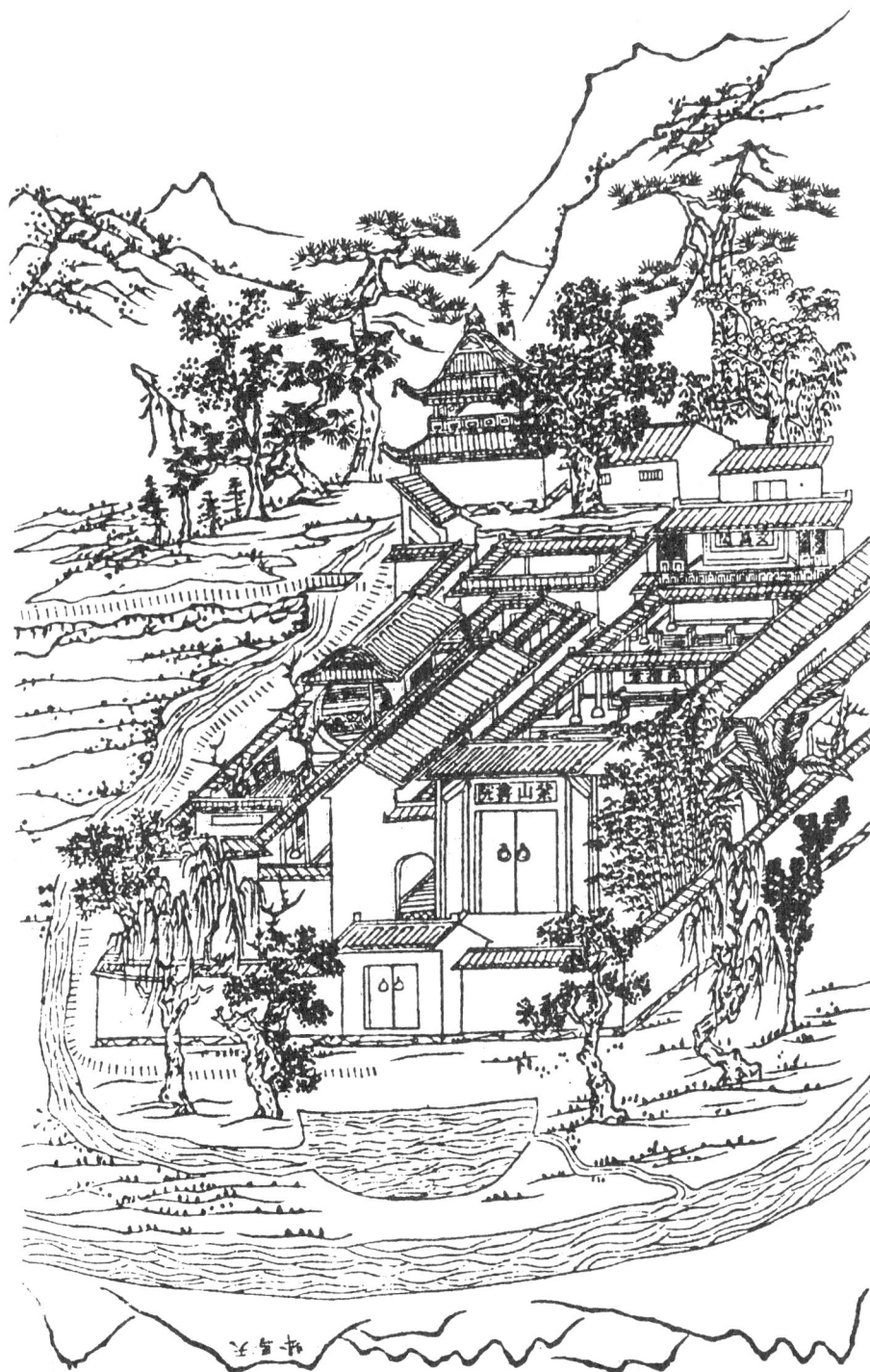

廣東南海廖氏良寶鄉總圖

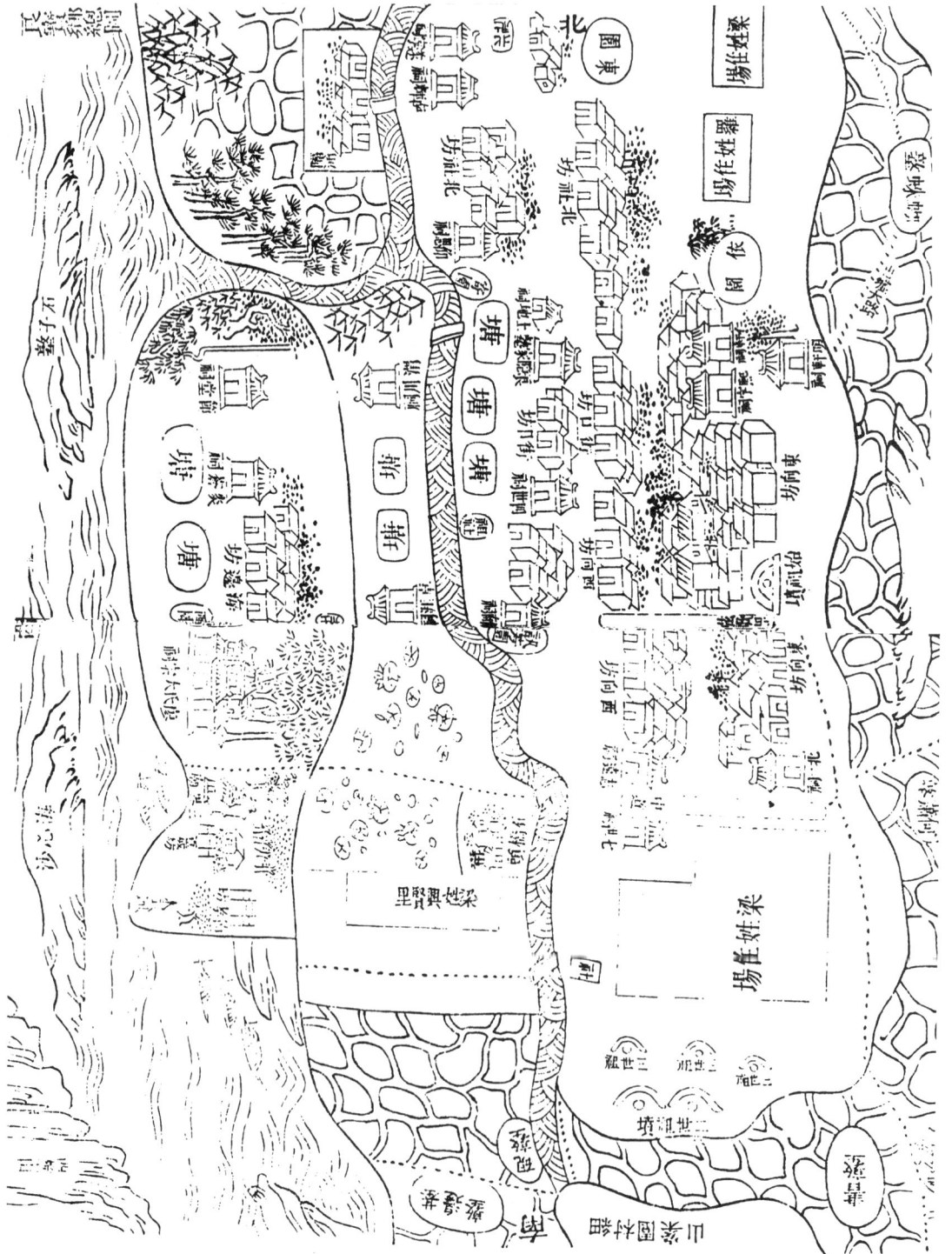

廣東南海廖氏賀豐鄉圖

廣東南海廖氏沙閘鄉圖

廣東南海廖氏大宗祠圖

廣東南海廖氏始祖塋圖

廣東南海廖氏二、三世祖塋圖

廣東南海廖氏形圖記

　　二世祖墳地，土名神仙掌，祖考妣葬於元延祐五年，庶祖妣於至正四年陪葬，故並立兩墓，迨後各房子孫分地附葬，自四世以下各家祖墳附此者不少，但未能悉載耳。祖墳日久附葬既多，左右不無逼處，道光二十五年，經紳老豎立石界，嗣後一以石界爲準，各子孫不得侵逼。

（清霍承恩編纂《［廣東］南海廖維則堂家譜》　清道光二十八年世睦堂刻本）

廣東南海廖氏四景之一:紅棉村曉

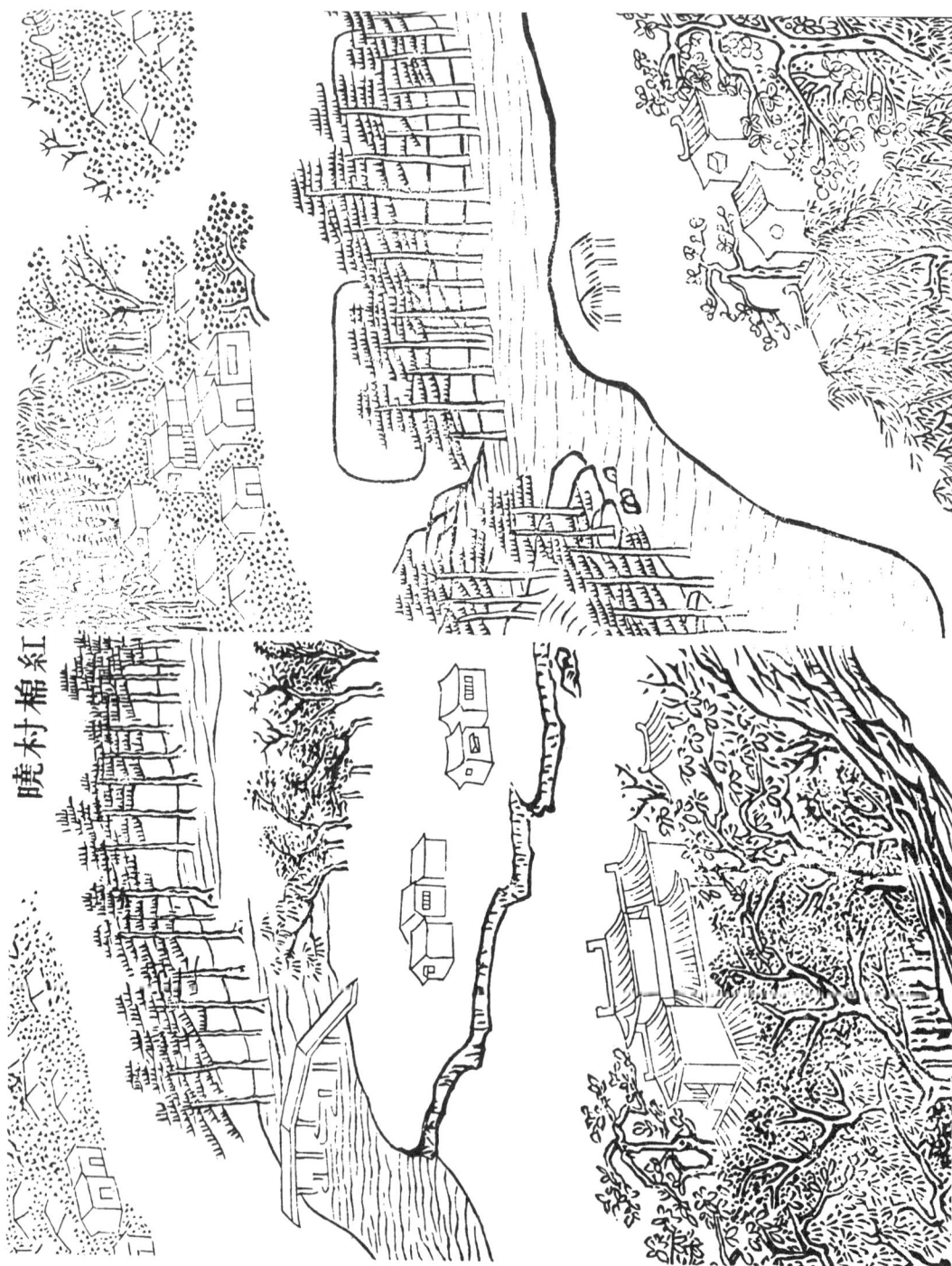

廣東南海廖氏四景之二:沙洲漁唱

廣東南海廖氏四景之三：古塔榕陰

廣東南海廖氏四景之四：平橋荷月

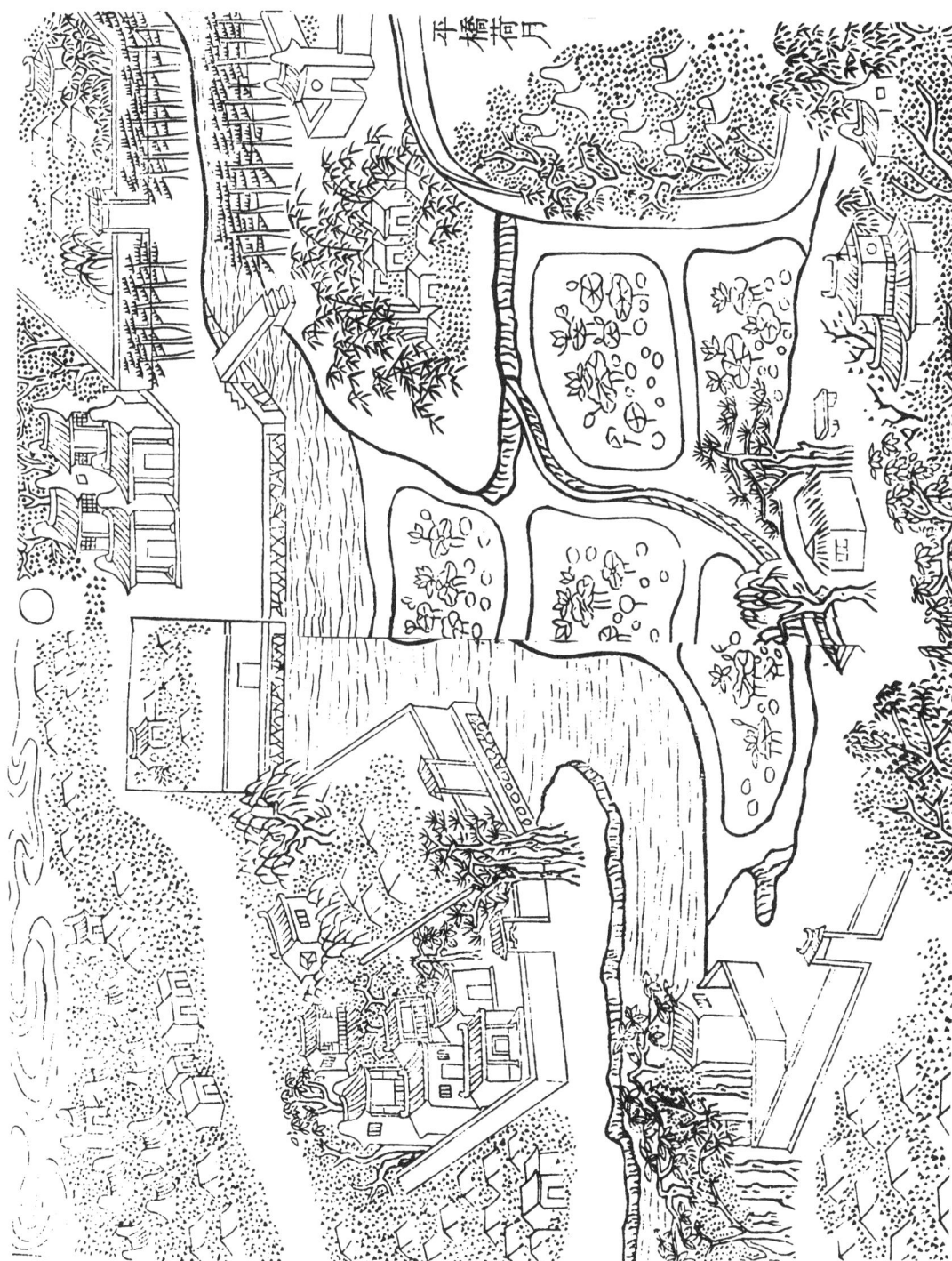

廣東南海廖氏四景圖記

　　窮鄉陋巷，野樸無文，何景之足述？顧江山風月，匪限一方，花竹禽魚，隨堪孤賞，苟有以自適，安問亭帛貽譏也？於鄉中得四景焉，曰紅棉村曉，曰沙洲漁唱，曰古塔榕陰，曰平橋荷月。桑梓之區，晨夕與共，伯倡仲和，於此維多。圖以誌之，聊存勝概。外此若燕祉堂，若禁刀社，若絃歌里，若觀光樓，並前人營構，命名取義，寄意遥深，手澤所遺，咸多慨慕，吟詠所及，悉附卷末，陸士衡之世德堪陳乎？吾願竊取其義矣。

（清霍承恩纂修《［廣東］南海廖維則堂家譜》　清道光二十八年世睦堂刻本）

湖南湘鄉舒氏藏書樓記

錦雲廬

　　湘水支流，會於江口，至潭臺泱瀁而深。祠之樓臨其旁，背市面河，鮮塵埃氣。昔叔曾祖青洋讀書其上，聚古今書籍數千卷，額曰"藏書樓"，有二重，下與垣齊，不可遠望，上則高出雲表，登臨四顧，數百里之景物雲山，盡供諸几席之上。樓外大河前橫，內則小溪環繞，春漲盛時，舟常繫於其下。溪外長堤，廣數十畮，居人以灌園爲業。晚菘早韭，春秋異觀。緣堤而下數十步，中古木森列，對岸漁家比舍而居，此湘上之勝概也。戊申春，予與春浦叔、金萬兄纂修《族譜》，樓居逾年。凡四時之氣象，晦明之變化，靡不有會於心。當秋高氣爽，風日清美，適友人蕭子金生過訪，與之縱酒高歌，捲簾遥望，衆山環拱，川水瀠洄，舟楫上下，漁歌互答，既而山昏谷暗，水靜風恬，萬籟無聲，明月在天，對景興懷，俗慮俱捐。蕭子顧謂予曰："山水之勝有如是乎！"予謂："宇宙之大，何在無佳境，非有得者不能領之耳，領之而無以達之，則山水之勝亦不傳，昔青洋公遊息時，其高瞻遠矚，流覽斯景，性情之悦怡，當無殊於予與子也。而人往風微，即樓間書籍亦散軼無有存者，向非留以墨蹟，紀以詠歌，亦烏知昔之遊賞於兹者，曾有青洋公乎！更數十年後，人之登斯樓者，又烏知予與子今日之樂也。"蕭子曰："善。"遂援筆濡墨，以寫其概，而春浦叔又爲詩以紀之。詩中畫耶？畫中詩耶？可謂兩擅其美。金萬兄起而促予曰．"今日之事，不可以不記。"因書其事於圖後。是日讌集五人，後至者，予從父文麓甫也。

（清舒懋輔等修《［湖南湘鄉］湘鄉潭臺舒氏族譜》　清道光二十九年廬江堂木活字本）

湖南湘鄉舒氏藏書樓山水圖

安徽歙縣大佛潘氏松鱗莊圖記

　　道光十年,契得黄樂志元和縣半十九都利一上圖懸橋巷朝南門面出入,後門板橋,通陸家巷過河出入,正落七進,東首旁落四進,共上下樓房五十五間,大小上下披厢二十九箇,備衖三條,旁落備衖一條,又下岸朝北門面平屋七間,照牆一座。

　　道光十二年,契得莊泗源莊德潤鹽絲衖内朝東門面平屋三間,披厢二箇。

　　道光十五年,契得孫雲橋鹽絲衖口朝南門面出入,四進平屋十三間,披厢三箇,備衖二條,過路一條。

　　道光十六年,契得程眉壽鹽絲衖口下岸朝北門面平屋一間,連駁岸。

　　道光二十九年,契得容德堂縣橋巷朝南門面出入九進,西首旁落二進,共上下樓房五十二間,披厢在外。又對河陸家巷朝北門面平屋一間。

　　咸豐元年,契得雅南懸橋巷内屋二間,天井二箇。

　　　　　　　（清潘遵祁纂修《［安徽歙縣］大佛潘氏支譜》　清咸豐四年松鱗莊刻本）

安徽歙縣大佛潘氏松鱗莊圖

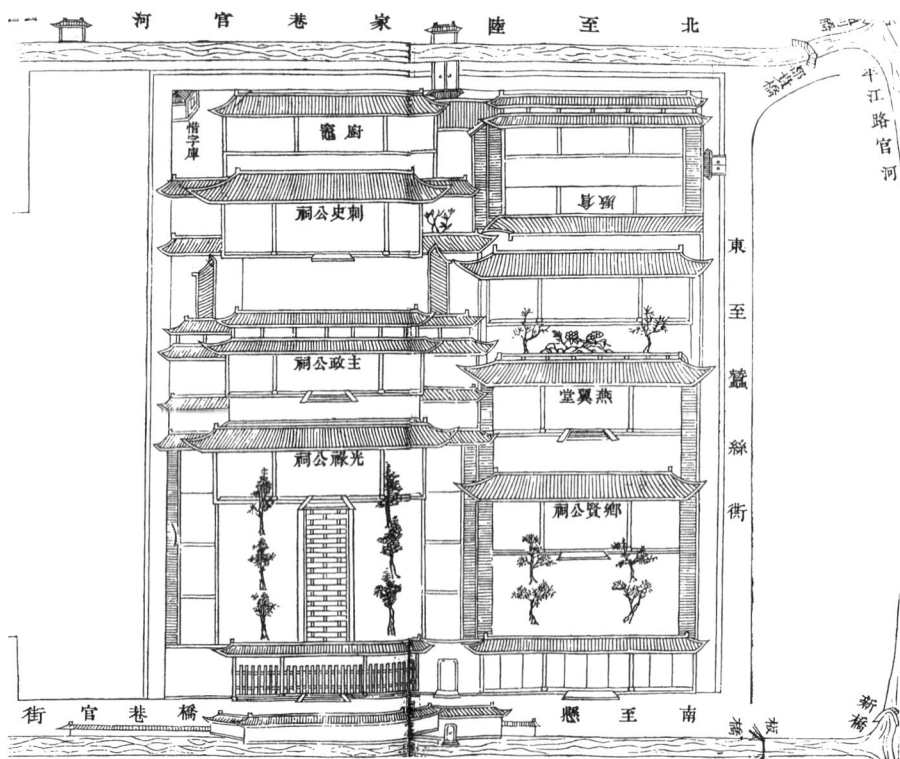

江蘇無錫朱氏樂圃圖之一

江蘇無錫朱氏樂圃圖之二

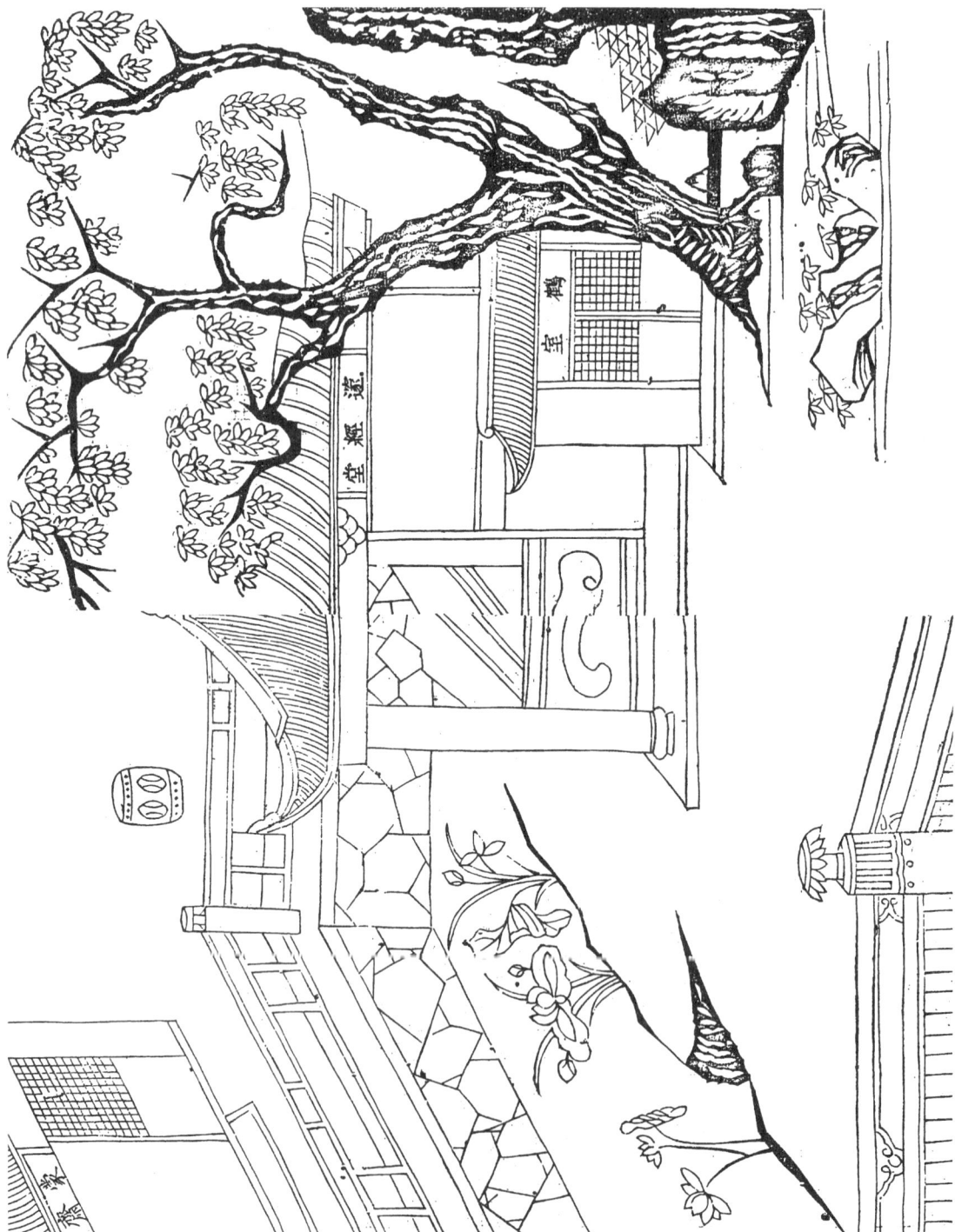

江蘇無錫朱氏樂圃圖之三

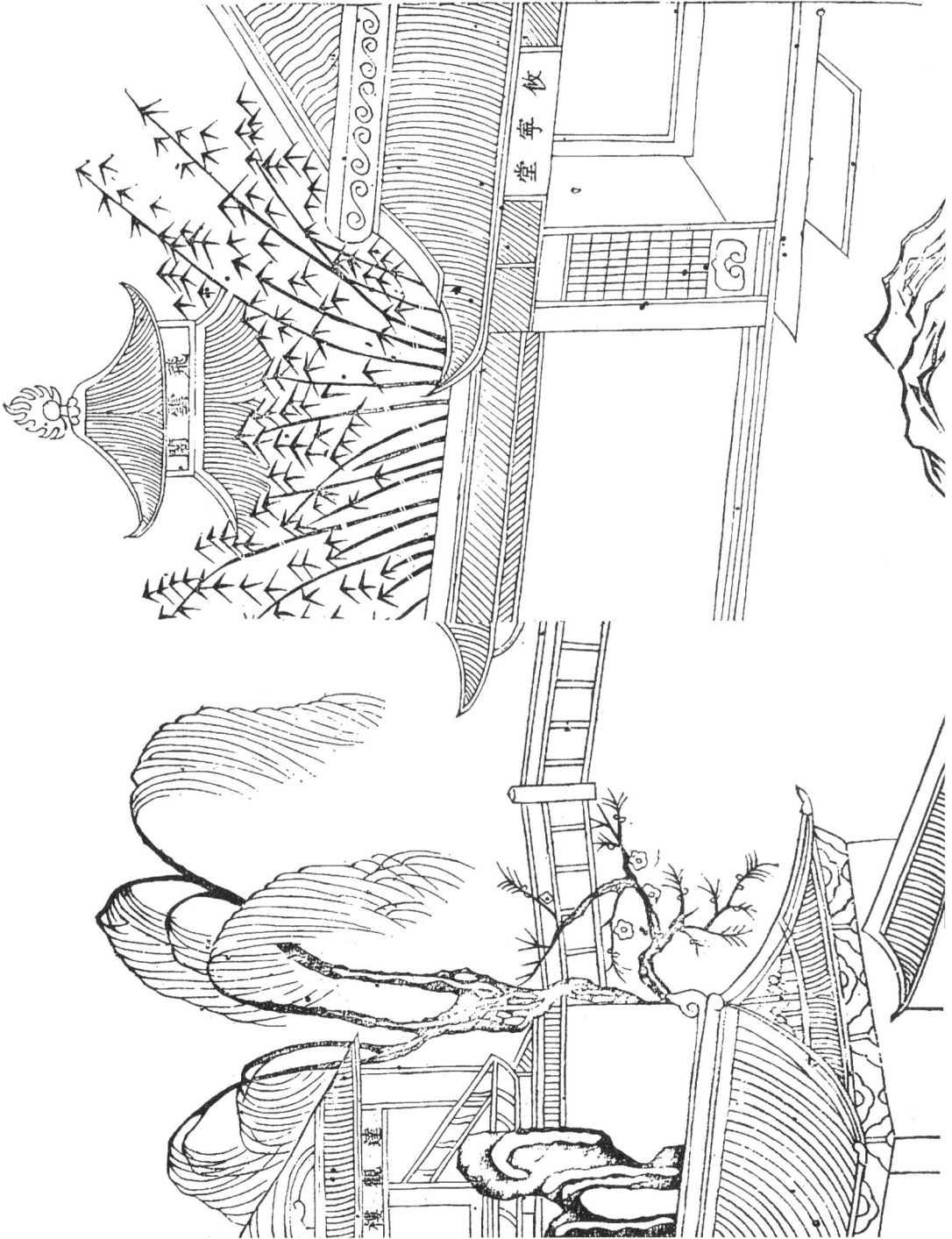

江蘇無錫朱氏樂圃圖之四

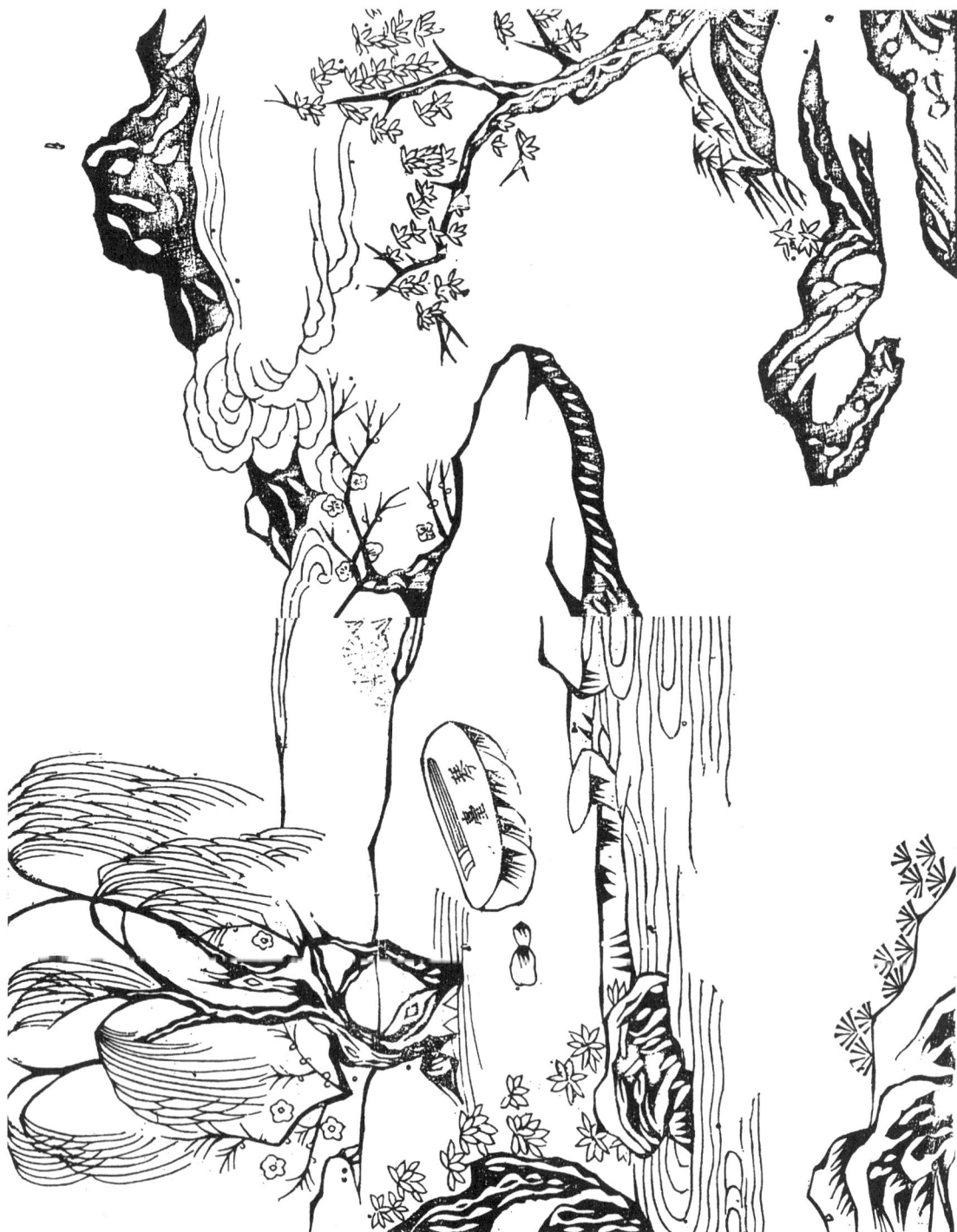

江蘇無錫朱氏樂圃圖之五

江蘇無錫朱氏樂圃圖之六

江蘇無錫朱氏樂圃圖之七

江蘇無錫朱氏樂圃圖之八

江蘇無錫朱氏樂圃圖之九

江蘇無錫朱氏樂圃圖之十

江蘇無錫朱氏樂圃圖之十一

江蘇無錫朱氏樂圃記

　　大丈夫用於世，則當堯舜君民，其膏澤流乎天下，及乎後裔，與夔、契並其名，與周、召偶其功。苟不用於世，則或漁或築，或農或圃，勞其形，逸乃心，友沮溺，肩綺季，追嚴鄭，躡陶白，窮通雖殊，其樂一也，故不以軒冕肆其欲，不以山林喪其節。孔子曰："樂天知命，故不憂。"又稱顏子在陋巷，不改其樂，可謂至德也已。余嘗以樂名圃，其謂是乎！

　　始錢氏時，廣陵王元璙守蘇，喜治林圃，狗其所好，各因隙地而營之，爲臺，爲沼，今城中遺址，頗有存者，吾圃亦其一也。錢氏去國，圃爲民居，更數姓矣。慶曆中，余大父與祖母吳夫人購得之，先君與諸叔父或遊焉，或學焉，每良辰美景，或奉板輿以觀於此，或與二三知己，飛觴分韻以遊於此。厥後家嚴少師公稍擴西墻，以益其地，凡廣輪逾幾百畝。余嘗請營之，以爲先大夫歸老之地。熙寧末，增繕室廬，新築外垣，盡覆之瓦，方期結宇，而親年不待，既孤而歸，遂卜居焉。月葺歲增，今更數載，雖敝屋無華，荒庭不翳，而景趣質野若在，巖谷差可尚也。

　　圃中有堂三楹，命之曰"敘倫堂"，堂下有廡，所以宅親黨也。堂之南又爲堂三楹，命之曰"邃經堂"，所以講論六藝也。邃經之東又有米廩，所以容歲儲也。有鶴室，所以畜鶴也。有蒙齋，所以訓童蒙也。有攸寧堂，夜之所偃息也。有達觀樓、飛雲閣，日之所登眺也。邃經之西北隅，有高岡，命之曰"見山岡"，上有琴臺。琴臺之西，有詠齋，此余嘗撫琴賦詩於此，所以名云。見山岡下有池，曰習池，水入於坤，跨流爲門，水自門縈紆曲引，至於岡側，東爲溪，薄於巽隅。溪中有亭，曰墨池，余嘗集百氏妙跡於此而展玩也。池岸有亭，曰筆溪，其清可以濯筆。溪旁有釣渚，其靜可以垂綸也。釣渚與邃經堂相直焉。有三橋渡溪，而南出者，謂之招隱絕池。至於墨池亭者，謂之幽興。循岡北走，度水至於西圃者，謂之長虹。西圃有書帶草堂，堂後有玩月樓、朋雲居、華嚴菴、崇聖閣，閣中設先聖先師位。

　　堂西南有土而高者，謂之西邱，其木則松、檜、梧、柏、黃楊、冬青、梓桐、檉柳之類，柯葉相蟠，與風飄颺。高或參雲，大或合抱，或直如繩，或曲如鉤，或蔓如附，或偃如傲，或列如鼎足，或並如釵股，或圓如蓋，或深如崲，或如蜕蚪臥，或如驚蛇走，名不可以盡記，狀不可以殫書也。雖霜雪之摧壓，飈霆之擊撼，槎芽摧折，而氣象未衰。其花卉則春繁秋孤，冬煜夏蒨。珍藤幽藹，高下相映。蘭菊猗猗，蒹葭蒼蒼。碧蘚覆岸，慈筠列砌。藥録所收，雅記所名，得之不爲不多。桑柘可蠶，麻苧可緝。時果分蹊，嘉蔬滿畦，摽梅沈李，剥瓜斷壺，以娱賓友，以約親屬，此其所有也。

　　余於此圃，朝夕誦羲、文之《易》，孔氏之《春秋》，索詩書之精微，明禮樂之度數，探四子之要旨，夕則泛覽羣史，歷觀百代，考古人是非，正前史得失，參以膚見，筆而成書，優游吟詠，其樂未央。當其暇也，曳杖逍遙，陟高臨深，飛翰不驚，皓鶴前引，揭厲乎淺流，躊躇於平皋，種木灌園，寒耕暑耘，雖三事之位，萬鍾之禄，不足以易吾樂也。然余觀羣動，無一物非空者，安用拘於此以自贅耶？異日子春之疾瘳，向乎之累遣，將扁舟浮海，浮遊山嶽，莫知其所終極。雖然，此圃者，吾先光禄之所遺，吾力於此者久矣，豈能忘情哉！凡吾衆弟，若子若孫，尚克守之，毋頹爾居，毋伐爾林，學於斯，食於斯，聚族於斯，是亦足以爲樂矣。余豈能獨樂哉。昔戴顒寓居魯望歸隱遺迹，迄今猶存千載，之後吳人猶當指此而相告曰：此朱氏之故園也。

元豐三年十二月朔，朱伯原記。

附：

樂圃遺蹟引

樂圃在吳郡雍熙寺西，余五世祖伯原公讀書談道處也。公於是圃，衡文講學，著書立說，陶淑名賢，父子兄弟相爲印正，俱成大儒，蓋非徒躭玩林泉、徜徉邱壑而已。當時龍眠李伯時繪爲一圖，一時名公鉅卿，競題詠於其上。後從孫少宰公處大，命工鐫於石，傳至明，石多損裂，別駕秘菴公並輯樂圃事蹟，欲重鐫以示後人，垂成又燬於火，緣以中輟，其前刻歲益久損益甚，圖幾不可識，文幾不可讀，余因敦請顯修薛君按舊像舊圖而重繪之，兼輯余族所臨摹之墨蹟，會成一帙，族人遂聚貲重刻諸石，以誌不忘先世之遺澤云。

二十六世孫暄謹識。

（清朱鳳銜彙輯《［江蘇無錫］古吳朱氏宗譜》　清光緒九年敦倫堂木活字本）

廣東中山北嶺徐氏負暄圖記

右四世祖法聖公《負暄圖》手册之追摹本也。公生明初，不慕榮利，淡然以耕世其家，家人婦子怡然至樂。晚年嘗繪《負暄圖》，以取冬日可愛之意，後復有《自題村居》詩，惜年湮代遠，遺册僅存，而蟲蝕幾不可辨。爰就其圖髣髴摹出，以見吾祖南櫓抱膝，直方之羲皇上人也。至其題詠，則漫漶尤甚不復可識矣。潤謹識。

廣東中山北嶺徐氏負暄圖

廣東中山北嶺徐氏遊三臺山圖

廣東中山北嶺徐氏録五世祖富春公遊三台山記

　　余性雅好遊，雖翔泳不廣，而吾邑襟帶數百里之地，自謂屐齒幾遍。乃一日者，客謂余曰："子亦嘗至三台山乎？"余蹶然而起，曰："唯唯否否，余舊耳其名，而未知其地之所在去吾居遠近爲何如，子能言之乎？"余言未竟，客不覺囅然而笑，曰："子誠所謂燭照及千里，而失之眉睫之前者也。子其具扁舟載酒榼，吾明日來導子遊。"客即去，余爲之喜而不寐。東旭始升，客果至，余挈一童子偕往。舟行不及三十里，溪漸狹，則已在三台山之麓矣。舍舟而步，遥見山脊，山氣摇摇來迎人，余睨視客，眉宇衣帶間皆作煙水欲滴狀，顧童子亦然，則知余此時固同在空翠滇濛中也。山無車馬迹，曲折循樵徑而入，拳石塊軋，幸不甚險仄，兩旁老樹皆千數百年物，綠陰相屬不絕。又有草花八九種，紅黄紺碧非一色，率不能舉其名，亦時時有暗香隨風而過。緩行不計武，約可上至數百丈，是爲山最高處。俯視城市海汊諸隄岸，俱在人脚下。日正午矣，三人者腹半餒，似聞有梵鈴聲，特不欲就闍黎飯，方徘徊間，突見羣鳥來啄樹上果，果簌簌墮地，色半赤，若林禽，若柿，拾而味之，甘甚，三人各飽啖焉。有清泉，自石罅橫流出，清可滌人骨，苦無所得瓢，悵然久之。入山以來不見一人。迨日昳將下山，乃遇數樵子肩柴來，與問答，若不甚解塵世事者，乃知桃花源果在人間也。及歸舟，舟子方晚炊，呼童速爇酒，勿盪舟，聽舟所之，晚風徐來，溪流不波，舟順溪遲遲行，亦自得歸路。於是釃酒酬客，曰："此山之佳，爲余所遊諸山之冠。微子言，余空負遊中一世豪矣。請以杯中物策子之勳，且志余過，今夜不盡醉不休。"客亦欣然，酒至輒不辭。既而月自平楚上，千里一白，四無人聲，而兩人之飲益狂，扣舷而歌，水鳥礫礫相應，遊魚亦躍起聽之。生平之樂，無踰此者。太白牛渚之吟，東坡赤壁之賦，何必遂專美於前乎？舟至家，天已明。因走筆記之，遂改號三台云。

　　戊午清明後二日，三台氏自題於碧螺軒之南牕。

廣東中山北嶺徐氏漁隱圖

廣東中山北嶺徐氏錄八世祖士欽公自題漁隱圖五律

鎮日青溪上，天風吹我衣。寧須武陵洞，去訪富春磯。有水何妨釣，無魚亦自歸。此心與鷗鷺，早已兩忘機。
　　附錄

順德王清聲題漁隱圖七古

磻溪之釣釣以國，東海他年仗鈇鉞。富春之釣釣以名，羊裘客至朝臣驚。我知君釣不如此，君自濠梁寄興耳。投竿之樂豈在魚，春風欲逐桃源居。願君泛宅浮家去，我亦乘槎至其處。移情倘遇成連琴，高山流水皆知音。

同邑葉橺題漁隱圖七絕二首

花落盈盈水上初，垂竿安見子非魚。此中若許乘舟至，便擬桃源共卜居。
雨笠風簑自在身，姓名早已隔紅塵。比來一事須留意，恐有蘆中乞食人。

廣東中山北嶺徐氏西山訪梅圖

廣東中山北嶺徐氏録十二世弼子公自題西山訪梅圖五古

側聞嶺以南，十月梅先開。我生嶺南人，家傍趙尉臺。自昔地氣煖，未春鳴春雷。陽和一震動，紅紫紛胚胎。梨桃開落中，乃不見一梅。豈其姑射仙，深居在蓬萊。玉體最矜貴，罔受番風催。要之青帝宮，待爾爭春魁。百花頭上枝，芳心寧少灰。或者羅浮山，香夢尚未回。珊珊故來遲，欲花仍徘徊。而且冰玉姿，最厭塵與埃。往往籬舍間，清影垂瓊瑰。高山流水心，自待知音來。我家向西去，山在珠江隈。中有梅之樹，皆古權奇才。笠屐往訪之，步入千秋苔。欲鋤一枝春，移向柴門栽。遠希林逋風，荊布聊自媒。晚來新月上，酬以酒一杯。天寒夜吟時，庶幾紅妝陪。兹行壻鄉游，猿鶴休驚猜。

戊戌冬至前一日，懷仁自題於録蔭草堂。

廣東中山北嶺徐氏録十三世祖輝孫公焚香讀易圖説

昔秦始皇焚書，而《易》以卜筮獨全，可知周秦以前，初不以《易》爲士人朝夕講貫之書。故孔子年至七十，始有學《易》之願，而孟子博通典記，獨於《易》一字無所稱引也。至漢以後，尊之爲經，諸儒各承師説，自爲一家，其書雖不盡傳，要之訓詁與象數必無偏廢之理。自晉王輔嗣專言玄妙，羼入黄老，而《易》乃失其真矣。夫《易》者，聖人言鬼神之書也。聖人深知鬼神之情狀，特慮其誣世而惑衆，故於他書絶不旁及，惟於《易》焉發之。而猶恐其浮遊而無據也，則一一驗之於人事，人事之否，鬼神應之，人事之泰，鬼神亦應之。鬼神似在人事之先，而不知人事實居鬼神之先，善言人事者，於人事之未變，窺鬼神之何以變，既得鬼神之所以變，即知人事之必變，自一變以至於千變、萬變，而道終不變，則《易》之理也，則聖人言鬼神之志也。宋邵子《皇極經世》一書，庶乎與聖人言鬼神之志相近，而猶有未盡者。余受邵子之書而默領之，而微會之，而深探之，不敢謂遽有所得，大抵就《易》所已言之鬼神，求《易》所未言之鬼神，往往有隱相契合者，然後知《易》之爲書，固無所不包也。聖人之於鬼神，固無所不燭照而鏡畜之也。韋編一束，余雖白首，寧有窮期哉。

癸丑仲夏中澣，束星白記於荔園，時年八十六歲。

廣東中山北嶺徐氏焚香讀易圖

廣東中山北嶺徐氏歸耕圖

廣東中山北嶺徐氏録十六世德贊公自題歸耕圖五古

昔者蘇季子,既貴長太息。謂有二頃田,不復相六國。可知服先疇,不讓食舊德。赫赫萬户侯,營營五湖客。成勞幾何年,敗或不踰刻。豈如力田子,事只在阡陌。雨暘聽天心,耒耜盡人力。雖有饑饉逢,三餘等豐嗇。王者致太平,首重在民食。寒人盡歸耕,何處有盜賊。吾生自田間,少小事稼穡。中間遭世變,暫欲奮六翮。烽燧幸已平,吾頭亦垂白。一官尚何爲,耰鉏易鋒鏑。故鄉子若弟,一一辨菽麥。及今督之耕,庶幾無菜色。筋骨雖就衰,猶能勝簑笠。樵歌與牧唱,竊自適其適。優遊百年期,此樂復何極。

附:

甲子秋九月靜川自題於遂初園倚雲仙館

此潤立族伯父德贊公《歸耕圖》之追摹本也。念吾徐氏以耕世其家,自明初迄今五百餘年,雖先德挺生,或以儒學而躋仕宦,或以貨殖而致素封,而要之服先疇者居多。夫既十人而九農矣,乃公之耕,獨彰彰在人耳目者,則公固可以不耕者也。公少喜讀書,能通大義,去而學擊劍,技冠流輩,性任俠,洞曉時務,鄉黨有磽確事,公出一言斷之,排難解紛,人人各如其意而去。苟出而問世,無慮不能致富貴,顧公竟老於耕,絕無聞達志。既而海上多事,公以桑梓故,慷慨投戎幕,數獻奇計,戰比有功,累官至都司。事平,人方以封侯萬里爲公慶,而公遽返初服。歸至家,督子若弟耕如故,策杖聽泉,草茵叱犢,翛然自得。嘗語人曰:"吾幼年家道不甚豐,力耕數十年,膏腴之産,今數倍於前矣,但無一錢取於耕之外者,耕豈負人哉!"蓋壽至八十有三乃終。其棄官也,嘗繪《歸耕圖》,自題一詩,當時名流題詠甚衆。潤立束髮受書時,猶及見之。今其圖已燬,特追摹此本,公所自題詩,幸能記憶,亦補録於上。他人題者,惟記翁覃溪閣學長古中有"餉饁依然冀缺風,折腰並少淵明感"二語,即公之志趣可想,其餘詩則皆忘之矣。

光緒九年七月中旬,姪潤立謹識。

廣東中山北嶺徐氏華堂春介圖

廣東中山北嶺徐氏華堂春介圖記

　　徐姓之宗長曰平忠，潤之叔祖也。其爲人也，恭謹靜默，不苟言笑，往往端坐一室，而情貌和藹。生平未嘗忤一人，即幼子童孫，亦不聞一嚴教。而四世嶷嶷，數十輩次第成立，門户蔚然，是以知公之德化深而積累大也。丙子歲十一月十有五日，爲公八十開一生辰，潤敬以一品封貤公，凡在同宗，既相率登堂而拜，戚黨鄉閭之衆，亦罔不衣冠麕集，願一見老人星，以爲榮幸。十日之外，奉觴者，猶相屬於道焉。潤故爲繪此圖，以誌燕喜，且爲公期頤之券云。潤謹識。

廣東中山北嶺徐氏北堂侍膳圖記

　　太夫人之初歸先榮禄公也，佐公侍奉先大母，依依晨夕，不離左右。先大母嘗謂新婦事事能先知我意，雖吾子女弗如也，其見親愛如此。及爲先公督理家政，食指近百，門内肅然，凡數十年。自春秋漸高，庶務瑣瑣，不復瀆請，而太夫人聰强不衰，金穀之盈縮，臧獲之勤惰，井竈箕斗之良楛，今猶時時董勸之。太夫人行坐處，必與庶母楊俱，曰若與我共事最久也。每飯，輒召諸孫男女至前，以果脯褓賜之，恣其攫取，戒潤勿呵斥，或置數蕉葉酒，與講觴政，一再角勝，如有餘歡。潤敬繪爲此圖，以見愛日長春，有如是之家庭燕喜者。

　　癸未孟春。潤謹識。

廣東中山北嶺徐氏北堂侍膳圖

廣東中山北嶺徐氏未園飲餞圖（一）

廣東中山北嶺徐氏未園飲餞圖（二）

廣東中山北嶺徐氏未園飲餞圖記

　　淞水之北，有未園。未園者，余公餘憩息之所。拳山勺水，未足言園，故曰未園。地僅數弓，而泉石深邃，春夏之間，亂花如錦，秋光老圃，尤多晚香。乙亥十月，余與諸子弟宴集於斯，宿雨乍晴，小梅已綻，羅浮風景，春氣盎然，因念太白所謂"會桃李之芳園，敘天倫之樂事"者，古今人果不相及耶！是會也，固爲小勤弟回粵應童子試，笏臣、宬臣、贊臣諸弟將赴美國肄業，爰約述齋、枚臣、揆臣、玉生諸弟，而以一觴公祖其行也。飲酒既酣，因命照影者，集爲此圖。其中坐者，余也。左余而坐者，爲笏臣、宬臣、贊臣。右余而坐者，爲玉生。後余而立者，爲小勤、述齋、枚臣、揆臣，更有傍玉生而隅坐者。依余膝下半坐者，則余鋕、鍾兩兒，隨行者也。人生昆季，歡聚良難。今日方共會斯園，而綠蟻在手，驪駒在門，明日之日，即有天各一方之感，不有斯圖，曷留陳迹。且粵爲吾故鄉，而童子試亦恒有之事也。惟美國之行，越重洋，適異國，執手依依，得無有歔欷而不忍言別者。然此事爲曾文正、李傅相之創舉，余又奉文正公命，襄理特選中華天資粹美之幼童，遣往美國，聽陳荔秋太常、容純甫觀察二公使督令，肄習西學，以備吾華折衝樽俎之才，意至盛也，法甚良也。然則余諸弟初次見遺於額，而必請自籌資斧以行者，豈非體諸鉅公爲國儲材之遠猷，而他日學成而歸，王賓利用其榮名所被，固有更勝於一衿一第者，而何必惘惘出門，效兒女之沾巾哉。惜余三妹倩蔡述堂及季程弟先已出洋，而頌如、秋畦、宏甫、業臣、翼臣諸弟皆在里門，未及與於斯會，即不得綴於斯圖，余尚不無遺憾云。

　　光緒紀元乙亥孟冬下浣三日，雨之自記。

廣東中山北嶺徐氏西園春宴圖記

　　余同堂兄弟，自物故外，今之序鴈行者，余爲長，其次曰頌如、曰秋畦、曰閬甫、曰業臣、曰笏臣、曰宬臣、曰贊臣、曰翼庭、曰玉生，與余共十人。十人者，各執所業儒與賈，道不相謀，況遠遊或在數千里外，晨夕歡聚之日甚尠，然當歲時良覿，則必爲十日飲，以補其疎。永朝永夕，燒燈情話，更不闌入外客，如是以爲常。家故有西園軒館不甚敞，林木不甚繁，而一池、一亭、一竹、一樹，自足博雅遊之趣。又有花自海外來者，不能知其何名，作花無常信香，色界要所時。有余兄弟角酒其間，雖自顧弇鄙，不能爲謝氏驚人之句，而瓊筵坐花，羽觴醉月，以視李家桃李園殆不多讓。圖以張之，則亦余家之天倫樂事也。

　　壬午仲春雨之氏記。

（清徐潤立等纂修《［廣東中山］北嶺徐氏宗譜》　清光緒十年肇修堂石印本）

廣東中山北嶺徐氏西園春宴圖

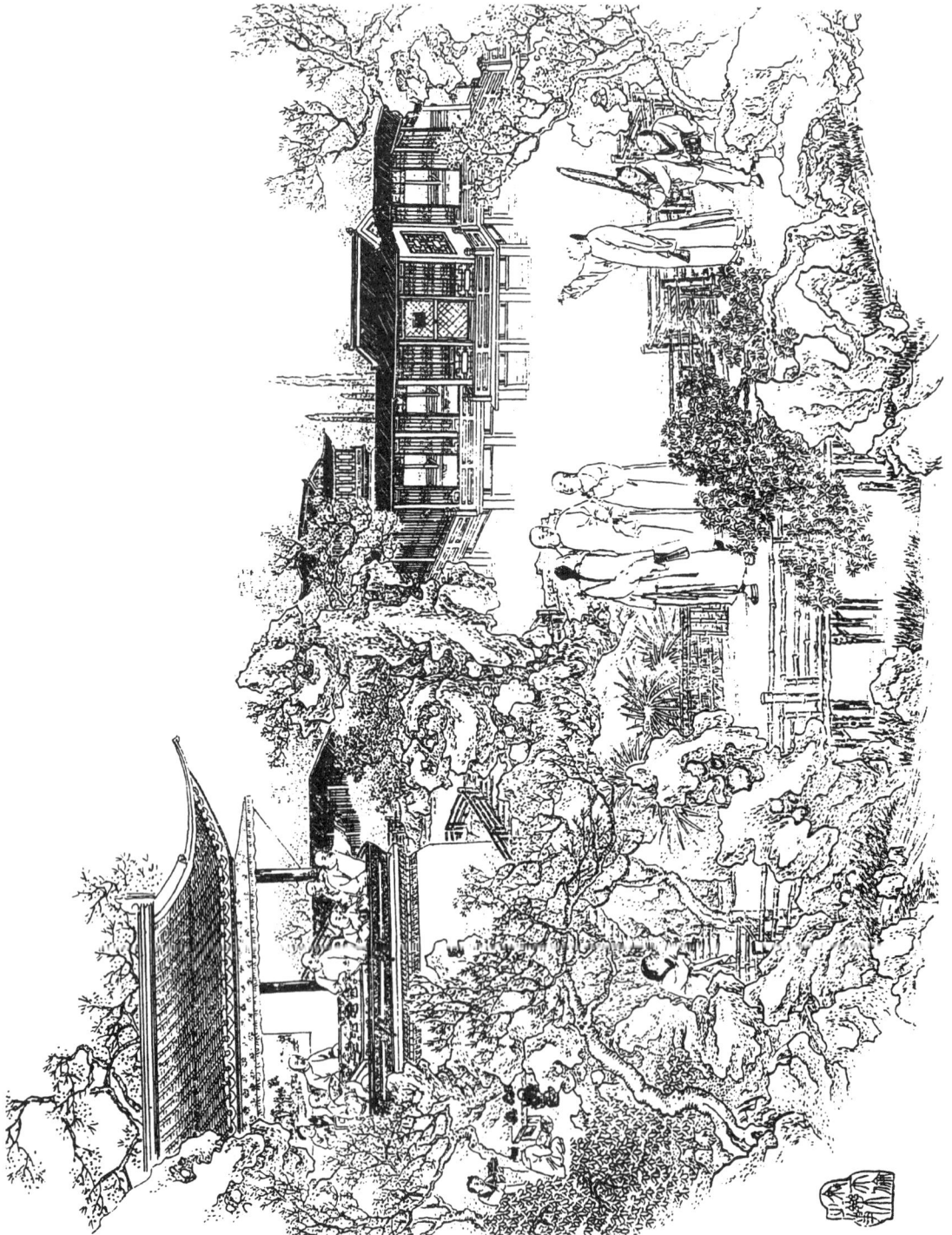

廣東中山北嶺徐氏"榮記湖絲"榮獲第一屆世博會金銀獎牌圖(一)

一千八百五十一年，在
於英國倫敦京城
大會賽演五大洲
各國土產以及五金、
玉石古玩一切貨物，
其湖絲一類經在會
家人公舉榮記湖
絲為第一英國君主
賞給金銀牌各一面，
又給其飛洋人叩
照，上載明總理
會德亞爾拔院會所
愉順美拍院會所
美宇，今以華宇繙
譯知此云云。
一千八百五十一年十
月十五號字樣照係

廣東中山北嶺徐氏"榮記湖絲"榮獲第一屆世博會金銀獎牌圖(二)

糯廣選榮
七字貳記
里勻號親

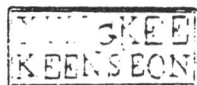

糯廣選榮
七字頂記
里勻號親

雪
飛
單
片

糯廣選榮
七字頭記
里勻號親

廣東中山北嶺徐氏"榮記湖絲"榮獲第一屆世博會金銀獎牌圖記

我榮村公之商於滬也,與鈺亭公俱。鈺亭公既以絲茶興其業,公默揣商務,亦無他物更駕於絲茶之上者。惟絲茶銷路之暢,歲以數千萬計,羣商鱗集,惟利是圖,所售之貨良窳雜揉,不無欺紿。洋商競買之時,不暇區別,他日積貨漸充,或有霉腐,一經檢點,必且以華商爲不直不信而詬病之。於是詳加諮訪,審擇再三,一絲一茶必居上品。顧茶之形色易辨,而絲之層累實繁,稍涉包荒,紕繆百出,公乃潛心體會,剖析毫芒,精益求精,慎復加慎,積日既久,絲之純駁一望而知,雖茗雪養鹽之家,蘇寧世業之匠,匪特不能蒙公,且有聞所未聞,歎爲不可及者。適英國倫敦京城設爲大會,五大洲之地挾其寶而往者,相望於道,公獨寄湖絲十二包載諸四萬里而西達於斯會。會中之絲,高與山齊,多如蟻聚,視公之絲,蔑如也。既而互相比較,反復諦觀,萬口同聲,咸以公絲爲第一。英國君主聞之喜甚,獎公金銀牌各一,又贈畫一幀,畫作洋人兩腋有翼欲飛狀,蓋祝公貨飛行中外也。公遂作翼飛洋人小幅,實各貨中以售。自是公貨所至,是絲非絲,無不爭先速購者。今畫幀尚藏於家,因摹繪之,並公舊日貨牌諸式揭諸譜中,以見公之服賈十年,致富鉅萬,厚福之來非偶然也。潤立謹識。

(清徐潤立等纂修《[廣東中山]北嶺徐氏宗譜》　清光緒十年肇修堂石印本)

湖南益陽卜氏明經試館圖

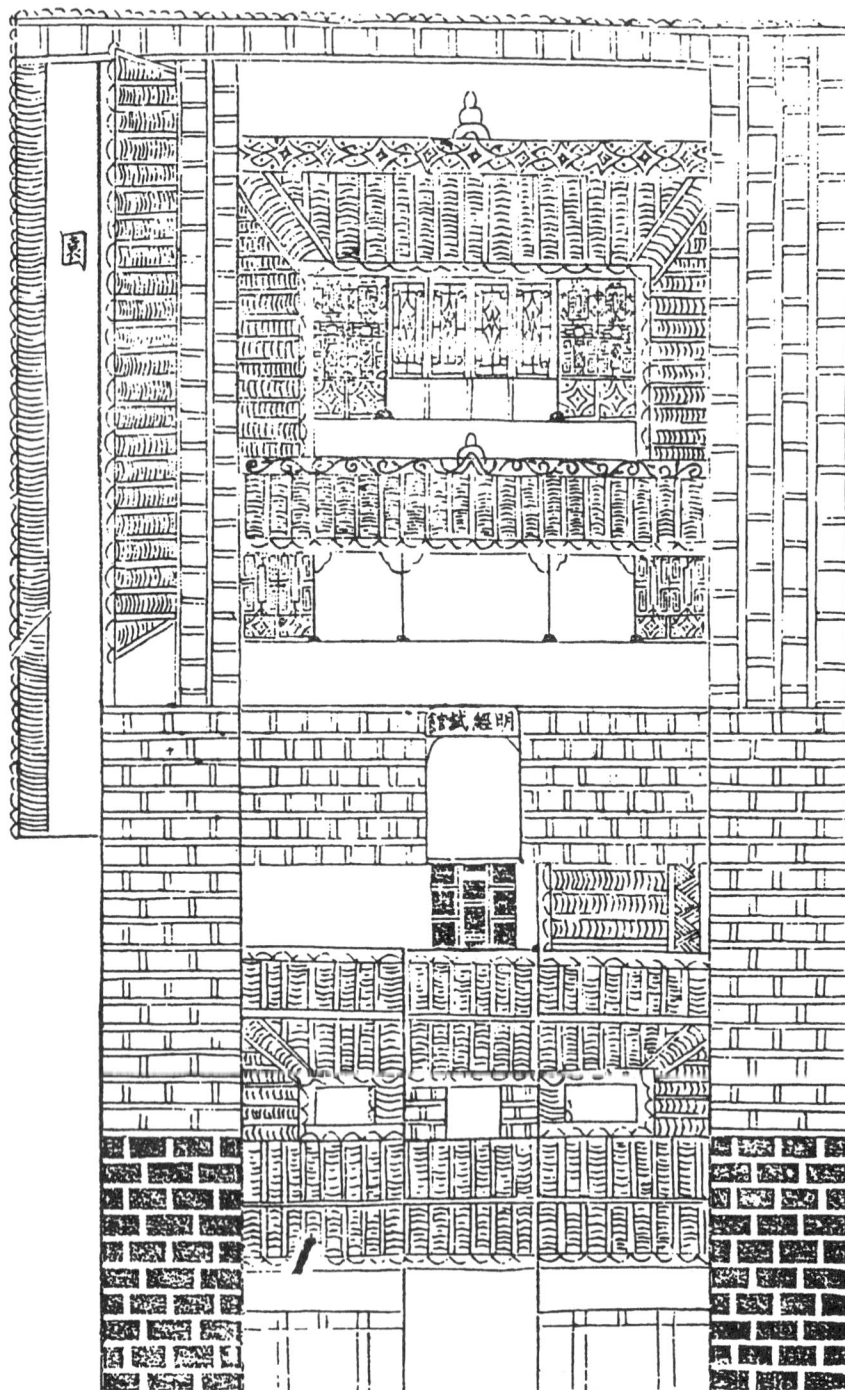

湖南益陽卜氏明經試館記

國家設科取士,府縣試,其梯階也。橫覽中興來,南楚人才甲天下,湘寧邑各置試館於省垣。其間世家巨族倣行,以便士者比比。我族開自元州侯玉公,明與國初,科目稱資左冠,迄今不絕如縷。近見童軍,吾宗亦多磊落瑰瑋之士,但僑居半不相識,思有以萃而觀摩之,莫置試館若。光緒乙亥,遂購王姓祠址於邑治之五馬坊,興工構造,期月落成,中建堂規模宏敞,左右廂後棟皆齋舍,旁廚廁,餘蔬圃,外繚垣。前座兩店面,中直進堵以牆,題其間曰"明經試館",意皆詩禮遺也。越明年啓館,妙英鱗集,列前矛者夥,是歲三入泮,噫嘻! 未始非鼓勵之券也。況吾世祖殞身王事,流澤孔長,諸父老勤加培植,子弟之步蟾宮,宴杏苑,何難蔚起。試觀湘中搢紳,力行作士,其一族之資以蜚聲榦國者,豈少也哉!

(清卜祚仁等纂修《[湖南]益陽卜氏七修家譜》 清光緒十三年木活字本)

安徽涇縣朱氏培風閣記

培風閣,我族藏書授讀之處也。其地倚旗峯,煙霞清彩,草樹碧陰,交翠庭際。黃罡獅子巖,前後遥峙。旁帶溪澗,潺湲之響,情疑枕流。門外雙梧,勢參天,與牆內玉蘭爭勝,四序葩卉,往往而在。先是,高祖世美公存田壹畝玖分。構館,乾隆壬午,工始集,然僅平壤四五所。未幾,曾祖鄉賢公奩肆業者尤繁。丁亥歲,遂緣坡增購區,戊子營創,起閣當中央,崒然林表,軒豁呈露,觀者麕至,聲大噪,因並囊之館統被閣名,故館與閣雖分,而推我高祖獎育才俊,凡子弟能讀書,胥隸其間。閣後濬池二,鯈魚停蓄,取文公詩語,顏曰"天光雲影"。迤東則悠然亭,亭前亦二池,種芙蕖。池西南有問學堂。又西小園植木樨,洪稚存編修題"金粟山房",山房之上復閣焉。遠嵐環嬲,榜以"皆山",外舍宇臚列。綜上下計之,址蓋八畝有奇。鄉賢公陸畝肆分零。竊維培風之義,本莊周書,世人多借喻顯達,而或昧厥原。今夫鯤鵬之奮滇池也,視蜩鳩搶榆枋,相去殆不可數計,然至奮而愈高,必罡風鼓之,故曰風之積也不厚,則其負大翼也無力。培者積之謂也,雖天亦積氣所致,而何論人物? 方其擊三千,搏九萬,惟培始基,斯成壯圖,否則將夭閼而不能通,較之坳堂置杯奚以異。噫! 志域乎卑近,而業敗乎惰安,所不貽笑於斥鷃者幾希。吾儕欲離白屋,簫青雲,道在培諸學,學若風然,風起土囊之口,固微甚,積累漸大,蓬勃飆屬,莫可攔遏。學當羈丱之初,固淺甚,積累漸多,甄核賅貫,亦莫可窮極。若徒思遇順風,徼倖一得,即翻然,恐終不免為蟄雷之鶴。溯自有閣來,訓督最殷,子姓並賓朋,翔衢路者指難盡僂,近風會亦稍殊矣。振而興之,非余暨羣從之責,將誰責哉。閣中書三萬二千餘卷,並出鄉賢公,鈐之印曰"東園遺澤",以杜私據。東園,公號也,編修曾勒《記》,茲不備述。特述建此閣與名此閣者,俾後人毋致他涸,且競相慎勉,用契祖若考經晝期待之意。

道光四年甲申,蘭坡琇譔。

安徽涇縣朱氏培風閣書館圖

安徽涇縣朱氏藏書記

培風閣者,黃田朱氏藏書之所也。朱氏舊自婺源徙涇,在宋爲徽國文公近支,家有賜書。歷世以來,並善搜藏,至靜齋、蘭坡兩太史昆仲,裒輯益富。因仿秘閣之例,以經史子集,列作四廚分貯焉,今培風閣左右皮置者是矣。余嘗謂天禄、石渠、弘文、資善,歷代禁苑所貯書也。至若千頃堂、傳是樓、天一閣、瓶花齋等,則又近世士大夫之所貯也。士大夫善貯書者,其廣搜博採,亦幾可埒秘閣。今朱氏不特善貯書,自兩太史外,羣從子弟能讀書好古者,又不下數十人。夫善讀書者,久必能各專一門,他日能各用其所長。分經史子集四橱各校其一,如唐景龍中薛稷、沈佺期、馬懷素、武平一諸人,宋端拱初謝泌、楊徽之等分輯四部書例,將見區分當而讐校精,又非江左浙右諸藏書家所可同日語矣。余故樂爲記之。

嘉慶八年癸亥,陽湖洪亮吉撰。

安徽涇縣朱氏松竹軒記

培風閣之建也,踰數十年,勢復苦促狹。乾隆戊申,族人約別創德星堂新宅。離閣遠,時值雨雪,往還頗難。因於堂西南卜壤,重置齋館,而顔曰"松竹軒"。軒背負小山,山上多松,循坡而下,竹蔚然深秀,蓋名之所由命也。顧餘竊徘徊清景,而有悟於學問焉。案《戴記》論釋回增美,而擬以竹箭有筠,松柏有心。鄭注或柔刃于外,或和澤于内,夫内外合而本與文胥具矣。又稱二者居天下之大端。疏云二者竹松也。松竹比於衆物,最得氣之本,故貫四時不改柯易葉,此言禮也,固可通諸學。且松之離奇,近乎狂;竹之勁直,近乎狷。狂若狷,尤聖門造道所資也。即以文章觀,蒼蒼者其松耶!古色葱蔚,聳特不羣,天風鼓動,作波濤澎湃之響,與文之高岸震盪正相埓。猗猗者其竹耶!風詩藉喻君子之有斐,有斐者文也,而切磋琢磨,理亦寓其中。況松中棟梁,國家將構合官、總章,宜選厥良。竹中律吕,調陰陽,和聲以鳴盛,乃克叶夫鳳凰。世人徒疑其韜采,胗供娛悦,恐未足顯揚,不知五大夫曾膺殊封,而柯亭之椽何必無知己若中郎哉。雖然,學猶殖也,不殖將落,終在乎人之自力。今堂皇額爲"志勤",余嘗譔楹帖,首語曰"士先立其志,業必精於勤,志苟勤而學無弗深",是又堂後舍題"學海津梁"之義也。至夫役逐夸浮,根柢先薄,乍榮旋悴,甚且跅弛自喜,繩墨規矩,無所施用。若此者,一僅同桃李之時艷,一甘類樗櫟之散材,校松竹奚啻倍蓰。居是軒也,可勿慎旃!軒之勝則前有園,園有沼,左又有樸園,得外園三之一,右有藤花吟舫。餘授經之室尚六七所,軒與閣並屬鄉賢公裔而稍殊,閣祖遺,軒乃醵資,有與有不與,惟讀書無不可與,推公意也。督造悉從兄又荃公,其花木位置出如松公手爲多。皆宜附誌,以示後學者。

道光四年甲申,蘭坡珩撰。

安徽涇縣朱氏松竹軒書館圖

安徽涇縣張香都朱氏板橋別墅圖

安徽涇縣張香都朱氏板橋別墅記

　　墅之名，昉謝安石。方軍旅倥偬，持整暇，賭圍碁其中。嗣是若摩詰藍田，表聖王官谷，皆構別墅。而裴晉公居午橋，則墅依橋而立。大都郊野僻間，雅耽幽趣，故近世因以當學舍之稱。余村傍山麓，小溪環之，設橋十餘，多石甃，獨余宅左值旗峯，一橋支木。橋西南百武爲清和居，姪麗堂昆仲新輪奂也。屋後沿坡結字，乃子弟讀書所，顔之曰“板橋別墅”。丐余記。昔從父遵先公，矢殫呫嗶，澹進取，晚歲蒔花自娱，丰神超邁，而訓課最勤，主文社，辨色即興，雖風雪靡間，邇者孫曾蔚起矣。繩祖而恢厥基，緊後人是屬。族故有培風閣，羣萃州處，久之不能容，兒童跳嬉，一闃如市，宜急謀創建，椽比櫛，覓址既艱，又尠肯捨公家物，別啓户牖者，不知絃誦之廬，言咙事雜，業何得精，而世人多熬置度外，子衿城闕，古詩所譏。曩惟丹崖明經，作緑竹山房，余爲記顛末，幾廿載，復得兹墅，可不謂識先務者哉。墅逼厓，廣纔數笏，勢畸角，極意規度，成室五六，中央兩席地，待延賓，且供遊息，固隘甚，然觀夫黄呙列屏，嵐光蒸蒨，若可挹人。靜夜溪聲隱似琴筑，經驟雨巖溜注澗，泂澹橋側，尤清越動聽。門東嚮，朝暾易臨，冬致和煦，潯暑則境高，柔颸散焉。春秋佳日，杏花壓檐，楓葉殷座，各抒芳景。由此知區區學舍，苟求隙壤，未始絶無策，而會心不遠，正不必侈林亭泉石之勝以爲雄也。案謝元暉有《出新林浦向板橋》詩，板橋在金陵界，舊號尚存；至温飛卿“人跡板橋霜”之句，偶然題詠，亦膾炙人口。今别墅繋以板橋，誌實也，他日橋其偕墅永傳乎？麗堂弟俊卿，與余少同硯，庚午副榜，堯章補諸生，騰達自有期，兼督羣從，蓋能承先志云。

　　道光四年甲申蘭坡琇譔。

安徽涇縣張香都朱氏綠竹山房圖

安徽涇縣張香都朱氏綠竹山房記

　　規三畝之地以爲園，鑿陂塘，起亭閣，蒔花種樹，嘯歌其間，此人生之樂，而亦非其所甚難，然符是願者蓋尠，其故何也？單寒之士，饑驅四方，有其志固無其力。富者田千頃，第宅連雲，瞻其學舍，或湫隘囂塵，不可以居。若夫達官貴人之所經營，輦材鑱壑，窮侈麗之觀，逮落成，僅使園丁守之，遊覽者屢滿户外而已，曾不得撫一木，憩一石，與煙霞禽魚留連旦夕，豈功名福澤尚可倖邀，而天地之清境，造物者獨如是其靳歟哉。家焕文茂才，藉先人餘業，有山一笏，作室於其陽，向背皆五楹，爲讀書所。前則池，圍百弓許，中植芙蕖，橋闌屈曲，覆以檐瓦，斜轉而西，風軒斯敞，長松萬株，覿面相揖，旁多隙壤，名葩美卉之屬無不備。而尤工藝菊，每開時，燦若雲錦。牆北數十步，丙舍在焉。箟簹擁翠，涼風颯如，因名之曰："綠竹山房，"所以表墳塋而攄感慕也。且竹之爲物，虚心而直節，操行比君子，其豐姿瀟灑，又於山林宜，故獨取焉。噫！君能得此於人世罕覯之中，不可謂非幸，而觀其創制命意，即胸次可知矣。雖然，山房之託，始在歲己未，其時祇田莊數間，而園亭實未構也。君招余會飲於此，曾爲題壁，今十餘年耳，藩垣榱桷嶄然生色，而諸人如胡椊浦師暨家璞園養泉等，已皆物故。即君之先人，曩亦扶杖來觀，乃蓬顆蔽冢，音容茫渺，不及覿其盛。余於是嘆事之成難以預期，而古人秉燭之遊之有由致也。計余假還將半載，卒卒未暇，惟兹地越三五日輒一至。至則酌酒聯吟，團坐竟日，或月掛松頂，蟲鳴草根，顧影徘徊，欲起仍止。蓋離鄉既久，又甫經塵塪之餘，攬袖盈爽，憑欄適神，遂怡然涣然而不容已。他日倘稍得買山之資，當丐君代謀，於山房左右，則增小築，同結幽隣。二分水，三分竹，徜徉肆志，用償夙願而愜真樂，意者造物其不我靳乎。特應君囑，先譔記以爲之券。

　　嘉慶二十年乙亥，蘭坡珤譔。

安徽涇縣張香都朱氏聚星堂圖

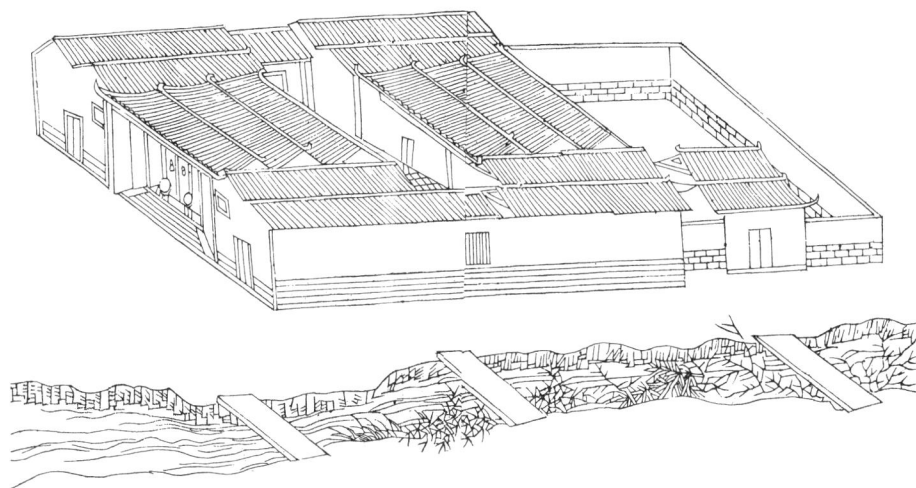

安徽涇縣張香都朱氏重建聚星堂記

　　惟朱氏系出新安，宋季中孚府君始遷涇縣。明季末崗府君始宅黄田邨，越五世而爲燕侯府君。是生五子，支屬繁衍。舊居聽彝堂不足以容，乃於其東更建新宅。中爲堂，顏曰"聚星"。堂左右爲翼室，前爲庭。庭左右爲序，四周繚以垣。前爲門樓，垣左有宅二，長子炳章君、四子昆彩君居焉。垣右如左，次子仲起君、五子沛深君居焉。三子宇清君，則居垣後之宅。三面環列，以拱斯堂。經始於乾隆戊辰，閲二載告成。仲起君、昆彩君實董其役，均受翼室之一，以爲己產。堂有樓藏栗主，中奉燕侯府君神像，歲時祀之，諸子左右祔。其後五家別營私宅，次君、三君、四君仍祀於堂，長君、幼君則不復祔。歷年久遠，其所以歧錯之故，今莫能詳也。咸豐庚申，粤寇破涇縣，堂燬於兵，垣以内無一存者。門樓雖無恙，而敝壞殊甚，歷十餘年，遂無一席之地，以爲燕侯府君專祀之所，過者傷之。光緒戊寅，昆彩君子玄孫宗潘，慨然出己貲，重建斯堂，若樓若庭若序，悉復前制。若翼室爲己產者，並歸諸公，爲他房產者，亦助而歸之。並治門樓及樓外護垣，塗塈丹漆，焕焉改色。正祔諸神主，奉祀如舊。糜白金五千，乃藏厥事。於戲懿哉！上以恢先人之緒，而下以昭示子孫，斯誠善繼善述之要道也。《書》有之：若考作室，厥子乃弗肯堂，矧肯構？雖在父子之間，猶有不能承世業者，而況其高曾耶！斯堂之建，惓惓於祖澤之留貽，捄之度之，續承弗替，其亦足以勸孝矣。異時保世滋大，門材鵲起，將如貝州崔氏之德星堂，徽宣宗題額"垂光史書"，固未可量也。吾願以此言，爲朱氏子若孫勖焉。

　　光緒十年秋七月，知州銜江西建昌縣知縣鄞董沛記。

　　　　　　（清朱彝纂修《[安徽涇縣]張香都朱氏續修支譜》　清光緒三十二年刻本）

湖南寧鄉溈寧顔氏嵫陽縣學廟圖

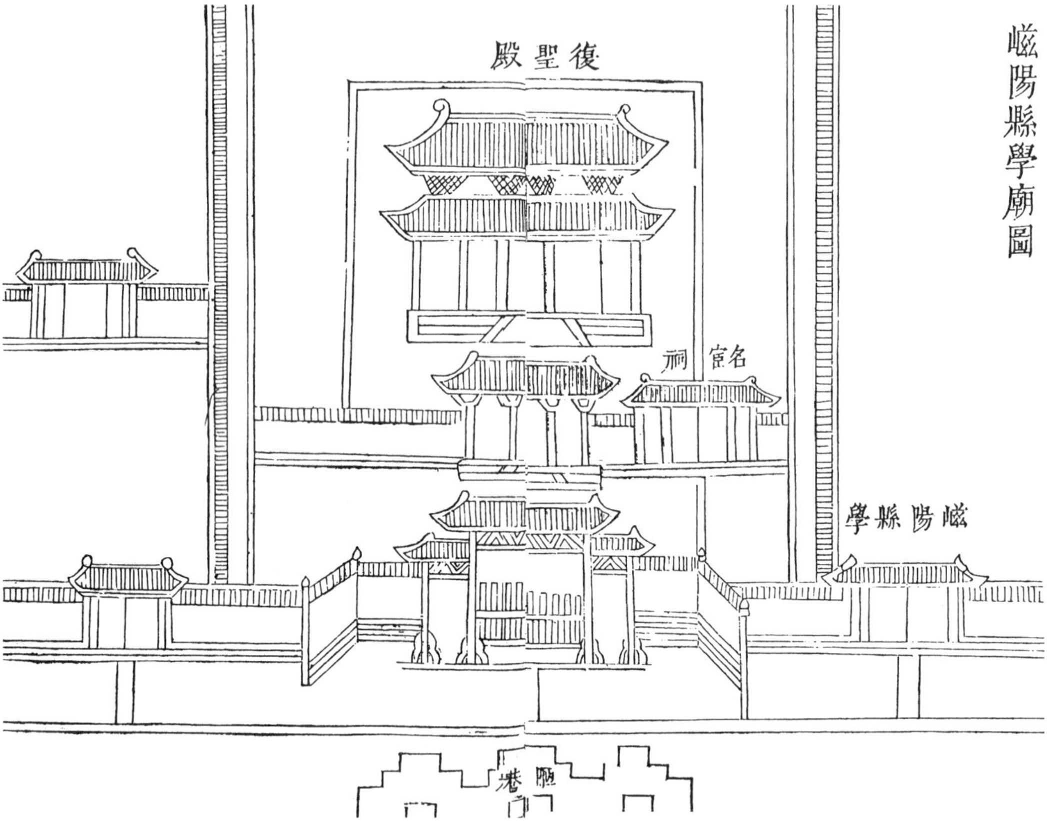

湖南寧鄉溈寧顔氏嵫陽縣學廟圖記

廟在府治東南，唐開元中，封顔子爲兗國公，即其地建廟。春秋致祭，歷代因之。洪武十八年重修，因建嵫陽儒學。永樂七年巡狩北京，遣禮部員外郎饒晞致祭。其制正殿三間，殿後爲明倫堂，殿前有御製碑。前爲儀門。又前爲櫺星門。左爲儒學。

論曰：古帝王之於賢者，莫不表厥宅里，以樹風聲，立之祠宇，以崇報饗。蓋以發幽闡微，昭示區宇，炳哉烈矣，況乃羽翼聖真，師表萬世者哉。是故廟廷瓌麗，天藻昭垂，墟墓欝葱，山川映秀，而兗郡舊封即廟立庠，此又特逵之典，海内所僅見者。

所以褒揚聖哲，風勸人流，一何盛哉。併列之圖，俾觀者有遐想焉。

（清顔澤瓊等主修《[湖南寧鄉]溈寧楓林顔氏支譜》 清宣統元年克復堂木活字本）

浙江嘉興聞湖盛氏稅暑亭圖記

　　朱張梅趣公痛父死崖山，既奉衣冠葬畢，居宅在中李圩，日夕展墓。犯聞湖風濤之險，因於湖之束處築一洲，廣數畝，置亭其上，暑月落成，遂顏以“稅暑”。元季毀於張士誠之亂。明嘉靖時，沈石雲僉事即其地易爲“聞湖書院”，祀王文成公，爲講學地。先太守公亦在列。明末爲土冠所據，先其儀公率家丁鄉勇逐而焚之，至今僅存基址，土人呼爲書院墩焉。

浙江嘉興聞湖盛氏稅暑亭圖

（清盛沅重修《[浙江嘉興]聞湖盛氏家乘》　清宣統三年印本）

廣東南海蘆排梁氏東山書院圖

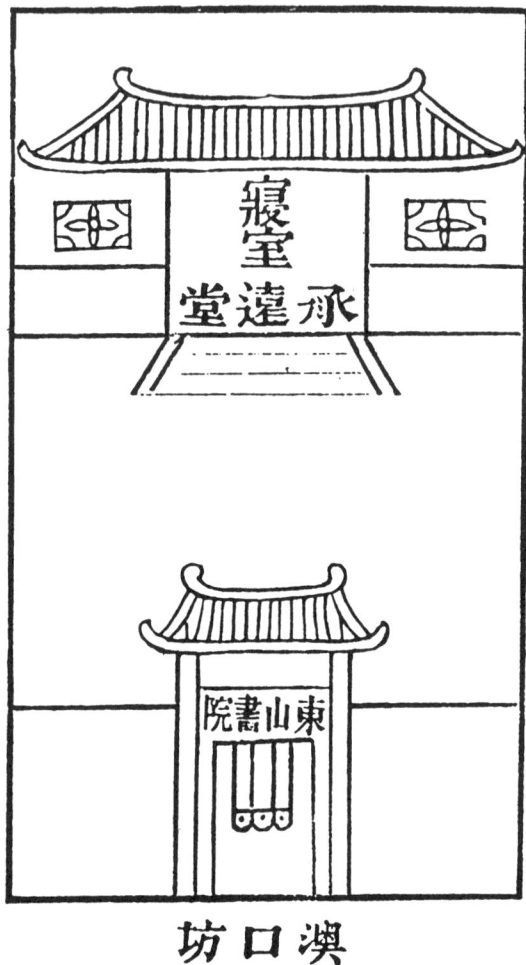

本書院坐丙向壬兼巳亥,全間深四丈八尺
四寸,寬三丈零八寸。　南海梁氏識

寢室
承遠堂

東山書院

澳口坊

廣東南海蘆排梁氏東山書院説

　　該書院在順德扶閭鄉澳口坊,深兩座,廣三間,照舊基址大街横巷,四面通行,前連桑基魚塘,另左邊屋地及背後屋地各壹叚。自光緒二十六年,與太祖敬思堂備價讓承原議建祠,奉始遷祖裔龍公還祀本土,俟因意見不齊,暫作罷論。至如日後訂禮文,爲祭器,與設立祖廟,輯修合族譜牒,端有藉於後之振家聲者董厥任焉。

（清梁綸纂修《［廣東南海］蘆排梁氏家譜》　清宣統三年刻本）

河北保定容城孫氏雙峰書院圖

圖 之 院 書 峰 雙

紫荊關

易州城

山峰雙

東至容城一百二十里
東北至易州九十里

河北保定容城孫氏雙峰書院圖記

　　按：書院在保定府易州西南深山中雙峯村，乃先徵君公舊居也。明季盜起，常攜家避難於此，置有田廬。順治七年，流寓中州門人隰崇岱、王餘佑、魏一鼇等立作書院，以爲同人講習之所。歲久同人物故，而此地遂鞠爲茂草矣。去北城百餘里，族衆不能照理，漸被土人侵蝕。康熙四十七年戊子，正始同用模、本恒親往清查，具呈各衙門，隨蒙守道宋給扁曰“道源洙泗”，保定太守張給扁曰“斯文未墜”，皆行州查理表章。而侵占者乃州牧傳之腹心也，全力狗庇，堅稱並無雙峰書院，實係光棍騙詐，騷擾地方。正南北奔馳至十年之久，始克恢復。其徹底澄清者，則易州牧李公芬芳也，繼之者，爲河南新安吕公守曾，批准闔村免役，專爲書院，看守掃除。提督學政堂連公肖先立碑以紀其事。

　　不肖用正，原名用楨，另有《雙峰紀事》。

桐城方苞《修復雙峯書院記》

　　容城孫徵君，明季嘗避難於易州之西山，從學者就其故宅爲雙峯書院。其後徵君遷河南，生（徙）〔徒〕散去，爲土人侵據。其曾孫用楨訟之累年，賴諸公之力，始克修復，而請余記之。余觀明至熹宗時，國將亡，而政教之仆也久矣，獨士氣之盛昌，則自東漢以來未之有也。方逆閹魏忠賢之熾也，楊左諸賢首罹其鋒，前者糜爛，而後者踵至焉。楊左之難，先生與其友出萬死以赴之，及先生避亂山谷間，生（徙）〔徒〕朋遊棄家而相保者比比也。嗚呼！諸君子之所爲，雖不能無過于中，而當是時禮義之結于人心者，可不謂深且固與？其上之教、下之學所以蘊蒸而致此者，豈一朝一夕之故與？夫晚明之事猶不足異也。當靖難兵起，國乃新造耳，而一時朝士，閭閻之布衣，舍生取義與日月爭光者，不可勝數也。嘗嘆五季縉紳之士，視亡國易君若隣之喪，其雞犬漠然，無動于衷，及觀其上之所以遇下，而後知無怪其然也。彼於將相大臣所以毀其廉恥者，或甚于輿臺，則賢者不出于其間，而苟安之徒回面污行而不知媿，固其理矣。明之興也，高皇帝之馭吏也，嚴而待士也，忠其養之也，厚其禮之也，重其任之也，專有不用命而自背所學者，雖以峻法加焉，而不害於士氣之伸也，故能以數年之間，肇修人紀，而使之勃興於禮義如此，由是觀之，教化之張弛，其於人國輕重何如也。余因論先生之遺事，而並及於有明一代之風教，使學者升先生之堂，思其人，論其世，而慨然於士之所當自勵者。至其山川之形勢，堂舍之規，興作之程，則概略而不道云。

　　　　　　　　　　（清孫用楨重訂《［河北保定］容城孫氏世系氏族譜》　清鈔本）

湖南衡陽王氏湘西草堂圖

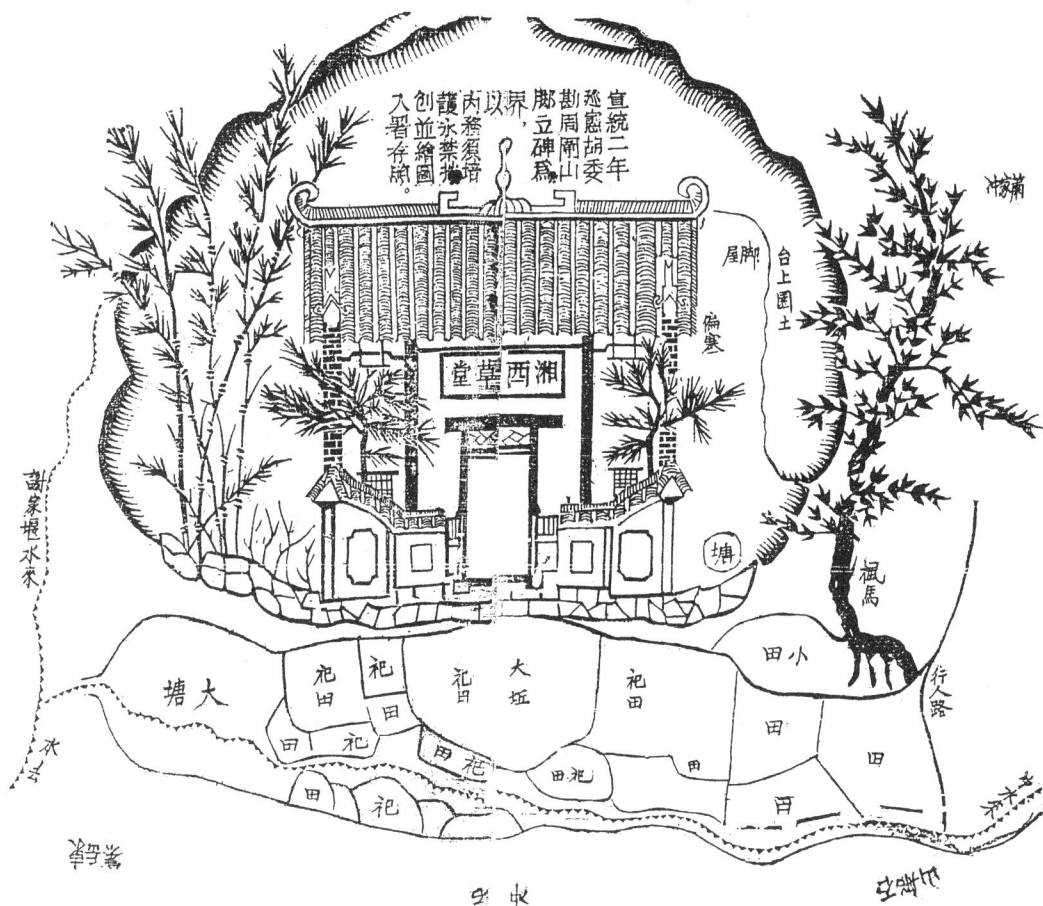

湖南衡陽王氏湘西草堂圖記

　　湘嶽之西，有山名船。先祖船山公，邑於山麓而居築土室，署曰"湘西草堂"。著述畢世間，觀升沉歷二百餘年，不禁係之感慨矣！船山公生明末，世居郡城，南避賊氛，逃竄四方，所居無常處。獻、闖陷衡，公走匿嶽後蓮花峯，伏草舍間，聞父被執刺肢體，往救免。父命返嶽峯，始營續夢菴。迨父逝，營厝畢，猶繫心勝國，馳扈從王，奔竄閩粵，以圖恢復。及滿清勢張，明藩畏逼，退避海澨，勢日不振。公抗疏奸邪，幾被陷害。遂返旆，一意棲林谷。適壬辰孫可望徵聘公，因可望挾君戕相，不欲往，乃屏迹幽岩，僑居濱浯耶薑西莊源，棲遲留厲。浪迹所至，人士慕從。公不欲身隱文顯，迄順治庚子，更自岳陰之金蘭鄉，卜舍於茱萸堂，初造小舍，名"敗葉盧"，居十秋。因林塘小曲開南牕,築觀生居,越六載,再徙於湘西草堂,於此箋注終年,棲遲以老,計歷寒暑十有七稔矣!公存時,其子虎止公,築蕉畦其側,示生童經業。公歿後,虎止公因蕉畦被焚,旋居草堂,誦讀其間,且醵金修葺。宜乎地以人傳,名蹟不朽。居無何,茱萸敗葉,頹廢無跡,觀生居僅存故址。區區此地,前人所紀,初係虎止公分受,至孫武昭公轉售文明公,公子六吉兄弟,因家業蕭索,挈眷長安,將屋宇田塘售劉首固,時其旋公不忍先人著述之所屬他人,率子奉茲,控轅縣令曹公,斷還塘屋田,因未備原價,欲贖未果。劉恐後累,轉售朱姓。咸豐辛酉,朱炳垣戕伐塋樹肇訟,經縣憲林斷回田種四斗,書有捐契,並注載案牘,子孫永不得典賣。噫!式微凌替,不堪迴思,幸賴重道崇儒之憲令,得保全先人之遺址,以貽來茲。今者海甸馨香,朝野矜式,風人才士訪名蹟,而敢持詩贈搢紳,先生慕道德而敬將蘩蘋。茲值族譜編輯,右列圖式,視楓馬菉竹,上下蔭翳,綠村溪水,前後映帶,東岳石船,屏幛左右,荊松側柏,菁蔥四時。船祖雖云其俗不知琴書之號,而論其地亦聊足供幽人之趣。上稽軼事,演爲圖説。亦猶讀竹樓蘭亭之《序》,知締造不朽;誦岣嶁硯山之《碑》,識古蹟長存。特握管臚陳,余其固陋不揣,願雲礽景仰,共知所守勿替云爾。

　　民國二年癸丑歲仲夏月,八世嗣孫德蘭作於桑樹坪荊榮堂書館之東窗。

又　記

　　衡邑城西百餘里有堂焉,松竹四圍,風景悠然,歌吟嘯傲,塵坌不入,乃吾先祖船山公隱居求志所構之"湘西草堂"者也。公生明末,舉孝廉。崇禎初,流寇蔓延,闖、獻二賊蹂躪宗社,窮極慘毒,大將軍吳三桂介在東陲,借兵滿奴,破走逆賊,如唐肅宗徵兵回紇故事。區區天驕,入關以後,凶燄日熾,而明室遂不可支。公以先朝舊臣,抱寸心之忠義,痛故國之淪亡,苦膽填海,猛志回天。其時明藩桂王由榔監國,肇慶公不避艱險,一介星馳從王嶺外,與瞿式耜、嚴起恒諸人同心襄贊,戮力恢復,不幸爲吳真毓、萬翔、許玉鳳交攻,幾瀕於危。公知事不可爲,遂乃歸隱故里,築室潛修,如茱萸堂、敗葉盧,片壤無存,不勝撫今追昔之感。觀生居又僅存故址,唯茲草堂巍然獨立。公避滇氛之後,杜門高臥,矻矻窮年,著書萬卷,以竟其志。而奧義微言,足以補聖經賢傳之所未逮,上繼孔孟,下啟後賢,胥於是乎在矣。前明遺老如李顒、黃宗羲、顧炎武諸君子,均以著作名家,彪炳當時,而高風勁節,不屑受清廷之徵聘,所謂遯世不見知而不悔,唯公其能之。英生也晚,去公之世二百餘年,迄今登其堂,誦其詩,讀其書,想見當日一縷孤忠,百折不回,真可以愧天下後世靦顔臣虜者矣!茲屆家乘續修,英不敏,爰秉筆而譔記焉。卓哉斯堂,子子孫孫,世守勿替,將與南陽諸葛盧、西蜀子雲亭千載之下並垂於不朽云。

　　民國六年丁巳歲季秋月穀旦,嗣孫傳英謹譔,六代孫承佺述。

　　　　（王德蘭等纂修《［湖南衡陽］邗江王氏五修族譜》　1917 年槐蔭堂木活字本）

江西婺源胡氏清華八景全圖

江西婺源胡氏清華八景古縣圖記

　　唐玄宗開元二十四年内子，歙州地西南接饒州界，有土人洪真叛，去縣遥遠，民不自安，奏乞置縣，至二十八年，立縣於清華以鎮之。吾始祖散騎常侍公，時年十八，侍父瞳公遊婺源通靈觀燒香，道經清華，見其地址清溪外抱，形若環璧，羣峯疊起，勢嶂參天，曰："住此，後世子孫必有興者。"遂由古歙黄墩而徙居焉。街修五里，列爲四坊，環街之上下有九井十三巷，古有御書樓，以藏寵命誥敕，今建統宗祠，以奠始祖神位。又即其奇絕之最可愛者，分爲八景：曰"茶嶺屯雲"、"藻潭浸月"者，言雲聚於絕頂，而月印波心也；曰"花塢春遊"、"寨山聳翠"者，記地勝之足娱、山高之呈色也；曰“東園曙色”、“南市人煙”者，非記其日之出而人之居乎；曰“雙河晚釣”、“如意晨鐘”者，非記其金聲之足聽，臨流之可樂乎。此皆地之最靈者也。由是山水之精英，鍾爲豪傑之挺出，歷唐而宋而元，以迄國朝，甲第蟬聯，簪纓奕葉，擔好爵、登膴仕者靡可勝紀。又有以道德顯名當世，以隱德躭樂泉石者，人才英發，不亦傑乎？信乎人傑本於地靈，而清華之勝，誠可媲美於聲名文物之區也。謹記之。

　　嘉靖辛亥孟冬月，二十二葉孫邑庠生襄百拜書。

　　　　　（胡鳴鶴等纂修《［江西婺源］清華胡氏統譜》　1917 年瞕賢堂木活字本）

湖南江永毛氏錦堂八景圖引

　　陸機《文賦》云："石韞玉而山輝,水(涵)〔懷〕珠而川媚"。是珠玉本水石精英,而結爲山川光燄,則文人乃山川鍾毓,必發爲光景之陸離。故譜之列景圖也,非徒焜耀後人耳目,正以彰天地之設施,亦以徵多士之思皇也。錦堂八景,向有文學諱文炳先生濫觴其事,每景原題七言律詩三五首不等,因幅隘不能悉載,僅登其尤者,每景之一,以昭先澤之貽焉。

湖南江永毛氏錦堂八景之金峰擁翠圖

宅南半里許,有一阜陵,峙高萬仞,上突一峯,尖而且圓,此謫仙詩所謂"青山削出金芙蓉"也。四時之間,堆青擁翠,其雄勝不亞闔風,極山之壯觀,故名。

原題　　　　　　　　　　　　　　　子昭文炳

金峯峭拔插芙蓉,萬綠陰陰疊幾重。滋潤雨煙清可挹,發生草木色尤濃。中峯翠壓嶷山秀,峻頂青收桂嶺容。高倚五雲如展畫,可能相對詠奇峯。

續題　　　　　　　　　　　　　　　夢也朝陽

疊嶂層巒千仞聳,雨餘翠靄相環擁。洪濤汩汩洩湘嵐,細溜涓涓咽秦隴。敲削殊令景仰疎,尊嚴自致觀瞻竦。九秋扳躋選雲程,破帽因風邀帝寵。

前題　　　　　　　　　　　　　　　周啟正

斷續諸山盡,高原聳碧峰。含烟迷日月,吐霧炫鬖鬆。秀似芙蓉插,青如馬鬣封。石泉分紫燕,嵐翠罩蒼龍。遠近殊圓畫,秋冬異淡濃。何須遊泰岱,此亦足樁筇。

湖南江永毛氏錦堂八景之宇水拖藍圖

本宅江水,發源於南,分於宅後,合於宅前。憑高而望,二派繞宅逶迤,曲折如字之玄,方正如字篆隸。臨流而觀,汪泓瀲灩,共天一色。風動處,波紋織錦,流急處,曳練拖藍,極水之奇觀,故名。

原題　　　　　　　　　　子昭文炳

銀河源與此河分,巨浪潺潺透海汾。卜吉靈祥圖馬出,觀瀾道體鳥魚羣。龍鱗細漾波中字,燕尾斜添水上紋。想是地靈呈象數,故開寶篆兆人文。

前題　　　　　　　　　　周啟正

載攷淮南子,因知水性殊。方流因有玉,圓折便爲珠。異寶雖無脛,祥徵若合符。澄藍天共色,曳練地分區。規中之玄曲,矩兼篆隸俱。球琅從此出,善價正相須。

湖南江永毛氏錦堂八景之文塔卓筆圖

　　皇明萬曆庚戌之春，鼎建　塔，峥嶸分七層之秀，崇高極十丈之餘。塔身挺然，如筆之卓，塔頂銳然，如筆之尖，塔路如穿洞，塔心若覆鐘。其間朱欄倚霄漢，璃瓦蹙龍鱗，種種奇觀，品題難盡，真勝界也。

　　　　　　　　　　　　原題　　　　　　　　　　　　　　子昭文炳

　　巍巍寶塔侵蒼旻，對照三台翠色新。日月瞳矓光早到，峯巒崔崒勢應渝。鳥來風動金鈴響，霞照虹光玉頂璘。儼若如椽生五彩，凌烟顥氣透楓宸。

　　　　　　　　　　　　前題　　　　　　　　　　　　　　周啟正

　　如椽一筆卓，閱世幾滄桑。侈却琉璃飾，廉辭象齒裝。七層雞距銳，八面兔毫長。雨露滋濡潤，風雲壯耀芒。江淹應入夢，李白欲聞香。用草三都賦，恩褒出上方。

湖南江永毛氏錦堂八景之古寺閑棋圖

宅傍東北有一古寺,名曰"福田",蓋取廣種福田之義也。舊傳常有夔鑠仙翁閑棋於此。且其寺後枕清流,前泓逝水,遠隔市廛,佳樹美箭,雜置其傍,時而竹響樹鳴,疎鐘相間,極其幽致。

原題　　　　　　　　　　　　子昭文炳

招堤創造已多年,百丈金身像儼然。雲氣逼人浮殿外,梵風吹籟響筵邊。牙棋列陣敲聲唬,石竈炊茶漫火煎。你我相看無片語,心隨棋局入幽玄。

續題　　　　　　　　　　　　夢也朝陽

未浣塵情親法鼓,臨關剥啄敲僧户。金莖大士不計年,鐵甲將軍隨意數。西土一枰垂至今,東山幾局成終古。耄期姑息棄餘三,就寸辛勤戒呼五。

續題　　　　　　　　　　　　周啟正

古刹何時建,淒涼不計年。綠蘿侵古佛,蒼鼠狎諸天。頂禮無閑衲,談棋有老仙。祇園今布地,蘭若自安禪。鋪席華而皖,鑿泉清且漣。幾逢夔鑠叟,一了爛柯緣。

湖南江永毛氏錦堂八景之聖殿霽雪圖

聖殿霽雪圖

　　宅南十餘里，衆山環列，中突　峯，獨極秀拔，佳氣欝葱，青石渾成如削，不臨人江，澄流輝映，山腰有岫如殿。相傳爲聖母殿，祈雨輒應，兩傍對生二篔簹，鳳尾下垂，風動則飄拂，掃塵如擁篝然。唯其山高風烈，故多積雪，天日開霽，雪猶在峰，日色與雪色鬬弄金玉，宛然如畫。

原題　　　　　　　　　　　子昭文炳

　　高峯獨峙勢岧嶤，積雪晴時尚未消。木樹重開珉璧蒞，峯巒秀列玖琁瑤。雲開減白仍含雨，日暴流澌忽暎霄。聖母夜從銀殿降，帶來瓊玉滿山鐐。

續題　　　　　　　　　　　周啟正

　　突兀一峰秀，巍然逼上穹。同雲天地合，聖殿有無中。玉樹縈青嶂，瑤華暎碧空。篔簹雙拂地，鷺鷥獨棲宮。晚霽寒猶冽，朝暾氣未融。仙風如可接，何必慕崆峒。

湖南江永毛氏錦堂八景之鳥嶺晴雲圖

鳥嶺晴雲圖

　　宅西十餘里，有一高峯。羣山環遶，林木屏鑊，峯巒聳翠，常有瑞雲。晴時則現，將雨則收。紅輪掩暎，流光蕩漾，變態萬狀，莫測其妙。故占晴課雨者，常驗諸此。俗謠云：陽鳥嶺頭雲，江中日灑人，正晴雲之謂也。

　　　　　　　　　　　　　原題　　　　　　　　　　　　　子昭文炳

　　一層靉靆一層嶢，曇色加臨彩更嬌。如畫文華摘岫頂，生成綵綺暎山腰。丹從羽客煙中煉，鶴在緱山霧裡翱。占是太平應有瑞，青螺髻帶錦紅銷。

　　　　　　　　　　　　　前題　　　　　　　　　　　　　周啟正

　　泰山雲一起，霖雨遍蒼生。茲嶺常多嚳，其占轉又晴。東南原不異，氣候若難明。樹杪霞成錦，峯尖日耀晶。仙泉鍾石乳，龍臥長鱗嬰。若入齊諧志，幽人費品評。

湖南江永毛氏錦堂八景之湧泉澄鏡圖

湧泉澄鏡圖

　　宅後半里許,有湧泉混混而出,其穴之圓,如鏡之形,其水之澈,如鏡之明,渟静無波瀾,如鏡之平,沉湛照星斗,如鏡之光。且其傍多蘆荻,深密欝葱,時有水禽出入其中,錦鱗遊咏其下,似與人狎,極飛躍之趣,故名。

原題 　　　　　　　　　　　　　　　　　子昭文炳

　　滾滾清泉秉地靈,環堤蒼翠更芳馨。朝霞彩發涵羅綺,夜斗光浮暎月星。錦鯉變時春正暖,躍龍蟠處水猶腥。源流莫問從何處,晝夜流通遍八溟。

前題 　　　　　　　　　　　　　　　　　周啟正

　　平疇誰溶鑿,滉漾擬滄浪。金鏡光同徹,玉壺清可方。錦鱗時隱見,翡翠乍低昂。雲影天章焕,霞鋪物彩長。掬來心自沁,吸去舌留香。會見盈科日,朝宗未可量。

湖南江永毛氏錦堂八景之合水交襟圖

宅之前，大小水俱交合而流，以數計之，蓋有三合焉。如襟之交，互遮結胸膛，蓋人交三襟溫如挾纊，地交三襟氣若蒸雲。莫非宅有真氣，故水氣完固若是。《堪輿賦》云"水不亂灣，灣則氣止"，此之謂也。故合水交襟之景，爲景之八也。

原題　　　　　　　　　　　　　　　　子昭文炳

鱗水交流遠宅通，環如羅帶曲如弓。天工疏鑿安排巧，地氣薰蒸搆結重。步障簇成龍滾浪，回文織出鳳穿叢。暫於此地關元氣，終向江湘湧躍龍。

前題　　　　　　　　　　　　　　　　周啟正

溙溁源泉混，逸然似帶縈。近睨三水合，遐眺二流明。曲折仍依岸，高低聽響硲。靈長原入賦，上善舊稱名。霞起珠光滉，烟消玉色瑩。仙槎如可泛，天漢迅前程。

（吳紹漢纂修《[湖南江永]錦堂毛氏族譜》　1917年西河堂木活字本）

湖南巴陵許氏西湖草地圖

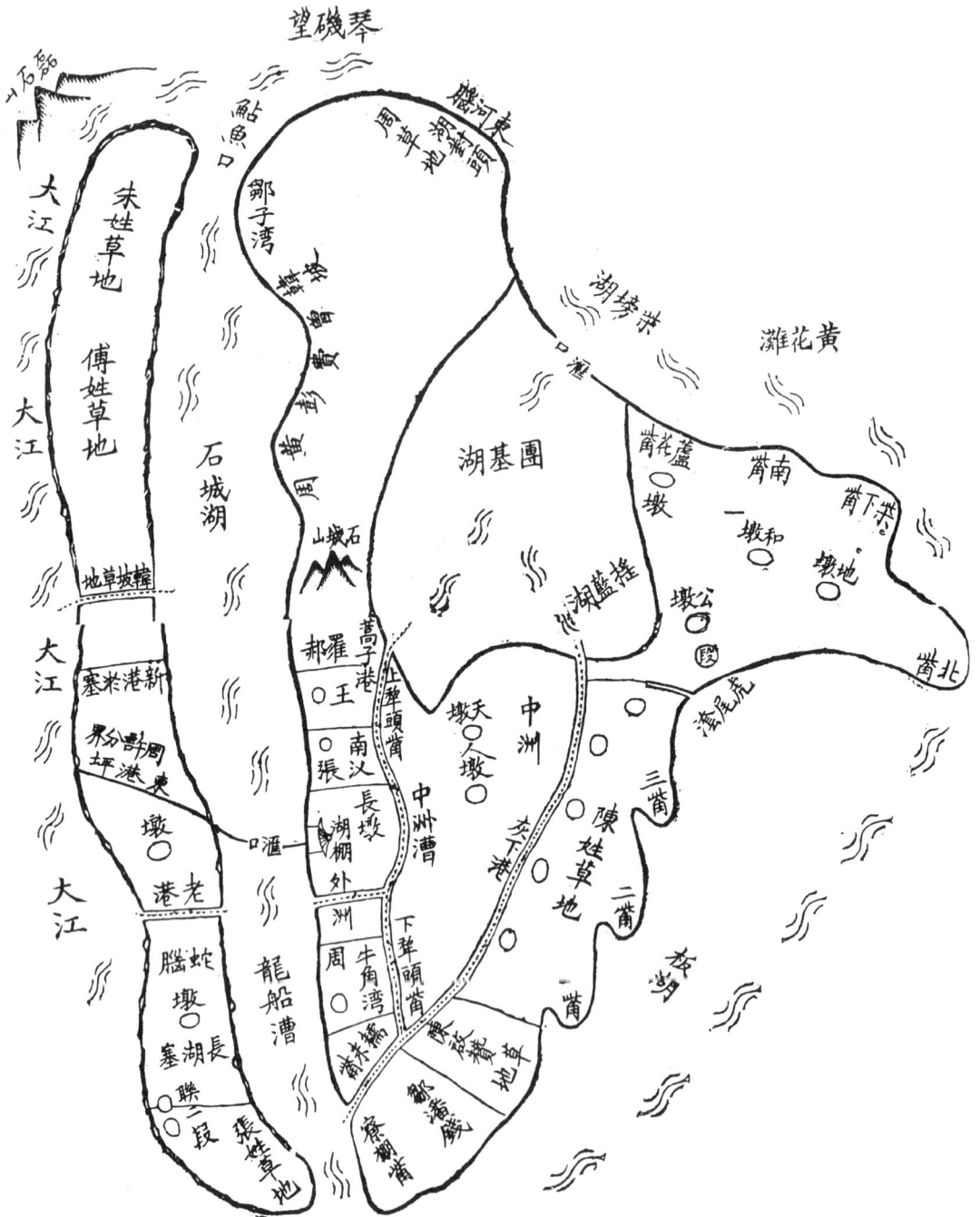

湖南巴陵許氏西湖草地圖記

　　右圖居大江之西，長約四十餘里，寬約十餘里，古名韓洲。佃租納田賦，自荊堤修築，壅水逆流，夏秋全洲淹没，遂更爲漁課。旋以春草如茵，可作農耕肥料，附近樵取者，絡繹不絕。先則按刀收米，繼乃照册徵銀，先陸課完米，水課完銀，後統徵銀。每米一石，折銀五錢。眾課户悉歸業户彙繳。陸所以助水，故古冢所糧券，秖載漁課字樣。吾許氏分湖散課，所存額土頗多。第就該圖紀述，由啄鈎觜南過江轉折而北爲新港，港寖淤塞。清光緒中，周姓與爭，經鄰右許眾和、周資璜等排解，讓地搬界，立有字據。遺失未録，待查。又北爲東港坪下，即老港蛇腦，俗呼新墩。二處建墩堆草，歷由祠公賃佃。蛇腦迤東傍江義割一段，備公孫屋擋網炊草長湖賽，直至聯二段中心橫綫，達龍船漕，分佃外姓有年，致界限淆混。民國七年，收回與張全履。查扶有墩界，公議跟天字號承砍。頭年冬至本年春分，共納銅圓錢五十串，歸祠。西越石城湖匯堤，其地統曰大段，倚東有一港，曰中洲漕。漕西南曰中洲，東北曰外洲，南抵張才甫南汊，北抵周仁孫牛角灣。地頗凸而長，可堆草處曰長墩，向係潘渤所管。清道光十年，購而有之。民國癸丑，於外洲北橫掘一溝，由中洲溝出龍船漕，水漲落設罟取魚，頗獲佃貲。中洲溯漕以上曰蒿子港，港東稍北爲郝羅及王桂草地，西南呼上犁頭觜，呼以是名者，取其形似也。順漕而下，水匯灰下港，港北爲陳啟贊草地，此處水分三道，俗又呼三汊港，港南沿其形似，亦呼下犁頭觜。隔中洲漕三里，複出一港，發源團基湖，經摇藍湖繞西轉北，入糯米寮棚，二觜界出龍船漕，即與中洲漕尾合流之灰下港也。隔港西北，係陳子什、陳子章、陳得受課業，迤西又有南首墩大段坳，陳稱爲蝦蟆墩虎尾濱。清乾隆四十八年，肇衅聯孫吳等姓合爭，激成命禍。延至道光九年，始京控結案，官判二地皆各半承管。道光十一年，復買於陳，掘溝定界，得兼爲獨有收執裏賣契據。自此各守各業，相安無事。由該墩西出曰北觜，依附北觜爲柴下觜。又微彎向南，爲南觜，距南觜二里許達團基湖口，名蘆花觜，東至中洲，北至灰下港，西陳姓界。昔爲水泛之摇藍湖，久已受淤生草，改完陸課。總此數地，惟漁棚以北依水一段，割歸佃湖人作燒草，餘悉分天地人和公，合族交互輪割，外以絕窺伺，内以杜爭端，先輩謀慮可謂深遠矣。而現在漁業地點團基湖，南抵柴塝湖，張許公業西抵黃花灘，張許公業，永佃四幫。北抵大段三汊港。石城湖上自鮎魚口，張許公業下出滙堤，曾於其湖東置韓坡，所屬地開港達江兩岸，得取土搭棚攤曬，魚利歸我河舖，草利仍歸彼，各執合約字存據。龍船漕，俗忌晨呼龍字，更名莧菜湖。上齊石城湖堤，下界楊林潭，東達長湖賽，西至大段三汊港，世守召佃無異。然三湖多與眾姓地毗連，西水沖擊，勢將積淤成陸，漁衰樵旺，宜如何保主權而不至空賠國賦，是所深望於後人也。爰圖以志其原委，並摘録判案與契券於左，以資稽覽云。

　　附：

清嘉慶五年閏四月巴陵王縣主審讞

　　審看得許錫林等具控羅錫應等統兇毆搶一案。緣許錫林等西湖大段草地，東與自管長湖賽，中隔外洲龍船漕，南抵羅錫應、郝文如等石城山草湖，中以蒿子港爲界。前因羅郝兩姓連年控爭石城山草湖不休，後經地鄰張建楊等取具各圖具息，呈遞石城山草湖以中溝定界,應歸羅砍,應歸郝砍,經前縣鄭訊明具詳,批結在案。近因中溝被水淹没,嘉慶三年三月内,許錫林等在伊大段砍草,羅錫應即以蒿子港認作中溝,隨向阻砍,許氏不依,羅錫應等即將許姓長湖賽草棚什物搬取,彼此互控未結。兹據許錫林等,又以平遭夥搶具控。前來差集人證逐一細訊,兩造各執一詞,難以定斷。隨飭各案證,當堂繪具確圖。查圖内僅止繪出許郝分界之蒿子港,均不能繪出中溝。詰之羅錫應等,亦不能指出伊與許姓大段定界之處,可知羅郝分界中溝,淤塞無疑。若以蒿子港作爲中溝,則許錫林等大段歸於何地,且查港深溝淺,原難混淆,溝雖可淤,形跡難抹。斷令羅錫應等在於石城山草湖中查出溝界,溝北仍聽羅姓管砍,許錫林、許仁秀等大段,南以蒿子港爲界,嗣後各照各界管砍,再不得混爭滋事,其羅錫應等搬取許錫林等什物,着地鄰秉公清查給還,慎毋狗庇,取具各遵結附卷。此判。

附:

摘鈔清道光九年湖南候補府長沙府靖州直隸州署岳州府同知四委審員判詳

再此案控爭之蝦蟆墩、柴下凘、虎尾澾等處,查柴下凘係許姓歷管,水汛先年,曾佃龔姓割草肥田,有嘉慶十三年龔承棕毆死李耀廷案,内有承佃許公孫柴下凘割草之語,部覆確據,應令許姓照舊管業,衆姓及陳姓不得混爭。至所爭之蝦蟆墩,前經巴陵縣馬令原勘該處灰港以西有高阜地方三處,兩造人證僉稱,湖北高埠曰墩,上係蝦蟆墩,中係灰墩,下係老墩。後經岳常道、藏道憲督同詣勘灰港以西老墩、灰墩、蝦蟆墩接連三處,當日勘圖内,蟆蝦墩之南即團基湖,案圖不能更易,其團基湖之北第一墩,爲蝦蟆墩毫無疑義。且查原勘圖内,並無南首墩、李英墩名目,亦無另有兩墩。惟蝦蟆墩、灰墩、老墩由來已久,從前許張兩姓業甲止完漁課,嗣因額課不敷,將淤地分結居民割草,改爲陸課,本屬昔年通融辦理,是以現完糧券仍載漁課字樣,並有五十餘課户之多,自應俯順輿情,未便更張。所有該處草地,仍照藏前道憲原案所斷界址,南以蝦蟆墩南邊墩界爲界,北以灰港口灰下凘爲界,東以灰港爲界,西以西大江爲界,斷令陳姓照舊管業。其互爭之蝦蟆墩,斷作官墩聽候官爲召佃,以杜爭端。惟查許陳兩姓在該處割草,必須就近搭棚堆放,仍請將蝦蟆墩即召許陳二姓各半承佃,陳姓佃北邊一半,許姓佃南邊一半,從該墩中心挖溝立碑爲界。該墩東西兩邊,均靠墩脚,亦俱挖溝立碑爲界,許姓不得藉佃一半官墩,侵佔陳姓東西兩邊界内草地。其灰港草地界内之老墩、灰墩並新淤兩墩,斷合陳姓照舊管業搭棚堆草。至南首墩、李英墩,並無此項名目,訊係許孫兩姓捏造,應毋庸議。所有虎尾澾草地,係在蝦蟆墩南邊墩脚起,向西直下西大江,南抵許姓地界,北抵陳姓地界。許姓稱爲大段勘,陳姓稱爲虎尾澾,兩造均無另有確據,斷令許陳兩姓分管,許姓管南,陳姓管北,仍請飭縣照蝦蟆墩南邊墩脚起,向西直下西大江爲界,分立界址,不得越爭。其蝦蟆墩南首墩脚界外,直向團基湖一帶草地,從前藏道憲勘斷時,其地均係湖水漫淹,爲許姓取魚埠岸,查對藏道憲原斷勘圖,既未指明係陳姓及潘張等姓界内之地,其爲許姓管水之地無疑。今既湖淤生草,自應斷歸許姓。其地南抵團基湖,北抵蝦蟆墩搖藍湖,東抵張姓草地,西抵西大江爲界,陳姓及衆姓不得混爭。所有團基湖搖藍湖,係許姓取魚湖業照舊斷管,許顯宇、許以名承完龍船漕草地,共完銀七錢二分五釐,該處近因被水沖成河道,無草可割,斷將許顯宇、許以名兩户移作柴下凘等處陸課,免致空賠賦税。其蝦蟆墩西抵西大江界内二凘三凘,向係陳姓管業,嗣經得錢佃給二三都人分管,應仍斷還陳姓管理,並令陳姓退還原得錢八十千文,交原立帖承字據之潘嵩瀚,轉交衆姓,以杜後患。佃字及帖承字據俱塗銷。附卷。

（許鍾英等纂修《［湖南巴陵］許氏宗譜》　1920年木活字本）

湖南武岡尹氏三教堂重修外墻碑記

風水之説,非術數家漫言也。俗尚之厚薄,人才之盛衰,實關乎此。我尹姓醪田邨,四山環繞,一帶清流曲迴,水口渾若,蓄而未洩,中建有殿表,名"三教堂",洵一方之屏障,通境之關鎖也。明嘉靖以來於兹矣,前者衆姓錯處,不出紀稽。自我先公才伯、才禄、才旺胞三兄弟,由邵陽隆回徙居此境,怳然有垂後之志焉。積德創業,次第恢廓,不數年間,子孫有椒衍之慶,人文覷蔚起之光,分房有三,均無軒輊,以此知屏障關鎖處,不爲無力也。歷年久遠,棟折摧崩,復於清朝壬子,合族煥舊模而鼎新之,規制廓如,不爲因陋就簡計,固水口並而妥神靈,篤宗誼兼以評月旦,義至大矣。馴年癸未,風雨飄浸,賢執事爲久遠計者,嗣而葺之,連抱之棟,益以瓶甒,尤足補前制所未備,雖奕葉可勿替也。自是宗派之蕃盛,螽羽揖揖,人才之傑起,玉笋班班,視前此倍光且大,詎止蒙業而安哉。至若譜牒之修,世系之存,是所望於有志者,並題堂門聯云:

教門列三座之尊,都人士果斯文自任,浮屠老子操來,聽吾儒指揮;

武殿總一方之鎮,諸君子既式廓維新,銀瓶荆山聳出,應此關靈秀。

清乾隆二十八年癸未菊月中浣,尹進德潤身氏撰。

　　附:

兩聖宮三教堂再修碑記

尹姓之在斯堂也,建自三世祖才伯、才禄、才旺公,顔曰"武殿",内奉玉皇上帝,文武夫子,儒釋道神像,由來久矣。乾隆癸未冬,房祖宗玉公、叔迪日公、兄舉人潤身公、余祖貢生祖望公,嗣而葺之,益以瓶甒,增書三教堂,正譜所載通户公所是也。但歲月深,風雨漂,水波映,蟻蟲損,族長集議,必外起坊堉,庶克永綿無替。爰推余等董治,採料鳩工,整舊煥新,宏其式廓,續修文昌閣,宫牆完固,即墳塋資以保獲,桑梓藉以敬恭。讀聖朝上諭,篤宗族,昭雍睦,海隅景從。吾族星羅碁布,有斯堂以聯之,庭誼往來親遜胥於是乎覷焉,豈謂供宦遊觀覽、快騷客吟咏哉! 是役也,經始嘉慶甲戌仲秋,三載告成。協同修理,伯公房則有若崇仕,禄公房則有若學陛、世清,我旺公房懷德其人也,例得備書。其各房調度、執長捐貲、房名序次、泐垂殿堂、田墦禁規,另碑詳刊,以昭來許。至若溯祖紀裔,設廟立祠,是所望於後之能者。

清嘉慶二十一年丙子大呂月穀旦,主修太學生淩霄氏敬撰。

　　附:

重修新三教堂記

三教堂者,我醪田伯、禄、旺三公裔風水墳塋,鎖鑰攸關,前輩《記》《序》夥矣,無庸贅述。自明嘉靖間經始,規模畧備,暨本朝乾隆壬子重建大殿,換舊搆新,篤宗族、昭雍睦胥於此肅風化焉。爾時總祠未建,在斯堂修譜者二次,則斯堂亦我族所綦重也。迨壬子以後,癸未修外墻,嘉慶丙子再修,至光緒間,其傾頹已將覆矣。使於此而因陋就簡,仍爲補葺之計,其如百不獲一何。癸巳冬,附近父老,不忍先人月旦故趾,聽其頹敗,督率族黨英年子弟充貲,齊力鳩工庀材,柱石爲之一新。兹譜事告竣,堂事尚未落成,而垣墉之高聳,殿閣之完全,亦我輩所責不容辭者,故特記之。

清光緒二十七年辛丑仲夏月,州增生鳳儀梧岡撰。

附:

三 教 堂 老 引

從來流有九,而教爲三。吾尹氏世守儒業,若佛若老,究未嘗度外置之也。先人自尼山城門官衡州住遷邵邑,疊徙武岡醪田。凡家豐性敏子弟,遵學校例,延師於堂訓,誦讀習詩文。其年高耆老,清閒卸事,或因災病,企慕釋家,學唸佛解厄,就堂上會蒼頭,白髮羣焉,朗貝葉之聲。至在昔有古殿鎮水口停,住之人歷屬羽冠客,上中下村宅禮懺拜經,追遠慎終,用以盡事生送死之禮。复哉,佛老亦吾儒所不廢也。乾隆壬子,重修大殿,彫刻神容,塑文昌帝君、釋迦牟尼、真武祖師,聖神像三尊爲正,餘鑴各神光明正大,不流偏邪,故不名寺觀,而以三教堂冠首,蓋有命意也。閱六十年壬子冬,合族溯祖紀裔,予等在堂修譜,乙卯告竣。族中私建庵宇多,難登載。此通户公所紀其堂名,並刊田塅。居者例不蕩産,主者禁其染指,一以表前人制作之善,一以垂後世敬遠之義。謹撰。

附:

三教堂田塘山塅録

旺公派文用公字月縫,敬刻玉皇上帝聖像一座。願將石塔路田五坵,苗一畝八分,爲香燈之田。

禄公派文貢公敬刊文昌帝君聖像一座。願將三教堂門首田二坵,苗一畝六分,爲香燈之田。

禄公派守禮公敬塑老佛聖像一座。願將下醪田石山下長田一坵,苗一畝二分;又鵝公氹田一坵,苗四分;又潘家庵後沙田二坵,苗八分,爲香燈之田。

禄公派文鐔公敬刊真武祖師金像一座。願將茶葉沖田十九坵,苗三畝;又社公灣田四坵,苗六分,爲香燈之田。

禄公派道松道栢兄弟,願將下醪田潘家門首田一坵,苗八分;又架梘坵田二坵,種四分;又劉七灣田 坵,種四升,爲文昌帝君香燈之田。

禄公派利常利凡二公敬刊伽藍靈官二尊金容。願將下醪田竹山邊田六坵,種四斗,爲香燈之田。

禄公派錦衣公施長塘石橋邊田一坵,種七升。

伯公派祥公後裔施茅坪李樹塘田一坵,種四分。

旺公派景公後裔施石井後田二坵,種一畝三分。

旺公派有光公施垠田九坵,共種二畝。

旺公派新仁公施送工沖墾田一坵,種五升。

旺公房黄荊庵移聖像二尊。遺田一十二圖,共苗二畝三分,永存三教堂香燈之田。

旺公派運泰公願將柏木樹屋門首沙田一坵，種六分零；又外邊餘地，敬奉伽藍香燈之田。

旺公派淩霄公敬刊送子觀音聖像一尊。願施茶葉沖田三坵，種三升零。

旺公派播名富宏施水目獅子山與殿山相連山一片。

旺公派學丹施匕家沖田二坵，苗一畝零。

旺公派連成施旗形地田三坵，苗一畝五分零。

旺公派善伊男祚忠施水口山下左邊田一坵，苗四升。

旺公派善誦施毛家路井子沖田一坵，種二分零。

禄公派周兆敬施下醪田鵝公凼田一坵，種六升四合。

以上共田八十四圖，合種三十畝零。

三教堂右邊塘一口，左右山二片，黃土坎山一片，茶葉沖賢如住坐基地，佃耕墻土在內，壩下洲地柳樹，永遠長禁，不得損傷。合族公議載譜。嗣後僧與道住坐照數耕管，勿得蕩遺。謹誌。

附：

附刊臥龍庵碑敘

石璞東隅大礄之陽，有古刹焉，顏曰"臥龍"。前臨清沚，後倚茂林，其石崇岡直砥橋頭，狀如列屏。而其西一二里間，望之隱隱隆隆，松竹交參，山盤曲而疊起，水濚洄而層折，瑞氣薰蒸，祥風暢洽，意其中有隱君子者乎，殆將接武南陽也。左溪之南，傍溪有山，樹木掩映，相與環繞於其間。雖係通衢，而一水中分，無礄通庵，令人可望而不可即。意斯地也，山不高而雅秀，水不深而清潔，真清淨之所乎！在昔先遠於明嘉靖丁酉歲，建庵於茲，以護水口而培人文，其識力良非偶也。歷我皇朝雍正、康熙年間，陸續補修，仍舊不改。迨道光三年正月之八，熒惑為災，兩廳灰燼。意規模未極其崇隆，而人文亦困之以不興。回禄所為，欲鼎新斯菴乎。住僧顯春，於此歲爰請我族衆謫與重修而擴大之，非敢挾小前人，亦欲以為善繼先志云爾。維時族諸君咸與贊勸，轉相勸勉，欣然樂捐。爰命工匠經營，經始於道光癸未歲，告竣在道光之乙酉歲也。落成，父老子弟咸往觀而欣賞焉。百餘年存古刹，重新宮殿鬱巍峨，培風管教人文聚，指日蟬聯甲第多。爰為之銘，曰：

> 山不在高，有仙則名。水不在深，有龍則靈。刹建茲土，會萃元型。衆山環繞，一水淵渟。松篁聳翠，怪石蒼蒙。獅蹲砥硅，橋臥洄汀。桂塘鎖鑰，宛轉螟蜓。扶砌磅磚，鍾毓德星。維彼心味，默運六丁。火燎舊院，前後兩廳。潛啟住僧，糾首共經。鼎新革故，培風樹屏。尖光舊物，式廓先型。巍峩壯麗，洞牖疎櫺。一方巨鎮，殿麗安寧。神之所棲，明德維馨。人文蔚起，星列熒熒。看花上宛，摛摘天庭。勤勞拮據，永勒芳銘。天錫純嘏，鶴算龜齡。功垂不朽，水綠山清。

道光乙酉歲十月中浣之九尹姓闔族立，州增生崇本撰。

湖南武岡尹氏白江寺圖

湖南武岡尹氏白江寺記

　　距厂面前祠半里許，雷神殿之後山，白江禪院在焉。我房先哲象潔公得購郭姓之古刹也。增其兩廓，葺其門樓。同治戊辰冬，嗣孫生員春發等，轉鬻我玉貴清三公裔，爲集福院。斯庵也，前臨溪水，後枕高山，左右皆曠野，門鎖一峯，峯下水聲潺潺，響若鳴琴，樹密山幽，春夏之交，鳥語解人，韻雜貝葉，而樵歌牧笛，彷髴雲裏鐘聲，遙相呼應。登斯庵者，僉曰："勝景若此，不減姆嬛福地也。"有田七畝，有墻數片，可以齋僧，可以供佛。前建戲臺，梨園倍覺增色，左右厢樓，賞玩更多娛目。任是煩襟俗慮，至此頓消。正殿古佛，雖則脉脉無言；兩旁羅漢，依然盈盈欲笑。内塑白馬真仙，當年活現金身，鄉人多遥見之。朝禮者，往來不絶。邇年來，老衲謝世，遊人稀少，以致殿宇凋殘，香燈冷落，覽者不無今昔之感。豈知循環者運也，盛衰者時也，盛極則衰，安知衰極不可復盛乎！今我族家乘告成，草書短《記》，以留遺蹟。菩薩有知，當亦怵然媿，奮然興，佑我後人重修駿宇，恢復宏規，豈不勝與！

　　嵩生兆熊氏沐手敬撰。

　　民國十四年孟秋月玉清貴三公裔重刊。

湖南武岡尹氏沙子庵圖

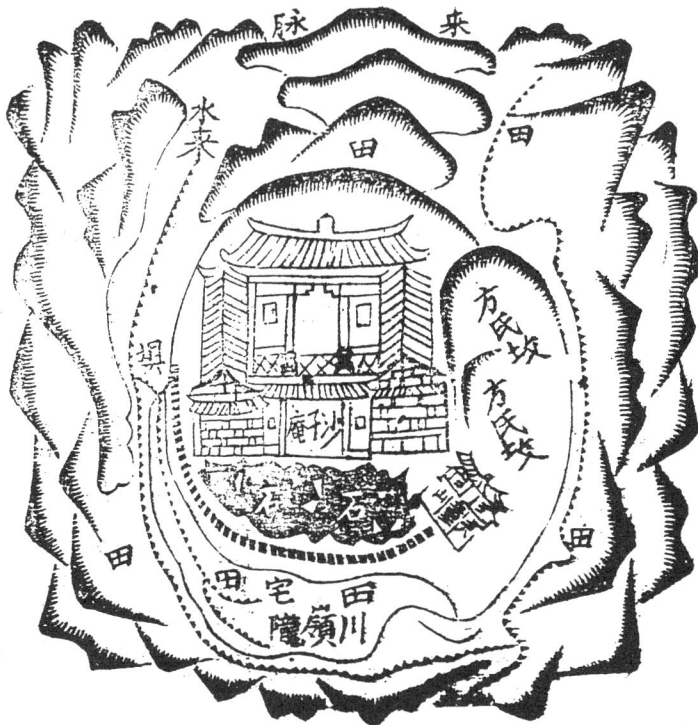

湖南武岡尹氏沙子庵記

　　十世祖元軒，字廷軒，材貌魁梧，胸襟濶達，大明故家子，偉丈夫也。少失怙，嫡祖母李鍾愛之，珍貴逾於諸叔父。(辰)〔派〕分田産，孫也而子等之，爲之(契)〔挈〕龜築室，慘惔營經，堂構煥然一新焉。晚年尊禮浮屠，頗厭囂塵，公讀李密《陳情表》，感烏鳥私情，媿少報稱，敦請興師相其陰陽，得地名川嶺，頂上天開一峯，有鳥聚，聞法龍慘護禪之勢，鼎新獨建禪院，夜呼月到，早放雲歸，義取沙子庵，權作報恩寺焉。置買庵田二十七畝五，雕塑如來金身、觀音古佛及滿座羅漢諸色相，懸掛鐘鼓石磬，老衲朝夕進香一擊，而聲聞十里。旁建幽深靜室，爲嫛寄頓養真所，今靈主在位如昨也。公值理家閒暇，清和景明，相率康成文婢，提筐采采，芹香供佛，躬撫大慈，筇杖移步賞玩，指點花卉開未。嫛得爐香經卷自娛，直至終身方休。無何，回禄肆虐，居盧被災，公罔克壽而早逝。亢宗子三，皆賢能。繼起孫子利臣者，明經進士也，恢宏先緒，加意保護。不意傳不數世，山門傾頹，香火冷落，田園半非故主，庵院付之一炬。房衆不肖，利庵田將變賣剽分。約期先夜，我祖長清公夢一偉人，羣犬吠逐，窘迫間顧之，而呼其名曰，汝作壁上觀，遂聽若輩至此乎！醒而異之，如斯者三。始悟敗斯菴者，殆羣犬不啻與？俟家衆畢集，以剝果僅存，恢復修廢，商諸老成，莫不稱善。非公之靈爽在天，烏能若斯乎。於是羣推我祖主盟，董理存積常住贖轉庵田。不料土木未興，祖竟病篤，易簀時，猶以未竣爲憾。家先生甫體承遺志，搜出材植，與各房長昌鳳、昌啓、昌積、昌栢、祚明等，重建庵院，復置佛像鐘鼓，校舊更新。今日者，振興有基，佛國河山，並古佑啓，罔缺上方，帶礪俱長。兹以耳孫敬承祖德，我公之名望永終；昔以嗣孫躬沐慈恩，太似之徽音遠播。試登而觀之，衆山皆小，高門亦低，所謂心超境外，了同懸解，天竺勝境，可爲斯庵寫照。

　　十一世孫州庠生全璽册名國登雲川氏敬撰。

　　光緒二十七年辛丑冬月祚盛祚發昌啟昌甫全明全貴同刊。

　　　　右庵計載於左

　　菴右邊，土名四斗，古田一段，種四斗正。接右邊，圳下田一段，種五升。又庵後，反背沖田一段，種二斗正。又川嶺雨圳灣田一段，種一畝正。川嶺中壠八斗。古田一段，種八斗正。壠右邊，馬鞍石田一段，種二斗正。又地名榛樹坑拔茅坑田一段，種二斗正。又地名馬田田一段，種三斗正。又象嘴下侯家沖田一段，種一斗。又竹山灣屋下田一段，種二斗。大禁山田種一斗。又楊家壠坳上大田　坵，連右小田　坵，合種　斗。又凉樹峴山　片，以爲安厝庵僧之區。外置地名龍陽庵對門田十坵，種二斗田。上平墻三片，永爲八世祖李孺人位前燈油之需。又置橫圳田氹田二坵，種二斗。又謝家山田一坵，種八升。又樟樹舖店房一座，基地一並在内。

　　　　　　　　（尹丹枡等總修《[湖南武岡]尹氏族譜》　1925年惇萃堂木活字本）

江蘇蘇州大阜潘氏松鱗義莊圖

莊屋圖

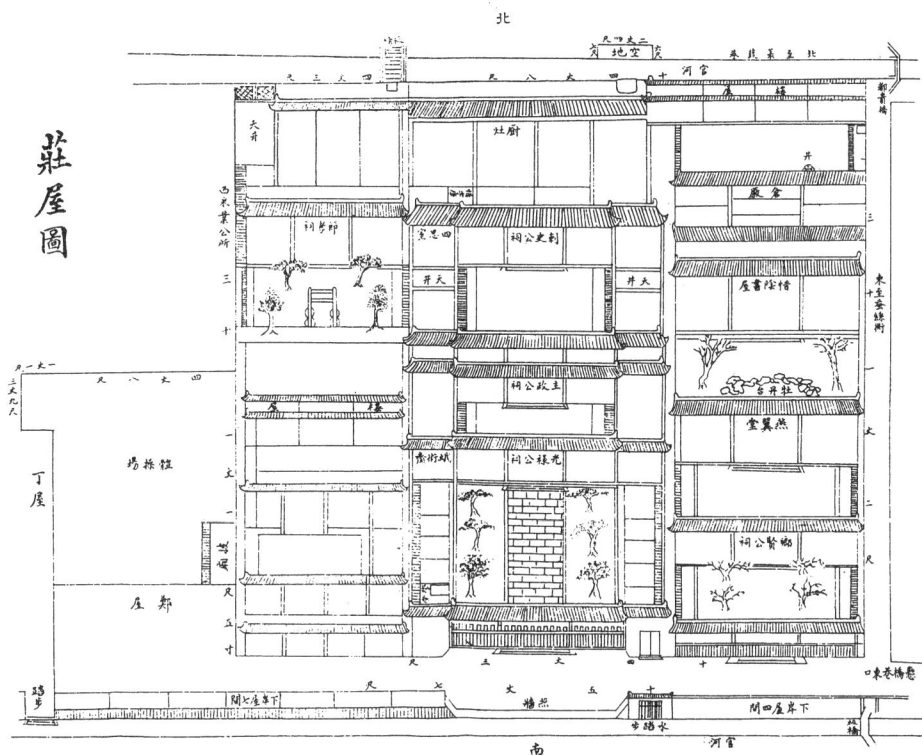

江蘇蘇州大阜潘氏松鱗義莊圖記

　　松鱗義莊,坐落元和縣半十九都利一上圖城內懸橋巷東。朝南正絡五進:計頭門三間,側門一間,門房一間,左右天井二箇;正祠三間,耳房一間,蛾術齋一間,左右廊房十四間,甬道一條,前後天井七箇;中祠上下樓房十間,廂房四箇,走廊二條,前後天井四箇;後祠三間,東西夾室二間,對照二間,走廊二條,備衖一條,前後天井四箇;廚房四間,天井一箇。東絡七進:計頭門三間,鄉賢祠三間,走廊二條,天井一箇;燕翼堂三間,走廊二條,前後天井二箇;惜陰書屋三間,前後天井二箇;對照倉廠六間,過路二條,天井一箇;倉廳上下樓房八間,走廊二條,倉場天井一箇。西絡前面三進:計學堂房屋十二間,上下樓房六間,廂房四箇,走廊二條,過路一條,前後天井六箇。後面二進:計節孝祠三間,走廊二條,坊表一座,天井一箇,平屋三間,天井一箇。西邊基地二進,又南首過街照牆一座,水馬頭一座。東邊平屋四間。西邊平屋七間。連河埠一箇,北首過河蓁葭巷屋基二間。其捐建增置先後年歲詳後。

(潘家元纂修《[江蘇蘇州]大阜潘氏支譜》　1927年鉛印本)

湖南湘潭隱山胡氏碧泉書院圖

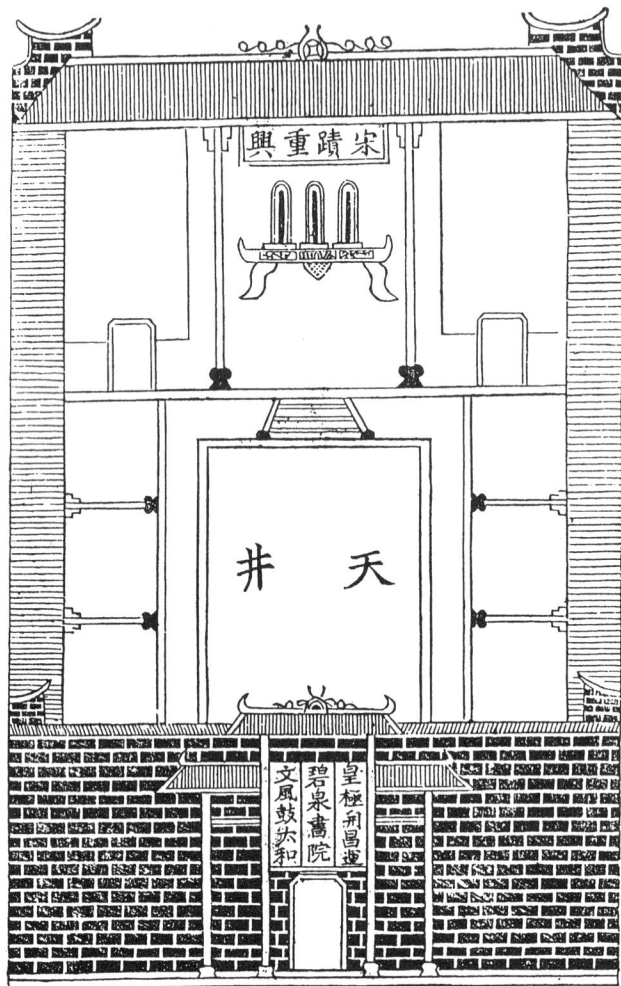

湖南湘潭隱山胡氏碧泉書院圖記

　　右書院在湘潭十一都碧泉,我鼻祖文定公所搆,以攜季子五峯公與張南軒講學處也。屢經兵燹,遂墮劫灰。清乾隆年間,復其基址,新其堂構,周圍山地一所,祖墳數冢,前置祀田五畝,以爲久遠之計。嗣是八房子孫,其亦飲泉思源,有基勿壞則得矣。

　　中華民國十八年己巳秋月穀旦重刊。

　　（胡碧卿纂修《[湖南]湘潭隱山湧田胡氏七房八修支譜》　1929 年春秋堂木活字本）

湖南瀏陽施氏八景圖之一:龍山異彩

湖南瀏陽施氏八景圖之二：曲水文波

湖南瀏陽施氏八景圖之三：舡蓬甘雨

湖南瀏陽施氏八景圖之四：神馬效靈

神馬効靈

湖南瀏陽施氏八景圖之五：石筍參天

湖南瀏陽施氏八景圖之六:虹堤烟柳

柳烟堤虹

湖南瀏陽施氏八景圖之七：石湍清泉

湖南瀏陽施氏八景圖之八：在田風雅

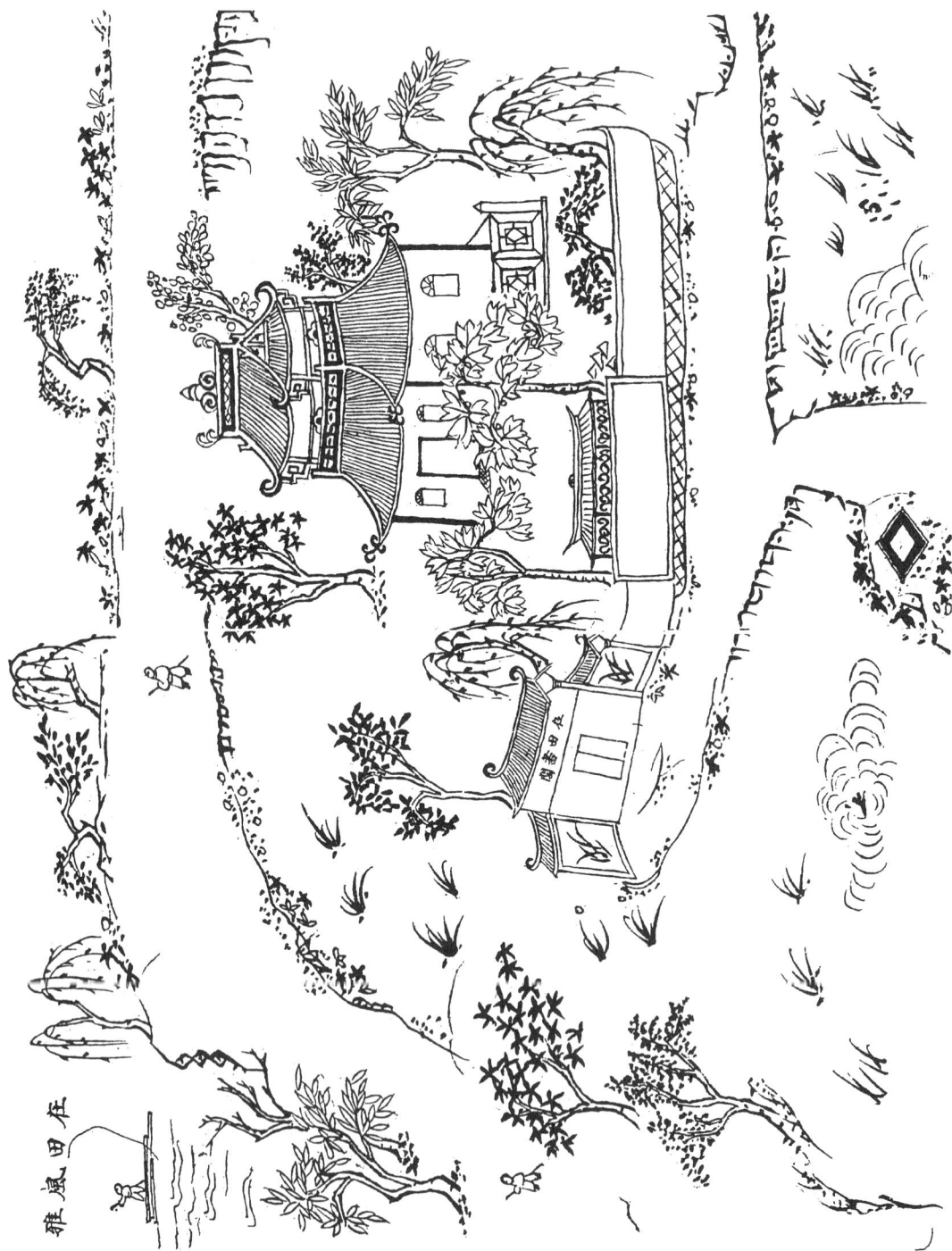

（施逾福主修《[湖南瀏陽]瀏東南溪施氏族譜》 1935 年吳興堂木活字本）

湖南湘潭石蓮曾氏義莊圖

湖南湘潭石蓮曾氏義莊圖記

　　莊地在十都一甲曾家坪蓮汜下。自光緒二十三年，合族商議將宗祠祀產內提田肆百壹拾畝，分設義莊、義塾，定規立案，所有義產坐落、義舉章程概載條規，詳卷之五，茲不贅述。惟定案以老屋高茅屋爲義莊、義塾，俟公資饒裕，然後修建。豫繪斯圖，以望繼志述事者。

湖南湘潭石蓮曾氏五雲禪林圖

湖南湘潭石蓮曾氏五雲禪林圖記

　　右庵在十都　甲玉盤山虎形右側圍內。康熙間,二房翔古公因艱嗣息,大婦立願修建僧寺於斯,供奉佛祖,兼守墳塋,土木未興,公即捐館。其子翼書謹遵遺言,稟命侍母阿甘獨修庵院二進,名曰"五雲"。塑佛像,置鐘罄及什物等項,捐水田柒畝以作香火之貲,招僧聖言、空賢師徒住持。後因庵宇不克歲修,年深月久,風雨傾頹。嘉慶壬申,耳塋公邀集公五書立合約,捐貲重修,禪堂有輪奐之觀,佛座著光輝之象。同治乙丑,住僧圓寂,負累莫償,概係公五妥貼,將菴內每歲租穀歸公五收。公議不復招僧,雇外姓老成一人,侍奉香火,每年食穀工資、歲修慶祝,概由公五理會,庶神歡人樂,先靈亦默慰九京矣。家乘續修,爰繪圖刊註,以垂久遠。

　　同治五年丙寅陽月之吉,蓮沚房後裔謹誌。

(曾傳禄等纂修《[湖南湘潭]石蓮曾氏七修族譜》　1938年木活字本)

湖南寧鄉趙市趙氏清獻書院圖

湖南寧鄉趙市趙氏清獻書院圖記

　　右清獻書院,距衡山縣治六十里,地名城前。宋神宗時,清獻公致仕來衡,與從弟紀公協築。其五世孫游,改建爲祠。至明嘉靖三十六年,副使程公秀民,因遺址重修之,稱清獻書院。國朝屢經子姓修葺,今尚存門鼓二枚,神道碑趺二座,前有半月池,環院松櫧楹棡數百顆,闔族子孫公禁培植。原田八斗,後續捐田二碩,以爲合族祭祀之資。

湖南寧鄉趙市趙氏老屋圖

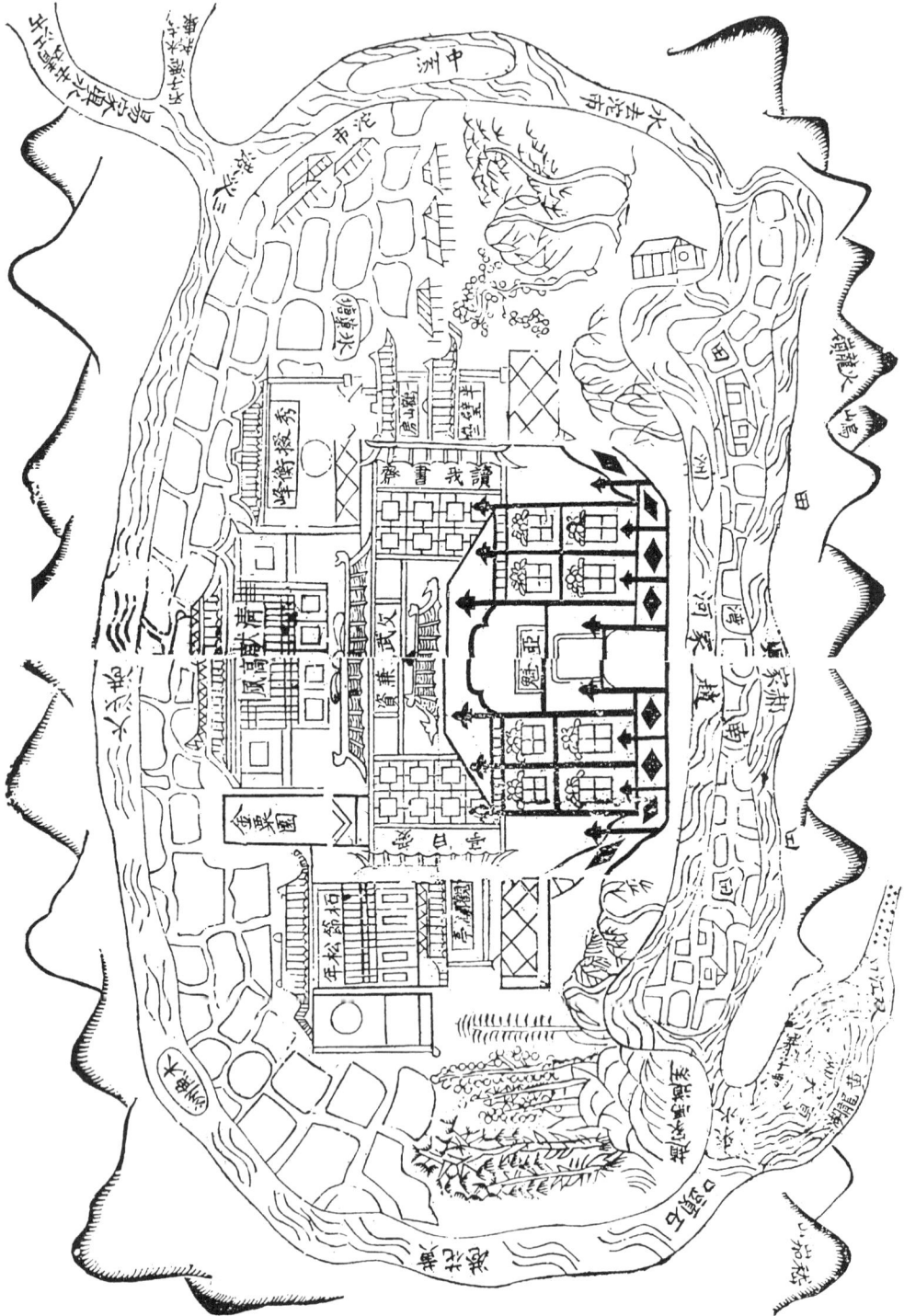

湖南寧鄉趙市趙氏老屋圖記

趙市邑志一日，趙家河，承祖公定居處。其地寬廣，脈由潙山分支，歷天馬諸山，穿田過峽，凝聚於此。水自潙江彎環曲折分支夾送而入：一由石頭口繞宅後出靖江，一由門首至沱川出新康。蓋吾邑山水關鍵處也。老屋棟宇連雲，諸房均從此出。今象鼎公房子孫守之，並議永不外售。後之人當篤念閒閟之舊，而益增堂構之輝矣。

一卿繪並識。

附：

趙市老屋源流考

《趙市老屋圖》，先逸卿公繪之，以刊於《家譜》，垂示後人者也。趙市居寧鄉之一都三區，東與長沙沱市接壤，本一小聚落。余始祖鳴岐公，由衡徙寧，即卜居於此，世遂相呼爲趙家河。所謂河，以姓名者是也。趙河之水，發源邑之潙山，其流經邑城，趨檀樹灣雙江口，曲折而下，環繞趙市，前後分爲兩支：一由市前經沱市出新康；一由市後經易家埠花園山等處出靖港。而趙市之地，適當洲渚之中，故又號中洲焉。市中面積甚小，居人百餘户，有小商店數家，可供米鹽零雜之需。市後皆菜圃，居人多以種菜爲業。市中有中洲古觀，俗呼楊泗廟，上有南陽寺，在河之南岸，下有關聖殿，在河之北岸，皆數百年古廟也。而南陽寺之前有大船套，關聖殿之前有落篷潭，皆爲市中古蹟，今則不可見矣。先斐卿公有《趙市八景》詩，所謂“龍潭映月”、“沙渚眠鷗”、“古寺鐘聲”、“棣樓書韻”、“烏山積雪”、“津亭觀瀾”、“柳岸聽鶯”、“石灘垂釣”者是也。余每誦其詩，流連往復，覺八景之狀雕鏤如繪，信乎其爲趙市名勝也。老屋在趙市之中街，面南背北，前臨小河，河中有洲，即爲中洲。其屋凡數十楹，鱗次櫛比，屋之上下各宅，今尚爲我趙氏子孫所居。其前爲正廳，廳之東西二楹，舊爲市肆舖面，今靜誠兄長子伯蘋改造西式樓房一棟，並構高亭於其中。而中楹之神堂，舊有“清獻高風”匾額，今改換“文武兼資”新匾。其後楹爲靜年兄之子棸友所居，後楹之堂額，有先觀我公所書“秀掇衡峯”四字。後楹之西，爲靜誠次子仲瑜所居，其月門之上，先曾祖介亭公所書“祥徵鯉化”四字猶存。月門之西偏橫屋四間，舊名“愛日亭”，忽於民國二十六年三月，因椽領朽蠹盡就坍塌，廢爲空院。而空院後所存之後楹房屋一棟，伯蘋父子即於是年九月售余管理，而余之居室十餘間，亦在老屋後之西廂，即余所稱爲承慶堂者也。吾人席先世之餘業，守先人之敝廬，雖當闠闤之間，而蔬食布衣，淡泊足以自適，且有八景之美，交相映帶以供吾人遊覽，其風物之清幽，與古之麻源、輞川殆無以異。至如街市之靜僻，田園之肥沃，民風土俗之純厚而質樸，尤非塵世淆雜之地所能及也。雖然，此宅實爲我先人發祥之地，吾趙氏之居於斯者，四百餘年矣。而余祖父輩又皆於此發名成業，聲華爲一邑冠，當道、咸、同、光之際，以科名煊耀鄉里間。嗚呼，豈不盛哉！迄於今，子姓蕭條，室家零落，舊時繁華熱鬧之市，一變而爲荒涼寂寞之區，而此數椽老屋者，亦大半頹廢不堪矣。吁！盛衰今昔之殊可勝慨耶！展覽是圖，爲之低回不能自已也。

己卯秋顯祖撰。

附：

趙市老屋圖修改記

　　趙市老屋，前後兩進，原係鬮分之業，後由伯蘋陸續收買。東邊房屋於民國初收買冠南公者，西邊房屋於清光緒間收買勘甫二孃者。又西邊屋基，前半收買林生公者，後半收買菊岑公者。自此老屋前後兩進及西邊屋基，全歸伯蘋管理。其界址：前抵河心，後抵琴友及紹武屋基，左抵蓮丞屋基，右抵保箴屋基。三方均與本家房屋毗連，日後不得彼此侵越。老屋式樣，原係華式房屋，自民國五年伯蘋署理晃縣知事時，將舊屋拆卸，改建西式房屋，然衹前進一棟如此，其餘仍屬華式。己卯《續譜》，因改建後之屋式，與舊譜牒《老屋圖》形勢稍有不同，不得不將舊圖式樣修改，以符真象。但改圖後，恐後人不明修改原因，特此説明，以見時代不同，趨時合式，亦人情之所必至也。是爲記。

　　己卯秋顯登識。

　　　　　　　（趙顯登等總纂《[湖南]寧鄉趙市趙氏族譜》　1939 年琴鶴堂木活字本）

安徽南陵越國汪氏十景之一:中洲舊址

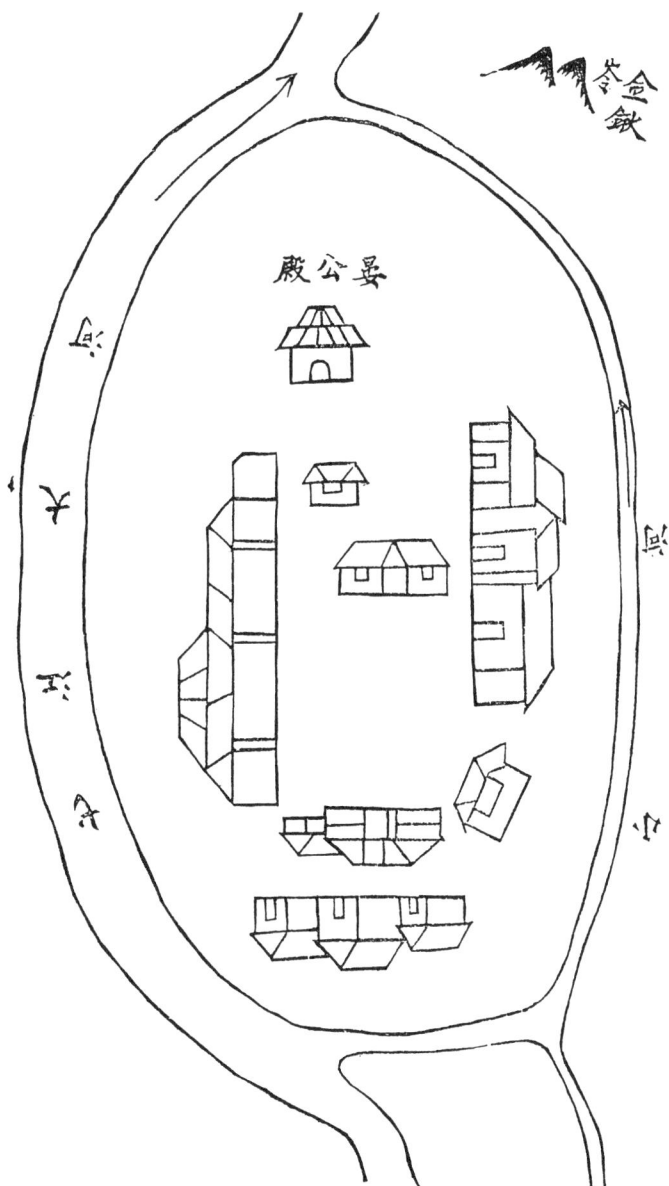

中 洲 舊 址

稔知汪氏善貽謀,居卜中洲雙碧流。

烈祖昔日恢宦業,雲孫今徙紹箕裘。

千年故宇烟霞境,百世先基風月秋。

遥溯宋末遷此土,謾留題咏識來縣。

安徽南陵越國汪氏十景之二:承流聳秀

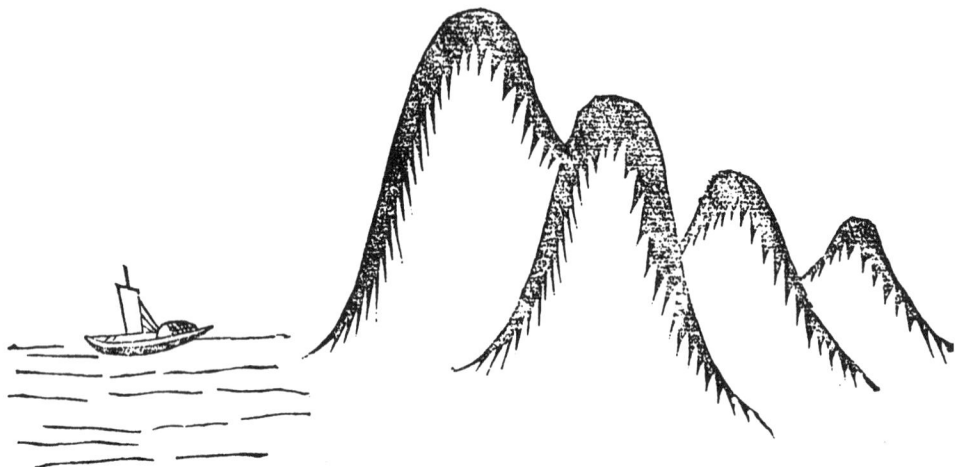

承 流 聳 秀

門前朝拱承流峯,樓臺聳拔勢尊崇。
層崖霏翠晴光爽,尖岫浮燦瑞氣叢。
勝槩謾言圖畫裡,瀟湘頻入品題中。
降神鍾秀知無盡,申甫重生冠世雄。

安徽南陵越國汪氏十景之三：馬頭印山

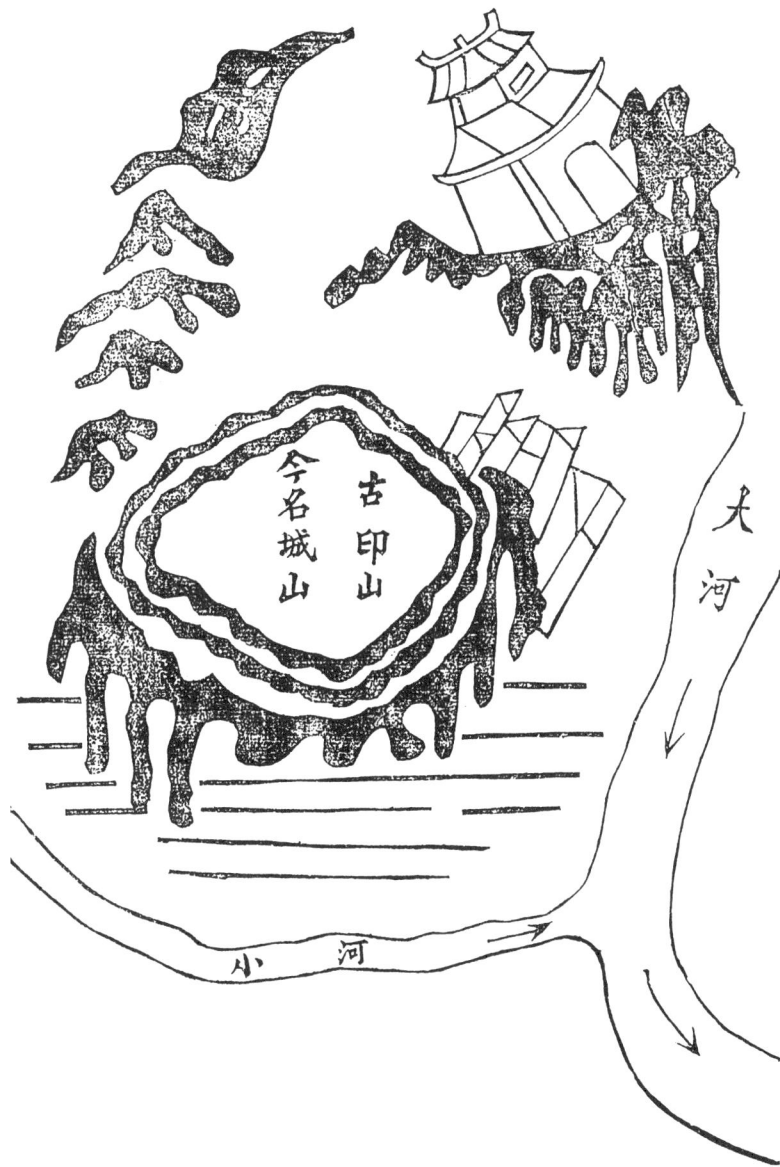

古印山
今名城山

大河

小河

馬 頭 印 山

馬頭嶙峋聳奇峯，天開雄峙奠溪東。
翠屏陡削疑天斧，璚印万鎔自化工。
霞映層崖雲錦爛，雨收疊嶂山光濃。
分明一幅丹青畫，藩翰中洲秀氣鍾。

安徽南陵越國汪氏十景之四：竹蔭風清

竹　蔭　風　清

萬竿如束翠沉沉，瀟灑清風六月陰。
輕掠高形期鳳舞，細搖晚韻訝龍吟。
天虛戞玉無窮籟，地僻聞韶不調琴。
幾度弄敲驚午夢，故人疑到覓知心。

安徽南陵越國汪氏十景之五：龍口溪環

龍 口 溪 環

溪抱山流濺石寒，曲瀠龍口泛回瀾。

晴波蕩漾春烟淡，碧沚澄鮮夜色闌。

雨過紅流花片出，風輕綠皺浪痕湲。

錦鱗若遇雷聲震，點化龍門躍玉湍。

安徽南陵越國汪氏十景之六：田山樵歌

田 山 樵 歌

樵歌音答白雲鄉，遙望放牧盈山岡。
井田曲聲長有應，山林笛韻短無腔。
薪肩尚欲觀經史，柯爛何須採藥方。
繼美昔賢千載下，於今曾見永流芳。

安徽南陵越國汪氏十景之七：大河舟行

大 河 舟 行

汪氏人烟列鄉村，環繞帶河徹底清。
百葉錦帆嫌岸窄，萬家燈火照河明。
櫓聲咿啞驚眠鴈，漁曲謳歌動宿鶯。
朝秦暮楚無暇日，五湖四海樂平生。

安徽南陵越國汪氏十景之八：兄弟宦塋

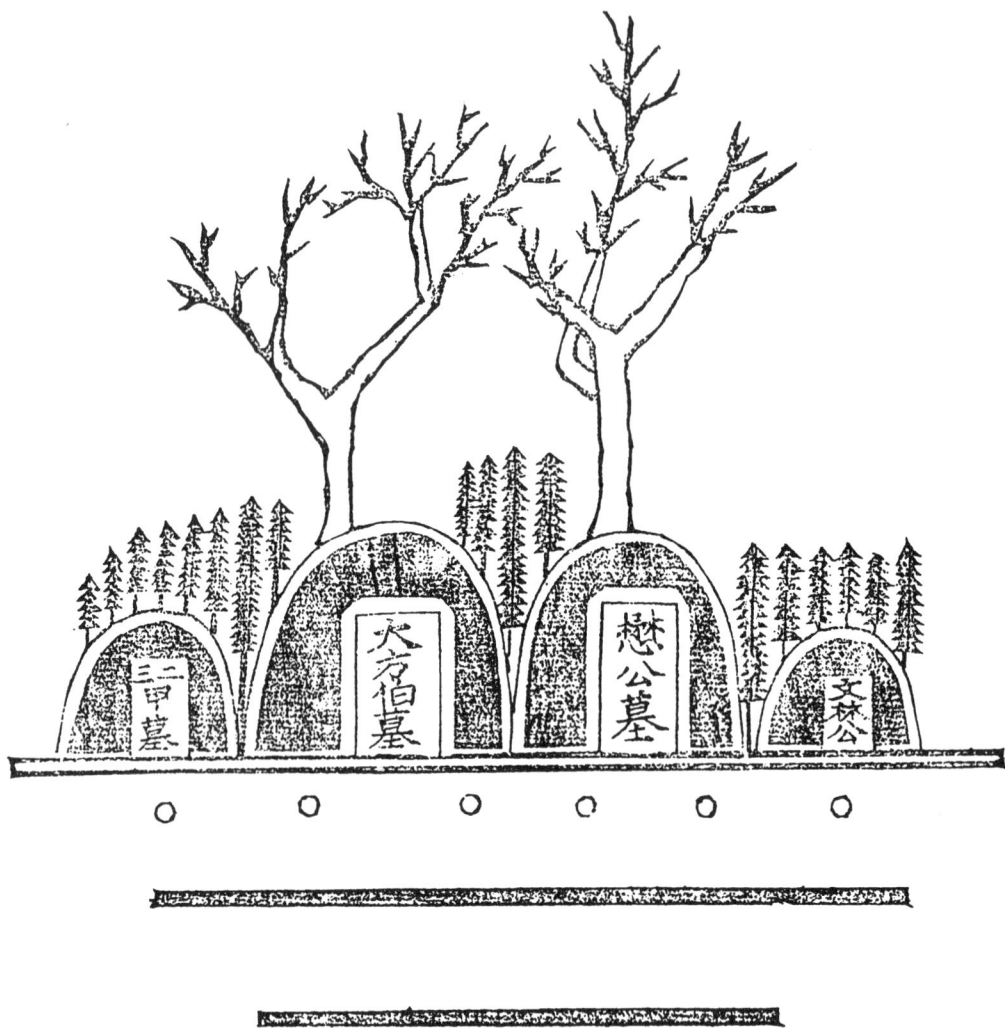

兄 弟 宦 塋

方伯文林顯宋時，佳城諭葬樹豐碑。
白雲淡鎖青山暮，紅日光涵碧水奇。
滿徑落花茅鬣在，千秋荒草石麟遺。
應知秀聚牛眠地，一本雲礽萬衍枝。

安徽南陵越國汪氏十景之九：官田湖耕

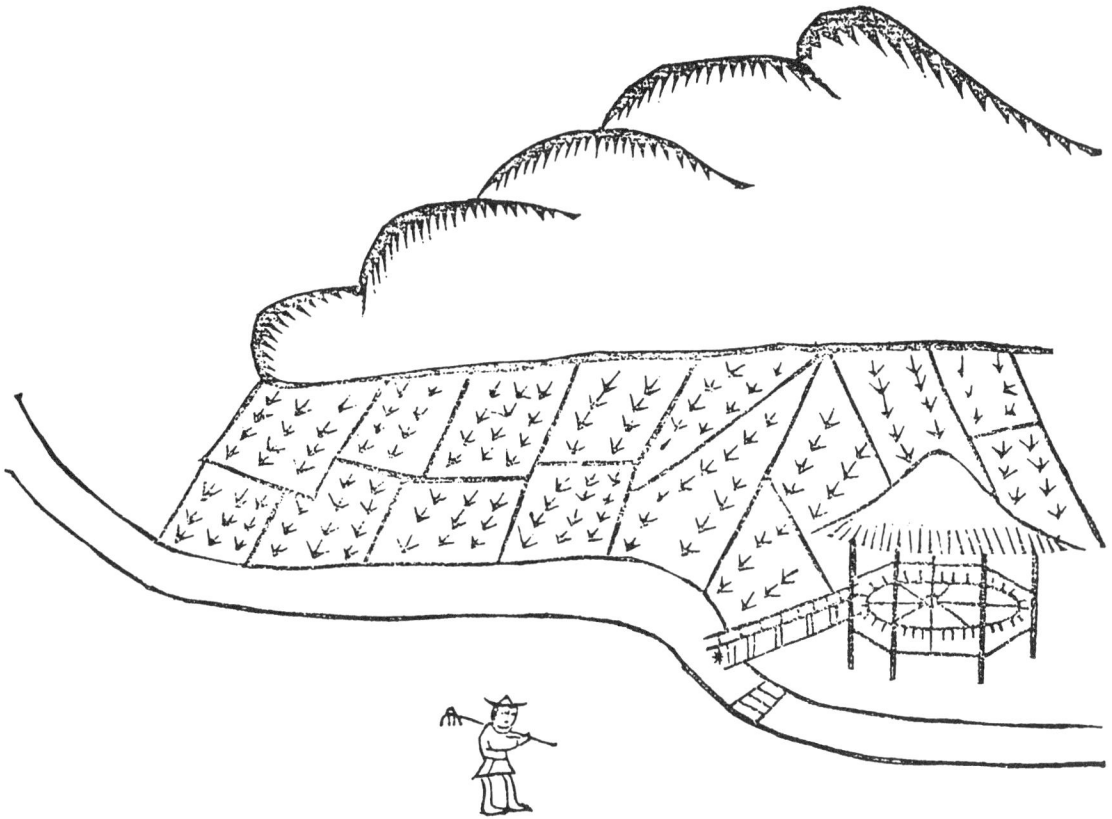

官　田　湖　耕

南畝農耕數頃田，竹籬茅舍並相連。
栽桑地接羅家村，灌苗渠通團塘泉。
莘叟起來興子祚，姚鰥還去樂堯天。
幸逢治世無虞日，《擊壤》時歌大有年。

安徽南陵越國汪氏十景之十：宅底禪庵

宅 底 禪 庵

禪林宅下地勢雄，合門鼎建助興隆。

神靈有感雷霆迅，佛法無垠天地窮。

鐘鼓聲鳴徹陰府，金爐香熱透蒼苔。

家家普沾禪林福，盡在調風順雨中。

（汪之進等修《［安徽南陵］越國汪氏宗譜》　1942 年木活字本）

湖南醴陵田心劉氏八景之一:五鳳朝靜

湖南醴陵田心劉氏八景之二:九獅戲月

湖南醴陵田心劉氏八景之三:雲巖九峰

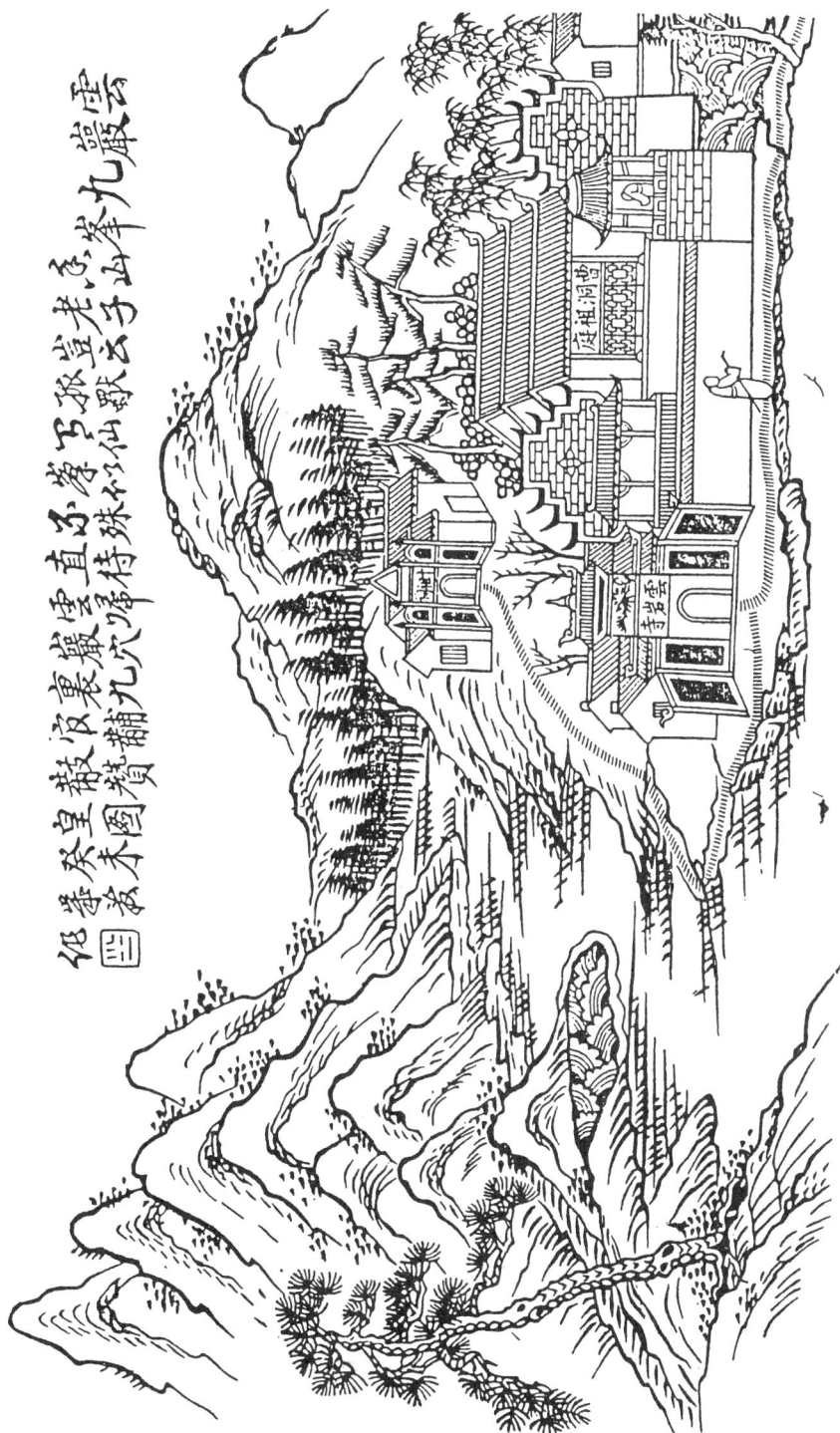

湖南醴陵田心劉氏八景之四：仰山烟幛

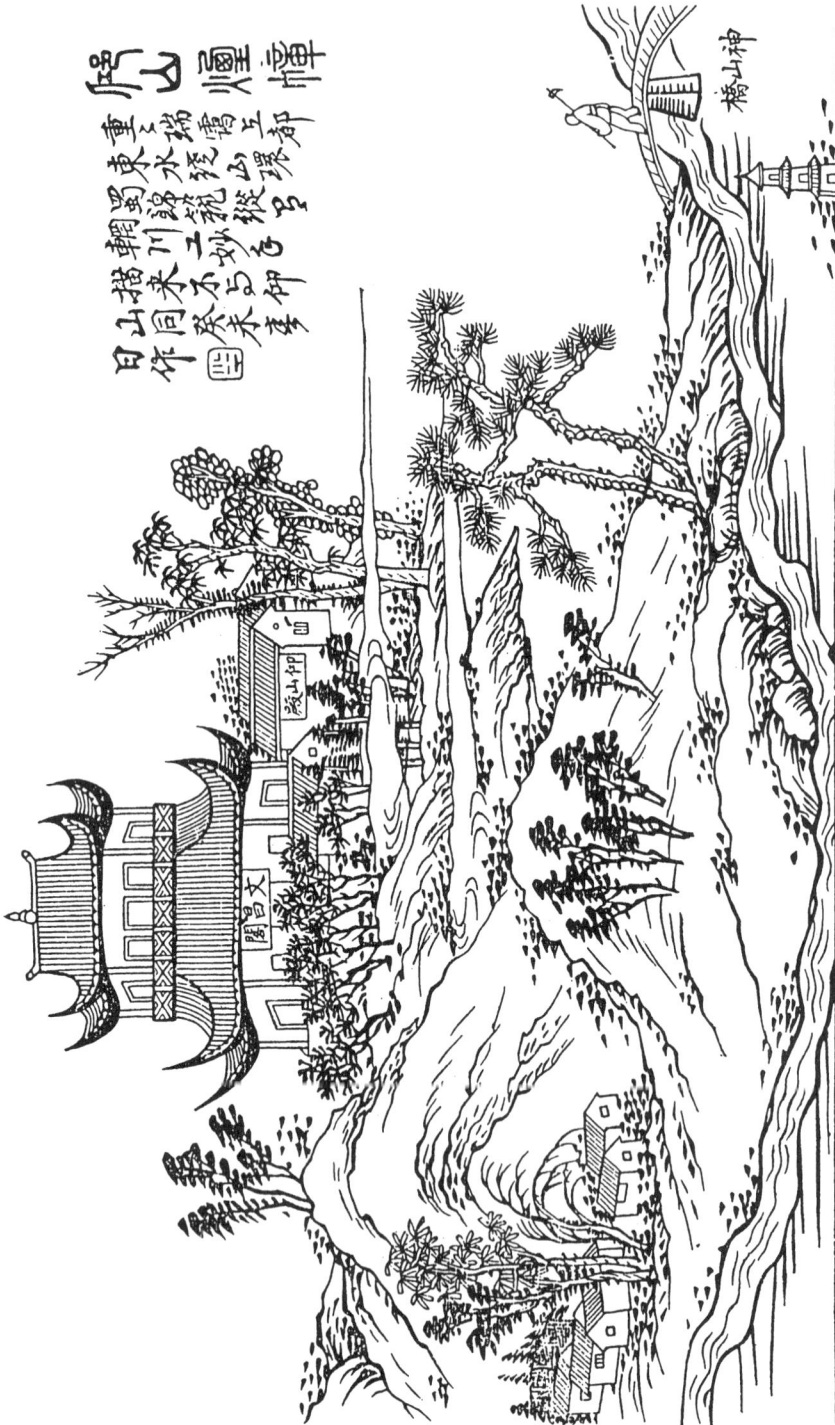

湖南醴陵田心劉氏八景之五：石笋雲封

石笋雲封

怪石岌々欲插天形同倒置笋
長山巔大都天路笋多遠指
點雲梯在眼前癸未筆作

軍山

北斗嶺

楳勾
樹下

封雲笋石

湖南醴陵田心劉氏八景之六：石欄瀑布

湖南醴陵田心劉氏八景之七：白雲旭日

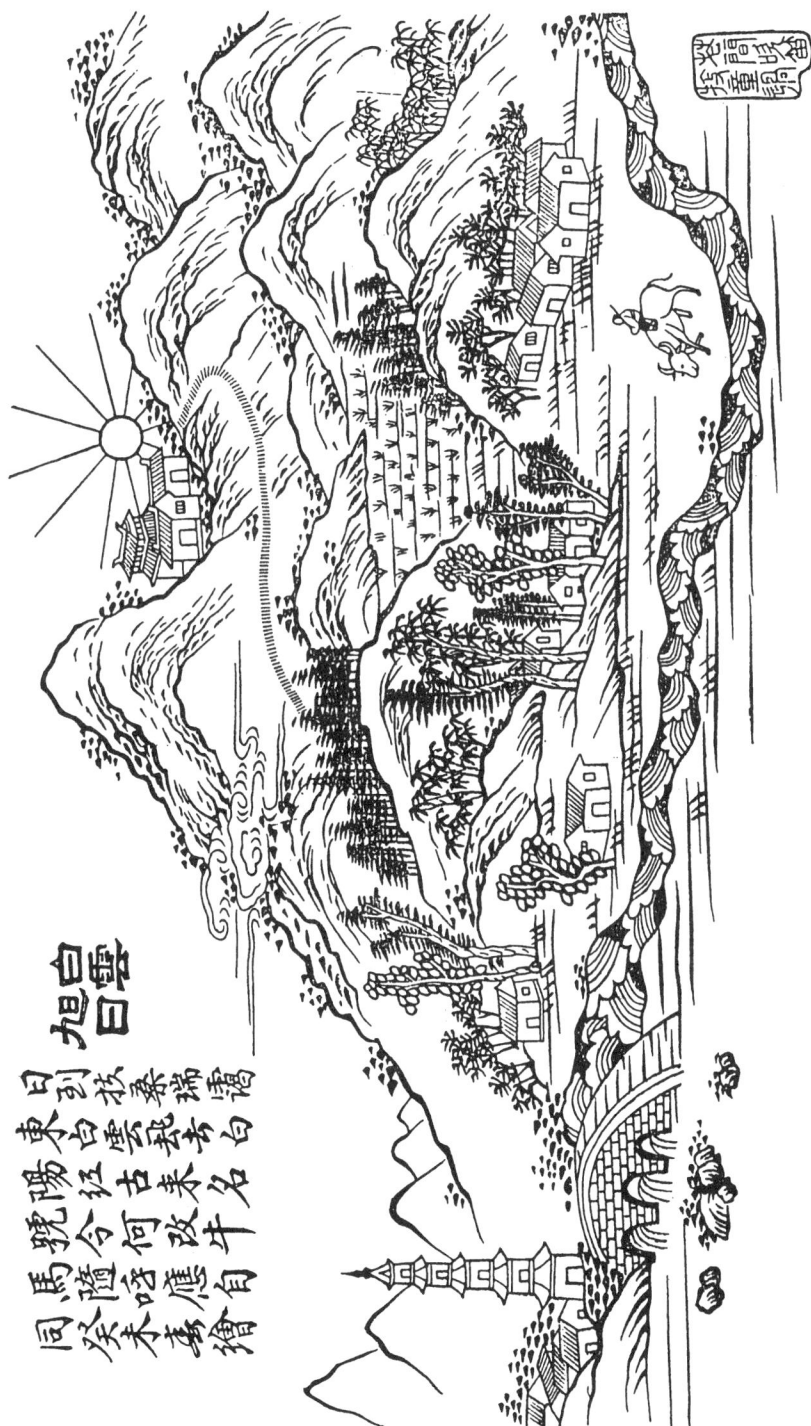

湖南醴陵田心劉氏八景之八：龍龜夕電

（劉維璠等纂修《[湖南醴陵]醴南田心劉氏八修家譜》　1943年敦倫堂木活字本）

湖南岳陽何氏吳家莊圖

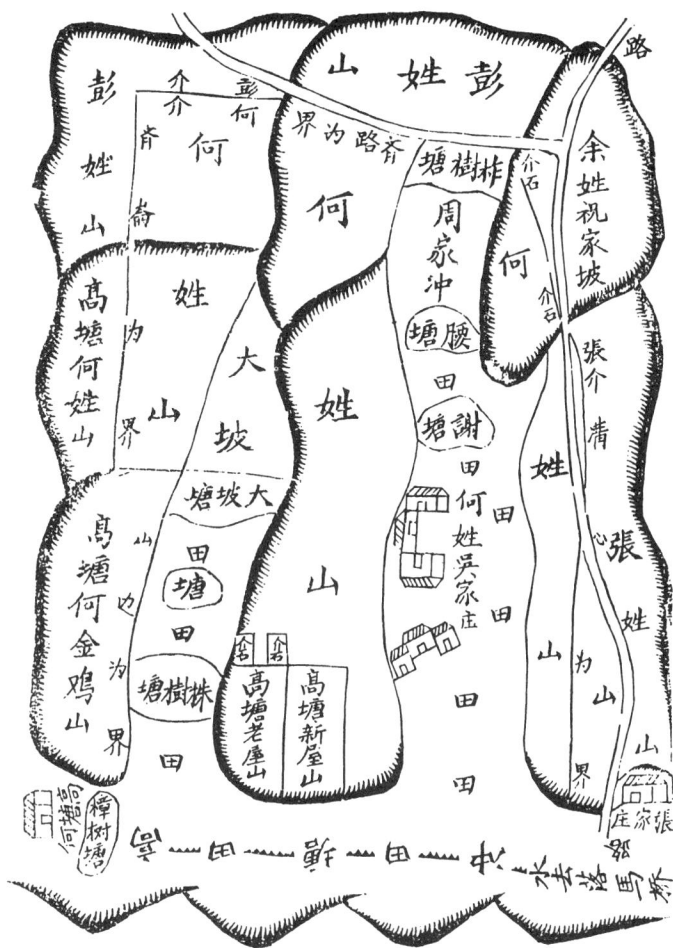

湖南岳陽何氏吳家莊圖記

　　賓興學公於民國三十五年二月，置十四都四甲吳瓊林芭蕉莊門首大路下第二坵，水田壹坵，計種陸升。又馬掌葵壹斗捌升田，下水田壹坵，計種陸升。水係芭蕉塘、范家塘、新塘蔭救，時價穀拾壹石。於民國己丑年公議，將該田壹斗貳升捐歸淩雲卿十四保高塘何高塘小學校，永遠常款，以便吳家莊佃戶子弟就近入該校求學。當憑經手人高塘何福田、吳莊馬掌葵族春仲、輔臣、青喬、世芬、鍾林，公舉彼穰立約，存校爲據。

湖南岳陽何氏戲台圖

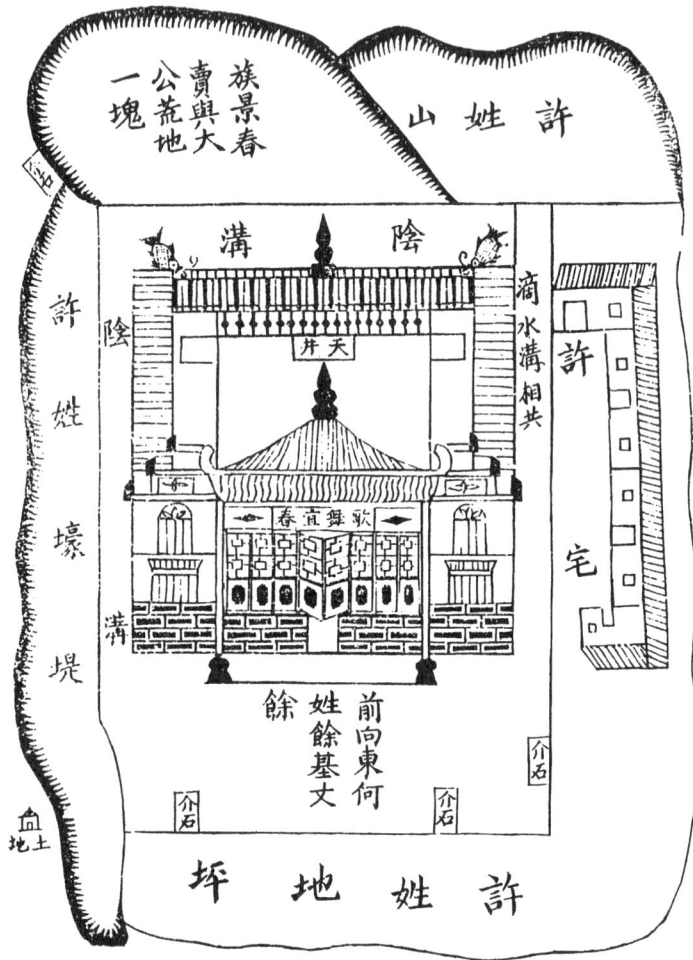

族景春　賣與大　公荒地　一塊　　山姓許

許姓壙堤　陰　溝陰溝　天井　滴水溝相共　許宅

溝　歌舞宜春　前向東何姓餘基丈　餘　介石　介石　介石

血地上　坪地姓許

湖南岳陽何氏戲台圖説

　　建臺演戲,相傳肇自唐明皇梨園子弟,後世相緣藉演古今政治、社會善惡,備宣傳以化愚,亦以爲民衆勤動〔閒〕暇之娛樂場也。吾鄉俗例,酬神演戲爲娛樂,且不避風雨,故建瓦臺焉。然吾族演戲,每臨時搭草臺,因日久木蝕,彼修此壞,莫蔽風雨,非徒費浪工煩,並有礙觀衆之興趣也。少甫公念此,乃於民國甲戌秋,因族王爺會之積資稍爲籌補,擇許家沖適中地,購族同青屋地爲建臺基,而綜藏其事。助理採芹、同青等採木鳩工,慧泉繪綴人物,未三越月,而戲臺落成。其位坐西朝東,前臺宏(敝)〔敞〕,足供文武表演。臺兩傍附樓房四支,後連樓廳一間,中有天井,堪備演員膳宿。至四址:南抵許姓壕堤土地廟觜爲界,西抵族大成公置族景春荒地一塊,外抵許姓山,立有界石,北抵許姓住宅,均以滴水溝爲界,直前到許宅地坪,埋有界石,東臺前地坪丈餘濶,埋界石,外抵許姓空地坪。先建臺時,已與許姓商妥,如逢演戲,許姓願將地坪供民衆觀戲,並日後不得建築也。今戲臺猶巍然矗立於許家沖矣。如妥爲管理,亦吾族永遠演戲之娛樂場也。然樂極悲生,至若久演,或淫戲,是又耗資而滋事,可不慎乎!己丑余修譜,立臺圖附説,以付剞劂焉。

(何宗武纂修《[湖南]岳陽坪橋何氏族譜》 1949年廬江堂刻本)

江蘇江陰綺山東沙王氏王祥臥冰求鯉圖

至孝

　　祥，字休徵，臨沂人。性至孝，母蚤卒，父融娶繼母朱氏，祥事之極恭謹。母欲生魚，天寒冰凍，祥剖冰求之，冰解得雙鯉。嘗爲徐州別駕，率兵討寇，州郡肅清，政化大行。魏咸熙初，遷太尉，進晉公，時司馬昭爵爲王，荀顗謂祥曰：“相王尊重，朝臣皆已盡敬，今日便當相拜，而更無疑也。”祥曰：“王公相去一階而已，安有天下三公，何輒拜人首乎，君子愛人以禮，我不爲也。”及入，顗拜，而祥獨長揖。昭謂祥曰：“今日然後見顧之重也。”天子幸學，推祥爲三老，北面乞言。及卒，門無雜弔之賓，族孫工戎歎曰：“太保當正始之世，不在能言之流，及與之言，理致清遠，豈非以德掩其言乎？”子五人：肇、夏、馥、烈、芬。初祥將死，烈欲還葬舊都，芬欲留葬京邑，祥曰：“不忘故鄉，仁也；不戀故鄉，達也，惟仁與吾二子有矣。”初呂虔有佩刀，工相之，以爲必登三公，可佩此刀，虔謂祥曰：“苟非其人，刀或爲害，卿有公輔之量，故以相與。”祥固辭，强之乃受。祥臨薨，以刀授弟覽曰：“汝後必興，足稱此刀。”覽後奕世多賢才，興於江左，祥言卒有驗云。

（徐征吉等纂修《［江蘇江陰］綺山東沙王氏支譜》　1949 年三槐堂鉛印本）

江蘇金壇諸葛氏八陣圖説

古者黃帝以井田之制而出兵。井分四道,八家處之,其形井字開方九焉,五爲陣法,四爲開地。虛其中,大將居之,環其四面,諸部連遶。所謂陣間容陣,隊間容隊;以前爲後,以後爲前;進無速奔,退無遽走;四頭八尾,觸處爲首;敵衝其中,兩頭皆救。數起于五而終于八。何謂也?此諸葛武侯以石縱橫布爲八行方陣之法,即此圖也。風后因之以乾、坤、艮、巽四間地爲天、地、風、雲之四正陣:居西北者乾地也,乾爲天,即天陣。居西南者坤地也,坤爲地,即地陣。以東南之地爲巽居,巽者爲風陣也。以東北之地爲艮居,艮者爲山,乃山川出雲,爲雲陣也。此四者爲正兵。以水、火、金、木爲龍、虎、鳥、蛇之四奇:左爲青龍,即龍陣也;右爲白虎,即虎陣也;朱雀爲鳥,鳥陣在前;玄武爲蛇,蛇陣在後。此四者爲奇兵。奇正相生,如循環之無端,擊其首則尾應,擊其尾則首應,擊其中則首尾俱應。桓溫所謂常山蛇陣是也。又曰先出合戰者爲正兵,圓而直、曲而銳者,以象五行,或旁擊,或夾攻,或掩伏,或截殺,隱顯莫測,料量如神,此又奇也。是以變化制勝,則又在乎陣之以金鼓,明之以旌旗。使紛紛紜紜,鬥亂而法不亂;渾渾沌沌,形圓而勢不散。是皆臨機應敵變通之法也。

附:

又　　説

八陣圖在漢中府沔縣定軍山下,聚石爲之。慈湖王氏曰:武侯八陣圖凡三,一在沔陽之高平舊壘,一在廣都之八陣鄉,一在魚腹永安宮南江灘水上。其法六十四陣,天衡十六陣居兩端,地軸十二陣居中間,天前衝四陣居右,後衝四陣居左,地前衝六陣居前,後衝六陣居後,風八陣附天,雲八陣附地,合爲八陣。天衡並前後衝爲二十四陣,合風八陣爲三十二陽。地軸並前後衝爲二十四陣,合雲八陣爲三十二陰。游兵二十四陣,在六十四陣之後。凡行軍、結陣、合戰、設疑、補缺,全在游兵。天地之前衝爲虎翼,風爲蛇蟠。兵家先陰,以右爲前。又風從虎,虎與蛇皆陰類,同位西北也。天地之後衝爲飛龍,雲爲鳥翔。兵家後陽,以左爲後。又雲從龍,龍與鳥皆陽類,同位東南也。以天地風雲爲四正,以龍虎鳥蛇爲四奇,所謂八陣也。每以二陣相從,一陣之中又有兩陣,一戰一守。中外有輕重之權,陰陽有剛柔之節,彼此有虛實之地,主客有先後之數,此八陣之法也。

夔州西市俯臨江岸,沙石下有諸葛亮八陣圖。箕張翼舒,鵝形鶴勢,象石分布,宛然尚存。峽水大時,三蜀雪消之際,澒湧晃漾,可勝道哉。大樹十圍,枯槎百丈,破磈巨石,隨波塞川而下。水與岸齊,人奔山上,則聚石爲堆者,斷可知也。及乎水落川平,萬物皆失故態,惟諸葛陣圖,小石之堆漂聚,行列依然如是者,僅以六七百年,年年洶灑推激,迨今不動。《劉賓客嘉話》。

魚腹縣鹽井以西,石磧平曠,眇望四遠。諸葛孔明積細石爲壘,方可數百步。壘西郭又聚石爲八行,相去二丈許,謂之八陣圖。曰八陣既成,自今行師,庶不復敗。自後深識見者,並莫能了。桓宣武伐蜀經之,以爲常山蛇勢。見《荊州記》。蘇子瞻曰:武侯造八陣于魚腹平沙之上,吾嘗過之。自山上俯視百餘丈,凡八行,爲六十四蕝,蕝正圓,不見凹凸處,如日中蓋影。及就視,皆卵石,漫漫不可辨,甚可怪也。

又爲《八陣》詩云：“八陣功高妙用藏，木牛流馬法俱亡。後來識得常山勢，縱有桓温恐未詳。”蓋嘆八陣、木牛流馬不傳也。“訪古識其真，尋源愛往迹。恐君遺事節，聊下南山石。”此即桓宣武《題八陣圖》也。見《唐語林》。

昔賢謂武侯八陣圖蓋黄帝太公井邱之法，人莫能曉。愚謂細案之方圓斜正之中，鈎股具在，惟舊譜迭經翻刻，步伐參差耳。今案圖説詳加訂正，覺鈎心鬥角，陣勢宛然，惜未即隆中圖碑以校之耳。

江蘇金壇諸葛氏八陣圖

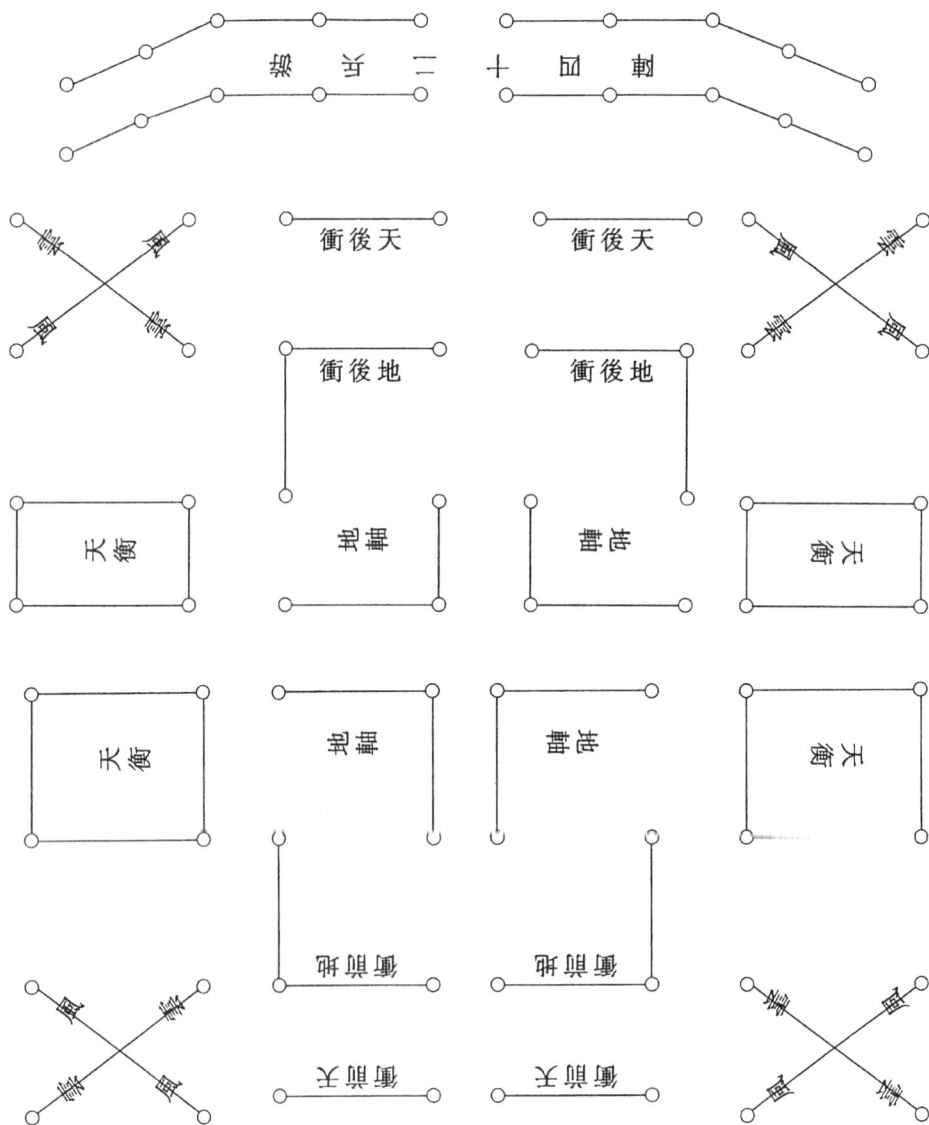

江蘇金壇諸葛氏八陣圖之天覆陣

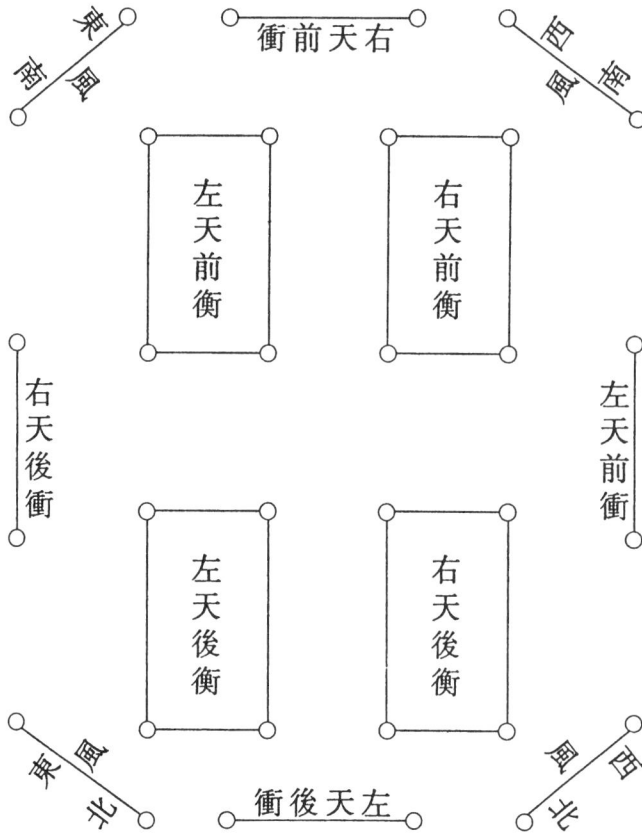

天陣十六，外方內圓。四爲風揚，其形象天。

爲陣之主，爲兵之先。善用三軍，其形不偏。

內外之分爲第一變。

外之分變爲天覆陣。有風無雲，用總陣外面之隊。以右天前衝二隊列前，居正南。以東南、西南風各二隊，列天衝兩維。以左、右天前衡各四隊列前中，以左、右天前後衝各二隊列兩端，以左右天後衡各四隊列後中，以左天後衝二隊列後，居正北，以東北、西北風各二隊列後兩維，謂風附天而形圓也。

江蘇金壇諸葛氏八陣圖之地載陣

地載陣

西雲北　　　　　衝後地左　　　　　東雲北

右地後衝　　右前地軸　　右後地軸　　左後地軸　　左前地軸　　左地前衝

西雲南　　　　　衝前地右　　　　　東雲南

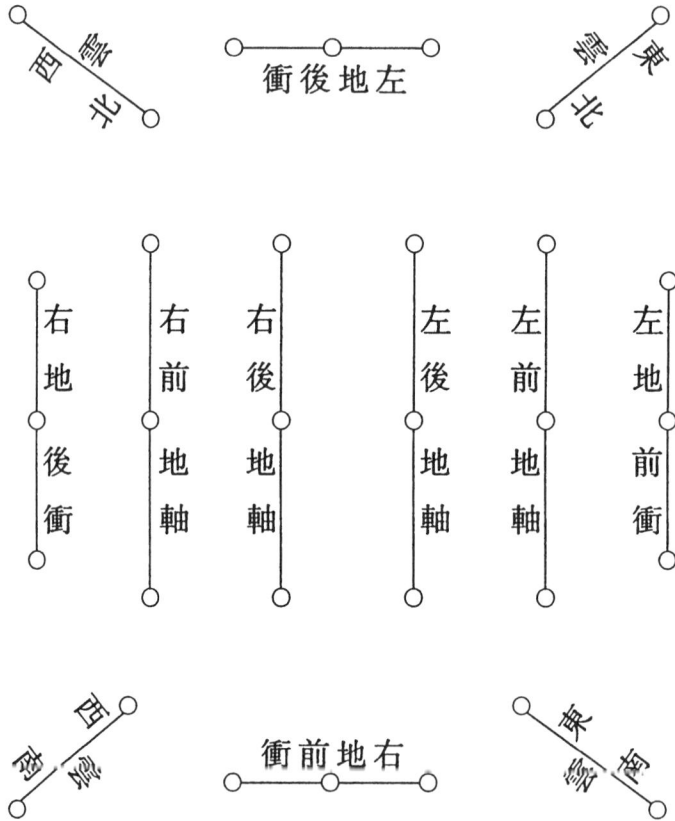

　　地陣十二，其形正方。雲主四角，衝敵難當。

　　其體莫測，動用無窮。獨立不可，配之於陽。

　　內之分變爲地載陣。有雲無風，用總陣中間之隊，以左地後衝三隊列前，居正北。以東北、西北雲各二隊，列地後衝兩角。以左右後地軸各三隊列左右中，以左右前地軸各三隊列後地軸之左右，以左右地前後衝各三隊列軸之兩端，以右地前衝三隊列後，居正南。以東南、西南雲各二隊列地前衝兩角。謂雲附地而形方是也。

江蘇金壇諸葛氏八陣圖之風揚陣

陣　揚　風

西風南　　　　　　衝前天右　　　　　　西風北

　　　　　　　　軸前地右

東風南　　右後天衝　　　　右前天衝　　　東風北

右地後衝　軸後地右　右地前衝

衝後天右

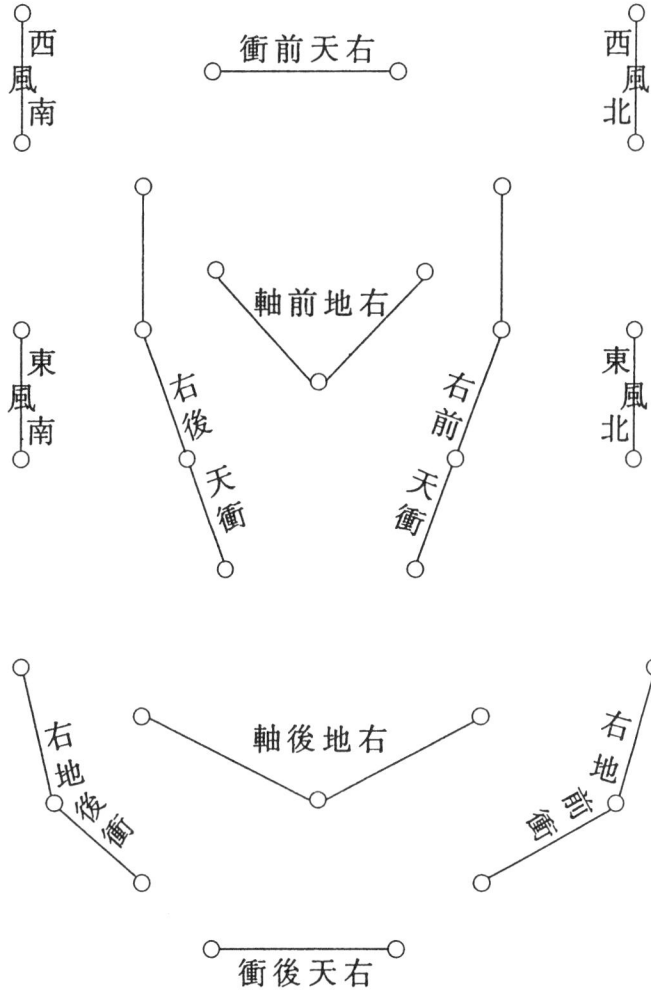

　　　　風無正形,附之於天。變而爲蛇,其意漸玄。
　　　　風能鼓物,萬物撓焉。蛇能爲繞,三軍懼焉。
　　左右之分爲第二變。
　　右之分變爲風揚陣。有風無雲,用總陣右一半隊。以右天前衝二隊列前,居正西;以西北西南風各二隊列天前衝兩維;以右前地軸三隊列前中;以右前後天衝各四隊列地軸左右;以東北東南風各二隊列衝兩端;以後地軸三隊列後中;以右地前後衝各三隊列地軸兩維;以右天後衝二隊列後。謂風附衝而形銳是也。

江蘇金壇諸葛氏八陣圖之雲垂陣

陣 巛 雲

衝後天左

右地前衝

左地後衝

軸地後左

左前天衝

左後天衝

東雲北

東雲南

軸地前左

西雲北

西雲南

衝前天左

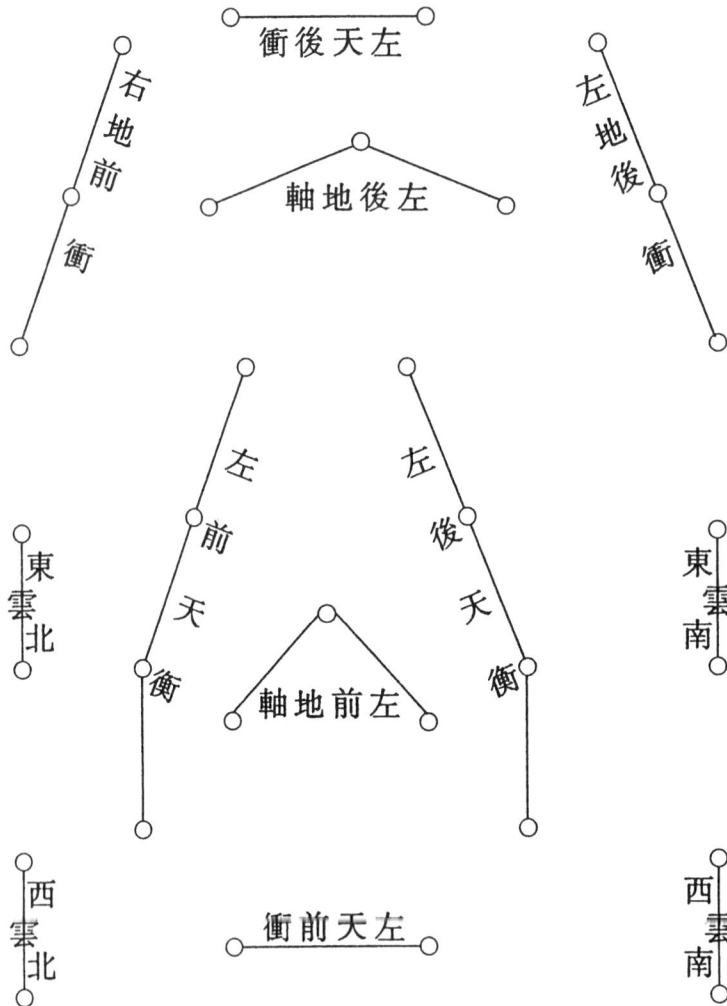

雲附於地，始則無形。變爲翔鳥，其狀乃成。

鳥能突擊，雲能晦異。千變萬化，金革之聲。

　　左之分變爲雲垂陣。有雲無風，用總陣左一半隊。以左天後衝二隊列前，居正東；以左右地前後衝各三隊列天後衝兩維；以左後地軸三隊列前中；以左前後天衝各四隊，次列後地軸之左右；以左前地軸三隊列天衝之中；以東南、東北雲各二隊，列天衝兩端；以左天前衝二隊列後，居正西；以西南、西北雲各二隊列天前衝兩維。謂雲附衡而形有聚有散也。

江蘇金壇諸葛氏八陣圖之龍飛陣

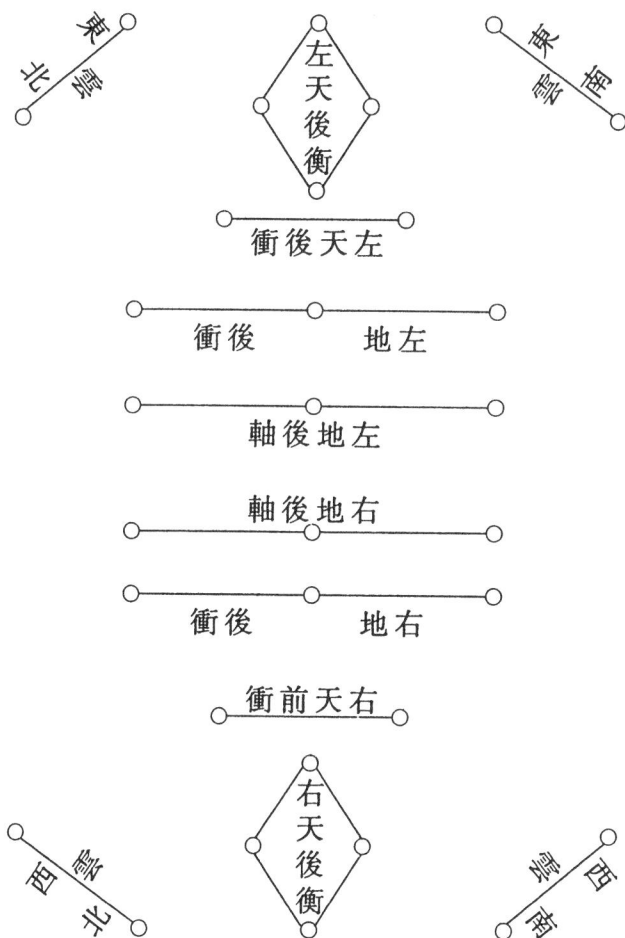

天地後衝，龍變其中。有爪有足，有背有胸。

潛則不測，動而無窮。陣形赫然，名象爲龍。

前後之分爲第三變。

後之分變爲龍飛陣。有雲無風，用總陣後一半隊。以東南、東北雲各二隊，列東南爲兩翼；以左後天衡四隊列前爲首；以左天後衝二隊列天衡次；以左地後衝三隊列天衝次；以左右後地軸各三隊列地衝中；以右地後衝三隊列地軸次；以右天前衝二隊列地衝次；以右後天衡四隊列後爲尾；以西南西北雲各二隊列衡二維爲翼。謂雲從龍而形象龍也。

江蘇金壇諸葛氏八陣圖之虎翼陣

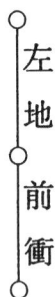

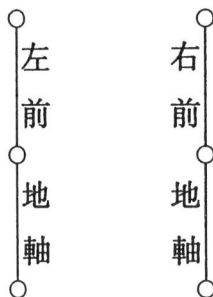

天地前衝，變爲虎翼。伏虎將搏，盛其威力。

淮陰用之，變爲無極。垓下之會，魯公莫測。

前之分變爲虎翼陣。有風無雲，用總陣前一半隊。以西北西南風各二隊，列西北二維爲前足；以右前天衝四隊列前爲首；以右前天衝二隊列天衝之次；以前左右地軸各三隊列中之左右；以左右地前衝各三隊列地軸兩厢爲翼；以左天前衝二隊列地軸之次；以左前天衝四隊列後爲尾；以東北東南風各二隊列天衝二維爲後足。謂風從虎而形象虎也。

江蘇金壇諸葛氏八陣圖之鳥翔陣

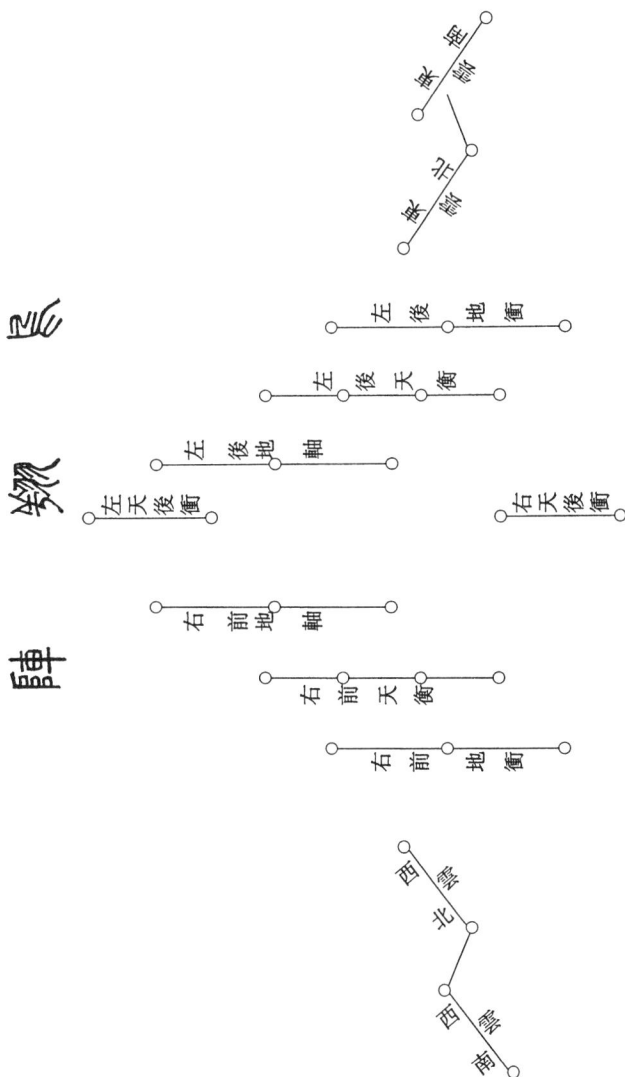

鷙鳥將搏，必先翱翔。勢臨霄漢，飛禽伏藏。

審之而下，必有中傷。一夫突擊，三軍莫當。

四隅之分爲第四變。

東北西南二隅，變爲鳥翔陣。有雲無風，用總陣二隅之隊。以左天後衝二隊列前，居東北爲首；以右天前衝二隊列後爲尾；以左後地軸三隊列天衝右；以右前地軸三隊列天衝左；以左後天衝四隊列地軸右；以右前天衝四隊列地軸左；以左後地衝二隊列天衝右；以右前地衝三隊列天衝左；以東北東南雲各二隊，列地衝右爲羽翼；以西北西南雲各二隊，列地衝左爲羽翼。謂雲附衝而形象鳥翔也。

江蘇金壇諸葛氏八陣圖之蛇蟠陣

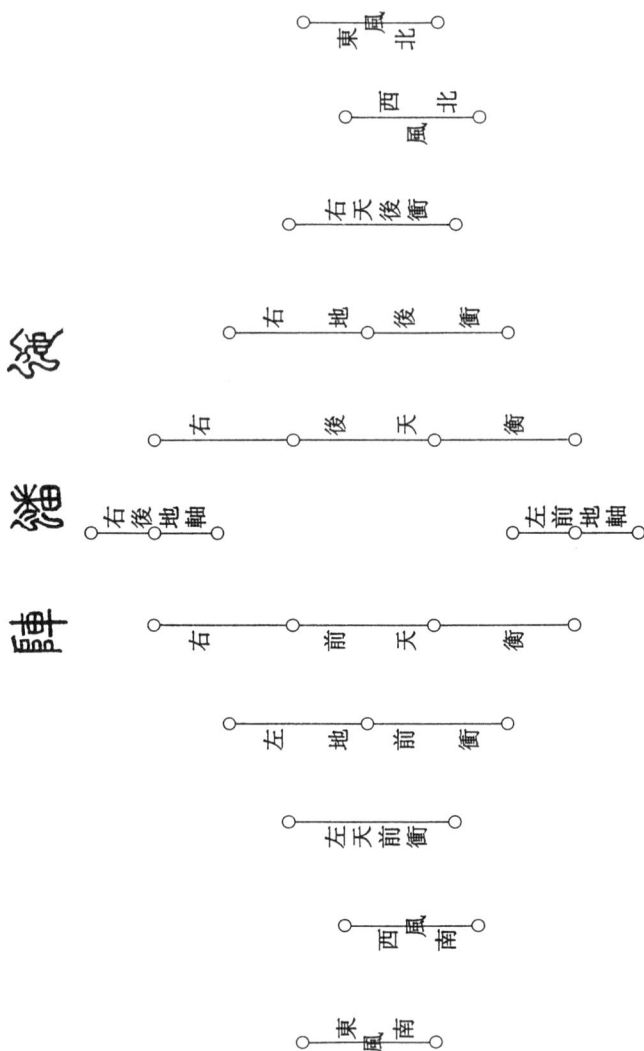

東風北

西風北

右天後衝

右地後衝

右　　後　天　　衝

右後地軸　　　　　　　　左前地軸

右　　前　天　　衝

左地　前　衝

左天前衝

西風南

東風南

德

潘

陣

　　　風爲蛇蟠,附天成形。勢能圍繞,性能屈伸。
　　　四奇之中,與虎爲鄰。後變常山,首尾相因。
　　西北東南二隅變爲蛇蟠陣。有風無雲,用總陣二隅之隊。以右後地軸三隊列前,居西南爲
首;以左前地軸三隊列後爲尾;以右後天衝四隊列地軸右;以右前天衝四隊列地軸左;以右地後
衝三隊列天衝右;以左地前衝三隊列天衝左;以右天後衝二隊列地衝右;以左天前衝二隊列地
衝左;以西北風二隊列天衝右;西南風二隊列天衝左;以東北風二隊列西北風右;以東南風二隊
列西南風左。謂風附軸而象形蛇蟠也。

（諸葛世企主修《[江蘇金壇]諸葛氏宗譜》　1999 年電腦排印本）

湖南攸縣淥田蔡氏安邑書齋圖

安邑書齋圖

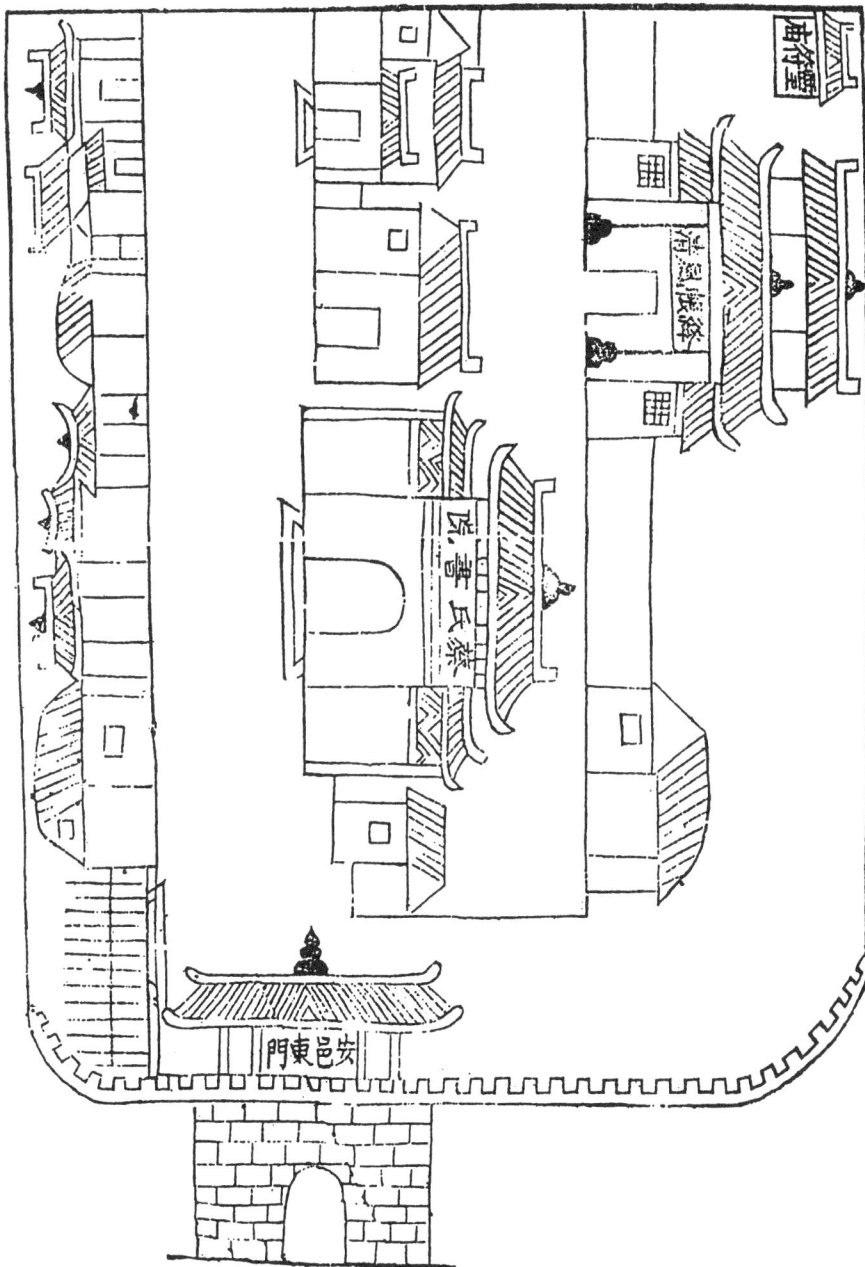

湖南攸縣淥田蔡氏重修安邑蔡氏書齋記

　　從來山川名勝載在志乘者,所有廢墜,後起猶念前賢遺迹,急起而舉之,況在子孫而敢忘先人之緒乎。維安邑,遠分衡嶽之秀,近钟熊耳之靈,而城之東實面熊耳,自古學宫在焉。吾祖雪松公,明初秉鐸於斯,樂育爲懷,書齋由之並建。迨後萬曆間一修,康熙壬辰再修,經時既久,未免瓦解垣頹,合族子孫咸有修葺之志。乾隆丁酉年,户衆協力增修,踴躍幹理,數越月而工竣,約費貳百餘金。其基址,前臨官市,後平皂角樹,廟背斜抵城牆,左前抵黄碩士屋,左後抵城下古小巷,右抵鄒家園。其圖局,始入爲牌坊,匾曰"蔡氏書齋"。連坊爲前進,中雙扇門,匾曰"兩郡齊芳"。左右各三間,前廳進步爲苑子甬道,右折登後進,大門匾曰"繹帳風清"。入門雙扇,中門懸題名匾,國朝歲科試及鄉會闈獲雋士咸登其名。門反向,上匾曰"龍城保障"。中廳懸題名匾,前朝諸先達履歷各詳載焉。廳階左右二側門,東西各七間。大門外回廊二角門與内舍相聯屬,其廣袤:牌坊直抵後進前磚脚左土牆七丈,後進前右磚脚下抵鄒家茅屋滴水九丈,前後進中間苑子横九丈,後進自階級直抵後壁六丈,横身八丈,自後壁磚脚斜抵平皂角樹廟老界址六丈。凡此規模宏敞,氣象峥嶸,固可見前哲之創思深爲圖遠,而後人培植之力所繫亦豈淺鮮耶。尤冀自今以往,子孫世相守焉,代增修焉,歡忻沐浴,仰副聖朝作人盛典,則安之學宫,固與天地無終極。而吾蔡氏書齋,亦得藉以永存,豈不幸哉,豈不幸哉!是爲記。

　　　　　　　　　(蔡精華主編《湖南攸縣淥田蔡氏九修族譜》 2001 年濟陽堂鉛印本)